《当代中国人物传记》丛书

书名手迹：邓小平

賀龍傳

《贺龙传》编写组 著

当代中国出版社
Contemporary China Publishing House

图书在版编目(CIP)数据

贺龙传 /《贺龙传》编写组著 . --3 版 . -- 北京 :
当代中国出版社 , 2006.10(2023.12 重印)
（当代中国人物传记丛书）
ISBN 978-7-80092-175-9

Ⅰ . ①贺…　Ⅱ . ①贺…　Ⅲ . ①贺龙（1896~1969）
—传记　Ⅳ . ① K825.2

中国版本图书馆 CIP 数据核字（2006）第 114046 号

出 版 人　王　茵
责任编辑　陶宇辰　解希林
责任校对　康　莹
封面设计　北京华子图文设计公司
出版发行　当代中国出版社
地　　址　北京市地安门西大街旌勇里 8 号
网　　址　http://www.ddzg.net
邮政编码　100009
编 辑 部　（010）66572264
市 场 部　（010）66572281　66572157
印　　刷　北京润田金辉印刷有限公司
开　　本　720 毫米 × 1060 毫米　1/16
印　　张　26 印张　6 插页　插图 103 幅　424 千字
版　　次　2015 年 7 月第 3 版
印　　次　2023 年 12 月第 6 次印刷
定　　价　53.00 元

《贺龙传》编写领导小组

组　　长　王尚荣　黄新廷
副 组 长　迟浩田（前任）杨秀山
　　　　　颜金生　刘　凯
成　　员　（按姓氏笔画为序）
　　　　　王高义　朱述称　赵维寰

《贺龙传》编写组

组　　长　顾永忠　刘雁声（前任）
成　　员　（按姓氏笔画为序）
　　　　　朱泽云　刘桐树　孙叔扬
　　　　　孙临平　张静波　金　江
　　　　　聂占新　徐惠恩　谢武申
　　　　　黎　白
特约撰稿人　王鼎华　刘正栋

出版说明

1982年，中共中央书记处讨论通过、中共中央宣传部发文布置在全国范围内编写出版《当代中国》丛书。根据编写计划，《当代中国》丛书依内容共分为五类，人物传记是其中之一。由于人物传记涉及方方面面，情况繁杂，且编写时间长，1991年人物传记从《当代中国》丛书中分立出来，确定为《当代中国人物传记》丛书。

《当代中国人物传记》丛书编辑委员会在丛书总序中说：

“二十世纪的中国，是一个风云际会、英杰辈出的时代。正是伟大的时代造就出灿若群星的历史伟人；也正是历史伟人们艰苦卓绝的奋斗历程和忘我建树的光辉业绩，才能充分地体现着潮流之所趋、人心之所向，才最深刻最生动地反映着奔腾前进的伟大时代。他们一生的业绩，恰恰构成了从旧中国到新中国这一旷古未有的历史性大变革的缩影。正因为这样，修撰作为中华人民共和国缔造者的一代杰出历史人物的传记，其意义自是远远超越记述个人身世的范围。这套传记丛书，无疑应当看作是，当代中国千百万爱国志士、革命先驱的杰出代表用毕生的血和汗谱写出的挽救祖国、振兴中华的可歌可泣的历史画卷，它将是永远矗立于世世代代人民心中的革命丰碑。《当代中国人物传记》丛书中的每一部传记，都可读作当代中国的救国史，中华人民共和国的开国史、建国史；每一部传记都可读作结束中国苦难危亡命运的革命史，披荆斩棘建设社会主义的奠基史、创业史。”

“《当代中国人物传记》丛书，首批编撰的是中华人民共和国建国时期的开国元勋和各方面的最杰出人士的传记。这批传记的主人公将包括：党和国家的主要领导人（其中毛泽东、周恩来、刘少奇、朱德、邓小平、陈云的传记，将由中共中央文献研究室编写、出版）、人民军队中功勋卓著的元帅、参与新中国创建大业的各民主党派的领导人和各方面的著名爱国人士、贡献突出的著名科学家、文学家和艺术家，以及为中国民主革命事业和社会主义事业做出重大贡献的国际主义战士，等等。毫无疑问，他们既是当代中国最卓越的代表，同时也是彪炳千秋青史的历史巨人。当然，如同一切历史人物一样，我们时代的杰出代表也不可能不受到历史条件的限制，也必然会具有这样那样的弱点、短处，一生中也不免会发生这样那样的某些过失。但是，所有这些，当如日月之蚀，堂堂正正公之于众亦无损于他们形象的光辉。他们为中华民族创建的功业，他们的革命精神、高尚情操，他们的鸿才睿智、嘉言懿行，无不震古铄今，垂范后世。这是中华民族一份永远值得倍加珍摄的宝贵精神财富。”

“愿人们从这部《当代中国人物传记》丛书中，以这些历史人物的光辉业绩为典范，学习他们的革命献身精神、爱国主义情操和坚定的社会主义信念，为中华民族的历史伟业做出更大的贡献。”

我社有幸承担了《当代中国人物传记》丛书的编辑出版工作，自1991年以来陆续出版了一批中华人民共和国开国元勋的传记，获得很好的社会影响。我们将继续按照丛书的编辑出版方针，把《当代中国人物传记》丛书编辑出版工作做好，以飨读者。

书中图片绝大部分为本书编写组提供，因时间仓促等，有的图片未能注明著作权，特致歉。请相应著作权人知晓后，与当代中国出版社总编室联系（电话：010-66572131），以便我们再版时准确署名及支付稿酬。

当代中国出版社

2021年11月

贺　龙（摄于 1955 年）

目　录

第一章　少年有志

第一节　艰难的童年

1896 年 3 月 22 日（清光绪二十二年农历丙申二月初九），贺龙诞生于湖南省桑植县城北 12.5 公里洪家关的一户贫农家庭。

桑植和它周围各县所在的湘鄂边界，地处武陵山区。那里崇山峻岭，交通不便，经济、文化落后，几个民族杂居；劳动人民苦难深重，民性强悍，有武装反抗反动统治的传统。贺龙就是在这样的社会环境里长大的。

贺龙原名文常，字云卿，乳名常伢，先祖原籍湖北省安陆府钟祥县贺家湾（今孝感地区钟祥县贺家湾）。远祖贺崇先，明末随农民起义武装余部来到湖南，在慈利县九溪卫落户。清顺治十年，桑植县土家族群众举兵起义，清政府派兵镇压。当时，桑植属九溪卫巡检司管辖。贺崇先被迫应征加入清军到了桑植，后来

湖南省桑植县洪家关贺龙故居

就在洪家关定居下来。桑植习俗将居民划分为“军、民、客、土、苗”五家，“军家”是指从军后在当地落户的人家，贺氏属于汉族军家。

贺龙的曾祖父贺廷宰是一位秀才，在家乡教书，热爱公益事业。洪家关群山环抱，傍倚注入澧水的玉泉河，河水流急，乡民出入很不方便。贺廷宰立志要修一座“便民桥”。为此，家产耗去不少，但屡修屡塌，直到他逝世时，大桥仍未修成，只好由他的后人继承其未竟之志。

贺龙的堂曾祖父贺廷璧自幼习武，练就一身本领，在当地有很高威望。清咸丰四年，洪秀全领导的太平天国起义军进入湖南。湖南各地农民纷纷响应，组织武装与太平军一起同清军作战。在桑植首先举义的就是贺廷璧。他率领几千农民起义军攻破桑植县城，杀掉县官，开仓放粮，深得贫苦群众的拥护。咸丰五年，清政府派兵镇压，贺廷璧和大庸等县义军联合抵抗清军。坚持两年之后，贺廷璧父子被捕。清政府要将贺廷璧斩首，贺廷璧的夫人刘氏闻讯赶到刑场，跪在贺廷璧面前，双手掀起上衣前襟。刽子手砍下贺廷璧的头，刘氏立刻兜住，捧回洪家关。“贺廷璧造反，刘氏兜头”的悲壮故事在桑植无人不知。有人把这事编成戏剧在各地演出，歌颂这一对英勇的夫妻。这个事件成为贺氏家族的家史代代传颂，给贺氏后人留下了深远的影响。

贺龙的祖父贺良仕是个武举人，能驰驽马、挽强弓，有一身好武艺。祖母罗氏，土家族人。在封建制度的旧中国，举人虽然不是官吏，但是凭借功名，很容易变成欺压乡里、巧取豪夺的恶霸；稍稍本分一些的，也会成为既有田地、山林、房产，又能在官府走动的财主。贺良仕却相反，他与夫人罗氏都济人之急、拯人之困、乐善好施。贺良仕继承父志，不断变卖家产继续修建洪家关大桥，以致家产耗尽，到了贺龙的父亲贺士道出生的时候，贺家的财产只剩下了三亩薄田半头耕牛，生活已是十分贫困。贺龙出生时，祖父母犹在，他们的言传身教给了贺龙深刻的影响。

贺龙的父亲贺士道务农兼做裁缝，为人直爽，继承家传武艺，爱打抱不平，敢与豪绅富户对抗。贺龙的母亲王金姑是湖北省鹤峰县土家族妇女，为人勤劳朴实、孝顺公婆、体贴丈夫。贺龙排行第四，他有三个姐姐、两个妹妹、一个弟弟。他一家三代十一口人，靠三亩薄田和贺士道做裁缝所得的微薄收入维持生活。贺母因辛勤操劳、营养不良而体弱多病，生下贺龙之后，乳汁稀少。因此，贺龙从出生第一天起就受到了饥饿的威胁。

贺龙出生的那一年，湖南相继发生了大水灾和大旱灾。湘西一带，饥民遍野，饿殍无数。时值甲午战争之后，腐败透顶的清政府，对外屈辱求和，对内残酷剥削，野蛮镇压。在天灾人祸的双重打击下，劳动人民的生活极其困苦。贺龙长到五六岁的时候，还没有穿过一件不破的衣裤，没有吃过一餐像样的饭菜。他家欠了地主的一笔债，无力偿还，贺士道去给地主干活抵债，仍然还不清“对年加利”的高利贷，加上严重的天灾，三亩薄田颗粒无收，全家人实难度日，贺士道只得带着全家逃荒到 30 公里外的蹇家坡，给地主当了三年佃户。全家苦干苦熬，还是过着吃不饱、穿不暖的苦日子，无奈，又回到洪家关，继续在苦难中挣扎。

生活虽然困难，祖父仍坚持教贺龙练武识字，父亲则教贺龙学裁缝手艺。为使贺龙能够读书，老人又央求族长把贺龙送进了族人办的私塾。贺龙天资聪明，也肯用心学习，但是，对塾师只要求死记硬背的呆板教学方法和粗暴打骂学生的态度很反感，常设法反抗，结果多次挨打，于是常常逃学。他从小胆大，四五岁时，便经常在家门外不远的玉泉河里游泳，稍大一点，敢从几人高的大桥上往深潭里跳，钻进河水里一口气潜游很远。有一次，河里涨水，他和别的孩子比赛，看谁敢下去游水。他率先跳入洪水，被汹涌的波涛冲下去几里远，多亏一位老渔民搭救，才得上岸。过后，贺龙仍然常常泡在河里玩耍。

贺龙最高兴的事，要算是大姐夫谷绩廷让他放马了。面对一匹骏马，抓住它的鬣毛，跳上光滑的马背，一声吆喝，纵情飞奔，犹如腾云驾雾，令人心旷神怡。世界上还有比这个更痛快的事吗？所以，贺龙从小就和马结下了不解之缘，以后，他懂马、爱马，成为红军的美谈。还有一件使贺龙神往的事情，那就是爷爷教他练武。爷爷去世以后，他又继续向父亲、堂叔学习武艺。他不怕苦、不怕累，有一股子顽强劲头，小小年纪，学会了不少武艺。

贺龙 9 岁的时候，桑植县洪水为患，饥民如潮。贺龙全家也陷入了饥饿难挨的困境。一天，贺士道带着贺龙进县城去买“义仓”的平粜米。平粜米是带有赈济性质的、价格比较低的米，比地主奸商卖的高价米便宜。只是，这种平粜米并不好买，它由县衙监卖，官差衙役常常手提皮鞭，在一旁耀武扬威，对买米的穷苦乡民，稍不顺眼，举鞭就打。这一天，“义仓”前挤满了买米的群众，县衙师爷带着帮衙役冲过来责骂、推搡和鞭打买米的穷人。贺士道看不过，站出来讲了几句公道话。衙役大怒，抡鞭猛抽。贺士道一闪身躲了过去，没想到皮鞭正抽在身后的贺龙手上，一条血痕立刻凸现出来。贺士道火了，夺过衙役的皮鞭就和这帮家伙打了起来。官府人多势众，贺士道被抓进衙门。官吏横行霸道、穷人挨打受骂、父亲不畏强暴，以及手上这一条鞭痕，都在贺龙幼小的心灵里打下了深深的烙印。

一次，县里的禁烟委员坐着大轿来到洪家关。当地的保甲长赶来迎驾，连打带骂地把围观的群众赶得四下逃散。贺龙见了，忍不住愤愤地说：“呸，什么东西，屁大的污官。”一个富家孩子说：“你怎么敢骂官？你长大了莫不想当官？”贺龙没好气地说：“你呢？你长大了想当什么官？”富家子弟说：“当保长！”贺龙气哼哼地瞪着对方。富家子弟也瞪圆了眼扑向贺龙。贺龙一闪身打了富家子弟一耳光。挨了打，阔少爷才想起贺龙是会几手武艺的，便悻悻地说：“凭什么打我，你就不想当官？”贺龙说：“我长大了当个专打保长的官。保长一进村，不是催粮就是逼债，尽欺侮穷人。”

贺龙受其长辈言行的熏陶，从小就痛恨贪官污吏、土豪劣绅，因而和当地富家子弟经常发生冲突。他年纪虽小，但总有一帮穷孩子和他在一起。他又会一些武术，打起架来，吃亏的大都是富家子弟，他们便去向私塾先生告状，最后吃亏的却又是贺龙。私塾先生常常不辨是非，偏向那些骄横的富家子弟，责打贺龙。贺龙忍无可忍，终于离开私塾，再也不去读书了。

第二节　小骡子客

1908 年，贺龙 12 岁了，他长得比同龄儿童高大，是乡里穷孩子们的头头。

洪家关是一个有 300 多户居民的小镇，每逢赶集的日子，街上摊贩很多，四乡群众卖物买物，很是热闹，孩子们也分外活跃。一个赶集的日子，街上熙熙攘攘，突然从镇外闯来一匹马，上边坐着个戴“顶子帽”的青年，手挥马鞭在街上横冲直撞，撞翻了许多货摊，赶集的百姓赶紧躲避。此人是县衙领班的儿子，倚仗他爹的权势，买了一个秀才头衔，同他父亲一样无恶不作，乡民对其畏如蛇蝎。这天，他乘马出城游嬉，来到洪家关，就抖起威风来。这下惹恼了贺龙，他抓起一根木棒，跳到街中，大喊一声：“下马！”假秀才怎么看得起这个衣裳褴褛的孩子？策马朝贺龙冲撞了过来。贺龙一闪身，一手抓住马缰绳，一手抡棒把假秀才打下马来。几个穷哥儿们扑了过去，抓住假秀才，一阵猛打，直打得他鼻青脸肿、讨饶认错，才罢手。乡亲们在拍手称快之余，担心贺龙要遭祸事。果然，假秀才通过他的老子，在县衙里告了贺龙一状。县里飞快传出消息：贺常伢胆大包天，居然敢打秀才，要捉拿重办。贺氏族人连忙到县城请一位举人帮忙。这位举人一直和领班不和。他把贺龙找来，向他讲述了领班的许多劣迹，要贺龙在公堂上大胆地讲出来，其他事由他去办。可是，举人担心这个年幼的穷孩子能不能记住领班那么多罪状，就算记下几条，在公堂之上有没有胆量讲出来？到了县衙公堂之上，县太爷怒冲冲地盯着贺龙，虎狼般的三班衙役站列两旁，气氛很不寻常。贺龙站在堂上却十分镇静，一条又一条地揭露领班父子的劣迹，讲得头头是道，揭发的事也很真实，立刻引起了在一旁观看的乡民包括士绅们的共鸣，纷纷当堂揭发这个领班。县官眼见属下已犯众怒，在国家和本地都不安宁的时候，再包庇下去将惹火烧身，只好宣布革除领班职务，将贺龙无罪释放。从此，在桑植县，小小的贺龙就有了小小的名气。

这时，父亲除了种田，常常要走乡串镇到很远的地方去为人做衣裳。几个姐姐先后出嫁，母亲体弱多病，弟弟、妹妹幼小，贺龙就成了家里唯一能下田干活的劳动力。他学会了挖土犁田、栽秧割谷等整套农活，还要上山砍柴，下窑挖煤，换些盐米来供养一家人。1909 年，贺龙在田里忙了半年，可是，一场大水，把庄稼冲了个精光，又是颗粒无收。贺龙被迫离家到外地当了佃户，替地主干活，受气受罪，也很难挣回几个钱、几斗米，过着“辣椒当盐，包谷壳叶当棉，推碗混合渣（黄豆渣熬浆拌青菜）算过年”的艰难日子。

当时，洪家关贺龙的亲友中有些是赶骡马运货谋生的。他们虽很辛苦，却能闯码头、见世面，赚钱不多总比当佃户、长工好过一些。贺龙很羡慕，心想：要是也能同他们一起跑码头，赚几个钱来养家糊口该多好啊！他便向大姐贺英、大姐夫谷绩廷借了一匹花脚麻骡子，跟着几位亲友去赶马帮。贺龙随着马帮队伍从桑植出发往来于湖南、湖北、四川、贵州的边界地区，驮运些盐巴、土产、药材，也贩卖骡马。14 岁的贺龙，开始了一个崭新的、艰苦的生活。

当骡子客赶马帮是当地穷苦农民谋生的一条苦路。俗语说：“想赚牲口钱，要跟牲口眠。”贺龙年幼，所吃的苦要比别人更多。他个头不够高，要站在板凳上给牲口上下驮子就比别人累得多。为了节省买草料的钱，别人休息了，贺龙还要拉着牲口去放牧，抓紧时间割草。苦累还是比较好熬的，令人难忍的是，赶骡马运货，要向沿途数不清的官府税卡交钱赔笑，被奸商敲诈剥削，受形形色色的贪官污吏、把头土匪的明抢暗夺、刁难勒索。这些使贺龙心中充满了愤怒和不平。有时候，实在忍受不住，贺龙就要挺身而出。贺龙的正直仗义、敢作敢为却博得了同行骡子客们的钦佩。所以，赶马的人们都愿意和贺龙搭伙，把他当做懂事的、平起平坐的年轻朋友。

有一次，贺龙和赶马的朋友们在四川东部的黔江县赶骡马市。这里是一个大集市，西南几省的人都来买卖骡马。一个云南来的马客赶来了一匹烈马，它神骏、剽悍、性野，是一匹难得的好马。贺龙挤在人群前边看得出了神，马客见贺龙年幼，个子不高，想开个玩笑，便当着围观的人笑嘻嘻地向贺龙说：“要是你敢骑上它跑两个圈子，我这匹马白送给你，分文不取。”贺龙认起真来，问道：“说话算数不？”马客说：“当然算数。不过，丑话讲在前，多少会家子都不敢骑它，你要逞强，摔死可与我不相干。”贺龙点点头，纵身跃上马背。人群急忙闪开，烈马长嘶一声，忽而前蹄腾空，忽而后腿蹬踢，千方百计想把贺龙从背上摔下来，可是贺龙像贴在马背上似的，骑得稳稳的。忽然那马撒腿狂奔起来，一直跑了好几个大圈，累得它浑身汗湿，才喷着响鼻，停了下来。烈马被贺龙制伏了，围观的人齐声喝彩。马客只好把那匹马送给贺龙。贺龙已经学会相马，看出了这是匹少见的好马，就高兴地接受下来。他拿出一笔钱送给马客说：“这些钱本不够买下它的，可我只有这么多钱了，算是我送给你老哥的一点心意吧！”马客没有想到贺龙能制伏这匹烈马，更没想到贺龙竟不愿占已经到手的便宜，掏空腰包送钱给自己，他对小小年纪的贺龙如此豪爽和仗义非常佩服。

贺龙在赶马帮当小骡子客走南闯北的几年里，以他的高尚品格和出众的为人赢得了不小的名气，也结交了许多性格豪放、讲究义气的朋友，在以后的革命生涯中，有的成为与贺龙甘苦与共的同路人。

第三节　加入中华革命党

贺龙那种热血男儿的豪爽侠义，引起了一些反清秘密组织的注意。一次，贺龙与父亲及亲友赶马帮到了湖北恩施县，在一家茶馆里，结识了当地哥老会[①]首领唐伯义。唐伯义向他们讲了哥老会“反清复明”、杀富济贫、打倒贪官的主张。贺龙觉得很有道理，听得入了神，两人交上了朋友。后来唐伯义介绍贺士道父

---

① 民间秘密结社组织之一。称首领为大哥或大爷，互称袍哥。最初以“反清复明”为宗旨。会众多属手工业工人、破产农民、退伍军人和游民，也有地主掺杂其间。太平天国起义失败后，会众相继参加农民起义和反洋教斗争。辛亥革命时期，有些会众接受革命党人的领导，多次参加推翻清政府的武装起义。此后，往往为反动势力操纵和利用。

子加入了哥老会。17 岁的贺龙当了哥老会里最小的“十排老幺”。哥老会组织严密，有严格的规章律条，对会众的困难也尽力帮助解决。三年多闯码头的经历锻炼了贺龙判断事物的能力，他愿意参加这样一个组织。这个组织也确实帮助贺龙解决了不少仅靠个人难以解决的困难。一次，贺龙和马帮路经湖北省咸丰县境，因为他带头抗交不合理的税款，被官府捉去关押起来，要判重刑。当地哥老会首领邓渊知道后，立刻四下联络，出卖田产，筹钱疏通官吏，将贺龙营救出来。贺龙与邓渊并不很熟悉，却得到了他的帮助，使贺龙深为感动。

当贺龙还在外边赶马的时候，爆发了辛亥革命，推翻了清王朝的统治，结束了几千年来中国的封建帝王制度。孙中山领导的革命党在偏僻的乡镇也有了名声，孙中山成了尽人皆知的伟大人物。这时，湘西一带，流传着一句话：“民国反正，穷人翻身。”但是穷人是不是真的能够翻身，怎样才能翻身，谁也不知道。不过，清朝倒了台，一种让生活好起来，富人、官家再不能欺压穷人的美好愿望却鼓舞着人们。年轻的贺龙也憧憬着能过上温饱的日子。

然而日子一天天过去了，桑植县城和洪家关一带并没有多少变化。县衙门里的官吏剪了辫子仍旧当着官；四乡里的地主豪绅有的连辫子也没剪掉，照样欺压穷人。穷人仍旧要为生存而艰难地奔波。贺龙和他的父亲为了一家人的生活，只得重又干起赶马生涯。

一天，贺龙和乡亲们赶着骡马，经过本县境内的芭茅溪。当地盐局税警无理盘查勒索，运来的货物被没收了大半。这个盐局税卡恶名昭著，贺龙他们的马帮每次通过这里都要被剥掉一层皮，贺龙早已对它怀恨在心。这次，眼见大家千辛万苦驮运的货物被没收大半，实在忍无可忍，抄起喂马铡草的铡刀，就要和税警拼命。几位同伙急忙抱住了怒气冲天的贺龙，劝解说：“搞不得的呀，杂种们手里拿的是枪，不是烧火棍，好汉不吃眼前亏，报仇的日子在后头。”贺龙这才冷静下来。他暗下决心，此仇非报不可。带着满腔怒火，贺龙回到了家乡，恰逢县里的盐税局长到洪家关来收税。贺龙就和几个天不怕地不怕的小伙子，把盐税局长痛打了一顿，赶出了洪家关。年幼的贺龙敢打大清朝县衙领班的儿子，如今又敢打中华民国县衙的盐税局长，真是“无法无天”，县官立即下令通缉。又是当地哥老会首领千方百计为贺龙开脱，才将大事化小、小事化了，没有深究。

几年来，贺龙经历了许多艰辛，遇到过许多不平的事，思想有了很大变化。他想方设法维护穷人的利益，碰到地主向佃户讨租逼债、揭佃户家的锅、夺佃户家的鸡猪的时候，他或是帮助佃户交租还债，或是把麻烦揽到自己身上，与地主豪绅对抗。洪家关赶集日，碰到奸商行骗、税吏敲诈，他也要挺身而出，主持公道。同时他时常思索着怎样才能让穷人过好日子这样一个社会问题。他劝父亲不要再想着攒钱买田了，他认为穷人单凭苦熬苦干是发不了财的，靠黑下心肠欺侮别人去发财，到头来也不过是一个骑在穷人头上的土豪劣绅。做人还是要做一个正直人。他还一直在想：为什么几年来，与贪官污吏、土豪劣绅发生过多次冲突，尽管道理都在自己一边，可都是以自己失败而告终？贺龙开始了关于社会变革的探索。

1914 年秋，在桑植以教书为掩护的中华革命党人陈图南到洪家关拜访贺龙。陈图南曾留学日本并参加了孙中山组织的同盟会。1914 年 7 月，“二次革命”失败后逃往日本的孙中山组成中华革命党，继续进行反对袁世凯的武装斗争。中华革命党委派陈图南为川黔湘鄂联络使[①]返回家乡联络仁人志士，筹办枪支，开展革命活动，打倒窃踞中华民国大总统宝座的袁世凯。

贺龙幼年没能念多少书，几年来闯荡江湖因为文化水平不高深感困难，所以，对有文化、有知识的人，十分尊重。陈图南是新派的教书先生，亲自来拜访，当然受到了贺龙的欢迎。

陈图南与贺龙初次相会，就感到了贺龙的直率和诚恳。贺龙毫无隐讳地向陈图南讲述了自己的经历，对世道不平表示愤慨。

陈图南向他介绍了孙中山的学说，告诉他说:“孙中山多年来的志愿是推翻清朝，建立民国，要让全国老百姓一律平等，实行天下为公。现在封建王朝是推翻了，可袁世凯篡了权。孙中山在日本建立了中华革命党，就是还要继续奋斗的意思。”贺龙问：“孙中山这个中华革命党对贫苦农民有什么好处？”陈图南说：“他主张平均地权，要人人有地种，人人有饭吃！”贺龙听着这些新鲜道理很为神往：“孙中山的道理是个好道理。”陈图南说:“孙中山办中华革命党，就是为了实现这些道理的。云卿，你看该不该参加中华革命党啊？”贺龙说：“我佩服孙中山，我参加。”

两天之后，贺龙在桑植书院高等小学，经陈图南介绍，填写誓约，按下指印，参加了中华革命党，立志服从孙中山先生，再兴革命，而且，立即投入了反对袁世凯的斗争。

1910 年春，贺龙奉父母之命，与贫农的女儿徐月姑结婚，生女贺金莲。

---

①《中国国民党大事记》，解放军出版社 1988 年版，第 59 页。另见桑植县公安局历史档案材料。

第二章　民主革命的斗士

第一节　护国举义到“两把菜刀闹革命”

1914 年第一次世界大战爆发，西方列强无暇东顾，日本帝国主义加紧了对中国的侵略。袁世凯为了当上皇帝，复辟帝制，不惜卖国求荣，勾结日本侵略者，下令各省督军加紧镇压革命党人。湖南督军汤芗铭残酷镇压湖南人民的反袁反帝运动，大肆捕杀革命党人。反动势力的倒行逆施引起了湖南人民极大愤慨，展开了“倒袁反汤”的猛烈斗争。在这种形势下，桑植县中华革命党组织向贺龙提出了三项任务：第一，惩杀本县大劣绅朱海珊。贺龙接受并完成了。第二，带队伍当团总，准备应变。贺龙拒绝了。他说：“我恨的就是团总，不干！”尽管陈图南一再解释，贺龙坚决不同意。第三，派人到警备队当兵，了解那里情况。贺龙找几个人打入了警备队。不久，中华革命党又命令贺龙到石门、沅陵两县的团防局和巡防军中去策反，煽动哗变，组织反袁武装。贺龙约了几个人以贩羊作掩护，先到桃源去摸情况，然后单身去了沅陵。沅陵是湘西首府，驻军千余人，其中有些人和贺龙在赶马时有过交往。贺龙到沅陵后以交友结拜为名，宣传“反袁驱汤”。经过半年的活动，秘密组织了一批志同道合的人，准备拖抢举义，不料被人泄露了机密，贺龙只得连夜离开。走到与大庸县交界的地方，碰上了十几个土匪。他们把贺龙当成“肉票”捉到熊壁岩贾家大院。恰逢沅陵警备队前来袭击抢匪，将土匪和贺龙一同抓到沅陵，关进监牢。几天以后土匪被斩首。因为在审讯中土匪说贺龙是抓来的“肉票”，贺龙才没有被杀。但是因为他是“贩羊人”，县衙里的贪官污吏想从他身上捞油水，便反诬贺龙通匪，不予释放，并放出可以出钱赎人的口风。消息传到桑植，贺龙的父亲急忙带着几个人赶到沅陵，用钱买通官府，把贺龙保释出来。贺龙虽然遭此劫难，但并不气馁，继续按中华革命党的指示先后去大庸、慈利等县积极活动，广泛联络有志之士，宣传革命宗旨，全身心地投入到了孙中山领导的民主革命斗争。

1915 年 5 月，袁世凯基本接受了日本政府提出的旨在灭亡中国的“二十一条”，获得了日本政府在经济、政治、军事上的全面支持，悍然于 12 月 12 日宣布把中华民国改为“中华帝国”。31 日，宣布改次年为“洪宪元年”，准备登基当皇帝。这一系列复辟行径，遭到了全国人民的激烈反对。孙中山和中华革命党发表了《讨袁宣言》，联络各地革命力量举行武装起义。1915 年 12 月 25 日，云南省首先宣布独立，组织护国军。不久，贵州、广西、广东、浙江、陕西、四川各省纷纷响应。

湖南的中华革命党人也在积极酝酿举兵。贺龙奉命到石门县泥沙镇策动兵变。泥沙镇有 200 多户人家，近千人口，设有团防局，有枪 80 余支。省督军署警察队长唐荣阳的弟弟唐臣之任团防局长。此人敲诈勒索无恶不作。当年赶马，贺龙多次来往于泥沙镇，熟悉当地情况，在当地帮会、客商和士兵中都有朋友。1916 年 1 月，贺龙与姐夫谷绩廷等几十位志同道合的乡友，赶着骡马来到泥沙。恰巧大庸县革命党人罗占侯起兵讨袁，派吴佩卿等来泥沙夺枪。贺龙就和吴佩卿一起商定了夺枪计划，由吴佩卿等在赶场的时候设赌场诱使团丁聚赌，贺龙等在饭庄摆下宴席请团防局中相识的团丁赴宴，趁团防局空虚，寻机夺枪。

1 月 21 日是春节前泥沙镇最后一次大集，四乡农民来得极多，镇子上热闹非凡。吴佩卿的赌摊招来了一批聚赌的团丁。贺龙在一家饭馆摆下四桌酒席，请来了团防局的另一批团丁。正在欢宴，谷绩廷匆匆奔来低声对贺龙说："好戏开场喽！"贺龙点头，让姐夫陪着客人，自己走出饭馆。门外的同伴朝贺龙说："只有一个哨兵守在门口，局长杂种和队长在抽大烟，板壁上有 20 条枪哩！""快！"贺龙带着 10 个伙伴直奔团防局，捉住哨兵，冲进局里，活捉了局长唐臣之和团防队长。他们一枪没打，一人没伤，缴获了 20 支枪。

回到饭馆，贺龙向正在大吃大喝的团丁宣布夺枪成功，并晓明大义，希望他们一起讨袁。团丁们当即表示，愿随贺龙举义。集市上，吴佩卿也得了手，缴了一些枪。

夺枪支，砸团防，镇上大乱。贺龙来到集市中心，跳上石凳，向人们大喊："父老们，我们提了团防局的枪，抓住了干尽坏事的团防局长，想出头的就跟着我们去打倒袁世凯和他在湖南的走狗，打倒帝制，恢复民国！有和团防局长结了仇的，我劝你们和我一起干大事去，不愿意一起干的，我也劝你们离开泥沙，到外地去谋条生路。不然，这个唐家崽子的哥哥从省里带上大队警察来，一准下狠手，就会是野猪还愿一拱而光喽！"

贺龙刚讲完，许多穷小伙子拥到贺龙跟前，叫嚷着要跟贺龙当兵讨袁。贺龙拉起这支队伍，乘胜冲入泥沙附近的南北镇和皂市，夺取了那里团防队的 40 余支枪。不到几天，贺龙的队伍发展到了 300 多人，取名为"湘西讨袁独立军"。贺龙率领这支队伍与慈利、大庸、桑植、永顺、龙山等县的各路义军联合起来，人数达万余，浩浩荡荡地对保袁武装驻守的石门县城发动了两次围攻。刚刚组织起来的民军不仅缺乏训练，枪弹也很少，又没有统一指挥，攻城时一拥而上，攻不下来就一哄而散，各自回家。一时轰轰烈烈、声势浩大的民军迅即解体。

但是，各地民军首领并未灰心。1916 年 2 月，贺龙在慈利与民军首领们商定：一方面派人去四川找正在作战的云南护国军总司令蔡锷，要求派兵到湖南打击拥袁武装；另一方面利用农历二月初二（公历 1916 年 3 月 5 日）土地菩萨诞辰众乡民庆寿的时机，再次起义，各自攻占本县县城。贺龙返回洪家关不久，派往四川的人回报说蔡锷难于分兵入湘。贺龙想，一千条一万条，只有一条管用，就是自己手里有武装！有人有枪还怕打不垮敌人？民军散了，还可以再搞起来。当前需要先打掉一处敌人，才能号召人们扩大队伍。贺龙想起桑植境内的那个芭茅溪盐局税卡，那里有一些枪支。夺枪除害，扩大声势，贺龙下了决心。

1916 年 3 月 16 日，贺龙约了 21 名青壮年，带了 1 支火枪、3 把马刀、3 把菜刀，连夜奔往芭茅溪，会合了预先派来的侦察人员，深夜摸进税卡，打死头目，缴获了 12 支枪，又打开仓库，把财物和盐巴分给了群众。当时在西南几省，盐巴贵如金，穷苦的百姓很难吃到。贺龙开仓放盐无代价地分送给大伙，深得群众拥护，要求加入贺龙队伍的穷人一时多了起来。接着贺龙又率领民军打下了分水岭团防分局，缴枪 4 支，再与另一支民军会合，打开了上溪河盐局，声势大振。

贺龙“两把菜刀闹革命”的发源地——芭茅溪盐局旧址

1916 年春，护国军一部分从贵州开进湘西，与拥袁军队作战，屡获胜利，湘西各路民军也联手参战。大庸民军首领罗占侯派人来到洪家关，协助贺龙召开桑植县讨袁军成立大会。与会民军首领一致推举刚满 20 岁的贺龙担任桑植讨袁军总指挥。事后贺龙率部奔袭慈利县的三官寺，击毙罪大恶极的都团总；攻占桑植县城，赶走县长，宣布桑植独立、护国讨袁。县内农民黄龙清聚众起义，焚烧田契债据，打开地主粮仓，放粮给贫苦群众。地主武装联合向黄部进攻。贺龙急忙率军赶去援助，打垮地主武装，联合了这股民军。此时，讨袁巨浪已经席卷湘西地区，全区 21 个县，有 16 个县宣布独立。湖南其他地区的情况也大体相同。孙中山派程潜来到湖南，召开全省讨袁大会，就任湖南护国军总司令。贺龙被任命为湘西护国军左翼第一梯团第二营营长。贺龙组织和指挥的民军正式编入了护国军序列。

在各省反袁斗争节节胜利的打击下，袁世凯被迫于 1916 年 3 月 22 日宣布取消帝制，并于1916年6月死去。袁世凯死后，他属下的那些军阀分裂成直、皖、奉等派系，争权夺利。在南方各省，响应孙中山号召参加护国战争的将领们，也为争夺地盘互相兼并。在袁系军阀与原来拥护孙中山的一些将领之间，出现了勾结、妥协的情况。中国政局一片混乱，湖南也不例外。左右逢源的谭延闿担任了湖南省督军。

这时，拥袁武装王子鰯部仍在全力进犯湘西护国军。罗占侯、贺龙率军反攻，将王部围困在大庸城内。谭延闿派人调停罗占侯、贺龙和王子鰯之间的冲突。罗、贺听了谭延闿的意见率部移驻常德，但是却上了当。不久，谭延闿以整编为名，令卿衡突然缴了湘西护国军的枪。贺龙适因外出得以脱险，只带了三个部下、两支枪返回了洪家关。湘西的反袁民军在袁世凯死后失去了斗争目标，有的被拉拢成为军阀部队，有的被缴械解散，霎时间烟消云散。在这两年的反袁斗争中贺龙虽然积累了不少作战经验，但却被错综复杂的政治斗争搞得十分迷惘。袁世凯死了，北洋军阀控制的北京政府依然如故，同是孙中山领导的中华革命党人却互相倾轧，形成这种状况的原因何在？贺龙找不到明确的答案。

贺龙回家不久，在湖南政法学堂读书的堂兄贺连元来信邀他去长沙商讨革命大事。9月，贺龙来到长沙。谭延闿知道贺龙在湘西有一定声望，在湖南局势仍不稳定的情况下，为了笼络人心，便委任贺龙为湖南省督军府谘议，还拨出两只船交给贺龙，让他收税发财。面对这一名利双收的差事，贺龙表示："我拉队伍为的就是反对苛捐杂税，打倒贪官污吏，你们让我在长沙当官收税装进我的口袋，这不是黑起良心害老百姓吗？"他断然拒绝了谭延闿的笼络。

贺龙到长沙的时候，湖南省的中华革命党组织正以"正谊社"名义进行革命活动，准备利用辛亥革命元勋黄兴迁葬长沙的机会，反对谭延闿。贺龙和罗占侯、贺连元走访中华革命党人林德轩，巧逢正谊社主要领导人都在那里，他们热烈欢迎贺龙。这样，贺龙与革命党组织又取得了联系。林德轩，湖南石门人，早年留学日本，加入同盟会，他对年轻的贺龙很为赏识。他说："你贺云卿有云，云从龙，改名叫贺龙嘛！"这个建议，得到了在座的正谊社成员的赞同，从此，贺文常改名贺龙。正谊社要求贺龙炸掉谭延闿的公馆。原来，谭延闿身为革命党人，却和北京政府暗相勾结，他标榜反袁，依靠反袁武装攫取湖南军政大权，却又排挤革命党人，消灭反袁民军，因而引起了湖南革命党人的强烈不满。正谊社的斗争矛头主要指向谭延闿及其师长赵恒惕、湖南善后督办主任梅植根，提出了"攻谭、杀赵、灭梅"的口号。贺龙接受任务后，就在他住的坡子街福元旅馆着手准备。不料，因正谊社谋刺梅植根未遂，引起了军警大搜捕。他们在贺龙住处搜出手枪1支、炸弹2枚，贺龙被捕押入大牢。

革命党人立即设法营救。他们获悉谭延闿、赵恒惕与湘军第二师师长陈复初有矛盾。陈利用与北京政府陆军次长傅良佐的关系告过谭延闿，使谭陷入被动。革命党人认为两害相权取其轻，陈复初拥有一个师的武装，与北京政府关系很深，应该是主要的打击对象。于是革命党人决定利用谭、陈矛盾，变攻谭为拉谭，与之谈判，要求释放贺龙，共同打击陈复初。谭延闿认为此事于己有利，便释放了贺龙。

1917 年 8 月，北京政府下令免去谭延闿的督军职务，委任傅良佐继任，遭到湖南各界的反对。革命党人决定在傅良佐未到任之前，将先行入湘的秘书长、副官长刺杀。这个任务又交给了贺龙。但傅良佐的先行人员迟迟未来，谋刺计划没有执行。

贺龙在长沙看到了军阀官僚政客们的明争暗斗，认清了他们的嘴脸。两次谋刺失败，也使贺龙对中华革命党采取的这种斗争方式是否正确产生了怀疑。

由于北京政府首脑段祺瑞反对恢复国会，宣布临时约法无效。8 月 25 日至 9 月 1 日，孙中山在广州召开国会非常会议。会议决定组织中华民国军政府，推举孙中山为大元帅，开展护法活动，反对北京政府武力统一中国的主张。湖南革命党人响应孙中山的号召，决定由林修梅在湘南、张溶川在湘西起义。贺龙奉命返回湘西发动武装斗争。

贺龙回到家乡很快就组建了一支 200 余人的队伍，担任了湘西护法军游击司令，并立即与其他护法军一起攻击侵入湖南的北洋军阀部队。冬季，护法之战取得了很大胜利，进踞湖南的北洋军阀部队被迫停战言和。督军傅良佐弃职逃走。12 月 1 日，鄂军第一师师长石星川在江陵宣布“自主”，脱离北京政府。16 日，鄂军第九师师长兼襄阳镇守使黎天才宣布“自主”，任湖北靖国联军总司令。北京政府派兵镇压。孙中山电令湘西护法军将领率部援鄂。

12 月，贺龙率所部随湘西护法军总司令张溶川开往常德，准备入鄂援助反对北京政府的武装。这时，湘南护法军总司令林修梅派左翼游击司令罗福龙来找贺龙。张溶川怀疑贺龙将率部去湘南归附林修梅，便以会谈为名，将贺龙、罗福龙扣押，吞并了贺龙的部队。贺龙、罗福龙被关押七天后释放。

贺龙对护法军吞并护法军既苦恼又想不通。此时，贺龙的父亲贺士道来到常德，见到刚刚出狱的儿子，就劝他回乡务农，图个平安，再不要在刀尖子上滚打了。

贺龙对父亲说：“爷爷给您改名叫立堂，是盼望您能立起宗堂。奶奶给我改名叫振家，是盼望我能振兴家业。结果呢？您七立八立，揭不开锅；我七振八振，当了骡子客。后来，我们父子拥护孙中山，明白了建立民国打倒贪官污吏的道理，明白了平均地权，让穷苦农民有田种的道理，活着就该为这个道理干！”

贺士道说：“你赶马时，人家关过你两次；参加了革命党，又坐了三次班房，算得是死里逃生喽。不如好好收场，莫干了。”

贺龙说：“莫干？该死的朝天，不该死的万年。我不拖枪，上对国家不忠，下对祖宗不孝。我就不相信队伍拖不起来，孙中山搞队伍还不是成了垮，垮了再搞，搞出个民国来。”

贺士道叹着气说：“道理是蛮对的，只是搞不好就会掉脑壳。既然你横下一条心还要干，我年过六十，这条老命也就豁出去了，和你一块儿干！”

想说服儿子，反被儿子说服了。贺士道与儿子取得了一致的认识后，返回了家乡。从此一直同贺龙一起投身革命斗争，直到壮烈牺牲。

贺龙的部下谷膏如从被吞并的队伍里逃出来找到了贺龙。两人认为，在洪家关还有两支枪，队伍虽被吞并，但还会有逃出来的；桑植一带，只要贺龙振臂一呼，就有许多人跟着干。要革命，就要重新组织队伍，重新搞枪。于是，贺龙决定离开常德回乡重新组织队伍。当他路经桃源县时，碰上了赶马时的朋友刘开章。贺龙向他借了一笔钱作为路费和组织队伍的活动经费。贺龙告别朋友走到桃源县和慈利县交界的两水井时，碰见一个走得满头大汗的小伙子，向贺龙打听去桑植洪家关怎么走。

贺龙问他："你去洪家关干么事？"小伙子说："我爷让我去投奔贺龙，还说贺龙很仗义，跟上贺龙，他才放心。"贺龙问："你爷是哪位？"小伙子说："当年跟贺龙一起在泥沙夺枪的吴佩卿，和贺龙有过命的交情。我是他的侄孙儿叫吴玉霖。"贺龙笑了："我就是贺龙！"吴玉霖没想到这位比自己年纪大不了多少的年轻人就是贺龙。他突然双膝跪倒，惊喜若狂地说："贺叔祖，受孙儿一拜！"贺龙急忙搀起吴玉霖笑着说："不要从佩卿那里排辈分，我们各交各的朋友，咱们年纪差不多，我就叫你老弟吧！"贺龙问他："你找我来打算干什么？"吴玉霖说："跟着你杀富济贫。"贺龙笑着摇摇头说："过时喽，光杀富济贫不够，要打出一个让贫苦农民都有田种的天下！"吴玉霖高兴地解开衣襟露出腰间斜插的两把锃亮的菜刀说："我没得枪，磨得两把快刀，砍贪官恶霸脑壳，一刀头落，用不着两刀。"贺龙抽出菜刀看看，称赞地说："好嘛，看不出你还是个有心人。菜刀也是武器，有它就能夺枪，拿菜刀也能干革命！我也没得枪，见面分一半，一人一把菜刀，如何？"吴玉霖笑着点头，跟贺龙一道走了。

走着走着，贺龙发现从常德方向走来了一些人。这些人护卫着一乘四人抬着的轿子，神气十足地朝慈利方向走去。轿前有几个兵开道，轿后有两个兵背枪压阵。大概是太疲惫了，后面的两个兵步子越走越慢，和轿子逐渐拉大了距离。这两个兵背着的两支汉阳造步枪引起了贺龙的兴趣。他和吴玉霖商量了几句，就不紧不慢地跟牢了这两个掉队的护兵。走到连三弯的偏僻小路上，贺龙和吴玉霖猛扑过去，抡起菜刀，放倒了护兵，夺了两支枪，飞快离去。事后得知，那乘轿子里坐的是到慈利上任的县长。此后，贺龙就凭着用菜刀夺下的这两支枪，重新召集 18 位志同道合的伙伴，组织了一支小小的队伍，从石门渡澧水北上，自动和湖南援鄂的护法军一起，在荆江两岸与北洋军阀部队作战，不断取得胜利，在援鄂的两个月的转战中，贺龙的部队发展到了 100 多人、70 多支枪。后来，贺龙在参加中国共产党第七次代表大会之前填写的履历表上写着："1917 年底，曾用两把菜刀，发展到百余人的队伍，任援鄂军第一路总司令所属之游击司令。"

多年来，贺龙"两把菜刀闹革命"的事迹广为流传。1927 年，毛泽东领导湖南秋收起义之后，在井冈山下的三湾改编起义军时说："贺龙同志两把菜刀起家，现在当军长，带了一军人。我们现在不只两把菜刀，我们有两营人，还怕干不起来吗？”贺龙“两把菜刀闹革命”的故事，一直成为革命队伍中的美谈。[①]

第二节 征战湘鄂川黔

1918 年 3 月，北洋军阀的部队大举进攻湖南，26 日进占长沙。27 日，北京政府任命第七师师长张敬尧为湖南督军兼省长。湖南的护法军纷纷撤退。贺龙率民军从公安退到澧州。

1918 年春，贺龙去石门县拜会湘西护法军第五军军长林德轩。林早已听说了贺龙带十八勇士自动援鄂，转战十县的事，十分欢迎贺龙来访。他向贺龙介绍说，孙中山虽为军政府大元帅，但云南、广西原来接受孙中山领导的人却不接受孙中山的委任；军政府内部也矛盾重重，护法前途不容乐观。他委任贺龙为湘西护法军第五团第一营营长，率部驻防桃源。不久，贺龙的一些旧部闻讯前来投军，加强了贺部实力。在讨袁和护法战争中，贺龙组织武装几经起落，到如今终于打开了一个小小的局面。

1918 年 9 月 26 日，在湖南的护法军将领谭浩明、谭延闿、程潜、林修梅等与北军将领吴佩孚、冯玉祥等数十人联名通电，要求北京政府代总统冯国璋颁布停战令。实际上，在湖南的南北双方武装已经大部分停火。进入常德的北军旅长冯玉祥与湘西护法军业已达成谅解，重新划分了防区。林德轩的第五军移往湘西北，贺龙率第一营驻防桑植。

这时的桑植正陷于凄风苦雨之中。5 月，“神兵”[②]扑城，8 月又患水灾，县内政事废弛，盗匪丛生，民不聊生。县城内居民不足 2000 人，却有奄奄待毙的饥民 200 多人。贺龙率部进入县城后，立即赈济灾民，三令五申告诫所部官兵对讨米的饥民不得歧视，一律给饭吃。贺龙亲自找来县长，要他打开官仓，每天拨出几百斤米，指定一批住户煮稀饭赈济灾民。当年得过救济的百岁老人袁芹姑回忆说：“贺龙营长回县那年，进城讨米的人全靠贺营长救济。我家三口人，每人每餐领到一大碗稀饭，合起来有一大瓢，再拌些青菜，就能活命了。”

在市政建设方面，贺龙也尽力而为。城东有一处险道叫乌龟咀，是桑植通往大庸的必经之路。由于道险路窄，多少年来，不时有人从这段路上摔下河谷。然而，官府对此却视而不见。贺龙驻防桑植以后，立即带头捐款，动员商家富户出钱兴工，凿石开山，将这段路修成了坦道。贺龙还组织人力将城外泥泞坡陡的一段路改建成 128 级台阶的石板路；将城内主要街道平整加宽，铺上青石路面；把

---

① 关于“两把菜刀闹革命”，历来说法不一。一说是 1916 年 1 月泥沙夺枪，一说是 1916 年 3 月芭茅溪夺枪除害。据考证，这两次夺枪参加人员不少，亦非只用两把菜刀。只有 1917 年的夺枪仅有两把菜刀。贺龙在出席中国共产党第七次代表大会前填写的履历表中明确地写明了这一点，因此，本书采用此说。

② 指当时农村中一种通过封建迷信活动组织起来的农民武装。他们作战时喝符水，挥刀矛，很剽悍。这种组织有的为土豪控制成为反动武装，有的则是反抗官府守土卫民的武装。

通往四乡的几条崎岖山路加宽到两米左右，也铺上石板。这样一来，使湘西山城的人民，生活便利了很多。在修路中，贺龙以工代赈，又救济了许多灾民。

贺龙回顾自己走过的路，痛感学习文化增长知识的必要。驻防桑植后，生活比较安定，他开始广交知识分子。因此，他的客人中有许多新老知识界人士。新派文人，前清的拔贡、秀才，民国的留学生都成了他的座上客。其中一些人成了贺龙的良师益友。有的被聘为随营老师，给贺龙讲解中外历史、兵法军制和古书古文，使贺龙受益良多。

曾参加武昌起义的前湖北荆宜施鹤总司令唐栖之 1918 年秋天路过桑植，贺龙邀请他检阅部队，请教建军良策。唐建议贺龙"注重军训"。在陈图南的协助下，贺龙开办了军事讲习所，招收青年和选拔官兵 120 余名，以三个月为一期，学习孙中山的演说以及政治、军事、文化，每天三操两课。贺龙亲自兼任讲习所主任。他请军校毕业生周敬新主持教务；聘桑植籍留学生和在长沙、常德等地读书回乡的谷纯如、陈少南、钟慎吾、贺连元等为教官。鉴于学员文化程度低，学习吃力，进步缓慢，贺龙又请师范学校毕业的廖茂才为文化教官，并委以秘书、助理营副之职；请长沙省立第一师范学校毕业的萧珍元主讲时事，加强时事教育。贺龙自己常和学员一起出操上课。贺龙广集人才、培养骨干、注重训练，使他和部队的官兵都有了长足的进步。

正当贺龙忙于整军练兵、改善县政的时候，群众对驻防桑植、永顺边境的护法军团长马吉祥所部军纪败坏、为害百姓一再提出控告。为此贺龙多次向林德轩报告，但不见回音。贺龙又向马团的上级旅长报告。经旅长允许，贺龙趁马吉祥带少数人来桑植城里吃喝玩乐的机会，派兵将马击毙。不料，却引起了总司令林德轩的不满。不久，林德轩率部开往常德。贺龙恐林挟嫌打击，未随其行，留在桑植担任了独立营营长。林德轩走后，贺龙就放开手脚，统一了县内的地方武装，处决了几个民愤很大的恶霸，使桑植的社会秩序在一个时期内颇为良好。贺龙率部驻防桑植的一年里，在整军、建政等方面都取得了相当的成绩。在湖南政局动荡、形势混乱的情况下，贺龙成了各种势力都不敢轻视的人物。

1919 年夏，贺龙接到了两张委任状：湘西巡防军统领陈渠珍委他为支队司令；澧州镇守使王子豳委他为团长。陈、王主动笼络贺龙有诸多原因：一是贺龙在湘西颇具声望，拥有武装，政绩斐然；二是陈、王都想乘国内和湖南政局动荡之机扩大势力。1919 年夏，北京爆发了反对北京政府卖国罪行的大规模群众运动，即有名的五四运动。各省纷纷响应，大大推动了民众的觉醒，加深了北京政府各派系之间的矛盾和分裂。在湖南，南方军队内部也出现了矛盾。南方军队多数分属湘军总司令程潜和表面上服从孙中山、实际上拥戴桂系的前湖南督军谭延闿，少部分保持着相当的独立性。这年 6 月，谭延闿发动驱程运动。程潜出走后，谭延闿进而企图将湘西也纳入自己的控制之下。湘西各路武装，按历史渊源虽然多属孙中山军政府体系，但由于军政府鞭长莫及，大都各行其是。这些武装的领导人，得知谭延闿企图兴兵统一湘西，便纷纷扩大实力，以求自保。在这种形势下，陈渠珍、王子豳争着委任贺龙，就不是偶然的了。

贺龙与陈渠珍素无关系，与王子豳还对抗过。贺龙当年在泥沙夺枪组织民军攻打石门，打的就是王子豳。进攻失败后，贺龙大姐贺英的房屋就是被王部烧毁的。护法战争时，贺龙任营长，率军攻打大庸县城，又一次与王子豳作战。近年来，王子豳虽然转向了孙中山的军政府，但与贺龙并无往来，更未消除隔阂。不过，贺龙考虑：若对陈、王的委任断然拒绝，势必引起冲突，以自身的力量与之对抗，很可能使部队受损、乡里涂炭，于军于民都极不利。加上贺龙所部离开林军以后，无人发饷，靠桑植一个贫困县供养这许多兵，已经相当不易，急需扩大供应来源，减轻百姓负担。于是，贺龙召集会议商讨对策。会上，一种意见主张接受陈渠珍的委任，因为陈的势力距桑植较近，难于抗衡；另一种意见主张接受王子豳的委任，因为王在澧州，距桑植较远，贺龙的队伍可以保持相当独立性。贺龙权衡利弊，决定接受王子豳的委任。参谋谷膏如极力主张投靠陈渠珍，看到贺龙不赞成他的意见，企图谋杀贺龙，拖走队伍，因被贺英发现，仓皇逃跑。谷膏如逃跑后，煽动“神兵”头目王朝章率部偷袭洪家关，血洗贺氏家族，杀死14人、伤30余人。贺龙闻讯立即率部救援，将“神兵”围歼于鱼田坪。“神兵”头目王朝章被群众处死，谷膏如逃脱，投奔了陈渠珍。贺龙赶到洪家关时，那里已是一片瓦砾。他满怀悲愤安置了亲属乡邻，30多个满腔仇恨的青年参加了贺龙的部队。

1920年春，贺龙报请澧州镇守使王子豳配发本部300支枪、300箱子弹。王虽答应了，却迟迟未见发来。贺龙请父亲贺士道、弟弟贺文掌携带书信礼物，由副官贺植卿陪同去澧州拜会王子豳领取枪弹。这一行动被谷膏如侦知。他邀集匪徒陈继之部数百人，拦路设伏。贺士道身中数弹，落水牺牲。贺文掌被捉去，用大甑蒸死，数十名士兵被杀。不久，钟慎吾率部歼灭了陈匪。谷膏如逃脱，不知去向。贺英听到父亲和弟弟的死讯，回洪家关奔丧，要砸毁谷家祠堂，替父报仇。贺氏族人也都义愤填膺，准备动手。贺、谷两个家族的冲突一触即发。贺龙听到后，飞速赶来劝阻。他向大姐和族人说：“枪杆子在我们手里，杀几个人容易得很，可这个仇不能报。”族人极为不满地说：“杀父之仇，灭族之恨，为什么不能报？”贺龙说：“贺、谷两家世代通婚，互相嫁娶的不满千人也有几百人。光我家就有一个姑姑两个姐姐嫁给谷家人。要是他杀我，我杀他，世代姻亲变成世代仇人，外面的‘大脑壳’（即大人物）随便的就能把我们毁掉。他们哪管你是贺家人，还是谷家人？洪家关可遭了殃。谷膏如不认人，我贺龙认人呀！”

贺龙这种顾全大局的气度，说服了贺英和族人，也感动了谷姓一族。他们派出本族头面人物前来贺家赔礼道歉，在贺士道灵前隆重致祭，一场械斗大祸得以防止。24岁的贺龙获得了贺、谷两个家族和乡亲们的爱戴和尊敬。

这年，贺龙与土家族姑娘向元姑结婚。贺姓家族因贺龙与前妻结婚多年未能生子，按照当地习俗，为贺龙举行了“丧婚”，借以告慰先灵。这次结婚，贺龙并未参加，由贺龙未出嫁的小妹贺绒姑抱着大公鸡，与新娘在亡父神主牌位前拜了天地。

这年，湖南督军张敬尧下台。谭延闿再次掌握了湖南军政大权，但他仍然脚踏南北政府两只船，使民众和革命党人又一次大为失望。

1920 年 7 月 19 日，澧州镇守使王子豳被其副使卿衡谋杀。王的儿子王育寅于 7 月 24 日在慈利东岳观率 9 个团 7000 人举兵报仇，自任常澧护国军总司令，要攻取慈利县城与卿衡决战。他派人向贺龙说明起兵原因，请求出兵助战。

贺龙对卿衡早有认识。1916 年，湘西护国军“整编”时就曾遭他暗算，贺龙的队伍被他缴械。卿衡是个政治投机分子，而王子豳却是逐步靠拢孙中山的。因此，贺龙决定率部支持王育寅。他们会面后，决定贺龙所部攻打北门；王育寅军从另外两个方向进攻。7 月 29 日，贺龙率部首先展开攻击，消灭了北门守军一个营，另两路也相继发起攻击。经过激战，守军溃败，卿衡逃走。王育寅向省方通电要求缉拿卿衡，并使本部武装正名列编。谭延闿却复电指责“王育寅称兵作乱，扰乱湘省治安，责令限期缴械”，并令湘军出兵讨伐。

面对严重形势，王育寅自感孤军难保。贺龙建议他派人去广东请求孙中山派老革命党人、前湘军旅长林修梅前来主持大计。王育寅立即派代表去广州向孙中山求援。8 月 16 日，粤桂战争爆发，孙中山正在组织力量讨伐桂系军阀，需要取得湖南支持。谭延闿不愿公开支持孙中山，王育寅来求援，表示拥孙，对孙中山和粤军有利。孙中山发电表示：“王育寅报仇雪恨，古称孝勇，更以为国为湘之急，共襄大业。”① 他又电湖南当局：“王育寅派员来，自请援粤，文以其颇知大义，遂令林修梅亲往该处视察一切。”②

9 月，林修梅来到慈利，就任湘西靖国军总司令，王育寅副之，委贺龙为第三梯团团长，通电发兵，援粤讨桂。孙中山复电鼓励，并致电谭延闿称：林军讨桂是湘军的光荣。但谭延闿不予理会。

林修梅率部于 10 月中旬攻占常德，准备往广西攻打桂军，支援孙中山。谭延闿倚桂系为后台，急令大批湘军拦阻、攻击林修梅部。双方交战数月，林部因众寡悬殊而失败。贺龙率部返回桑植。湘西靖国军支持孙中山，全力援粤，征战半年，贺龙有很大贡献，但也遭到湘西一些地方实力派的嫉恨。当贺龙率部返回桑植时，湘西镇守使陈渠珍派兵设伏，企图消灭贺部，却反被贺龙打败。陈渠珍见动武失利，即委派一名亲信担任桑植县长，命其游说贺龙归附于他。贺龙因所部频繁征战，枪支弹药已感不足，又苦于部队无处发饷，更不愿加重乡里负担，就接受了陈渠珍的委任，担任了湘西巡防军第二支队支队长。

1920 年 12 月，湖南督军谭延闿去职，由谭部师长赵恒惕接任。赵于 1921 年 7 月间发动援鄂战争 ③ 令陈渠珍率部出湘。贺龙由于不了解这一战争的目的，

---

① 孙中山：《复王春初函》，载《孙中山全集》第 5 卷，人民出版社 1985 年版，第 310 页。

② 孙中山：《复湖南省议会电》，载《孙中山全集》第 5 卷，人民出版社 1985 年版，第 360 页。

③ 指川、湘两省出兵驱逐北京政府任命的两湖巡阅使兼湖北督军、直系将领王占元，助鄂自治的战争。

不愿参加，按兵不动。经一再电催，才随湘西武装向公安移动，途中，援鄂阵线已散，贺龙奉命进驻桃源，担任沅水下游防务。

贺龙在桃源与知识界人士广为交往。思想开明的桃源女师校长彭施涤，以湘西政治摇篮闻名的省立二师校长田佐汉、陈伯陶等都成了贺龙的嘉宾。陈图南和他的同学花汉儒也来到桃源。陈图南此时鼓吹起了无政府主义，花汉儒则信仰马克思主义。花带来许多进步书籍，他对贺龙说，建立了社会主义制度的苏俄已经消灭了剥削阶级，没收了大资本家和地主的土地财产，推翻了沙皇政权，打垮了帝国主义的武装干涉，工农当家作主了。又说，社会主义也适合中国，一旦中国广大工农觉醒，一定会走列宁领导的俄国十月革命道路。他还向贺龙讲了五四运动的伟大意义。

贺龙对这些从来没有听到过的新思想产生了极浓厚的兴趣，对俄国革命更是神往。他请花汉儒天天为他介绍俄国革命和社会主义，讲解进步书刊上发表的文章。贺龙像小学生那样专心聆听，提出一个又一个的问题。

花汉儒告诉他，苏联有一个布尔什维克共产党，全世界有一个总的国际党（指共产国际）。贺龙问中国有没有共产党？花汉儒说有许多共产主义小组，刚刚成立了共产党。

这些交谈，在贺龙思想上点燃了炽热的革命火焰。他后来说："当时我听陈图南讲的克鲁泡特金的那一套无政府主义，无论在理论上、政权上、国家军队问题上，都没有什么根据。而谈社会主义的，条条有理，有根据，对于我的思想是一个很大的启发。""他们讲的党，对我很有帮助"。"这时候，共产党在我脑子里的印象就相当深了。自从我知道了共产党，我就注意找共产党了。"

不久，贺龙奉命移防辰溪、浦市。花汉儒返回原籍，陈图南留在贺龙这里担任了副支队长。

1921 年，孙中山召见原川军师长石青阳，令其返川援助四川第一军熊克武部反对依附北京政府的四川第二军刘湘部和黔军袁祖铭部。1922 年春，石青阳路经湘西时，向其旧部下陈渠珍借兵。陈渠珍只想当湘西王，不想入川，便极力向石青阳推荐贺龙。其实，陈渠珍深知贺龙坚定地拥护孙中山，担心贺龙久居其下可能生变，便乘机将贺龙遣出湘西。但是，依照孙中山的意图去援助革命派打击军阀，却十分符合贺龙的心愿。他向部下说："我很想见到孙中山。别人说他是孙大炮，我看中国就是需要这样的大炮。清朝政府怕他，北京政府怕他，就是因为这门大炮威力大。他把四万万同胞鼓吹起来，这门大炮威力还了得吗？"他愉快地接受了援川的任务。

1922 年春夏之交，贺龙率部随石青阳到达川东酉阳县龙潭，会见了熊克武的第一军代表。石青阳召开会议，传达孙中山的指示，并被推举为川东边防军总司令，所辖部队以贺龙指挥的三四千人为主力。之后贺龙率部攻占涪陵、击败黔军袁祖铭部，贺龙被委为川东边防军警卫旅旅长，担负长江防务。8 月，第一军、第三军联合刘存厚部击败第二军。

1922年秋，贺龙率部移驻彭水。在这里，他明令废除苛捐杂税，奸商、恶霸一经查实，立即严惩。他兴办女子小学堂，以兴女子入学之风，除封建陋习之弊，并带头捐银元400元为开办费。他整饬军纪，处决了一名久随其征战并有亲属关系，但违法乱纪的连长。这些做法深得民心。一些零星的土著武装自动来归，当地青年纷纷入伍。贺龙的部队得到了扩大，增编了一个骑兵团。

1922年6月16日，粤军总司令陈炯明叛变，8月9日孙中山被迫到上海避难。远在川东的贺龙得知孙中山处境困窘，即派人赴沪晋谒孙中山，表示为革命事业当竭尽全力支持孙中山。孙中山甚为感动，复函贺龙：

云卿先生鉴：

周参谋持来大札，备悉一是。边徼久戍，艰苦逾恒，而壮志不渝，忠诚自矢，此真可为干城之寄，当勉望于无穷者也。

川中久苦内战，迩来以各将领互开诚悃，共企新图，遂有开发实业计划。前各以书来陈说，文曾力赞其成，不独为弭息内争，昭苏民困之要图，而给养有恃，简练益精，一俟会讨有期，建瓴而下，且可以襄成大业，幸协图之。

我驻闽各军实力充裕，稍事休息，即须出讨。驻桂之张、朱各军，现已下迫梧州，西江震动，陈逆料难久逭。切望秣厉待时，共戡大难。此复，即询

戎绥

此后，贺龙与孙中山领导的政府信使往来不断，使他在战事纷纭、政局混乱的形势下能辨明方向，有所遵循。

1923年1月，陈炯明兵败。2月，孙中山由沪返穗，再组大元帅府，下令讨伐受北京政府支持的西南军阀，以求先平定南方再挥师北伐。

4月13日，贺龙率部重返涪陵，参加同北军的作战。春夏之交，北军合力进攻，熊克武部屡遭挫折，重庆、成都相继失守，贺龙所部也退出了涪陵。6月4日，孙中山任命熊克武为四川讨贼军总司令，但懋辛、吕超、石青阳分别担任第一、第二、第三军军长。贺龙为第一混成旅（亦称川军第九混成旅）旅长，仍归石青阳指挥。熊克武受命后率部反攻。贺龙所部与汤子模师、周西

1923年，时任四川陆军暂编第九混成旅旅长的贺龙

成旅协同，完成了攻取涪陵、切断长江交通、阻止北军增援的任务。

1923年8月底，在川的北军急电吴佩孚：“限4日运械弹到渝即行反攻，否则危矣。”[①] 坐镇武汉的北军首脑吴佩孚即以日清公司客轮宜阳丸、云阳丸装运大批军火开往重庆，并派军械处长张远矶押送。

这两艘运军火的船是日本的，船长是日本人，挂着日本旗，从武汉沿长江上驶重庆，哪个中国人敢拦阻！因此，吴佩孚认为万无一失。

他想错了，这样的中国人是有的，那就是贺龙！

贺龙派往武汉侦察的参谋得知日船行动的消息，急忙赶回涪陵向贺龙报告。贺龙认为这件事非同一般，立即与前敌总指挥兼师长汤子模、旅长周西成研究对策。有人说，要放船到重庆卸下军火充实敌军，对我极为不利，但扣船又会惹下大麻烦，不如阻止通行，迫其返回武汉。贺龙站起来，把手一挥说：“轰回去不行。这是送上门的礼物。扣船！没收全部枪械弹药，我们手上也缺嘛！扣了它，我们多了一大批枪支弹药，敌人少了一大批枪支弹药，一加一减，这个仗我们必胜。更要紧的是，这些东西是吴佩孚勾结帝国主义的罪证。我们不是卖国的北京政府，是孙大帅的革命队伍，一定要给他们一个下马威，长长中国人的志气。”[②]

贺龙的主张义正词严，得到了汤子模的支持，周西成则犹犹豫豫地点了头。

如何扣船？贺龙提出：日本轮船以经商为名航行长江。日本商人更是见钱眼开、贪图小利。可以派人化装成老百姓，乘小船围住日本船，就说从重庆往下水来办货，如今打仗，回不去了，请求搭日本人的船回去，我们可以多付钱。日本人为了赚钱，准会允许登船。上了船，就由不得他们了。

大家认为这个办法好，可以不公开动用武力，不在江上开火。于是决定由贺龙负责扣下“宜阳丸”，周西成扣下“云阳丸”。

贺龙回到旅部，把一些部下找来，朝他们笑着说：“日本人的宜阳丸明早开到涪陵，上边装满了吴大帅运到重庆来打我们的军火。船要扣下，军火没收。我亲自化装登船。要防止日本人逃跑，派一个连、一排炮兵在荔枝园码头上游的龟龙关设伏，瞪大了眼睛盯住宜阳丸。他们要敢反抗逃跑，你们就开炮，敲沉它龟儿子。这桩事关系重大，只准全胜。从今天起，全旅进入战斗状态！这出戏，我们扮演喽！”

有人担心贺龙亲自登船会遭到危险。贺龙说：“危险倒是碰上过许多，就是没跟日本人打过交道，碰他一碰，看看是我贺龙危险，还是他们得不到安逸。”

第二天拂晓，长江江面上雾气蒙蒙，两艘日轮沿江而上，驶近涪陵，接近码头。只见码头上站着几个客商，要求出重价搭船去重庆。日本人果然停船抛锚，让小船划过来。

贺龙衣着阔绰，手持“文明棍”，一副大老板模样，率先登上小船。几个化

---

① 四川《国民公报》1923年9月21日。

② 原川军边防军参谋长（新中国成立初期曾任川西行署民政厅长）邱翥双回忆。

了装的卫士紧傍贺龙左右。七八艘小船上的人登上了轮船。贺龙轻挥手杖，化了装的官兵迅速控制了驾驶台、机器仓、货舱、船长室和买办室等重要所在。后来上船的官兵也控制了甲板和其他地方。

贺龙把手一挥说：“检查！”官兵散开，检查立即开始。

在中国行船以来，这位日本船长还没有遇到过敢于检查日本船的人。他愤怒了，竟然拔出手枪就要朝贺龙开枪。贺龙的卫兵们抢先一步，当场击毙了这个日本船长。船上其他的人都老实了。

检查结果，缴获子弹 82.2 万发、炮弹 300 发、手枪数十支，捉住了吴佩孚的军械处长和两名日本人。

贺龙他们走出码头的时候，码头上人山人海，一片震天动地的欢呼声。多年来饱受日本侵略者欺凌的中国百姓，今天扬眉吐气了。涪陵几所学校的师生也赶来参加看守宜阳丸。遗憾的是旅长周西成胆小怕事，只派副官登船，使装满枪支的云阳丸逃回万县，还把上了船的副官捉住带跑了。

贺龙扣船大获全胜，汤子模立刻向熊克武报告。贺龙和汤子模还向在汉口的日本日清公司发出了抗议信，指出：“现在我军正奉命讨伐吴佩孚、刘湘，两军对垒之际，该公司轮船公然为吴佩孚载运大量武器弹药，前往接济被我围困之敌，显系故意违反国际公法，参与中国内战，与本军为敌。

“涪陵为作战区，早经宣布戒严。该公司云阳、宜阳两轮，既已到岸接客，何以不接受检查？云阳丸何以砍锚逃脱？宜阳丸何以开枪射击？使我官兵受到伤亡！由于两轮严重违犯中国戒严法，该公司应负如下责任：

“甲，对我方伤亡官兵，应赔偿一切损失，承担一切后果。

“乙，依据戒严法规定，供犯罪之物没收。宜阳、云阳两轮，是此次犯罪主体，应依法没收。除宜阳丸已经被我方扣留外，现在逃之云阳丸，应由公司交出，一并没收。

“丙，该公司应向本军正式道歉，并保证以后不再违法私运军火及其他禁运货物。”

抗议信还强调指出：“根据中日内河航行通商条约第七条明白规定，不得私运军火、毒品及其他禁运物资。如不遵守条约，故意违犯，其情节重大者，得停止其营业。试问此次云阳、宜阳两轮，公然参与我国内战，在作战区内，冒烟突火，输送武器，难道情节之重大有过于此吗？本军素持宽大，如该公司能够不吝改过，办好善后，则处罚只没收两轮，否则我军执法相绳，除禁止在本区营业外，还将报我政府，停止其全部营业，以儆效尤。”

贺龙迅速把缴获的弹药支援了熊克武所率各路讨贼军。熊克武下令总攻重庆。贺龙率领第一混成旅协同友军积极作战，大败敌军，攻克重庆。

仗是初步打胜了，可是，日本轮船运送军火一案，尚未了结。各方都紧张活动起来。日本政府向北京政府施加压力，北京政府以及依附它的云南、四川当局左一个电报、右一个疏通函件发到熊克武那里，甚至发到孙中山面前。贺龙是直接当事人，向他为日清公司说情的达官贵人就更多了。

日本国驻宜昌总领事贵布根和驻重庆副领事康吉有风风火火赶来面见贺龙和汤子模。

贵布根是日本帝国官方代表，盛气凌人。他说，重庆、宜昌领事事务由他主管，日清公司的事由他负责谈判。他质问贺龙："宜阳丸的船主、领江和买办等六人失踪，听说被杀死，应由谁负责？"并说被扣押司轮宫崎等两人应立即释放，如果有罪，也应按领事裁判权，由日方处理。

贺龙严肃地说："日方船主、领江是不是失踪，我不晓得。如果属实，我方也概不负责，是他们拒绝检查，首先开枪。我军没有等着挨打的习惯，当然要自卫，我方也有伤亡，又该哪个负责？你们日本人性命莫非比我们中国人高贵不成？扣押轮船嘛，我们已给你那个日清公司写了抗议信，如何善后，我们提得清清楚楚。你们违犯战争状态时期我方颁布的戒严法，当然要按我们的法令办理。"

日本总领事责问贺龙："他们到底犯了什么法？什么罪？"

贺龙火了，把桌子一拍，站起来厉声地说："什么罪？砍头的罪！你们私运军火，参与别国内战，不是犯砍头罪是什么？"

贵布根又端出了领事裁判权。

贺龙说："我只管戒严权，谁要在我的防区搞鬼，我就抓他问罪，砍头！"

日本总领事见吓唬不了贺龙，只好灰溜溜地走了。

北京政府、四川当局不顾与孙中山、熊克武一方还处于交战状态，不断派人来向贺龙求情。贺龙一概置之不理，并且进一步提出：日商必须赔礼道歉，赔偿我军一百万元，才能释放两个被扣押的日本人。

吴佩孚的军械处长表示认罪，贺龙予以宽大处理，将其释放，还发给了路费。至于那两个日本人，日方强横交涉失败，又舍不得出钱赔偿，贺龙当然不予释放，把他们扣押了一年多。直到贺部回到湖南，日方履行了赔款和赔礼道歉的条件，贺龙才予以释放，也发给了他们一笔路费。

后来，贺龙谈到这段历史时曾经说过："这件事对我刺激也很深呢！和那两个日本人一起捉来的还有吴佩孚一个军械处长叫张远矶。你看呀，那两个日本人不过是普通的军火商人，可是好多'大脑壳'打电报来说人情。对那个军械处长呢？连信都没人写一封。这太不把自己人当人了。他还是国家的官吏呢！这一来，我不但更加痛恨日本侵略者，也更加痛恨北京政府了。我对那个军械处长很优待，才押到黄角垭就放了，走的时候还送过盘缠钱。"

1923 年冬，北军再占重庆。贺龙率部退守成都。不久，讨贼军内部分化，阵线瓦解，熊克武去职，成都丢失，四川讨贼之战失败。

这给贺龙的震动很大。三年援川战争，讨贼军之所以失败，除了帝国主义支持的北京政府派兵援助四川军阀之外，更重要的是，讨贼军本身多为封建军阀武装，他们的领导人拥兵自重、争权夺利、尔虞我诈、互相吞并，背叛孙中山的主张。这种情况使贺龙对孙中山依靠旧式武装进行革命能否成功，产生了疑虑，也促使他进一步思索怎样才是正确的道路。

有一次，参谋刘达五问贺龙："你觉得广东政府怎么样？"贺龙说："孙中山是个伟人。可是，他依靠的还是军阀队伍，早晚是靠不住的。要革命就要有本钱，不是经商，可以借钱做买卖。"他问刘达五："你听说过俄国革命没有？"刘达五说："前几年就听说过，只是不大清楚。"贺龙说："听说沙皇、贵族、资本家统统被打倒了，由工农当家搞共产。我很想知道这个共产党是怎么'共产'法，和孙中山的平均地权有什么不同。中国也有共产党了。不过，我想，不管怎么'共'，要有'产'才'共'得成，穷人反正不会吃亏。"

又一次，贺龙问刘达五："你认为我走的路子对吗？"刘达五说："你常常讲，要为受苦人打天下，谁能说这条路子不对？不过打来打去，还没有打出天下来，你也还在摸夜路呀！"贺龙说："你说对了，清朝倒了，袁世凯死了，全国还是乱糟糟的。大小军阀各霸一方。我们在四川打了三年，真是神仙打仗，凡人遭殃，吃亏的还是四川老百姓。中国地方这么大，为什么这么穷、这么弱？就是给这帮军阀、官僚搞乱了。不打倒这些人，老百姓还能指望过好日子吗？可是困难哪，这么大一个烂摊子，哪个能够收拾？我们这几千人又能怎么样？我天天都在想这个问题。"

正当贺龙等一些爱国忠贞之士忧国忧民之际，孙中山在中国共产党的帮助下，改组了国民党。1924 年 1 月 20 日至 30 日，国民党召开了第一次全国代表大会，二十多名共产党人参加会议，起了重要作用。大会确定了"联俄、联共、扶助农工"三大政策。共产党人李大钊、谭平山、毛泽东、林祖涵（林伯渠）、瞿秋白等十人当选为国民党中央执行委员和候补执行委员。孙中山在苏联和中国共产党支持下创办了黄埔陆军军官学校，1924 年 11 月，中共广东区委委员长周恩来出任政治部主任。孙中山有了新的奋斗目标，国民党重新有了生气。

1924 年夏，贺龙率部驻贵州省铜仁县。贺龙的秘书长严仁珊的亲戚、在黄埔的铜仁籍学生周逸群和一些桑植籍的黄埔学生给贺龙寄来了许多书刊和关于广东时局、黄埔军校、国共合作等情况的信件。贺龙异常兴奋，认真地阅读了这些书刊和信件，并请严仁珊为他讲解。

读完这些书刊，贺龙高兴地说："确实这样去做，在政治上就确实找到了出路。"他结合自己多年奋斗的体会，很赞赏中国共产党的主张。他说："看来，只有找到共产党，革命才有办法。"经过慎重考虑，他决定去广东找共产党，旅长职务交由第一团团长谷青云担任。他把这个决定报告了熊克武。

这时，熊克武正在筹备组织建国联军，准备乘北洋军阀各派系间的矛盾已经发展到兵戎相见的机会，按孙中山的意图，假道湘西，攻入湖北，夺取武汉，讨伐曹锟、吴佩孚，正迫切需要人才。贺龙在四川作战时，功勋卓著，是忠于孙中山的难得的骁将，在湘西又有很高的威望，熟悉湘西民情地理。所以，熊克武不同意贺龙此时去广州。

贺龙虽然未能亲自去广州，思想上却有了飞跃。在国共合作形成、革命势力有了很大发展之后，贺龙对孙中山及广东革命政权增强了信心，对中国共产党及其基本政策也有了一定了解。所以后来贺龙率部返湘驻守常德，国民党湖南省党部执行委员、中共湘区省委委员夏曦来访，并请求给予经济援助时，贺龙热情接待了他并资助其 5 万银元。1924 年底，毛泽东派兼有国共两党省委委员身份的陈昌到常德专程拜会贺龙，两人相处也极融洽，结下了深厚的革命友谊。

十年征战，十年求索，贺龙执着地向真理前进了。

第三节 经略澧州

1924 年 9 月，第二次直奉战争爆发，孙中山认为完成北伐统一中国的时机已到，遂于 11 月 10 日发表《北上宣言》，声明北伐目的“不仅在推翻军阀，尤在推翻军阀们赖以生存之帝国主义”。同月，孙中山任命熊克武为川滇黔建国联军前敌总司令兼建国川军总司令。熊受命后，派人与湖南当局赵恒惕磋商，向赵说明“假道湘省北伐，绝不干涉湖南内政”，并命令汤子模为前敌总指挥，贺龙率所部为先锋，离黔入湘。

贺龙先致电湘西当局，晓以假道北伐大义，遂出兵进入湖南，直趋湘西首府沅陵。贺龙所部沿路秋毫无犯，军纪严明。陈汉洲等一些地方武装纷纷闻风来投。贺龙收编了几支部队，顺利进军，湘西震动。陈渠珍避往凤凰县；镇守使田应诏躲入乌宿大山。他们令所部旅长杨永清急电贺龙询问：“此次来沅，宗旨若何？永清等莫测高深，而近查兄之所为，实有令人大惑不解者……”①

为了消除湖南当局的误解，贺龙再次通电声明：“本军此次假道入湘，早已派人与湘政府接洽，对于湘政无任何用意。现经湘西各县，仍属假道为宗旨，于湘省地域主权毫无侵犯。”② 贺龙在湘西素有威望，又不主动攻击湘西地方武装，致使湘西当局是战是和犹豫不决，所以，贺龙的部队没有遇到强烈抵抗顺利地进入了沅陵。随后，熊克武也率军开进湘西。

在沅陵，贺龙的司令部设在日府衙。衙外有一块因为“辰州教案”设立的高达两米的大石碑。所谓“辰州教案”是 1902 年两个英国传教士唆使一个坏女人制造了一场流行病，当地百姓死亡千余人。百姓了解了疫病的起源，捉住那个女人，冲进教堂，将两个英国传教士打死。在英国当局压力下，清政府将辰州官吏统统革职查办，有的被处决，还逮捕无辜群众 300 余人，严刑拷打。尤其令人发指的是，把 10 名百姓捆在一起用火炮轰死。英帝国主义除了向中国政府勒索 1 万英镑（折白银 8 万余两），还强迫刻了这块大碑，用以污辱湘西民众。③ 贺龙搞清楚了此碑的来历，不禁义愤填膺，大声说：“这太可恶了！太丑人了！打死两

---

① 四川《国民公报》1924 年 9 月 12 日。

② 长沙《大公报》1924 年 9 月 13 日。

③《湖南近百年大事记述》，第 199 页。

个洋人，赔了八九万两银子，杀了那么多百姓，还杀了两个参将，两个游击，还要一五一十地写上，立那么大的一块碑，好像深怕中国人的脸丢不完一样。”他命令将碑立即炸毁。

1924 年 11 月 13 日，孙中山为了与北京政府谋求实现国家和平统一，带病北上参加国民会议。行前发出命令，再委熊克武为建国川军总司令，辖川军第一、第二军，与建国滇军、黔军及服从孙中山的部分湘军，待机北伐。按这种安排，西南地区的一些军队要驻在湖南境内。这是湖南当局不能容忍的。

11 月下旬，熊克武决定贺龙所部进驻津市、澧州；汤子模军进驻大庸、慈利、石门一带。常澧镇守使唐荣阳认为这是对他的严重威胁，便以全部兵力远出阻拦，被贺龙、汤子模部击溃。贺龙率部继续向津市、澧州挺进。唐荣阳纠集余部在津澧外围严阵以待准备决战。贺龙以主力逼近澧州，似欲与唐部决战。唐荣阳见贺龙率部来攻澧州，急调驻津市守军星夜来援。贺龙却派王育英团乘虚袭占津市。唐知中计，又匆忙调主力向津市反扑。贺龙亲率主力和津市的王团实施夹击，击溃唐部一个旅又两个团，另一个团阵前倒戈投降。11 月 30 日，贺龙抵达津市，发现唐部许多官佐的眷属滞留津市，惶恐不安，便张贴布告晓谕各方：“唐部官佐眷属，一律妥为保护，如有借故扰害，定即严拿惩办。”唐部眷属对贺龙所部军纪森严极为钦佩，对贺龙尤为感激。消息传到澧州，唐部官兵也很感动，军心动摇。贺龙部队乘胜围攻澧州城。唐荣阳部大败，逃向石门。12 月 2 日，贺龙部占领澧州。

进入津市、澧州后，贺龙亲访父老乡亲，察看民间疾苦。他了解到历任官府对人民剥削极为残酷，苛捐杂税名目繁多，每年搜刮银元高达 20 万元以上。津澧一带连年遭受旱涝灾害，群众生活极为困苦。于是，贺龙宣布取消一切苛捐杂税。津澧人民欢呼称庆。

贺龙的基本队伍原来只有 3 个团，入湘后收编的有 10 个团，人枪已逾万，但部队素质差别很大。新收编的部队多次发生违纪扰民之事，如果不着力整顿训练，北伐大业难成。于是，贺龙决定在司令部设新兵训练处，以能征善战的团长王育英为处长。命令各部队“自本日（12 月 20 日）起，各部兵士务须逐日出操两次，对于学科亦须上讲堂两次”。又决定开办军官讲习所，从部队中挑选有文化的军官 300 名入学，每期 3 个月。1925 年 1 月 10 日，讲习所改为军官教导团，在澧州隆重开学。贺龙在开学典礼上说：“我们现在正处在列强竞争、内政不修的时候，要想巩固国防、刷新政治，必须以军政为前提，训练一支具有军事素质的军队。”“从来那些训练有素的军队，都非常注意训练部队的实力。所以能以小敌大、以少胜多。”“练兵之道，首在教育，古今中外都是如此。我们的部队虽然成立已久，但因长年转战，东征西讨，时刻在枪林弹雨中生活，所以对训练抓得不够，以致作战虽然勇敢，而造就不大。”“设官教导，实难再缓。希望全体官佐肩负重任，挺起精神，精研深造，检验揣摩，自始至终，努力前进！”[①]

① 长沙《大公报》1925 年 1 月 19 日。

贺龙对部队的管理抓得很紧，军纪严明，执法无私。驻澧州东门一带的收编队伍，军纪很坏，贺龙将其包围缴械。第六梯团团长田鸿钧早年曾随贺龙在泥沙夺枪起义，参加过湘西暴动，与贺龙是老关系，后来投靠唐荣阳，贺龙入湘，即倒戈投贺，有一定功劳。但田鸿钧纵容部属勒索商人、欺压百姓，贺龙仍坚决将该团缴械。田鸿钧率部顽抗被击毙，所属部队被解散。这些严厉措施，对整肃军纪起了很大作用。为使部队有法可依，贺龙颁发了军警《巡查守则》，命令各部官兵一律遵行，并建立军警稽查处负责查纠。对违反守则者，当众处分。这个守则的内容是："1. 着军服乘坐人力车者，立即禁阻之；2. 酗酒滋事者责罚；3. 与人民口角者查究之；4. 服装不整者纠正之；5. 聚赌者责罚；6. 估借民间物品者责罚；7. 擅拉民夫者责罚。"贺龙还规定："凡无端滋扰人民及侮辱官佐眷属，以及赌钱、嫖娼，在公共场所滋生事端者，人枪一并解部惩办。"①

这些规定扶植了正气，打击了歪风，维护了部队纪律，提高了部队素质，深受津澧百姓拥护。春节期间，澧州各民众团体捐款为士兵赶制寒衣，下乡收买稻草送给部队。贺龙严于治军、关心百姓疾苦，在澧州历来驻军中是从未见过的。

1925 年 2 月 8 日，贺龙被委任为建国川军第一师师长，授中将军衔。2 月 16 日，贺龙在就职仪式上说："龙当激励保国卫民之夙愿，以尽义务于国家。"2 月 18 日组成师部，并着手整编部队。全师编成两个步兵旅，骑兵、炮兵各 1 个团，机枪、工兵各 1 个营，手枪队和补充团各 1 个。升任谷青云为第一旅旅长、贺敦武为第二旅旅长。全师有长枪 9440 支、机枪 78 挺、短枪 840 支、各种炮 56 门、战马 500 多匹，官兵 1 万余人。整编中，撤换了品行极差的军官，以军官教导团培训出来的军官补缺；对被缴械的队伍中比较好的军官或留下来量才任用，或送军官教导团深造；对族人亲属中早年就追随贺龙征战的，也一样严格地论功行赏，量才使用，不予特殊照顾。于是干部中就产生了德才兼备、功劳大的晚辈担任其长辈的上级官长的情况。贺龙指出：军中只讲军法，不讲辈分，不能任人唯亲唯尊，只能唯贤唯能。

经过整编，贺龙率领的第一师素质有了很大提高，成为敌对双方都不敢轻视的力量。建国联军前敌总司令熊克武来检阅部队时，称赞该部"秣马厉兵，士气益励，堪称表率"。

1925 年 3 月 12 日，孙中山在北京逝世。噩耗传来，贺龙极为悲痛，令部队停操一个月、降半旗三天以示哀悼。孙中山逝世后，广东革命政府的人事及军队高级将领是否变动、形势如何发展是贺龙极为关心的事。他严令全师加强戒备、静观变化，并派人去了解各方动态。

形势确已在急骤变化中。湖南督军赵恒惕收起了敷衍广东政府及北伐军的假面具，成了北京政府的急先锋。3 月 27 日他令湖南省议会通过武力驱除川军案，并发出通牒，限建国川军在两星期内全部出境。

---

① 长沙《大公报》1925 年 2 月 13 日。

1925 年就任建国川军第一师师长时的贺龙

熊克武在常德召开紧急会议研究对策。依照广东政府胡汉民来电精神，决定川军于 4 月中旬离湘赴粤。3 月下旬，熊克武亲往澧州令贺龙率师同去广东。熊克武对他说，去广东是要“联络旧同志，组织新政府”。

贺龙对熊克武历来尊重，但是，在是否去广东这个重大问题上却持反对态度。当年，贺龙决心去广州，是为了寻找中国共产党，探求新的革命道理和正确的革命道路。现在，反对去广州，是因为他已经得知孙中山逝世后，广东军政各方首脑正在争权夺利，驻广东的福建、云南、贵州军队将领都想乘机扩大自己的权势。川军再去广州，不仅增加矛盾，还可能被吞并，对继续完成革命大业有百害而无一利。此外，还有一个不开赴广东的重要因素，那就是贺龙率军返湘后，虽然励精图治，部队面目一新，但还不十分巩固。所部官兵大都是湘西人，听说本师可能开赴广东，一些人就请命要求留乡守土。如果断然开赴广东，部队很可能分裂。至于熊克武去广东的目的，贺龙更不赞同。他后来回忆说：“熊克武曾两次来澧州找我。第二次来的时候，他提出要去‘联络旧同志，组织新政府’。我和严仁珊说，联络旧同志，是什么同志？组织新政府，又是什么政府？北京政府是反动政府，广东政府是革命政府，如果再组织政府，是隶属广东政府，还是隶属哪里？我不同意熊克武的意见，并通过严仁珊要熊克武解释这个问题。从此，我和熊克武来往就少了。”贺龙还向熊克武说明，他的部队从民国五年（1916 年）讨伐袁世凯以来，就是遵照孙中山的主义干的。几经挫折，几番再起，为主义而战不屈不挠。这次不随总司令去广东，就是不能背叛主义，以免将来背上不义之名。可见，贺龙和熊克武已经出现了政治原则上的分歧。

熊克武无法说服贺龙，回了常德，熊部第二军军长汤子模便对贺龙施加武力威胁。3 月 17 日，汤军两个旅围逼津市攻击贺部，被击退。

与此同时，湖南当局赵恒惕正筹划对建国军用武。他一面电请北京政府对湘西用兵；一面调湘军三个师开到益阳，进逼常德。5 月 8 日，熊克武率汤子模等部南去，津澧只剩下贺龙这个师了。赵恒惕大军临近，或战，或撤，或和，成为需要贺龙迅速做出决断的头等大事。依当时的形势，上策是备战求和。于是，贺龙发表留湘通电，表示：“去岁追随熊锦公北伐，假道湘中，从师转战，负弩前驱，行战弥月，始达津澧。”但因“半载屯兵，毫无进展……报国既难如愿，害民尤所痛心，午夜彷徨，忧心如焚，不得已，勉徇部属之请，实行还湘，保卫桑梓”。①

湘军返乡，名正言顺，给湖南督军赵恒惕出了难题。赵恒惕依附北京政府，残酷镇压革命，剥削三湘人民，贺龙这样一支革命武装留在湖南，当然成了他的眼中钉。但是，赵正以其主力和建国湘军作战，没有足够力量同时攻击贺龙。省府内又有接纳贺部、让贺龙任澧州镇守使的建议。赵恒惕权衡利害得失之后，以湖南省政府名义委任贺龙为澧州镇守使，管辖七个县。同时，派省议员熊贡卿为省政府代表常驻澧州镇守使署监视贺龙。贺龙很清楚赵恒惕的用心，为了能够暂时避免不利的战事，便接受了委任。贺龙后来说：“中国镇守使多得很，连北京政府都不知道封了多少。他们把你没办法了，就给你一顶镇守使的乌纱帽，他们要是能把你吃掉，大概连骨头都嚼成渣渣了。没有办法，啃不动，嚼不烂，怎么办？当个镇守使吧。我这个镇守使就是靠枪杆子打出来的。”

熊克武去了广东，被蒋介石以“叛国罪行”囚禁于虎门。曾经转战川黔，为护法建有功勋的入粤四川建国军或被缴械，或流入湘黔被收编、遣散，从此消失。由于贺龙对复杂形势判断正确，不怀私念，策略得当，才保留并且发展了一支忠于国民革命的武装。

贺龙在澧州立即展开了多方面的活动。首先对澧州附近一些恶迹昭彰的队伍进行讨伐，以巩固防区，使自己处于攻守进退都有主动权。他率部进攻盘踞石门县一带的前澧州镇守使唐荣阳部。唐部旅长率部倒戈，残敌数千一触即溃，唐荣阳逃往武汉。贺龙进而挥师攻克大庸等地，扫平了各路残杂武装。5 月 18 日，回到分别了五年之久的家乡桑植洪家关，祭奠祖先，看望亲族故友。

贺龙家中原来的房子已经被敌对武装烧毁。继母正在修建一栋木石结构的大屋，房架搭起来了，刚刚上梁。贺龙回来看到正在兴建的大屋，对亲属、乡亲们说：“你们看看，左邻右舍对门当户这些茅草木屋，单单我家修一座大殿，当成菩萨来供，这不是成心叫人骂我贺龙吗？”他断然决定不准再修。亲友们纷纷劝说，你当了师长，当了将军，修个大一点的屋子也是应该的，再说，屋架已经搭完，大梁已经上妥，搭成个屋算了。贺龙还是不答应，他说：“不要修了，盖个屋顶，让它空着，让往来赶场的乡亲也好有个躲风避雨的地方。”后来，贺龙参加了共产党，领导湘西武装斗争，这幢供四乡来往百姓躲风避雨的棚子还是被国民党反动派烧掉了。

几天后，贺龙返回澧州，立即投入救灾工作。澧属七县连年战祸，加之三个来月滴雨未下，田地龟裂，寸谷不收，十室九空，到处躺着饿死的人，有的村子里农民们易子而食，悲惨之极。

贺龙一方面向省里发出要求赈荒救灾的急电，一方面带领一批部属到各地

①《贺龙通电》，长沙《大公报》1925 年 4 月 21 日。

视察。看到一些农民饿得半死，而大地主们却囤粮不卖，哄抬价格。贺龙怒火冲天，下令打开地主的粮仓，把粮食无代价地发给饥民。回到澧州他立即召开各县救灾赈荒善后会议，制定赈济措施。贺龙在会上提出了《买谷备荒案》、《劝种杂粮案》等方案。[①] 各县按照贺龙指示，责成殷实富户预交一年田赋，迅速筹办粮食，立即开始低价售粮并无代价地赈济灾民。贺龙还号召各县农民广种杂粮，生产自救，并且相应地做出了三条规定：（1）各县不得闲置耕地；（2）严禁种鸦片烟，以免妨害农业；（3）定期派员到各县考察广种杂粮的成效，根据成绩好坏，给予奖惩。

各县灾民拥入澧州，有的沿街乞讨，有的沦为盗贼娼妓，有的倒毙街头，加上城里百业萧条，失业者甚多，难民和失业居民生活都极端困难。贺龙决定恢复和扩建"九澧贫民工厂"，招收失业贫民和灾民600多人，使一批灾民及失业者一家大小有了饭吃。贺龙经常到这个工厂视察，还对厂长说："贫民进了工厂，就有饭吃，挣了工钱，能养活一家三五口人。一个工厂600名工人就能养活两三千人，城里的失业问题和灾民的生活问题也就差不多解决了。工厂改名平民工厂，平等的平，要和工人讲平等，我们不是骑在工人脑壳上的大老板。"

在救灾的同时，贺龙提出了《维持教育经费案》。他对教育非常重视，在一次会议上说："教育是开发民智的根本。现在的学校不能不整顿，如果高小毕业生和初中毕业生升学考试全推光头，这样的学校简直等于零。"他针对实际情况提出了三项整顿教育的意见：第一，严格选择教员，免误青年；第二，学风不正皆因校长因循所致，对校长尤须严格考察；第三，教育经费困难，大都由于专管人员侵吞以致亏空，以后对于亏空学校、侵吞公款者，当事人员无论何人，逃往何处，均需通缉严办。尔后，又派澧县知事（县长）贺寿文专程下乡视察县属各校，进行整顿，还雷厉风行地为各学校追回亏欠的经费2100串钱。他自己曾多次向一些学校捐款，参加学校活动。在短短时间内，澧属七县的教育事业面貌一新。

在治理澧州的工作中，贺龙还大力整顿了十分混乱的金融，以工代赈修筑了公路。

经过几个月的整顿，澧属七县民心大定，生活逐渐安定下来。中国共产党湘区省委曾在报告中写道："贺（龙）比较与我们有关系，且对民众亦较好。"

1925年5月30日，在上海爆发了震惊中外的"五卅"惨案。全国掀起了声势浩大的反帝爱国运动。湖南各地纷纷成立"雪耻会"，反帝爱国运动在湖南迅速展开。湖南当局赵恒惕残酷镇压，使这一运动受到很大摧残。但在贺龙管辖的澧州却形成了轰轰烈烈的反帝爱国热潮。7月中旬，贺龙邀请长沙"雪耻会"代表来澧州讲演，还向上海、长沙等地工人、学生组织发出电报表示支持。当时，长沙《大公报》报道说："澧州镇守使贺云青氏以此次青沪惨案，举国悲愤……

①《贺龙提出四大议案》，长沙《大公报》1925年9月1日。

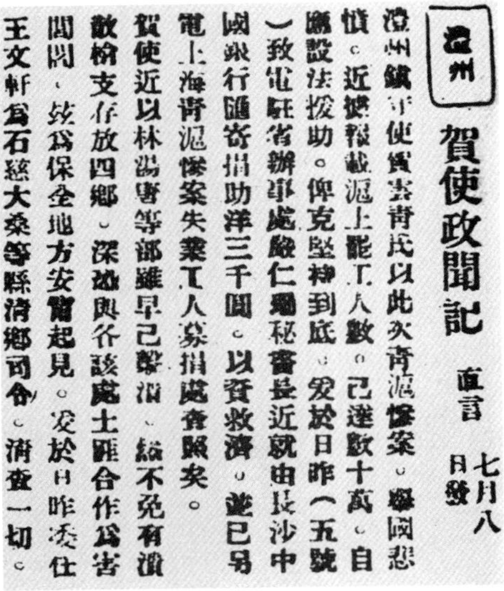
澧州

賀使政聞記

直言

七月八日發

澧州鎮守使賀雲卿氏以此次青滬慘案。舉國悲憤。近據報載滬上罷工人數。已達數十萬。自應設法援助。俾克堅持到底。爰於日昨（五號）致電駐省辦事處嚴仁珊秘書長近就由長沙中國銀行匯寄捐助洋三千圓。以資救濟。並已另電上海青滬慘案失業工人募捐處查照矣。

賀使近以林瀏寧等部雖早已擊潰。然不免有潰散槍支存放四鄉。深恐與各該處土匪合作為害閭閻。茲為保全地方安甯起見。爰於日昨委任王文軒為石慈大桑等縣清鄉司令。清查一切。

1925 年长沙《大公报》关于贺龙声援和支持“五卅”运动的报道

沪上罢工人数已达数十万，自应设法援助，俾克坚持到底。爰于日昨（5 号）致电驻省办事处严仁珊秘书长，近就由长沙中国银行汇寄捐助洋三千元……”贺部第二旅旅长贺敦武也给上海、长沙等地学生发出电报，慷慨陈词，电报说：“沪上外人杀我学生、工人，骇闻之余，不胜发指……敦武乃一介武夫，夙闻匹夫有责之义，愿率数千健儿，誓为后盾，谨此电闻。”贺龙还约请在声援“五卅”运动中有突出表现的桑植籍学生五十多人聚会座谈。贺龙向他们提出了“中国为什么不太平”等政治性问题，学生彭玉珊等做了慷慨激昂的回答。贺龙为家乡的进步青年有了良好的政治素质和较高的文化水平而高兴。后来，贺龙得知彭玉珊因为思想激进被校方开除，即资助他去广东，进入共产党人李富春主办的国民革命军政治讲习所学习。彭玉珊以后参加了中国共产党。

贺龙对待“五卅”惨案及全国反帝爱国运动的鲜明态度，使赵恒惕大为不满。此时，又发生了一件事。来往于长沙、常德、汉口间的日商“戴生昌号”货轮，在“五卅”惨案后，因津澧商民抵制，发生严重亏损。日本驻长沙领事馆以驻津市的贺部刘超雄团长受贺龙指使，强令商家不许与日商往来，违犯《通商条约》及《保护外侨》协定为借口，向湖南省政府提出抗议。赵恒惕如奉圣旨，立即电令贺龙迅速查处。贺龙复电说，此事乃爱国行动，无可非议。日领事诡称刘团长命令津市商号不许货物发载“戴生昌号”等情，查无实据，显系“戴生昌号”捏词诬告，必须严词诘责。

贺龙旗帜鲜明地支持共产党领导的反帝运动，使赵恒惕下了消灭贺部的决心。10 月 10 日，赵恒惕在长沙召开湘军首脑会议，决定讨伐贺龙。他任命师长叶开鑫为“讨贺”前敌总指挥，师长贺耀祖为中路指挥，师长刘铏为左路指挥，湘西巡防统领陈渠珍为右路指挥，并联络湖北督军萧耀南命令王都庆、卢金山、宋大霈、于学忠各师择要防堵，企图把贺龙所部一网打尽。但是，赵的参谋长龚浩却向贺龙亮了底，书记官长陈伯陶赶赴澧州把赵的作战计划告诉了贺龙。

10 月 13 日，叶开鑫等联名发出讨贺通电说：“贺龙驻澧数月，即少有财产者，无不避徙境外。”而在同日的长沙《大公报》上，却刊登了石门县各公法团体为民请命的通电：“湘西苦兵久矣……近复天灾流行，岁比不登，赤地千里，流离载途，闾阎疾苦，不堪闻问。贺镇守使乘积弊之余，剔除繁苛，休养斯民。不谓谣诼继起，常德驻军又有进逼津澧之说。果尔，则澧城前途何堪设想。我省长受全省付托之责，自当一视同仁，不分畛域。应恳当机立断，以利民福为前提……谨贡刍荛之言，为九澧人民请命……”两份通电对比鲜明。为民请命虽然阻止不了赵恒惕出兵，不过是非功过却十分清楚了。

根据双方兵力对比情况，贺龙决定撤出澧州。他命令第一旅移师慈利、石门；第二旅进驻大庸，与第一旅互为犄角，做好应战准备；让大姐贺英带领全体随军眷属返回桑植。10 月 12 日，赵军兵围澧州，贺龙率部转移，并通电全国，阐明是非。10 月 16 日后，赵部吴尚团进占慈利城，贺部反击，吴团伤亡惨重，弃城而逃。在永顺，贺部与叶开鑫师激战，歼其补充营，击溃其一个支队和前来拦截的陈渠珍部一个团。此后，贺龙率部经月余转战退入川黔边境，保存了五个团主力，精锐尽在。

从 1925 年 4 月至 10 月的半年时间里，贺龙担任澧州镇守使率军驻扎澧属七县，取得了当时湖南少有的辉煌政绩，显示了贺龙多方面的才能。

贺龙在澧州期间，与王琳结婚。1927 年，南昌起义失败后，贺龙从香港秘密抵沪。党组织将王琳及贺龙长女贺金莲接到上海。不久，贺龙奉命去湘鄂边组织武装，创建根据地，王琳和贺金莲留在上海，不幸被捕。贺金莲受敌折磨病逝。王琳后经党组织营救被释放。

1925 年 11 月上旬，贺龙率部进入四川秀山、贵州松桃一带，遇到川军第四师第七旅陈子江部阻拦。贺龙了解到陈部兵力不大，一面备战，一面派人与其联络，并亲自会见陈子江，说明来意，还送给陈两门山炮、七支短枪。陈子江自知兵力不足，又感于贺龙豪爽坦荡，便默许贺龙所部住在陈的防区内。不久，黔军第十三旅、第十五旅各派代表前来，企图摸清贺龙率部来贵州的意图和兵力。贺龙让熟悉黔军的秘书长严仁珊与他们接洽，讲明贺龙所部不是溃败之师，而是打垮了湘军三个主力师的胜利者，是为了避免给湘西人民带来战乱之灾，才避让到这里的。两旅代表见到贺军实力颇强，只好同意贺龙在此驻防。

贺龙的指挥部驻在松桃县。这里是苗族聚居地区，地瘠民贫，百姓生活极苦。贺龙号令部队要特别尊重苗族风俗习惯，并贴出榜文，明确宣布本军纪律森严，绝不扰民，并且挤出部队本来就不很充足的粮食赈济贫苦苗民。这些措施得到了苗民拥护。可是，拥有数千苗族武装的团总田大福却不服气，亲自来到县城找贺龙，声称要比个高低。贺龙告诉这位苗族首领，他的部队打军阀、打土豪、打土匪，不打老百姓。他质问田大福，11 月 25 日，外国人到松桃惹事，为什么不去下战书？田大福说：“洋人已被逮到寨堡。”贺龙称赞说：“好，有志气，敢在外国人面前抖威风，比那些吴大帅、赵督军强得多喽！”并请他看看自己的部队。田大福欣然接受，随贺龙绕城一周。沿途他看到了装备整齐、威武雄壮的队伍，排列的大炮、机枪，最后来到营部休息。营长罗统一向贺龙报告说：“本营官佐兵夫 286 人，自到松桃，每天领米 2 斗 4 升 5 合，平均每人 8 勺，未及半饱。”田大福大吃一惊，问贺龙饭都吃不饱，怎么打军阀？贺龙说：“捆起肚子也要打！我们从澧州撤退时每人 3 升米，顶住了赵恒惕 3 个师。军阀和土匪一样，开到一个地方先抢粮。我们是革命军，不能做伤害老百姓的事啊！你也晓得，这松桃县多是苗族兄弟，贫困得很，我们还省出粮食帮助他们呢！”田大福深受感动，对贺龙和他的部队深为钦佩。他说：“我不能眼看你们的队伍在这里挨饿，得给你们搞点吃喝。”他回去以后，果然派人送来了一批给养。松桃县小而且穷，实难解决贺龙这支军队的供应。1926 年 1 月 2 日，贺龙率部进驻铜仁县城。贺龙从前曾率部在这里驻扎，给群众留下过良好印象，因而受到了群众热烈的夹道欢迎。

贺龙进驻铜仁后，得到各界民众的热情帮助，缺衣、少食、减员这三大难题都获得了解决。在这里，贺龙又招募了大批苗族、土家族、侗族青年；收编了原滇黔联军欧百川团、胡泽芝团和一部分铜仁的地方武装共四千余人，将他们编为六个独立团，并招收知识青年两百多名，以原军官教导团为基础，开办了随营军官学校，为部队增加了新的血液。

第三章　北伐名将

第一节　兴师北伐

1926年春，广州革命政府准备出兵北伐。得到这一消息，贺龙非常兴奋。1924年，他按孙中山的意图率军进入湖南开始第一次北伐时，也是从铜仁出发的，在湖南打开了很好的局面，形势很有利。可惜，孙中山逝世以后，1925年7月1日成立的广州国民政府，内部矛盾重重，把大好时机错过了。这次北伐又将如何呢？贺龙立即派人去广州请示方略，同时誓师返湘，准备与广东的北伐军一起打垮北京政府，统一中国。这时，湖南人民已经赶走了赵恒惕，由湘军第四师师长唐生智代理省长。在湖南，拥护北伐的呼声很高。

1926年4月，直系军阀吴佩孚与奉系军阀张作霖组成“讨贼联军”，声称“讨赤讨粤”，举兵三路进攻湖南。叶开鑫在吴佩孚支持下，组织讨赤军攻入长沙，唐生智部撤往湘南。贺龙得悉湖南形势逆转，立即率军赶赴湘西，占领了沅陵及其周围各县，准备同军阀武装作战。

5月，广州国民政府应唐生智要求，决定派兵入湘。20日，第四军叶挺独立团作为北伐先遣队来湘。24日，第四军第十师、第十二师由广东向湖南郴州进攻；第七军由广西向湖南永州（今零陵）进攻。两路北伐军进入湖南，唐生智6月2日宣布参加国民革命军，接受广州国民政府委任的国民革命军第八军军长兼北伐军中路前敌总指挥及湖南省临时政府省长职务，宣布“讨吴驱叶”。湖南民众掀起了支援北伐的热潮。在中国共产党领导下，湖南农民运动蓬勃发展，各县农民协会雨后春笋般地成立起来，发挥了巨大作用。

贺龙所部于7月16日奉广州国民政府命令改编为国民革命军第八军第六师。唐生智委任贺龙为师长兼湘西镇守使。[①] 消息传出，贺英首先起兵赶走了陈渠珍在桑植的守军，占领桑植县。湘黔边境各路民军武装也竞相奔往沅陵，参加贺龙的部队，使贺龙所部猛增到20个团。贺龙当年在湘西进行的许多利民利乡的工作，现在结下了丰硕之果。

由于北伐军声势浩大，黔军首脑袁祖铭也向广州国民政府提出了“恳予收

---

① 长沙《大公报》1926年7月16日。

容”的请求。广州国民政府派共产党人吴玉章赴四川处理此事。袁祖铭接受了国民革命军左翼总指挥的委任，其部属彭汉章、王天培分任第九军、第十军军长。实际上，袁祖铭仍在窥测时局变化，处于徘徊不定之中，因此，只派彭汉章率第九军入湘，其余部队和他本人留在川黔边境。贺龙对袁祖铭是有所认识的。早在1923年，贺龙率部在四川作战时，就曾经说过：“袁大脑壳（袁祖铭）这个人哟，又想到南京去买马，又想到北京去捐官，没有个主见。他找吴佩孚当靠山，吴佩孚连自己也未必保得住，袁祖铭是看不到这一点的。”

因为北伐军左翼总指挥袁祖铭及其主力部队迟迟不动，对整个北伐军的行动，产生了不利影响。贺龙为了促使左翼各军积极投入北伐，便请彭汉章到沅陵，向彭表示，只要他们肯出兵，贺部愿为前驱。当年在四川作战时，彭汉章就熟知贺龙为人。现在，贺龙大义凛然，赤诚相待，自己率领的一个军并不比贺龙的一个师兵力多，因此，尽管彭汉章对袁祖铭态度暧昧存在顾虑，仍对贺龙的建议表示同意。贺龙又利用自己的关系，对投靠吴佩孚的湘军叶开鑫、贺耀祖两个师做了许多争取工作。贺龙将叶部旅长姚继虞请来，晓以利害，使姚旅倒戈，投入了北伐军；又将贺耀祖的参谋长毛炳文请来，要他说服贺耀祖认清大局，不要与北伐军为敌。虽然当时未能使贺耀祖改变态度，却使其军心发生了动摇。贺龙还亲自动员沅陵进步人士和知识青年参加北伐行列。他在辰郡中学讲话说：“北伐战斗打响了，军队缺的是有文化、有知识的人才。现在你们精忠报国的时机来了，愿意干的，跟我来。远的送你们进黄埔军校，近的请上我的随营军官学校。”在贺龙的鼓励下，沅陵近百名知识青年参加了贺龙的部队。

7月11日，北伐军进入长沙。贺龙率兵向踞守常德的北军王都庆师、湘军贺耀祖师发起攻击。8月1日，贺师先头部队占领常德。3日，贺龙抵达常德，接到北伐军中路前敌总指挥唐生智和中路军右纵队李宗仁电令：迅速联络黔军，先进常德，再攻澧州，准备向鄂西出动，以动摇荆沙之敌，保证北伐军西侧安全。此时，左翼第九军第二师杨其昌部已抵常德，但该军主力仍在沅陵；王天培的第十军停止在芷江；左翼总指挥袁祖铭还在贵州坐视不动。而北伐军总司令部已经决定进行汨罗会战，兵分三路向北推进。其部署是：以第四军、第七军、第八军为中路，出岳阳，取武汉；第九军、第十军为左翼出澧州，取宜昌、沙市，掩护中路左侧，牵制鄂敌；第二军、第三军为右翼，集结于攸县，监视江西敌军，掩护中路右侧。

北军方面，吴佩孚在鄂西宜昌、荆州、沙市集结了卢金山、王都庆、于学忠三个师及川军杨森等部共八万余人，准备从北伐军左侧插入，断其归路，再与武汉守军及由河南调来的几个师前后夹击，歼灭北伐军于两湖战场。

在这种情况下，远在贵州和湘西的左翼北伐军主力，如再不行动，将无法对中路起到掩护作用。事关北伐大业的成败，已改任第九军第一师师长的贺龙当机立断，和第九军第二师师长杨其昌一起代表实际不在常德的军长彭汉章于8月10日联名发出讨吴通电，企图造成既成事实，促使彭部主力北进。

8 月 12 日，北伐军总司令部在长沙召开军事会议，决定主力直捣武汉。8 月 14 日，北伐军总司令部下达了总攻击令。在此之前，贺龙率部已将吴佩孚所属北军一部和贺耀祖师的一个团又一个营击溃，占领了临澧。到 8 月 19 日，北伐军发起总攻时，左翼第九、第十两个军主力仍在湘西，而袁祖铭还在贵州。在前线的左翼军只有贺龙率领的第九军第一师和杨其昌率领的第九军第二师。面对八万敌

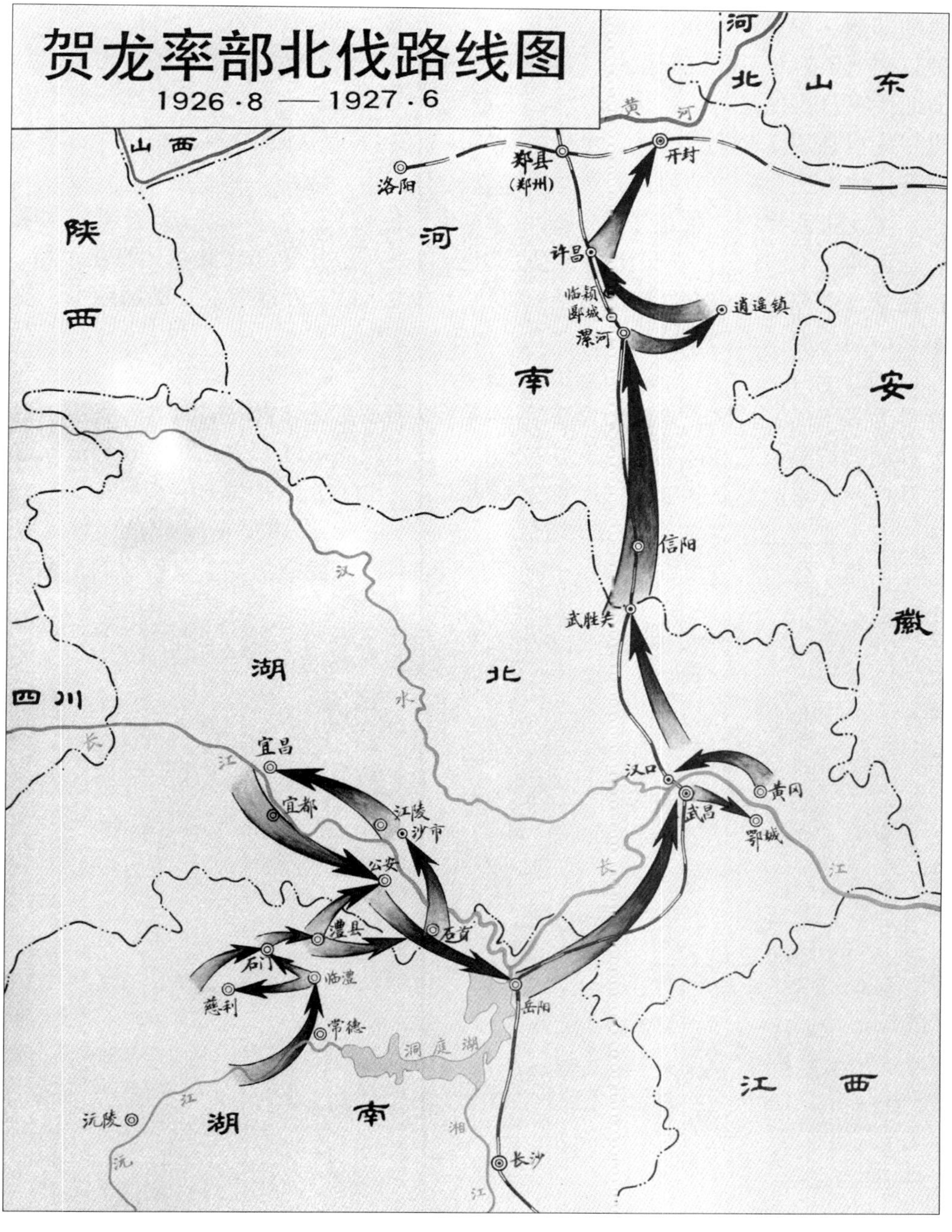

贺龙率部北伐路线图
1926·8 — 1927·6

军，实难对担任主攻的中路军起到有效的掩护作用。贺龙忧愤交加，除命令所部坚决向北军继续攻击外，又联合杨其昌直接致电北伐军总司令蒋介石，要求由前来督师的党代表吕超暂代左翼总指挥职务，以便统一指挥左翼各军迅速进攻。①

8 月 20 日，蒋介石采纳了贺龙、杨其昌的建议，令吕超代左翼总指挥。由于贺龙顾全大局，努力斡旋，并以本师为表率，终于使左翼的状况有了改观。

8 月 27 日，贺龙率师攻占慈利。守敌逃往澧州与北军王都庆师一起阻击贺龙的部队。贺龙挥师猛追，进逼澧州。8 月 29 日，王都庆师退入湖北。澧州一带只剩下依附北军的贺耀祖师。贺耀祖眼见贺龙攻势猛烈，自己的靠山北逃，就向北伐军总部投诚请编，又派参谋长毛炳文来到贺龙的指挥部求和免战。贺龙提出贺耀祖必须反戈攻敌，才能免战。贺耀祖被迫倒戈，接受改编，北伐军总司令部委任他为独立第二师师长。贺龙率部收复了津市、澧州。

贺龙进入津澧，促进了这一地区革命形势的发展。9 月 11 日，澧州妇女联合会诞生。12 日，县农民协会、县总工会和中共澧县党部、共青团特别支部、国民党县党部相继成立。贺龙指示所部支持农民运动，发动群众，支援前线，使军事行动与农民运动相结合，夺取北伐战争的胜利。

1926 年 8 月，国民革命军总政治部派出以共产党员周逸群为队长、由共产党员为骨干的宣传队，来到第九军第一师，受到了贺龙和官兵们的热烈欢迎。贺龙和周逸群早已互相闻名。贺龙驻扎铜仁时就住在周逸群家里，并且收到过周逸群从广州寄来的革命刊物。这次相会一见如故，相处十分融洽。

贺龙把周逸群请入屋中，笑着说：“逸群，对不起你哟，在铜仁的时候，我的部队吃了你家谷仓里好多的谷子呀。”周逸群说：“我家的谷子只怕你们革命军

贺龙欢迎共产党人周逸群率领的北伐军总政治部左翼宣传队来该部工作（画）

① 长沙《大公报》1926 年 8 月 20 日。

吃得太少，越吃得多越好打垮军阀呀！”贺龙伸出三个手指说：“三十多大担呢！我们刚到铜仁，正碰上缺粮，幸好你丈人老子大方，听说我贺龙缺粮，要多少就挑多少，还不派人来过秤呢！”周逸群说：“完全应该的嘛。我家的谷子都是贫农佃农种的，铜仁的农民运动看来不兴旺，否则，这些谷子应该没收，应该全部交你们吃的。”

贺龙点点头，心想，这个周逸群肯定是个共产党喽！于是，坦诚地提出一连串的问题来请教，诸如革命政府是怎样领导部队的，国民革命军为什么要设党代表、政治部和政工人员，为什么要组织宣传队，宗旨是什么，部队应该怎样整顿才好，等等。周逸群十分认真地做了详细回答。贺龙听了许多关于部队建设的从来没有听过的新事物，十分兴奋，心想，照周逸群说的去做，定能加速部队改造，增强战斗力。第二天，贺龙召开欢迎大会，把周逸群和宣传队全体队员热情地介绍给军官们。

就在宣传队来到的第三天，贺龙约周逸群密谈。他开门见山地向周逸群提出：“我要参加共产党！”当时，中共中央规定，在友军内部不准吸收高级军官入党，所以周逸群只好说：“共产党是不关门的，只要够条件，时机一到，一定会有人找你。”

贺龙又请周逸群帮助改造部队，希望宣传队全体人员留在第一师工作，还提出能不能请广州方面从黄埔军校派一批人来。

周逸群认为，不能指望广州方面派人来。解决干部不足问题，要立足自己，可以招收一批有文化的学生，从部队选拔一批年轻的品德优秀的下级军官，开办一个政治讲习所，培养人才。

贺龙从组织军队以来就十分重视办训练队、教导队、教导团和随营学校以培养人才，周逸群的看法与贺龙的思想不谋而合。贺龙的革命热情和求贤若渴的精神深深感动了周逸群。周自己担任了培养革命军官的政治讲习所第一任所长，并把大部分宣传队员留在第一师。从此，他与贺龙并肩战斗，成为最好的战友。

贺龙还请中共湘区省委派人来帮助办讲习所。1926 年 9 月 8 日中共《湖南军事报告》中记载：“贺龙近又要我们替他在常德办政治讲习所，我们以政治关系想阻其实现未果。现已派陈昌去主持其事。”报告中还提到贺龙派了与省方有旧谊的独立旅旅长唐秉渊专程到湖南省党部“找军事政治人才替他训练军队，态度颇为诚恳”等。在中共湘区省委的支持下，由中共湘区执委委员、国民党湖南省党部执行委员陈昌带领的一批共产党员和黄埔、保定军校毕业的军政人才来到了第一师。

政治讲习所成立了。总教官是贺澍，政治教官是陈昌和原湖南省工会副主席兼工人纠察队长武文元，军事教官是共产党员张子清。张子清上课的时候，公开宣布：“我教的军事课程，如果你们回到部队用不上，可以写信骂我姓张的娘。如果在这里学习不及格，那就莫怪我姓张的不批准你们毕业！”他后来随毛泽东参加了创建井冈山革命根据地的斗争。

讲习所的政治课程有:《孙中山主义大纲》《社会主义大纲》《世界革命史》《经济学》《资本论入门》《哥达纲领批判》等。贺龙本人也在讲习所讲过课，更多的是利用工作空隙和学员们一起听课。这不仅使贺龙在政治及革命理论知识方面有了进一步提高，而且引起了全师军官，特别是学员对学习政治的重视。这个政治讲习所办了一年多，直到南昌起义才结束。它先后培养了两千多名部队基层骨干。这批学员为贺龙领导的部队走上革命化之路起了重要作用。通过中共湘区省委对这支部队的帮助和支持，也进一步密切了贺龙与中共的关系，增强了贺龙对中国共产党的崇敬和信赖。

1926 年 9 月，贺龙任命周逸群为第一师政治部主任，在部队内开始建立政治机关，并为各旅、团、营、连编配了政治工作人员，在连队建立了士兵委员会。共产党在第一师营以下各级官兵中开始秘密发展党员，建立党支部。贺部骁将、号称“豹子营”营长的罗忠义就是该师第一个由周逸群介绍参加共产党的。罗忠义随贺龙征战多年，入党前，还去向贺龙请示可不可以参加。贺龙说：“好得很，赶快参加，我还要参加呢！”不久，营长罗统一、王炳南、贺桂如等也先后加入了中国共产党。

贺龙的思想进一步倾向共产党，他所领导的部队也经过了一定程度的改造，这就使第一师大大先进于其他参加北伐的川黔部队。中共湘区省委 1926 年 9 月 20 日给中共中央的《湘区政治报告》中指出：“川黔军在湘西……其首领袁（祖铭）、王（天培）、彭（汉章）、贺（龙）各不相下，入湘部队实力以王、贺较大……我们的政策：一、促其出湘入鄂。二、在军事上扶贺制王。第一点有三个理由：1. 军事上有必要；2. 湘政局上有必要；3. 离湘是他们的出路。第二点有两个理由：1. 我们对他们不能消极，必须拉一个有力者，于袁、王、贺中择一；2. 袁在历史上绝无希望，王为保定系，贺比较与我们有联系，且对民众亦较好。”这个《报告》中尽管并没有把贺龙看做“自己人”，但至少是当成了可以并且已经予以帮助的朋友了。

贺龙对共产党的态度日益明朗，特别是任命周逸群为政治部主任，建立政治机关，配备政治工作干部，以及开办政治讲习所等一系列措施的实行，引起了贺龙部队中以陈图南为代表的一些资格老、职位高、自恃有功而思想陈旧的军官的强烈不满，他们千方百计抵制进步事物。代表新与旧、左与右、先进与落后的两种力量间的矛盾在第一师中日益发展和逐步激化起来。

第二节 光复鄂西

1926 年 8 月底，中路北伐军在贺胜桥等处连战皆捷，逼近武汉。而左翼北伐军第九、第十两军大部仍在沅陵一带，行动迟缓。吕超虽然代总指挥，并没有多少实权，很难使自成体系的黔军袁祖铭部听从调遣。鉴于要进攻荆州、沙市以策应主力占领武汉的战略需要，贺龙联系杨其昌、贺耀祖两师长向吕超建议：“非急攻荆沙，无以释西顾之忧。”经吕超同意，他们动员已抵津市、澧州的各支武装继续北进，攻击长江上游的吴佩孚军。在贺龙的敦促下，吕超在澧州召集二贺一杨三师长会议，决定出师荆沙。他们议定先占公安、石门，次夺荆州、沙市，再取宜昌，消灭北军长江上游主力。贺龙在誓师大会上讲话说：“这次北伐……完全是为打倒帝国主义及专制的军阀，实行三民主义。我们军民合作，不日直下荆州，会师武汉。我贺龙当以头颅和热血，拼命到底，不取得荆沙，绝不转身。”

9 月 10 日，贺龙亲率少数便衣武装去公安一带侦察敌情和地形。13 日，贺龙对全师连以上军官讲了八个有很强政策性和战术指导性的问题。他说：“此次北伐分左、中、右三路。我部属左翼，目的在夺荆沙。现中、右两路进展迅速，比起来，我们掉队了。现在决定日内分途出发，攻击前进。第二，我军过去与贺耀祖师长的部队作战，是因为彼此宗旨不同，现在，他们与我们站在一起了，主义一致，对他们的态度要和蔼，要以友军对待。第三，敌我力量对比，鄂军有三个师，兵力与我相等。但自经我军痛击，已成惊弓之鸟。我军连战皆捷，士气很旺，又得民心，所以进占荆沙，定操胜券。但我军应扬长避短，万勿轻敌，骄兵必败。第四，我军各军官作战时对敌情、地形多未考察实在，情报不准，真令人担心。此次津澧获胜，因属在本乡本土作战，地形熟悉，容易得手。一至外省作战，必须考察明白，切莫轻易动兵。第五，我军行动迅速，但缓慢的也不少。兵贵神速。要尽可能减少伤亡。各级军官作战时，要善于选择适宜的指挥位置，要讲究通信联络方法，不要轻易暴露目标。第六，我军作战，不够沉着坚强，抵抗能力也还薄弱，并缺乏攻坚技术。以后作战，到万难支撑时，也应一面坚决抵抗，一面报告待援，如无命令，绝不能自由退却。须知胜利往往只争最后 5 分钟。即使战死沙场，也是军人无上荣耀。第七，各部传令兵平日教育不够，以后应特别训练，遇到障碍要随机应变设法通过，完成任务。第八，此次作战，我左翼 3 师各担任一个方面，本师官兵务必奋勇前进。必须遵照先总理遗嘱，为民解除痛苦，要特别注意军纪，注意军民合作，才能夺取胜利。”

北伐军左翼出兵前夕，国民革命军总司令部突然命令贺耀祖师开赴江西前线。这样一来，贺龙、杨其昌两个师就要面对北军三个师，增加了作战的艰巨性。9 月 12 日，贺龙令第二团先行进入湖北，13 日，令第一旅与杨师一个旅并肩夺取公安县城。

此时，在鄂西沿长江两岸布防的部队是吴佩孚所属的长江上游总司令卢金山部，其第八师第十六旅守宜昌，阎德胜师守公安，于学忠师守沙市，由津澧撤回的王都庆师也属卢金山指挥。

9 月 14 日，贺师一部占领公安城（今南坪），并乘胜向北追击。为集中兵力，贺龙急令常德留守部队、政治讲习所、警卫团及驻防桃源县的独立第三团等部于 9 月 15 日全部集中澧县待命。9 月 17 日，贺龙亲率第二旅进入公安。

9 月 21 日，卢金山令其两个师渡江向贺、杨两师反攻。贺龙率部在杨其昌师协同下，与优势之敌在黄津口（黄金口）、斗湖堤（今公安）一带激战三天，双方伤亡惨重。贺龙令第二旅攻敌侧背，请杨其昌师一部攻击黄津口，贺龙亲率第一旅对敌实行包围。经五天酣战，终将敌军主力击破，敌伤亡三千人以上，师长王都庆猝死。敌军一部据守虎渡河顽抗。贺龙率部乘胜攻击，第一团强渡成功，消灭敌军千余，其余敌军全部撤往长江以北。9 月 29 日，卢金山派代表向北伐军投诚。北伐军左翼取得了很大的胜利，也付出了很大代价。第一师第二旅旅长贺敦武和以勇猛著称的营长、共产党员罗忠义等壮烈牺牲。在这一段作战中，北伐军中路和右翼都各有三至四个军参战，左翼却只有贺龙、杨其昌两个师参战，却取得了重大胜利，贺龙是起了决定性作用的。

此次作战的激烈程度，在贺龙及其部队的经历中是少见的。据国民革命军总司令部参谋处记载："接长沙陈恩元、靳经纬、严仁珊有（26 日）电如左：'（1）我一、二两师与敌在斗湖堤接触，敌方兵力甚厚，激战一昼夜，卒将斗湖堤占领。是役贺师七团，除团长外，死亡殆尽。杨师伤亡官兵亦多。（2）次日，黄津口之敌死力来攻，激战两昼夜，始将敌击退。是役阵亡贺师旅长贺敦武一员，官兵甚多。杨师营长负伤七员，官兵数百。（3）请迅接济子弹，并催王总指挥天培从速增援。'接公安吕党代表敬（24 日）电如左：'（1）超于啓日同贺云卿、杨其昌两师长到达公安县，与敌激战于黄津口附近。（2）马日令杨师全部附贺师之一部，由正面进攻黄津口之敌。贺师之一部由观音寺、曾埠头向斗湖堤之敌进攻，激战至养日，两处均互有胜负。（3）斗湖堤至黄津口之线，有天然之险，逆敌卢金山、于学忠、王都庆旧部陈德胜等联合固守，顽强抵抗，我官兵伤亡甚众。（4）超于养日赴观音寺，漾日由院泊堤督同一师贺敦武旅由赵家桥深入，以攻黄津口侧背，同时，贺龙师长由金口，杨师长由龙墙，均向黄津口之敌众包围，攻击数次，激战终日，遂将敌之主力完全击破，敌向马家咀溃退。（5）是役贺旅长阵亡，主要军官伤亡约三分之二。'"

战况的惨烈，可见一斑。

贺龙本拟乘势进攻，但由于在江西战场的北伐军从南昌撤围，鄂西的北军卢金山请降，因而奉命原地休整。

11 月中旬，贺龙趁左翼战事平静之机，去武汉向前敌总指挥部报告战况，了解全局情势，顺便医治眼疾。此时武汉虽被北伐军攻克不久，却已成为革命的中心。贺龙向前敌总指挥唐生智面报了军情，商讨了夺取宜昌的部署。唐生智向贺龙通报了北伐全局的形势。原来由国民革命军总司令蒋介石直接指挥的右翼北伐军在江西战场上接连失利，并已撤围南昌，后因增加了李宗仁、白崇禧率领的第七军等一批生力军，使形势有了好转，北军孙传芳部在江西的十万大军面临被歼的局面。中路北伐军经过多次苦战之后，攻克武汉。以共产党员为骨干的第四军独立团作战英勇顽强，在获得铁军威名的第四军中尤为突出。原北军将领冯玉祥已在五原誓师，宣布参加国民革命军，并将举兵南下与北伐军会师中原。面对这种形势，贺龙十分高兴。他觉得这次北伐大概会成功了，中国也终该统一了。他深深感到自己作为北伐军的一名高级将领，责任重大。在武汉期间，贺龙拜访了当年同为中华革命党人的老友第六军副党代表林伯渠。贺龙知道林伯渠是中国共产党的一个重要领导人，不免多有询问。从林伯渠那里，他了解到了以蒋介石为代表的国民党右派曾几次诬陷、攻击共产党，制造分裂，这使贺龙很不安。从自己部队里左右两股力量的矛盾中，他感到进步势力和反动势力的冲突具有普遍性，担心发展下去会造成不良后果。

12 月初，贺龙回到澧州。周逸群及训练处长刘达五向他报告已经招收了新兵三千名。贺龙高兴地说："了不起的成绩。过去军阀招兵，一靠票子，二靠绳子。我过去招兵靠乡土情谊、善待民众。现在工农大众起来了，我们招兵讲革命道理，一个钱不花，农民都把年轻力壮的子弟送来了。政治工作太重要了。"

但是，第一师内部新旧两派的矛盾围绕着部队如何训练的争论而公开化了。周逸群、刘达五拟订的训练计划被陈图南否定了。周逸群坚持要上政治课，陈图南借口即将作战而不同意。贺龙支持周逸群的计划，他说："正是因为马上要打仗，时间不多了，就更要向士兵讲清楚为什么要打仗。士兵觉悟了，打起仗来才会更勇敢；要是不晓得为什么打仗，本事再大又有什么用呢？有人认为我不喜欢政治工作，错了，我贺龙光杆一条，为什么拖得这么多人来？就是因为我讲了政治，才能唤起民众。"他又对陈图南说："陈参谋，唤起民众，这是你自己对我宣传的孙中山先生的主张嘛！"陈图南说，他并不反对唤起民众，但反对高谈阔论。贺龙说："政治课要上，就这样定下来。"他让周逸群和陈图南都去讲课，一个星期至少讲一次。争论就这样解决了，但是，矛盾依然存在。

北伐战争形势瞬息万变。早在 10 月间，因为右翼北伐军在江西失利，使表示输诚的鄂西北军统帅卢金山改变了态度。他秉承吴佩孚的意旨，勾结孙传芳及川军杨森，又公然在宜昌宣布"讨赤"。这时，鄂西的北军纠集了两个军又四个师的兵力，由沙洋东犯，进入天门、潜江，企图夹击北伐军，进而夺取武汉。到 11 月中旬，右翼北伐军在江西战场转败为胜，消灭了孙传芳的主力，肃清了江西全境之敌，中路北伐军收复了鄂东，总司令部乃决定会攻宜昌。第一师所在的北伐军左翼第九军、第十军及第八军教导师在长江右岸实施主攻；第三十五军第三师在长江左岸策应；第八军第一、二两师及鄂军第一师溯江而上，配合左翼作战。

为适应宜昌作战的需要，贺龙将部队扩编为 3 个旅，另将收编的民军编成两个独立旅，共 5 个旅 15 个团 2 万余人。按左翼各个部队的军事、政治素质，贺龙师自然成为其中的主力。中共湘区军委颜昌颐向中央所作的《报告湘鄂情况》中说："湘西方面有九军彭汉章、十军王天培及贺龙三部。贺龙名虽隶于彭，实不受彭指挥。比较最有战斗力的，当以贺龙部为好。他有兵 2 万余人，有枪 1 万多支，能用者有 7000 多支，其部下皆能受贺指挥……纪律较王、彭为好，不乱拉夫，不乱筹饷。"

1926 年 12 月 6 日，宜昌战役开始。贺龙率部首先协同友军肃清了长江南岸的敌军，毙伤敌 2000 余人，俘敌 500 余人，缴枪 700 余支，占领松滋。13 日，贺龙亲率军在宜昌、沙市间渡过长江，扫清沿江防守之敌，占领沙市，再分兵两路：一路向当阳追击，一路进逼宜昌。在贺龙和第十军王天培等部的迅猛进攻下，卢金山通电下野，于学忠、阎德胜师撤往鄂北，张福臣师退向兴山、巴东，川军杨森部撤回四川，17 日，贺龙、王天培两部占领宜昌。此役，第一师毙敌团长 3 人，毙伤敌团以下官兵 2000 余人，俘敌数千，缴枪 3000 余支。贺龙实现了“不取得荆沙，绝不转身”的誓言。

宜昌战后，国民革命军总司令部下令将贺龙所部编为独立第十五师，委任贺龙为师长，脱离第九军指挥，负责鄂西警备。①

在国共两党矛盾逐渐深化、国民党右派不断制造反共事端的局面下，右翼势力是很难容忍贺龙这样一支有战斗力的左派武装进驻鄂西的。湘军头目何键对贺龙敌视最甚。他不断唆使部下向贺龙所部挑衅，还勾结地主、大商人到武汉诬告贺龙。国民党中央的右派也企图借机解散贺龙的部队。

1927 年 1 月，由广州迁到武汉的国民政府派中央委员吴玉章率代表团去宜昌处理此事。吴玉章后来在回忆文章中记述说：“我们到宜昌一看，装备精良的何键第一师，和兵员众多的王天培军已剑拔弩张，做好战斗准备，就要向贺龙民军开火。民军处在枪少人少的不利地位。何键和那些地主、商人天天到我跟前嘀咕，他们痴心指望我同意他们消灭民军的反动计划。我当场把何键申斥了一顿，然后提出一个解决方案，把贺龙同志的民军调到武汉去拱卫革命中心，以避免在力量悬殊的情况下被吃掉。”

第三节　山雨欲来时

1927 年春，贺龙率部移师鄂城、黄冈，师部设在汉口。一天，贺龙偕陈图南、贺锦斋、刘达五等游览武汉市容。在革命高潮中的武汉，自有一番革命景象。贺龙深有感触地说：“这才叫扬眉吐气。北伐军一到，老百姓就起来了，要求收回英租界。共产党鼓动民众是很有办法的。英国人那么凶，还是给撵跑了。共产党有办法，中国人有骨气！”

贺龙的政治态度鲜明，与周逸群的关系也十分密切，部队中的许多工作都按共产党的建议去办。周逸群在贺龙的支持下，发展了一批共产党员，安排了各级政治工作人员，使独立第十五师成为共产党倚重的武装。对此，陈图南十分不满，指责贺龙“思想越来越‘左’”。他与周逸群之间的矛盾日益尖锐。陈图南以久随贺龙、资格老为资本，利用私人感情和家族关系，联络师参谋长陈淑元、手枪队长陈佑卿、机枪营长陈策勋等在独立第十五师形成了一股右派力量。

2 月中旬，在武汉的国民政府对北伐军进行了整编。北伐军中有的 1 个军扩编为 2 个军，而贺龙部不仅未扩编，反被限编为 5 个团。独立第十五师原有步兵 3 个旅、9 个团，骑、炮、警卫各 1 个团，共 12 个团，2 万余人。这次整编，须

---

① 汉口《民国日报》1927 年 2 月 20 日。

裁减 7 个团。编余 3 个旅长、6 个团长及一大批的营连干部，大批官兵要资遣还乡。贺龙只好将一些干部降职留用，并劝说一些老部下返乡组织民军，以待时变。整编后，独立第十五师辖 5 个团、3 个直属营，兵力 1.1 万余人。在北伐战争还在进行的时候，把战功卓著的贺龙所部裁减逾半，其中奥妙，贺龙心里是有数的。他敏锐地感觉到左右两派的斗争正在不断发展，并且已经直接波及自己和自己率领的部队。

贺龙的部队虽被裁减，然而他的力量仍旧不容忽视。1927 年 3 月初，蒋介石密派秘书长李仲公等来武汉策动一些将领拥护蒋介石，反对武汉国民政府，与蒋介石一起反共。驻汉口的贺师秘书长严仁珊获悉这个阴谋以后，即电告正在巡视部队的贺龙："数日内不必返汉。"

贺龙认为其中必有文章，即于 3 月 12 日回到汉口。这天正巧是农历二月初九，贺龙 31 岁生日。贺龙在家中与家眷亲友欢聚，周逸群也在座。他向贺龙说："明天你会碰上一位客人，他是蒋介石的秘书长李仲公，他带了好多钱来。"贺龙问："他来搞什么鬼名堂？"周逸群说："像是专门来运动军队的。"贺龙说："那你就莫操心了，那些说客，我见得多了，有的是办法。"贺英也感到武汉形势变幻莫测。她对贺龙说，跟大官们打交道要提高警惕。贺龙回忆起这段经历时说："在汉口，大姐就告诉我：'你跟那些国民党搞在一起靠不住。'当时，她就要买枪。"贺英确实买了一些枪，秘密运回了家乡。这一批武器，后来在第二次国内革命战争中发挥了作用。3 月 13 日，参谋长陈淑元向贺龙报告说，武汉驻军都要建立国民党党部，唐生智总指挥对贺龙很器重，请贺龙任师党部委员。贺龙说："唐总指挥对我很好，因为我们两战鄂西，为武汉解了围嘛。可你那个国民党，我还是不想加入的。"他后来说："我自加入中华革命党后，从没有转过国民党，也没有填过证书，怎么会当起国民党师党部委员来了，可见国民党组织一向是如何马马虎虎的了。"

3 月 14 日，李仲公拜访贺龙。15 日，李仲公宴请在汉口的西南将领，透露了蒋介石的意图，并约请贺龙当晚到贺的秘书长严仁珊家打牌谈心。贺龙很明白"谈心"是什么意思，心中暗暗发笑。李仲公一到严仁珊家，贺龙即将他逮捕，押送到了唐生智的总指挥部。后经邓演达作保，唐生智将他释放了。1949 年新中国成立后，中共中央要给一些民主人士安排工作。李仲公找到周恩来，以他是贵州人、熟悉家乡情况为由，要求担任贵州省主席。周恩来说，你想当省主席，意见可以提，但是，我们要统筹考虑。周恩来再三向李仲公解释，怎奈李百般纠缠，赖着不走。周恩来想起贺龙了解李仲公，于是通知贺龙到办公室来。贺龙一来，李仲公如坐针毡，忐忑不安，赶紧告退。后来，李仲公被聘为国务院参事室参事。谁知在"文化大革命"时，他竟然伪造了所谓贺龙向蒋介石的求降信，供林彪、"四人帮"反革命集团用来陷害贺龙。中共十一届三中全会后，贺龙的冤案被彻底平反，李仲公因挟嫌陷害他人交国务院参事室监护。

1927 年春，蒋介石的反共面目日益暴露。3 月 10 日，国民党中央在武汉召开了有共产党人参加的二届三中全会，通过了罢免蒋介石所兼一切职务的决议案。但他仍为国民革命军总司令。

4 月 12 日，蒋介石在上海发动了反革命政变，18 日在南京组成国民政府，与在武汉的国民政府相对抗。此时，奉系军阀张作霖为支持吴佩孚东山再起，出动十万大军沿京汉路南下，企图夺取武汉，扑灭革命。18 日，武汉国民政府决定北伐，沿京汉路北进，与沿陇海路西进的冯玉祥部在河南会师。

4 月中旬，贺龙奉命率独立第十五师集结武汉，待命出征。

进军前夕，独立第十五师第一团爆发了闹饷事件。其他各团也有不同程度的骚乱。机枪营长陈策勋、手枪营长陈佑卿、步兵营长刘锦星等拖走两三百人逃回桑植。全师在闹饷事件中共逃跑了八九百人。

由于唐生智“对与共产党有关系的部队在饷械两项格外慎重”[①]，对贺龙领导的独立第十五师在供应上另眼看待，只发半饷，进而停发薪饷，独立第十五师九个月没有正式发饷。贺龙东奔西求借到一些钱，也是杯水车薪。官兵对此很难忍受，不满情绪日增，有人一煽动，闹饷事件就发生了。

第一团是独立第十五师的主力，可靠的基本部队。原团长贺锦斋，素以思想进步、文化程度较高又骁勇善战而闻名，最近调升新职，还没有离开本团。新任团长刘达五是贺龙好友，原任师训练处长，是政治上可以信赖的人。怎么会突然在第一团发生闹饷呢？贺龙发火了，命令手枪队随着他来到第一团。

全团集合以后，贺龙大步走上讲台，对大家说，出师北伐以来，第一团素来作战勇敢，不愧为“精锐一团”。现在，我们即将开始第二次北伐，部队要立刻准备北上消灭北洋军阀的联军，统一全中国。眼下，上面的军饷一时还发不下来，大家就再多吃点苦。你们随我贺龙征战多年，我贺龙是不是喝兵血、克扣军饷的人，你们总该清楚吧？说着他的火气上来了，说：“不要以为我贺龙心里没得数，有人在一团捣鬼，煽动闹饷。闹什么？你怕扯你的把子，当我不晓得吗？”贺龙点名叫了三个连长、一个营副出列。

被叫出列的第一连连长自知理亏，老老实实让手枪队绑了。第五连连长是湘西人，跟贺龙很久了，见到贺龙亲自赶来，心里就很后悔，被绑起来的时候，朝副连长难过地说：“我该死，请你给我老家带个信，就说我昧了良心，对不起家乡父老。”第四连连长却抗拒地大喊大叫，煽动队列里的官兵。这时，队列里有人突然朝站在台上的贺龙开了一枪，但未击中。

贺龙自从组织武装以来，素来和士兵同甘共苦，威望很高。尽管在多年征战中遇到过许多困难。发不出薪饷，甚至挨饿受冻，亦非一次。但自己带的部队从来没有闹过饷，更没有发生过向他打黑枪的事。为这件事，周逸群批评了贺锦斋。贺龙却平静地说：“锦斋有什么办法？这个事要说麻烦，是由来已久的，事出有因嘛；要说简单，一句话就讲明白了，是我贺龙听共产党的，有人为这个要

① 上海《时事新闻》1927 年 8 月 20 日。

搞掉我贺龙的脑壳嘛！”

周逸群认为贺龙分析得有道理，但需要证据。贺龙说：“那个士兵有后台，才敢豁出性命向我开枪；那个四连连长有后台，才敢在我面前煽动官兵捣鬼。”接着，他提出了一连串问题：为什么陈策勋、陈佑卿那几个营长没闹饷就拖人拖枪逃跑了？为什么发生了这么大的事，我那位参谋长陈淑元不出来解决？为什么我那位老师陈图南不露面，不吭半声？他说：“明明是谋划妥当，躲在一旁，等着要我们的好看嘛！若是我贺龙和你周逸群让冷枪毁掉，他们再出面杀掉治军不严、犯上作乱、谋杀师长和主任的头号叛逆，就是锦斋嘛！再杀掉达五，他们就把独立第十五师抓到了手心里，找地方请赏封大官喽！捣这个鬼，未必瞒得过我。”周逸群说：“陈图南和你共事多年，你加入中华革命党以后，他就和你在一起同甘苦共患难。你平时把他当老师一样尊重。道不同不相为谋，也不该下毒手。”贺龙激动地说：“我读书不多，图南帮我长知识、拖队伍，是有过大功的。如今是你站在共产党一边，还是站在蒋介石一边，这是刀头见血，没得二话，硬碰硬的。分道扬镳，我贺龙以礼相送。干出这种把革命军往反革命军那里拖的把戏，可就不是好朋友之间的割袍断义喽，是不能不下狠心的呀！但愿我想的有错，我再去试一次。”

周逸群和贺锦斋提醒他，不要拿自己的性命去试验别人。贺龙说：“我只希望试的结果是我贺龙估计错误，不是他们掉脑壳。”他让副官去请陈图南，就说有机密大事和他商量。

陈图南和参谋长陈淑元，团长刘夔、柏文忠在大陆旅馆一边玩牌、喝酒，一边等候消息。陈淑元举杯朝陈图南说：“老板（贺龙）报销，先生（周逸群）难逃，老资格（陈图南）要当师长、军长喽！”

贺龙的副官来请陈图南，陈跟着副官走了。他走进贺龙的住处，贺龙就问：“图南，你跑到哪里去了？师里闹饷，我的日子不好过，你看怎么办？”陈图南说：“云卿，你素来镇静有谋，你讲讲，我们也好商量啊。”

贺龙说：“我若有好办法又何必把你请来？”贺龙请他讲讲他的想法。陈图南对贺龙说：“我们共事已经 14 年了。我为你云卿着想，对你实说，共产党是靠不住的；武汉政府的显要们各怀鬼胎，也是靠不住的。他们没得多少信得过的队伍，唐生智的几个军，也不大听话，何况，唐生智心狠手辣。从四川、贵州出来的将领袁祖铭被唐生智手下的师长周斓打死了；彭汉章被免职，如今还关押在唐生智那里。剩下两支队伍，王天培部投奔了蒋总司令。你这个师呢，被裁减了一半，再老老实实待下去，还不是等着让他们搞掉吗？”

贺龙默默地听着，没有说话。陈图南以为贺龙被自己说动了心，就大胆地告诉贺龙，蒋介石坐镇南京，手攥上海，兵多钱多，就是缺少猛将良帅。南京方面表示，只要你云卿在武汉举兵，事成之日，把你的师扩编成军，加委你为军长兼武汉卫戍司令，把汉阳兵工厂交给你，还送你一笔丰厚的酬金。

贺龙问他，事成之日，你有什么好处？陈图南说，让他担任副军长兼第一师师长和兵工厂厂长。

弄清了陈图南的意图，贺龙立刻把周逸群请来说：“患难之交遇到大是大非也要分道扬镳啊！”他把和陈图南谈话的内容详细说了一遍，然后说：“你向共产党中央报告，如何处理，我都照办。”周逸群激动地说：“云卿同志，我们感谢你！”

贺龙还告诉周逸群，据他得到的消息，驻长沙的许克祥可能叛变，请中共中央迅速通知湖南党组织早做准备。

周逸群很快向在武汉的中共中央做了汇报，也告诉了由共产党员吴德峰任局长的武汉公安局。吴德峰派出武装在武汉大智门大陆旅馆逮捕了陈图南等人，刘夔拒捕，被当场击毙。陈图南等经过审讯后处以极刑。汉口《民国日报》发表消息说：“公安局昨日（5 月 9 日）奉令枪决蒋逆派来的反动分子陈淑元、陈图南、柏文忠等三名。”叛逃的原机枪营长陈策勋给蒋介石发出“快邮代电”称：“贺龙盘屯湖北鄂城，勾结共产凶徒，谋一举而颠覆党国，兽化吾人，策勋私窥其隐，比与陈佑卿、刘锦星等弃而违之。”这份代电从反面证明，此时的贺龙已经和中国共产党人站在一起了。

挖掉了隐藏在独立第十五师中最大的隐患，仍没有解决部队的军饷问题。贺龙亲自找到国民政府和北伐军总指挥部的头面人物，要求发给拖欠的军饷，以保证向河南胜利进军。可是，他们对贺龙的请求都采取敷衍态度。贺龙十分恼火，他想，正正当当地要求发饷办不成，就搞它个热闹戏让大家看看。士兵闹饷，我来着急；我来闹饷，总有人着急。上头的人着了急，饷就不敢不发了。他把自己的想法告诉了周逸群，然后告诉本师部队闻声不要惊慌，不准行动。第二天，他用两艘轮船装上许多煤油桶，内装鞭炮。在江汉关附近沿长江游动，猛燃鞭炮，佯作哗变。这一着，吓得国民政府首脑汪精卫等人主动找到贺龙，专门为独立第十五师补发了欠饷。

贺龙有了军饷，送给了准备一起出征的第四军、第十一军一万多双草鞋。武汉卫戍司令叶挺来见贺龙，慰问出征大军，他们相视而笑，心照不宣。

第四节 击破奉军

沿京汉铁路北进的、由武汉国民政府指挥的北伐军，称为国民革命军第一集团军第四方面军，唐生智任总指挥，辖三个纵队。其部署是：第一纵队司令张发奎率第四军、第十一军和贺龙的独立第十五师沿京汉铁路东侧攻占开封；第二纵队率第三十六军和第三十五军第二师沿京汉铁路攻占郑州；第三纵队为新收编的武装，在第二纵队左方朝荥阳方向进攻。

1927 年 4 月 22 日，独立第十五师除第四团留守汉口外，其他四个团和师直属部队在第四军之后，乘火车开赴驻马店。

在奉军向河南进军的时候，土豪劣绅控制的豫东南“红枪会”与奉军相勾结，袭击北伐军，破坏交通，滋扰后方。所以，当北伐军北上的时候，红枪会便给他们造成了很大的麻烦。红枪会在九里关一带集结了上万人，企图进犯广水、武胜关，切断京汉铁路，使北伐军腹背受敌。因此，当独立十五师先头部队进到广水时，唐生智急令贺师消灭红枪会，确保武胜关和北伐军后方交通线的安全。

贺龙仓促受领任务，立即找周逸群研究对策，并命令第一团团长刘达五带两个营，急行军经大新店到三里城占领要点，派几个侦察小分队出去弄清情况。要求该团挡住敌人，但不要出击，等后续部队到了，再决定怎么打法。他特别叮嘱说："千万不能轻视这些敌人。他们人数很多，不怕死，吴佩孚、孙传芳都拿他们没办法。"

第一团到达三里城后，一面布防，一面向群众了解情况。当地群众非常惶恐，说那些"土匪"异常猖獗，有神咒护身，刀枪不入，人多势众，横行无阻。当天已有一股窜到三里城，在第一团到达前才退往九里关去了。还了解到，群众因受北洋军阀反动宣传蒙蔽，将国民革命军视为"赤匪"。

贺龙和周逸群分析了红枪会的情况，认为按其性质，除了用军事手段给予打击外，还须进行政治工作，加以劝导。于是四处张贴布告："照得河南红会，本系人民团体。农民武装自卫，实合本党目的。本军奉命北伐，为谋民众利益。凡革命军所到，军纪格外严明。免除苛捐杂税，土地全归农民。乃有不肖之徒，私通张逆作霖。无故造谣生事，诬人共产共妻。唆使红枪会员，防（妨）碍北伐进行。擅自毁路拆桥，种种不法情形。理（现）奉政府命令，扫除不肖匪人。倘有被迫良民，准予自新投诚。或有迷惑不悟，执法绝不循情。特此剀切示谕，其各安堵勿惊。国民革命军独立第十五师师长贺龙、政治部主任周逸群。"①

4 月 23 日，独立第十五师各部到达三里城。贺龙决定次日拂晓发起进攻，并组织政治工作人员向群众进行广泛宣传。24 日晨，贺龙指挥部队经数小时战斗，攻占了红枪会控制的九里关和铜鼓台，立即命令部队构筑工事，准备迎击敌人反击。他指示各团团长说，敌人隔得远，不准放枪，听到冲锋号声再一齐打。这些人迷信歪门邪道，你枪响了，他不见人死，就更凶了。号兵要准备好，等敌人离我一百步远，就下令吹冲锋号。15 时许，敌人摇旗呐喊，夹着怪叫，漫山遍野蜂拥而来。等他们进到一定距离，独立第十五师军号齐鸣，密集火力射向敌人。前面的敌人倒下了一大片，后面的便一窝蜂似的退了下去。接着，枪声大作，更多的敌人在火力掩护下，冲了上来。独立第十五师打退了多次冲击，直到 18 时，敌人再也无力反击，向后撤去。贺龙指挥预备队转入追击，将敌人大部围歼，残敌向罗山方向逃散。几天以后，独立第十五师肃清了京汉铁路广水至信阳段以东的红枪会，继续北进，5 月 18 日到达驻马店。

先于独立第十五师到达河南的北伐军，5 月中旬开始向上蔡、西平一带的奉军进攻，至 19 日，击溃奉军七个团。奉军败退至沙河以北，防守郾城到周口长

① 中国人民革命军事博物馆：《贺龙元帅丰碑永存——中国人民革命军事博物馆陈列文物文献资料选》，上海人民出版社 1985 年版，第 12 页。

达百余里的防线，企图凭河固守，待机反攻。奉军的第十七军和三个旅、一个骑兵团配置在郾城、漯河、黑龙潭地区；第三十四旅等部配置在逍遥镇及其两侧地区。北伐军乘胜继续进攻。第一纵队调独立第十五师及第二十六师参加战斗，命令第十一军率第十师、第二十六师向商水、西华方向进攻；第四军率第十二师、独立第十五师向砖桥、逍遥镇方向进攻。第二纵队向漯河、郾城方向进攻。

5月22日，独立第十五师推进到南陵、张明地区，奉命攻占逍遥镇。

逍遥镇在周口、西华、临颍、漯河的中央，距漯河、临颍皆为30公里左右，地位重要。沙河从西经该镇南侧流向周口，宽三五十米，利于防守。奉军在逍遥镇及其两侧防守的有步、骑、炮兵约5个团，共5000余人。

贺龙对敌情、地形进行了周密侦察，发现敌人仅沿沙河向南设防，缺乏纵深配备；逍遥镇东南张家店以东，只有敌军一营骑兵，兵力薄弱。贺龙决定，先打敌之弱点，击破骑兵营，尔后从侧后进攻逍遥镇。23日晚，贺龙将师主力集中到右翼的邓城地区。次日黎明，第一团偷渡沙河，全歼敌骑兵营。第二团绕到敌步、炮兵侧后。贺龙亲率第一团、第三团、第五团沿沙河左岸向西进攻。敌人的侧翼和后方遭到突然打击，惊慌失措，一触即溃，纷纷向逍遥镇逃窜。独立第十五师跟踪追击，至17时许，逼近逍遥镇。在第十二师配合下，经一小时激战，占领了逍遥镇。残敌向临颍、鄢陵方向逃去。这次战斗，独立第十五师俘敌3000余人，缴获约4个团的装备，包括24门野炮，拦腰斩断了奉军的沙河防线。全师仅伤亡60余人。逍遥镇上，敌人遗弃的武器、弹药、辎重不计其数。镇上居民纷纷上街欢迎北伐军。6月4日汉口《民国日报》以“奇兵制胜”为题，称赞独立第十五师“战略颇妙，故敌军损失奇大，而该军伤亡甚少”。

在前线的第十一军副军长黄琪翔、苏联军事顾问加伦将军和第四军政治部主任廖乾吾等先后来到独立第十五师进行慰问。在逍遥镇召开了庆祝胜利的军人大会，黄琪翔代表张发奎褒奖独立第十五师为突破沙河、攻克逍遥镇立了大功。苏联顾问加伦将军激动地用华语高呼：“中国革命万岁！”贺龙也讲了话，他对参战人员说：“这一仗，我们歼敌五个团。祝贺你们的重大胜利！我们要抓紧时间休息，还有大仗要打的。”

会后，贺龙看到缴获的一群群战马，感到豫东平原辽阔，骑兵在战斗中作用很大，便对周逸群说：“有了这些大炮、战马，可以建立炮兵和骑兵了。”

周逸群完全赞同。于是，贺龙指示部队：凡是俘虏过来的骑兵和炮兵，统统挑出来，不论官兵，都要特别照顾。接着便下令建立了骑兵营。

24日晚，总指挥唐生智就逍遥镇大捷打电报给武汉政府说：“贺师本日酉时克逍遥镇，缴枪2000余支、大炮20门、机枪40余挺、俘虏3000余人。”在武汉的国民政府及中央军委当即召开扩大会议，通过决议“对于北伐将士之努力，表示极诚恳地嘉慰”。苏联顾问评价此次战斗说：“贺龙独立第十五师的胜利，极大地便利了张发奎的第四军和第十一军强渡沙河，向北挺进。”

当独立第十五师和第十二师追击从逍遥镇退却的敌人的时候，25日晚，突然接到总指挥命令，调独立第十五师和第十二师返回逍遥镇地区以进攻北方之敌。贺龙不解，对周逸群说："为什么又要我们杀回马枪？原定叫打开封的啊。我们一走，万一敌人也杀回马枪呢？"果然，26日拂晓，正当独立第十五师准备移动时，奉军五个团反扑过来，幸好贺龙预有准备，率本师和第十二师全力阻击，才将敌军击溃，并乘势追击到临颍境内。

由于第一纵队前出到漯河侧后，防守郾城、漯河的敌军发生动摇。北伐军第二纵队乘机于26日发起进攻，27日晨全部渡过沙河，敌军防线崩溃。第三十六军追敌向临颍急进。

奉军的沙河防线失守后，在临颍集中了六七万人，包括坦克和大量炮兵部队，由韩麟春指挥，决心依托工事与北伐军决战。奉军在京汉铁路和临颍以东蜿蜒十余公里的弓形阵地上配置了三万部队，其余兵力配置在京汉铁路正面的小商桥和临颍以西地区。同时，还从郑州向临颍增调五个步兵旅、一个骑兵旅，准备参战。

第二纵队是唐生智的嫡系，面对如此强大的敌人，唐生智唯恐它遭受严重损失，26日深夜，突然改变计划，令张发奎的第一纵队"放弃向北攻击之计划"，"转向临颍方向进攻敌侧背"。对于这番调整部署，1927年8月27日，上海《时事新报》评论说："第二次北伐，唐生智对与共产党有关系之军队，既已步步提防，临颍战役临时变更计划，以与共产党有关系之军队参加正面作战，致彼损失八千多之士兵。"

贺龙深知唐生智的居心，但他顾全大局，27日便和第一纵队的其他部队一同转向西方展开攻势。他以一个团进攻黑龙潭之敌，亲率主力进攻京汉铁路上的要点小商桥。18时发起猛攻。一场血战，双方伤亡达800余人。残敌不支，向临颍撤退，独立第十五师占领了小商桥，解除了对第三十六军右翼的威胁。28日，贺龙挥师北向参加对临颍的总攻。他在第十二师和第三十六军之间加入战斗，以一部兵力向临颍城南方进攻，协同第三十六军作战，主力进攻临颍东南方敌军侧翼，协同第十二师、第二十六师作战。从早晨6时苦战至16时，突破敌军阵地，俘敌数百，缴获前线奉军五辆坦克中的三辆，占领临颍城南侧地区。同时，第一纵队的其他部队也突破了临颍城东的敌军阵地，向临颍迫进。敌军全线撤退。临颍之役共消灭奉军万余人，北伐军取得了又一个大胜利，但也付出了重大代价。独立第十五师伤亡尤大。该师第五团原有官兵1800余名，战后只剩下了365人。当第五团集合列队，迎候战地检阅时，贺龙噙泪哽咽地说："弟兄们，挺起胸来，我们伤亡了许多兄弟，鲜血染红了临颍，但打垮了几万奉军，夺取了决战胜利，你们是立了头等大功的！"

这时，冯玉祥部已经占领洛阳，正朝郑州推进。奉军害怕后路被切断，纷纷向黄河以北退却。北伐军乘胜追击，5月29日，贺龙率部与友军配合占领许昌。6月4日，第三十六军与冯玉祥部会师郑州，贺龙率部进入河南省会开封。至此，黄河南岸敌军已被基本肃清，北伐军取得了辉煌胜利。

许昌人民欢迎北伐军

在这场战争中，贺龙立下了不朽功勋。贺龙率领的独立第十五师被誉为“战绩最大、声誉最高”、“异常奋勇”的“钢军”。在武汉的国民政府主席汪精卫也承认：“贺龙的独立师，战绩很大，伤亡不小。”武汉国民党中央军事委员会给贺龙等拍来电报：“闻郑州围歼，继以开封克复，国军奇捷，举世罕见。公等运筹决胜，身先士卒，与诸将士之忠诚用命，为党奋斗，胥于此战见之。捷电飞来，两湖民众，欢声雷动……敬盼公等激励将士，继续战斗，以竟功而利党国。谨电祝捷，并祝努力。”

6 月 15 日，国民政府决定将第一集团军第四方面军扩编为第四集团军，下辖第一、第二方面军；独立第十五师扩编为国民革命军暂编第二十军。任命贺龙为军长，周逸群为军政治部主任。6 月中旬，汪精卫、冯玉祥在郑州会谈后，宣布在河南的北伐军主力撤回湖北。贺龙奉命率第二十军开回武汉。

第四章　南昌起义

第一节　在风云变幻时刻

在北伐军向河南胜利进军的过程中，南京和武汉两方面的国民党右派相互勾结，反共反人民的逆流正在发展。许多北伐军的将领，已经在他们管辖的部队和区域中进行“清共”。他们对并肩作战的共产党人，或残酷屠杀，或撤职逮捕，或“礼送出境”。在这种情势下，贺龙诚恳地对周逸群说：“时局虽然这样紧张，我还是坚决拥护共产党，坚决执行共产党的决定。所有在我部队里工作的共产党员都不要离开，放心大胆地继续工作。”周逸群十分感动。

6 月 26 日，贺龙回到武汉。汪精卫正在解除工人纠察队的武装，形势对共产党更加不利。28 日，贺龙主动去拜访中共领导人之一的林伯渠，请他介绍当前形势。7 月初，贺龙会见了中共中央政治局常委周恩来。

贺龙握着周恩来的手，热情地说：“你的大名，我早就晓得。逸群对你钦佩得很呢。如今见面胜似闻名喽。”周恩来也热情地说：“疾风知劲草，我们对你是很钦佩的。”贺龙说：“钦佩不敢当，我一直追求能让工农大众过上好日子的政党。最后，我认定中国共产党是最好的，我服从共产党的领导，只要共产党相信我，我就别无所求了。”周恩来说：“贺龙同志，我们当然是相信你的，我们有什么理由不相信你呢？”贺龙说：“我很清楚，只有共产党才能救中国，我听共产党的话，决心和蒋介石、汪精卫这帮王八蛋拼到底。”

贺龙与周恩来这次见面，奠定了他们之间以后几十年患难与共的深厚友谊。贺龙还会见了共产党员朱德。

与此同时，蒋介石、汪精卫都分别派了他们的高级军政官员来拜会贺龙，用封官许愿那一套进行拉拢，但是，全都被贺龙拒绝了。

进入 7 月，武汉的形势更趋复杂。汪精卫一方面想以武汉政府的武装同蒋介石争夺领导权，打出了“东征讨蒋”的旗号，命令担任第二方面军总指挥的张发奎率领所部，包括贺龙的第二十军、叶挺的第十一军第二十四师等部队沿江而下，东征讨伐蒋介石；另一方面，又一步步地撕下了左派的假面具，日渐暴露出镇压工农大众、背叛革命的反动嘴脸。

作为第二十军军长的贺龙，坚决站在工农大众一边。他趁部队尚未离开武汉之际，采取了一系列保护共产党人的措施：

7 月 8 日，贺龙派第二十军的船只送全国总工会执行委员刘少奇离开武汉。

7 月 10 日，贺龙同意周逸群转达的中共中央军委的建议，把正在遭受严重迫害的鄂城、大冶各地武装工人纠察队秘密编入了第二十军教导团。贺龙高兴地说“我带了多少年的兵，从来没有哪个上级给我补充过人员，连军饷都是层层克扣，要么干脆不发，肥了‘大脑壳’，苦了当兵的。现在不同了，党给我补充，工农同志很愿意编到我这里来。这说明什么？说明我们有一点点子进步喽！”编进来的工农士兵中有许多是共产党员，贺龙信任他们，有意通过他们来改善部队的政治素质。军部特务营，是最可靠的警卫部队，贺龙让共产党员唐天际当该营第一连副连长，共产党员吴溉之当第二排排长。

7 月 15 日，汪精卫在武汉开始逮捕和屠杀共产党员及革命群众。贺龙挺身而出，派人在武汉三镇许多共产党机关和工会、农会等革命团体的门上挂出第二十军的旗帜，并且派兵站岗，阻止反动派搜捕；同时，又将在各地因遭受迫害、处境危险而逃来武汉的共产党员三百余人保护起来，其中许多人在第二十军担任了政治工作。

7 月 17 日，贺龙在第二十军连以上军官大会上发表了慷慨激昂的讲话。他说：“15 日，汪精卫叛变革命了，武汉国民政府终于撕掉了他们脸上的假面具，同共产党分裂了。我们本来就是工农大众的队伍，已经闹了多年革命，现在，革命到了危急关头，摆在我们面前的出路有三条：第一条是把队伍解散，大家都回老家去。这条路行不行？不行！第二条是跟着蒋介石、汪精卫去干反革命，屠杀工农兄弟。这条路行不行？不行！第一条路是死路，自杀的路，第二条路是当反革命的路，也是自杀的路，我们绝不能走。我贺龙不管今后如何危险，就是刀架在颈子上，也绝不走这样的路。我要跟着共产党走革命的路，坚决走到底！你们愿意跟我搞的，我欢迎，不愿意的，可以对我说，我送你盘缠钱，回到家乡替我向你娘老子问好。可是有一条讲清楚，不许拉走部队。”

当天，贺龙又在第二十军教导团讲话说：“蒋介石、汪精卫叛变了革命，今后还会有人要叛变的。可是，不用怕他们，他们不是三头六臂，和我们一样，也是一个头，两条手臂，没有什么了不起，只要我们大家团结一致，全力以赴，就可以把他们打倒！”

7 月 19 日，贺龙派船送朱德离开武汉去九江。

在这风云变幻的时刻，作为北伐军的高级将领而且不是共产党员的贺龙，有这样的革命坚定性，这样的革命胆略和逆潮流而动的精神，真是难能可贵。

汪精卫公开叛变后，贺、叶的部队并没有停止东调。7 月 23 日，贺龙率部抵达九江。

贺龙刚到九江，就见到了中共中央政治局委员谭平山。双方寒暄几句以后，谭平山就十分认真、严肃地说：“贺龙同志，我要向你讲讲我们党的机密大事。”贺龙也严肃地说：“好，信任我贺龙，我当然唯命是从。”谭平山说：“汪精卫 7

月 15 日彻底叛变以后，中央派秘书长邓中夏和李立三来九江和叶挺研究对策。20 号，中夏、立三和我，还有叶挺、聂荣臻开会研究，我们认为要在共产党领导下决定独立的军事行动，实行武装暴动。我们确定计划后，由中夏、立三去庐山和瞿秋白商量，秋白也完全同意，并报告了中央政治局。今天，中央政治局根据中夏、立三和我们的多次电报，以及秋白的口头汇报，决定在南昌举行暴动，并派恩来主持大局，领导暴动。云卿，我们希望你率领二十军和我们一致行动！”贺龙激动地站了起来说：“平山同志，我贺龙感谢党中央对我的信任，也感谢你把这样重大的机密告诉我。我只有一句话，赞成！我完全听从共产党的指示。”谭平山兴奋地说：“我要谢谢你，有二十军参加，胜利的把握就更大了。”贺龙说：“谁也莫谢谁，我们大家一条心，为中国工农做一点点子事情嘛！”

贺龙的坚决态度使在九江的几位中共中央政治局委员深受鼓舞，他们进而决定贺龙率第二十军、叶挺率第十一军第二十四师以及其他部队于 28 日以前集中到南昌，28 日晚在南昌举行暴动，并急电请示在武汉的中共中央。

这时的九江，成了斗争的中心。

武汉政府领导的第二方面军第四军军长黄琪翔、第五路军总指挥兼江西省主席朱培德来拜会贺龙，拉交情、套友谊，动员贺龙靠拢汪精卫，参加反共。

贺龙大笑一阵，说：“我从民国三年 18 岁参加中华革命党以来，汪先生的大名就灌了满耳朵，真是如雷贯耳喽！汪先生谋刺摄政王的大勇更是天下皆知。国共合作以来，汪先生慷慨激昂地说：‘一定要联俄联共，一定要平均地权……’汪先生的话，还在我耳朵边边上打转转，如今一变脸就大杀大砍起共产党员和工农大众来了。我在四川住过，川戏里的变脸把戏也没得汪主席来得那么快哟！我贺龙奉劝两兄一句，我们这些玩枪杆子的，斗不过那些善于变脸的政客，哪一天人头落地，恐怕还不晓得是怎么落的呢。何必不趁着手里有枪，为中国办些好事，也不枉生在世上一场嘛！”

黄琪翔、朱培德没能说服贺龙，反被贺龙抢白了一通，悻悻地走了。

紧接着，第二方面军总司令张发奎从庐山发来电报，要归他指挥的贺龙、叶挺去庐山开会。“项庄舞剑，意在沛公。”开会是假，剥夺贺龙、叶挺的兵权是真。

就在这个时候，第二方面军第四军参谋长叶剑英急忙找到叶挺，将汪精卫、张发奎等人的阴谋告诉了叶挺。他们商定邀贺龙和共党员高语罕、廖乾吾到甘棠湖，以划船赏景为掩护，一起商量对策。

贺龙、叶挺、叶剑英等乘小舟，荡漾在碧波之中，紧张地商量着关系革命前途的大事。叶剑英说：“汪精卫、张发奎调贺龙、叶挺上庐山是企图把部队调往德安，相机扣押贺龙、叶挺，解除兵权。”贺龙说：“汪精卫靠不住，尽人都信了；张发奎靠不住，还有一些人不大相信呢。其实，在河南作战时，我就领教过他的为人。照我看，庐山不去，德安不去，我们只去南昌。”叶挺说：“张发奎和我当年都是孙中山大元帅府的营长。北伐以来，共产党员为主的部队替他打冲锋，才当了军长、总司令，怎么能想得到关键时刻他会这样干呢？”贺龙说：“知人知面不知心嘛！我们不上他的当，坚决和他们拼！”

他们决定当天行动：贺龙和叶挺到九江火车站，命令由第二十军控制的列车运载叶挺和第二十四师官兵先走，贺龙和第二十军部队后走，迅速开赴南昌。

第二节　高举义旗

1927 年 7 月 27 日，第二十军全部集中南昌。贺龙来到军部驻地中华圣公会以后，立即会见了领导和参加起义的共产党人李立三、谭平山、朱德、恽代英、刘伯承、吴玉章、徐特立、高语罕、方维夏、郭亮和朱蕴山等，谈话十分坦诚。当有人谈到举行南昌暴动，要设法争取第二方面军总指挥张发奎来参加时，贺龙说：“我们若要拉张发奎就不必干，若要干，就不必拉张发奎。因为我们搞的是反对蒋介石、汪精卫的武装暴动。这个事，张发奎是一定不愿意干的，他和汪精卫的关系深得很呢！”贺龙还不知道共产国际代表和苏联顾问都主张拉张发奎参加暴动，并和张一起去广东占据出海口，然后，取得苏联的军事援助，再重新北伐，而且中共中央政治局也是听从共产国际这项决策的。

可是张发奎却使他们大失所望。就在贺龙发表上述看法的第三天，即 7 月 29 日，汪精卫、孙科、朱培德与张发奎在庐山召开了针对南昌形势的反共会议。他们决定命令贺龙、叶挺限期率部撤回九江，并在第二方面军中进行“清共”，逮捕第四军政治部主任廖乾吾等一批共产党员。廖乾吾得到这个消息以后，连夜从庐山赶到南昌，向周恩来报告。

7 月 28 日，贺龙在第二十军军部热情地迎接了前来领导南昌起义的前敌委员会书记周恩来。周恩来紧紧地握住贺龙的手说：“我来拜访你，不是礼节性的。开门见山，我是找你商量起义计划的。我们立刻就谈行吗？”贺龙连连点头说：“好极了，我洗耳恭听！”周恩来大笑，指着贺龙说：“洗耳恭听是不够的。你是大将军，光动耳朵怎么成？还是要动手动脚动枪动炮呢！”贺龙也笑了。周逸群是陪着周恩来进屋的，看见他们要谈大事，就准备离开。贺龙却扬手叫着：“逸群，你去哪里？一起听听嘛。我都听得，你听不得？”周恩来说：“好，坐下听吧，你也要谈谈意见。”

接着，周恩来讲了南昌起义的基本计划。周恩来讲完以后说：“贺龙同志，我想听听你的意见。”贺龙说：“我完全听共产党的命令，党要我怎么干就怎么干。”周恩来点点头说：“共产党对你下达的第一个命令就是党的前委委任你为起义军总指挥！”贺龙一怔，站了起来，有些讷讷地说：“我还没有入党……”周恩来说：“你看，你刚刚讲过完全听共产党的命令，怎么第一个命令就不听了？”贺龙说：“好，我服从。”周恩来说：“南昌守军有三千多人，朱培德的第五路军总指挥部警卫团很有战斗力。我们决定由叶挺同志任前敌总指挥，刘伯承同志任参谋团团长。想请你和伯承同志一起订一个具体作战计划。我想，起义军总指挥部和参谋团就设在你的军部，你看可以吗？”贺龙说：“很好，一切服从命令。

只是要快，我们这出戏是杨排风上阵，连烧带打呢！”这句话一说，连刚刚赶来的叶挺也大笑起来。

本来，周恩来7月27日到达南昌之后，根据中共中央决定，即由周恩来、李立三、恽代英、彭湃组成了中共前敌委员会，周恩来任书记，前委已经决定于7月30日起义。但是，7月29日，中共中央政治局常委张国焘以中央代表名义从九江给前委连续发来两封密电，坚持要等他来南昌以后再决定是否起义。30日，张国焘来到南昌，在前委会上，张国焘传达了共产国际代表的指示精神：（一）我们的军事若无十分把握，可将我们的同志从军队中撤出，去组织工农群众；（二）起义要得到张发奎同意并且要一致行动。这个意见遭到了周恩来、恽代英、李立三、彭湃的反对和驳斥。周恩来十分激动地说：“你这个意思与中央派我来时的想法不相吻合。国际代表及中央给我的任务是叫我来主持这个运动，现在给你的命令又如此，我不能负责了，我即刻回武汉去吧！”他气得还拍了桌子。20多年之后，周恩来在谈到南昌起义时说：“拍桌子这个举动，是我平生仅有的一次。”恽代英更是愤怒地说：“没有必要等你来讨论，因为事情已经决定了。共产国际和中共中央的一些错误决策已经害了中国革命，葬送了成千上万的同志，你们的领导已经完全破产。现在，南昌暴动一切都准备好了，忽然又来了什么国际指示，阻止我们的行动。我是誓死反对的。如果你再动摇人心，就打倒你！”谭平山也十分气愤，会后，他找到周恩来，主张把张国焘绑起来。周恩来严厉地制止说：“张国焘是党中央的代表，怎么能绑呢？”在这种气氛下，张国焘只得表示服从多数意见，同意起义。但是，起义时间却不得不推迟了。

7月31日，贺龙列席了前委在第二十军军部召开的会议，决定8月1日凌晨4时起义。不料，第二十军的一个副营长突然叛变。前委迅速将起义时间提前为凌晨2时。

当日下午，贺龙召开第二十军营以上军官会议。在传达了前委决定以后，他说：“国民党已经叛变了革命，国民党已经死了。我们今天要重新树起革命的旗帜，反对反动政府，打倒蒋介石，打倒汪精卫。我们今天要起义了，我们大家在一块儿都很久了，愿意跟我走的，我们一块儿革命；不愿跟我走的，可以离开部队。我们今后要听共产党的领导，绝对服从共产党的命令。”接着，贺龙宣布了作战命令。

入夜，贺龙命令负责封锁道路、断绝交通的部队进入战斗状态。他们颈上系着红布带，左臂上扎着白毛巾，马灯、电筒上贴着红十字。口令是：“山河统一。”

1927年8月1日，周恩来、贺龙、叶挺、朱德、刘伯承等领导2万余人的革命武装，举行起义。中国武装革命反对武装反革命的第一枪打响了，从此揭开了中国共产党领导武装斗争的历史！

贺龙和刘伯承在总指挥部指挥作战。第二十军第一师的两个团围攻旧藩台衙门里的敌第五路军总指挥部。守敌警备团是朱培德从云南起家的精锐部队，事先获得了那个叛变的副营长的密告，做了应战准备。战斗一打响，敌人就集中火力封锁鼓楼，切断了起义军攻击部队的必经之路，战斗异常激烈。贺龙的指挥部和敌人隔街相望，距离不到二百米。贺龙、刘伯承站在石阶上，观察情况，指挥作战。流弹不时在他们头上呼啸飞过，他们从容不迫，指挥若定。

第一师是第二十军的主力，师长贺锦斋、第一团团长刘达五都是久经沙场的骁将。他们亲自带着队伍，利用民房，攀登上鼓楼楼顶，占领了制高点，以猛烈火力压制敌人，掩护正面进攻，又组织力量穿街入巷，翻墙越脊，向敌军背后包抄，迅速将敌人压进其总部大院，迫使敌人全部缴械投降。在清理俘虏时，抓住了那个叛变的副营长，贺龙下令将其就地枪决。

第二十军教导团、第二师和第十一军第十师一部迅速包围了小营盘和大营盘。大营盘守军一个团慌慌张张抵抗一阵，因无法突围逃跑，只好放下武器。起义军冲入敌另一个团驻扎的小营盘，大部分敌人大喊着："不要误会！不要误会！"就交了枪。

在城北牛行火车站，第二十军第三团第三营营长王炳南听到枪声，迅速将在敌人宿舍外埋伏妥当的部队展开。敌人睡得迷迷糊糊就交了枪。第三营立即占领有利地形，向赣江上游布置警戒。

叶挺、朱德所率起义军也迅速消灭了敌人。只用了四个小时，便在 8 月 1 日上午 6 时，将敌军三千余人全部歼灭。起义军总指挥部的五层大楼上，鲜艳的红旗迎着朝霞飘扬。

南昌起义胜利了！

8 月 1 日上午 9 时，召开了有中共中央部分领导人、在南昌的国民党中央委员、江西省党部委员、南昌市党部和海外党部代表参加的联席会议。会议选举宋庆龄、周恩来、谭平山、贺龙、张国焘、林伯渠、吴玉章、叶挺、何香凝、邓演达等 25 人组成"中国国民党革命委员会"，宋庆龄、邓演达、贺龙等 7 人为主席团委员。在一些人的坚持下，把在庐山宣布"清共"的张发奎也选为委员。委员中有些人并不在南昌，如宋庆龄、何香凝、邓演达等。因为他们是坚决主张与共产党合作、有很高威望的国民党左派，所以也被选入了委员会。事后，宋庆龄很快就发表了支持南昌起义的声明。

当天晚上 19 时，在第二十军军部召开参谋团会议。周恩来、贺龙、叶挺、朱德、刘伯承和随第二十军行动的苏联军事顾问纪功等参加了会议。会议着重讨论起义部队南下广东的具体计划和政治纲领。贺龙发表意见说："我不主张到广东，我觉得湖南边境农民运动做得好，有群众基础。到那里不致在盛夏时节千里行军，而且兵员也容易补充。"但是，南下广东是在共产国际代表指示下，中共中央在南昌起义以前就决定了的方针，贺龙的意见没有被接受。

8 月 2 日，聂荣臻和周士第率领第十一军第二十五师的大部分部队赶来南昌，加入了起义军的行列。当天，革命委员会任命贺龙兼代第二方面军总指挥，叶挺兼代前敌总指挥。方面军所属第九军，朱德任副军长、朱克靖任党代表；第十一军，叶挺任军长、聂荣臻任党代表；第二十军，贺龙任军长、廖乾吾任党代表，周逸群为该军第三师师长。全部起义军共有 3 个军 16 个团又 4 个营 2 万余人。其中，贺龙指挥的第二十军兵力接近整个起义军的一半。

8 月 3 日，起义军发布了《第二方面军兼代总指挥贺龙告全体官兵书》。文告指出："这次南昌起义，实在是一种伟大的革命行动，是真正拥护总理的主义和政策的行动。因为国民革命军第一次北伐变成了蒋介石个人的胜利。今年 3 月的党权运动，又被唐生智利用。南京的国民党中央党部和政府，是蒋介石个人的工具"；"所谓武汉中央党部和国民政府，原来还有三分人气，大家所公认的领袖汪精卫初回国时志气甚豪，劈头告诉我们道：中国不能解决土地问题，国民革命绝无成功希望。他又起草土地问题决议案，规定'肥田 50 亩，瘠田百亩以上一律没收'。但是他听见唐生智、何键那些野蛮的武人哼了一声，便骇得魂不附体，把他所起草的决议案藏在荷包里，不敢发表。许克祥一个团长，在长沙等处杀了数千工农群众及各级党部服务同志，汪精卫所领导的中央党部、国民政府，竟以记过了之，不久，许克祥却又升了师长。这不是明明白白的奖励军阀做反革命、反工农、叛党叛国的勾当吗？这样的党，这样的政府，这样的领袖，要他何用？""我们下级长官尤其是士兵同志十有八九都是贫苦的农民出身。我们此次的革命行动，即是为实行土地革命，解决农民问题而奋斗。"这个告全体官兵书，是一个义正词严、大义凛然地声讨蒋介石、汪精卫为首的反革命派的檄文。

南昌起义，举世震动。汪精卫发布了缉拿贺龙、叶挺的通令，又命令朱培德、张发奎调集军队进攻南昌起义军。敌人十万火急地动手了。8 月 4 日，张发奎电令各部"进剿"叶挺、贺龙部。5 日，敌第八路军右路总指挥钱大钧率部自南雄开到赣州布防，企图堵截并消灭起义军。

前委决定退出南昌，由江西进入广东，与东江地区农民运动结合起来夺取广东。8 月 3 日，起义军开始撤离。8 月 5 日，贺龙率总指挥部离开南昌。6 日，起义部队全部撤离南昌，先头部队抵达抚州。

8 月 4 日，第十一军副军长兼第十师师长蔡廷锴在江西进贤地区率部归附了蒋介石。刘伯承在南昌起义失败后写的《南昌暴动始末记》一文中说：在起义前，"蔡廷锴及其军官有些还是不稳定的，贺龙等主张，一并扣留制裁，终未实行，以致演成进贤叛变的事来，为后来失败的一种原因"。[①]

8 月 19 日，起义军到达广昌。由于长途行军，天气炎热，道路难走，给养困难，部队非战斗减员很多，从南昌带出来的辎重、重武器甚至大批枪支弹药遗弃不少。敌人追堵大军日益逼近，敌方对起义军的恶毒攻击甚嚣尘上。因此，革命委员会在广昌召开连以上军官会议，作进一步动员。贺龙在会议上讲话，痛斥了反动派的诬蔑，说明南昌起义，南下广东，完全是为了革命。

22 日，贺龙率第二十军为左纵队由广昌出发，计划与右纵队第十一军在壬田会合后占领瑞金。此时，钱大钧指挥的两个师中的一部分到达壬田准备阻击起义军。第八路军副总指挥兼前敌总指挥黄绍竑率领兵两个师也从赣州兼程赶来。

---

① 中国人民解放军军事学院编：《刘伯承军事文选》，战士出版社 1982 年版，第 5 页。

壬田是起义军进入广东的必经之地。26日下午，贺龙指挥第二十军全部5600多人，乘钱大钧部立足未稳，猛攻其新编第二十师，激战至次日晨，敌向会昌退却。朱德率第二十军教导团一部追击敌人至瑞金以南50公里处，使敌人遭到很大损失。起义军占领瑞金。

8月末或9月初的一天，在瑞金的一座学校里，由周逸群、谭平山介绍，贺龙加入了中国共产党。中央政治局常委周恩来在贺龙入党宣誓仪式上讲了话。他说："组织上对贺龙很了解，贺龙同志由一个贫苦农民经过斗争，成为国民革命军第二十军军长很不容易。多年来，贺龙同志积极追求真理，是经过考验的，是信得过的。"中共中央委员和政治局委员李立三、恽代英、谭平山也相继讲了话。他们回顾了大革命以来，贺龙反对军阀、反对帝国主义列强，支持工农运动的一贯表现，赞扬了贺龙在革命危急关头挺身而出，率军参加南昌起义的革命精神，也叙述了党对贺龙的考察经过。贺龙入党后，编入了中央特别小组，同组中有周恩来、张国焘、廖乾吾、刘伯承、周逸群等。①

30日，起义军进攻会昌。由叶挺率领第十一军两个师担任主攻；朱德率领第二十军第三师助攻；贺龙率第二十军主力为总预备队。② 晨6时，朱德率部向会昌攻击，伤亡很大。第二十军第三师参谋长袁仲贤、第六团第一营营长陈赓、教导团团长侯镜如负伤，但攻势并未稍减。7时半，叶挺率两个师发起进攻，激战至下午4时，攻占会昌，歼敌甚多，残敌3000余人狼狈逃窜。黄绍竑所部第四师不知会昌失守，星夜赶来，也被第十一军击溃。

起义军击溃了阻拦的敌人，由江西进入福建。9月5日到达长汀，接近广东。前委对进入广东的作战计划又进行了讨论。贺龙同意以一部兵力于三河坝监视梅县之敌，以主力取潮州、汕头，再经揭阳，出兴宁、五华取惠州的意见。

9月3日，国民革命军总参谋长、第八路军总指挥兼广东省主席李济深为阻止起义军进入广东，令黄绍竑、陈济棠、钱大钧和何辑五等率部"合剿"起义军。8日，李济深又令陈济棠任东路军总指挥，率第十一师及薛岳部第三十三师两个团开赴河源，准备在潮梅地区围剿起义军，并令军舰"飞鹰号"由水路进攻，与其配合；任命黄旭初为北路军总指挥，率第七军及范石生、钱大钧部由赣南追击起义军。敌人以比起义军多数倍的兵力压了过来。

19日，起义军占领粤东三河坝地区。按前委决定，朱德率第二十五师和第九军一部驻守三河坝，对付由梅县进攻之敌，主力由周恩来、贺龙、叶挺率领夺取潮汕。经过激战，9月23日占领潮汕，立即迎击从河源方向赶来的敌军。由于起义军征战千里，实力大减，又未能集中兵力，对敌情了解也不准确，行至汤

---

① 关于贺龙的入党时间，有几种说法：刘伯承在《南昌暴动始末记》一文中说："贺龙于攻克会昌后在瑞金加入本党"；《周恩来年谱》记载为9月初；贺龙自传及贺龙1938年11月填写的党员登记表中写的是"攻克瑞金后入党"。起义军8月27日攻克瑞金，8月30日占领会昌，9月2日，先头部队离开会昌向长汀出发，据此，贺龙入党应在8月28日至9月2日之间。

② 南昌起义后组成，辖第六团和教导团。

國民革命軍第二方面軍總指揮賀示

照得本部各軍　富於革命精神
此次南昌起義　原為救國救民
轉戰千里來粵　只求主義實行
對於民衆團體　保護十分嚴謹
對於商界同胞　買賣尤屬公平
士兵如有騷擾　准其捆送來營
本軍紀律森嚴　重懲決不姑徇
務望各安生業　特此鄭重申明

南昌起义部队南下途中以贺龙名义发布的布告

坑，遭三倍于己的敌军顽强阻击。贺龙、叶挺亲自组织部队轮番猛攻，打了两天两夜，相持不下，起义军伤亡了 2000 多人。

这时，潮州已被黄绍竑部袭占。起义军主力与在三河坝的部队也失去联系，处于被敌夹击的境地，被迫向海陆丰撤退。敌军尾追不舍。前委认为已不宜按原定行军路线转移，乃于 10 月 3 日召开紧急会议，讨论下一步行动计划。

此时的贺龙早已下定决心，不论起义成功还是失败，都要跟着共产党同国民党反动派干到底。他曾对徐特立说："张发奎无用，他怕失败。我不怕失败，南昌暴动无论胜利与否，我都干。如果失败了，我就上山！"在起义军从汤坑撤退时他说："这十年是我垮了又来，再垮再干，越干越大，为什么？就因为我干的是革命，不怕失败。干革命，人民就拥护。我们可能被杀，人民却永远杀不绝。现在情况很严重，我只有两句话：留得青山在，哪怕没柴烧；第二，宁可站着死，不能跪着活。"在前委召开的紧急会议上，贺龙再次表示："我心不甘，我要干到底。就让我回湘西，我要卷土重来。"前委紧急会议最后决定：部队与农民运动相结合，继续开展武装斗争。主要领导人贺龙、叶挺、刘伯承、林伯渠、吴玉章等离开部队经香港转赴上海。会议结束后，部队由流沙向西，经钟潭向海陆丰的云荡前进。路经一个三面环山的小盆地。第二十军第一、第二两师刚刚走过，陈济棠的第十一师即从乌石赶到，将起义军拦腰切断。周恩来、贺龙、叶挺指挥部队奋起还击，但因部队已连续作战数昼夜，伤亡巨大，新败之余，士气受到严重影响，遭此突然袭击，逐渐失去控制，很快被冲散了。震惊中外的南昌起义失败了。周恩来、贺龙等分别经香港去了上海。起义部队一部分转到海陆丰，另一部分在朱德等率领下，转至粤湘边境坚持斗争，成为后来工农红军的一支骨干力量。

第五章　创建红四军，开辟湘鄂西

第一节　从上海到鄂西

1927年11月初，贺龙到了上海。中共中央为贺龙安排了秘密住处，和周逸群住在一起。

贺龙住下不久，就见到了周恩来。他看见周恩来身体虽很消瘦却比以前健康，感到十分欣慰。他对周恩来说："部队打散了，我贺龙一个人来见你，真是不甘心哪！"周恩来安慰他说："贺龙同志，现在国民党悬赏十万大洋捉你，你的头很值钱哟！"贺龙说："我这颗头早交给党喽！不论在任何情况下，我都跟着党走！"

周恩来告诉贺龙说，中共中央已经对他的工作做了考虑，让他到苏联去学习军事，同去的还有林伯渠和刘伯承。贺龙表示服从组织的安排。

11月16日，一个共产党秘密机关被敌人破获，敌人知道贺龙到了上海，下令严密搜查。贺龙只得停止一切活动，严密隐蔽起来。第二天，刘伯承、林伯渠登船走了，贺龙未能同行，在中共中央机关等了十几天，仍然走不成。在这段时间里，贺龙反复考虑自己以后如何行动有利，他想，既然去不了苏联，就去搞红军吧。他把这个想法告诉了周逸群，请周逸群向周恩来报告。贺龙后来回忆，南昌起义失败后，自己有一股不服气思想，不相信就打不赢蒋介石，所以就想回湘鄂西建立武装，以为总会搞起来的。过了几天，周恩来再次会见贺龙。贺龙又向他谈了自己要去湘鄂西搞武装斗争的想法，并说："从武汉到湘西沿长江一带的车湾、藕池、新堤、调关的驻军，有些是我过去的部属。长江两岸土匪多得很，大多数是被逼上梁山的穷苦农民，是可以收编改造的。湘西是我的家乡，我从民国五年开始就在那里拖队伍，和北洋军阀打了十年仗，我人熟地熟，干起暴动来更方便，有成功的把握。"周恩来问："一路上的安全，你有几分把握？"贺龙说："问题不大，上了船我自己当心点，到了汉口，我就能活动了。沿长江走水路回去，我有把握，你难道忘了，我叫贺龙，龙归大海嘛！"两人哈哈大笑。

1928年1月6日，在中共中央常委会议上周恩来把贺龙的要求提了出来，并且详细介绍了贺龙的历史，分析了贺龙的情况。共产国际代表当即表示不赞成。这位外国人担心贺龙"回去要变成军阀"。周恩来却坚持认为贺龙应该去湘西，到那里可以充分发挥他的作用。1月8日，中共中央常委会研究两湖暴动问题。周恩来再次提出贺龙的要求和自己的看法。最后，中共中央常委同意了贺龙回湘西搞武装斗争的要求。

临行之前，周恩来请贺龙、周逸群吃饭。他告诉贺龙：中共中央决定组成中共湘西北特委，由郭亮任书记，贺龙、周逸群、徐特立、柳克明为委员，负责发展工农武装，开展游击战争，建立苏维埃政权，还告诉贺龙、周逸群，到了汉口便与湖北省委书记郭亮联系，接头地点是谢弄北里17号。

1928年1月中旬，贺龙、周逸群等离开上海去武汉。

贺龙由上海返回湘鄂西时随身携带的皮箱，后成为中共湘鄂西前委公文箱

贺龙剃掉了蓄留多年的短胡子，身穿水獭领皮大衣，头戴海龙帽子，围着宽羊毛围巾，戴着深茶色水晶眼镜，打扮成一个大资本家的模样。周逸群打扮得像个管账先生。卢冬生和曾在叶挺部队里当过团长的史庶元（施元）、原第二十军第一师警卫营营长滕树云等也都化了装。他们在敌人军警宪特严密搜查下上了船。在船上，一个国民党特务看贺龙像个大阔佬，缠着要和他打麻将牌，想从他身上捞上一笔外财。虽然贺龙他们总共只有50元旅费，贺龙仍从容地坐下来，笑着说："好，好，闲着解闷嘛！"一场牌打下来，贺龙反而赢了这个特务几十元。这场麻将，使特务认定贺龙是个阔佬无疑。一路上反而少了不少麻烦。贺龙一行，到了汉口，找到谢弄北里，没有用接头暗语，就闯了进去。郭亮的爱人看见贺龙他们这副打扮，以为是来了特务。这时，从后屋出来一个人，看见贺龙，怔了一下，连忙立正敬礼，兴奋地说："啊呀，总指挥，你怎么来了？"

此人是叶挺原来的副官长刘鸣先，和贺龙是熟悉的。这样，他们与武汉的中共党组织接上了关系，和湖北省委书记郭亮见了面。

此时，中共湖北省委正准备在武汉组织年关暴动。原计划由贺龙以前下属的团长蔡申熙担任总指挥。贺龙来了，中共湖北省委要贺龙担任暴动总指挥。在研究暴动的安排时，贺龙说，要接受南昌暴动千里远征的教训。武汉暴动成功当然很好，若是失败，就立刻把暴动武装拖出去，江北的到沔阳会师，长江以南的拉到湘东，和农村暴动结合起来。会上还研究了关于发展游击队、发展党等事宜。

不料农历腊月二十三日，即1928年1月15日，武汉国民党特务机关破获了中共地下党组织的一个印刷所，搞到了省委暴动计划，省委书记郭亮租的房子，是由这个印刷所出的铺保。郭亮、贺龙、周逸群等因而迅速转移。武汉当局为了防备暴动，立即调动部队加强戒备，还派人沿街叫喊："共产党要暴动了！"形势突变，暴动计划已无法实施。这时恰巧贺锦斋派人来给中共湖北省委送黄金，贺龙见到来人，得知贺锦斋在洪湖藕池一带打游击，已经拉起了一支有100余人的农民武装，近日，他们抄了一家银号，搞到1000多两黄金，派专人送来汉口。知道了这个情况，贺龙、周逸群决定立即去洪湖。贺龙一行十余人，携带短枪五支，包了一只小汽船，由水路离开武汉。船到鹦鹉洲，敌人乘小船来检查，账房先生给敌人塞了点钱，敌人见钱眼开，立刻放行了。行至新堤（今洪湖县治），当地驻军戒备森严。贺龙派人了解附近敌情，得知观音洲只有敌人的一支团防队伍，十几个人，十支枪。贺龙问周逸群："把枪搞来如何？"周逸群有点犹豫地说："只有几支短枪，行吗？"贺龙朝周逸群笑笑说："有短枪就能搞到长枪。"船靠了岸，贺龙、周逸群等人径直朝观音洲团防队部走去。团防队长以为是大官来视察，急忙吹哨紧急集合，列队欢迎。贺龙走到团防队长面前抓住他的手，摘下墨镜，说："认得吗？我是贺龙，特来向你借枪。"团防队长吓得跪了下来。有个团防队员企图开枪，卢冬生一枪将他打倒，其他人一拥而上，把团防士兵手中的六支汉阳造步枪、四支驳壳枪夺在手中。

贺龙说："给他开张借条，就说我贺龙借到队长大人10支枪、200发子弹。"

1月19日，贺龙一行乘船到了监利县的反嘴（当时属岳阳）。只见江北岸有几间草屋，江边和屋前站着许多人，在向船只招手叫喊。

贺龙一挥手说："迎上去！我们手里有枪喽，还怕什么？只是不要先开枪。"

船靠近岸，一个魁梧的汉子飞也似的跳上船，一把抱住贺龙，激动万分地说："云卿啊，大哥啊，总指挥啊，我晓得你是任凭什么敌人也打不死的！"他又扑向周逸群，紧紧握住他的手说："逸群哪，周主任，我们是三辈子的缘分哪，又重逢喽！"说完，朝岸边那一群人挥臂大喊着："我们的总指挥来喽！"

他就是贺锦斋。

这意外的会合，使岸上、船上的人全都欢呼起来。贺锦斋的队伍大概有一百七八十人，有几个人还是参加过南昌起义的老战士。贺龙很激动，挥舞双手，大声地说："我们又见面了！千转万转又转到一起来了。当年，我们有两万人，可惜被敌人打垮了，这算不了什么。你们干得好啊，比我贺龙还干得早，有成绩。从今天起，我们一起干，我加入你们的行列，要不要我啊？"人们欢呼起来，报以热烈的掌声。

贺龙一行上了岸，坐下来以后，贺龙问周逸群："我们先在这里搞起来，如何？"贺锦斋说："我们不是已经搞起来了吗？"贺龙说："你只搞了一半，拉了队伍，没搞暴动。"贺锦斋不明白，他抄了银号，抄了大土豪的家，给省委送了三次钱，还不是暴动？贺龙说："问问逸群就搞明白喽！"周逸群告诉贺锦斋，中共中央“八七”会议以后，中央给湖南、湖北都发了指示，11月中共中央又做出决议，要求进一步在乡村大大发展游击战争，杀尽土豪劣绅，烧大地主的房子，分配土地，分地主的东西，捣毁与没收政府的征收机关，停止缴纳一切田租捐税，废除一切债务，等等。周逸群说：“锦斋呀，你们搞得虽然不错，可还算不上真正的暴动。”

贺锦斋摇摇头说：“杀尽土豪劣绅，烧地主的房子？房子是一条街、一大片，你烧大地主的，就烧不到老百姓的吗？”

当时，贺龙、周逸群并没有认识到这是些“左”的政策，在执行时是会遇到问题的。贺锦斋这样一说，他们有些犹豫了。周逸群说，他要先调查一下。

于是，他们决定，在农历大年初一，先去向当地贫苦农民和渔民拜年，做调查工作。

正月初一一大早，贺龙、周逸群、贺锦斋带了一些粮食、银元，挨家挨户去向穷苦人家拜年。人们悄悄地向他们反映：这儿有个大土豪李振涛和土匪勾搭在一起，绑票勒索，奸淫掠抢，无恶不作，老百姓深受其害。

贺龙听了怒气冲冲地说：“给这个大土豪拜年去！”带着近百人来到李振涛家。

见到李振涛，贺龙脸色一沉说：“我是贺龙。”李振涛吓得变了脸色，扭头就跑。贺龙拔出手枪连打两下，李振涛应声倒地。

周逸群走进堂屋，看见屋里摆着一面大鼓。他找到笔墨，在鼓面上写下了一行大字：“杀尽天下土豪劣绅。”落款是：贺龙。

贺龙率领的武装从此展开了打击土豪劣绅的斗争。他们打出第四十九路工农革命军的旗帜，活动于荆江两岸。但是，他们还没和中国共产党在当地的党组织联系上。

有一天，贺龙和卢冬生正站在江边，一只小船靠近了岸，从船上跳下一个人，急急忙忙地向他们奔来。这个人边跑边叫着：“总指挥，我可找到您了。”

贺龙认识这个人，是1917年初，贺龙离湘援鄂，参加护法战争时加入他领导的部队的。只是名字记不起来了。

那人告诉贺龙，“四一二”事变以后，他们组织了十来个共产党员拖了几条枪搞暴动，找过石首中心县委，可是，县委不承认他们。

贺龙说：“你立刻再去告诉中心县委，就说我贺龙在这里！”

“好！”那人很快便走了。

就这样，贺龙、周逸群与石首中心县委、鄂中特委以及鄂中、鄂西的几支暴动武装取得了联系。1月底，吴仙舟领导的石首游击队、萧人谷领导的鄂中游击队与贺龙在下车湾会师。由于中共湘西北特委成员郭亮、徐特立、柳克明另有任务未到，书记由周逸群担任。贺龙、周逸群与中共鄂中特委书记娄敏修，委员萧人谷、邓赤中，中共石首中心县委书记李兆龙，中共监利县委书记熊传藻等举行联席会议。决定将鄂中、石首游击队与贺锦斋领导的武装合编为三个大队，仍用第四十九路工农革命军番号，由贺龙任总指挥，贺锦斋任军长，原第二十军营长滕树云为第一大队长，原第十一军的团长史庶元为第二大队长，萧人谷为第三大队长。任务是消灭对农民协会和广大群众危害最大的土匪和土豪劣绅，发动长江两岸农民进一步掀起暴动浪潮。

贺龙后来回忆这段经历时说：“这时，打土豪的方法还很简单，因为受到对白色恐怖的报复情绪影响和盲动主义的指导，施行的政策也有错误。大致的情况是，看哪家屋子阔气，就搞哪家，然后把没收的财产分给群众。开始，群众不敢要，游击队就沿街贴标语，把东西撒在城镇外面，由群众去捡。后来，许多人才敢来领。老百姓很奇怪，说红军也穿便衣，和土匪一样打扮，可是不要钱，打土豪劣绅，向着穷人。那时正是‘左’倾盲动主义高潮时期，做群众工作，找农民谈话，组织农民协会，受批评；杀土豪，烧他们的房子，受表扬。”事实确实如此，1927 年 11 月 15 日，中共中央致两湖省委信中就有这样的指示：“在乡村中大大发展游击战争，杀尽土豪劣绅、烧大地主的房子，分地主的东西……”因此，贺龙、周逸群在鄂西暴动中也提出过“杀三万地主”的口号，尽管事实上并没有办到。

在贺龙指挥下，第四十九路工农革命军在石首、华容、监利地区经过十多天的战斗，攻克了上车湾、朱河、砖桥、长冈庙、调弦口等市镇，消灭了大批土匪及团防武装，缴枪百余支。在上车湾一带，有一个从四川过来的诨名张烟灰的大土匪头子，手下有一百多人，七八十支枪。贺锦斋初建武装时，与此人有过联系，但未能合作。贺龙计划利用这个关系把张烟灰弄来，搞掉这股土匪，为民除害。张烟灰如期而至，贺龙、周逸群、贺锦斋亲自迎接，请他吸鸦片烟以示礼遇。张烟灰身带两支驳壳枪，警惕性颇高，是个有经验的匪首。贺龙和他谈论起四川一些有名的将领，对他说：“我就是贺龙，不要把我认错喽！”张烟灰知道面前的这人是在四川、贵州、湖南、湖北负有盛名的贺龙，狂妄态度有所收敛。贺龙以看看他的手枪好坏为名，收了他的枪。卢冬生马上将他击毙。群匪无首，顿作鸟兽散。不久，贺龙又率部缴了国民党一个骑兵团的五六十支枪。第四十九路工农革命军发展到五六百人，成为洪湖地区最大的革命武装。他们的行动，鼓舞了遭受残酷镇压的工农群众，有力地配合了南县、华容、石首、江陵、公安、监利、沔阳等县的武装暴动。在这些暴动中产生了陈香波领导的江陵游击队，屈阳春领导的另一支石首游击队，加上已有的沔阳游击队和邹资生领导的公安游击队，鄂西、鄂中和洞庭湖北岸地区的游击武装有了一定的力量。

2 月中旬，第四十九路工农革命军应中共石首中心县委的请求，攻打监利县城。战前，侦察不实，以为城内敌人不多，战斗开始后才发现守军有两个团。革命军以寡敌众，奋勇攻城，伤亡很大。大队长滕树云、史庶元负伤。贺龙、周逸群亲率士兵冲锋，也未成功。敌人的军舰开来支援守军，炮击不停，造成很大威胁，工农革命军被迫撤退。战斗结束以后，贺龙、周逸群在石首县焦山河召集湘西北特委和游击队领导人开会，研究今后的行动。在上山（去湘鄂边）还是下湖（留在洪湖地区）问题上，意见不一。有人认为，各路游击队都是由当地农民组成的，许多人不愿远离本乡本土，贺龙应当留在鄂西领导武装斗争。而贺龙、周逸群认为，在上海，中共中央交给他们的任务是到湘西北开展工作。那里的反动统治，相对来说，比中心区域薄弱，贺龙又熟悉那里的情况，有相当的号召力，更易于发展革命武装。考虑到这些因素，贺龙、周逸群决定，把洪湖地区所有部队交给中共石首中心县委和中共鄂中特委领导，贺、周与贺锦斋带少数人前往湘西北执行中央赋予的任务。留在鄂西的武装要发展游击战争，恢复地方党组织，相机消灭敌人。待湘西北武装及鄂西武装发展到一定规模时，在公安、松滋一带会师，拓展更大的局面。

2 月 20 日，贺龙、周逸群、贺锦斋、卢冬生和中共石首中心县委宣传部长李良耀等十余人，踏上了去湘西的征途。

第二节　洪家关举义

贺龙一行在去湘西北的途中，经过许多市镇，发现都驻有国民党军，巡查很严，给他们带来了不少困难。为了避免冲突，许多地方都要绕道走。但是，从鄂西到湘西，也有不少驻军和团防武装的首领是贺龙当年的部下，有些人对贺龙仍然十分崇拜。听说贺龙来湘西，有的就准备带着队伍前来投奔。对沿途是否扩大武装的问题，贺龙和周逸群做过认真研究，认为如果收留这些队伍，虽可增加人枪、扩大影响，但要筹粮、筹款，一路上又大都是贫困山区，将会遇到不少困难。而且这些队伍成分复杂。不进行彻底改造，恐怕难于顺利带到湘西。所以，他们决定不接受要求收编的队伍，以便及早赶到桑植，在乡亲的帮助下，组织自己的队伍。

一天，贺龙一行走到湖南澧县境内的一个小村子里。正准备吃饭休息，忽然听见村里人声嘈杂，鸡飞狗叫，像是有军队进村了，人们都掏出了武器。贺龙摆摆手说："莫急，先搞清楚再讲，我去看看。"贺锦斋和卢冬生拦住他说："我们去，你树大招风。"贺龙笑着说："在这块地方，我当过镇守使，树大招风不假，树大也能顶风呢！"便大步走出门去。

出门不远，贺龙就看见二三十个当兵的在抓老百姓的鸡鸭。一个当官模样的人发现了贺龙，愣了一会儿，忽然跑过来，毕恭毕敬地朝他立正敬礼。贺龙问："你是干什么的？"那人回答："报告镇守使，我是排长。队伍没得人发饷，我带着兄弟们想搞点子吃喝。"

贺龙皱起眉头说："我就住在这里，你们给我放哨，要保证我的安全。"排长连忙称是。贺龙又说："听着，不准祸害贫苦百姓，等我们走后，你可以在村子里挑个土豪劣绅大户搞他一票嘛，搞些钱财分给弟兄们。"

排长喜出望外，连忙把队伍安排在村子四处，布置了明岗暗哨。他自己持枪站在贺龙住的屋门外。贺龙一行吃过饭，又睡了午觉，才离开村子。

到了石门，贺龙得知这里的共产党组织已经有了很大变化，中共县委军事部长罗效之带队伍叛变了，余下的少数武装由曾庆轩带领在南乡坚持斗争。路过江垭，贺龙见到了徐小桐；在竹叶坪，见到了钟慎吾。他们都是贺龙过去的部下，现在也都拥有武装，要求加入贺龙的队伍。贺龙一一劝阻，答应以后再来寻找他们，一起干革命。钟慎吾告诉贺龙，返回桑植时不要走空壳树，因为当年拖枪逃走的第二十军营长陈策勋正率领队伍住在那里。接受他的建议，贺龙一行绕路于2月28日到达阔别已久的家乡桑植县洪家关。

他的一些亲属和老部下各自都拥有武装。这些武装的情况十分复杂：有的是在北伐时期队伍整编时，遣散回乡后又拉起队伍等待时机的；有的是在汪精卫叛变前夕，贺龙的大姐贺英察觉到时局要变，在武汉买了枪回家乡，由她组织起来，准备和敌人对抗的；有的是随贺龙参加南昌起义失败后，拖枪返回家乡准备和敌人继续斗争的；也有少数是多年来就在洪家关一带称雄称霸的。他们各自为政，谁也管不了谁。这一带贫穷落后，筹粮弄钱都十分困难，为了各自的生存，常常发生利害冲突，矛盾不断发展，目前正在酝酿互相火并。

贺龙走到离洪家关15里的地方，得到了这一消息。他连忙派人送信，让他们不要轻举妄动，等贺龙回来解决。这些武装的头领都服从了。

贺龙赶到以后，将他们召集在一起说："退下子弹，再不许打了，都跟我干革命。我把话讲明白，这次回乡，是干共产党，干工农革命军，干土地革命，推翻蒋介石、汪精卫，打倒反动政府。我们南昌暴动的队伍在广东被打散了，我就不服气，你们呢？"人们嚷了起来："哪个龟儿子才服气，我们打不垮这些家伙才有鬼！"贺龙说："对啊，咱们的队伍几起几落，总是会搞起来的。不过，这次与过去大不相同，我们搞的是为工农打天下的革命军，想跟着我贺龙升官发财做不到，要吃苦！哪个不想干，就讲清楚，我绝不阻拦，可有一条，不准和反对派搅在一起反对革命。"

大家都表示愿意跟着贺龙干革命。

贺龙指着周逸群说："你们都认识周主任，他是共产党，我贺龙也是共产党，你们的师长贺锦斋也是共产党，就请逸群同志给你们上上课，讲讲共产党闹革命的道理。"

当夜，中共湘西北特委决定组成中共桑植县委，李良耀任书记。第二天，贺龙率领刚建立的工农革命军占领了桑植城。不到一个月的时间，贺龙召集到的武装已有3000多人。他们高举工农革

1928年2月底，贺龙回到家乡桑植，很快组织起3000余人的工农革命军。图为洪家关桥头上的工农革命军旗帜

命的大旗，开始了发动群众，打土豪，建立革命政权的工作。

4月初，贺龙前往湖北鹤峰县筹款，国民党军大举来犯。工农革命军刚刚组成，初次在一起作战，贺龙又不在，没有坚强统一的指挥，几次战斗失利，便大部溃散了，贺龙与周逸群也失掉了联系。周逸群转往鄂西地区开辟工作。贺龙在桑植、鹤峰边境收集失散的队伍。到5月初，他又集合了三四百人。

初战失利的根本原因是这支队伍在政治上很脆弱。他们虽然名为革命军，但对革命还没有真正的认识。他们只服从贺龙，相互间行动不协调，甚至互不信任，作战一失利，便溃散了。贺龙将失散人员重新聚合起来以后，彼此又互相埋怨。贺龙说："莫怨这个怨那个，我们再打一仗嘛，看看谁行！"他派出的侦察人员了解到占据桑植的一个辎重连正在撤离桑植。这个连是敌军的后卫，在桑植抢掠的财物大都由它携带。贺龙决定给予打击。听说要打仗，人们都兴奋起来。

贺锦斋建议："打埋伏吧！辎重连有油水，会有保护的，不会只是一个连。"贺龙说："对头。我们埋伏在小埠头，打伏击。大家要清楚，如今，我们不是家大业大两万人的第二十军，是三四百人的小队伍。我们每个同志都是干革命的本钱，要尽量减少伤亡。"贺龙慎重、周密地对战斗做了布置。

敌人认为贺龙的部队刚刚被打垮，不会有什么严重情况，便大摇大摆地走进了贺龙给他们安排的口袋。

一个冲锋，全歼了这个辎重连，还打死了敌人的旅参谋长，缴获了许多物资、弹药，重新占领了洪家关。这次战斗之后，失散人员又回来一批，并有新的队伍来参加，工农革命军又有了1500余人。

7月，中共湘西特委代表陈协平来到桑植，带来了中共湖南省委指示。省委决定将湘西北特委撤销，并入湘西特委；在部队中成立中共湘西前敌委员会，领导红军及红军所在地区地方党的工作；前委由贺龙、陈协平、李良耀、贺锦斋、张一鸣等组成，贺龙为书记。工农革命军定名为工农革命军第四军，贺龙任军长、黄鳌任参谋长。下属第一师（七八百人）和由文南浦、贺桂如、贺佩卿等领导的几个支队（共七百来人）。第一师师长贺锦斋，党代表张一鸣。

中共湘鄂两省党组织在短短几个月里，陆续向红四军派来了一些领导骨干。其中有临澧县委书记汪毅夫，慈利县委书记邓侠清，湘西特委委员张一鸣，曾参加南昌起义的第二十军的团长刘达五、罗统一，黄埔第一期毕业、曾任北伐军第二军政治部秘书、湖南省军委主席的黄鳌等。他们的到来，给了贺龙有力的支持，对红军和根据地的发展和建设起了重大作用。

红四军的组成，初步统一了部队编制，但成分复杂、思想仍然混乱。不少人对革命认识十分模糊，甚至毫无认识；有的对党的某些政策不满；有的想跟随贺龙升官发财；有的甚至想拖队伍去当山大王，等等。对于搞土地革命、建立红色政权和工农红军，无论是贺龙还是一些老党员，也都是一个新的课题。除了中共中央那些正确或不正确的指示之外，没有现成的办法可以遵循。前委委员、师长贺锦斋对中共中央制定的某些政策认识不清，也讲了一些与之相悖的话。贺龙与前委决定对红四军进行思想整顿。在前委会议上，严肃批评了贺锦斋，并给予适当的党内处分。这样，不仅使贺锦斋认识了错误，也教育了部队。与此同时，贺龙和前委还决定："（1）原有的部队必须渐进地予以彻底改造，加紧下级干部和士兵训练工作，同时吸收进步的士兵为党的中坚分子；（2）扩大土地革命和苏维埃政权的宣传，发动广大的农民起来斗争。"①

整顿工作刚刚开始，前委和贺龙就接到中共湖南省委和中共湘西特委的指示，要红四军到石门县活动，配合石门、临澧、澧县、桃源地区的斗争，特别是支持石门南乡的暴动。石门县的暴动武装曾经具有相当规模和声势，但在大批敌军"清剿"下，已于7月间失败了，共产党组织也遭到严重破坏。而这些情况，湖南省委及湘西特委并不了解，所以仍要求贺龙率红四军去石门。

贺龙率红四军于8月25日进抵石门北乡磨岗隘，会见了石门中共组织的负责人，听他们介绍了当地情况，决定首先恢复和发展北乡党组织，发动农民暴动，在磨岗隘、渫阳一带建立苏维埃政权，进而联合附近各县武装力量夺取石门，再向常德、桃源发展。遗憾的是，这个计划与石门及附近几县的实际情况仍不相适应。西北乡的中共党组织几乎不起作用，红四军连向导都找不到，对敌情也不了解。恰在此时，湘西特委机关遭到破坏，特委委员蔡以诚等被捕，供出了湘西特委"最近决定由贺龙割据石门，向临澧县发展，联络南（县）、华（容）、安（乡）三县同时向常德进攻"的计划。于是，湖南敌人集中三个师和几个县的团防武装开赴石门进攻红四军。这样严重的敌情，省委、特委都未通知贺龙，使红四军陷于非常危险的境地。

红四军先在磨岗隘附近开展工作。9月5日，奔袭澧县大堰垱、王家厂，消灭了当地团防武装和税务机关，召开群众大会，处决反动头目，焚烧债券地契，将财物分给贫苦农民。7日返回渫阳，便遭到第十四军教导旅李云杰部袭击。红四军在对敌情毫无所知的情况下，仓促应战失利，参谋长黄鳌牺牲。红四军退到泥沙镇，9日清晨，又遭敌军袭击，部队伤亡很大，师长贺锦斋牺牲。经敌人两

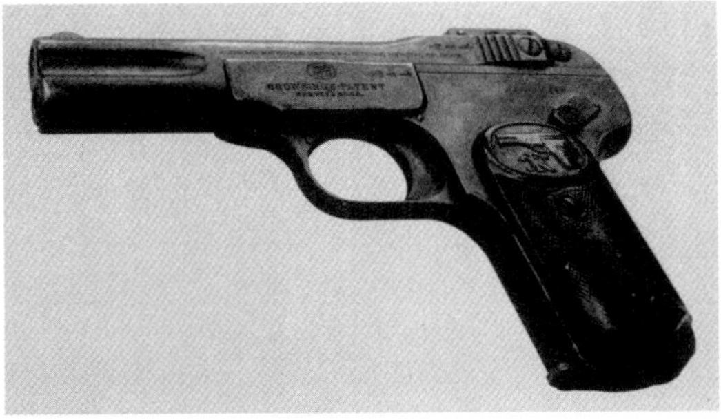

贺龙在湘鄂西时期用过的手枪和印章

① 贺龙给中共中央的报告，1928年9月。

次袭击，全军仅余 200 余人，由贺龙率领西撤，9 月底，转移至湖北鹤峰县堰垭附近的大山中。洪家关一带的后方基地被敌军侵占，红四军的人员补充、物资供应都发生了极大的困难。时已初冬，天气寒冷，红四军处在高寒山区，仍然身穿单衣，连贺龙也没有可换的衣裳。部队缺粮少医，生活极其艰难。一些人悄悄地逃走了，部队减员至 100 余人。这时的红四军真是到了山穷水尽的境地了。

在这危急时刻，贺龙的大姐贺英带着一批粮食、棉花、衣服、药材和子弹赶来了。

见到大姐，贺龙百感交集，难过地说："半年多，我把队伍组织起来，垮掉了，又组织起来，又垮掉了。如今，这个队伍不是我贺龙的，是党的。我们这个队伍是党的工农革命军第四军啊！我贺龙是党的湘西前敌委员会书记啊！肩膀上的担子重，我挑得起，只是许多政策我搞不清楚，怕给党带来损失啊。"贺英说："你搞的是共产党，你组织起的队伍，就要发展党员、团员，要他们懂得革命道理，这才能打不垮、拖不烂嘛！过去，人家跟着你，为的是当官、发财，虽然你是实行三民主义的，他们发不了多少财，可总有个薪饷啊。如今，没得薪饷发，没得官好升，他们投你图个什么？如果不让他们懂得革命道理，哪能稳得住？还不是五根手指抓豆子，抓一把，撒一把？"

几十年后，贺龙回忆这次和贺英的谈话时说："石门垮后比较苦，我身上的衣服都换不下来，……脑子也清醒了些，个人英雄的骄傲劲儿也减少了一些。我把廖卓然、陈协平、张一鸣等召集在一起找我姐姐谈。我姐姐说要好好整顿队伍，就整了三个月，共编成九个班，每个班都有党员、团员。"

在整顿中，贺龙又遣散了一些年老体弱和政治上不坚定的人。红四军只剩下了 91 人、72 支枪。一些老党员、老干部，像参加过南昌起义的营长、连长当了排长、班长；有些大革命时期担任过县委书记的人，当了班长、战士。人数虽少，但都甘心为革命献出一切。他们不考虑职位高低，不计较待遇厚薄，一心为革命，一心为工农翻身解放，有坚定的信念，又有丰富的战斗经验，部队中也形成了共产党的坚强领导。从此，红四军便成了一支拖不烂打不垮的武装。因此，这次整顿，可以说是红四军建军史上的一个转折点。

第三节　创建湘鄂边根据地

在红四军整顿期间，中共湘西前敌委员会受湘西和鄂西两个特委委托，负责领导红四军和湘鄂边地方党，更名为中共湘鄂西前敌委员会，贺龙任书记，张一鸣、陈协平、李良耀、汪毅夫、罗统一为委员。

1928 年 11 月中旬，前委得到中共施鹤部委报告说：部委在咸丰、利川一带"神兵"中的工作颇有成效。前委同时发现敌军有向红四军进攻的迹象。为了发展武装、创造根据地、避开大股敌军的进攻，贺龙和前委决定：红四军到宣恩、咸丰、利川地区活动；留贺英所部在原地坚持斗争；派中共湘西特委委员汪毅夫到鹤峰县邬阳关联系由共产党员陈宗瑜领导的以伐木、烧炭工人为骨干的“神兵”，动员他们参加红四军。

11月底，贺龙率红四军到达宣恩、咸丰、利川一带以后，才了解到中共施鹤部委有名无实。部委书记杨维藩在黑洞“神兵”王锡九部当了第一师师长，但并未开展党的活动和政治工作。这一带的“神兵”有十多万人，而杨维藩所在的第一师只有五六十人。绝大部分“神兵”为地主豪绅所控制。以红四军的这点力量，要想在这里掌握“神兵”、建立根据地的可能性很小。贺龙早年曾来往于这个地区，对这里的基本情况有所了解。他决定对各股“神兵”的情况作进一步调查，然后利用矛盾，加以分化，同时在“神兵”中进行深入的宣传工作，灌输阶级观念，孤立“神兵”头领，争取扩大红军，然后返回鹤峰、桑植地区，再图发展。

经过半个月的工作，红四军争取了“神兵”中的贫苦农民二三百人。12月中旬，贺龙率部向东转移，顺势袭占了建始县城，接着又在前往邬阳关的途中消灭了两处团防武装。三次战斗，共歼敌100余人，缴枪100余支，扩大了红军的影响，沿途还吸收了一部分贫苦农民参加红军。

12月31日，贺龙率红四军在邬阳关与陈宗瑜领导的武装300余人会合，实力进一步得到了加强。1929年1月8日，蒋介石与桂系军阀李宗仁、白崇禧准备开战，施鹤地区国民党军主力他调。贺龙乘虚攻占了鹤峰县城及周围市镇，击毙县长，消灭了部分团防武装。

红四军占领鹤峰以后，前委和贺龙立即着手建立根据地的工作。1929年1月13日，在县城召开群众大会，宣布成立中共鹤峰县委和鹤峰县苏维埃政府，以吴锡（主席）、汪毅夫、陈宗瑜等七人为工农兵代表；公布了《苏维埃政纲》和《耕田农有法令》，取消苛捐杂税，焚烧地主田契文约，展开了地方工作。至3月，打倒土豪劣绅的斗争，已在广大农村中普遍展开，并准备分配土地。党、团组织、农民协会以及群众武装——农民警卫团也逐渐建立起来。鹤峰县成为湘鄂西第一个建立了苏维埃政权的革命根据地。

在开辟和建设鹤峰根据地期间，贺龙收到了中共中央1928年10月4日写的《中央给贺龙同志信》。信中传达了中共六大精神，对红四军不屈不挠的英勇奋斗给了充分肯定，同时提出：“……你们现在的实力并不很强，而龙兄在那里的目标太大，徒引起敌人联合猛力地向你们进攻，若龙兄仍不脱开，减小目标，这部分实力恐终久不能保存而要被敌人消灭。中央现在很希望龙兄来中央帮助中央军事工作，务望接信后，即在你们现在的群众中选出一位在群众中有相当信仰能作指挥工作的，代替你的工作，同时，中央可即派一军事工作同志来任参谋帮助他计划及一切，龙兄即刻启程前来中央是为至要。”

这是中共中央对处在斗争第一线而且有很大影响的领导同志的关怀，但是，因为贺龙在湘鄂西地区和红四军中有着崇高威望，对这里的民情、地形极为熟悉，与当地群众有着广泛的联系，他在这里的领导工作很难由别人代替。所以，湘鄂西前委于 1929 年 3 月 8 日向中共中央提出："云卿同志因红军无人负责及路途阻隔之故，暂难来中央工作，这并不是云卿不愿来沪，实在是事实的困难。"中央同意了湘鄂西前委的意见。

接到中共中央的来信以后红四军在堰垭、红土坪等地进行了整训，传达和学习中共六大决议。依据中共六大精神，结合红四军中存在的不良倾向，开展了反对军阀主义和"拖队"思想的教育；开始按照官兵一致的原则建立民主制度，要求多用会议形式研究和解决问题，以克服单纯命令行事的作风；整顿了党的组织，建立了比较健全的政治机关，加强了政治工作和对党员的经常教育。同时，红四军又进行了整编，人员已达 1000 余，枪 300 余支，其中包括以陈宗瑜为大队长的红色"神兵"特科大队。保留这种"神兵"形式的武装，在湘鄂边这个比较落后的地区与有封建迷信思想的土著武装作战，有其特殊的作用。这也是贺龙的一个创举。

红四军占领鹤峰全境，轰轰烈烈地开展根据地建设的工作，群众组织纷纷建立，工农群众积极参加土地革命，使周围各县国民党当局惊恐不已，纷纷向长沙、武汉报警。桑植县代理县长向湖南省政府发出电报说："贺匪剽悍，全湘著名，职县团防虽多……自守力尚不足，恳速派雄师，歼灭巨匪。"湖北清乡督办电告湖南省主席说："贺龙用兵多诈，出没无常，非双方兜击，不足以绝根株。"两湖当局乃令施鹤七属[①]清乡司令和桑植、石门两县团防联合进剿红四军。利川、来凤、咸丰三县团防畏贺龙声威，借口路远没有派兵。发动围攻的是鹤峰团防头目、湘鄂西民团联防总指挥王文轩，桑植团防刘子维、向凤翔，五峰团防孙峻峰等部，及恩施、建始几支团防共 3000 余人。他们分数路合击鹤峰，企图夺取县城，围歼只有 1000 余人的红四军。

红四军前委立即研究对策。贺龙认为，敌人以优势兵力对我进行包围，如果分兵防堵必然被动。他提出由农民警卫团节节抗击桑植等县团防，红四军全力打击王文轩部。贺龙说："王文轩这个人我很熟，当年还是朋友呢。我和顽固派打仗，他保持中立，态度还说得过去。去年回桑植，他曾给过我钱和粮食。革命一深入，我们搞土地革命，建立革命根据地，他这个大地主、大民团头子变脸了，成了反共的先锋官。立场不同，好朋友拔刀相见的事，我经历得太多了。他号称总指挥，有权号令各路团防，消灭他这一股，别的敌人必定惊慌失措，没得咒念。这些反动头子是从来不会齐心协力的。"于是，前委决定红四军全部在县城以东 10 余公里的张家坪伏击王文轩部。这次伏击打得非常成功，击毙了王文轩，消灭其下属官兵数百人。接着，贺龙又率部击溃了恩施县的团防，其他团防队闻风而逃，鹤峰境内再无敌踪。

贺龙决定乘胜向桑植一带发展。4 月上旬，红四军进到龙潭坪一带，6 月上旬攻占县城，立即在桑植境内开展地方工作，发动群众，建立各种革命群众组

① 指恩施地区的恩施、建始、利川、宣恩、来凤、咸丰、鹤峰七县。

织，消灭反动地方武装，扩大红军，进行根据地各项建设。经过一个多月的努力，桑植、鹤峰两县根据地连成一片。湘鄂边根据地初步形成，红四军扩大到3000余人。

1929年6月底，湖南警备军第一军军长陈渠珍令其下属向子云部从永顺向桑植进攻，企图在工农政权还没有完全巩固的时候一举摧毁之。

得知这个情况，贺龙写了一封信给向子云，叫他不要进攻，"来则送礼而已"。可是，向子云认为去年贺龙在桑植"闹红"时，三千多人的红军经不住一个旅的攻击，现在贺龙的红军也没有什么了不起，照样经不住正规部队打。他将贺龙的劝告置之脑后，派团长周寒之带领两个半营向桑植进犯。

贺龙命令红四军主力到桑植南岔渡口埋伏进来，派几支小部队边打边跑诱敌追赶，又把南岔渡口船只放到西岸，让向部过河。当时，一些经过北伐战争和南昌起义的老战士都习惯猛打猛冲，认为一步一步后撤是丢人的。贺龙提醒他们：情况千变万化，打仗也不能一成不变。现在红军人少，枪支弹药更少，就要打巧仗。既能歼灭敌人，又少受损失，才是一个好指挥员。贺龙说："敌人以为我们兵不强，将不勇，不经打，他们占桑植城很容易。好嘛，就让这帮家伙放开胆子往里闯。我们一步一步后退，就显出个不经打的样子，这有什么，最后是我们吃掉他嘛！"

果然，周寒之带了一千多人边打边追到南岔渡口，看见渡口的船只仍在，以为贺龙部队已经溃不成军，急忙下令抢渡过河，迅速夺取桑植县城。可是，周寒之的部队刚渡过河，便遭到红四军主力猛烈袭击，顿时大乱，随即被歼。周寒之本人也被击毙。红四军在贺龙指挥下打了一个漂亮的歼灭战。

7月中旬，向子云带领两千余人和部分团防再犯桑植。贺龙决定将他们放进县城，尔后反击。红四军撤退之前，拆去了桑植部分城墙，烧毁城门，使之不利敌人固守。红四军主力隐蔽在城北梅家山、八斗溪、白家冲一带；一部分隐蔽在西界、茅岩准备断敌退路。15日早晨，向子云的特务营从赤溪渡口渡过澧水，9时左右进入桑植县城，后续部队逐次渡河跟进。贺龙抓住敌人逐次进兵的弱点，向城内之敌发起进攻。四团攻东门，一团攻西门，二团、独立团直插汪家坪，截断城内敌军退路并阻击其后续部队。向子云部突遭猛烈冲击，乱成一团。进入城内的特务营大部被歼，后续敌军急忙抢占高地，企图顽抗。红四军乘胜猛攻，并以一部分兵力击敌侧背。向子云部溃不成军，仓皇撤向渡口，企图渡河逃走。赤溪渡口一带河床狭窄，水势湍急，又逢上游暴雨，河水猛涨，船只已被红军撤去，敌人无法过河，被压缩在河滩上，大部分缴械投降，一部分随向子云泅水逃跑，多数溺死在江中。向子云的尸体一直漂流到了津市，脖子上还挂着驳壳枪。赤溪之战，红四军歼灭敌军两千余人、缴枪一千余支，取得了建军以来的空前胜利。

南岔、赤溪两战两胜，巩固了新建立的根据地，鼓舞和教育了群众，也推动了根据地的建设工作。由于群众踊跃参军和补充了少数俘虏，红四军又进行了一次整编。营以下单位都设立了专职政治干部，连队建立了共产党支部和士兵委员会。为培养干部，从军队和地方选调一批学员成立了军事政治训练班，由曾在南昌起义时担任团长、在海陆丰暴动时担任过师长的中共湘西特委委员董朗主持。

南岔、赤溪战斗的胜利，说明红四军有了长足进步。贺龙在总结作战经验教训时说："我们三千，他们三千，我们把他们吃得光光的，只伤亡几十个同志，这种仗很合算喽！"

大家纷纷说："你指挥得好啊！"

贺龙摇摇头说："错了！一年前，在家门口，我们三千，他们三千，仗打下来，我们散完了，后来，又扩充到1500多人，石门两仗一打，只剩下一二百人，我贺龙连件换洗衣裳都搞没了。这一败一胜，说明了什么？第一条，我们红军变了，已经有了党的坚强领导，再也打不散、打不烂了；第二条，我们每个班都有了党团员，团结一班人，冲锋在前，撤退在后，我们红军就成了铁军、钢军；第三条，我们建立了工农政权苏维埃政府，得到了人民的拥护和支援，我们生了根啦！再嘛，你们大家齐心协力，你们指挥得不错，会打机灵仗了。我贺龙算什么？一枪没放，一个俘虏没抓到，大不了是出了些点子嘛！"

8月，贺龙为了扩大根据地，打击最反动的敌人，率领红四军进攻大庸县西教乡。

西教乡是桑植到大庸的必经之地，也是著名天险。这里的大地主熊相熙拥有一支300多支枪的武装，筑有坚固的寨堡，几十年在这一带称王称霸。他勾结、支持、收留坚决反共的地主团防武装，无恶不作，成为桑（植）鹤（峰）根据地巩固和扩大的严重阻碍。由于湘西众多的土著武装首脑大多与贺龙有些历史渊源，贺龙回到湘西后，为了不树敌过多，以利于革命武装和根据地的创建，与一些土著武装首领有过联络，并且区别情况，团结友好的，争取中间的，打击反动的，收到过很好的效果。但是，随着革命的深入，这些土著武装的头目，多数站到了反共反人民的一边。熊相熙则起着更恶劣的作用。所以，攻打西教乡的政治意义，实际上大于军事意义，也是一次正确的策略运用。

8月7日，贺龙率红四军发起进攻。贺龙还约来他的旧部下、当时隶属国民党湖南省主席何键的吴玉霖团助攻。这种利用一切可以利用的力量，调动国民党的部队来攻打反动土著武装的做法，在土地革命战争时期，可以说是绝无仅有的。经过六天六夜苦战，到8月13日晨，红四军攻下了全部寨子。熊相熙率残部退往大庸、慈利交界地区。红四军又于8月下旬攻取了慈利重镇江垭、九溪等地。当地团防纷纷逃窜。

由于贺龙打击了最反动的地方势力，大庸、慈利的许多土著武装首领或表示不与贺龙为敌，或愿让出"防地"，或派人前来修好。贺龙进攻西教乡，打击熊相熙，达到了巩固根据地的目的。

这时，贺龙得悉驻常德、桃源一带的第五十二师有纠集陈渠珍及湘西各县团防大举进犯湘鄂边根据地的企图，桑植一些村镇的反动残余势力也乘红四军主力出击的机会，发动骚乱，杀害区乡政府及农民协会的干部。因此，贺龙率部返回根据地，巩固后方，准备反围攻。红四军回到桑植后，立即镇压叛乱，并利用战斗间隙进行休整、训练。贺龙派前委委员李良耀、张一鸣、陈昌厚、郭天民等一批老党员深入农村，协助县委整顿地方工作，清洗一些混入革命组织中的坏分子，撤换一批不称职的工作人员，指导和协助地方党组织发展党员，健全党的基层组织，加强对党员和干部的政策教育，向人民群众广泛宣传土地革命，发动群众全面参加根据地的建设。经过一系列工作，根据地内部更趋稳定，出现了新的面貌。

1929 年 9 月，贺龙与军部军政训练班教员、共产党员蹇先任结婚。

9 月，蒋介石与张发奎之间发生了战争，双方军队纷纷向澧县、石门、常德等地集中。第五十二师第一五四旅和湘西几支团防武装逼近桑植。贺龙决定避开强敌，苏区党、政、军组织及革命家属转移至桑植北部，待查明敌情之后，再机动作战，收复桑植。当红四军向北转移时，由于侦察失误和等候已暗自脱离革命的一支小部队，延误了行动时间，在樟耳坪遭到袭击，伤亡三四百人，加上部分人员失散、逃跑，减员近千人，被迫撤到鹤峰根据地。

第六章　转战大江南北

第一节　东下鄂西

1930 年 2 月，中共鄂西特委副书记万涛来到鹤峰，向前委传达了中共鄂西特委要红四军与鄂西红军在洪湖地区会师的指示。这时，鄂西地区的革命形势有了很大发展。周逸群在那里领导地方党组织和各支小股游击武装，在十分艰苦的环境中坚持斗争。由于领导正确、政策得当、群众发动深入，鄂西地区已经建成了相当规模的根据地。各级政权、党、团组织以及群众团体已相当健全，并且创建了近六千人的红六军。根据地的政治经济条件也比较好。贺龙听到周逸群在短短两年里在鄂西搞出这样一个红火局面，十分高兴，当即决定，率领红四军东下洪湖。行前，贺龙和前委对湘鄂边地区的工作做了具体安排，由汪毅夫代理前委负责人兼鹤峰县委书记，统一领导桑植、鹤峰、五峰、长阳、宣恩五县工作，留下一个独立团和贺英领导的游击队，共同坚持湘鄂边的武装斗争。

贺龙预计在松滋、公安一带与鄂西红军会师。在接近渔阳关时，受到川军第二十六师三个团和长阳、五峰团防的堵截。贺龙考虑到敌人重兵据险，强攻伤亡必大。倘久攻不下，引来附近敌军便更加被动。因此，即率红四军折向五峰，袭

湘鄂西革命根据地
的中心洪湖瞿家湾

占县城，消灭了该县团防，拔除了五峰、鹤峰边界的反动堡垒采花团防，肃清了长阳枝柘坪一带土匪武装，帮助长阳县恢复了红军独立团，将它改称独立五十师，尔后返回鹤峰休整。贺龙第一次东下虽然未能到达洪湖，却在五峰、长阳一带消灭了多股极反动的团防武装，开辟了部分根据地，恢复了长阳革命武装，鼓舞了广大群众的斗志，扩大了影响。

三、四月间，蒋介石与阎锡山、冯玉祥之间的中原大战一触即发，长江流域各省国民党军主力大都陆续北调，形势对扩大红军和发展根据地极为有利。贺龙抓住这个时机，于3月20日再次率红四军东进。首先在五峰消灭了臭名远扬的孙峻峰部团防，建立了五峰县苏维埃政权。4月底，进至松滋境内，正准备肃清当地反动武装，建立革命政权，敌军独立第十四旅一个团及附近各县团防2000余人来犯，贺龙率红四军转往澧县地区。敌独立第十四旅和石门、澧县、松滋等县团防纷纷追堵。贺龙决定先集中兵力打击最凶恶的石门团防，力求歼敌一股。于是一面散布红军要攻打公安的假消息，以迷惑敌军；一面连夜急行军50余公里，奔袭驻土地垭的石门团防。经7个小时激战，将其击溃，毙伤敌人甚多，生俘70余人，缴枪100余支。战后，为了安顿伤员，整理部队，贺龙再次率军返至五峰县境。一周以后，贺龙率红四军第三次东下，准备占领公安县城探明鄂西红军情况，再定行止。但因敌人决堤放水，敌军又尾追而来，贺龙乃率部转到澧县境内，击溃了来攻的第五十二师一个营，俘敌10余人，缴枪50余支。6月18日，贺龙率军转往公安县属的申津渡和松滋县的西斋。7月1日，鄂西红军占领公安城，贺龙率部迅速赶去，4日，两支红军会师。

关于这次会师，当时担任红六军参谋长的许光达回忆说："我们红六军几个负责同志，到城西去迎接贺军长他们。我们来到城外不久，就看见大路上来了几个骑马的人，为首的一个穿着一身灰洋布便服，头上戴着一顶大草帽，嘴唇上留着一撮胡须，一看就知道是贺军长。南昌起义的时候，他担任总指挥，我在第二十五师第七十五团当排长，当时曾经见过他。他来到我们跟前下了马，我们一拥而上向他问好……到驻地休息了一会儿，我们向贺总汇报了洪湖苏区和红六军的情况。贺总一面抽着他那三尺来长的旱烟袋，一面给我们介绍了湘西地区与红四军的建立和发展的情况，晚上，我们两个军的负责同志在一起会餐。当时天气很热，贺总摇着一柄大芭蕉扇，一面吃着饭一面笑着、谈着。"

两军会师后，进至江北，根据中共中央决定，成立了红二军团，组成了以周逸群为书记的中共红二军团前敌委员会和以贺龙为总指挥、周逸群为政治委员的红二军团总指挥部。红四军改称红二军，军长由贺龙兼任，辖红四师和警卫团共四个团；红六军军长为邝继勋，辖红十六、十七两个师共六个团。贺龙、周逸群和前委还研究了部队建设、行动方针以及发展方向等重大问题，逐项做出了决定。

在部队建设方面，要求进一步加强党的领导和政治工作，建立和健全各级政治机关；充实部队的工农成分，提高政治素质；整顿纪律，加强两军团结；利用战斗间隙，结合实战需要进行训练。

关于行动方针和发展方向，确定集中力量以六个月为期，拔除洪湖根据地内部的“白点”（指由国民党军队和地方反动武装占领的据点），肃清地方反动武装，以建立中心区域的坚实基础。尔后，开辟敌人统治薄弱的潜江、天门、京山、钟祥等县，再向荆门、当阳、远安地区发展，逐步使湘鄂西各块根据地连成一片。

这个行动方针是合乎实际情况的。这时蒋（介石）冯（玉祥）阎（锡山）中原大战已经展开，鄂西地区的敌正规军仅有一个师和一个独立旅，分驻沙市、监利等处，其余各地只有团防、白极会等反动地方武装，有利于红军发展和扩大根据地。在此以前，中共中央5月中旬在上海召开的全国红军代表会议，曾对扩大红军和发展全国革命形势做出了不切实际的分析和要求，如决定各地红军要“无条件扩大，在七、八月以前扩大到50万”，集中“进攻交通要道、中心城市，消灭敌人主力”，还提出，红军的革命战争“只有进攻无所谓退守”。6月11日，中共中央政治局又通过了《新的革命高潮与一省或几省首先胜利》的决议，提出了加紧争取以武汉为中心的附近省区的首先胜利，进而彻底推翻国民党统治，建立全国革命政权的总任务和总方针；并且规定湘鄂西地区的红军帮助鄂西与鄂西南地方暴动，尔后向武汉进迫，与其他各路红军会师武汉。贺龙和周逸群认为，在中央这许多指示中，只有要湘鄂西地区红军帮助鄂西与鄂西南地方暴动这一点接近于合乎实际情况，也可能执行，因此，贺龙他们制定了上述行动方针。

7月下旬，贺龙率红二军团展开了肃清根据地内敌人据点的战斗。军团主力扫除了龙湾、熊口等处白点，跨东荆河占领了潜江城，基本肃清了襄河（汉水）以南潜江境内的反动武装，乘胜北渡襄河攻占了天门县重镇岳口。红六军十七师也在沔阳地区消灭了白极会等反动武装。至此，洪湖根据地除个别县城尚未攻克外，江陵、监利、潜江、沔阳等县已经连成一片。各地苏维埃政权纷纷建立，游击队、赤卫队也迅速组成和扩大。在贺龙率领下，红二军团在短短一个月的战斗中，取得了预期的胜利。尔后，向西占领了荆门县重镇沙洋，并渡襄河向东发展，形势非常有利。可是，中共中央长江局和代理鄂西特委书记坚决要红二军团去攻打沙市。红二军团被迫放弃原定计划，回师攻打沙市。沙市是鄂西敌人的重要统治中心，驻有独立十四旅两个团，筑有坚固工事。红二军团于9月5日发起进攻，进行了一昼夜顽强战斗，不仅未能攻克，而且伤亡三千余人。

沙市战斗以后，中共湖北省委行动委员会没有考虑红二军团损失惨重的实际情况，仍照中共中央指示令其进逼武汉，配合鄂豫皖、湘鄂赣等地红军实现夺取全省政权的任务。贺龙、周逸群在执行这一指示时，考虑到要兼顾洪湖根据地的巩固和发展，决定以红二军沿潜江、天门、京山之线前进；红六军沿监利、沔阳、汉川之线前进，逐步向武汉发展。9月下旬，红二军渡襄河到达永隆河一带。红六军经监利县境时，值江南反动武装大举清乡，乃转而打击清乡敌军，先后攻克石首及藕池等城镇，毙敌石首县长以下数百人，缴枪三百余支，扩大了江南根据地。

第二节　渡江南征

当贺龙正在率领红二军团按计划行动的时候，1930 年 9 月 12 日，中共中央新任命的湘鄂西特委书记兼红二军团政治委员邓中夏到达洪湖。他立即命令部队返回洪湖地区，并主持召开了前委扩大会议，传达中共中央要红二军团配合红一、三军团攻打长沙的指示。周逸群认为，置多年辛勤缔造的革命根据地于不顾，驱使全军奔往遥远的长沙是违背游击战争原则的，也超越了主客观的可能性，即使打下长沙也站不住脚，实应慎重考虑。贺龙赞同周逸群的意见。但是他们的意见未被接受。会议决定红二军团渡江南征，配合红一、三军团攻打长沙。同时，按中共中央指示，将根据地的绝大部分地方武装编入了主力部队。

红二军团渡江之前，邓中夏接受了贺龙等提出的先攻下监利县城的建议。监利县城南枕长江，东襟洪湖，是阻塞洪湖根据地南北通路的最大据点，有国民党军新三师一部及保安队 16 个连队驻守。这次攻打监利城，得到了广大群众的积极支持，监利、华容等县的群众前来支援作战的达数万人。他们送饭、送水、运送伤员、搜捕溃散敌人，积极配合红军战斗。9 月 22 日拂晓，贺龙指挥红二军团一举攻克监利，歼敌两千余人。这是红二军团成立后取得的第一次重大胜利。攻克监利，打通了荆江南北、湘西、鄂西根据地的联系，鼓舞了根据地的人民，也加强了红二、六两军的团结。第二天上午，群众敲锣打鼓涌入县城欢庆胜利，下午召开了有数万军民参加的祝捷大会。

9 月 28 日，贺龙、邓中夏正准备率军渡江，收到了中共中央命令红二军团停止待命的指示。他们决定在新命令未到之前继续执行巩固发展根据地的计划。10 月 5 日，贺龙率红二军团向仙桃前进。6 日，红二军攻克沔阳城及附近一些城镇；红六军攻占彭家场。7 日两军会攻仙桃，歼敌一部。残敌退守襄河北岸。

红二军团成立三个月来，虽然受到中共中央“左”倾路线的严重影响，但是，在贺龙、周逸群等一大批有实践经验的领导者努力下，在邓中夏还能够采纳贺龙的某些建议的情况下，仍然取得了很大胜利。洪湖根据地纵横数百里，湘鄂西全部武装也发展到了近三万人。

10 月中旬，中共中央长江局再次要求红二军团渡江南下，配合红一、三军团攻打长沙。10 月 25 日，红二军团渡过长江并迅速攻占南县、华容，歼敌一千余人。邓中夏命令部队攻占安乡再打澧州。贺龙不同意，他说：“安乡不能打，要过五条河，部队将处在背水作战的危险境地。这地方我熟，那些江河不是地图上标的一条线，宽得很呢。”贺龙提议从北面进攻澧州。邓中夏同意了。贺龙随即率军团主力攻克公安城，包围了澧州，红六军和红二军第四师一个团攻占津市。

贺龙的部队突然出现在江南，夺南县、占华容、取公安、下津市、围澧州，湖南当局震动。省主席何键急令新十一师、独立第一旅、湖南警备第一军支援澧州。红军围攻澧州不克，强敌来援，贺龙建议从澧州撤围，放弃津市，转取石门，建立临时后方，作为继续进攻的基地。邓中夏同意。攻克石门以后，红二军团即在石门境内发动群众，打土豪，建立政权，组建石门县游击大队，动员了一批群众参军。

11月下旬，敌军来犯。邓中夏率一个师守石门。贺龙带领军团主力迎敌，击溃敌新十一师，歼独一旅一部，攻克临澧城，粉碎了敌人的进攻。在临澧，贺龙从获得的报纸上得知蒋、冯、阎大战已告结束，敌军大批南调；又得知红一、三军团并未再攻长沙；当面敌人又有进攻石门的企图。综合这些情况，贺龙认为形势发生了重大变化，配合红一、三军团攻打长沙的前提已经不存在。敌军大批南调，必然给湘鄂西根据地带来严重困难，必须迅速改变行动方针。于是，贺龙率部撤回石门，与邓中夏会合。邓中夏见到贺龙就说："没有我的命令，你就把队伍撤走？"贺龙把报纸拿给邓中夏和红六军军长段德昌看（原红六军军长邝继勋已由中共中央调往鄂豫皖根据地）后说："一、三军团不打长沙了，常德、桃源我们也不能打了，再过沅水也不行了。"他建议迅速返回洪湖。贺龙的意见得到了段德昌、许光达等军、师干部的赞同，也与周逸群、万涛以特委名义多次来信阐述的观点一致。但是，这个正确意见没有被接受。按照当时的规定，政治委员有最后决定权。贺龙和所有持反对意见的领导人也不得不服从。红二军团只能再去攻打津、澧。但仍未能打下澧州。强敌来攻，红二军团被迫撤至松滋县杨林市、街河市一带。至此，南征结束。

在红二军团激战津、澧期间，洪湖根据地正遭侵犯。监利、潜江、华容均被敌占。特委再次来信要红二军团立即返回洪湖打击敌军的"围剿"。邓中夏认为洪湖根据地内河流湖泊太多，大部队行动不便，不接受特委的意见。贺龙却认为洪湖是老根据地，有深厚的群众基础，部队返回后是能打破敌人围攻的。贺龙的意见得到了段德昌等绝大多数前委委员的支持，但邓中夏又一次否定了贺龙的建议，并将持不同意见的段德昌调任湘鄂西联县政府赤卫总队长，命他带伤员返回洪湖。后来邓中夏决定要以松滋县刘家场为中心，"选择阵地与敌决战"，又拟令红六军向松滋进攻，创建"第二个中央苏区"。贺龙不同意，并提议再占公安，迅速解除军团侧后敌军的威胁，保持通往洪湖根据地的交通线，邓中夏同意了贺龙的这一具体建议，派红二军攻占了公安。但红六军仍停在杨林市、街河市，既未集中兵力，也未选择阵地做好决战准备。对于邓中夏提出的建立"第二个中央苏区"的口号，贺龙说："搞新苏区可以，但'中央'二字要除掉。创造、发展苏区，我坚决干，却不能提'中央'二字与中央苏区并立。"贺龙后来曾说："我那时没有多少马列主义理论，只知道已经有了一个中央苏区，怎么能再搞一个中央苏区？头只能有一个。当年，我在澧州的时候，熊克武拉我去广东。他说要组织新政府，我就不赞成。这次不赞成中夏提出的口号，也是这个原因。"对于"选择阵地与敌决战"的提法，贺龙说："找阵地，找什么阵地？仅仅有山，而队伍没有吃的也是不行的。决战，我不同意。这个仗不能打，要打，也得集中兵力。"但贺龙的建议被邓中夏否定了。贺龙没有办法，只能赶紧调红二军回来。

12月17日，敌军以优势兵力发起进攻。这时，红二军尚在公安。红六军仓促应战，激战一天，敌人一部分突入街河市以北，另一部分接近杨林市，威胁军团指挥部，形成了对红军分割包围的态势。军团指挥部紧急向刘家场转移并令各部队撤退。红六军的两个团各一部被敌隔断，与主力失去联系，返回了洪湖苏区。红二军得悉军团指挥部被围，迅速驰援，但已无法挽回颓势。24 日，红二军团转往鹤峰山区。

12 月下旬，贺龙、邓中夏率红二军团到达湘鄂边鹤峰时，已是严冬。部队衣衫单薄，给养困难，减员很多，士气低落。这时，一股因被四川军阀攻击而无法立足的杂色武装 3000 人来到鹤峰。他们与贺英领导的游击队取得了联系，准备投靠贺龙。中共湘鄂边党组织和贺英将这一情况报告了红二军团前委。前委认为这是一支“改组派”军队，决定以武力解决。[1] 遂邀请该部指挥员甘占元、覃伯卿、张轩等赴宴，将其逮捕，处决了该部团以上军官 30 余人，部队全部缴械，仅选 1000 余人编入红军。前委对这支杂色武装没有采取区别对待的政策，并错杀了共产党员覃伯卿，影响了以后对各类土著武装的争取和瓦解。

在鹤峰，邓中夏召开前委会议，决定出山再打硬仗，拟依托五峰、鹤峰、石门，在武陵山区创建根据地。1931 年 1 月初，红二军团进攻石门，与强敌进行“决战”，伤亡很大，没有达到预期目的，遂转至五峰、长阳、巴东、建始等地，与湘鄂边独立团会合，攻克龙舟坪（今长阳），歼敌 1000 余人，恢复了长阳县革命政权，又歼灭了长阳、五峰等地团防武装，建立了一些地方的革命政权和游击队。但是这个地区十分贫困，苏维埃政权和人民群众虽然全力支援，仍很难满足部队供应的需要。加上连续作战，减员很大，补充甚微，红二军团锐减至万余人，处境艰难。不得已，前委决定在枝柘坪休整一个月，派红六军十七师到松滋、公安一带筹集粮食。不久，邓中夏又要贺龙带红二军攻打渔阳关。因川军两个多团踞险固守，未能攻下。邓中夏火了，他指责说：“你不打渔阳关，因为二军是你的！”贺龙回答说：“二军是党的，不是我贺龙个人的。你问问战士们吃饭了没有？我看还是先搞粮食，整顿部队，再考虑打仗吧！”邓中夏无话可说，便让贺龙带一个班亲自去筹粮筹款。贺龙二话没说，带着这个班出发了。在路上，碰到了当年的旧友叶光吉。他赶着三百匹骡子，驮着大批布、棉、鞋袜等运往城镇贩卖。叶光吉见到贺龙高兴地说：“哎，总指挥，做梦也没料到在这里碰到你啊！”贺龙笑着说：“你是福星喽，我正愁缺粮少衣，借点子给我如何？”叶光吉十分慷慨地说：“都交给你了！总指挥，我也交给你，当红军你要不要？”贺龙说：“但是有个条件，你得戒掉大烟。”叶光吉痛快地答应了，骡子和货物都交给了贺龙。此后，贺龙又继续筹到了一些粮食才返回枝柘坪。

贺龙回到军团部，一个人先进了屋。有人问他搞到粮食没有？贺龙摇摇头说：“政委只给我一个班嘛！”邓中夏不高兴了。贺龙哈哈大笑，把叶光吉叫进来，又让邓中夏他们去看外边驮满货物的三百匹大骡子。大家都怔住了，邓中夏也乐

---

[1] 邓中夏：《关于南渡后战争概况及今后行动原则给中央的报告》1931 年 1 月 2 日。

得不知说啥好。

过了两天，川军一个师来犯，邓中夏要贺龙带一个团去迎敌。贺龙说："多给一些行不行？"邓中夏说："不行。"贺龙便说："我只能打好就打，打不好就不打。"结果，用1个团的兵力伏击敌军，打了胜仗。从此邓中夏对贺龙服气了。

第三节　重返洪湖

红二军团在枝柘坪休整期间，洪湖根据地正处在反"围剿"极其困难的时候。中共湘鄂西特委又来信要求红二军团立即回援洪湖。贺龙和广大指战员也强烈要求返回洪湖。为此，军团前委于1931年3月底4月初召开前委会和党员代表大会，讨论行动方针。会上争论得十分激烈。贺龙和绝大多数人坚决主张回洪湖参加反"围剿"。邓中夏承认援救洪湖是必要的，但仍顾虑洪湖的地形不利于大部队行动，要另创根据地策应洪湖的斗争。他决定开辟荆门、当阳、远安地区，进逼宜昌、沙市，联系洪湖，并说这是"围魏救赵"的策略，而进入洪湖则是"从井救人，人固不救，救者必死"。

会后，按照中共中央指示，红二军团缩编为红三军，贺龙任军长，邓中夏任政委。红二、六军分别改为红七、八师。前委于4月2日召开鹤峰、五峰、石门、长阳、桑植五县党代表大会，决定组成中共湘鄂边分特委，将湘鄂边独立团改称为红三军教导第一师，留在原地坚持斗争。

军团降格为军，指战员很不满意，认为这是政委犯错误，大家受过。不过，到荆当远地区就离洪湖很近了，所以，大家的情绪也高涨起来。4月2日，红三军北上，4日在野三关歼敌一个团，占领巴东县城，顺利渡过了长江，又连克兴山、秭归两城。4月13日攻占远安。18日，红八师克荆门，红七师攻当阳，进军神速。国民党当局急调两个师又一个旅前来进攻。红三军作战不利，转往鄂西北地区。邓中夏"围魏救赵"的计划未能实现。

贺龙、邓中夏率红三军向北转移途中，与中共鄂豫边特委领导的薤山游击队会合，攻占了谷城县的石花街，又力克均州城，于是决定在这一带创建鄂西北根据地。6月初，敌第五十一师一五二旅与悍匪张连三部合力来犯。9日，红三军撤离均州，越武当山，18日占领房县，暂时形成了一个稳定局面。在此地组成了以柳克明为书记的中共鄂西北分特委，派出大批干部战士开展地方工作，建立了以房县为中心的根据地。这块根据地连绵数百里，拥有20万人口，建立了14个区和105个乡苏维埃政权，建立了赤卫队、红色补充军、游击队等群众武装，以及工会、劳动妇女团等群众组织，进行了分配土地的斗争。红三军在房县地区时，受中央错误路线影响较小，比较能从实际情况出发，贺龙和邓中夏也能取得一致的认识，因而在短期内做出了显著成绩。贺龙运用他丰富的社会阅历和几年来创建根据地的经验，在发动群众和团结上层人士方面发挥了特殊的作用。武当山是道教圣地，庙宇林立、道士众多。他们对红军缺乏了解，心存戒备。贺龙亲自拜访道观，与道长论道谈武，成为朋友，向道士宣传党的政策，使他们逐渐对共产党和红军有了了解，加之红军纪律严明，秋毫无犯，道士们对红军的态度有了明显的转变。他们让出神殿安置红军伤病员；组织起来参加救护、医疗活动；拿出粮食和医药支援红军。至今，在武当山的道士中还流传着贺龙与他们的前辈结交朋友的美谈。

7月底，敌9个多团向鄂西北根据地进攻。30日，悍匪张连三部两个步兵团、一个骑兵团袭占大木厂，8月1日进至连三坡，企图夺占房县县城。红三军只有红二十二团一部及军部特务营在县城，情况危急。贺龙亲自率部迎敌，并急调红八师一个团增援。战斗持续了三昼夜，终将敌击溃，歼敌四百余人。可惜因为天下大雨，山洪暴发，部队行动受阻，未能全歼敌军。另一股敌人被红七师及教导团阻击，红八师又向敌侧后迂回，歼其一部，敌大部仓皇逃跑。

9月，红三军得悉洪湖根据地的红九师已沿襄河北上接近鄂西北，全体官兵欢欣鼓舞。邓中夏不得不同意南下迎接红九师，一起返回洪湖，并且决定，红三军离开后，留下红二十五师（共2团1000余人），在分特委书记柳克明统一领导下，在鄂西北坚持斗争。

9月下旬，红三军离开鄂西北根据地。在保康击溃敌两个团，经南漳、荆门向洪湖前进。途中，邓中夏又有些犹豫了。他召集会议说："红九师接不到，房县苏区失败了怎么办？"贺龙说："坚决去接新六军（当时群众称红九师为新六军），在刘猴集找不到，就去沙洋找，再找不到，就去潜江，实在找不到，再恢复房县苏区也不迟。"第二天，有人就在驻地墙上用粉笔写道："长胡子（指邓中夏）要上山，短胡子（指贺龙）要下湖。"说出了他们之间的意见分歧。

红三军走到距离刘猴集不远的小镇报信坡，邓中夏命令部队停止前进，在此地召集政治干部研究部队的行动问题。贺龙闻讯赶来，对邓中夏说："我已派李士奇那个骑兵连去刘猴集了，两个小时以后就可以知道红九师是不是在那里。你今天开的什么会？研究部队行动却一个军事干部也没参加。到底是你犯错误还是我犯错误？"正在这时，侦察人员回来报告说，红九师已到刘猴集。听到这个喜讯，大家高兴得跳了起来。贺龙派人带着他与邓中夏共同签名的信，去请红九师师长段德昌速来相会。

第二天，万涛、段德昌、红九师政委陈培荫等来到红三军。他们见到贺龙非常高兴，双方互相介绍了情况。会后，段德昌悄悄地问贺龙："胡子，邓中夏是路线问题，你和谁一致？"贺龙说："我和逸群一致。"段德昌沉痛地说："逸群牺牲了！"贺龙抓住段德昌的双手怔怔地站在那里，流下了热泪。他的入党介绍人，一起北伐、一起参加南昌起义，一起开辟根据地创建红军的亲密战友周逸群，于1931年5月在开辟洞庭特区以后，返回洪湖时路上遭敌袭击，壮烈牺牲了。

红三军主力与红九师会师后，万涛根据中共中央湘鄂西分局和中共湘鄂西临时省委指示精神，召开了团以上干部参加的前委扩大会议，传达了中共中央关于撤销邓中夏职务，坚决执行共产国际及中共中央四中全会路线的指示。按分局及省委决定，由万涛任红三军政治委员。同时决定红三军东渡襄河，向洪湖前进，夺取钟祥、岳口等地，以获取粮食和物资，支援遭受严重水灾、处境极度困难的洪湖根据地军民。

邓中夏总结和检查了自己来湘鄂西根据地后的工作，[①] 坦率承认“洪湖苏区的被摧残，第二军团削弱，都应由我负责”。邓中夏在根据地地方工作和部队建设方面，是做了许多有益的工作的。他较好地解决了根据地部分群众“反水”的问题；十分重视红二、六两军的团结；开辟了以房县为中心的根据地。他与贺龙在军事行动方针及战役战斗的指导上虽多有不同意见，但在实践中能逐渐认识贺龙意见的正确，尊重并采纳贺龙某些建议。因此，他们之间在个人关系上还是很好的。后来，贺龙在回忆与邓中夏共事一年多的情景时说：“中夏很有学问，为人正派，不打击别人，能照顾团结。我和中夏争论很多，可是和他这个政治委员相处，同志关系还是很好的。”

① 邓中夏：《中夏自湘鄂西来信》1931 年 10 月 16 日。

第七章　第三次“左”倾路线危害下

第一节　分局书记来了以后

贺龙率红二军团离开洪湖根据地转战大江南北将近一年，历经艰难险阻，终于在 1931 年 10 月返回洪湖。他和全军指战员都非常高兴。然而，贺龙面临的并不是坦途。

1931 年初，第三次“左”倾路线统治的中央向各根据地派出了一批中央代表。中共中央候补委员夏曦就是当年 3 月被派到湘鄂西来的。他到达以后，组成了由他担任书记的中央分局。

这时的洪湖根据地，在周逸群、段德昌、万涛等一批坚定而有经验的领导人和广大人民群众一致努力下，经过英勇奋战，已经取得了反“围剿”的巨大胜利。但是夏曦一到，不做调查研究，便全盘否定湘鄂西的各项工作，风风火火地推行各项“左”的政策，并排斥创建洪湖根据地和红军的主要领导人周逸群。夏曦这种做法引起了广大干部和群众的不满。不久，因遭受严重水灾，洪湖根据地陷入了巨大困难之中。对于如何解决水灾带来的严重问题，领导人之间又产生了意见分歧，加剧了矛盾。党内斗争日趋激烈。

红三军主力与红九师会合之际，正是这种复杂局面方兴未艾之时。这是贺龙未曾料到的，而且极其迅速地摆到了他的面前。

依照红三军前委的决定，贺龙、万涛率部于 10 月 2 日攻克钟祥，3 日到达京山县永隆河地区。当时襄北（即汉水以北）地区只有国民党军六七个团，而且配置分散。贺龙认为在这里开展攻势，对洪湖根据地将是有力的支持，当即攻占了岳口、张截港，打通了与洪湖根据地的联系。他和万涛建议中央分局和省委速增派干部来新区开展工作。贺龙又命令红三军与地方干部组织运输队，将缴获的大批粮食和物资运往洪湖根据地，支援人民克服困难。

对贺龙和红三军的上述行动，夏曦不仅不予支持，反而无理地加以指责。湘鄂西省军委主席团由夏曦、贺龙、万涛三人组成，贺、万皆在前方，可是，夏曦竟然以省军委主席团名义，于 10 月 8 日发出了由夏曦、唐赤英（代贺龙）、彭之玉（代万涛）三人签署的给红三军的训令。指责“第九师出潜江后改变军事计划而冒进脱离苏区、以致红军不能抽调，而使（长江）南岸的苏维埃政权，除石门七区外全体被摧残”。又指责贺龙率红三军在襄北的行动是“没有决心来巩固苏维埃政权和巩固的向前发展，是表现了第三军的领导脱离苏区、不要后方、不要群众的反国际路线的立三路线”[①]。夏曦还指定了红三军新前委成员，竟把政委万涛排除在外。

贺龙见到这份莫名其妙的训令，啼笑皆非，但仍须执行。他率红三军于10月12日再克沙洋，迅速进入洪湖根据地中心地带。红三军一到，夏曦便以违抗军委命令的罪名撤掉了万涛的军政治委员职务，给红九师师长段德昌、政委陈培荫以警告处分。随后，夏曦自己接任了红三军政委。他以红三军实力不足为借口，以临时省委名义决定把各师师部取消，将部队缩编为五个大团，并特别规定军部受省军委指挥，限制了贺龙对部队的指挥权。这一系列决定，不仅使大批干部降级使用，而且造成了指挥上的混乱。广大指战员深感迷惘和不满。

面对这些无理行动，贺龙不能保持沉默了。他刚到达周老嘴的时候，竟然连房子也找不到一间，只好与其他同志挤在一起。第二天，贺龙和夏曦便展开了争论。夏曦坚持认为他的所作所为是完全正确的，贺龙耐心地扳着手指头一件一件事地分析说：“我是中央分局委员、军委分会副主席、红三军军长，可是这些重大决策都不征求我的意见。是分局领导省委，还是省委领导分局？为什么要取消各师？这个决议是错误的，我可以不执行嘛！请召开个党员大会，大家投票，如果赞成你的，我离开这里，回中央去。”夏曦理屈，只好承认不对，却又让贺龙去找万涛。贺龙问：“为什么找万涛？省委书记是杨光华。你有什么阴谋？什么鬼？省委可以随便做出取消各师师部的决议，你说执行不执行？派红九师出去，你交付任务时的谈话和决议是两个东西，这是不是阴谋？江南失败是谁的过错？处分了段德昌又不通知他，对吗？红三军南下错在哪里？你来洪湖才几天，情况不熟，与红军关系不深，与群众不熟，便错误地处罚干部，今后怎么再与他们见面？你组织红三军前委，却不要政委万涛参加，岂不是非驴非马的组织？你办的几件事，哪一件是有党性的，对得起党的。再讲件芝麻大的事，我这个当军长的回到苏区连房子都没有住的，你就睡得安稳？”夏曦阴沉着脸默默地听着，一声也不吭。

在中央分局的一次会议上，贺龙与夏曦又发生了争论。贺龙提出，调出一部分红军的口粮，救济因遭受严重水灾而挨饿的群众。夏曦却反对，他认为红军的口粮并不多，也没有那么多的运输力，哪能管得了几百万群众吃饭？贺龙火了，他说：“群众都快饿死了，我们共产党不关心他们，还搞什么革命？这几年，群众已经做出了很大牺牲。失去了群众，我们在洪湖还能站得住脚吗？”在贺龙的坚持下，部队集中全部骡马和舟船，不分昼夜地把粮食运给了受灾群众。贺龙骑的那匹大红马也用来运粮食。还组织了一些会水的战士，下水为老百姓抢救财产。

夏曦的错误领导，受到了广大干部的批评。但他仍固执己见。在万涛要求

---

①《湘鄂西军委分会对第三军的训令》1931年10月8日。

下，湘鄂西省委只好派人去中共中央汇报，请求指示。中共中央在几个具体问题上纠正了夏曦的错误，而在总的路线方面仍支持夏曦，甚至凭空指责向夏曦提出批评的人是“一部分敌人以至党内右倾机会主义分子、立三主义者、邓中夏信徒，必然会利用中央分局的部分错误来作复仇的斗争、来攻击中央分局的整个路线，以致攻击国际与中央”。还要中央分局对那些怀疑、不同意、不满和不坚决执行中央路线的同志，进行残酷的斗争和无情的打击。这自然助长了夏曦错误的发展。但是，由于中央也认为红九师迎接红三军是正确的，要求立即恢复第七、第九两师建制，全军上下为此而高兴。

贺龙建议允许红三军离开遭受大水灾的根据地中心区，到外围打击敌人，以解决粮食问题和进一步鼓舞士气。由于大部队长住洪湖中心区，吃饭问题确实难以解决，而且敌军已有进犯的征兆，夏曦无奈，只好同意贺龙的建议。

1931 年 11 月上旬，贺龙率红三军在后港等地歼灭川军两个营后，转至襄北，攻下皂市，歼灭守军大部，俘敌 800 余人，又在天门、京山一带牵制敌军历 40 余天。不久鄂豫皖根据地的红四方面军在反“围剿”战斗中取得胜利，部分敌军调往平汉铁路以东。贺龙抓住这一有利时机，再次展开攻势。这时，敌第四十八师以其工兵营占皂市，以特务团两个营驻龙王集，一个营驻陈家河。1932 年 1 月 19 日，贺龙令红九师再克皂市，守敌逃往应城，红九师尾追不舍，21 日包围了龙王集和陈家河。敌工兵营来解围，大部被歼。龙王集的敌军在突围中亦被全歼，陈家河守敌投降。蒋介石嫡系第四师第十二旅赶来增援，旅部和两个团又被红九师和汉川独立团歼灭。这几次战斗共歼灭第四十八师特务团和工兵营全部，第四师十二旅大部分及一部分矿警、民团，俘第十二旅旅长张联华以下官兵近 4000 人，缴枪 3000 余支。红军仅伤亡 300 余人。国民党武汉绥靖公署主任何成浚急令第三十四师、独立第三十七旅和川军向洪湖根据地进攻。贺龙率红三军第七、第九两师以及由房县返回的军教导团与军部独立团合并组成的红八师，以灵活的战术给了各路敌军沉重打击，粉碎了敌人向根据地的进攻。

不久，国民党第十军军长徐源泉为恢复应城、岳口间的交通，以 10 个团的兵力向襄北“进剿”。3 月 5 日，第四十师第一四四旅进至文家墩。贺龙得到这个情报，即令红九师、汉川独立团歼灭该敌。6 日中午红军突然发起猛攻，全歼第一四四旅，旅长韩昌俊以下 2000 余人被俘，第一四二旅赶来增援，被红七师和红九师一部击溃。其他各路敌军急忙撤退。仅仅两天，便将敌军的这次“进剿”粉碎了。

贺龙率领红三军连续取得重大胜利，却又受到了夏曦极为荒唐的指责。对于文家墩战斗，夏曦说，是冒险行动，侥幸取胜。红九师师长段德昌对贺龙说：“看看，打了胜仗还得挨批评。”贺龙却笑着说：“挨了批评，还是打了胜仗嘛！”

从贺龙率红三军返回洪湖到文家墩战斗，大约五个月的时间里，共歼敌 2 个旅、1 个团、6 个营，缴枪 5000 余支，红三军在战斗中得到了壮大，发展到 1.5 万余人。洪湖（鄂西）根据地扩大到东西 250 余公里，南北 100 余公里，人口近

300 万，各县都成立有警卫营或连，不少区、乡也组织了游击队，共有枪 2800 余支，根据地又新建立了钟祥、京山、应城等 9 个县苏维埃政权。本来，形势还可以继续向好的方面发展，但是由于第三次“左”倾路线在各个方面的进一步贯彻，捆住了贺龙和红军的手脚，局面就逐步向不利方向转化了。

第二节　苦战一载

1932 年 1 月，贺龙从前方赶回来参加了 1 月 22 日至 30 日召开的中共湘鄂西区第四次代表大会。

夏曦在大会的政治报告中说，在他领导下取得了巨大的成绩。这一颠倒是非的论断，引起了绝大多数代表的激烈批评。主张从本地区实际情况出发制定政策的舆论成为大会发言的主流。贺龙心情兴奋，夏曦闭目无言。大会第四天，派往中央汇报工作的省苏维埃秘书长尉士均和中央派来参加分局领导并担任湘鄂西军委主席和红三军政治委员的关向应赶到了。关向应传达了中央支持夏曦的指示。中央把万涛等抵制和批评夏曦一系列错误的做法指责为“对中央分局进行反党的派别斗争，是反中央、反国际路线的小组织活动”。中央错误的结论，迅速扭偏了大会的方向，全面维护了夏曦贯彻的第三次“左”倾路线。自 1931 年秋季开始的党内一些重大原则问题的争论被压了下去。在这场斗争中，贺龙多次坚持了正确意见，并在一些具体问题上取得过一定成效。但是，在总的路线和许多重大问题上，贺龙无法纠正得到中共中央支持的错误。他只能大处服从、小处灵活处置了。

中共湘鄂西第四次代表大会确立了第三次“左”倾路线在本地区的全面统治。但是，夏曦不会打仗，对红军还没有能够绝对控制。贺龙几次违背夏曦的意思，指挥红三军进行了胜利的作战，夏曦对此是不满意的。“四大”结束以后，中央分局及省委又通过了几个决议和决定。[①] 在这些文件中，除了用贺龙指挥红军取得的胜利证明“左”倾路线的绝对正确外，更多的是指责贺龙和红三军，说他们的行动还没有“万分积极化”，“等待防御，以主力作牵制行动”等错误“还没有完全纠正过来”；把主张红军主力在必要时进行灵活的游击战的同志斥责为“因循守旧”、“保守主义”、“党内的主要危险”；强调必须“转变到大规模平地战、城市战，为夺取中心城市而斗争”等。这些决议，以组织手段压制贺龙、段德昌等红军领导人，迫使他们为贯彻执行那个新的争取一省或数省首先胜利的路线，不停顿地强攻硬打，结果是把红三军一步步推向了被动地位。

3 月底，国民党军集中了 15 个团以上的兵力向皂市、天门以西的襄北地区

① 指 1932 年 2 月《湘鄂西中央分局为拥护红军胜利继续击破敌人第四次“围剿”发起广大群众运动的通告》；1932 年 2 月 29 日《湘鄂西中央分局关于目前时局估计及湘鄂西党与红军紧急任务决议案》；1932 年 3 月 5 日《湘鄂西中央分局关于扩大襄北及荆南新苏区决议案》；1932 年 3 月 14 日湘鄂西中央分局《关于中央苏维埃对日宣战和红三军胜利后，湘鄂西党与红军、苏维埃的紧急任务决议》；1932 年 3 月 5 日湘鄂西中央分局、省委《为执行扩大苏区告地方及红军中全体同志书》。

进行“清剿”，企图与红三军决战。当时红三军正依照中央分局“打下京山，扩大新苏区”的指示，强攻京山，伤亡虽然很大，却没有成功。敌军大举进攻时，红三军主力奋力迎战，从 3 月 30 日上午至 4 月 5 日，在瓦庙集一带与优势敌军激战 7 天。双方都未能取胜，各自撤退。瓦庙集之战，敌人先后投入 11 个步兵团及若干特种兵和空军共 2 万余人。红三军以 7 个团的兵力连日反复勇猛攻击，歼敌约 2000 人，击落敌机 1 架。但是，红三军消耗很大，伤亡 2000 人以上，弹药消耗很多，无法补充，战斗力大为减弱。敌人也察觉到了这一点。国民党军前敌总指挥徐源泉说：“红三军历年所得之于国军之兵器及弹药耗于斯役殆尽，而肃清鄂中区匪患之成功，实基于此役。”对这样得不偿失的消耗战，夏曦却夸耀说：“像这样 7 天 7 夜持久剧烈的战斗，是在中夏路线领导下的二军团所绝没有的，是执行国际路线在中央分局领导下的红三军大转变的成功。”

瓦庙集战斗后，夏曦不顾红三军连续战斗的疲劳和大量减员，命令贺龙用布尔什维克的速度进攻。贺龙只得率红三军再次逼近敌占城镇，历时一个多月，没能取得较大战果。

5 月 2 日，敌军以 20 个团向襄北的刁汉湖区“围剿”。夏曦的对策是“全力消灭进攻之敌”。23 日，红三军主力向第四十四师第一三二旅及补充二团展开进攻，歼其先头部队一部。敌人固守张家场及附近村庄，陆续增派援军。激战到 30 日，红三军见歼敌已无可能，乃主动撤退。这次战斗持续 8 昼夜，敌人伤亡 800 余人，红三军伤亡 1500 余人，又打了一个消耗战。

打消耗战，是不合贺龙心愿的。后来他说：“瓦庙集打了一个礼拜未打下，分局还给了指责。张家场战斗也不该打。”这反映了当时贺龙等红三军领导人既要力争打好仗，又不能不执行夏曦决定的苦衷。而夏曦却认为没有歼灭大量敌军是内部反革命分子破坏造成的。由于数次战斗消耗巨大和第一次大规模错误“肃反”的打击，红三军和根据地党政机关、群众团体的元气大大损伤，形势急骤恶化。

6 月初，川军乘红三军主力在襄北苦战之机，以 10 余个团的兵力进犯洪湖根据地，侵占了许多城镇。贺龙率红三军飞速回援。红九师于 6 月 9 日赶到新沟嘴，在根据地人民和赤卫队支援下，歼敌 1 个多旅，俘 3000 余人，缴枪 2500 余支。红七师截击撤退之敌又歼其一部。新沟嘴战斗的胜利保卫和扩大了根据地。事后夏曦继续坚持要贺龙率红三军再去襄北，逼近应城、皂市，围困京山，争夺敌重兵据守的地区。

6 月，蒋介石成立了“豫鄂皖三省剿匪总司令部”，自兼总司令，调集 50 万部队向红军发动空前规模的第四次“围剿”。进攻湘鄂西根据地和红三军的是其左路军 10 万余人。7 月初，敌左路军总指挥徐源泉集中 21 个团向襄北进攻，同时令川军 10 个团向襄南进攻，企图将红三军压迫至长江、襄河之间歼灭之，一举铲除洪湖根据地。

夏曦主持下的湘鄂西中央分局，面对如此严峻的局势，仍照中共中央指示，命令红军不停顿地进攻。还以极大精力全面开展大规模的错误的“肃反”运动，在红军和根据地所有的党政机关、群众团体中，诬杀了大批有经验的、忠贞的领导干部，使红军和根据地陷入了外有强敌压境、内部自我摧残的危殆局面。强敌当前，贺龙率领红三军尽最大努力顽强作战。他依照实际情况将红三军一部撤至襄南，主力转至敌侧，以牵制敌军，寻机歼敌；同时，发动游击队、赤卫队、少先队侦察、牵制、扰乱、迷惑敌军，动员广大群众坚壁清野。这些措施给敌军造成了很多困难。敌第十三师师长万耀煌叫苦说：“军队经过时，几至人烟绝迹，间留少数妇弱，凡有询问皆盲无所知。军队过去，赤卫队复出而滋扰，逃难良民（指外逃地主豪绅等）纵欲回乡组织铲共团体又恐军队他调无所保障，亦多畏缩不前。”

因为敌军以几倍于红三军的兵力进攻襄北，兵力密集，红三军没有歼敌有生力量的机会，贺龙决定全军转至襄南，寻机歼击川军。7月底，红三军在荆门的曾家集、沈家集一带与川军郭勋部打了一仗，由于敌大批援军很快赶到，而没有将其歼灭。敌军步步逼近，洪湖根据地日益缩小，粮食奇缺，形势万分危急。在此情况下，夏曦的战略指导思想来了一个180度大转弯，由冒险进攻变成了单纯防御。他命令红军构筑堡垒固守，怀疑固守抵抗失利的指挥员为“改组派”①。红九师师长段德昌反对这种消极防御的打法，又不得不按照命令去修碉堡。他边修边笑，自我解嘲。为此，夏曦还给了他处分。为了死守根据地中心区域，求得粮食和物资，夏曦不顾贺龙的反对，命令红七、红八两师进攻敌人重兵据守的沙市、草市。结果，不但未取得粮食，反而伤亡惨重，加剧了局势的严重性。贺龙向夏曦提出，敌军主力已进入襄南，红军应该集中主力转到外线，在运动战中相机歼灭敌军以打破“围剿”。贺龙指出：“只要我军主力转往外线实施机动作战，就可能迫使进攻苏区的敌人后撤。”“我军逼近应城，威胁武汉，敌人一定会撤。这样不仅可以开展襄北的斗争，也可以巩固老区。襄北还有贺炳炎、宋盘铭的独立团嘛。”但是，夏曦不同意贺龙的建议，他认为防守与钳制敌人应该兼顾。决定将主力红军分为两路：红七师、警卫师主力以及洪湖中心区各县地方武装由夏曦直接指挥固守根据地；红八师、红九师和警卫师一个团由贺龙、关向应率领转入敌后钳制敌人。后来贺龙曾说：“当时我就估计一定要失败。为什么？第一，分兵不对头，指挥不统一。实际上大部兵力留在根据地内部，除七师、警卫师一部分、军委警卫营外，留苏区的还有各县警卫团、警卫营，都是很能打仗的队伍。可是，夏曦搞寸土必争，做碉堡，使部队分散挨打。第二，大搞‘肃反’，人人诚惶诚恐。第三，真正的反革命——地富分子又进入根据地了。这些人有船，就坐船以群众面目渗进来了。因为有这种估计，所以我在转往外线时就告诉谷志标把地图带上，可惜地图后来丢了。”

夏曦上述决定造成的后果是不难预料的。贺龙率红三军第八、九两师在荆门地区打击川军。虽有小胜，却未能给敌以歼灭性打击。于是转至襄北，敌以五个

---

① 原是大革命后期国民党内的一个派别，人数不多。据有关文献和档案资料记载，“改组派”从未打入过中共各级组织和红色根据地党政机关。在根据地和红军中发动“肃反”运动，肃清“改组派”，是毫无根据的。

旅对红三军进行追堵拦截。从1932年9月，贺龙指挥红三军主力在应城、安陆、随县、枣阳之间，时分时聚，与敌周旋，使敌军的多次围攻未能得逞，但是，红三军主力也未能牵动已进入洪湖中心区的敌军。由于离开了根据地，红三军主力在伤员安置、物资供应、兵员补充方面都出现了严重困难，战斗力进一步削弱。在一次行军中，仓促与敌第五十一师遭遇。贺龙亲自带着少数部队顶住了敌人的猛烈进攻，使全军未受到多大损失，便脱离了险境。军分会参谋长唐赤英对贺龙说："我过去看错了你。今天如果不是你，我们的部队就完了。"贺龙在无法大量歼敌的情况下，便避开强敌，采用游击战术，不断打击小股敌人，保存了红三军的主力。

固守根据地的红军在夏曦指挥下却遭到了毁灭性的损失，突围中又丢掉了电台，从此失去了与中共中央的电讯联系。后来被迫转至襄北与红三军主力会合。因为夏曦没有撤离洪湖的准备，没有适时对根据地的机关团体、工厂、医院作应变安排，以致这些单位被进入根据地的敌人摧毁殆尽。湘鄂西中央分局领导下的其他几个根据地在敌军大举进攻洪湖地区时也都先后失败。1927年秋收起义后创建和发展起来的湘鄂西根据地，全部被第三次"左"倾路线葬送了。

夏曦与贺龙会合后，贺龙和红三军广大指战员才知道洪湖根据地已经丧失。大家满怀悲愤，坚决要求打回去。但是，夏曦已失掉信心，不同意大家的意见。到了10月份，夏曦得知红四方面军主力已撤离鄂豫皖苏区，便决定红三军经豫南、陕南绕道转往湘鄂边。数月来，红三军不停地行军作战，减员甚多，弹药消耗极大，部队疲惫不堪，加上不断进行"肃反"，弄得人人自危。以这样军心不定的疲惫之师，在反动统治严密的敌占区和敌军的堵截追击下长途远征，任务之艰险是可想而知的。

11月初，红三军从随县越桐柏山进入河南。国民党正规军不停地追拦截堵，当地反动武装不断袭扰，给红三军造成了极大困难。红三军各部队只得交替掩护，边打边走。所到之处，村寨紧闭寨门，拒纳红军。红三军只好露宿野外。时值冬季，部队缺衣少被，给养匮乏，白天得不到休息，夜间难于睡眠，在与敌人激战中又不断遭受损失，减员甚多。进入伏牛山区以后，每日以百里速度行军，仍摆脱不掉敌人。到了西峡口附近，贺龙把贺炳炎叫来说："非设法打个胜仗不可，你带一个团埋伏在觉春附近的山口子上，打敌人的伏击。"贺炳炎受命而去。敌人大摇大摆地追来。突然遭到红军的猛烈攻击，措手不及，被消灭一部，被迫停止追击。红三军进至陕南，贺龙得知武关及其附近有敌军一个旅，周围还有两个旅，便对参谋长唐赤英和红九师参谋长王炳南说："我看要打武关。这是一个考验，一定要打胜。不打胜仗，我们没法走。"贺龙亲自进行了战斗动员，红军一鼓作气攻下武关，歼敌一个营。从此以后，才取得了一些主动。这时，包括贺龙在内的广大指战员生活极其艰苦，有时只能以柿子和高粱秆子充饥。到12月底，这支跨越了7000里的铁流，终于到达了湘鄂边的鹤峰县境，从出发时的近1.5万人减至9000人左右。

第三节　“自己为什么要搞垮自己？”

1932 年 12 月 30 日，贺龙指挥红三军攻占鹤峰城，全歼保安团三百余人，军部进驻毛坝。此时的湘鄂边根据地已不存在，只有几支人数不多的游击队在十分困难的条件下坚持着斗争。1933 年 1 月初，夏曦应贺龙提议召开了他和贺龙、关向应三个人参加的湘鄂西中央分局会议。会议讨论了三个问题：一是恢复根据地和整顿红三军；二是打下一个县城以便休整部队；三是停止“肃反”。贺龙提出：全力恢复湘鄂边根据地，以鹤峰为后方向比较富庶的湘西发展，先取得桑植，为久已疲惫的部队取得一个适于休整的地区。夏曦同意恢复根据地，却反对整顿红三军和停止“肃反”。他认为洪湖失败的原因是“暗藏在党、苏维埃和红军中的大批反革命‘改组派’的破坏”；主观上的错误“是反机会主义斗争不彻底和对反革命的党的警觉性异常不够”，所以主张在红三军中进行清党（审查党员，重新登记），并且继续“肃反”。贺龙坚决不同意。关向应支持贺龙，夏曦指责他右倾。贺龙力争说：“肃反停一个时期，以后有反革命再说嘛！”夏曦坚决不同意，贺龙无奈，找关向应说：“你当书记，我们开个会选一下嘛，选出谁是谁。”关向应严厉批评贺龙无组织无纪律。贺龙有苦难言，对于如何进行武装斗争，因为夏曦一筹莫展，只得听贺龙的。贺龙说：“现在还没有仗打。周围都是团防，我们不打，没有人敢打我们。有人打我们，我可以写信叫他让开！”

红二、六军团发动湘西攻势时贺龙设在毛坝的总指挥部旧址

会议对恢复苏区达成一致意见后，贺龙即率红三军于 1 月 13 日占领了桑植城。盘踞湘西的“土皇帝”新三十四师师长陈渠珍慑于红军的声威，为保存实

力，一面命令所部加强戒备，一面写信给贺龙，要求红三军不要打他的部下周燮卿旅，并表示可以让出大庸等几个县。贺龙将信交给夏曦和关向应看，夏曦说陈渠珍是在玩手段。贺龙说："目前红三军极度疲惫，弹药奇缺，没有冬衣，甚至草鞋都没有穿的，粮食也十分困难，很难和敌人作战，更没有取胜的把握。在这种情况下，应该利用敌人的内部矛盾，和陈渠珍达成暂时的妥协，争取一个休整和发展的时间。哪怕先拿下桑植全县也好嘛。"关向应同意贺龙的意见。夏曦反对。于是，找来宋盘铭、段德昌共同商量，他们也都赞成贺龙的意见。夏曦却指责说，这是右倾和革命不彻底的办法，并断然下令向周燮卿的第三旅进攻。结果正如贺龙所预料的那样，进攻没有成功。敌军反击，红三军被迫退回鹤峰毛坝。这是红三军到湘鄂边以后第一次大战斗。初战失利，暴露了红三军的弱点，助长了敌人气焰，红三军失掉了本来可以作为依托的桑植，处于更加被动的境地，给以后的斗争带来十分不利的影响。

1933 年 1 月下旬，夏曦在中央分局扩大会议上突然提出了解散党、团组织和所谓创造新红军的主张，并且坚持继续进行"肃反"。与会人员强烈反对。贺龙说："解散党，我不同意，我在旧军队时就想参加党，到南昌暴动才加入。我只晓得红军是党领导的。"段德昌说："你把红军搞完了，苏区搞垮了，又要搞垮党，你是革命的功臣还是罪人？"宋盘铭说："我从小被党送到莫斯科，在莫斯科加入党，解散党我不同意。"会议没有照夏曦的意愿做出决定，他深为不满。不久，中央分局做出了发展鹤峰周围地区和整编红三军的决定，撤销红八师，调出部分人员去做地方工作。从 4 月起，各部队分头在鹤峰、建始、宣恩、巴东等县的一些地区发动群众，建立区、乡政权，组织游击队，分配土地，还先后击败了几县团防武装和湖北保安团的进攻。

1933 年 5 月 6 日，贺英领导的、多年坚持在桑植、鹤峰边界地区的游击队遭敌袭击。为创建湘鄂边根据地和红军做出过重要贡献的贺英在战斗中牺牲了，同时牺牲的还有贺龙的二姐贺戊妹等人。

经过红三军指战员的艰苦努力，到 6 月下旬，湘鄂边根据地又拥有了鹤峰等 10 余个县的边界地区约 20 多个区、100 多个乡的地方，人口近 10 万。但是，这个地区山多路险、土地贫瘠、人烟稀少，红三军所需粮食要靠到远离根据地的地方用打土豪的办法来解决。为了夺取和背运回粮食，经常要与敌军的袭扰、拦阻作殊死斗争。部队长期处于疲劳状态，指战员们经常吃不饱，不得不寻找野菜、野果来充饥。身上还是从洪湖撤出来时穿的破烂夏服，无法更换，饥饿寒冷，大大增加了部队非战斗减员，红三军的实力一再削弱。

令人难以理解的是，夏曦完全无视这些实际情况。他的主要精力仍然用于"肃反"。早在 3 月间，他就武断地决定进行第三次大规模"肃反"，不顾贺龙多次坚决反对，悍然捕杀了湘鄂西省委委员、省军委主席团委员、红九师师长段德昌。夏曦逮捕段德昌时，贺龙质问说："你为什么抓德昌？"夏曦冷冷地说："他是改组派！"贺龙问："你有什么根据？"夏曦说："段德昌从前方带信来要求带队伍回洪湖，这就是拖队伍逃跑叛变。”贺龙火了：“你毫无道理，德昌写信来是向你建议嘛。他要真的拖队伍去洪湖，何必写信来，又何必回军部？”夏曦理屈，但仍叫着：“一定要杀！”贺龙大声说：“我坚决反对，德昌是有大功的，算什么改组派？绝对不能杀！”夏曦拍桌子狠狠地说：“哼！我决定了！”面对夏曦动用“最后决定权”，贺龙只得服从，他痛苦地流下了热泪。与此同时，夏曦还捕杀了贺龙的老战友、湘鄂边特委委员、原独立师师长、红九师参谋长王炳南这位创造湘鄂边根据地的杰出领导人和一批团、营干部。接着，在5、6月间，又进行了第四次“肃反”，逮捕了湘鄂西中央分局委员、红九师政委宋盘铭，捕杀了红七师师长叶光吉和政委盛联均等一批干部。这次“肃反”一直延续到1934年春季。

到了3月24日，夏曦不顾贺龙、关向应等反对，还是做出了解散党、团组织和省苏维埃的决定。从此，红三军中就没有党、团组织和政治机关，只剩下了夏曦、贺龙、关向应三个党员。

1933年6月，蒋介石任命徐源泉为湘鄂边“剿匪”总司令。7月中旬，敌军以14个团的兵力发动进攻，月底侵占了湘鄂边根据地绝大部分地区。红三军转移至宣恩、恩施、鹤峰交界地区。中央分局在烧巴岩开会研究斗争方针，决定巩固现有苏区，开辟新苏区，赤化宣恩全县，组织来凤、龙山、咸丰、利川一带农民游击战争。对于如何开辟新区，贺龙提出了一系列政策性建议，他说，首先建立若干工作基点，然后由点到面，有步骤地发动群众，展开工作；对待地主豪绅应该按其罪恶大小，财产多少区别对待，主要打击罪大恶极的；对团防和“神兵”要尽力争取、瓦解，以免树敌过多而造成不应有的困难。但是，贺龙的建议遭到夏曦的反对，夏曦又指责“这是革命不彻底的方法”。贺龙说：“你是要千家怨，还是一家怨？是得罪千家好，还是得罪一家好？”经过争论，夏曦勉强同意了贺龙的意见，然后决定分兵执行开辟新区和巩固现有苏区的任务。贺龙、关向应率红九师开辟新区；夏曦率红七师保卫根据地。至12月，两路红军面对优势敌军辗转作战，四处流动，都没有达到原定的目的，最后又合并一起。此时，红三军只剩下了3000余人，相当于两个团的兵力了。缺粮、缺衣、缺弹、缺药的情况更加严重，加上不停地“肃反”，红三军已濒临毁灭的边缘。

这个期间，蒋介石乘红三军处境窘迫，派国民政府参议员熊贡卿为代表，到湘鄂边向贺龙游说。1925年贺龙担任澧州镇守使时，熊贡卿作为省府驻澧州镇守使官邸代表与贺龙相识。此次，他奉蒋介石之命，来对贺龙劝降。贺龙愤怒了，下令逮捕了熊贡卿，1934年1月23日在龙山茨岩塘，集合部队进行公审。迎着凛冽山风，贺龙站在岩石上对大家讲话。他说：“今天，我们要枪毙一个坏蛋，他叫熊贡卿。他是干什么的呢？是蒋介石派来劝降的说客。这对我们红军是一个极大侮辱。同时他又是一个奸细，我们绝不可以放他回去。蒋介石的算盘完全打错了。他完全是痴心妄想！艰苦困难吓不倒红军，高官厚禄收买不了红军，阴谋诡计也骗不了红军！”1934年3月17日，中共中央湘鄂西分局给中共中央的报告中说：“去年12月蒋介石派一代表熊贡卿来游说贺龙同志，企图收编。熊先派一梁素佛来，贺龙同志首先即发觉和暴露来人之阴谋，认为侮辱，提到中央分局。我们为要得到蒋介石对中央苏区及四方面军之破坏工作的消息，遂允熊来。据熊说，蒋已派四个人（有两个是浙江人）到四方面军去，中央苏区亦建立多年工作，此等人均做上层收买工作。我们乃将熊事公开举行群众审判枪毙之。”

红三军两个师会合后，中央分局决定创造湘鄂川黔边新的根据地。1933 年 12 月 22 日，贺龙率军袭击黔江城，歼敌一个团大部，尔后转到咸丰、利川一带活动。1934 年 1 月初，袭占利川城，俘敌一百余人。川、鄂军队来攻，红三军到利川、咸丰、宣恩、龙山等县边界地区游击。湘敌来攻，红军转往永顺、桑植、大庸、慈利等县游击。因为弹药极少，很难进行有效战斗，又转到酉阳、秀山一带。由于夏曦的错误领导，特别是不间断地“肃反”，部队的危难情况没有改变。

当时，各根据地不按照中共中央指示进行“肃反”是不可能的。但是，尽管“左”的“肃反”政策是中央制定的，但各地区主要领导人的政治品质和政策水平仍与“肃反”造成损失的严重程度有极大关系。湘鄂西“肃反”造成的灾难性后果，夏曦负有不可推卸的重大责任。

在“肃反”问题上，贺龙身为中央分局委员、军委领导成员和红三军军长，不能说毫无责任。但是，他曾多次与夏曦进行斗争，也多次救出一些遭逮捕并准备处决的同志。在湘鄂边与夏曦分开活动时，贺龙率领的部队中就没有进行“肃反”，而且把被夏曦逮捕的宋盘铭释放了。对于这场错误的“肃反”，贺龙也有一个认识过程。1961 年 4 月 20 日，贺龙向有关人员谈红二军团的历史时，有人问他：如果他当时与夏曦斗争再尖锐些，再坚决些，像段德昌那样的领导同志是不是可能不被杀？贺龙回答说：“那时，我是个新党员，只懂得遵守党的纪律和服从组织决定。‘肃反’的中期和后期与夏曦确也有过多次尖锐的斗争，但最后总是认为按党的纪律只能服从他。起初，中央指示湘鄂西要进行‘肃反’，还批评湘鄂西中央分局、省委开展‘肃反’不力。当时国民党强大，我们弱小，斗争残酷。中央说有反革命打进苏区和红军，我们也是相信的。后来，夏曦不停地一批又一批地杀人，其中有许多人都是从大革命时期就跟我的，怎么会是‘改组派’呢？我才怀疑，才和夏曦有了分歧，进行斗争。夏曦说我是军阀出身，我倒不怕，是不是他说我是军阀，我就变成军阀，我心里有数。只是怕弄不懂党的政策，搞错了。还有一个很大的原因，就是按中共中央规定，政治委员有最后决定权，中央代表、中央分局书记更有最后决定权。哪怕所有的人都反对，只要中央分局书记一个人赞成，也必须按书记的决定执行。这是非服从不可的。捕杀师、团干部，我和夏曦争，从来争不赢。对基层人员只好不征得他的同意，就下令释放。夏曦皱着眉头不吭声，人也就放了。这类情况我干了许多次。保大的，保不下来，只好服从。后来，实在忍不住了，我向关向应政委建议让他代替夏曦当中央分局书记，关向应严肃地批评了我。我那时政治水平不高，一些事也弄不明白，自己为什么要搞垮自己？心里很苦。”当贺龙谈到夏曦决定杀段德昌，他拍桌子力争未果那段经历时，泪流满面，悲痛不已。

在“肃反”中，夏曦也并非不想迫害贺龙。夏曦率部从洪湖突围出来与贺龙会师后，在王店他对贺龙说：“你在国民党里有声望，做过旅长、镇守使、师长、军长等大官，改组派利用你的声望活动……”并要贺龙写申明书。贺龙对他说：“你也给我写申明书。民国十二年，我在常德当混成旅旅长时，你拿着国民党湖南省党部执行委员身份的名片来找我，向我要十万块钱。我请你吃饭，为你开了旅店还送给你五万块钱。虽然没有收条，但这是事实。你杀了这么多同志，你是什么党员？你给我写申明书！”两人相持不下，关向应急忙出来调停，才缓和了僵局。在绕道陕南转往湘鄂边的行军途中，敌军前堵后追，形势十分危急。可夏曦还想对贺龙下手。他令人缴了贺龙、关向应两人的警卫员的枪，还逮捕了两个警卫员。贺龙忍无可忍，质问夏曦：“你这是什么意思？为什么你的警卫员的枪不下？我还有一支手枪，你要不要？”夏曦语塞。他也知道贺龙在红三军中威望极高，红三军到了湘鄂边，还少不了这样一个既熟悉情况又能指挥作战的军事领导人，才没有贸然行事。

到了 1934 年 4 月，由于红三军已濒临绝境，也由于贺龙等不断进行斗争，夏曦不得不采纳了一些改变具体政策的建议。这些政策，有许多是 1928 年至 1930 年贺龙领导红四军时，在湘鄂边地区实行并且取得过成效的，例如争取一些反抗国民党的地方武装和团结、改造“神兵”等。这些变化虽然不可能从根本上触动“左”倾路线，但有助于改善红三军的困难处境。

这个月，贺龙决定进攻彭水，消灭那里的敌军，尔后向邻近各县发展。5 月 8 日，贺龙率部冒大雨急行 50 公里袭占彭水城，歼敌 1 个营，俘敌 400 人，缴枪 300 支，士气大振。当贺龙准备乘胜攻取酉阳时，夏曦变卦了。他认为“彭水面山背水，易攻难守，敌人打来难以应付”，命令红三军立刻西渡乌江，进入贵州。6 月 1 日红三军占领沿河县城。

黔东是一个贫穷落后的山区。这里交通闭塞，地势险要，封建迷信势力很大。沿河、德江、印江、松桃等县及毗邻的四川酉阳、秀山边界地区，耕地、人口均很少，但这里的汉、苗、侗、土家等民族的劳动群众饱受压榨剥削，对革命有着强烈的要求。贺龙早年率领部队，两次来过这里，给广大群众留下了深刻印象。这里敌军力量薄弱，对疲惫不堪的红三军开辟根据地、整顿部队、恢复战斗力是有利的。

这时，红三军内部也在起着积极的变化。贺龙和其他一些领导人坚决要求结束不停顿的游荡，建立根据地，恢复党、团组织、政治机关。贺龙说：“野鸡有个山头，白鹤有个滩头，红军没有根据地怎么行呢？”在他们的强烈要求下，红三军重建了政治部，军政委关向应也有了一些主动权。接着，配备了部分团的政治委员和连指导员，恢复了军党务委员会和党、团组织。提拔了一批干部，办了两期干部大队，培训学员 600 余人，贺龙与学员一起出操上课，亲自抓培训工作。因为“肃反”中首当其冲的是干部和党团员，不少人心有余悸，不愿恢复党籍，也不愿当干部。贺龙、关向应不得不亲自找干部谈话，进行说服，为此付出了艰辛的努力。在他们领导下，红三军紧张地进行了建设根据地的工作。在1个多月的时间里就建立起了沿河、德江、印江、酉阳等县苏维埃政权。7月21日和22日，在沿河的铅厂坝召开了黔东特区第一次工农兵苏维埃代表大会，选出贺龙等80人组成黔东特区革命委员会，先后组成了1500人的5个地方独立团和400人的10个游击队，又将冉少波的千余“神兵”及各独立团一部合编为黔东独立师。到1934年9月，黔东根据地已拥有5个县，10万以上人口，17个区革命委员会，67个乡苏维埃政权，并且分配了土地。

边远荒僻的山区发生了地覆天翻的变化。人民群众热烈拥护红军、拥护共产党，即使是在反动统治机构工作多年的国民党政府官吏也不得不承认红军深得人心。沿河县邮政局长戴德初在给贵州省邮政局的报告中说：“红军攻克沿河县城时，局长偕同家小逃出战区，……甫至大龙坡下，共匪千余已由捷径包围而来，遂与家小暂遁入山。殊匪到达该地，即行宿营。局长所藏林外即为贺龙军部所在，……后恐被人察觉，又乘夜逃上山巅。次日该匪仍不移动，时有牧牛小孩突来山上，见其手持一纸，阅之知为匪宣传标语——红军之任务及纪律——见有保护邮政及邮差一条，于是下山亲谒贺龙，当将避难遭遇一一面诉。贺军长以为系受片面宣传之误会，情极可原，将局长所带之物验检之后，遂令所部勿得留阻，至此始得安然回局，所有票券款项均无损失。……该匪内部组织异常严密，命令贯彻，士卒强悍，官兵享受一律平等，纪律之佳，出人意外。……该匪所过，专擒军政、税收人员及民团富豪教士，而于贫苦工农、失业游民则给资赠产，……买卖公平，一般小商，莫不大获其利，其于宣传工作，尤为注意。人心归附，如水下倾。”“神匪归者络绎不绝，闻风响应者，各地皆是。”这份报告尽管用了污辱性的称呼，但所述情况却反映了红军执行政策收到的良好效果。

7月21日，中共中央的交通人员带来了中央1934年5月6日写给湘鄂西中央分局的指示和中共中央五中全会决议等文件。8月初，中央分局开会通过了《接受中央指示及五中全会决议的决议》，对夏曦所犯错误进行了初步批评。尽管中共中央五中全会决议仍是第三次“左”倾路线高峰中的产物，但批评了夏曦在湘鄂西进行的三年多的“肃反”和其他一些错误，使夏曦准备进行的第五次“肃反”未能实施。红三军中长期存在的人人自危情绪从此开始减轻，因而还是有很大积极意义的。

第八章　屹立湘鄂川黔边

第一节　会师返湘西

1934年10月的一天，贺龙和关向应从敌人的报纸上获悉萧克、王震率红六军团已由江西遂川出发西征，中共中央代表任弼时同行。他们分析，红六军团很可能是前来同红三军会师的。

贺龙拍着报纸说："报纸上是8月份的消息，如今已是10月了，如果六军团是来和我们会师，应该快要到喽！"于是，他便和关向应率红三军主力南去迎接红六军团。

10月15日，在沿河县蛟岩乡水田坝，贺龙率领的红军遇到了红六军团参谋长李达率领的400余人。次日，贺龙、李达率领部队兼程南下，寻找红六军团主力。23日，在梵净山下江口县堰边溪的木根坡与红六军团第五十团会合。24日，在印江县木黄与任弼时、萧克、王震率领的红六军团主力会合。

10月26日，两支红军在南腰界举行了隆重的庆祝会师大会。贺龙和关向应、夏曦陪同中央政治局委员、红六军团军政委员会主席任弼时、红六军团军团长萧克、军团政委王震，在一片欢呼声中登上了主席台。

任弼时宣读了中共中央庆祝红三军和红六军团会师的贺电，就当前的形势和任务做了报告。他指着贺龙向红六军团的指战员高声地说："看哪，他就是'两把菜刀闹革命'，南昌起义的总指挥，我们红三军的军长贺龙同志！"台上台下都热烈鼓起掌来。

贺龙握着一根旱烟杆子，满脸笑容地走到主席台前，向全场指战员敬了个礼，笑着说："我让弼时同志夸得有点子昏昏沉沉喽！'两把菜刀闹革命'，一把在别人手里，我手里只拿着一把，是单刀，不是双刀。"满场爆发出一阵笑声。贺龙说："会师，会师，会见老师。你们来自井冈山，那是毛主席、朱总司令创造的苏区，一直是我贺龙和我们红三军学习的榜样。我代表红三军全体同志热烈欢迎你们！你们千里跋涉来到这里，本该休息两天，睡个好觉，可是蒋介石不会让我们休息。我们一会师，树大招风，我料想蒋介石也睡不着觉喽！这里是新开辟的根据地，不很巩固。可靠的根据地在哪里呢？"他用烟杆子敲了敲自己的草鞋底子说："在我们的脚板上！靠我们行军、打仗，夺取胜利，开辟更大的根据地，消灭更多的敌人。到了那一天，我贺龙请客，大家轮流睡上一天一夜！”

会后，红三军奉中央革命军事委员会电令，恢复了红二军团番号。贺龙任军团长，任弼时任政治委员，关向应任副政治委员。中革军委命令两个军团分开行动，红六军团单独进入湘黔边境的松桃、乾城、凤凰一带。这时，中共中央和红一方面军主力已于10月10日撤离中央苏区，开始了长征。如何有力地配合红一方面军的行动，成了两军团首先要考虑的问题。

贺龙说：“乾城、凤凰是陈渠珍的老窝子，他盘踞在那里几十年。这个人，颇有头脑，也会用兵，只是野心有限，就想当个湘西土皇帝。他很怕蒋介石、何键吞掉他。我们不主动打他，他不会拼出血本和我们打的。我们若到他的老窝里捅上一刀，他当然要拼老命喽。依我看，到那些地方活动很困难。六军团只有3000多人，是打不赢的。如果两个军团去湘西北的桑植、大庸、永顺、石门、慈利一带，情况就不一样了。那里不是陈渠珍的老地盘，他不如我熟，群众也支持我们党和红军。我们出兵湘西北，可以牵制住湖南、湖北一大批敌人，能够支援一方面军。我们把这批敌军背起来，也好让一方面军肩头上轻一些子嘛！”任弼时问：“去打得赢吗？”贺龙说：“一个军团去不行，两个军团一块去，打得赢。”

两个军团领导人认为贺龙的看法是对的，决定依照他的建议，向中革军委发出以下电报：“……六军团除五十二团外，计3300余人，除留伤病员300余人外，只存3000人。二军团及独立师3900余人，卫戍及伤病员200余人，枪3700余支。二军团每支枪子弹不过10发”。“在敌我及地方实际情形条件下，我们建议二、六军团暂时集中行动，以便消灭敌人一二个支队，开展新的更有利于两军团将来分开行动的局面。目前分开，敌必取各个击破之策。以一个军团的力量对敌一个支队无必胜把握；集中是可打败任何一个支队的。且两军在军事政治上十分迫切要求互相帮助……”电报发出以后，10月28日，红二、六军团同时出动，发起了湘西攻势。30日逼近四川酉阳城。贺龙对两个军团其他领导人说：“我们去湘西北，要先兜个圈子占领酉阳城，把陈渠珍那万把人从永顺、大庸引出来拦截我们，我们甩手一拐，就能进永顺城休息几天了。”任弼时和萧克问：“酉阳城怎么打？”贺龙说：“酉阳城是川军独二旅旅长田冠五把守的。他是我当年的部下，我先写个信去，叫他让开大路，我们又不占他的地盘。”贺龙的办法十分灵验。这位川军旅长接到贺龙的信，很快就率部弃城而去。贺龙等率两个军团顺利地通过了酉阳城。

果如贺龙所料，陈渠珍得知红军占领酉阳城，急令周燮卿、龚仁杰等部万余人出来阻截红二、六军团。此着正中贺龙下怀。他虚晃一枪，率部直插湘西北，11月7日进入永顺县城。

两个军团在永顺城休整了一个星期。由于缴获了大批棉花、布匹、医药和弹药，大家忙着做冬衣和打草鞋、医治伤病员、做群众工作。在永顺，指战员们换了装，恢复了体力。一个个容光焕发，精神十足。

11月16日，中共中央书记处发来电报，决定组成湘鄂川黔边省委，任弼时为书记，贺龙等为委员，同时组成军区，贺龙兼司令员，任弼时兼政委。两军团共同行动时，由贺、任统一指挥。

为了对付红军，陈渠珍成立了“剿匪指挥部”，以龚仁杰、周燮卿为正、副指挥官。他们把所属部队10个团分成4个纵队向永顺扑来。

两个军团的领导在永顺开会研究敌情。贺龙说：“周燮卿他们带了万把人攻我们。我的想法是先撤出县城，让他一步，叫他狂够狂足，我们再回过头来收拾他！这是我们两个军团会师后的第一仗，关系到我们能不能在湘西北站住脚，能不能有力地支援红一方面军，一定要打好，要打个歼灭战。”

贺龙、任弼时等随即率部离开永顺城，走到离城不远的钓矶岩附近，觉得这里地形不错。贺龙反复考虑后说：“这里离城太近，如果围不紧，敌人逃回城里，再打就难了。”于是，决定继续后撤，最后，在距永顺城北45公里的龙家寨选中了伏击点。这是一个南北长15里，东西最宽处4里的谷地，可以容纳大量敌军，两侧山坡平缓，树林茂密，利于红军隐蔽，也利于出击。贺龙命令部队分别隐蔽在谷地两边山坡上的密林中。每个人都用树枝伪装好，不准点火，不准讲话，没有命令不准开枪。红军指战员们埋伏在冰冷的山坡上，凝视着谷口大道，等待敌军前来送死。

贺龙站在山坡上的一棵大树下，用望远镜仔细地观察着部队的情况，半晌，露出了满意的微笑，对警卫员说：“好，这里避风，请任政委他们来吧！”

两个军团领导人和各师师长、政委来到大树下，举行会议。贺龙用马鞭子在地上画着地图，指点着各师、团埋伏的地点说：“这是一个大口袋，口袋的口子在官庄，王震同志带四十九团在那块，等敌人全部进了口袋，便把口子紧紧扎住，关门打狗。你们回去告诉大家，打埋伏要万分隐蔽。敌人进了口袋，打冲锋要突然、迅速，一下子扑到敌人眼前，插到敌人堆里，打的越猛越好，使敌措手不及。”

16日16时左右，陈渠珍的两个旅浩浩荡荡地追来，全部进入了伏击圈。贺龙一声令下，霎时间，漫山遍野的红军冲了下来，扑向敌人。战斗进行了两个多小时，敌人大部被歼。红军一部追击十余里，又将在把总河企图固守的敌军一个师大部歼灭。这一仗，毙敌1000多人，俘虏敌人2000多人，缴枪2200余支，给了陈渠珍派来对付两军团的部队以歼灭性打击，为红二、六军团在湘鄂川黔边建立根据地奠定了基础；这一仗，把湖南、湖北的大批敌军调了过来，大大减轻了正在湖南境内苦战的西方军（即红一方面军）的压力。

龙家寨战斗后，贺龙等率红二、六军团于11月24日攻占大庸城，接着，又占领了桑植城，局面逐步打开了。

第二节　“把敌人多背点过来”

1934年11月25日，中革军委来电指示：“我西方军已过潇水，正向全州上游急进中，你们应该利用最近几次胜利及湘西北敌情空虚，坚决深入到湖南中部及西部行动，并积极协助我西方军。首先你们应前出到湘敌交通经济命脉之沅水地域。主力应力求占领沅陵。向常德、桃源方向应派出得力的游击部队积极活动。”“为巩固新苏区，留下二军团一部分及随六军团行动的党的干部来完成这一任务。二军团主力及六军团全部应集结一起，以便突击遭遇的正规部队。”

按照这一电令，任弼时、王震、张子意率红六军团两个团及红二军团一个团留在初创的根据地，开展工作；贺龙、关向应、萧克率红二军团主力和红六军团的一个团继续发展攻势。12月初，袭沅陵未克，转向常德、桃源进攻。但是，中革军委12月14日电令红二、六军团向沅水上游行动。这时，红二、六军团主力正向桃源县北面的浯溪河运动，奔袭该处敌军，接到这个电报，还按不按计划打下去？贺龙说：“我看还是接着打吧！军委离得远，对这里的情况没有我们清楚。打了胜仗挨点子批评也合算。我看，怎么对斗争有利，怎么能把敌人多背点过来，就怎么做！”萧克、关向应同意贺龙的意见。

防守桃源、常德的是独立第三十四旅。旅长罗启疆认为他的部队善守能攻，准备和红二、六军团在常德外围决战。他让第七〇一团防守浯溪河，第七〇二团防守陬市，第七〇〇团防守桃源，旅直属队及当地保安团防守常德。各团相距数十里。

贺龙搞清楚了敌人的部署，和萧克、关向应决定采取各个击破的办法，先消灭浯溪河守敌，再逐个吃掉其余的敌人。

12月15日，红军趁雨夜敌人防守疏忽之际，急行军百余里进行奔袭。16日拂晓，先头红十二团一举突入浯溪河敌军阵地，主力抓住敌人反冲击离开阵地的时机，投入战斗。敌人慌乱不堪拼命南逃，把赶来增援的第七〇〇团两个营的先头部队也冲乱了，只好一起溃逃。红军跟踪猛追直抵陬市。敌第七〇二团和从常德来援的独立第三十四旅教导队向红军反击，贺龙等指挥部队前后夹击，敌人溃入常德。红军歼灭了敌人一个团又两个营，击溃一个团，乘势包围常德，18日占领桃源城，一部分部队前出至益阳方向进行游击。

红二、六军团的攻势，使湘军惊恐万状。何键一日数电向蒋介石告急：“共军围攻常德甚急，势难固守，请飞兵救援。”他还致电湖北省主席徐源泉，要求“迅令在澧之部队，向临澧、鳌山夹击”。同时急令追堵西方军的第十九、第六十二、第十六等三个师兼程回援常、桃；令陈渠珍出大庸进攻红军。徐源泉与贺龙交锋多年，深知贺龙用兵难以预测，害怕贺龙突然攻向湖北，连忙部署第四十八师、第三十四师、第五十八师、新三旅、暂四旅等部队据守湘鄂边境。蒋介石除派第二十六师紧急驰援外，还命令追堵西方军的李云杰、李韫珩两个纵队共四个师开到湘黔边境，防止红二、六军团与西方军会师。

贺龙等根据实际情况，乘虚进击常德、桃源，不仅歼灭了大量敌军，而且牵动了一大批追堵西方军的敌军，减轻了在湘江之战中受到很大损失的西方军的压力，实现了中革军委的战略意图。

12月18日，中共中央政治局决定改变原来率西方军与红二、六军团会师并在湘西创立根据地的计划，准备在川黔地区创立根据地。20日，中革军委电令红二、六军团先在常德、桃源地区活动，待将湘军主力牵动到常、桃地区时，再转向黔境行动，以策应西方军。

依照上述电令，红二、六军团在常德、桃源地区活动了十天，广泛宣传抗日反蒋主张，没收土豪劣绅的财产分给穷苦群众，并筹得大批物资，吸收了数千人参加红军。尔后，向西北转移，于 26 日占慈利城。1935 年 1 月初，按中革军委指示返回大庸、永顺地区，一面休整，一面寻求有利战机。

1934 年 11 月 26 日，根据中共中央电示，成立了中共湘鄂川黔边临时省委和军区；同时，成立了以贺龙任主席的湘鄂川黔边革命委员会。湘鄂川黔边的领导机关于 12 月 10 日迁至永顺县塔卧，全面展开了根据地的各项建设。到 1935 年春，在湘鄂边区建立了 7 个县、51 个区、235 个乡的革命政权；开办了红校，培训了数百名军队和地方干部；领导群众没收并分配土豪劣绅的粮食财物，进而分配了土地。斗争中涌现出了大批积极分子，从中发展了 600 余名党员。各种群众组织也广泛地组织了起来。

随着根据地建设的进展，广大群众踊跃参加红军。到 1935 年 1 月中旬，扩充了 4000 多名新战士，组成了红十一团、五十团、五十四团；收编"神兵"2000 余人，成立了红十七团；军区扩建了红军学校第四分校，建立了几所医院、被服厂和小型兵工厂。各县都陆续组织起了独立团或独立营、游击大队。为加强对地方武装的领导，军区之下设了两个军分区。

这期间，红二、六军团也加紧了组织建设和军事训练。红二军团充实了军团、师的司令部。各师、团机关装备了有线电话，师单独行动时携有无线电台，并且加强了地面侦察和破译敌军无线电电讯的能力。两个军团都进行了战术、技术训练，调整、充实了各级领导干部，补充了大量新战士，上上下下显得生龙活虎、朝气勃勃。

1 月下旬，湘鄂川黔边省委在大庸县丁家溶召开红二军团党的积极分子会议，对夏曦的错误进行了比较系统的批判。夏曦承认了他所犯的严重错误。贺龙多年来坚持的正确意见也得到了肯定。尽管由于条件不成熟，会议还不能脱离第三次"左"倾路线的基调，但是，效果还是好的。会后，省委遵照中共中央电示精神，仍委任夏曦为湘鄂川黔边区革命委员会副主席和省委委员，后来又任命他为红六军团政治部主任。

第三节　坚持江南斗争

1935 年 1 月 7 日，红一方面军先头部队占领贵州遵义。1 月 15 日至 17 日，中共中央在遵义召开政治局扩大会议，纠正了错误的军事路线，确定了毛泽东在全党的领导地位，红军的情况有所改善。这时长江以南，贺龙他们领导的湘鄂川黔苏区成了唯一的规模较大的革命根据地。蒋介石除了继续集中兵力对红一方面军围追堵截以外，于 1935 年 1 月底 2 月初，组织了 6 个纵队共 80 多个团 10 余万人，向湘鄂川黔根据地发动了围攻。此时红二、六军团虽已扩大到 1.17 万人，湘鄂川黔边军区地方武装亦有 3000 余人，军区机关、学校、医院、兵工厂等共有 1150 人，这些武装加在一起共有 1.6 万余人，但进攻根据地的国民党军仍占绝对优势。

红二、六军团领导人讨论了反“围剿”的作战方针。贺龙提出：主力伸出去打，比在里头打好。可以到张家湾、丫子口、黄石，能打就打，不能打，过石门，澧水也可以。我们这只拳头伸出去，可以威胁常德、桃源。敌人的部队一定要往回调。我们在这期间，打上一两个好仗，就可以粉碎敌人“围剿”。但是，贺龙的主张没有被采纳，会议决定在根据地里打。1 月 11 日将此决定报告了中革军委，并提出了将来可能的主要活动地区，请求指示。

2 月 11 日，张闻天、周恩来、毛泽东以中共中央和军委名义电示红二、六军团：“你们主要活动地区是湘西及鄂西，次是川黔一带。当必要时主力可以突破敌人的围攻线，向川黔广大地区活动，甚至渡过乌江。但须在斗争确实不利时，方可采取此种步骤。”“为建立军事上集体领导，应组织革命军事委员会的分会。以贺、任、关、夏、萧、王为委员，贺为主席，讨论战略战术问题及红军行动方针。”

按照在根据地里打的方针，红二、六军团进行了两个多月持续不断地作战，未能打破敌军的“围剿”，减员至九千余人，根据地也日趋缩小，斗争越来越困难。经中共中央及军委同意，湘鄂川黔省委和军分会决定率红二、六军团主力跳出敌军包围圈，到长江以北开辟新的根据地。

4 月 12 日，红二、六军团开始撤离根据地中心地区。出发前，贺龙对部队讲话说：“蒋介石下了大本钱，来了十几万人，要抄我们的家，要消灭我们红军。抄家吗，可以嘛！消灭我们？办不到。早早晚晚我们要打回来。到了那个时候，要打他们一个鸡飞狗跳，扒他们的皮喽！”

当天，贺龙等率领两军团主力到达桑植县陈家河附近，发现了新的情况。原来，红二、六军团撤出根据地的行动，被敌人侦察到了。鄂军纵队司令兼第五十八师师长陈耀汉认为红军是仓皇逃跑，想捡个便宜在蒋介石面前争个头功，便限令第一七二旅在 12 日进抵陈家河地区；第一七四旅经陈家河转往万民岗地区。陈耀汉亲自率领纵队部和师部在中间策应，企图截击歼灭红二、六军团，活捉贺龙。

12 日下午，红二、六军团先头部队接近陈家河，突然与敌人遭遇。从俘虏口供得知，这里的敌人是刚到此地的第一七二旅，已控制了红军前进的大路。这很让贺龙恼火。他命令部队停下，立刻和其他领导研究面临的情况。贺龙说：“陈耀汉用兵慎重，这次冒了火，是以为我们垮了。他堵住我们的路。大路只此一条，堵住就过不去。陈耀汉这个师武器比我们强，可是他这个旅远离桑植。我们两个军团有 11 个团，力量大大超过它。他们是北方部队，过去多在平原活动，不善于山地作战。陈家河一带的地形，我了如指掌，多山多水，道路少而狭窄，他们撤退逃跑、增援都很困难，战场对我们有利！加上敌人刚到，立足未稳，他们的命根子碉堡工事也未来得及修，尽管占了镇子，却来不及作固守准备。我看哪，一定要给敌人一点厉害看看，免得他们成天到处发疯！”萧克说：“对，消灭他 1 个旅，我们有 11 个团，可以说是狮子抓乌龟喽！”任弼时说：“打是对的，打完了呢？”贺龙说：“要走，也要打这仗再走。我看，不胜，就走；小胜，再看看；大胜嘛，杀他个回马枪，老子不走喽！”

贺龙命令部队悄悄隐蔽在河西面围子后边的大山上和围子附近的三个小山包附近，小山包居高临下，机关枪可以封锁陈家河唯一的渡口。贺龙命令：“全军的轻重机枪都摆在这里！”陈家河镇外的这个土围子不算小，围子里有敌人一个营。红军没有大炮，要消灭它也很不容易。

次日拂晓。贺龙他们在镇外山坡树林里隐蔽地观察着敌情。贺龙对身边的连长说：“拿不下那个土围子，就拿不下陈家河，你们连的任务就是打围子。”连长表示坚决完成任务。贺龙问他怎么个打法。连长说：“一个冲锋就进去了。敌人刚到，围子里没冒烟，当然是没烧早饭，看来，那帮家伙还睡大觉做好梦呢。”贺龙说：“你们连去攻，不能硬冲，要把敌人牵出来，在围子外边消灭它。”

连长带着一个连在土围子外边打了几枪，一齐吼叫着向敌人大骂起来。稀稀落落的枪声，震天的叫骂声，惊动了围子里的敌人。敌营长站在围子上一看，下边站着一些衣服破旧、人数不多的红军，立刻火冒三丈，带着部队冲了出来。

连长见敌人出了围子，带着部队撒腿就跑。敌人起劲追赶，来到小山包附近，突然三个山头上的几十挺机枪响了起来。一刹那间敌人倒下了一大片，剩下的拼命往回跑，但寨门已被红军火力封锁，敌人只好往陈家河街上逃跑。红军主力趁机向陈家河展开猛攻，歼灭了敌第一七二旅，击毙了敌旅长李延龄。接着贺龙就下令向桑植前进，去消灭陈耀汉的其他部队。

萧克、王震率领红六军团一个师为前卫。走到通往桃子溪的三岔路口时，萧克突然停了下来，蹲在河边看了一阵，对王震说：“河水浑浊，显然有大部队刚刚过河，看来是陈耀汉到了，附近再没有别的敌人大部队啊。”

王震点点头说：“派人报告贺、任。”

萧克说：“好，你派人报告，我带一个团先冲进桃子溪。敌人刚过河，就算到了桃子溪，恐怕连饭也没烧熟呢！”

萧克判断十分准确。陈耀汉带着师部和第一七四旅两个团前来增援，听到第一七二旅已被歼，急忙后撤。他刚刚到达桃子溪，萧克、王震就带着红军冲进来了；贺龙带着后续部队也赶了上来。第五十八师师部和两个团迅速被歼灭，陈耀汉纵队从此便在战场上消失了。

打了胜仗，贺龙和军分会其他领导人决定不过长江了，要打回去，再开辟一个新局面。其他敌军见陈耀汉纵队失利，陆续后撤，红二、六军团收复了桑植城和永顺、大庸的部分地区。

5 月，贺龙等认为红一方面军已经渡过了金沙江。红二、六军团为配合红一方面军行动，牵制大量敌军的任务已经完成，应该改变对湘军取攻势、对鄂军取守势的方针，侧重打击鄂军。

1935 年 6 月 9 日，红二、六军团突然以一部分兵力在鄂军防区纵深内包围了宣恩县城；以另一部分兵力，切断了宣恩、恩施之间的交通，歼灭了部分敌军，主力隐蔽在宣恩城南十公里处，准备打援。

徐源泉怕宣恩丢失，急令纵队司令兼第四十一师师长张振汉从来凤、李家河驰援。6 月 12 日，张振汉以第四十八师一个旅及两个团为右支队；第四十一师一个旅为中路支队；第四十一师师部及一个旅为左支队，经忠堡，开往宣恩。张振汉计划在当天下午将他指挥的部队集中于忠堡，然后，全力援救宣恩，使红军无隙可乘。谁知，他的计划在他们出动的前夜，就被红军搞清楚了。贺龙等决心消灭这支敌军在运动中。当即命令一个团佯攻宣恩，主力连夜急行军赶向忠堡。红军先头部队赶了 65 公里崎岖山路，到达忠堡附近时，敌右支队主力已进入忠堡，中路支队和左支队离忠堡也只有几里路了。

红军侦察员向贺龙报告说：张振汉的队伍正向忠堡前进。贺龙立即下令：敌人不到近前不准开枪；打的时候要猛要狠，绝不能叫敌人跑掉；没有打响时要隐蔽好。

敌人正以行军纵队朝前赶路，突然遭到红军猛攻，右支队后卫被歼灭，左支队先头部队被击溃，大部分被压在山凹凹里。此时，各路红军先后赶到，切断了敌军各支队的联系，也控制住了可能由忠堡出来救援的敌军。

贺龙、任弼时奔上山顶，拿着望远镜观察战斗情况。任弼时看到被歼部队战斗力很差，估计张振汉未必在那里。贺龙说："我也这样想。我们一定要把张振汉请进来。"这时，几个战士押着一群俘虏上来了。贺龙叫住他们，向一个军官打扮的俘虏了解情况。俘虏说，他们是第四十一师的，师长张振汉和师部还在后面。贺龙、任弼时立即派人把这一情况告诉参谋长李达和红四师、红六师师长，叮嘱说："要引张振汉进口袋，千万不能把他吓跑了。"

贺龙、任弼时布置完毕，下山走进一间茅屋。贺龙突然额头冒出汗珠，脸色十分难看。任弼时看出来了，立即叫来了卫生部长。经诊断，贺龙体温高达 39 度，是劳累过度又受凉所致。任弼时关切地说："你就到后边休息一下吧，前面的事我负责。"贺龙说："我万万不能下去。看不见战斗情况，说不定真会急出病来。"任弼时、卫生部长、参谋、警卫员们都笑了。

张振汉并不是个无能将领，历来用兵谨慎。他命令部队当天下午在忠堡集中，是认真筹划过的。他认为，他的部队仅距忠堡二十余公里，红军主力距忠堡百里以外，红军虽然善于行军，也不可能比自己的队伍先到。等到红军到了，自己的部队已经完成防御准备。然而，他还是估计错了。张振汉率领师部和一个旅尽管打得很顽强，结果还是全部覆灭，他自己也当了俘虏。

贺龙听说活捉了张振汉，笑着说："请，快请来嘛！"张振汉浑身泥土，衣冠不整，见到手里拿着烟杆的贺龙，脸色一变，低下了头。贺龙却笑着说："我们是老朋友喽，想不到冤家路窄在这里碰了头。我就是你们要活捉的'贺匪'。你看，今天到底谁捉住谁呀？"张振汉连声说："死罪，死罪！"贺龙笑了："死罪可免，活罪也可免。"张振汉不敢相信，抬头看了看贺龙。贺龙郑重地说："我们共产党、红军宽待俘虏。对你这样的将军呢？我看，放下武器，也可以变敌为友。"并让副官告诉卫生部，好好给张振汉治伤。张振汉一怔。贺龙笑着说："我们红军没得上司发饷，穷得很，没得什么好药。我让卫生部用最好的药给你治伤。你是学过炮兵的吧？”张振汉连忙称是。贺龙说：“我看，你留下来给我们当教员吧！人才难得，你是个人才嘛。”张振汉讷讷地说：“败军之将，有何德能，振汉惭愧……”贺龙说：“当年，我听陈赓说，蒋介石把黄埔一期学生叫来，大骂一顿。他说人才都当了共产党，就剩下你们这群蠢材。这开头一句话，蒋介石没有讲错，错在下面一句，剩下来的未必都不是人才嘛！他反人民、反革命，人才再多也不行。你莫以为打了败仗，当了俘虏，就没才气喽。我的建议，你看如何？”张振汉说：“总指挥，我愿意尽力！”贺龙说：“我们欢迎。不过，话要讲清，红军官兵平等，我贺龙也没得薪饷，你这位将军恐怕要吃些苦。当然，伙食要给你弄得好点。”张振汉感动地说：“不敢当，不敢当。”

这位国民党军的纵队司令兼师长从此参加了红军，并长征到了陕北，为红军建设做出了贡献。中华人民共和国成立后，张振汉担任了全国政协委员。谈起贺龙，他敬佩不已。

忠堡战斗后，红二、六军团围攻龙山，35 天未能攻克，三次打援，也都未能歼灭敌军主力，乃于 7 月 27 日主动撤围。

当红二、六军团围攻龙山的时候，蒋介石将第八十五师从江西调来拨归徐源泉指挥，并调原驻江西的第二十六路军一个师到湖北接替第三十四师防务。他命令徐源泉集中兵力与湘军协同夹攻红二、六军团。7 月 30 日和 8 月 1 日，徐源泉两度命令第三十四师两个团和第四十八师一个旅推进到沙道沟地区，第五十八师前进到李家河一带。暂四旅进占水田坝，第一二三旅占李家河，掩护第八十五、第三十四师和第四十八师部队行动。

红二、六军团及时获悉了敌人调动和配置情况。贺龙兴冲冲地对军团其他领导人说：“有大鱼要上钩喽！谢彬的第八十五师刚刚开来，情况不熟。他到李家河要走的道路全都是谷底狭窄小路，两旁山高林密，侦察搜索和队伍展开全都困难。其他国民党军几个师的部队又都分散守在几个城镇里头，空隙大，距离远，不便相互支援，对我们隐蔽穿插非常有利。我们再虚晃一枪，把部队伸到敌人第三十四师或是第四十八师眼皮子底下，吓唬他们一下，让他们不敢乱动。然后我们再迅速去截住第八十五师，敲掉谢彬。”

贺龙的主张很大胆。万余红军要在多路敌军中间行动，既要迷惑敌军两个师，又要迅速转到另一个方向去消灭另一个师，困难很大。但战机难得，贺龙決心打好这一仗。

8 月 2 日，红二、六军团突然由龙山境内进到沙道沟附近。徐源泉判断红军要打击向沙道沟前进的第三十四师或第四十八师第一四二旅，急令这两支部队停止前进，就地防守，严加戒备。第八十五师因距红军很远，仍按计划继续前进。3 日，红二、六军团主力在贺龙率领下，突然改变行动方向，向西南疾进。11 时，赶到第八十五师必经之路的板栗园东南的利夫田谷地埋伏起来。第八十五师（欠一个团）走到利夫田西北七八里路的板栗园时还没有察觉红军的行踪。在板栗园，他们看见赶集的乡民很多，由板栗园到李家河沿途行人不断，没有异常迹象。谢彬大为放心，下令继续向李家河前进。

贺龙在山上向各师、团领导人交代任务。他用马鞭指着山下的谷口对红十八团团长贺炳炎说：“今天要你做个瓶塞子，塞住这个瓶子口。”“敌人是第八十五师谢彬的部队。他们的装备比我们好，大家不要轻敌。敌人中午就会到。”

12 时左右敌人进入了伏击圈，战斗猛烈展开。在红军攻击下，敌军前卫团被压制在谷底，迅速被歼。第八十五师特务营和另外一个团的两个营匆忙迎击。贺龙命令红六师趁敌慌乱猛烈冲击，很快也将这三个营歼灭了。红十七师赶来与红四、六两师一起歼灭了敌另一个营，击毙了师长谢彬。此次战斗全歼第八十五师师部、两个整团、一个特务营，俘敌 1000 余人，缴枪 1000 余支和大批弹药。战后，红二、六军团返回根据地。8 月 8 日，又击溃了陶广纵队的 10 个团。

两个月中，红二、六军团在军分会和贺龙指挥下，歼灭了两个师的大部，击溃了敌十多个团，粉碎了敌军夹击红二、六军团的计划。蒋介石命令湘、鄂军队转入防御，等待增调新的“围剿”部队到达后，重新开始进攻。

这次反“围剿”胜利了，但是，根据地尚未完全恢复。因为根据地人口少，物产不丰富，加上敌军的掠抢破坏，百业凋零，人民群众生活艰难。红军迫切需要的粮食、冬装和兵员都无法解决。而且，要在根据地内对付敌人更大规模的“围剿”，回旋余地也嫌狭窄。因此，在军委分会研究情况时，贺龙就提出应抓住敌人新的“围剿”还没有组织起来的时机，转入进攻，以主力进入敌人兵力薄弱、物资又比较丰富的津市、澧州地区。贺龙的建议得到了赞同。于是，两军团主力向津澧出击。这个攻势，势如破竹，8 月 20 日至 27 日连克石门、澧州、津市等城，消灭敌军一部，控制了大片地区。红二、六军团在那里广泛发动群众，没收和分配地主恶霸的财物，宣传抗日反蒋主张，扩大红军，赶做冬装。在短短半个月中，补充了三千多名新战士，筹集了大批物资、弹药和经费。

贺龙抓工作十分细致。一次，贺龙、任弼时、关向应等在院子里大树下开会。贺龙正在讲话，忽然停了下来，聚精会神地听着墙外传来的马踏石板的“嘚嘚”声。一会儿，贺龙的脸色沉了下来，叫人把供给部运输队队长叫来。这位老队长工作埋头苦干，深受大家尊敬。他一进来，贺龙劈头就说：“我说你的革命责任心哪里去了？我们就那么几匹骡子，全靠它们搞运输，你不关心它们，你这个运输队长是怎么当的？”老队长突然受到贺龙的批评，摸不着头脑，只好说：“你批评什么？我不清楚……”

贺龙看着老队长那风尘仆仆、十分疲惫、十分茫然的样子，马上叫人搬过椅子，让他坐下，和气地说：“我说你们的驮骡。你出去看看，你的骡子队里是不是有匹没挂掌的？这样的石头路，骡子不挂掌，走不了多远就会跛腿，过不了几天，这匹骡子就得报废。同志啊，不要忘记，我们的一匹骡子要驮一个连的辎重。现在全军最贵重的东西都在你们运输队，不爱护骡子等于不爱护部队。骡子是你们运输队的武器。武器平时要保管好，战时才能发挥作用。你们运输队今后要做好三件事：一是喂好牲口；二是钉好掌；三是调整好鞍具。”

老队长听了贺龙这一席话，忙去查看，果然发现有一匹骡子的后掌掉了。他感慨地说："总指挥简直神了！我这赶骡子的还不知道什么时候掉了掌，他隔着高墙，一下子给听出来了。一大群骡子蹄子落地，一只没有掌，他都能辨别出来，真神了！看来，什么事也难逃脱他的眼睛和耳朵。"

1935 年 9 月 29 日，红二、六军团在石门的磨岗隘召开积极分子会议，总结进入湘西北策应红一方面军以来的斗争。这一年，贺龙、任弼时领导红二、六军团进行大小战斗 30 次，直接接触的敌军达 86 个团，其中 76 个团被击败；先后占领过 7 座县城，恢复和开辟了广大地区，成为这个时期江南最大的革命根据地；在战斗中共俘虏敌军 8000 余人，其中有纵队司令兼师长 1 名、师参谋长 2 名及师以下军官 200 余名；毙伤敌军 1 万以上，其中，击毙师长 1 名、师参谋长 1 名、旅长 2 名及师以下军官百余名；缴获枪炮 1 万余件、子弹 120 万发和大量物资。两军团扩大了 1 倍以上，组建了红十八师和红十一、十七团以及许多独立团、营和游击队。由于两军团积极战斗，钳制了敌军 6 个纵队 10 多个师的兵力，使其不能阻截围堵红一方面军，还把正在进攻红一方面军的一部分敌军吸引到自己身边来。在配合兄弟红军的斗争上，两军团尽了最大努力，做出了很大贡献。

第九章　长　征

第一节　神来之笔

1935年6月，红一方面军与红四方面军会师后，由于张国焘反对红军北上，因而党内斗争日趋尖锐。9月12日，中共中央政治局在甘肃迭部县俄界举行扩大会议，通过了《关于张国焘同志的错误的决定》，并决定将红一方面军的一、三军团和中共中央、中革军委直属部队编为中国工农红军陕甘支队先行北上。张国焘却公然违反决定精神，胁迫红军总部及其他红军南下。中共中央为教育和争取张国焘，未向全党传达俄界会议精神。贺龙、任弼时和红二、六军团对张国焘的分裂活动全不了解。因为中共中央与红二、六军团联络的电报密码留在红军总部，中央与贺龙等便失掉了电讯联系。

9月，蒋介石调集140多个团的兵力，对湘鄂川黔根据地发动新的"围剿"，军事、政治、经济三管齐下，妄想把长江以南唯一的一支主力红军消灭掉。

贺龙等认为敌情空前严重，决定"依据原有苏区及东部游击区，抓住有利时机击破东面急进之敌，破坏其向西逼近企图将我军包围于龙山、桑植、永顺狭小地区之计划，再寻求机动，在运动中击灭其他方向之敌"。按照这个方针，红二、六军团于9月上旬撤离津市、澧州，在石门西北集结待机。

但是，因为敌人采取集中兵力、缓慢推进、构筑碉堡、步步为营、逐渐缩紧包围圈的战法，红二、六军团难于找到有利的歼敌机会，根据地也日益缩小，形势日渐不利，必须采取新的对策。9月29日，突然收到周恩来发来的询问红二、六军团情况的明码电报。贺龙、任弼时立即给周恩来发出了密码电报："你们在何处？久失联络，请来电说明此间省委委员姓名，以证明我们的关系。"第二天，却收到了中革军委主席、红军总司令朱德和总政委张国焘共同签署的回电："29日来电收到，你们省委弼时同志书记，贺龙、夏曦、关向应、萧克、王震等委员。一、四两方面军6月中在懋功会合行动，中央任国焘为总政委，……我们今后应互相密切联络。"红二、六军团领导人不知道中共中央已率红一、三军团北上，以为与中央的电信联络已经恢复，所以后来很长一段时间给上级的电报，包括部队行动的请示报告，都是发给朱德、张国焘的。

鉴于局势严峻，湘鄂川黔边省委和军委分会经反复讨论，决定将主力移出根据地，到黔东的石阡、镇远、黄平一带，在广大无堡垒地区进行运动战，争取在那里创建新根据地，并报请朱、张批准。朱、张指示由红二、六军团"按实际情况决定。"为了加强主力，保证部队顺利转移，军委分会组建了红五师和红十六师，并将部分机关人员补入主力部队，将红十八师留在根据地掩护主力转移，并指示该师当斗争条件不利或主力离开黔边时，可及时转移与主力会合。

11 月上旬，红二、六军团集中在桑植地区进行战略转移的准备。精简行装，每人只带三天粮食，两三双草鞋，以便轻装前进。

出发的前一天，贺龙在桑植县刘家坪红二军团全体大会上讲话说："现在，我们二军团已经有 3 个师 8 个团，六军团也建立了红十六师。我们两个军团已有 1.7 万人。比起刚刚会师的时候，扩大了 1 倍还多。蒋介石搞来 140 多个团围攻我们。我们在根据地坚持了一年的斗争，人民支援红军尽了最大的努力。可是，这里山多、田少，加上敌人烧杀掠抢，养不了我们这近两万人的红军喽！所以，我们要从内线转到外线，打到敌人后方去。"

要跳出近 140 个团的包围，转到黔东去，不是一件容易的事。贺龙认为，如果直奔贵州，后边跟着咬得很紧的十几万敌军，红军将处于十分被动的地位。因此，贺龙建议先到湘中，威胁长沙，调动敌人大批兵力追往湘中，打乱敌人的"围剿"计划，然后，再抛开敌人，转入贵州，取得主动权。

军委分会领导成员一致同意贺龙的提议。突围开始后，第二天便突破了敌军的澧水封锁线，第四天又突破敌军的沅水封锁线，消灭了一批敌人。

贺龙等立刻命令两个军团展开攻势。从 11 月 23 日到 28 日，先后占领了辰溪、浦市、溆浦、新化、蓝田（今涟源）和锡矿山，控制了湖南中西部广大地区，并迅速展开了发动群众抗日救国、打击土豪劣绅、组织抗日游击队和筹集物资经费的活动，取得了很大成绩，还扩充了三千多名新战士。

红军在湘中捷报频传的时候，贺龙的女儿出生了。有人说，等贺龙来给她取个名字。红六军团政委王震说：红军打了胜仗，就叫捷生吧！贺捷生在战火中出生，在襁褓中参加了长征。

红军突入湘中，出敌意外，他们急忙调动七个师追了过来，还有几个师也随后赶来，企图将红军消灭在湖南中西部地区。

在军委分会会议上，贺龙说："敌人追来了。我们再拖他们一阵。我们兵分两路向东南兜个大圈子，索性把这帮敌人全部吸引过来，让他们跟在我们屁股后头追，弄得他们人困马乏，我们再掉头去贵州。"

大家同意贺龙这个拖着敌人兜圈子的办法。

从 1935 年 12 月 11 日开始，红二、六军团连续九天向东南急进，大量敌人穷追不舍，拥向湘东南。突然，贺龙率红军转向了西北。时已隆冬，大雪纷飞，红军在崇山峻岭中忍受着寒冷和饥饿，兼程疾进，1936 年 1 月 1 日进到芷江冷水铺一带，把各路敌军远远甩到了后面。红二、六军团在这里安安稳稳地度过了元旦，1 月 9 日，到达了石阡地区。

红二、六军团长征开始时的这次行动在指挥上被人们称为神来之笔。

石阡地区地瘠民贫，严重缺粮，无法长期供应两个军团的给养，地形也不利于打运动战。敌人 15 个师又陆续追来。军委分会和贺龙遂决定转到贵州西部的黔西、大定、毕节地区开辟根据地。

一路上，贺龙率领红军时而向南，时而北进，时而做出袭取贵州省会贵阳的姿态，时而又做出抢渡乌江的模样，甩开敌人大部队，寻机歼其小股。敌人认为贺龙企图走红一方面军的老路，乃调重兵严守乌江，增兵遵义。然而，2 月 2 日，贺龙却率部向西巧渡鸭池河，到了黔西县，各路敌军又被甩在了一边。

红军占领黔西、大定、毕节三个县城及其周围地区以后，便展开建立根据地的工作，建立了以贺龙为主席的中华苏维埃共和国川滇黔省革命委员会、各县苏维埃和 95 个乡、镇、村的红色政权，成立了“贵州抗日救国军”和 90 多个有数十人至数百人的游击队和 1 个苗民独立团。同时，进行了打击土豪劣绅的斗争，焚毁债契，分粮分财，分发给贫苦群众视如黄金的盐巴，让这一带许多劳苦人民第一次吃上饱饭、穿上新衣。红军也进行了休整，加强了训练，并吸收了五千多名新战士。从 1935 年 11 月长征开始到 1936 年 2 月，四个月以来，红军几乎天天行军作战，不停地与敌军周旋，到了黔、大、毕，才得到了一次较长时间的休整。

中華蘇維埃人民共和國川滇黔省革命委員會佈告 第四號

公曆一九三六年二月二十一日

主席 賀龍
代主席 陳希雲
副主席 朱長清

以贺龙为主席的中华苏维埃人民共和国川滇黔省革命委员会发布的布告

贺龙仍然十分忙碌，在建设黔、大、毕革命政权的许多工作上，运用了他的丰富的经验，尤其是在争取和团结有影响的上层民主人士方面发挥了特殊的作用。

毕节城里住着一位 57 岁的著名爱国民主人士周素园。他是辛亥革命时期贵州反清举义的领导人，曾担任过贵州军政府行政总理和云贵川总司令部秘书长，在西南军政界有相当高的威望。红军即将解放毕节时，国民党毕节专员劝他一起逃走。周素园断然拒绝说：“我不走，要走，你就撤走算了。不要跟红军为难，何况，你们也打不赢红军。贺龙当年就是闻名的虎将，你莫去拿鸡蛋往石头上碰！”

红六军团占领毕节后，

红军到了周素园的家，看到这位当过大官的人家，居然没有多少财富，却有很多书籍，其中许多是被国民党政府严令禁止的马克思主义书籍，有些已被批注得密密麻麻、圈圈点点。王震听了汇报后，连忙前去拜访。一见面，王震笑着说："周老先生，你当过大官呐，红军来了，你为什么不跑？"周素园说："我当过大官，没做过伤天害理的事，又没发过不义之财，没得家产，两袖空空，何必跑？"王震又问："你有不少马列主义书啊？"周素园笑了："孙中山的革命失败了，如今的中国乱成了这个样子，我总该寻找救中国的真理嘛！我研究马克思列宁的学说足足十年了。马克思讲得对，我相信马克思主义。可惜人老了，只能纸上谈兵喽！"

王震大为感动，向贺龙做了汇报。不久，贺龙以主席名义请周素园担任了贵州抗日救国军司令员。他工作很有成效，因而，比较顺利地团结了一批上层开明人士。

当红军准备撤离毕节的时候，贺龙指示说："周素园年纪大了，身体不好，经受不住和我们一道长征。他老先生为人刚正，影响不小，我看可以转到香港去为我们党做统一战线工作，发挥他的长处。"贺龙还指示把一批黄金和银元送给周素园做路费、生活费及活动经费。

周素园知道后十分激动地说："我在黑暗社会里摸索了几十年，想为中国做些贡献却到处碰壁。现在参加了红军，才找到了光明。请告诉贺龙同志和几位首长，我周素园就是死也要死在红军里！"

贺龙听了十分感动地说："好啊，有骨气，我佩服，我就赞成这样的人，就是拿 18 个人不去打仗专门照顾他，我也要抬着他长征。我们就同患难，生死与共喽！"贺龙和周素园建立了深厚的革命友谊。周素园经过长征到达陕北后，毛泽东曾经多次和他畅谈，说他是一个十分亲切而又可敬的朋友和同志。

大定县的一位开明士绅彭新民，被选为"拥护红军委员会"主任，工作努力很有成效。但因为他是个士绅，也就有些不恰当的议论。贺龙率军经过大定县城的时候，亲自到彭新民家里去拜访，称赞他的革命行动，让他不要听那些流言蜚语，"我们是信任你的"。彭新民深受感动。红军撤离后，彭新民在当地坚持斗争英勇牺牲了。他以生命回答了贺龙的信任。

贺龙和红军在黔、大、毕地区搞得红红火火，急坏了蒋介石。他从南京飞到贵阳，亲自布置对红二、六军团的"围剿"。他命令贵阳行营主任顾祝同指挥 5 个纵队进攻，令两个纵队在东西两面防堵，由川军杨森、李家钰部沿长江设防。他下定决心，妄想用 120 个团的兵力，把贺龙和红二、六军团一举消灭。蒋介石亲来督阵，各路敌军不敢怠慢，尽管他们几个月来已被红军拖得人困马乏，战斗力锐减，仍然疯狂地开始了进攻。红军在金沙、三重堰以北地区两次寻机歼敌，未能如愿，敌人重兵渐渐围拢过来。

贺龙和其他领导人都认为红军应该转往黔西南，摆脱敌人的围攻。行前在毕节城，由贺龙主持召开了万人大会。贺龙做了感人的讲话。晚间，军民一起举行了盛大的游行。成千上万的群众拥上街头，提着灯笼，举着火把，气氛十分热烈。这哪里是在准备撤退，倒像在庆祝红军的胜利。

2月27日，贺龙率红二、六军团撤离毕节，进入乌蒙山区。

贵州山区的2月，天寒地冻，许多地区渺无人烟，几乎买不到粮食。一万多人的红军在一座座大山中转来转去，艰难困苦是很难形容的。因为敌军遮断了通往黔西南的道路，红二、六军团为了摆脱敌军的反复合围，在乌蒙山中辗转回旋，转了差不多一个月。敌人的包围圈越来越紧，可以回旋的地区越来越小。红二、六军团陷入了离开湘鄂川黔根据地以来最艰险的境地。贺龙的脚板上裂了一寸多长的口子，流着血，疼痛异常，他拄着一根拐棍一步一跛地在崇山峻岭中走着。他的马驮着伤病员，自己又不肯躺在担架上让别人抬着走，迈一步，身躯就颤抖一次。休息的时候，贺龙坐在山坡石头上，往开裂的脚板上抹些油，用火烧伤口，直烧得皮肉发焦把血止住。贺龙痛得咬住嘴唇，脸色发白，满头大汗。后来，油脂没有了，就直接用火来烧脚板。

这时，任弼时患了肺病。贺龙十分着急，把卫生部长、医生、护士、副官都找来，十分严肃地说："你们要照顾好任政委啊！你们晓得，要不是任政委带着六军团、带着电台，冲破敌人封锁和我们会合，想想嘛，我们就是离了群的孤雁啊。大家一定要照顾好他。"

任弼时身体虚弱，骑马困难。贺龙动员他躺在担架上。任弼时怕影响了战士们的体力，坚决不干。贺龙又动员萧克、关向应、王震和红二军团政治部主任甘泗淇前来劝说，任弼时才同意坐上担架。一次，任弼时躺在担架上，贺龙拄着木棍，迈着艰难的步子跟在后面，给任弼时讲笑话，而他的双脚正在流血。

贺龙召开军委分会会议研究部队行动。他说："我们的情况不妙，敌人一百多个团的情况更不妙。他们从湖南、湖北、四川让我们拖起跑，比我们更受罪。敌人各个纵队只受顾祝同指挥，行动不大一致。包围圈虽然缩小，漏洞还是有的。再有，敌人对我们永远估计不足。这一个月转来转去，敌人会以为我们垮得差不多了，也增加他们的骄气。现在是时候了，我认为应该以迅雷不及掩耳的速度隐蔽地从敌人的接合部钻出去，兼程进入云南，捅捅龙云这个马蜂窝。"

大家赞成贺龙的主张。贺龙召集两个军团各师和部分团的干部，下达了秘密突围的命令。要求部队行动一定要十分隐蔽，不准点火，不准喧叫，马蹄裹布，不准发出声音；凌晨从敌夹缝中通过，即使被小股敌人发现也不准打枪，不准捡歼灭小股敌人的便宜，要极迅速地摆脱敌人。

根据贺龙的命令，红二、六军团从密集的敌人中间迅速穿了出去，在昭通、威宁之间越过滇军孙渡纵队的防线直趋滇东。

红二、六军团这次历时一个月的回旋作战，是在云贵高原的乌蒙山中进行的。这个地区人烟稀少，气候恶劣，山高谷深，缺粮缺水，瘴疫很多，红军又处在多路敌军不停顿地围追堵截之下，确实经受了极端严重的考验。

后来有人评论说，这是贺龙在长征中指挥艺术的又一次神来之笔。三个方面军会师之后，毛泽东在保安与红二、四方面军部分领导人会晤时，曾十分高兴地说："二、六军团在乌蒙山打转转，不要说敌人，连我们也被你们转昏了头。硬是转出来了嘛！出贵州、过乌江，我们一方面军付出了大代价，二、六军团讨了巧，就没有吃亏。你们一万人，走过来还是一万人，没有蚀本，是个了不起的奇迹，是一个大经验，要总结，要大家学。”①

第二节　会合红四方面军

1936年3月22日，红二、六军团抵达宣威附近。贺龙等考虑，依当前形势以在滇黔边的南北盘江地区建立根据地为宜。在歼灭滇军一部后，于28日进到盘县、亦资孔地区。敌军四个纵队进到北盘江左岸，沿江布防，滇军一个纵队扼守云南边境与红六军团对峙。

这时，红二、六军团直接面对的敌军减至五个纵队共五十多个团，而且绝大多数已被红军拖得疲惫不堪，士气沮丧。行动比较积极的是滇军的那个纵队，其目的也仅在于阻止红军入滇，不敢单独冒进。红二、六军团却保持着相当于从桑植出发时的兵力。到达滇黔边境以后，生活得到了改善，体力有所恢复，士气旺盛。所在地区的政治、经济、自然条件也利于红军活动。贺龙、任弼时等认为，在盘县一带建立根据地是可能的，即使不成，也可以利用全国正在兴起的抗日救亡高潮和蒋介石集团与广东、广西地方实力派之间的矛盾，挥师东向，求得存在和发展。在长江以南有这样一支红军主力，在战略上与长江以北的红一、四方面军相呼应，对全国革命形势的发展将会产生巨大的影响。

贺龙等正在筹划下一步行动，接到了朱德、张国焘发来的电报，指示红二、六军团可于3月渡金沙江与总部会师，也可在滇黔边活动。这份电报对红二、六军团的行动，指示并不肯定，而对如何渡过金沙江却说得比较详细。事关红二、六军团今后的战略行动和土地革命战争的全局，贺龙、任弼时、关向应想进一步弄清朱、张的意图，便于3月29日致电红军总部：“一、我军自离开毕节后，在彝良、镇雄地区直至进入滇境之先的一个不长时期内，因粮食困难，气候太冷、居民房屋很少，急行军和多半时间露营，故相当疲劳，减员颇大（以则河、则章坝及宣威城北战斗总共伤亡千人左右，落伍、开小差的总共在2000人左右），唯近日又在恢复中。二、在目前敌我力量条件下，于滇黔川广大地区内求得运动战中战胜敌人、创立根据地的可能，我们认为还是有的。三、我们渡河技术是很幼稚，但如在第三渡河点（按指元谋地区）或最后路线通过，在春水未涨之前，或不至感到大的困难。四、最近国际和国内事变新发展情况，我们不甚明了，在整个战略上我军是否应即北进及一、四方面军将来大举北进后，我军在长江南岸活动是否孤立和困难，均难明确估计。因此，我军究应此时北进与主力会合抑或应留在滇黔川边活动之问题，请军委决定。并望在一、二天内电告……”

3月30日，朱德、张国焘发来回电，倾向红二、六军团北渡金沙江与之会师。

①《中国工农红军第二方面军战史》，解放军出版社1992年版，第508页。

北上方针既定，贺龙等率红二、六军团于 3 月 31 日西行，冲破滇军防线，向普渡河急进。这时，蒋介石组织了滇黔“剿匪”军总司令部，以云南省主席龙云为总司令，令滇军及国民党嫡系四个纵队迅速追堵，并派顾祝同到昆明代表蒋介石督战。

4 月 6 日，红军攻占寻甸。龙云判断红二、六军团可能沿红一方面军走过的路线从元谋渡江，急令他的近卫第一、第二团，工兵大队和警卫营从昆明赶到普渡河铁索桥两侧防堵，又令滇军孙渡纵队加速追击，将红军阻止在普渡河东岸。龙云全力防堵贺龙部入滇自有他的打算。他对蒋介石深具戒心。他清清楚楚看到去年红一方面军进入贵州之后，蒋介石派大批嫡系部队尾追入黔，没能消灭红军，却趁机搞垮了贵州军阀、省主席王家烈，抢占了他的地盘。如果贺龙进了云南，蒋介石也会照方抓药，搞垮自己的。因此，龙云要防红军，更要防中央军。滇军倾巢而出，加上蒋介石的四个纵队，使红军渡普渡河时遇到了很大困难。

1936 年 4 月 9 日，贺龙在和其他领导人研究下一步行动时提出，抢在蒋介石四个纵队追到之前，佯攻昆明，甩掉滇军主力。贺龙说：“龙云把老本都掏出来押在普渡河，他那个云南省会变成了空城。他唱空城计，我们又不是司马懿，没那么胆小，我们就打昆明。龙云，还有那个顾祝同准会吓得魂灵出窍，调兵去保昆明。然后，我们一掉头，甩掉敌人，到石鼓、丽江过金沙江。江是死的，人是活的，何必一定要过普渡河到元谋过江呢？”

贺龙这个大胆而巧妙的计划得到了一致同意。4 月 10 日凌晨，红军掉头南下，直扑昆明。当天，先头部队突然进抵昆明以北地区，并派小部队进至离昆明城仅 15 公里处。第二天，两军团全部进至距昆明 20 公里的富民城，摆出了一副要打昆明的架势。

昆明震动了！顾祝同接二连三地打电报向蒋介石求援，龙云把军官学校的学生都拉出来参加守城，又十万火急地电令守在普渡河渡口一带的滇军赶快回来救昆明。

敌人急如星火地朝昆明赶来。贺龙率领红军突然转向滇西，把所有敌军甩得远远的，从而获得了更大的主动权。

后来人们把佯攻昆明称作贺龙在长征中指挥上的第三个神来之笔。

贺龙等率领红二、六军团分两路西进，每天行军百里，几乎一天攻占一座县城，势如破竹，横扫滇西。楚雄、镇南、祥云、宾川、盐兴、牟定、姚安、盐丰、鹤庆等县城都由民团防守，红军一攻即破，伤亡很小，缴获颇多，既得到了充足的给养，又不断扩大红军。参加过这一时期斗争的老战士回忆说：当时红军受到群众的拥护、支援，生活得到极大的改善，连有名的云南火腿，在那些天里都吃腻了！4 月 17 日，贺龙、任弼时、关向应电告朱德、张国焘：“我们决采鹤庆、丽江中间路线前进，现我们已抵镇南、姚安之线，估计快则十天迟则两星期可赶到金沙江边。”

这时候，敌人才发觉上了贺龙的大当，但是，再拼命也赶不上了。

4 月 25 日夜，贺龙等率红军开始在石鼓等处渡过金沙江，到 28 日黄昏，全军 1.7 万人顺利渡江完毕，踏上了与红四方面军会合的征途。追赶红军最快的滇军一个旅，匆忙赶到金沙江畔时，红军早已没有踪影。敌人唯一的收获是亲眼看见了红军留下的大幅标语，上边写着："来时接到宣威城，走时送到石鼓镇，费心，费心，请回，请回！"

至此，蒋介石消灭红二、六军团的种种计划破产了。红二、六军团在贺龙、任弼时、关向应、萧克、王震等指挥下，历经湘、黔、滇诸省，进入藏区，一路上有力地打击了敌军，保持了自己的实力。朱德、张国焘得知红二、六军团已胜利渡江，4 月 27 日发来贺电："金江既渡，会师有期，捷电传来，全军欢跃，望以此转达我万里长征所向无敌的红二、六军团全体战士。"

红二、六军团越过海拔 5300 多米的哈巴雪山，5 月 1 日至 3 日齐集中甸城及其近郊。中甸位于滇西北，地处康藏高原。这里人烟稀少，贫穷落后。居民主要是藏族，信奉喇嘛教，实行政教合一的农奴制。红二、六军团对藏区一切都是陌生的。这里的地理环境、社会制度、宗教信仰、语言文字、生活习惯、民情风俗，与他们到过的地方都大不相同。蒋介石与地方军阀勾结当地贵族，欺骗群众，利用统治阶级掌握的武装阻挠红军。因此，通过藏区就成为红二、六军团从未经历过的特殊战斗，给贺龙也带来了新的课题。

中甸城只有几百户藏民，红军一到，大都躲进山林。城外有一座喇嘛寺名叫归化寺，是当地真正的统治中心。寺里的松本活佛对红军的到来惊恐不安，令僧众关闭寺门严加防范。

贺龙、任弼时要求红军严格执行中国共产党的民族政策，尊重藏族生活习惯和宗教信仰，保护寺庙，以贺龙的名义颁发了《中华苏维埃人民共和国中央革命军事委员会湘鄂川黔滇康分会布告》，说明红军是为"扶助番民，解除番民的痛苦，兴番灭蒋，为番民谋利益"而来的，并且阐明了红军的性质、纪律、政策。同时，深入宣传政策，与藏民广交朋友，为藏民做好事，积极争取上层人士的同情和支持。

红军一万多人来到这几百户人家的藏族聚居的小县城，不杀、不抢、不抓夫、不拉妇女，还和和气气做好事，尽管群众心中存有畏惧，却也不能不被红军的行动所感动。归化寺里一位管事的喇嘛夏那古瓦自愿当代表拜见红军，和红军"首领"谈判。5 月 1 日，夏那古瓦和几位头人会见了贺龙，向贺龙献了哈达。贺龙十分热情地接待了他们，向他们讲解了共产党和红军的宗旨，共产党的民族、宗教政策，对他们提出的疑问一一做了回答。贺龙写了一封信给归化寺的活佛和掌教八大老僧，请夏那古瓦转交。信中写道：一、贵代表前来，不胜欣幸；二、红军尊重人民宗教信仰自由，对贵喇嘛寺所有僧侣的生命财产绝不加以侵犯，并负责保护；三、你们须即回寺，照安生业，并要所有民众，一概回家，切不要轻听谣言，自造恐慌；四、本军粮秣，请帮助操办，决照价付金钱；五、请即派代表前来接洽。

贺龙的接待和红军的行动消除了喇嘛们的疑惧。活佛和八大老僧请贺龙去归化寺做客。5 月 2 日，贺龙亲率 40 余名着装整齐的红军代表来到归化寺拜访活佛，受到全寺僧众的热烈欢迎。活佛和八大老僧及几十名喇嘛身穿盛装以隆重的仪式迎接贺龙一行进入大寺“直仓”（佛厅），破例为贺龙举行了跳神仪式。这种宗教盛典本来只有每年冬月庆祝丰收、祈祷吉祥如意时方举行的。贺龙向活佛赠送了“兴盛番族”的锦幛。僧侣们深受感动，活佛和八大老僧表示拥护红军，愿为红军效力。5 月 3 日和 4 日，归化寺令商人、富户打开仓库，向红军出售青稞麦 3 万余斤。两天中，红军筹集了 10 万斤粮食。几百户人家确实尽了最大的努力，但是，按照红二、六军团通过藏区前往甘孜的需要，还远远不够。红军只得及早起程了。

在藏区行军中，贺龙多次指示部队要团结藏族同胞，并要求红军中有关人员学习藏语，以便和藏族人民交往。在中甸，红军请到一位会讲藏语的汉人做翻译。此人四川籍，40 多岁。贺龙亲自会见了他，行军时还常常和他一起走，向他讲革命道理。在红军缺粮，指战员大都吃野菜、草根的时候，贺龙下令要保证这位翻译有粮食吃。翻译甚为感动，他说：“这样的军队真是天下少有啊！”他工作认真，主动向所到之处的藏民做宣传解释工作。他跟随红军一直走到陕北。“西安事变”后，贺龙对这位翻译说：“你现在可以回家喽！”他却不肯回去，要求参加红军。贺龙亲切地说：“长征路上，你吃了很多苦，给我们帮了很多忙，红军和我都感谢你，永远忘不了你。当初在中甸时，我们向乡亲们和你家里人讲得很清楚，把红军送出草地就让你回家。现在你都走到陕北来了。万一你家里的亲人担心你生死不明，我们共产党、红军就失信于民喽！当初的协定是要遵守的啊！”这位翻译只好答应。临别的时候，贺龙送给他一匹好马和足够的路费。他流着泪，依依不舍地告别了贺龙。

为了减少沿途筹集粮食的困难，5 月 5 日，红二、六军团分两个纵队由中甸出发。贺龙、任弼时率红二军团为左纵队，经德荣、巴塘、白玉向甘孜前进，要翻过大雪山，走一个多月。除了自然条件十分恶劣之外，粮食极端困难，而且，一些藏族头人受国民党反动派的影响很深，他们带着武装阻击和袭击红军，残杀掉队的红军人员，给红二军团增加了不少困难。由于贺龙和全体指战员认真执行了团结兄弟民族的政策，才使损失减低到了最小限度。

红二军团走到德荣县时，在一个荒僻的村子里找到了一位喇嘛和几位藏族小头人。贺龙和任弼时接见了他们。喇嘛见贺龙像个大人物，按藏族习俗跪倒行礼。贺龙急忙搀扶起喇嘛，请他们就座，让警卫员端来奶茶，才开口说：“有件事，我搞不明白。我们一路上很尊重寺庙和藏族兄弟，你们为什么还要跑上山呢？”一个藏族头人说：“汉官说过，红军都是瘟神，青面獠牙，杀人放火，破坏寺庙，砸菩萨，我们害怕啊。现在看见了，你们红军是好人。”贺龙说：“我们这次路过，是为了打日本强盗的。这些外国侵略者占了我们中国大片领土，杀我们的同胞，要把咱们全中国吞掉，要全中国老百姓当奴隶，就是你们讲的‘娃子’。我们来到这里所作所为如何，你们都听到了、看到了。请你们回去转告乡亲们，安心生活，照常拜佛念经、上山放牧，照常做生意嘛。”喇嘛和头人点头称是，紧张的神色也消失了。任弼时说：“红军有严格纪律。在你们这里免不了要吃你们的粮食，我们照价付钱；损坏了东西付钱赔偿。请你们对乡亲们讲清楚，希望你们多多帮助。”

喇嘛和头人被贺龙、任弼时的亲切、诚恳所感动，表示愿为红军出力办事。接着，贺龙详细询问了由此北去沿途的地理环境、气候情况、有几条路可以通往甘孜，走哪一条路近些、安全些等。他们都仔细做了回答，并且表示沿途寺庙都有他们的师兄弟，他们也会帮助红军。贺龙热情地握着喇嘛的手说：“一言为定。我们红军正式邀请你们各位为本军办事。”喇嘛和头人说：“我们一定办好。”

贺龙、任弼时送走了喇嘛和头人，立即把负责联络工作的同志找来，交代他们送些银元给喇嘛和头人，作为红军给的见面礼。还指出：到甘孜还有很长的路。如果能争取这位喇嘛和那几个小头人当向导和联络官，以其地位和与当地的关系，只要他肯尽力，我们就可以比较顺利通过藏区了。他指示联络人员要和喇嘛、头人生活在一起，打成一片，学好藏语，和他们真心诚意地交朋友。

联络人员回拜了喇嘛和头人，送上了贺龙给他们的礼物，转达了贺龙、任弼时的问候。喇嘛抱着礼物，感动地说：“谢谢红军的恩施。红军是我见过的最好的军队。红军缺什么，我们一定帮助。当向导嘛，我跟上红军走！”这位喇嘛自愿带红军一直到达甘孜，起了不小的作用。

第三节 三支主力红军会师前后

1936 年 7 月 1 日，红二、六军团和红四方面军在甘孜胜利会师。

为迎接贺龙、任弼时率领的红二、六军团，红四方面军大力进行了准备。徐向前总指挥在动员大会上说：“红军是一家人，我们和一方面军，二、六军团的关系，好比老四与老大、老二之间的兄弟关系。上次，我们和老大的关系没有搞好，要接受教训。‘兄弟阋于墙，外御其侮’。吵架归吵架，团结归团结，不能分家。现在老二就要上来，再搞不好关系是说不过去的。每个部队都有自己的长处、短处，方针是互相学习、取长补短、加强团结、一致对敌。”会后，红四方面军各部队展开了赶制慰问品的活动，如捻毛线、织毛衣、毛袜、缝制皮衣、准备粮食、牦牛肉等。在当地群众中也普遍进行了欢迎红二、六军团的宣传教育。尽管甘孜地区地广人稀、物产不丰，加上红四方面军六七万人已经在这里驻扎了一些时间，各种物资已是相当困难，但是，红四方面军全体指战员还是竭尽全力地做了充分的准备。

红二、六军团为了迎接会师，也对部队进行了团结友爱、遵守纪律的教育，要求全体人员在会师后主动搞好团结，凡不利于团结的事不说、不做、不传，并号召向英雄的红四方面军学习。

两支主力红军会合后，中共中央发来贺电：“我们以无限的热忱，庆祝你们的胜利会合，欢迎你们继续英勇的进军，北出陕甘与一方面军配合以至会合，在中国的西北建立中国革命的大本营。”

红四方面军广大指战员热烈欢迎红二、六军团的到来。沿途贴满了“欢迎横扫湘、鄂、川、黔、滇、康的二、六军团！”“欢迎善打运动战的二、六军团”等标语。红四方面军腾出了打扫干净的房子，准备了干柴，烧好了开水，并送给红二、六军团大批毛衣、毛袜和其他物资，充分体现了工农红军之间深厚的阶级情谊和团结友爱精神。红二、六军团广大指战员深受感动，留下了难以磨灭的印象。贺龙后来多次提到这是一次团结的会师、胜利的会师，是充满革命热情的会师。7月2日，在甘孜举行了庆祝两支主力红军会师的盛大联欢会。朱德总司令发表了热情洋溢的讲话。他说：“同志们，我祝贺你们战胜了雪山，也欢迎你们来与四方面军会合。但是，这里不是目的地，我们要继续北上，要北上就必须团结一致，不搞好团结是不行的。此外，在我们前进的道路上，还有荒无人烟的草地，我们要有充分准备，克服一切困难……中央去年带着一方面军胜利地通过草地，到达了抗日前哨阵地陕甘地区。现在，陕甘边根据地巩固、扩大了，红军也壮大了。”

会师后，朱德、张国焘、陈昌浩、刘伯承都从前方赶来，会见贺龙、任弼时、关向应、萧克、王震，气氛还是热烈的。贺龙见到了曾经共同领导南昌起义的老战友朱德、刘伯承还有张国焘，分外高兴。谁知道还有许多令人困惑、令人忧虑的难题摆在面前呢？

早在6月23日，红六军团到达甘孜附近的蒲玉隆时，朱德赶来与萧克、王震会了面，进行了亲切的谈话。7月1日，红二军团进抵甘孜的甘海子时，贺龙、任弼时、关向应也与朱德会了面。两次会面，朱德都把红一方面军与红四方面军会师的情况、分歧以及张国焘另立“中央”，分裂党、分裂红军的活动，详细地告诉了贺龙他们。朱德还给贺龙他们看了中央政治局两河口会议、毛儿盖会议的文件和中央严令张国焘率部北上的电报。并且对他们说，由于张国焘的错误，红四方面军在南下以后受到了严重挫折，最后不得已退到甘孜一带。经过党中央一再批评、督促，共产国际的一再斡旋，朱德、刘伯承、徐向前及红四方面军广大指战员的努力，张国焘才被迫取消了他所组织的非法中央，同意北上。但是，张国焘还是反对毛泽东、周恩来、张闻天、博古这几位中共中央的主要领导人，因此，张国焘反对中央的问题并没有解决。我们要做团结工作，也就是想办法推动他去与中央会合。刘伯承也与贺龙、任弼时做了深谈。刘伯承说：“对张国焘不能冒火，冒火要分裂。中央在前面，不在这里。”

与此同时，张国焘也在积极活动。他向红二、六军团派出了工作组，煽动对中共中央的不满，散发了《反对毛、周、张、博逃跑主义路线》的文件。贺龙、任弼时等坚决予以抵制。任弼时给红二军团政治部主任甘泗淇写了信，要求对四方面军来的干部只准讲团结，不准讲反中央和红一、四方面军的问题；张国焘发来的文件一律不得下发。贺龙看了张国焘派人送来的《干部必读》的小册子以后，严肃地说：“张国焘分裂中央是错误的，这个材料不能发。”并立即打电话通知红二、六军团各部队把接到的小册子统统收起来。张国焘想召开红二、四方面军联席会议，企图以多数压少数的办法，迫使红二、六军团就范。任弼时则以“谁作报告？如果有不同意见，结论怎么做”为由拒绝了。张国焘准备换掉红二、六军团4个师以上的政治委员，也未能如愿。

1961年，贺龙对有关人员谈话时说：“朱老总、伯承向我们讲了张国焘搞分裂的事，我们以前并不知道。不过，张国焘这个人，我还是有所了解的。南昌起义前两天，他作为中央代表来到南昌阻止起义，我还和张国焘发了脾气。后来，在瑞金我入了党，又和他编在一个党小组里，整天走在一起直到潮汕失败才分手。到了甘孜，他人多，我们人少，我们又不听他的，得防备他脸色一变下狠手。我有我的办法，我让弼时、向应和朱老总、伯承、张国焘，都住在一幢两层的藏民楼里。那时，在甘孜组织了一个汉藏政府，叫‘巴博依得瓦’。我们大家就住在主席府，整个住处的警卫是我亲自安排的，警卫员每人两支驳壳枪，子弹充足得很呢！你张国焘人多有个大圈圈，我贺龙人少，搞个小圈圈，他就是真有歹心也不敢下手！张国焘搞分裂，我们搞团结，可是对搞分裂的人不得不防嘛！还有开庆祝会师大会，张国焘是红军总政治委员，自然要讲话。在主席台上，我坐在他身旁。他刚刚站起身要讲话，我半开玩笑半认真地给了他一句悄悄话，我说：‘国焘啊，只讲团结，莫讲分裂，不然，小心老子打你的黑枪！’张国焘就没敢讲不利团结的话。其实，我哪里会打他的黑枪，他自己心里有鬼嘛！”

朱德后来也讲过：“贺老总对付张国焘很有办法，不争不吵，向他要人要枪要子弹，硬是要过来一个军，尽管人数并不多。张国焘对弼时、贺龙都有些害怕呢！一起北上会合中央，贺老总是有大功的！”

1936年7月5日，中央军委颁布命令：“以二军、六军、三十二军组织二方面军，并任命贺龙为总指挥兼二军军长，任弼时为政委兼二军政委，萧克为副总指挥，关向应为副政委，陈伯钧为六军军长，王震为政委。”后来，又任命罗炳辉为红三十二军军长，袁任远为政委。红二方面军共有八个师的兵力。

7月2日至10日，红四方面军兵分三路从甘孜等地向甘南进发，红二方面军兵分两路从甘孜随红四方面军之后北上。

从甘孜到甘南，要经过漫长的、没有道路、渺无人烟、空气稀薄、气候无常的水草地。草地一望无际，遍布沼泽，稍不小心，脚陷进泥里，就会惨遭灭顶之灾。一路之上红军得不到给养补充，起初，每人每天还有3两青稞粉充饥，后来就完全断了粮。指战员们只得挖野菜、草根，吃牛羊皮，最后，连野菜和牛羊皮也没有了。有的人走着走着就倒下去献出了生命，有的人坐下去就再也没能起来，有的人睡在野草荒滩上，第二天，别人来呼唤起程时，见他已经牺牲了。草地的天气，忽而阴天，忽而雨雪交加，忽而鸡蛋大小的冰雹朝人们猛砸下来。在一次风雪交加的行军中，仅红六师就牺牲了174人。在这种恶劣的自然条件下，只有具备坚强革命意志和久经考验的红军才能够活下来、走出去，创造出人类的奇迹。

看见指战员牺牲在草地里，贺龙心情十分沉重。他多次向部队下达命令：在任何艰难困苦的情况下，都绝不能丢掉一个伤病员，活着的同志只要有一口气的，都要抢救战友！贺龙亲自抓这项工作。各师、团都组织了收容队，全军所有的骡、马都驮着伤病员。有的人就是因为抓着牲口的尾巴走路才免于牺牲的。贺龙的乘马也一直驮着伤病员。他和战士们一起艰难地一步一步地向前跋涉。粮食断绝了，贺龙组织大家去挖野菜。草地里的野菜许多是含毒的，吃了它很快全身浮肿甚至死亡。贺龙要求组织共产党员、共青团员和干部成立野菜检验组。他们没有任何化验仪器，只能冒着生命危险，去尝各种野菜，从中选出能吃的品种通报全军。有些指战员因此献出了自己的生命。草地的小河里有许多鱼，千百年来人类从未打扰它们，所以不怕人，钓起来不很难。贺龙亲自钓鱼给大家吃，还组织一些人去为部队钓鱼充饥。贺龙说："只要是能吃的东西，都要抓来吃，不好吃也要吃。要革命就得吃！"

在最困难的时刻，贺龙毅然把自己心爱的马交给供给部杀掉，分给战士们吃。贺龙爱马在红军中是出了名的。那匹枣红马与他一起征战多年，还救过他的命，也救过许多伤病员，贺龙决定杀掉，不仅他心情沉重，警卫员们一个个都哭得很伤心。贺龙难过地说："不要哭了。我不到 10 岁就放马，10 多岁就出去赶马帮，人对马亲，马也对人亲。我们爱马，马也爱我们。可是，我们和马都热爱革命。我们常说，当革命需要的时候，我们要不惜自己的生命。现在，我们难道还舍不得一匹马吗？"

当红二方面军走出草地，看见一座座村庄，看见晨雾里屋顶上冒出的袅袅炊烟的时候，人们迸发出了压抑不住的喜悦，仿佛是从死亡线上来到了充满希望的人间。

在红二、四方面军北上途中，中共中央于 7 月 27 日决定成立西北局，由张国焘任书记，任弼时任副书记，朱德、贺龙、关向应、徐向前、陈昌浩等为委员，统一领导红二、四方面军及西北地区党的工作。任弼时从甘孜出发时随总部行动，暂时离开了红二方面军总指挥部。

8 月 3 日，中共中央军委及总政治部致电西方野战军（红一方面军）和各军团、各军领导人，部署迎接红二、四方面军。电报指出：二、四方面军不日全部集中阿西、巴西、包座以北，8 月中旬，主力可以向天水、兰州大道出击，配合红一方面军消灭甘肃敌人，求得三个方面军大会合，发展西北抗日新局面。电报要求迅速向全体指战员宣布此项消息，号召全体指战员准备以热烈的同志精神欢迎他们。

任弼时也于 8 月 9 日发出了给贺龙、萧克、关向应、甘泗淇的一封信，信中写道：为促进三个方面军会师及会师后的大团结，他已建议中共中央在会师后召开六届六中全会以解决团结、统一的问题，总结过去的领导并着重于目前形势与任务的讨论。要求红二方面军立即为大会师做政治动员和进行一切必要的准备工作。8 月 16 日，贺龙等复电任弼时：（一）在求吉寺留的信已收到，我们完全同意你对过去党内斗争所采取的立场，我们坚决站在这一立场上，为党的统一而斗争；（二）赞成以二方面军名义发出“告一、四方面军书”。

经过两个月的艰苦行军，9 月初，贺龙等率红二方面军到达哈达铺、礼县地区。这时，腊子口、大草滩、哈达铺、临潭、漳县、渭源和通渭地区，都已为刚走出草地的红军占领；西进的红一方面军也已占领了定边、盐池、洪德、同心等十多个城镇。三支主力红军日渐接近。

1936 年 8 月 10 日，中共中央政治局举行扩大会议，决定把开展统一战线工作放在党和红军战略任务的首位，制定了逼蒋抗日的方针。8 月 30 日，中共中央发布了《关于冬季以前一、二、四方面军行动方针的意见》，其基本方针是：（一）逼蒋抗日，造成各种条件使国民党及蒋军不能不与我们妥协；（二）紧密地联合东北军，并进行与西北其他各部的联合谈判，造成西北新局面……

9 月 8 日，毛泽东、张闻天、周恩来、博古致电朱德、张国焘、任弼时：“中国最大的敌人是日本帝国主义，抗日反蒋并提是错误的。我们从 2 月起改变此口号，3 月，有人来接洽。”

贺龙、任弼时等当即致电中央，表示拥护。并且提出：为着不放弃全国积极有利的局面，使我党能担负起当前的艰巨任务，我们深切感到党内的团结一致与建立绝对统一集中最高领导力量是万分迫切需要的……在蒋敌进攻严重关头，我一、二、四方面军只有密切关系，在一致的战略方针下坚决对敌，才能造成西北新局面，而不致被敌各个击破。这份电报再次表达了贺龙等反对分裂、拥护中央，进一步发展大好形势的决心。同时，也透露出贺龙他们对党内妨碍团结、制造分裂的忧虑。

哈达铺贺龙指挥部旧址

蒋介石见三支主力红军已成即将会合之势，急令胡宗南部从南方返回陕甘与西北和四川北部敌军一起向红军进攻，阻止红军会合。

针对蒋介石的企图，9 月初，中革军委制订了一个作战计划：红一方面军以一部分兵力保卫陕甘苏区，主力占领海源、靖远、固原及其以南地区，策应红二、四方面军作战。红二、四方面军分为两路：四方面军为左路，占领岷州、武山等地，尔后向东向北，会同红一方面军向定西、陇西及西兰大道进攻，吸引与消灭敌第三十七军；红二方面军为右路，占领成县、徽县、两当、康县、凤县和宝鸡，建立苏区。进而实现三个方面军的会师，并准备消灭胡宗南部。

依照军委计划，贺龙等于 1936 年 9 月 7 日在哈达铺制订战役计划。8 日，发布了《第二方面军基本命令》。《命令》说："决乘甘陕敌人分兵据城的弱点，透过其封锁线，打击成县、徽县、凤县、略阳、康县之敌而袭取之，建立临时根据地，配合一、四方面军行动。求得三个方面军会合，战役任务期于 9 月底完成。" 9 月 11 日红二方面军各军开始行动，至 20 日，攻克成县、徽县、两当、康县四座县城并占领了略阳、凤县部分地区，歼敌一部，完成了预定计划。9 月 25 日，敌第三军一个旅及一个团向成县反扑，红二军、红三十二军给以严重打击，毙伤敌数百，俘敌三百余人。建立根据地的工作随即展开。9 月中旬，建立了成县等四个县和几个区的革命政权，组织了几支游击队，还扩充了两千多名新战士，筹集了大批粮食和经费。

这时，红一方面军已从宁夏的豫旺一带西进，红四方面军到达了岷州、洮州、西固地区，形成了三个方面军南北呼应之势。

蒋介石立即调集其嫡系军队抢占西兰公路，企图阻塞红军三个方面军会合的道路并切断东北军主力与其驻兰州部队的联络。同时命令川军、西北军、东北军和宁夏、青海的国民党军配合行动，进攻红军。

9 月 16 日至 18 日中共中央西北局根据中革军委指示精神，为求得三个方面军会师，进而执行夺取宁夏的战略计划，制定了《静会战役纲领》，拟在静（宁）、会（宁）地区打击胡宗南部。由于该计划没有得到应有的贯彻，协同不好，致使红二方面军受到敌军夹击。后经军委同意，红二方面军抢渡渭河，于 10 月 22 日在会宁县将台堡与红一方面军会师。但在会师前因来不及将部队全部收拢，与多路敌军作战时，又处于被动状态，遭到了不小的损失。贺龙说，红二方面军

红二方面军与红一方面军会师地——将台堡

因为陷于孤立地位，几乎被敌人合围，打得很苦，比在乌蒙山和过雪山、草地时还危险，损失也大，令人痛心。

与红一方面军会师，标志着红二方面军胜利地完成了长征。他们历时一年，转战湘、黔、滇、康、川、青、甘、陕八省，行程两万余里，进行大小战斗 110 多次。从自桑植出发时算起，比红一方面军长征晚了一年多，虽然在他们长征的时候，敌人已经获得了追堵拦截的一些经验，给红二方面军造成了更多的困难。但是，由于贺龙等的正确指挥和全军指战员的英勇奋战，终于取得了完全的胜利。

会师后，红一方面军送来数万斤粮食，2000 多只羊、猪、牛，1000 多套棉衣，几万张羊皮，500 匹布和 3 万块银元，以示欢迎和慰问。中共中央派邓小平等前来慰问，并传达了瓦窑堡会议精神和毛泽东《论反对日本帝国主义的策略》的报告。接着，11 月 19 日，中共中央又派周恩来带着人民剧社到红二、四方面军进行慰问。在洪德城为红二方面军进行了文艺演出。周恩来、贺龙这两位南昌起义的领导人在阔别了八年之后又重逢了。

在这次慰问演出中，红二方面军指战员为人民剧社充满激情的文艺节目所感动。贺龙兴奋极了，当场说，我们一定也要搞一个这样的剧社。坐在贺龙身边的周恩来指着人民剧社社长危拱之说："好嘛！叫你们的宣传队跟我一起走，让危拱之同志帮助你们好好训练一下。"贺龙提出剧社名称叫"战斗剧社"。后来，在贺龙关怀下，这个剧社在几十年征战中做出了重要贡献。

在慰问期间，周恩来曾问贺龙：三个方面军会合后怎么办？贺龙说："统一归彭（指彭德怀）指挥吧！"后来贺龙讲起此事时说：那是我们红二方面军再次表示拥护中央。会师后，任弼时调任前敌总指挥部政治委员，红二方面军政委由关向应接替。

长征到达陕北时的贺龙

1936 年 10 月，蒋介石调集十多个师向红军进攻。中央军委决定采取逐次转移、诱敌深入的方针，在有利地区集中优势兵力给胡宗南的第一军以歼灭性打击。按军委命令，红二方面军在 10 月 24 日至 30 日边战斗边转移，于 11 月中旬投入山

1936 年 12 月，红二方面军部分干部在陕西富平县庄里镇合影。前排右起：贺龙、朱瑞、李井泉、王震、关向应、贺炳炎、甘泗淇；后排左一张子意，左五陈伯钧

城堡战役，配合兄弟红军进行了歼灭第一军一个多旅的胜利作战，打破了国民党在第二次国内革命战争时期的最后一次“围剿”。

1936 年 12 月 12 日，发生了有名的“西安事变”。爱国将领张学良、杨虎城扣留蒋介石进行兵谏，提出了反对内战、一致抗日的要求，并请中国共产党派代表去西安共商国是。红二方面军奉中共中央军委命令开赴三原、云阳镇一带，准备配合东北军、西北军迎击可能来犯的蒋军。

“西安事变”后，中共中央和红军有了一个安定的环境，即着力解决党内、军内的矛盾，加强部队的军事、政治、组织等方面的整顿和建设。1937 年 3 月，中共中央召开会议，批判张国焘错误路线。贺龙参加了这个会议，做了坚决拥护中央的发言，对张国焘进行了批判。在一次会议上，他指着张国焘说：“当你是共产党员的时候，我还是个‘军阀’；现在我做了共产党员，你反而变成了军阀……”他这番话博得了与会人员的普遍赞赏。在这之前，在军委扩大会议上，贺龙继续当选为军委委员，并被选为主席团委员。但是，令人不解的是，在此期间，上级突然指示，在红二方面军中开展一场反对军阀主义、游击主义的斗争。反军阀主义的主要矛头是针对贺龙的。由于贺龙在红二方面军中有着崇高威望，这场不得人心的斗争草草结束，不了了之。为了消除这场错误斗争的消极影响，红二方面军政治委员关向应在 1937 年 7 月 5 日著文说：“二方面军的领导者贺龙同志，他是布尔什维克队伍中的久经锻炼的战士，他有丰富的斗争经验，有热烈的革命情操，有不屈不挠的革命的坚定性，他是南昌暴动主要领袖之一，他十年来继承南昌暴动的革命传统，领导红军，为苏维埃政权而斗争。今年的‘八一’是红军十周年纪念，对他光荣的过去，致以革命的敬礼！我们相信，这一伟大红军领袖，在党的路线下，团结着二方面军全体指战员，为中华民族解放、社会解放而奋斗到最后胜利。”

第十章　挥师抗日

第一节　“名改心不变”

1937 年夏，爆发了震惊中外的“七七”事变，日本帝国主义开始了全面侵华战争。

这时，贺龙正在根据红军前敌总指挥部的命令，积极准备改编部队。7 月下旬，他与关向应一起参加了红军前敌总指挥部在陕西省泾阳县云阳镇召开的红军军以上高级干部会议。

“西安事变”之后，1937 年 2 月 10 日，中共中央为促进国共两党合作，发表了中国共产党《致国民党三中全会电》，向国民党提出了停止内战，集中国力，一致对外，迅速完成对日作战的一切准备等五项要求，并指出，如果将此作为国策，中国共产党愿保证停止实行武力推翻国民党政府的方针；工农政府改名为中华民国特区政府，红军改名为国民革命军；特区实行彻底的民主制度；停止没收地主土地的政策，坚决执行抗日统一战线的共同纲领。中国共产党的主张，得到了广大爱国人士的赞同，也推动了国民党内抗日派和亲日派的斗争。为了敦促蒋介石早日实行联合抗日方针，从 1937 年 2 月到“七七”事变之前，中共中央派

贺龙（左）与任弼时（右）、关向应在一起

周恩来、叶剑英、秦邦宪、林伯渠与国民党代表举行了三次谈判，但是，由于蒋介石企图通过和平方法限制和削弱共产党，用改编达到削弱、控制和取消红军的目的，因而，未能达成实质性协议。5月，中共全国代表会议，批准了中共中央确定的抗日民族统一战线的政治路线，要求全党全军迅速完成由国内革命战争向抗日民族解放战争的历史转变，全军应适应新的历史条件，准备改编为国民革命军，并在政治上、军事上、经济上和教育上完成抗战准备。7月14日，中共中央革命军事委员会主席团命令红军做好开赴抗日前线的准备。中共中央派周恩来、秦邦宪、林伯渠再上庐山同国民党谈判。云阳镇红军高级干部会议正是为讨论红军实施改编以及开赴抗日前线而召开的。

贺龙拥护中共中央联蒋抗日的主张，对于开赴抗日前线，充满热情，但对蒋介石保持着警惕性。在这次会议上，贺龙做了一个简短的发言。他说：抗战是全国人民与军队的职责，不允许动摇观望。我们要促使蒋委员长领导他的军队抗战到底，但是，大资产阶级、大地主、官僚军阀中的某些人，对抗战是动摇不定的，我们要时刻严防他们捣乱和破坏抗战。蒋委员长现在是处在矛盾之中。他既怕将红军放出陕甘宁，会像孙悟空大闹天宫一样，无法驾驭，又希望将红军送到最前线，借日本人之手消灭红军。我们就要像孙猴子那样，到华北抗日前线去，闹他个天翻地覆，使日本鬼子不得安宁。

1937年贺龙荣获的红军十周年纪念章

会议期间，贺龙多次找即将同红二方面军合编的陕北红二十七、二十八军出席会议的领导干部交谈，了解这两支部队的历史、干部状况、思想动态乃至后勤供应等，以便实施改编。

8月13日，日军大举进攻上海，威逼南京，形势危急。由于蒋介石急需调红军开赴抗日前线，放弃了一些不合理的要求，与中国共产党达成了将陕甘宁地区的红军主力改编为国民革命军的协议，并于8月22日，正式宣布将红军主力改编为国民革命军第八路军，下辖3个师，每师定员1.5万人。

8月20日，贺龙、关向应到陕西省洛川县冯家村出席于8月22日至25日召开的中共中央政治局扩大会议，即著名的洛川会议。这次会议讨论并决定了八路军出师抗日在政治上、军事上面临的一系列方针政策问题。毛泽东在会上做了国共两党关系问题和军事问题的报告。报告指出，要坚持统一战线，巩固扩大统一战线，同时要坚持共产党在政治上、组织上的独立性，坚持统一战线中的无产阶级领导权；红军的基本任务是，创造根据地，钳制与消耗敌人，配合友军作战，保持和扩大红军，争取共产党对民族革命战争的领导权；我军必须实行军事战略的转变，即由国内革命战争的正规战向抗日战争的游击战转变。会议确定了全面的全民族抗战路线、持久战的战略总方针以及独立自主的山地游击战的红军战略方针，通过了《关于目前形势与党的任务的决定》和著名的《抗日救国十大纲领》。在这次会议上，关向应以贺龙和他自己的名义做了简短的发言，明确表示拥护会议确定的全面的全民族的抗战路线，赞成红军迅速出师，尤其拥护独立自主的原则和独立自主的山地游击战的战略方针。对于八路军出师后的一些需要讨论的具体问题，贺龙、关向应的态度也十分积极。例如，在八路军出师后是否留驻部队于陕甘宁边区的问题上，贺龙主动提出，将红二方面军一部分部队留在陕北，保卫党中央。后来，根据中共中央军委的统一安排，一二〇师兵力的十分之四，即三五九旅的七一八团和师直属的四个独立营留在了陕甘宁边区。红军改编以后，国民党答应发给八路军一定数量的军饷，这笔款项虽杯水车薪，但对于长征结束不久处于经济困难中的红军还是一项重要的补给。这笔款项如何利用？留多少给后方？也是一个需要统一认识的问题。对此，贺龙主张多留一些给中共中央，八路军应当尽量到敌后去自筹粮款。事后他曾对一二〇师的干部说："国民党只发给我们三个师的钱，可是，我们除了三个师还有机关、学校。没有钱怎么办呀？我们是共产党领导的军队，就要有共产主义精神呀！这就叫'有福同享，有难同当'，所以，我们每个月只能发给每人一元零花钱。我和大家一样，一月一元，请大家监督。"当时，国民党政府每月只发给八路军军饷 40 万元，一半留给了中共中央，一半发给前方部队，实际上，一二〇师每月只能领到 4 万至 6 万元。到了 1940 年，国民党政府就一个钱也不给八路军了。

为了加强中国共产党对军队的领导，在这次会议上，成立了中共中央革命军事委员会，由 11 人组成，毛泽东任主席，朱德、周恩来任副主席，贺龙被选为委员。8 月 23 日，中共中央政治局又决定成立中共中央军委前方分会（后称华北军分会），以朱德为书记，彭德怀为副书记，任弼时、张浩、林彪、聂荣臻、贺龙、刘伯承、关向应为委员。

8 月 25 日，中共中央军委命令，红军第一、第二、第四方面军和陕北红军改编为国民革命军第八路军（9 月 11 日，按全国统一的战斗序列改称第十八集团军），红军前敌总指挥部改为八路军总指挥部。朱德任总指挥，彭德怀任副总指挥（9 月 11 日改称正、副总司令）。红二方面军所属部队和陕北红军二十七军、二十八军、独立一师、二师、赤水警卫营及总部特务团一部编成八路军一二〇师。据此，在富平县庄里镇，由贺龙等主持，将红二军团和红二十八军合编为一二〇师三五八旅；红六军团、红三十二军和总部特务团一营合编为三五九旅；红二十七军和赤水警卫营合编为师炮兵营和辎重营；陕北独立一师编为师特务营；独立二师编为师工兵营。全师共 1.4 万人。8 月 25 日，中共中央革命军事委员会任命贺龙为一二〇师师长，萧克为副师长，周士第为参谋长，关向应为政训处主任，甘泗淇为副主任。不久，中共中央决定恢复政治委员制度和政治部，关向应任一二〇师政治委员，甘泗淇任政治部主任。8 月 29 日，中共中央宣布了政治局常委 23 日决定：由贺龙、关向应、萧克、甘泗淇、王震组成一二〇师军政委员会，贺龙为书记。

洛川会议结束后，贺龙、关向应按照会议精神，召开了抗日誓师大会，制订了东渡黄河开赴抗日前线的具体计划，尤其是进行了深入的思想动员工作，为正确执行中国共产党的抗战路线，实行战略转变奠定了思想基础。

1937 年 8 月，红军改编为国民革命军第八路军，贺龙任一二〇师师长

把红军改编为国民革命军，穿国民政府发的军装，戴青天白日帽徽，可不是一件简单的事。不少干部、战士思想不通，有人拒不换装，有人扔掉了青天白日帽徽，有人甚至为此留条他去。面对这样复杂的思想情况，在洛川会议前后，贺龙、关向应多次带头深入连队，了解情况，做细致的思想工作，教育干部战士要有远大目光，顾全大局。

有一次，贺龙来到一个连队。代理连长向他汇报说：“大家就是不愿意改名。国共合作，全民族抗日，是可以的，但是，为什么要红军改名呢？红军一改名，不就成了白军了吗？想不通。”贺龙听了以后说：“是啊，现在的问题就是不愿红军改名啊。我贺龙也不愿红军改名的喽！”他转过身去，看看陪他来的团长说：“我看你们团长也不愿红军改名哩。是吗？”团长不好意思地点点头。贺龙严肃地说：“同志们，这可不行啊！为了全民族的利益，实现国共两党合作，团结一致共同抗日，使中国人民不当亡国奴，红军就得改名。红军不改名，蒋介石就不肯抗日。红军是名改心不变，一颗红心为人民嘛。红军改了名，还是党中央、毛主席、朱总指挥领导。红军改名，是党中央的决策，全体红军战士、共产党员，必须无条件服从。我，贺龙，就无条件服从。”贺龙这番话打开了干部们的心扉，连长、指导员当即表示：“名改心不变，我们通了。”贺龙高兴地大笑着说：“好嘛，蛇无头不走，鸟无翅不飞。你们通了，就好给战士们做工作喽！”

9 月 2 日，一二〇师在庄里镇举行抗日誓师大会。朱德、任弼时出席了会议。朱德在会上说：“同志们，你们思想不通，党中央知道，毛主席也知道。我是受党中央与毛主席的委托，来做你们的工作的。现在国共合作了，我们工农红军改编成国民革命军第八路军。为了消除各阶层的疑虑，我们可以穿统一的服装，戴青天白日帽徽。同志们思想不通，甚至有的高级干部思想也不通，这个心情我们理解。毛主席说了，红军改编，统一番号是可以的，但是，有一条不能变，就是一定要在共产党的绝对领导之下。”

朱德这番话引起了阵阵掌声。贺龙很高兴，他在讲话时说：“朱总指挥已经给大家讲得很详细。这是党中央的决定，我们大家都要执行。”接着，他谈起了自己。他说：“就我本人来说，国民革命军的军装，过去我穿过；青天白日帽徽，过去我戴过；青天白日旗，我也打过。有人说，我当将军，皮靴不穿，愿穿草鞋跟红军爬山；高楼不住，愿跟红军钻芦苇。可是，他们哪里知道，当红军，穿草鞋，钻芦苇，是我的心愿。算起来，从大革命失败到现在，我已经闯荡了十年，跟国民党斗了十年。现在国难当头，为了国家与民族的生存，共同对付日本帝国主义，我愿带头穿国民政府发的衣服，戴青天白日帽徽，和国民党部队统一番号。这样，看起来我们的外表是白的，但我们的心却是红的，永远是红的。”贺龙的话，在干部、战士的心灵里引起了十分强烈的反响，“白皮红心”的话长时间牢牢地记在心上。

9月2日，贺龙、萧克、关向应发布渡河命令：“明日（3日）起分六天向韩城芝川镇前进，由芝川镇渡河，到侯马待命。”9月9日，贺龙指挥一二〇师师部、三五八旅、三五九旅（欠一个团）及5月份组建的教导团共8227人乘木船东渡黄河，开始了一个新的历程。

第二节　开辟管涔山

根据洛川会议决定，一二〇师是随一一五师之后前往恒山山脉创建抗日根据地的，但是，待贺龙到达侯马时，日军已经侵占了察南、晋北和河北省的沧县、保定等地，正继续发展其攻势。占领大同的日军关东军察哈尔派遣兵团一部和伪蒙军进攻绥远，主力沿同蒲铁路南下，向雁门关、茹越口进攻；日军第五师团占领蔚县、广灵、涞源以后，进犯平型关，企图配合察哈尔派遣兵团击溃国民党军第二战区主力，实施右翼迂回，威胁平汉铁路方向第一战区主力侧背。9月中旬，侵犯河北的日军以第一军四个师团沿平汉铁路及其两侧攻击国民党军第一战区主力；以第二军两个师团（欠一个旅团）沿滏阳河从左面迂回平汉铁路方向国民党军侧背；第二军一个师团和一个旅团沿津浦铁路南犯，并保障其在平汉铁路方向行动部队的翼侧安全。各地国民党军纷纷溃退，战局急转直下。9月19日，贺龙率部队从侯马乘火车到达忻县（今忻州）接到了毛泽东9月17日《关于敌情判断及战略部署的指示》。指示说，敌之战略计划是“以大迂回姿势，企图夺取太原，威胁平汉线中央军而最后击破之，夺取黄河以北”。判断恒山山脉必为敌军夺取冀察晋三省之战略中枢。“过去决定红军全部在恒山山脉创造游击根据地的计划，在上述敌我情况下，已根本不适用了。此时如依原计划执行，将全部处于敌之战略大迂回中……将完全陷入被动地位。”因此，拟变更原定部署：一二〇师应转至晋西北管涔山地区；一二九师于适当时机进至吕梁山脉活动；一一五师进入恒山山脉南段，并准备逐渐南移，展开于太行、太岳两山脉中。19

日，毛泽东又专电彭德怀说：“贺龙部应位于晋西北，处于大同、太原之外翼，向绥远与大同游击，方能给敌南进太原以相当有效的钳制。”所以，“贺师应速赴晋西北占先着。将来刘师可与林师靠近，位于晋南太岳山脉至吕梁山脉（吉县汾河间）”。20日，彭德怀由太原来忻县与贺龙会晤，商讨怎样执行毛泽东的指示。

彭德怀说：一二〇师按毛泽东指示，应立即进入晋西北的管涔山区，以宁武、神池为中心，在五寨、岢岚、岚县、河曲、偏关、保德等地区组织和武装群众，开展游击战争，还应派部队前出雁北。贺龙表示同意。彭德怀还提出：从战争全局需要考虑，总部要让王震率三五九旅东进到五台以北的豆村镇一带相机作战，并由总部直接指挥，待一二九师到达正太路南北之后，再归还建制。王震所部东出五台，仅以一二〇师两个多团的兵力去开辟管涔山广大地区，力量显然比较单薄，但是，贺龙从全局利益出发，同意了彭德怀的意见。9月22日，贺龙率三五八旅进入管涔山区。

此时，山西形势已十分危急。北面，大同失陷，雁北沦于敌手；东北面，浑源失守，灵丘陷落。阎锡山下令国民党军放弃恒山山脉。日军步步紧逼，进攻内长城各要隘。9月25日，一一五师给了进犯平型关的日军以有力打击，取得了重大胜利，但国民党军防守的茹越口阵地却被突破。国民党军全线溃退，各级官吏竞相逃窜，日军、汉奸、溃兵任意肆虐，群众陷入水深火热之中。

贺龙认为，正面战场形势严峻，一二〇师面临的紧迫任务，就是要采取措施挽救危局并使自己站稳脚跟。9月28日，在神池县的义井镇，一二〇师军政委员会在贺龙主持下讨论挽救危局的具体措施，果断地做出了几项重要决定：第一，以三五八旅七一六团二营为骨干，编成独立支队，由七一六团团长宋时轮率领，北出长城，在朔县以北、同蒲铁路以西地区开展游击战争，袭扰和切断交通线，迟滞日军向神池、宁武的进攻，给一二〇师主力在晋西北的活动创造有利条件。第二,三五八旅分成两个支队，张宗逊旅长率七一六团主力随师部到五寨地区；李井泉政委率七一五团及骑兵连到神池以西、五寨以北地区，打击日寇。第三，为了改变晋西北人心不稳、秩序混乱、社会动荡的混乱局面，动员和组织更多的群众投身抗日斗争，由关向应、甘泗淇去岢岚主持开展地方工作，从一二〇师抽调干部组织地方工作团，宣传中共抗日救国十大纲领，广泛发动群众，组织抗日武装。

根据军政委员会的决定，9月30日，贺龙等将一二〇师师部分成两部分：关向应率师政治部和供给部、卫生部的一部分以及教导团组成后方工作领导机构去岢岚；贺龙率司令部进入神池县八角镇、义井镇地区指挥对日作战。

这天，贺龙命令宋时轮支队经利民堡进入雁北。宋支队一出内长城，10月1日，袭击井坪镇（今平鲁县）；4日，收复平鲁城（今平鲁镇）；7日夜，袭击位于同蒲铁路上的山阴县岱岳镇、榆林村、马邑，并破坏桥梁数座；10日夜，在怀仁以南之辛庄伏击敌人运输队，歼敌100余人，击毁汽车18辆；23日，在周庄伏击敌人，歼敌100余人，击毁汽车18辆；26日，夜袭大同西南的口泉村，歼敌一部，震撼了同蒲铁路北端。

10 月 3 日，日军侵占宁武城。贺龙指挥李井泉支队袭击宁武。事前，他反复叮嘱李井泉要做好群众工作，取得当地人民的协助。李井泉照此办理，派出工作组进行群众工作，效果显著。由于宁武城里有 10 多名群众跑出来报告情况、做向导，使攻城部队迅速袭入宁武，歼敌 50 余人。

关向应到岢岚以后，立即抽调 700 人组成地方工作团，分赴兴县、岢岚、五寨、神池、宁武、静乐、临县、保德、偏关、河曲等县开展工作。贺龙、关向应为工作团规定了三项主要任务：（一）宣传中共抗日救国十大纲领，组织和武装群众，成立自卫队、农会、妇救会等群众组织；（二）帮助建立地方党组织，采取由下而上或由上而下的办法，建立党的支部及临时县委；（三）收容散兵游勇，安定社会秩序，扩大中国共产党和八路军的影响。

当时，山西已有两个重要的抗日团体：一个是由中国共产党发动、组织和领导的“牺牲救国同盟会”，简称“牺盟会”，它以抗日民族统一战线的抗日救亡群众组织的面目出现；一个是由中国共产党党员参加并领导的“第二战区民族革命战争战地总动员委员会”，简称“战动总会”，它是统一战线的半政权半群众团体性质的革命组织。一二〇师工作团到达晋西北各地时，这两个组织已有人在那里工作。关向应立即命令工作团和这两个组织结合在一起，开展群众工作。20 多天里，便发动和组织了 5700 余人的抗日自卫队。关向应、甘泗淇领导工作团在晋西北进行了八个多月的艰苦工作，建立了中共晋西北临时省委（后称晋西北区党委）及各县临时县委，恢复了政权组织，收容了国民党军的散兵游勇，安定了社会秩序，抗日民族统一战线深入人心，晋西北出现了抗日的新局面。经过这样一系列的工作，一二〇师在晋西北站稳了脚跟，初步打开了局面。贺龙高兴地说：“晋西北持久抗战的基础现在是胜利地、初步地奠定了。”

就在一二〇师主力展开于管涔山区的时候，日军突破雁门关等内长城要隘，连陷代县、崞县（今崞阳镇），沿同蒲铁路长驱直入，矛头指向山西省会太原。阎锡山决心在忻口组织会战。他调集 8 万兵力，由刚刚率部入晋的第十四集团军总司令卫立煌担任前敌总指挥扼守忻口以北龙王堂、南怀化、大白水、南峪一线阵地。中共中央军委和八路军总部要求八路军各部队积极打击与钳制敌人，配合友军保卫忻口。

10 月 13 日，忻口会战开始。这一天，贺龙收到了朱德、彭德怀的电报，要求张宗逊支队以灵活动作从崞县轩岗向南袭击大牛店镇敌之侧背，配合忻口会战。但是，朱、彭还不知道，日军已经南下，大牛店已无敌人。贺龙认为：这个电报的精神是要一二〇师从侧后打击和钳制日军。大牛店虽无敌人，但可依此精神主动作战。

此时，由于同蒲铁路北段已被宋时轮支队切断，日军南下的交通运输只靠两条汽车路：一条是从大同经雁门关至忻口的；一条是由灵丘经平型关、繁峙至忻口的。贺龙认为，一二〇师可以在这两条线上主动作战，切断汽车路，破坏敌人的交通运输，配合正面战场作战。萧克等都同意他的这一看法。于是，贺龙连续下了三道命令：一是命令张宗逊、李井泉率七一五团由崞县南下，袭击位于忻口西北二十余公里的南北大常，打击敌人翼侧；二是命令已由五台地区归建的三五九旅迅速赶到崞县以西，配合张宗逊部行动；三是命令继任七一六团团长的贺炳炎和政委廖汉生率一个营（后来又增派了一个营）去雁门关。

贺龙（右）与关向应在晋西北

贺龙觉得在他布置的三项作战行动中最后这项是很重要的一着。他把贺炳炎、廖汉生召到师部，对他们说："忻口会战正在进行，敌人从大同经雁门关不断往忻口运输弹药、给养。这是日军最主要的一条运输线。但是，他们很嚣张，自以为那一带已经成为他们的后方，没有中国军队，因此，警戒疏忽。你们到那里去就是要充分利用日军这个弱点，发动群众，给鬼子来个突然打击，把这条运输线切断。"贺炳炎、廖汉生表示坚决完成任务。贺龙又叮嘱他们说：到目的地以后，要联系群众搞好侦察。现在是打日本侵略者，打游击战，这和内战时期打国民党不同，战术上要转得快。贺龙规定：17 日必须到达目的地，完成袭占雁门关，切断交通的任务。命令下达以后，贺龙便在义井镇密切注视这三支部队的行动。他相信，这三项决定对于配合正面战场作战是会发生效力的。

张宗逊、李井泉按贺龙指示，指挥七一五团 14 日黄昏袭击了南北大常，攻占了永兴村，歼敌 100 余人。袭占南北大常、永兴村以后，张宗逊、李井泉即率部向东活动，袭扰敌人，牵制日军。王震率三五九旅主力 10 月 16 日到达崞县以西的贺家店。贺龙命令王震：你们就在代县、崞县地区寻找战机，主动作战，切断交通。10 月 23 日，王震指挥七一七团在阳明堡以南的王董堡附近设伏，截击由崞县北开的 80 余辆汽车，与有飞机 4 架相配合的日军激战两小时，击毁汽车 30 辆，毙伤敌 300 余名，沉重打击了日军由平型关至忻口的交通运输。17 日黄昏贺炳炎、廖汉生率部到达雁门关西南的秦庄和王庄。他们发现公路并不在雁门关下，遂主动去黑石头沟、吴家窑一带公路西侧设伏，同时派少数兵力占领雁门关。他们将此部署报告贺龙。贺龙打仗一向注重实际，最欣赏根据实际情况果断

1937年10月，贺龙（右一）与关向应（左二）、周士第（右二）、甘泗淇在雁门关前线观察地形

行事，因而，接到报告后当即回电批准。10月18日和21日，贺、廖支队在黑石头沟两次设伏成功，切断了日军的主要交通线：18日，第一次伏击，毙伤敌300余人，炸毁汽车20余辆；21日，第二次伏击，贺炳炎、廖汉生报告说：我与敌激战2小时。我伤13名、牺牲20名，敌伤亡3倍于我。

贺龙指挥一二〇师切断了日军由大同到忻口的交通补给线，一一五师打击了蔚县至代县的日军交通补给线。使进攻忻口日军的弹药、油料供应濒于断绝，攻势顿挫。卫立煌在忻口会战结束后，曾对周恩来说："八路军把敌人几条后路都截断了，对我们忻口正面作战的军队帮了大忙。"毛泽东在《抗日游击战争的战略问题》一书中对此曾给予高度评价。他指出："游击战争还有其战役的配合作用。例如：太原北部忻口战役时，雁门关南北游击战，破坏同蒲铁路、平型关汽车路、阳方口汽车路，所起的战役配合作用，是很大的。"

第三节　坚持独立自主

日军在忻口受阻，转而加强沿正太铁路向晋东的进攻。10月26日，娘子关失守。30日，日军第二十师团侵占平定，第一〇九师团进抵昔阳，向太原进逼。忻口战线的后路有被敌人包抄的危险，阎锡山遂下令放弃忻口。11月2日，数万国民党军纷纷退往太原。

在这样的形势下，贺龙认为，应当派部队南下，配合友军保卫太原。11月7日，他命令贺炳炎、廖汉生率七一六团速去太原以西积极打击进攻太原的敌人，若太原失守，即移往文水、交城一带，破坏道路，阻挠敌人，收集散兵、武器，发展自己；张宗逊率七一五团尾随由忻口南进之敌前进，并指挥贺、廖。

第二天，即 11 月 8 日，太原即告失陷，国民党军大溃。面对急转直下的形势，太原失陷那天，毛泽东电告周恩来、朱德、彭德怀、任弼时及八路军三个师的领导人："太原失后，华北正规战争阶段基本结束，游击战争阶段开始。这一阶段，游击战争将以八路军为主体，其他将附于八路军，这是华北总形势。"13 日，毛泽东在给中共中央北方局、八路军总部并三个师领导人的电报中进一步指出：八路军当前的任务是"发挥进一步的独立自主原则，坚持华北游击战争，同日寇力争山西全省的大多数乡村，使之化为游击根据地。发动群众，收编溃军，扩大自己，自给自足，不靠别人，多打小胜仗，兴奋士气，用以影响全国，促成改造国民党，改造政府，改造军队，克服危机，实现全面抗战的新局面"。

11 月 14 日，贺龙率师部经岢岚去岚县，与关向应、甘泗淇会合，研究一二〇师怎样贯彻这一指示。11 月 28 日，一二〇师军政委员会在岚县福音堂开会，讨论毛泽东的指示。

贺龙首先做了 11 月份的工作总结。他在总结中说："这一个月中，在军事上，我们是积极活动的。当敌人向太原前进时，即以张、李、贺、廖尾敌追击，拟进到太原以西地区袭击敌人，协助友军，巩固太原，但我军尚未到达，太原已经失守。所以，张宗逊、李井泉目前仍在太原、文（水）交（城）线上，贺炳炎、廖汉生则已直捣吴城，他们在那里打击敌人，进行地方工作，收容散兵；王震、宋时轮经常在交通线上袭扰敌人；蔡久、杨秀山[①]在朔县附近袭扰日军；王兆相的一营已进占右玉，骑兵连到了清水河。地方工作方面，成绩很大。他们已经组织起义勇军、游击队，人数已经达到 1.2 万多人，还抓了很多汉奸，破坏了一些伪组织，特别是提高了这一地区民众的抗日情绪和八路军的威信。神池、宁武等地的游击队、义勇军都想直接打八路军的旗帜，因为他们知道八路军是抗战到底的。"他根据统计资料指出：11 月份一二〇师毙伤日军 570 人，击毁汽车 104 辆，缴获各种枪 328 支，但也付出了代价。这个月，一二〇师共伤亡 349 人。另外，这个月各支队共收容散兵 956 人。他说：配合正面战场作战的任务基本完成了，现在中共中央和毛泽东主席有了新的指示，我们要认真讨论怎样贯彻执行。在会上，贺龙提出了同关、萧等人商量过的方案，经军政委员会讨论后，决定：（1）根据中共中央指示精神，一二〇师各部北起大同口泉，南到汾阳，沿同蒲铁路展开，与敌人争夺晋西北广大农村。具体部署是：三五八旅七一五团进到太原附近的古交镇，并以一部深入交城、清源以北；七一六团活动于吴城镇地区；三五九旅在崞县到忻口一线展开；宋时轮支队进入口泉镇、怀仁一带，威胁大同；警备第六团[②]在偏关附近展开并深入右玉地区。各自独立自主地发动群众，

---

① 蔡久、杨秀山，当时分别任一二〇师骑兵支队支队长和政委。

② 第十八集团军警备第六团，团长王兆相，1937 年 10 月由一二〇师留驻陕北的工兵营、特务营编成，1937 年 11 月奉命开赴晋西北，归一二〇师建制。

扩大自己，协助动委会建立抗日民主政权。（2）整训和整编部队。将各工作团在各地组织的抗日武装编入一二〇师序列，打破蒋介石在兵力上对八路军的无理限制。忻崞独立团编为三五八旅七一四团；在汾阳，孝义组织的三泉游击队编为三五八旅七一六团第二营；雁北游击队编入宋时轮支队；神五游击队改编为一二〇师独立第一支队；平山独立团编为三五九旅七一八团；崞县独立团编为三五九旅七一九团；侯马独立团分别编入各部。这样，到 1938 年初，一二〇师扩大为 2 个三团制的旅、5 个直属团或相当于团的部队（宋支队、警六团、独立一支队、教导团和学兵团）、2 个直属营和 3 个直属连，全师从渡河入晋时的 8227 人发展到 29162 人，扩大了 3 倍多。

1937 年 12 月 30 日，贺龙、关向应、萧克离开岚县，1938 年 1 月 4 日到达洪洞县马牧村八路军总部，参加第二天召开的八路军高级干部会议（即习惯上所说的临汾会议）。

正当八路军积极贯彻独立自主原则，坚持游击战争的时候，中共驻共产国际代表、共产国际执行委员王明 1937 年 11 月从苏联回国。12 月 9 日至 14 日，中共中央召开了政治局会议，也就是通常说的“十二月会议”。王明做了《如何继续全国抗战和争取抗战胜利呢？》的报告。他说：“今天的中心问题是一切为了抗日，一切经过抗日民族统一战线，一切服从抗日。”他批评洛川会议过分强调了独立自主，他说：“过去提出国民党是片面抗战，是使他们害怕。要提出政府抗战很好，要动员广大人民来帮助抗战。不要提得这样尖锐，使人害怕。”虽然，由于王明打着共产国际的旗号，他的话产生了相当的影响，但是，由于和洛川会议精神相悖，所以，未形成决议。1938 年 1 月 6 日开幕的此次八路军高级干部会议，其内容就是传达“十二月会议”精神。

1938 年贺龙在山西

听了“十二月会议”精神的传达，贺龙没有发言，心里却颇有些生气。他在旧军队里从营长当到了军长，深知国民党的腐败；对蒋介石其人，也深有了解。就他自己来说，与蒋介石有着很深的阶级仇恨。土地革命战争中，他的不少亲属都被国民党反动派杀害了。“西安事变”时，他高兴极了。“打倒蒋介石”这个喊了十年的口号，看样子真是可以实现了。后来，中国共产党为了争取国民党、联合蒋介石共同抗日，和平解决了“西安事变”，一时间，贺龙的思想陷入了矛盾之中。虽然，贺龙从革命道理上懂得中共中央促成和平解决“西安事变”，是从团结抗日，挽救民族危亡的大局出发，但是，在感情上一时还有点接受不了。有一次，贺龙在叙述当时他的心情时说：“双十二，国共合作，全国人民要和平，要抗日，阶级矛盾起了变化。我主张杀蒋介石，奉命东下，半途听说放了，全身都软了，气愤得很。”[①]后来，经过学习，特别是参加了洛川会议，听了毛泽东在会上的两次发言，弄清了抗日民族统一战线的实质，在统一战线中、两党关系上我党应坚持独立自主的原则，才解决了感情上的矛盾。到晋西北以后，他尽力按照洛川会议确定的原则去贯彻统一战线政策，积极团结国民党政府军共同抗日。傅作义的第三十五军在日军进攻太原时损失很大，一个军仅剩了几千人。为了团结抗日，贺龙批准将收容的散兵游勇和部分参军青年约三千人输送给他。贺龙更注意在统一战线中坚持独立自主原则，无论在作战上、地方工作上，他都不愿受蒋介石、阎锡山的无理限制，特别在壮大八路军上，他力主“招兵买马”。遇有矛盾，则进行严肃的斗争。可是，现在怎么又出来个“一切服从统一战线”呢？那不是要一切服从蒋介石吗？这是怎回事呢？他不理解，也不了解“十二月会议”的具体情况，心里很不自在。

在毛泽东为首的中共中央的领导下，王明的那种在统一战线中的投降主义路线，没有在全党占据主导地位。但是，在晋西北一二〇师也并非毫无影响。在一段时间里尤其是在收复七城以后，阎锡山利用其在晋西北力量上的优势与八路军相对抗，有人曾幻想用迁就、让步和捧场的办法维系统一战线，给放手发动群众、壮大抗日民主力量造成了一定的困难。贺龙不能容忍这种现象，尖锐地批评说：“这叫什么统一战线，乱弹琴！这明明是捆住自己的手脚，让人家把你搞掉嘛！”他还大义凛然地批评国民党军在晋西北消极抗战、国民党党政机构给八路军制造困难的行径，力求排除发展抗日进步势力的障碍。然而，有人却认为贺龙这种坚持独立自主的态度会损害统一战线，并就此向中共中央反映，建议将贺龙调去“学习”。毛泽东不同意这种看法，关向应也认为不妥。毛泽东就这件事和关向应谈话时，批评了这种错误意见，同时对贺龙做了很高的评价。他说：“贺老总有三条嘛：（一）对敌斗争坚决；（二）对党忠诚；（三）联系群众。”1938年春，贺龙和关向应、萧克、甘泗淇等一二〇师领导人对晋西北的情况进行了一次具体分析，研究了执行统一战线政策的措施，并向中共中央做了报告。他们认为：敌人在山西的军事进攻暂时失利，其分裂统一战线的政治阴谋更加积极的活动，阎（锡山）地主资产阶级体系里，最右翼的薄右丞等及亲日分子、托匪汉奸亦乘机活跃，在各方面制造摩擦，其军事的政治的势力近来积极向晋西北扩张。因此，我们应大力扶植牺盟会等进步力量，争取动摇分子，孤立亲日派，扩大抗

---

① 贺龙：《在中共中央西北局义合会议上的讲话》1947 年 11 月 25 日。

日民族统一战线。贺、关等坚持独立自主、维护共产党在抗日民族统一战线中领导权的坚定立场，为一二〇师各部队在同日伪顽的复杂斗争中，保持思想和行动的一致，提供了保证。

临汾会议之后，1 月 13 日，贺龙与朱德、彭德怀、林彪、刘伯承从洪洞县出发去河南洛阳，参加蒋介石召开的第二战区将领会议。会议是 1 月 15 日开始的。1 月 17 日，蒋介石单独会见了参加会议的八路军将领。

关于这次会面的具体情况，尚未发现正式记载，只能从贺龙返回晋西北以后，和一些领导干部零星谈过的情况中窥见一斑。

蒋介石在一间不大的房间里分别会见了他们。

蒋介石先询问贺龙关于一二〇师的部署和情况，接着问："现在部队装备情况好吗？"贺龙说："装备很差啊！枪都是秃的（指没有刺刀——作者注）我们在塞外，天气很冷，军官士兵都没有皮大衣，没有反帽，子弹也少得很。"蒋介石点点头说："喔，困难不少。"过了一会儿，他突然转换了话题问贺龙："民国十六年，你为什么好端端的军长不当，去参加共产党的南昌暴动？"贺龙爽直地回答："我和委员长政见不同嘛！"

话语不多，落地有声，明确地道出贺龙与国民党、蒋介石分道扬镳的缘由。

蒋介石一时语塞，彼此沉默。为了打破僵局，蒋介石说："过去的事算了。"接着他装出关心部下的样子问："你家里可好？"贺龙冷冷地看了蒋介石一眼回答说："我家的房子被烧了，家里的人被杀光了。"这个回答，出乎蒋介石之所料，一时十分尴尬。愣了片刻，蒋介石把脸一沉说："喔，我知道，你是老革命。"接着，蒋介石以领袖的口吻说了些要抗战到底之类的话，把这次会面敷衍了过去。

洛阳会议结束后，彭德怀有事要见周恩来，去了武汉。朱德、林彪、贺龙、刘伯承同国民党军驻晋将领一道坐火车到潼关，转道风陵渡返回山西。

在车上，遇到了国民党军第三十五军第一〇一师师长董其武。贺龙与他初次见面，风趣地对董其武说："你是一〇一师，我是一二〇师。咱们真是兄弟部队呀！"董其武笑着点头，并问道："贺师长，委员长同你们见了面，同你们谈些什么？"贺龙把手中的烟斗一摆说："嗨，他是肤皮潦草，谈不出什么国家大事。"并且马上改变了话题，问董其武："董师长，你是山西哪个县的呀？""河津县。黄河边上。""嗨，你家是河津的名门望族吧？""哪里，哪里，小弟出身贫寒。"董其武告诉贺龙：他家里很穷，小时候家里借了债还不起，父亲只好去给人背炭，母亲把最小的弟弟送给了别人，自己去当了奶妈。贺龙听完后说："你出身好嘛！不知道剥削，就不懂得革命。"一路上，两人谈得甚为投机。

几天以后，贺龙在八路军总部开完华北军分会会议返回晋西北，路过董其武部驻地离石县大武镇。董其武得知后，亲自出迎，请贺龙在大武镇住两天。

贺龙生性好交朋友，还想对董其武做点统战工作，因此慨然答应。董其武设专宴为他洗尘。还请了正在离石的战动总会主任、爱国将领续范亭和战动总会武装部长程子华作陪。

吃饭时，贺龙笑着说:“今天，咱们吃的是国共合作饭，要吃好啊，不要抢。”一语双关。董其武、续范亭、程子华皆心领神会，满座笑声不已。

席间，董其武问贺龙：“你们八路军为什么打仗那么勇敢，那么坚决？看看我们国军，一碰到日本鬼子就垮，这是为什么？”贺龙说:“我们是共产党领导的嘛！连队里有共产党支部，班里有党员。为什么打仗，怎么打法，都给讲得清清楚楚。打仗前，大家要开会讨论一番，弄明白了，自觉自愿往前冲，所以，我们打仗，敌人连我们的一双草鞋也捡不着。”这次会面，给董其武印象很深，经久不忘。

贺龙在洪洞县参加华北军分会会议期间，上海抗日救亡演剧第一队、西北战地服务团等几个抗日文艺团体来到了八路军总部，慰问八路军将士。丁玲、刘白羽、欧阳山尊、贺绿汀、崔嵬、塞克等都在这里。他们为贺龙那充满浓郁传奇色彩的一生所吸引，千方百计要找他采访。贺龙历来愿意与文化人交朋友，听说演剧队想找他，不请自来，主动登门。他看过演剧一队的演出，所以一见面，他就拿出个小本子，问道：“你姓什么？”“噢，你在戏里演的是那一个角色吧？”这些文化人，没有想到贺龙这样的高级将领竟如此平易近人，一下子彼此的距离拉近了。他们围了上来，七嘴八舌地问这问那：有的征求对戏的意见，有的询问八路军打仗的情况，有的问一二〇师的历史。贺龙一一详细作答，还拿出一张山西省地图，把一二〇师在前线作战的地方指给他们看。刘白羽说：“我们想请你谈谈两把菜刀闹革命。”贺龙哈哈大笑说：“那有什么好说的嘛！”可是，他还是绘声绘色地讲了他那段不平凡的经历。贺龙知识丰富、见多识广、谈笑风生、诙谐风趣，使这些文化人折服不已。贺龙利用这个机会鼓励他们到敌后去，到八路军里来，特别欢迎他们到晋西北去。他说：“你们到一二〇师来吧。部队里许多故事可以编成戏演的呀！你们不来，我可要来拉你们了。”

第四节　连克七城

1938 年初，日军将战略进攻的重点移往徐州。驻晋南的国民党军企图乘机反攻太原。八路军总部指示一二〇师破袭同蒲铁路崞县至阳曲段，配合友军作战。于是，贺龙领导一二〇师主力展开了一场颇有声势的同蒲铁路破袭战。

为了有效地指挥这一战役行动，贺龙将师部分成两个梯队：由萧克、关向应组成野战司令部，前出同蒲路，指挥破袭战；贺龙坐镇岚县统筹全局。

这时，正值隆冬季节，晋西北冰天雪地，寒冷异常。要在这样的天气里组织大部队作战，困难甚多，而且，日军为了维护同蒲路的畅通，投入了较多的兵力。贺龙还接到报告说，有两千多日军新从阳曲开到原平，有攻击在崞县以西的三五九旅的迹象。因此，在研究破袭计划时，贺龙说：你们到达同蒲路后，先别急于组织攻击，可以一面做群众工作，侦察敌情；一面寻找战机。出现了有利时机，再组织战斗。萧克表示同意，并说，到同蒲路后，先弄清情况再做定夺。但是，六七天以后，贺龙得知崞县、原平、忻县一线的日军主力已经南调阳曲、太

1938 年贺龙在山西岚县

原，目前，这一带兵力并不多，各个据点里只有百十来人，最多的也只有四五百人。两千日军开到原平的情报是失实的。根据这一情况，贺龙敏锐地感到这是个有利时机，必须及时、迅速集中主力，袭击一两个据点，以切断同蒲铁路。自己原来的决定不符合战场实际，应该迅速改变。他急电在忻县莲寺沟的萧克、关向应，提议立即向忻县以南、阳曲以北地区发动攻势，“占据其一二据点，消灭其一部，并引诱敌之增援，在运动中消灭其增援部队”。还指出，这次作战的基本目的是袭占忻县以南的平社车站，破坏铁路，并相机袭击忻县关城镇、石岭关、青龙镇之敌。

在前线的萧克、关向应赞同贺龙的作战意图，迅速将一二〇师两旅主力调集到忻县—阳曲以西地区进行战斗准备，2 月 18 日，发起了攻击。

三五八旅七一五团率先在忻县黄岭村伏击了从平社往高村的火车，毙伤日军 50 多人，但因受地形限制及平社敌人增援，未能将敌全歼。22 日凌晨，三五九旅七一七团袭击平社车站。刘转连团长指挥所部利用黎明前的黑暗掩护，秘密接近车站，用手榴弹给敌人来了个突然袭击，歼敌 60 多人。由于有的营动作不坚决，战至拂晓，未能解决战斗，乃主动撤离。

战斗一打响，在岚县的贺龙坐不住了，23 日赶到莲寺沟。当晚，他就到七一七团，指示他们迅速总结战斗经验，鼓励他们再接再厉，重攻平社，把车站拿下来。贺龙对战士们说：“现在天天传八路军打胜仗，就是看不到活的俘虏。你们这回再攻平社车站，少缴几支枪不要紧，一定给我抓几个俘虏回来，看看他们还骄横不骄横。我就不相信鬼子就那么厉害，抓不住他。你们就抓他个活的。有人说，抓住的鬼子都不走。不走？你就抬起他走，怕他不来？”贺龙的话引得战士们发出了一片笑声。师长亲自深入前线，大大鼓舞了部队的斗志。

当夜，王震指挥三五九旅再袭平社。日军退往忻县，七一七团占领平社车站。24日晚，一鼓作气，攻占关城镇，捉了十来个俘虏。有的真是被捆起来抬下战场的。

27日，阳曲日军700人，乘火车到达高村车站，下车后，立即向北推进，企图重占平社。在东西河庄，与贺龙事先部署在这里的三五八旅七一六团相遇，激战半日，形成对峙。贺龙对张宗逊说："把七一五团调上来嘛！你舍不得什么？要赶快解决战斗。"张宗逊急调七一五团于下午4时赶到东西河庄。黄昏，两个团同时发起攻击。激战两小时，将日军击溃，并追到20里以外的高村车站。这一仗，毙伤日军90余人，俘虏1人。

这样，10天之内打了4仗，破坏铁路10余公里，拆毁桥梁8座，攻占了平社、田庄车站等7处据点，切断了忻口至阳曲的交通线，完成了破袭同蒲路的任务。

同蒲路破袭战还没有打完，1938年2月20日，贺龙得到消息，日军一部侵占了离石县军渡，一部进攻保德城。日军的这一动向意味着什么呢？贺龙在莲寺沟召开会议，分析形势，研究对策。会议认为，日军可能有两种企图：一是扫荡晋西北，截断一二〇师归路，把一二〇师挤出晋西北；二是企图进攻陕甘宁边区，因为有一路已经占领了黄河渡口。贺龙说：不管哪种可能，我们都要马上返回晋西北，"我主力在同蒲路的任务已经完成，应按形势转移"。他下令三五八旅两个团移往离石、碛口，防止日军渡河西犯陕甘宁边区；三五九旅的两个团去岢岚以东待机；师部返回岚县。

2月28日，大雪纷飞，贺龙率部冒雪向晋西北腹地转移。

此时，北面的日本驻蒙军第二十六师团黑田旅团的竹下联队已侵占偏关、河曲；千田联队袭占宁武、侵入神池后，兵分两路，一路夺取保德，并派出200余人渡黄河进入府谷，一路由三岔直取五寨。南面的日本华北方面军第一〇九师团占据离石，一部进至黄河东岸的军渡与碛口，炮击八路军留守兵团河防部队，摆出一副将要渡河进攻陕甘边区的架势；一部侵占岔口、古交、河口地区，并向娄烦进犯。3月2日，毛泽东电告贺龙："照贺、关已定部署，以一个旅攻击由五寨向临县进攻之敌；以一个旅星夜起程至离石以北，攻击碛口、军渡两股敌人，阻其渡河之部队。如敌突破河防攻绥德，须以一个旅过河，配合河西部队消灭该敌，保卫延安。"

其实，日军的真实意图是要占领晋西北各县，逼迫中国军队退出山西。3月2日，千田联队长调回侵占府谷的200余人，集中主要兵力进攻五寨和岢岚；军渡、碛口之敌也突然东返离石，转而向北进犯方山、临县。

毛泽东立即看到了这一点，他电告贺龙：敌人企图压迫我们渡河的情况已明。目前重点在于坚决击破正面静乐、方山、五寨三点的敌人。张宗逊旅不必再去离石，应集中兵力，打击这三路敌人中的一路或二路，以破坏其围攻计划。

这时，贺龙已回到岚县，接到毛泽东指示，即决心集中国共两党在晋西北的全部兵力，将日军赶出去。贺龙一面急令张宗逊改变行动计划，迅速率三五八旅北上；一面去拜访在晋西北的国民党军将领。

当时，在晋西北地区驻有四支国民党军，即赵承绶的骑一军，驻静乐；郭宗汾的第七十一师，驻岚县东村；傅作义的第三十五军，驻临县；何柱国的骑二军，驻偏关以北。可是，在日军进攻的时候，除第三十五军对侵犯方山、临县、娄烦的敌人稍做抵抗之外，其他的都避而不战。粉碎日军的进攻，要不要同他们协同作战呢？有人认为，日本鬼子一来，他们就跑，还跟他们协同什么？贺龙不同意。他认为，对于友军就要主动团结。他们不想打，要想办法把他们推上抗日战场，这也是统一战线问题。他说："我主张联合旧军一起来打。他不干，就拉起他来打。我们要把赵承绶、郭载阳（即郭宗汾）统一过来。"因此，一到岚县，贺龙先到东村去见郭宗汾。见到郭宗汾，贺龙就说："这次我们一起来打。我推赵承绶军长当总指挥，你看如何？"郭宗汾说："贺师长，你看，我的一个师连自己的一个炮兵营都不能掩护，我怎么打？"

贺龙又到静乐去找赵承绶，一见面，赵承绶向贺龙做了两个揖说："啊呀！贺师长，你可回来了。你们再不回来，我也要走了。"贺龙说："赵军长，你不要走。你当总指挥，我们一起打。有一个月的工夫，便可以恢复北边了。"赵承绶说："贺师长，我 100 个骑兵，只能抽出 30 个人去打仗，要 70 个人看马。我怎么去打？"贺龙说："赵军长，我们都驻在晋西北。这个时候要同舟共济，不能一走了事啊！"

最后，赵承绶、郭宗汾总算同意在一起商量一个作战计划。3 月 9 日，赵、郭来到岚县，同贺龙、关向应、萧克开会，订了个计划。这个计划规定：七十一师一个旅佯攻岢岚；一二〇师主力位于五寨、岢岚大道以东适当地点，以一部在大道以西打五寨可能增援之敌；骑一军置于神池、五寨之线西北，打击神池、五寨间来往之敌；战动总会游击队在保德、三岔一带活动，归一二〇师指挥。然而，赵、郭两人皆无真实抗敌之意。战斗一打响，赵承绶派两个炮兵连带了两门山炮来配合一二〇师，在神池、五寨以西也派了一点兵，应付差事。郭宗汾则推三推四,一兵未发。贺龙后来感慨地说："赵承绶算是统一过来了，郭载阳就没有统一过来。"他非常窝火。在这种情况下，这一次反围攻只能靠一二〇师自己了。

贺龙决定，这次战役从打岢岚开始。为什么呢？原来贺龙回到岚县后的第三天，即 3 月 5 日，王震率三五九旅两个团到达岢岚地区。此时，贺龙同赵承绶、郭宗汾尚未谈妥，作战计划未定，但是，贺龙不失时机地先走一步，命令王震立即把岢岚城围困起来，加强侦察，摸清敌情。几天以后，王震向贺龙报告，岢岚城驻有千田联队的一个大队和部分骑兵、炮兵及工兵，大约有千把人。由于侵占时间不长，防御设施尚未完备。岢岚城四面环山，城内没有水源，一切生活用水都取之于南门外的一条水沟。贺龙想：这倒是个可利用的条件，只要控制住城四周的高山，把敌人困在城内，他们断了水，便无法死守，一定得出城他去。只要日军出了城，仗也就好打了。因此，他做出了先打岢岚的决定，命令三五九旅加紧围困，切断水源和交通，逼敌出城。

7 日，三五九旅七一七团一举夺取了日军在城南和城东的警戒阵地；战动总会游击队占领了城西高地，敌人的水源及交通全被掐断。七一七团又日夜不停地对岢岚进行袭扰，把日军弄得疲困不堪，惊恐异常。10 日下午被迫弃城逃走。王震当即下令追击，在运动中消灭日军。可是，日军跑到三井镇就据镇而守了。贺龙对王震说：夜袭三井，不要让他喘息！于是，七一七团和七一八团二营连夜攻击三井，从东南和西面突入镇内。日军拼死抵抗至 11 日清晨窜往五寨。这次战斗，歼灭日军 200 余人，收复了岢岚城，首战告捷。

下一个目标是五寨。五寨，城池坚固，且与义井、三岔两个据点互为犄角，易守难攻。如何夺取五寨，指挥部里出现了两种意见：有的指挥员认为，三五八旅、三五九旅都已兵临城下，我军气盛势优，应当一鼓作气，迅速进攻五寨城。贺龙认为，敌人固守坚城，火力也很强，我们虽有赵承绶的两个炮兵连支援，却只有两门山炮，火力有限，只靠人爬是爬不进去的，强攻，要吃大亏。他主张绕过五寨城，袭敌侧后，撼其纵深，截断联络，把日军诱出城来，相机歼灭。这样，取胜把握大，也便于发挥八路军打游击战的特长。经过深入讨论，终于统一了看法，决定用部分兵力围困五寨，而将大部兵力集中于五寨、神池之间，切断交通运输，打击增援，逼敌退出五寨。具体部署是：用一个营和战动总会游击队伪装主力围困五寨城；将三五九旅和三五八旅两个旅的主力分别置于五寨西北和东北通往三岔和义井的大道旁，孤立五寨。

三五八旅奉命于 16 日冒风雪越过五寨东北的高山峻岭，在义井以南虎北村、山口村地区与从神池南下增援的日军 1000 余人遭遇，经六小时激战，歼敌 300 余人，并追击逃敌至义井镇附近；三五九旅在三岔以南将前来增援的 200 余日军骑兵打垮，切断了五寨日军与其主力的联系。五寨日军陷于孤立无援境地，五天后弃城逃跑。袭敌纵深的战术取得了成功。五寨收复，使侵占保德、偏关、河曲的竹内联队翼侧暴露，一二〇师的警六团等部队以及战动总会的游击队奉贺龙之命不断袭击，敌供应困难、疲于应付，处境日益不利，被迫逃往朔县。

贺龙抓住时机，命令王震、张宗逊打击义井、三岔两个据点。三五九旅切断了义井北面的道路，义井日军三个大队 29 日向神池撤退，三五八旅乘机在凤凰山附近进行伏击，歼敌 300 余人，跟踪追击，直抵神池城下。日军又逃往朔县，神池收复。

此刻，进入晋西北的日军大部分已被肃清，只有千田联队长率领的 1500 多日军仍然占据着宁武城。贺龙认为，日军屡遭打击，千田可能困守宁武，坐待增援，以观局势变化。然而，从整个战役看，日军已经失利，敌人很难长期守下去。因此，贺龙主张再次集中兵力，把两个主力旅部署在宁武、阳方口之间，切断日军唯一的一条北撤之路。他命令三五八旅七一六团和三五九旅七一八团二营围困宁武。贺龙对七一六团团长贺炳炎说：鬼子如果弃城逃窜，你可以放行，让王震、张宗逊去收拾。他又命令三五九旅进到同蒲路东侧的石湖河，三五八旅七一五团进入宁武以北的斗沟村，在宁武通往阳方口的通路上布下一张网。贺龙指示：凡有来援者，一律给予坚决打击；千田北逃，则予以歼灭。

3月31日，驻朔县的日军600余人，在飞机掩护下，经阳方口南犯，企图接应宁武之敌突围。三五九旅在石湖河阻击援敌，打得十分激烈。千田联队长指挥500多人出城突围，妄图从穆查嘴、骆驼沟进攻三五九旅侧背，与阳方口援军会合。在斗沟的七一五团主动向东出击，与三五九旅夹击千田。日军拼命抵抗，战斗愈来愈激烈。打了整整一天，日军被歼300余人，千田本人被击伤，逃回宁武城。增援的日军前进不得，死伤惨重，也被迫退回阳方口。这一仗，使千田深感绝望，不敢再在宁武坐待增援，4月1日深夜，偷偷弃城北逃。一出宁武城，他便命令日军分成多路纵队悄悄地沿铁路逃往阳方口。八路军发觉后，立即追击。七一六团在石嘴子、七一九团在石湖河各歼灭日军一部。但是，由于31日激战终日，取得胜利后，有的部队过早撤离战场，给这张网留下了一个空洞，使千田得以率残部经阳方口逃往朔县。

至此，晋西北反围攻战役胜利结束。这次战役，贺龙等指挥一二〇师收复了宁武、神池、五寨、岢岚、保德、偏关、河曲7座县城，歼敌1500余人，缴获山炮1门，汽车14辆，步枪、机枪200余支，骡马100余匹。

收复七城的胜利，稳定了晋西北的局势，保障了陕甘宁边区的安全，扩大了中国共产党和八路军的影响，为创建晋西北抗日民主根据地创造了条件。4月10日，毛泽东发来贺电："九日电悉。努力奋战击破敌人整个进攻，取得伟大胜利，中央诸同志闻之极为兴奋。伤亡颇大，补充整训极为必要。抗大受训干部，虽因各方需要调出颇多，然月底毕业时，当可分配一个可观数目补充你们。望巩固内部团结，加紧整理训练，争取新的胜利，配合友军，造成巩固的根据地，坚持华北抗战，在全国抗日战争中完成自己的战略任务。"

毛泽东所说的"伤亡颇大，补充极为必要"，是指一二〇师在同蒲路破袭战和收复7城战役中，行军千里，大小战斗10余次的伤亡情况。贺龙、关向应、萧克在4月9日报告中说："这次战役伤亡数目：三五八旅为580名，三五九旅为897名，宋支队47人，警六团39人，总计此战役全师伤亡1563人。"七一七团政治委员等6名营以上干部英勇捐躯。这充分反映了贺龙指挥下的一二〇师全体指战员为了国家民族不惜牺牲一切的英雄气概。

第五节 向东向北发展

作为抗日根据地，晋西北有自身的特殊情况，国民党在晋西北的军队，在数量上较八路军多得多。阎锡山在晋西北设有第二区和第四区行政督察专员公署代行国民党省政府的职权，直接委派县长。阎锡山还在晋西北普遍建立了反动的群众组织"公道团"。这样，在晋西北就形成了一个复杂的局面。对此，在1938年12月召开的一二〇师团以上干部会上，贺龙、关向应有一个概括的分析："（1）群众团体与社会团体的力量方面，我们占优势；（2）军事方面，我们是骨干和模范；（3）政权方面阎占优势，这是主要的；（4）军事与政权结合上，阎占优势。”在这样的形势下，要巩固和建设晋西北抗日根据地，关键在于正确贯彻抗日民族统一战线，坚持独立自主原则，不断壮大人民的抗日力量。这一点，贺龙、关向应思想上十分明确。他们的做法是：一方面主动与晋绥军及其他国民党军进行合作。在作战行动上，经常保持与傅作义、赵承绶、郭宗汾、杨爱源等国民党军高级将领的接触。只要有机会，贺龙便主动前去拜访。通过协商，争取互相协同。在政权问题上，则尽量避免与之发生摩擦。另一方面，也是最主要的，是放手推动和帮助战动总会、牺盟会等抗日团体充分发挥它们在统一战线中的作用，办一二〇师不宜出面办的事，大力发展抗日力量。

在战动总会中，共产党、八路军派有代表，在战动总会内建立了高级党团。党团书记是担任战动总会武装部长的程子华。他说：“我任党团书记，直接接受中共中央、北方局和华北军分会以及一二〇师贺、关领导。”1938 年 3 月，战动总会迁驻岚县以后，贺龙、关向应对战动总会的领导就更直接了。

贺龙、关向应主要是推动和帮助战动总会中的共产党员，积极贯彻中国共产党全面抗战的路线，发展中国共产党领导下的抗日力量，在创造和建设晋西北根据地上起重要作用。在这方面，贺、关尤为重视这样几件事：

第一是在晋西北协助建立中国共产党地方组织和抗日民主政权。在当时，中国共产党各级地方组织是不公开的，一二〇师不便直接出面从事这一工作。贺龙、关向应就充分发挥战动总会的作用，在晋西北各地建立县、区动委会，将中共县、区委设在动委会内。有的县或区的动委会主任，同时就是中共县、区委书记或部长。这样，晋西北的建党工作就比较顺利地展开了。控制地方政权，阎锡山有他的一套办法。许多村长都进过阎锡山办的训练班，毕业时阎同他们一起照相，并送给每人一张阎签名的照片，约好每周直接通信，向阎报告情况。这些地头蛇对阎锡山非常忠实，往往成为发展抗日救亡运动的阻力。动委会成立以后，立即发动群众，改选村长，改造旧政权。改选的村长不一定都是共产党员或进步分子，但至少也不是阎锡山训练的人。这样一来，阎锡山那套统治办法不灵了，抗日民主政权的建设就有了可能。当时，阎锡山派到晋西北的两个专员，一个叫武灵初，一个叫张隽轩。这两个人都是秘密的共产党员。贺、关和战动总会就通过他们撤换了一些不抗日的反动县长，尽可能地使晋西北一些县级政权掌握在进步人士手里，为建立起真正的抗日民主政权准备了必要的条件。

第二是动员群众，支援抗日战争。“招兵买马”，壮大抗日武装，这是贺龙一直坚持的主张。他认为，人民的抗日武装得不到壮大，就谈不上抗日，也谈不上坚持和扩大统一战线，在晋西北尤其如此。一二〇师东渡黄河以后，贺龙立即指示各旅派出干部深入各地，发动群众，扩大抗日武装。来到晋西北以后，贺龙又极力推动战动总会把动员农民参军、补充抗日部队作为他们主要任务之一。1938 年 4 月，收复七城以后，战动总会在主任续范亭主持下，在岚县召开了动员新兵的各界联席会议，决定动员 1.3 万人。晋西北人口稀少，要动员这样一个数目的新兵并非易事，但是由于共产党、八路军影响的扩大，战动总会充分发挥自己的宣传组织作用，动员的新兵大大超过了计划。据1939年7月战动总会的一份材料记载，那一次，在晋西北共动员新兵28180人。这些新兵，除补充给一二〇师、新军（山西青年抗敌决死队、工人自卫旅和战动总会游击队）以外，为了团结友军共同抗日，经贺龙为首的军政委员会批准，也补充了一部分给驻晋西北的国民党军。

第三是建立大量抗日游击队，广泛开展游击战争。战动总会除指挥由太原工人组成的工人武装自卫总队（后改称工卫旅）以外，还建立了2.1万多人的游击队。这些武装，阎锡山开始是不承认的。共产党、八路军却给予全力支持，抽调干部到其中工作。贺龙也从一二〇师调了不少干部去各游击队担任领导职务。1938年战动总会的游击队大都来到了晋西北。贺龙很重视这些部队的建设，想方设法在实战中锻炼提高他们。在晋西北的大小战斗中，贺龙都主动让他们配合一二〇师作战，提高其战斗力。1938年6月，贺龙在派出部队开赴大青山地区时，亲自批准战动总会游击第四支队加入大青山支队前去绥远，为建立大青山根据地建立功勋。到了1938年8月以后，战动总会的游击队就直接归贺、关指挥了。

由于充分发挥了战动总会这样具有广泛群众基础、有合法名义的统一战线组织的作用，在极为复杂的情况下，晋西北的建党建政工作生气勃勃地开展起来。尤其是在收复七城以后，晋西北根据地稳定了，各项工作发展很快。贺龙曾经高兴地说："地方工作开展，群众都起来了，到处挂起了统一战线的旗帜。"但是，阎锡山联共并非真心，抗日也不坚决。1938年初，他已经感觉到晋西北将不是他的天下，便积极扩张晋西北的顽固势力，利用他的军队和行政机构同共产党、八路军相抗衡。他用杨集贤换掉武灵初，当了第二区行政督察专员。杨集贤是左云县的大地主、第六集团军总司令杨爱源的外甥。他当专员以后，不仅战动总会再也无法调换县长，而且不给八路军和游击队供应粮食，即使用钱去买，也不准群众卖给。贺龙曾在一次群众大会上愤怒地申斥说："八路军要抗日，要打仗，不筹粮、不筹款、不征兵，那怎么行？难道要困死八路军，饿死八路军吗？"1938年4月，阎锡山又派出了所谓"敌区工作团"到晋西北，撤换进步县长，争夺县级政权，制造摩擦。这样，晋西北的局势就变得更为复杂，斗争也逐步尖锐化。为此，贺龙、关向应、萧克向中共中央报告，反映晋西北的情况，并提出建议说："我们认为，我们（如）能有代表随阎周围，可能随时将我们的意见传达给阎。"这个建议，在阎锡山尚未公开降日反共的情况下，对缓解国民党在山西搞摩擦，巩固抗日民族统一战线，是有价值的。1938年8月22日，朱德从西安赴延安，途经洛川，转道吉县古贤村与阎锡山会晤，经商定，设立了第十八集团军驻第二战区长官部办事处。

收复七城以后不久，即1938年4月18日，毛泽东致电贺、关、萧，要求他们派员调查平绥铁路丰镇、集宁、天镇以北的兴和、商都、康保、新民、陶林、武川及张北地区，意欲在那里建立抗日根据地。贺龙立即电令在雁北的宋时轮迅速设法深入调查。4月22日，宋时轮来岚县向贺龙、关向应报告调查结果。他认为这一带村庄疏落，人口稀少，粮食缺乏，不适宜进行大的游击活动，建立根据地困难较大。贺龙、关向应、萧克等经过认真讨论，认为在怀安、涿鹿、阳原一带建立游击根据地比较适当。贺龙说：其好处在于背靠晋察冀边区，向东可以往冀东，向东北可进入察哈尔东北和热河南部[①]，机动性大。贺龙将这一意见报告中央军委，请毛泽东、朱德、彭德怀定夺。

5月14日，朱德、彭德怀下达命令：宋时轮部迅速东进，与邓华部会合，组成八路军第四纵队，在冀东、热南、察东北创建抗日根据地，并指出，为顺利完成此任务，"首先应以怀柔、密云、平谷、三河、顺义为中心，发展与组织群众，向平绥与北宁路发展"。显然，朱、彭的这个决定，是考虑了贺、关的建议和当时冀察热边区的情况做出的。宋时轮奉命率所部两千余人于5月25日到达平西斋堂、杜家庄地区与晋察冀军区邓华支队会合，并于6月初挺进冀东。

5月20日，八路军总部又指示：三五九旅去应县、浑源、阳原、蔚县一带开辟抗日根据地，相机袭扰同蒲路和平绥路并和晋西北、晋察冀军区联系。此时，王震正奉命在阳曲、崞县间的同蒲铁路沿线破坏交通、袭击敌人，牵制日军向徐州正面战场增援。接到朱、彭指示，贺龙星夜由岚县赶到三五九旅旅部上阳武，召集营以上干部会议，传达总部命令，进行思想动员。贺龙在会上说，开辟桑干河两岸，不仅对巩固和扩大晋察冀根据地意义很大，而且直接威胁热河、察哈尔，增加鬼子的后顾之忧，钳制其兵力，这是你们的光荣任务。贺龙简要地总结了收复七城战役的经验教训，表扬了三五九旅的英勇顽强，也批评了他们在收复七城中干部伤亡过多。他指示，战斗中一定要注意保护干部，保存有生力量。他说："你们一定要注意，我们八路军打仗要打得活、打得巧，不能硬拼嘛！"

5月28日，王震告别贺龙，率三五九旅开往桑干河流域。6月初，三五九旅进入蔚县、广灵、浑源、灵丘、涞源地区，一面肃清土匪，安定社会秩序，发动群众，协同战动总会建立雁北地委和各县抗日政权；一面开展游击战争，连续袭击大同东南和平绥铁路上的敌伪据点，开辟了以浑源、广灵、灵丘、涞源为中心的抗日根据地，在晋察边界区域打开了局面。

在贺龙组织宋时轮和王震部向东扩大抗日根据地时，毛泽东又发出指示说："在平绥路以北沿大青山建立游击根据地至关重要，请你们迅即考虑此事。"

大青山地区的重要性，贺龙、关向应早已注意到了。他们对于八路军进入敌后战场，乘敌尚着意于正面战场之机，向北、向东发展的重大战略意义，也有深刻认识。早在1937年11月间，在绥远工作的共产党员杨植霖曾专程到五寨面见贺、关，向他们报告绥远被敌人侵占后的情形。贺龙曾经详细询问过那一带的具体情况，并且提出：能不能把当地武装调到晋西北来整训，增加一些新成分后，再回去打游击。次年4月间还将对大青山地区调查所得情况向毛泽东作过报告。

接到毛泽东的电报，贺龙和关向应、萧克、甘泗淇、周士第详细讨论了这个

① 察哈尔、热河都是当时中国的省名。察哈尔东北，热河南部即今河北省北部和内蒙古自治区中部。

问题，他们认为，大青山东西绵延 700 余里，南北宽 100 余里，面积 2 万多平方公里。南麓连接土默特川平原，北麓接乌兰察布草原，与蒙古邻近。平绥铁路在大青山南麓通过，连接归绥（今呼和浩特）、包头、集宁三个重镇。大青山地区，从战略上看，是通往大西北和陕甘宁边区的北部门户，又靠近晋西北抗日根据地北翼，地位甚为重要，所以中央甚为重视。他们立即组织力量再次对大青山地区的现状进行调查。6 月初，贺龙、关向应等将调查情况和他们的看法向中共中央军委和八路军总部做了报告。

6 月 11 日，毛泽东回电说：大青山脉的重要性如来电所述，该地区派何种部队、何人指挥及如何做法，由你们依据情况处理。朱德、彭德怀决定，去大青山的部队由一二〇师派出，归贺、关指挥，并且根据毛泽东的有关指示，建议由三五八旅政委李井泉率队前往，其他事项由贺、关、萧决定。贺龙、关向应、萧克立即决定组织大青山支队。李井泉任司令员，三五八旅参谋长姚喆任参谋长，三五八旅七一四团政委彭德大任政治部主任。支队主要武装是王尚荣、朱辉照率领的三五八旅七一五团。贺龙提议，请战动总会派出一支武装力量，同去大青山。关向应认为，为了创建根据地，战动总会亦应进入大青山开展工作，建议战动总会派一部分干部随队前往。战动总会很快确定由该会动员分配部副部长武新宇率一批干部和由刘墉如率领的由太原成成中学师生组成的第四游击支队前往绥远。他们的意见经贺龙、关向应批准以后，大青山支队随即组成，全支队共 2300 余人。

9 月初，李井泉等率一二〇师大青山支队冒着酷暑北上，下旬由晋北进入绥远。他们按贺龙、关向应指示，在凉城地区留下一个营依托蛮汗山建立绥南根据地，以保障晋西北与大青山区的联系，主力越过平绥路于 9 月初抵达归绥、武川、陶林、集宁地域，开辟绥中根据地。9 月下旬支队主力进到归绥、武川公路以西，打击了包头以北和平绥路上的敌伪据点，展开创立绥西根据地的斗争。从 9 月到年底，大青山支队共进行大小战斗百余次，歼敌 2000 余人，粉碎了日伪军的 4 次围攻；建立了自己的骑兵，增强了机动性；从 1938 年 12 月开始剿灭匪患，到 1939 年 2、3 月间，初步肃清了当地的土匪，镇压了罪大恶极的汉奸，安定了社会秩序；开展了建党、建政和组建地方武装的工作。由于正确贯彻执行了中国共产党的全面抗战路线和方针政策，扩大了共产党的影响，博得了广大蒙、汉人民群众的拥护，大青山支队在塞北站稳了脚，绥南、绥中、绥西三块游击根据地初步形成。

贺龙率一二〇师东渡黄河的一年多来，高举抗日旗帜，转战敌后，作战 500 余次，毙伤敌伪军 2 万余人，不仅有力地配合了正面战场的作战，而且在极为困难的情况下，开辟了晋西北、绥远和晋察边界地区抗日根据地，壮大了人民力量，为坚持华北抗战做出了重要贡献。

第十一章　挺进冀中

第一节　受命东进

1938 年 9 月中旬，贺龙、关向应、萧克到达延安，参加中国共产党扩大的六届六中全会。

这次会议是在抗日战争即将进入相持阶段的重要关头召开的。毛泽东做了《论新阶段》的政治报告，提出了“巩固华北，发展华中”的战略方针。会议期间，中共中央军委毛泽东、王稼祥、朱德、彭德怀除听取贺龙、关向应、萧克有关大青山游击根据地急需解决的若干方针政策问题的汇报外，又同他们讨论了一二〇师怎样贯彻“巩固华北”的方针问题。

鉴于日军逐渐从正面战场转移其主要兵力打击八路军、新四军，将重点置于华北，并且制定了在华北先取平原、后取山区的方针，中共中央决定，在华北主要是巩固已经建立起来的抗日武装，以便在相持阶段中战胜敌人的残酷进攻，坚持已有的根据地。据此，中共中央军委决定，八路军三个师的主力，分别进入冀中、冀南、冀鲁豫边平原地区和山东，协同各地党领导的抗日武装，开展游击战争，巩固和扩大抗日根据地。会议期间，在毛泽东听取贺、关对于“巩固华北”的意见之后，有一天，王稼祥、彭德怀来到贺龙、关向应、萧克的住处，向他们传达中共中央军委的决定。彭德怀说：一二〇师贯彻中央“巩固华北”的方针是向东去，到冀中平原去。冀中那里没有八路军的主力。冀中的部队人数不少，但部队新，战斗力还不强，在敌人回师的时候，将会遇到很大困难，需要主力部队去帮助他们。一二〇师到那里去，自己也才能得到发展，那里人多呀！彭德怀还说：冀东斗争失败了。冀热察地方很大，可以很好地开展抗日游击战争，就用宋时轮、邓华的力量来搞。中央决定由萧克同志带一部分干部去组织冀热察挺进军，到那里创立新的根据地。带哪些部队去冀中，哪些人去冀热察，由你们讨论决定。

冀中，即河北省中部，位于平汉、北宁、津浦三条铁路和沧（县）石（家庄）公路之间，是华北平原的主要部分，平畴阔野，一望无际，滹沱河、子牙河、大清河、潴龙河贯穿全境。全区 39 个县，800 余万人，村镇密布，人口众多。“七七”事变之后，国民党军及各级政府弃地南逃。中共保属省委在保定失陷后，发动和组织抗日武装，建立了河北游击军。1937 年 10 月，在国民党军第五十三军第六九一团任团长的共产党员吕正操，拒绝国民党的南逃命令，于河北晋县小樵镇举义，改称人民自卫军，在中共保属省委领导下，与河北游击军一起开展游击战争，建立了冀中抗日根据地。这期间，冀中地区的抗日武装除了共产党领导的以外，还有地主豪绅、国民党流散人员及其他各式人员组织的队伍，成分比较复杂。1938 年 4 月冀中军区和八路军第三纵队成立后，情况有了很大变化，但仍有一些队伍只是名义上接受军区领导，而且游击战争和地方工作尚未充分开展，部队未经彻底整顿和严酷的战斗锻炼，当敌人残酷进攻的时候，要完成巩固和发展根据地的任务，领导上便感到力不从心了。冀中抗日根据地不仅威胁着日军在华北的大本营——北平，而且，同晋察冀边区的冀西地区形成了对平汉铁路的夹击之势，东边、北边，还威胁着津浦铁路和北宁路。日本侵略军将主要兵力转向八路军以后，必然会以重兵向冀中区大举进攻。冀中区没有八路军主力，将遇到很大的困难。中共中央军委考虑到这一点，决定派一二〇师主力到冀中完成三项任务：一、巩固冀中抗日根据地；二、帮助在冀中坚持斗争的八路军第三纵队；三、扩大自己。

六中全会闭幕以后，贺龙、关向应、萧克在延安开了两天会，专门讨论挺进冀中和组织冀热察挺进军的工作部署。11 月 25 日，中共中央下达了《对冀热察区工作的意见》，正式决定成立八路军冀热察挺进军，“派萧克同志前往工作，并成立军政委员会，统一领导军队及地方工作”。中央还决定，从延安拨出一部分干部给挺进军，“由贺、关、萧负责成立之”。

贺龙懂得，中共中央交给他们的是贯彻“巩固华北，发展华中”的战略中一项重要的任务，十分艰巨，不过，他很乐意接受。前几天，毛泽东就这个问题同他和关向应交换意见的时候，他就明确表示：“只要中央决定，我哪里都去。”愈是艰难的事，他愈想干，而且充满信心，这就是贺龙的性格。

这期间，贺龙还应鲁迅艺术学院的邀请，兴致勃勃地去做了一次演讲。他生动地讲述了敌后抗日战争的形势，八路军在华北战场可歌可泣的事迹，号召鲁艺同学和他一道到敌人后方去。他说：“你们要拿起文艺武器，为革命服务，为抗日服务，变敌人后方为抗日前线。我欢迎你们到一二〇师去。我们的战士需要文化人！”他的讲演在鲁艺师生中激起了强烈反响。学生们纷纷报名，要求去前方工作。当贺龙离开延安时，鲁艺文学系第一期毕业生中，就有二十多名男女同学自愿跟他一道到前线去。最使贺龙高兴的是，有两位“大文化人”也跟他一道去晋西北。他们是国内知名作家何其芳和沙汀。

贺龙对文化人历来有一种特殊的偏爱。从他们报名跟他去敌后开始，贺龙便决心设法把这批人留在一二〇师，因此，从延安回岚县，一路上，他几乎天天和鲁艺师生在一起。跟他们谈天说地，摆龙门阵，从感情上影响他们。贺龙平易近人、知识丰富、谈吐风趣坦诚，给这批文化人留下了极为深刻的印象。作家沙汀在 1939 年 10 月写的《随军散记》中记载了他的感受：“我想，不同群众接触，在他显然是不可能的。好在他的精力也容许他这样做。当我弄好住处，他又在和鲁艺同学们闲谈了。他的叙述生动而又恳切，还一面比着手势，一面眨着他那富有表情的眼睛。他知识广博，也是同学们喜欢向他发问的原因之一。不管你怎样的疑难，好像经他点醒，人们便无须把它搁在心坎上了。我们一直谈到天黑才分手，但半点钟后，我同其芳又同他围坐在一张矮小圆桌旁了。”从这位作家的记述中可以看出，短短几天，贺龙已经像磁石一样把他们牢牢地吸引住了。

这几天，贺龙心情特别好的另外一个原因，是在离开延安前收到了两份电报：一份电报报告 11 月 4 日张宗逊指挥七一六团和七一四团参加晋察冀边区的反围攻作战，在五台县滑石片伏击战中，歼灭日军一〇九师团蚊野大队 500 余人，缴获大量武器和军用物资。另一份说的是 10 月 28 日王震指挥三五九旅在广灵以南邵家庄地区歼灭了由蔚县去灵丘督战的日军独立混成第二旅团旅团长常冈宽治少将率领的 200 来人。由于这次战斗的胜利，蒋介石“传令嘉奖”了一二〇师。

回到岚县，贺龙便忙起来了。

从岚县到冀中，要越过两道铁路，无数个敌人据点，重重封锁线，困难不小，怎样才能做好思想上和组织上的准备？尤其是有一个重要问题需要统一认识：一二〇师去冀中，同时还要继续坚持晋西北的抗日斗争，怎么安排？几天来，贺龙同关向应、萧克、甘泗淇、周士第反复交换意见，取得了一致的看法。

12 月 11 日，贺龙等召开一二〇师团以上活动分子会议，传达了中国共产党六届六中全会精神，对一年来的工作进行了总结，部署和讨论了东进的任务。会议开了七天。其间，贺龙、关向应还召集旅以上干部会，着重讨论了一二〇师主力离开以后坚持晋西北根据地的各项工作安排。

贺龙、关向应都主张：去冀中的任务必须完成，晋西北根据地也要坚持，必须两者兼顾。贺龙说：晋西北的天下是我们打开的，晋西北根据地是我们东进的依托，不能丢给别人。要把三五八旅留在晋西北，让群众知道，我们去了冀中，一二〇师还在晋西北。会议同意贺、关、萧等商定的方案：由贺龙、关向应亲率三五八旅七一六团、七一五团两个营（留一个营在大青山）和独立一支队执行东进冀中的任务；三五八旅旅长张宗逊、政委张平化率三五八旅旅部、七一四团、独立一团（由独立二、三两个支队合编）、独立二团（由独立四支队改称）和警六团、独立六支队留在晋西北。贺龙、关向应还决定，中共晋西北区党委书记赵林、副书记罗贵波继续以一二〇师政治部民运部的名义，在贺、关走了以后，统一领导晋西北的地方工作。这个决定既考虑了挺进冀中的任务，又照顾了坚持晋西北根据地的需要，是有利于坚持敌后抗战全局的正确决策。后来的事实证明，三五八旅留在晋西北，不仅控制着华北与西北联系的枢纽，保证了中共中央同各根据地的交通，而且在阎锡山发动反共事变时，使八路军仍能处于主动地位。

当时，在晋西北的抗日武装还有以续范亭为司令，由战动总会游击队编成的保安司令部所属部队（后来改编为陆军暂编第一师）和山西工人武装自卫旅等新军部队。他们都是在共产党领导和影响下以统一战线组织的面目出现的抗日武装。战动总会武装部长程子华去冀中担任八路军第三纵队政治委员时，专程面见贺龙、关向应，详细汇报了战动总会所属武装的情况。他对贺龙说：“老总，我走了以后，这几支武装就由一二〇师指挥了。”因此，在这次会议上，贺龙、关向应特地分析了这些武装的情况，讨论了贺、关离晋之后，晋西北区党委如何处理与他们之间的各种关系问题。

续范亭，山西崞县人，早年是同盟会会员，参加了辛亥革命，后来担任国民联军第三军第六混成旅旅长及国民联军军事政治学校校长。1935 年 12 月因反对国民党政府的不抵抗政策，在南京中山陵剖腹自杀，以明其志，遇救未死。“西安事变”后，响应中国共产党的号召，回山西积极推动抗日救亡运动，担任第二战区民族革命战争战地总动员委员会主任。对于这样一位有影响的爱国进步人士，贺龙、关向应采取了全力支持的方针。他们要求晋西北区党委及三五八旅积极帮助战动总会的抗日武装，使其不断得到发展壮大。贺龙交代说：一定要帮助续范亭，使之成为我们与阎锡山合作的统一战线模范。

山西工人武装自卫旅是程子华帮助阎锡山的总工会负责人郭挺一组织起来的。这支部队的成员大都是太原的工人。共产党员康永和等已经在其中建立起了党的组织，秘密发展了党员。对于这样一支部队，关键在于对郭挺一采取什么政策。贺龙、关向应认为，我们的方针应当是“拥护和推动其进步，使其改变反共态度，与我们合作”。他们建议晋西北区党委积极做好团结郭挺一的工作，对其消极的一面，要进行必要的斗争。

贺龙还指出：一二〇师留在晋西北的部队同山西新军是兄弟部队的关系，我们走了以后，要在区党委统一领导下，团结协作。在作战指挥上，可由三五八旅统一协调。

这些意见，完全符合中国共产党的统一战线政策，实事求是，高屋建瓴，得到了与会者的拥护。

会议结束以后，贺龙立即命令紧急进行四项准备工作：（一）派师侦察连侦察忻县到阳曲之间铁路沿线的敌情，拟订通过同蒲铁路的具体计划。（二）由于部队缺乏平原作战经验，由司令部编写出平原游击战争若干问题的教材，供部队在行军空隙进行教育。（三）筹集、补充武器、弹药和粮食。他对一二〇师供给部长陈希云说：“从现在起，我管供给部，你要两天给我汇报一次。”（四）安置老弱病残人员，以保证东进部队精悍有力。贺龙强调，这些工作必须秘密进行，按期完成。

之所以要秘密准备，除了战争需要保守机密之外，贺龙还有一点考虑：根据国共两党协议，国民政府军事委员会向八路军三个师分别派驻了联络参谋，负责直接向蒋介石报告情况，沟通双方关系。驻一二〇师的联络参谋叫陈宏谟，是个挂上校军衔的四川人。贺龙想到，挺进冀中是中共中央新的战略部署，目的在于发展共产党、八路军的力量，巩固共产党领导的抗日根据地。目前，国民党内的投降势力正在同日本人勾勾搭搭。为了取得这一战略行动的胜利，在部队行动之前，必须瞒过这位联络参谋，所以，他下达了“秘密准备”的命令。这正是贺龙精细的地方。

出发前一天，陈宏谟才知道这件事，他很不满意地去找贺龙，问道：“师长，听说明天要出发？”贺龙笑着风趣地说：“明天一早就走。再这样老吃山药蛋、莜麦，连人都吃蠢了。”陈宏谟只好怏怏地走了。

作家沙汀、何其芳怕影响他们的写作计划不想到冀中去。贺龙却想把他们带走。他对沙汀说：“到了那边（指冀中）就是要继续搞晋西北的材料也不困难呀！随便什么人都可以告诉你。老甘、我，都行。到了铁路那边还少得了你的材料，比这里丰富！讲老实话，同志，我还想到关外去呢！”沙汀没有说话。贺龙凑近他说：“老沙，不要再提了吧，马都给你准备好了。”他让警卫员拿出钓鱼竿来给沙汀看：“这是我托人从河南带来的呢！你看，钓钩并不大，可是，二十来斤重的鱼也可以钓起来。将来好在松花江钓鱼吃。听说松花江鱼多得很呢！”后来，沙汀说：“接触到他那坚定愉快的性格以后，我的决心（指留在晋西北）已经动摇了……我再也说不出什么，我的决心已经总崩溃了。”沙汀、何其芳终于随贺龙去了冀中。这段小小的插曲，也反映了贺龙对于抗日战争的必胜信心，显示出他那种缜密、幽默和有极强的吸引力的性格。

12 月 20 日，贺龙、关向应、萧克发出了东进冀中的命令。22 日，大雪纷飞，寒风凛冽，贺龙、关向应率师直、七一六团、独立一支队和教导团从岚县出发了。同时，命令七一五团（欠一个营）从大青山前往冀中。萧克亦一同前往晋察冀边区。

1939 年 1 月 2 日，贺龙到达晋察冀边区的峪口村，稍事休息，即同关向应、萧克等去阜平会见八路军晋察冀军区聂荣臻司令员和中共中央北方分局书记彭真。

在此之前，中共中央给聂荣臻、彭真发了电报，指出：冀中区的中心任务是巩固现有武装部队，依靠群众力量，坚持长期游击战争，为此决定：一、派程子华带一部分干部去冀中。程子华任冀中军区和第三纵队政治委员；二、派贺、关率一二〇师主力去冀中，争取扩大一二〇师；三、一二〇师到冀中，可推动、影响当地部队正规化的进程，并指出，具体工作由贺、关与彭、聂商办。

贺、关去阜平是与彭真、聂荣臻会商一二〇师主力去冀中的具体事宜的。萧克则要听取彭、聂对于贯彻中共中央《对冀热察区工作的意见》的意见，以便做出具体安排。彭、聂、贺、关、萧一起讨论了一二〇师东进、北上中的一些问题。聂荣臻说：有红军老干部去，我们的游击战争、根据地建设可以开展起来了。他向贺龙、关向应介绍了冀中区的复杂情况。关于这次会见，聂荣臻有一段回忆：“一二〇师是 1939 年 1 月根据中央指示从晋西北来冀中平原的。来的目的是帮助巩固冀中抗日根据地和扩大部队。贺龙同志从晋西北进入冀西，在过平汉铁路前，专程到阜平来了一次。我们谈了一二〇师到冀中的任务，也谈到扩大问题，我对贺龙同志说，到冀中扩充部队，兵员是充足的。那个地方‘司令遍天下’，杂牌武装、联庄会多得很，希望你们多带一些去。一二〇师干部多嘛！容易把工作做好，把他们带离本乡本土，改造工作也容易些。贺总风趣地说：那我就不客气了。”

贺龙在晋察冀军区住了几天，7 日，与周士第、甘泗淇返回一二〇师驻地灵寿县陈庄，准备越过平汉路。关向应因为要参加中共中央北方分局会议，留在晋

1939 年 1 月，贺龙率一二〇师主力进抵冀中后受到群众欢迎

察冀边区。

经过周密的侦察和准备，贺龙决定：1 月 15 日黄昏，从新乐以南越过平汉铁路，进入冀中。为了行动方便，部队分成了左、中、右三个纵队。贺龙亲率中央纵队强行军 140 里，越过平汉铁路，16 日晨到达安国县邢邑镇贾村一带。由于情况了解准确，准备工作周密，行动比较顺利，只丢失了几匹驮马。19 日，贺龙率部到达冀中地区腹地安平县西南的东西辽城、子文镇一带。

第二节　威震平原

贺龙来到冀中时，这个地区的形势已经十分严峻。

日军大本营为了确保华北，从华中战场抽调了第十、第二十七两个师团回师华北，实施《一九三九年度治安肃正计划》，企图“对匪军反复进行机敏神速的讨伐”，“迅速肃清平地”，“全部摧毁匪军根据地”。从 1939 年 2 月 2 日起华北日军开始执行所谓的“南号作战”。日军以第十、第一一〇两个师团进攻平汉铁路东侧，第二十七师团进攻津浦铁路西侧，对冀中根据地进行夹击。在此之前，从 1938 年 11 月以来，日军已经对大清河以北、潴龙河以西地区进行过两次区域性围攻，侵占了雄县、霸县、安国、博野、蠡县五座县城，企图以此为基点，进一步分割冀中抗日根据地，驱逐八路军，扩大占领区。

在这样形势下，贺龙一到冀中，立即同甘泗淇云任丘县大王果庄会见冀中军区司令员吕正操、政治委员程子华、中共冀中区党委书记黄敬和已经调任的原冀中军区政治委员王平。这次会见，贺龙和吕正操都留下了深刻的印象。贺龙说：“记得那晚和吕正操谈话，还有程子华、黄敬、周小舟、王平，我说明我的任务有三条：第一条是补充点人，扩大一二〇师，因为晋西北人太少；第二条是帮助

1939年贺龙在冀中前线

你三纵队巩固部队；第三条是帮助冀中根据地。那一晚上，我们四个人睡在一个铺上……谈了很久，他（指吕正操）什么都扯。”吕正操说：“我和贺龙同志以前虽然未见过面，但是这一次一见如故。他一见面就风趣地说：‘你这个司令官不小呀！冀中的人口比陕甘宁还多两倍呢！’说得大家都笑了。”

在会见中，他们商定一二〇师休息几天后，即来河间县惠伯口与冀中军区领导机关会合。1月26日，一二〇师师部到达惠伯口，27日召开联欢会。老红军与新八路携手抗日，虽然30里外就有日军，会议却开得很热烈。先是聚餐，用脸盆装满饭菜，放在空地上，围成许多圈子，热热闹闹吃起来；后是开联欢会，

1939年贺龙在晋察冀。左起：黄敬、聂荣臻、吕正操、罗瑞卿、贺龙、关向应、舒同

贺龙、吕正操讲话之后，一二〇师战斗剧社和冀中军区独立四支队剧团演出了文艺节目。在冀中的一个日本人宫本幸一和刚从日军据点里逃出来的一个朝鲜族妇女也登台唱了几支歌。掌声、口号声此起彼伏。

贺龙的心情特别好，对此，沙汀有一段记述："他在人丛中站着，挂着六轮子，军帽掀高一点，神气活像一个刚从火线上下来久经战斗的老兵。他把我们介绍给军区联络部长。一转身，他又把我们介绍给了政治部孙主任；其次是吕正操同志，高个子，又瘦又黑，穿着相当整洁，当我们正同我们的新相识寒暄的时候，而他忽然又走掉了。聚餐过后，我们才又在大会场中见到他，并且听了他那热情而又坚决的讲演。毫无疑义，大行军的完成，太使他高兴了。"吕正操也说："这次会一直开到深夜才散，天气虽冷，但歌声欢呼声，把会场搞得热气腾腾，真是强将鼓舞三军志，勇师振奋万人心。"

戏没有演完，绪口、莘桥和河间的日军进犯二十里铺，有进攻大王果庄、惠伯口的迹象。吕正操不放心。贺龙说："不用着急，调队伍掩护嘛！"他立刻叫来了七一六团团长黄新廷，让他调一个营负责掩护。回过头来对吕正操说："我们照常看戏嘛！看完再走不迟。"他一坐下，大家也就安下了心。戏一演完，贺龙悄悄对吕正操说："快，别耽搁呀！看样子，敌人真的进攻了。"他们马上率队转往肃宁县东北刘家务、边寨、大龙关一带。

日军的确发动了进攻。敌第二十七师团、第一一〇师团和独立第八混成旅团各一部共 7000 余人，分别从沧县、泊头、保定、定县等地出动，向潴龙河、子牙河之间地区进行对冀中区的第三次围攻。这次围攻，规模空前，气势汹汹，非同往常，因而在冀中区军民中引起了恐慌，个别组织不够严密的抗日武装甚至有溃散的危险。一二〇师刚刚到冀中，情况不熟悉，加之，他们长期在山区活动，缺乏在大平原上作战的经验，因此，有些干部对能否在平原立足心中没有底。

面对这种形势，贺龙、吕正操等决定，以一二〇师部队隐蔽于河间地区待机歼敌，以冀中军区部队一部在子牙河以东、潴龙河以西开展游击战争牵制敌人。贺龙认为，当前最要紧的是要打几个胜仗，用事实证明鬼子是能够打败的，以稳定冀中军民的情绪；对一二〇师来说，才能增强平原作战的胜利信心，使自己处于主动地位。为此，1 月 28 日，贺龙果断决定：一、集中兵力先打击河间、任丘方向的敌人。命令七一六团去河间以西待机。二、调七一六团三个连及一部分干部组成一二〇师独立三支队，由常德善任副支队长、余秋里任政委（贺炳炎由抗大回来后，担任三支队支队长），到大清河北岸霸县、雄县地区，配合五分区部队作战；调师直属的两个连组成一二〇师独立二支队，由萧新怀任支队长、苏启胜任政委到任丘、大城、河间三角地带，配合三分区部队作战；由杨嘉瑞、范忠祥率独立一支队到滹沱河以南武强、深县、饶阳、献县一带，配合一分区部队作战。贺龙给他们三条任务：协同冀中部队作战，开展游击战争；帮助冀中部队巩固和整训；扩大自己的部队，协助地方党组织和抗日政府开展工作。三、命令已经从大青山到达晋察冀军区三分区的七一五团星夜开赴冀中。

1939年贺龙在冀中

这几项决定，不仅正确选择了粉碎日军进攻的作战方向，派出主力团队寻机作战，而且通过派出三个支队，在广阔地域开拓了游击战争的战场，从而，为争取主动准备了条件。

31日，贺龙率师部从边寨村转移到东湾里，得到报告说，占领河间城的日军第二十七师团的宫崎联队，经常以一部兵力出城抢粮、抓人，掩护修筑城防工事，企图巩固对河间的占领，进而进攻肃宁。

贺龙认为，这是一个战机。日军侵入冀中以来，没有遭到过沉重的打击，将骄兵狂，常常孤军出扰，应该抓住日军这个弱点，予以打击。于是命令七一六团迅速去曹家庄地区捕捉战机。他指出：这是一二〇师进入冀中以来首次作战，必须保证初战必胜。2月2日，河间日军200余名，沿通往肃宁的大道向西进犯。黄新廷、廖汉生立即部署战斗，在曹家庄出其不意地给了这股日军歼灭性打击，毙伤敌150多人，并跟踪追击直到河间城下。

日军遭此打击，恼羞成怒，4日拂晓，出动步、骑、炮兵1000余人前来报复。对此，贺龙早有预料。曹家庄战斗一结束，他即命令七一六团移往曹家庄西南四公里的大曹村，伏击可能前来报复的日军。因此，日军出河间不久，就再次遭到了七一六团的打击。日军集中兵力猛烈进攻。在日军大量施放毒气的情况下，七一六团顽强战斗，一连打退日军四次冲击，挫掉了日军的锐气，然后，乘其气衰情急之际，从侧翼反击，占领日军进攻出发地，形成对峙，黄昏后发动总攻，日军伤亡惨重，不得已退往小刘庄。这次战斗，日军被歼约300人，大队长被打死。

三天打了两个胜仗，迫使日军放弃了进攻肃宁的计划。

随后，贺龙率一二〇师师部及冀中军区、冀中区党委机关连夜转移到滹沱河以南、饶阳以东的南北齐、留班寨一带。

谁知，冀中日军为了配合冀南日军的进攻，突然向安平、武强、饶阳、深县地区发动了对冀中区的第四次围攻。2月7日，安国日军300多人进占安平；蠡县日军500来人进犯饶阳；献县日军向西进攻贾庄桥。这样，到达留班寨一带的一二〇师师部和冀中军区机关有可能落入日军合击之中。

根据这一情况，贺龙决定连夜向西转移到武强西北的任家庄、黄甫村和东西唐旺地区，静观待变。2月9日，进占饶阳的日军继续南进，到了邹村，距一二〇师师部30公里；献县日军占了武强；安平日军向南到了王庄，离东西唐旺都很近，情况危急。

贺龙判断，从日军进攻速度来看，他们似乎并不清楚这一带的情况，不知道冀中区指挥机关就在这里，不然，为什么进攻速度这么慢？我们应该采取措施，在敌人未弄清情况之前，摆脱敌人。作战部门提出，转移到沧石路以南，可以避开这几股日军。贺龙认为这个意见可以考虑。这时，得到报告，进犯武强的日军已经南越沧石路，到了护驾池。于是，贺龙果断决定，不再南移，就地备战。他说，看来日军此次行动主要目标在冀南，如果我们再过沧石路，将会陷入他们与冀南日军的合围。日军匆忙过沧石路，说明并未发现我们，但我们必须做最坏的准备。他一面下令师部和冀中军区迅速组织力量，准备应战；一面急电刚刚到达安平县以西苦水、中央地区的七一五团星夜南下与师部靠拢。七一五团一夜行军百余里到达北周堡一带。为了避开邹村的日军，又连夜向东进入邢家庄地区。谁知，邹村日军未去北周堡，而到了邢家庄，与七一五团遭遇。王尚荣命令迅速占领村沿，利用房屋顽强抗击。七一五团素来打仗勇猛，激战一天歼灭日军 130 余人。贺龙得知邢家庄有激战，立即派出侦察员前去联络。下午 4 时，七一五团撤出战斗，向东转移，与师部靠拢。日军为增援冀南敌军，匆匆过了沧石路。

当天夜里，贺龙率部向滹沱河以北肃宁县东南的东湾里、窝北村一带转移。吕正操、程子华亦率冀中军区、区党委机关移往邻近东湾里的尹家庄进行休整。

此时，关向应已从晋察冀边区来到冀中，还带来了一个外国人。贺龙一见，喜出望外地喊起来：“啊呀，这不是白求恩大夫吗？”“啊，贺师长，又见到你了！”白求恩和贺龙紧紧握手。

白求恩，加拿大共产党员，为了帮助中国人民的抗日战争，不远万里，远涉重洋，来到中国。1938 年，他从延安前往晋察冀边区时，路过岚县。贺龙留他住了一个礼拜，相处甚欢。这次敌后相见，彼此格外高兴。白求恩告诉贺龙，他带来了一支 18 个人的医疗队，请师长帮助安排。

贺龙想了想，提议 18 个人分成两个小队，一队跟随一二〇师行动，一队去冀中军区。白求恩可以两边走走。白求恩表示满意。贺龙又让一二〇师卫生部长曾育生跟随白求恩，协助白求恩处理一切事务，照顾他的生活。

关向应告诉贺龙，他带来了中共中央北方分局关于成立冀中区军政委员会和在冀中传达六届六中全会精神的意见。两人商定 2 月 14 日在东湾里召开冀中区党政军联席会议。

会议由程子华主持。贺龙传达了中共六届六中全会精神及中共中央军委赋予一二〇师的任务。关向应传达了北方分局关于成立冀中区军政委员会统一领导冀中斗争的意见。会议根据六中全会“巩固华北，发展华中”的精神，分析了冀中斗争的形势、冀中部队的情况，讨论了冀中当前斗争方针和统一冀中各抗日部队的指挥等问题。

贺龙在讨论时提出了两点意见：一是关于作战指导思想。他主张尽可能地保持现有地区，相机收复敌新占区，使主力部队有回旋的余地。可以先在内线作战，必要时转移到日军侧后，引诱由据点伸出的敌人，找其弱点袭击之。贺龙说：要避敌锋芒，同他多打圈子，看准机会消灭其一部分，削弱它的有生力量。这一指导思想，是贺龙从冀中区敌强我弱的斗争实际出发，总结了半个月来一二〇师在曹家庄、大曹村和邢家庄三次战斗的经验提出的。它成为后来八个月一二〇师在冀中作战的基本指导思想。二是抽出若干冀中军区的部队到冀西整训，其他冀中部队也要尽量利用战斗间隙整训。虽然一二〇师部队经过长途跋涉，连续作战，十分疲劳，而且初到冀中，尚不熟悉环境，但是，贺龙考虑到冀中部队成立不久，党组织的力量较弱，政治工作也不够强，两个月来，日军连续进行了四次围攻，部队急需休整，因此，他毅然决定由一二〇师承担当前的主要作战任务，让冀中部队利用空隙加紧整训。这件事，使吕正操、程子华甚为感动。吕正操说："贺龙同志处处以党的利益、群众利益为重。"

关向应在会上提出了深入发动群众、加强政权建设、壮大党的力量、正确执行党的抗日统一战线政策等意见。

会议根据中共中央北方分局的意见，由贺龙、关向应、周士第、甘泗淇、吕正操、程子华、孙志远、王平、黄敬组成冀中区军政委员会，统一领导冀中区党政军民工作。为了统一军事指挥，按照八路军总部意见，成立了以贺龙为总指挥、吕正操为副总指挥、关向应为政委的冀中区总指挥部。会议决定，立即深入发动群众，做好基层组织的工作，加强地方武装，坚壁清野，破坏道路，抗击日寇；各级党政机关立即实行精简，精干机构，以适应游击战争的需要。这次会议，不仅统一了冀中区党政军领导的思想，从组织上解决了冀中区的统一领导问题，并且就对敌斗争的方针做出了正确的决定。对于冀中部队，这次会议可以说是他们"八路军化"过程中的重要一步。

会议期间，师侦察连报告：2月下旬以来，驻河间的第二十七师团第三联队的吉田大队每天要派出不足200人的兵力，到城周围村镇抓夫抢粮，并说：日军的行动很有规律，一般是单日出西门，双日出东门。贺龙觉得，这是个机会，可以抓住敌人这个规律打一次伏击。他命令七一六团去执行这项任务。

3月1日，七一六团在河间城西南四公里的黑马张庄设伏。部队一进村，立即严密封锁消息，人员准进不准出，并派出侦察员去河间城边，掌握日军动向。7时许，日军120人进入伏击圈。七一六团突然猛烈开火。日军据守村外坟地顽抗，并连续三次增兵，兵力达到450余人。为配合七一六团作战，八路军第三纵队三十大队奉命佯攻河间城，迫使日军两面应付。七一六团乘机发起猛烈攻击。日军遗尸30具，夜半退回河间城。这次战斗，日军被歼130余人。一二〇师取得了进入冀中后的第四次战斗的胜利。

贺龙来到冀中的一个月内，指挥一二〇师四战四捷，有力地打击了日军的疯狂气焰，使其"南号作战"计划严重受挫，从而稳定了冀中的局势，振奋了冀中军民的抗日精神，对巩固冀中根据地意义很大。一二〇师司令部在关于这一段斗争的总结中写道：这几次胜利，"影响到三纵队、地方政权和冀中群众，提高

贺龙（中）在前线接受记者采访（左为关向应）

了一二〇师在冀中的威信，振奋了三纵队和冀中群众对战争的胜利信心，使冀中紊乱现象初步稳定下来。有些群众亲眼见到大曹村、曹家庄战斗，非常高兴。如七一六团部队在火线上不能做饭，群众就送馍馍、送饭直接上火线。该团请的一位向导，在火线上正看得高兴，一个机枪手受了伤，这位过去当过兵的向导即搬起机枪转移阵地对敌射击。沿途群众还准备了牛车，伤兵一下来，抢着运下火线”。对于贺龙，立时就有许多传奇式的口头文学在冀中平原上流传。贺龙指挥的四战四捷，在冀中人民中产生了巨大影响。1945 年，抗日战争刚刚胜利，曹家庄、中堡店、管中堡、都中堡的人民就自动集资建立起“中堡店战役[①]殉国四十八烈士碑”，纪念曹家庄战斗中的牺牲者。碑文赞扬八路军捐躯烈士“取义成仁，永著千秋”，“光明皎洁如日月，英名长存若山河”。这是冀中人民对烈士，也是对贺龙领导的一二〇师的赞扬。

四战四捷以后，贺龙、关向应等根据冀中区军政委员会的决定，将七一五团与冀中军区独立四支队合编为一二〇师独立一旅，旅长高士一，副旅长王尚荣，政治委员朱辉照，副政治委员幸世修，参谋长郭征，政治部主任杨琪良。

一二〇师进入冀中，连战皆捷，日军震惊，当时缴获的日军文件说：“贺将军此来，对北支之威胁更非昔比。尤其直接威胁平津，不容坐视。必须立即覆灭其势，以确立永久之治。”

不久，日军第二十七师团和第一一〇师团分七路对冀中发动了第五次围攻，妄图消灭一二〇师及冀中军区领导机构。对于这次围攻，贺龙采取了主力分散、避实就虚、分区域与日军“盘旋式打圈子”的战术，在稠密的村落中、广阔的平

① 即曹家庄战斗，当地人民称曹家庄（原名曹中堡）、中堡店、管中堡、都中堡等 5 个村子为五中堡。

原上同日军主力兜了几十天圈子，使专门盯住一二〇师的第二十七师团第三联队组织的4次合击，全部落空。日军东奔西跑，疲惫不堪，虽然占了几座县城，却没有找到八路军的指挥机关，反而损失了六七百人。

这次反围攻的胜利，争取到了一段战斗空隙时间。4月6日，在高阳县河西村，贺龙主持召开了一次军政委员会，对这次反围攻进行总结，讨论并通过了以利用战斗空隙整训部队、加强地方党和政权建设、坚持游击战争为中心的八项任务。会议确定：冀中军区独立五支队划归一二〇师。贺龙说："我把七一五团编给高士一了，这次把七一六团编给魏大光。"[①]会后，贺龙等将冀中军区独立五支队与七一六团合编成一二〇师独立二旅。旅长魏大光，政治委员王同安，副政委廖汉生，参谋长赵震国，政治部主任李公侠。

为了贯彻会议决定，集中整训新编成的两个旅，贺龙、关向应率独二旅向东转移，去与独一旅会合。4月22日到达河间东北的齐会、卧佛堂地区。贺龙的师部驻在齐会附近的大朱村。22日，贺龙、关向应召集两个旅和师直属队的干部部署整训。会议期间得到报告：第二十七师团第三联队第二大队八百余人，携带山炮两门，北犯三十里铺。关向应说：第二大队的吉田，可能在任丘、大城、吕公堡等据点的日伪军配合下，对这一地区进行"扫荡"，寻找八路军主力。贺龙说：看来鬼子耳目不明，是一次瞎子行动，孤军深入。周围据点中人也不多，不可能抽出大量兵力来增援。而我们在这里却集中了七个团，还有冀中军区三分区部队的配合，又有这样好的人民支援，我们完全可能吃掉它。大家都同意这一判断。于是，贺龙下决心抓住这一战机，集中两个旅的兵力歼灭这股敌人。他要求各部队做好战斗准备，筑好工事，加强侦察，听候师部命令。有人问：原定晚上召开的庆祝一二〇师两个旅在冀中大会合的联欢会还开不开？贺龙说："照常开！可以把联欢会变成动员会嘛！"

白求恩听说要打仗，来向贺龙要求任务。贺龙说："你和医疗队就和师部在一起吧？"白求恩说："我们是医疗队，师长，得靠前呀！"贺龙问："为什么呢？"白求恩严肃地说："战士们需要我们和他们在一起。"

贺龙听了，高兴地笑了。他想了想，同意了白求恩的要求，在离齐会不远的小店附近的一座小庙里开设了战场包扎所。战斗开始后，在枪炮声中，白求恩为负伤的八路军战士做了大量手术。贺龙还派人告诉各部队说："告诉战士们，白求恩大夫就在你们身旁，和你们在一起战斗！"

23日拂晓，吉田大队渡过古洋河，向齐会村发起攻击。驻齐会的七一六团三营被包围在村内，与驻小店的团部联络中断。营长王祥发根据原定方案指挥全营与日军展开激战，坚守齐会村。

敌人果然来了，仗怎么打？贺龙的基本指导思想是：以一部扼守要点，吸引敌人，再集中优势兵力，对敌人实行反包围，使我军在总的内线防御中实行局部

---

① 高士一，原冀中军区独立四支队司令员；魏大光，时任冀中军区独立五支队司令员。

的外线进攻。贺龙的这一作战思想导致了齐会战斗的胜利。

23日上午，独一旅七一五团二营七连打开日军包围圈冲进齐会，增强了三营坚守齐会的力量。他们和三营一道在王祥发指挥下，与日军展开了争夺每间房屋的战斗。日军放火烧毁村沿的住房，并向周围发射了大量的毒气弹，猛攻齐会。齐会村火光冲天。

在这关键时刻，贺龙来到作战部队。突然，日军打过来几发毒瓦斯弹，有的就在贺龙附近爆炸了。顿时，毒气弥漫。贺龙及其左右的参谋人员都中了毒。一时间，头晕目眩，呼吸困难，泪流满面。医务人员赶来抢救，他们要求贺龙立即离开。贺龙不同意，向他们摆了摆手，休息了片刻，又起身观察战斗情况、指挥作战了。贺龙命令黄新廷指挥七一六团一、二营，天黑以后，与村内的三营相配合对吉田大队实施夹击；命令独一旅七一五团和二团第一营去齐会西南的刘古寺、东西保车设伏，防止敌人南逃；命令独二旅四团到齐会以西的杨庄、四公村阻敌西逃，五团进入张庄，警戒任丘方向。其余部队作为预备队并警戒周围其他日军据点。这样，贺龙就布置好了一张歼灭吉田大队的大网。

齐会战斗中日军施放毒气的情形。贺龙中毒后仍继续指挥战斗

晚8时，七一六团发起攻击。三营在村内向外反击。日军据守部分房屋及村沿工事顽抗。战斗极其激烈，村内村外一片火海。七一六团三营营长王祥发负重伤，腿被打断。抬下战场后，白求恩大夫为他动了手术。

战斗一直打到第二天拂晓。敌人坚持不住，向南逃窜，遭到埋伏在那里的七一五团猛烈打击，七一六团又紧追不舍，敌军只得向东逃进一个叫找子营的村庄。看准了这个时机，贺龙下令独一旅七一五团和三团对吉田大队实施第二次包围，从三面展开攻击。七一五团经过突击，占领了找子营大部房屋。日军疯狂地向南留路村发动进攻，企图夺路逃跑，遇到独一旅三团的顽强阻击。他们一连粉碎了日军九次冲击，战斗呈白热化。三团坚守村落，阻敌东逃，伤亡很大。团政委朱吉昆三次负伤不下火线，最后身中数弹，英勇牺牲。日军夺路不成，不得已退到南留路与找子营之间的张家坟地。

贺龙认为，平原作战抢占村落为依托极其重要。现在找子营已被我占领，日寇困守野外，失去了依托，这给全歼吉田大队造成了有利条件。但是，平原地势开阔，日军又挖壕筑沟，白天攻击易受伤亡，必须扬长避短，因此，他决定：白天围困，夜晚进攻。这时，周士第报告说：由吕公堡前来增援的日军已被独一旅一团打退，全歼吉田大队的条件成熟了。于是，贺龙说："集中兵力，黄昏时发起总攻击，一举歼灭。"此时的吉田大队经过一二〇师昼夜打击，死伤枕藉，饥渴交加，草木皆兵，惊恐异常，一旦发动总攻，定可全部歼灭。但是，由于组织方面存在缺点，对张家坟地包围不够严密，空隙较大，加之，总攻前半小时，平原上大风骤起，沙尘飞扬，天空一片昏暗，伸手不见五指。敌军乘机偷偷向南突围。被发现后，七一五团马上尾随追击 20 余里，歼灭残敌一部，剩下的 80 来人，经沙河逃回了河间城。

战后，贺龙、关向应等向八路军总部报告说："是役，经三昼夜连续作战，敌伤亡 700 余人，死尸除焚烧者外，我得遗尸 100 余具，生俘日军 7 名，缴获掷弹筒 3 具，山炮架 1 个，炮弹 40 余箱，防毒面具 70 余具，毒瓦斯 10 余筒，望远镜 2 架，子弹万余发。"为什么没有缴获枪支呢？因为，日军被困在张家坟地时，已感末日来临，他们将一部分枪支砸毁，大部分武器挖坑埋于日军尸体之下，当时未能发现，所以，报告上没有提到枪支和两门山炮。

这是一二〇师在平原上进行的一次规模较大的成功的战斗。1939 年 5 月 26 日，中共中央机关报《新中华报》以《华北新胜利与贺师长光荣负伤》为题发表社论，指出："河间一役，我贺师英勇杀敌，战况剧烈空前，我方斩获极众，获得极大胜利，消息传来，全国振奋。不但给了敌人'扫荡'计划以有力回击，增加在敌后活动的其他游击队胜利的信心，并以事实揭破了部分别有用心的顽固分子对八路军的造谣中伤、恶意宣传的诡计。"社论强调："我贺师长更于河间战斗中，亲率全体官兵，英勇出入敌阵地，冒烈火毒焰，击溃顽敌，虽不幸中毒负伤，但这是光荣伟大的，是为了国家民族的利益，证明了共产党员坚定不移的奋斗意志，英勇牺牲的伟大精神，是抗日前线的民族英雄。"中共中央书记处亦于 5 月 3 日致电贺龙说："电讯传来，惊悉在此次河间战斗中，你亲临炮火，冲锋杀敌，致中毒负伤，其他指战员同志亦多中毒者，我们无任系念。尚望安心治疗，为革命保重。同时，请代中央向一切受伤指战员同志致亲切慰问之意。"

齐会战斗的胜利，揭穿了顽固派对八路军"游而不击"的恶意中伤，使蒋介石不得不承认八路军战功卓著。齐会战斗后，蒋介石分别致电阎锡山、朱德及贺龙，表彰一二〇师。蒋介石致朱德的电文说："俭申电悉，贺师长杀敌致果，奋不顾身，殊堪嘉奖！除宣战绩外，希转电慰勉为要。"致贺龙的电报说："贺师长，贵恙至深，系念。兹发医疗费3000元，由总部承领转给，以资疗养，特电慰问，并祝健康。”阎锡山、程潜及国民党军一些高级将领皆有电慰问，对贺龙深表钦佩。当时，延安报纸皆有专栏详细报道。

第三节　一片赤诚

中共中央军委派贺龙、关向应去冀中的原委之一是“推动、影响当地部队的正规化的进程”。[①]

冀中地区的抗日队伍在中国共产党领导下，经过几次整编，组成了4个分区、4个支队，还有一些部队编成5个独立支队和两个游击师。这些部队，虽然其中都有共产党员，建立了党的组织和政治工作制度，也经历了若干战斗的锻炼，但总的说来，还是一些新部队。干部新，党员新，骨干较少，有些干部尚需淘汰，迫切需要加强基础建设。不把这样的新部队锻炼成为八路军的主力兵团，要在冀中平原坚持持久的抗日游击战争是不可能的。中央军委预见到了这一点，因而派贺龙、关向应率一二〇师主力来冀中完成这一任务。

贺龙、关向应来到冀中以后，在这个问题上，花了不少心血，做了大量卓有成效的工作。

贺龙到达冀中不久，1939年2月21日，冀中军区独立二支队司令柴恩波率部叛乱了。柴恩波曾在军阀吴佩孚的队伍里当过排长，后来，当了新镇县保安队长。抗战以后，被保属省委委任为河北游击军第十二路司令。冀中军区任命他为独立二支队司令。此人利欲熏心，官迷心窍，企图借抗日之名拉队伍自立旗号，作为个人发迹的资本。日本人和国民党都看准了他这一点，分别与其秘密勾结。柴恩波见风使舵，三面周旋，待价而沽。国民党CC分子王宗祺同他做交易，委任他为“冀察游击军第一师师长”。于是柴恩波在继续与日军勾结的同时，将冀中军区派去的干部、冀中军区三分区政委和文安县抗日政府县长、文安党组织、群众团体的负责人一齐扣押，散发传单，声称脱离冀中军区，扬言“拥护鹿主席[②]统一河北行政”，文安、新镇两县归他管辖，“直属省政府”，表示投靠国民党。

能否迅速而正确地解决柴恩波的叛乱，关系冀中抗日武装的巩固。贺龙及时召开军政委员会扩大会议，研究对策。会上，对是否用武力解决叛乱意见不一。有人认为，柴恩波公开投靠的是国民党，如对他动武怕影响国共两党关系，影响统一战线。贺龙针对这种思想，严肃指出：“解决柴恩波，是冀中部队内部的事，与国民党无关。而且，柴恩波确已通敌，并扣押我干部，这是破坏抗日，是个地地道道的汉奸。难道我们对这种人还讲客气、讲仁慈吗？”但是，贺龙通晓斗争

---

① 毛泽东：1938年11月24日致聂荣臻、彭真电。

② 即鹿钟麟，1938年秋国民党政府委任的河北省主席、冀察战区司令，是在河北与共产党闹摩擦的主要人物之一。

策略，在与关向应、甘泗淇商量后，提出了一个分两步走的解决方案：先设法争取柴恩波，以避免事态扩大；如争取无效，再武力解决。这个方案得到了与会者一致同意。于是，他请吕正操写信给柴恩波，晓以大义，示以利害。

然而，柴恩波毫无悔改的表示，已无可救药。贺龙问吕正操："你是否有力量解决？要不要一二〇师帮助你？你要一个团我出一个团，要一个营出一个营。"

吕正操表示需要一二〇师部队的帮助。于是，贺龙命令七一五团一营和一二〇师独立二支队协助冀中军区三分区部队平定叛乱。

冀中军区独立一支队司令朱占奎是柴恩波的把兄弟，他有一个团紧挨着柴恩波部的驻地。贺龙向吕正操建议，在解决柴恩波以前，把朱占奎调到军区来，以防不测。吕正操尚未定下决心，朱占奎却因为有事请示，到军区来了。贺龙便借故请他来一二〇师，把他与柴恩波隔开，让吕正操放手去解决问题。朱占奎早慕贺龙英名，很乐意在师部聆听教诲。贺龙很高兴地借此机会同他彻夜长谈，做教育工作。

七一五团一营和三分区部队在文安以西的大王庄打了几个小仗，就把叛乱平息了。柴恩波带了几个亲信，跑到新镇县公开投靠了日本人。

叛乱平息以后，贺龙、关向应很快地提出了几项善后措施，主要是：（一）就此事的性质进行广泛宣传解释，安定人心；（二）以汉奸罪名逮捕叛乱的主要组织者，但不准捕捉附和者及其家属；（三）对叛乱者的处罚，统一由抗日政府处理，不得擅自行事。这些措施政策性强，保证了部队和群众的安定，因而，柴恩波的叛乱不仅没有引起不稳定情绪，反而使冀中区的一些领导者进一步认识到了整训部队的必要。

由于冀中军区部队中发生了叛乱事件，吕正操感到不安。贺龙理解他的心情，对他说："出了个柴恩波有什么了不起！冀中部队大部分干部、战士是好的嘛！"吕正操很感动，下决心在贺龙、关向应的帮助下搞好冀中部队的整训。

整训是八路军总部下达的第一期整军训令的要求，也是冀中部队正规化之急需，可是，由于日军的频繁围攻，冀中部队忙于作战，颇难顺利执行。在1939年2月19日召开的第二次冀中区军政委员会上，贺龙主动提出：冀中区的反围攻任务主要由一二〇师承担，冀中军区部队尽可能多地抽出来整训。根据贺龙这一提议，会议决定：三纵队第一期整军要整理几个精干的团，作为坚持冀中长期抗日游击战争的骨干。三纵队的十六团、十七团、二十团和津南自卫军移往晋察冀边区的冀西地区整训。贺龙说："我让彭绍辉他们的教导团一起去路西，帮助你们整训。他们对部队训练有经验！"根据冀中军区的意见，在冀中的部队由一二〇师派出工作组帮助整训。一二〇师的一个团队与相邻的冀中军区的一个团队，经常并肩作战，取长补短，共同前进。后来，冀中军区又决定从各分区抽调九个大队（团）和一个营到冀西山区整训，并且提出了"按照八路军的样子建设三纵队"的口号。整训以后，冀中军区共建成了14个主力团，以新的姿态出现在冀中平原上。冀中的部队经过整训提高了素质，从思想上、组织上加速了"八路军化”的进程。

冀中军区部队中，老干部少，骨干力量薄弱，这是冀中军区领导在部队建设上面临的最大难题。贺龙到了冀中，吕正操、程子华就向他要干部。贺龙说：“你要哪个，我就给你哪个。”吕正操故意说：“我要三支队长贺炳炎。”贺龙笑着说：“你要贺炳炎？我说光贺炳炎一个人不行，得有一套：有人给你做政治工作，有人给你当参谋长。”虽然贺龙没有把贺炳炎调出去，却先后从一二〇师抽调了50多名各级领导骨干派往冀中军区，有的同志，例如原七一六团副团长常德善，长期在冀中平原坚持战斗，最后献出了自己的生命。贺龙还强调要培养冀中区自己的干部。他对吕正操、程子华说：“要革命，搞军队，没有一批政治上坚定的干部怎么行？光向上级要不行。你向聂荣臻同志要，他一下子生不出那么多来。向毛主席要，毛主席的担子比咱们重得多。最牢靠的办法是靠自己，自己培养嘛！”

贺龙对冀中部队是很赏识的。贺龙说：“老吕这个人首先有一条，他对党的任务、决定是坚决执行的，对党相信，组织观念强；第二条，打日寇是坚决的；第三条，有群众观念。”他还说：“冀中战士的质量可不低呀！他们见识广，有文化，接受能力强，又吃得苦，只要两块玉米面饼往肚里一填，就解决问题了。睡觉也不要铺盖，连鞋也不脱，穿着衣服往炕上一滚就睡。才补进几天，拿起枪来就冲锋。这些兵，只要有好干部带，那还得了！”所以，贺、关两人总是千方百计地帮助提高这支部队。

贺龙经常和冀中领导人在一起谈思想、讲工作、分析形势、交流经验，以实际行动团结和影响他们。冀中区有些干部对保持统一战线中共产党和八路军的独立性问题认识不清。贺龙和关向应耐心地反复地给他们讲洛川会议上确定的一些原则，向他们解释只有坚持统一战线中的独立自主原则才能真正巩固统一战线的道理，并向他们指出，过去由于认识不清而在工作中做了一些无原则让步，给发展和巩固统一战线造成危害，从而，使冀中区一些领导人提高了认识，加强了地方党和抗日政权的建设。

在军队建设、作战指导思想、干部使用等问题上，贺龙与吕正操谈得更多。吕正操深情地回忆说：“我们就经常与贺龙同志在一起研究问题，部署整个冀中区作战行动；也经常一起行军，一起宿营。在这期间，贺龙同志一有空就和我们闲谈，天上地下，风土人情，无所不及，非常坦率。贺龙同志亲切的教导，对我们冀中几个负责人启发教育很大。”

贺龙更重视以一二〇师的模范行动去影响冀中部队。一二〇师在冀中军民中有很高的威望。贺龙一面强调一二〇师要做好样子，要求极严；一面通过吕正操、程子华发动冀中军区部队组织参观团，到一二〇师见学、座谈、交流工作经验，学习老八路的光荣传统和作风。在此基础上，贺龙指示一二〇师司令部、政治部举办各种训练班，帮助军区部队训练干部。据统计，在短短的几个月中，一二〇师举办了游击干部训练班、锄奸干部训练班和敌工工作训练班各一期，为冀中军区部队训练了410名干部。贺龙还亲自主持了一二〇师与冀中军区干部共同参加的参谋工作会议，总结经验，交流思想。贺龙亲自在会上讲解了一二〇师在冀中作战的若干战例，传授作战经验，对冀中的干部颇有启发。

贺龙采取的这些措施，对冀中部队的建设起了重要作用。吕正操后来说："我们冀中几个领导同志深深感到，冀中部队能够长期坚持平原游击战争，能够经受1942年日军发动的空前残酷的大'扫荡'，最后能为党保存了几万人的战斗部队，是与贺龙、关向应同志亲自指导，和一二〇师部队的传、帮、带分不开的。"

在帮助冀中部队正规化建设的进程中，为了扩大一二〇师，一些冀中部队逐步与一二〇师合编了。这些部队有：高士一领导的独立四支队、魏大光领导的独立五支队、江东升领导的独立六支队和张仲瀚领导的津南自卫军。这些部队在一年多的抗日斗争中，经受了锻炼和考验，有了长足的进步。但是，由于历史的原因，要使他们成为具有高度政治觉悟和坚强战斗力的八路军主力部队，还存在许多问题。尤其是其中的一些上层人士，他们大都来自旧营垒，各自带着不同阶级和阶层的烙印。怎样帮助他们不断进步，是一个十分重要的问题。

刘伯承元帅有一次对人说："我们军内，对中国社会搞得透彻一点的，懂得多一点的，要算贺龙。他对三教九流那一套都懂。另一个是陈赓。"贺龙对高士一、魏大光这样从旧营垒里出来的人，可以说了如指掌。他知道，要把这些部队锤炼成八路军的主力，首要的问题是要把这些上层人士团结好，促进他们自身的变化。对于他们，贺龙说，他采取的是"八面玲珑"的方针。什么是贺龙的"八面玲珑"方针？那就是原则性和灵活性的结合。贺龙认为，对于他们首先是团结和信任，以此来促进其政治上的不断进步；其次才是适当地采取改善部队素质的组织措施。贺龙和关向应商量了几条办法：在团结问题上，一要表扬他们的抗日行动，这是团结的基础，不要因为有某些缺点而否定他们；二是对他们的批评，一定要谨慎；三要加强引导，主要是引导他们学习毛泽东的游击战争的战略战术。在部队合编的组织措施上，一是上层领导不变；二是把一二〇师的部队编给他们，不是一二〇师吃掉他们；三是下面的干部因各种原因需要变动的，必须征得他们的同意。这些措施有很强的策略性，对促使新部队的进步发挥了巨大作用。

贺龙自己则把主要精力用在做上层人士的工作上。关向应对他说："你老总威望高，他们都服你，你得多花点力气。"

独立四支队司令高士一，是任丘县有名的士绅，因其排行第四，人称"高四爷"。他为人性格豪爽，有正义感，热爱祖国，接受新事物快。抗日战争爆发不久，1937年10月，他在共产党员杨琪良、高万德的影响下，接受保属省委领导，举旗抗日。对这位爱国人士，贺龙主要是鼓励他坚持抗日，不断进步，革命到底。贺龙对高士一说："高士一呀！你来抗战，地主生活不好搞了，你得过农民生活了，这很不容易，说明你抗日坚决，大家都很佩服你。你一定要坚持下去噢！"高士一说："我是跟师长抗日到底了。"贺龙习惯地用烟斗指着他说："啊呀，高士一，不是跟我，是跟共产党，我算个啥！"

为了帮助高士一带好这支部队，贺龙到冀中不久，就抽调了幸世修等十多个老红军去独立四支队协助工作。独立四支队与七一五团合编时，贺龙亲自呈报中共中央军委，提议由高士一担任独一旅旅长，而让他的老部下王尚荣当高士一的副手。贺龙对被委任为独一旅副旅长的王尚荣、政委朱辉照说：“高士一参加抗日，跟共产党走是件了不起的事，不容易呀！你们一定要好好同他合作，团结他，帮助他，尤其要尊重他。他是旅长，应该有职有权。他的意见，你们一定要考虑，不能马虎。他年纪比你们大一半，你们在生活上要照顾他。你们之间发生了矛盾，我先找你们算账。”在政治上，贺龙、关向应对高士一的要求却是严格的。高士一是 1939 年 2 月由独立四支队政委幸世修和政治部主任杨琪良介绍入党的。2 月底，杨琪良见到贺、关，汇报到这一问题时说：“幸政委说，他可以是个特殊党员。”关向应说：“党员就是党员，有什么特殊党员。”在生活上，贺龙对高士一十分关心。高士一的妻子杨启，一直住在任丘乡下，在日寇频繁围攻中，贺龙十分担心她的安全。因为高士一在冀中名望很大，敌人对他举旗抗日十分恼火。1938 年冬，日军放火烧了他大哥、二哥住的高家场，还将高士一的两个侄儿抓走，杀害了一个，放回来一个，让他带信给高士一，要他投降。高士一愤怒地拒绝了。敌人如此猖狂，杨启的处境十分危险。因此，贺龙亲自动员高士一，将杨启送到平汉路西边去。贺龙说：“我派人送去。一定把她安排好，你放心。”高士一同意了。贺龙亲自派了一名副官，把杨启送到了晋察冀边区的冀西山区。

此后，高士一跟随贺龙、关向应离开家乡，转战晋察冀，保卫晋西北。1942 年渡黄河进驻绥德，保卫陕甘宁，经受了一次次考验。高士一从一个地主士绅转变成共产党员、八路军旅长，经历了艰难的思想转化历程，是他主观努力的结果，然而，与贺龙、关向应的赤诚帮助是密不可分的。

独立五支队司令魏大光，河北霸县人，只有 27 岁，曾经在天津当过旧警察。“七七”事变以后，在一些共产党员推动下，举起了抗日的旗帜，他用结拜兄弟、哥儿们义气那一套把一些人团结在他周围。后来，他的队伍归属中共保属省委领导。但是，在他的部队中，一些人受旧思想的影响很深。贺龙知道，魏大光年轻气盛，颇为敏感，团结他比较容易，主要问题是要教育他丢掉封建帮会那一套，确立处人处事的正确的立场观点与方法。

1939 年 4 月初编成独立二旅的时候，贺龙和魏大光一连谈了几次话。贺龙对魏大光说：“魏大光，你过去同一些人磕头、拜把子，大哥、二哥都不错，但是，你现在参加了革命，就要反对这些东西。大哥、二哥那种封建式的感情是靠不住的，只有阶级感情靠得住。这方面，我最有体会。现在抗日，是民族战争。为了中华民族的生存，我们要坚决打日本。打不打日本，这是当前一条辨别是非的基本标准。什么大哥、二哥，都要用这条来衡量。抗日的就是同志，不抗日的，不管是大哥还是二哥，都不是一路人。听说，你拉队伍抗日以后，有人想拉出去当土匪，你坚决反对，这就不错嘛！你一定要学会用无产阶级的观点、民族革命的观点去辨别是非。”

魏大光早就听说过贺龙。贺龙来冀中以后，指挥一二〇师打击日寇，名震平原。他对贺龙十分钦佩。贺龙的话，入情入理，他听得进去。贺龙又不厌其烦地同独立五支队的一些团以上干部谈话，告诉他们，参加了革命队伍就要树立革命的观念，要把打不打鬼子作为对待一切问题的出发点和立足点。过去，靠拜把子拢在一道，这没什么；现在革命了，就要反对这些东西，要用阶级感情、阶级利益、人民大众的利益作为团结的基础。贺龙的这些话起到了很好的作用。魏大光陆续正确处理了一些过去结拜的兄弟之间的关系，坚决站在抗日一边。一二〇师独二旅成立时，任命他当了旅长。这年 5 月，由于战斗频繁，部队减员很多。魏大光请求去大清河北他的家乡一带扩大武装。对此，贺龙十分慎重。他同关向应、甘泗淇一道具体分析了魏大光提出这一要求的出发点，认为他的想法有道理，可以批准他去。但是，贺龙同时想到两个问题：一是此行能否达到扩兵目的，因为他要去的那个区域是敌占区；二是魏大光一走，会不会在原五支队的干部中产生误解。关向应建议贺龙找他们谈谈，听听他们的反应。贺龙接受这个建议，把原五支队的团以上干部找来，征询他们的意见，请他们讨论能否批准魏大光的这一要求。这些同志对贺龙如此处理问题既感意外又极为感动。他们详细分析了情况，认为魏大光对大清河北十分熟悉，关系也多，肯定可以扩兵。只要多带一点人去，安全也不会成问题。至于他走了以后，对部队是否会有影响，大家认为在原独立五支队编成的两团中引起议论和猜测是难免的，但问题不大，他们可以出面向部队说明情况，不会发生问题。他们建议贺龙批准魏大光的要求。

经过这一番工作，贺龙才批准了魏大光的请求，并指派一名红军干部同去大清河北，协助和保护他。临行时，贺龙对魏大光说："到了那里，如果扩兵有困难，你就回来。大丈夫四海为家，不要恋家！"贺龙的这些做法，在魏大光及其部属中产生了强烈反响，他们说："老总待人真是一片赤诚啊！"魏大光在大清河北积极扩大武装，成立了一支抗日游击队。不幸的是 1939 年 8 月 26 日，在与日军激战中魏大光英勇牺牲了。朱德、彭德怀为此于 1939 年 10 月 20 日通报全军，予以褒扬。

这些上层人士的进步，推动了新部队的成长。后来，经过几年战火的锤炼，与一二〇师合编的几支冀中部队都成了一二〇师的主力团队。

除了成功地实现了与几支新部队的合编外，贺龙还十分注意一二〇师各部队自身的扩大，积极动员广大青年参加抗日部队。在冀中的 9 个月中，一二〇师得到了很大发展，到 1939 年 10 月，已从东渡黄河时的 8227 人增加到了 47991 人，扩大了 5 倍多。这个阶段成为一二〇师发展史上的一个黄金时期。

第四节 陈庄战斗

抗日战争进入相持阶段以后，国民党顽固派便在日本帝国主义的政治诱降和美、英对日采取绥靖政策的影响下，逐步走上了消极抗日、积极反共的道路。1939 年 1 月，国民党五届五中全会确定了溶共、防共、限共、反共的政策，3 月以后即在全国各地挑起反共摩擦。6月，国民党秘密颁布了《限制异党活动办法》，制造了平江惨案，还不断对陕甘宁边区进行军事挑衅，吹起了第一次反共高潮的前奏曲。

在河北的国民党顽固派立即活动起来。6月间，国民党河北民军司令张荫梧乘日军“扫荡”冀中根据地的机会，亲率顽军三个旅进到深县张骞寺地区，袭击冀中部队后方机关，杀害八路军干部、战士四百余人。他在打给蒋介石的电报中说：“倭寇扫荡八路……在他人以为大难当前，在我以为军政展开之机会。”在另一份电报中又说：“柴恩波……为保存实力，以施行曲线救国，已与日寇接洽，被委为冀中剿匪副总司令，名虽投敌，实际仍为本党做抗建工作，俟时机成熟，定率部反正。”张荫梧配合日军“扫荡”，屠杀抗日军人，激起了冀中军民的极大愤慨。贺龙、吕正操、关向应决定消灭顽军，打击顽固派的嚣张气焰。贺龙命令，独一旅七一五团、二团和冀中军区一分区部队密切配合，执行这一任务。6月21日夜开始反击，战至22日拂晓，一举将这股顽军歼灭，仅张荫梧率十余人侥幸逃脱。此举沉重打击了国民党顽固派在冀中地区的反共投降活动，保卫了抗日根据地。

对于国民党顽固派有计划地加剧反共活动，毛泽东十分警觉；8月7日致电朱德、彭德怀、贺龙、关向应，命令一二〇师王震部立即回师陕北；贺、关率一二〇师主力迅速移防至晋察冀边区的冀西地区，准备应付突然事变，粉碎国民党顽固派的反共阴谋。

接到这一指示，贺龙立即意识到中共中央军委是把一二〇师作为保卫陕甘宁边区的机动力量来使用的，责任重大。他一面急电王震，迅速执行中共中央指示，开赴绥德、米脂、佳县、吴堡、清涧地区，并指示留下一支部队组成雁北支队，坚持恒山地区的斗争；一面与甘泗淇从程委镇赶到东湾里会见吕正操，商讨一二〇师转移事宜。

听说贺龙要离开冀中，吕正操依依不舍地对贺龙说：“贺老总，你知道，过去我是个旧军人，没有经过长征锻炼，也没有搞过土地革命，对咱们八路军这套东西还没有学会，还需要你帮助，你却要走了。”

贺龙听了哈哈大笑说：“你说你是旧军人，就算个‘小军阀’吧，那算个啥。我在旧军队里当过镇守使、师长、军长，可算个‘大军阀’呢！但一找到共产党，跟上毛主席，有了觉悟，就有个‘突变’嘛！过去的事提它干啥，要紧的是跟着共产党干革命，风吹浪打不回头！”贺龙的坦荡胸怀、乐观情绪对吕正操感染很大。吕正操说：“你走了，八路军这套我向谁去学？”贺龙说：“八路军这套东西，都是毛主席那儿来的。你现在正在学习《论持久战》、《抗日游击战争的战略问题》，这就好嘛！另外，有事多向聂荣臻司令员、区党委请示报告，一定可以把冀中搞得更好。”吕正操希望留下点部队，给点干部，不要一下子都走光了。贺龙爽快地答应了。临别时他又对吕正操说：“毛主席对冀中很关心，你现在就写信给毛主席，把这里的情况汇报一下。”吕正操点点头和贺龙握别。8个月的相处，吕正操感触颇多，他后来说：“回想起 8 个月来与贺龙同志戎马相随、朝夕相处的情景，特别是想到贺龙同志对我的言传身教、循循善诱的帮助，实在感到恋恋不舍。”

从东湾里回来，贺龙决定将二、三、四、五、六共五个支队留在冀中，由三支队支队长贺炳炎、政委余秋里统一指挥，协助三纵队坚持平原游击战争，其他部队分成两个梯队西移。张宗逊、张平化[①]率独立一旅、独立二旅（欠七一六团）及独立一支队为第一梯队于 8 月 18 日从深县地区出发，9 月 1 日到达行唐县秦家台羊、南北城寨地区。贺龙率师部及七一六团为第二梯队，9 月 19 日，向冀西转移，9 月 25 日到达南北城寨附近的刘家沟一带。

聂荣臻得知贺龙来到北岳区，即同抗大总校副校长罗瑞卿前来看望，表示欢迎和慰问。彼此相见甚欢。10 月 7 日，晋察冀军区举行了盛大欢迎会，并向贺龙献了一面锦旗，上面写着“铁的国防军”。

这时，驻石家庄及正太铁路沿线的日军独立混成第八旅团第三十一大队及驻灵寿县、行唐县的伪军共 1500 余人，由旅团长水原义重少将指挥向西进犯，企图袭击晋察冀边区较大的集镇陈庄。那里驻有边区的后方机关及抗大二分校。日军 9 月 25 日进占慈峪，进行试探性进攻，遭到了张仲瀚率领的津南自卫军[②]及晋察冀四分区五团在灵寿县南北五河及东西白头山地区的顽强阻击。

贺龙同聂荣臻商量，一二〇师在河北的部队除七一五团已去上寨地区接替三五九旅在雁北地区的任务外，主力全部集中在这一地域，这是日军没有料到的。他们是盲目深入，我们完全有条件吃掉这股敌人。他笑着对罗瑞卿说：“要不把敌人‘扫荡’打下去，不打掉敌人的进攻，你们抗大要转到太行去就困难了，不好转过去了。”聂荣臻同意贺龙的意见，请贺龙全权指挥。

贺龙连夜听取了周士第的敌情汇报。第二天清晨，贺龙、关向应、周士第、甘泗淇爬上山头，考察地形，研究作战部署，最后决定诱敌深入，打一个伏击战。贺龙把主力部署在东西岔头及南北谭庄之间，让津南自卫军节节抗击，诱敌深入。他指定张宗逊为前线指挥员，负责指挥参战各部队。这是贺龙打仗的一个习惯：凡是大一点的战斗，除由他亲自掌握全局、下定基本决心外，总要委派一名得力干部到现场，负责战场指挥，实现他的意图，并授以根据战场实际情况机断行事的权力。这是一种上下结合的指挥方法，事实证明效果是好的。

谁知，日军十分狡猾。这一次他们采用了一种“新战术”。第三十一大队主力到达南北五河以后，便停止前进。津南自卫军几次发动攻击，诱其出战，他们

---

① 1939 年 4 月，贺龙调张宗逊、张平化到冀中，组成张纵队，统一指挥独一、独二两旅；彭绍辉调回晋西北接任三五八旅旅长，罗贵波接任政委。同年 9 月，根据八路军总部统一编制，撤销张纵队，将独二旅改称三五八旅，张宗逊任旅长，张平化任政委，习惯上称张八旅；在晋西北的三五八旅，称彭八旅，或新三五八旅，此时的独一、独二旅已由原来的 7 个团整编为 4 个人员装备充实的团。

② 此时的津南自卫军已同三五九旅七一九团合编，但仍称津南自卫军，1940 年 10 月下旬恢复七一九团番号。

都是只用火力还击，一步不动。张宗逊下令停止进攻，等明天再想办法。次日上午，日军依然按兵不动。下午 4 时，忽然全部退回慈峪。张宗逊十分纳闷：鬼子想干什么？傍晚，张宗逊又接到四分区五团的电话报告：慈峪镇上的日军辎重正向灵寿撤退，大炮已经走远。张宗逊疑惑不解，猜不透日军的花招。把情况向贺龙报告。贺龙让他多派侦察员，确实掌握敌情的变化。

第三天清晨，贺龙接到报告说：慈峪日军第三十一大队在天不亮的时候即轻装急进，沿鲁柏山南麓，经燕川、长峪这条小道奔袭陈庄去了。撤退，是故意制造的假象。

贺龙担心陈庄后方机关面临危险。聂荣臻对他说，军区预先有准备，机关、学校、群众都已转移了。贺龙这才放了心。他说："鬼子这一着不能说不狡猾，不过，他是在班门弄斧。我可要抓住时机，从容不迫地调整部署，让鬼子自己走进包围圈来。"贺龙判断："鬼子孤军深入，在陈庄又抓不到什么，必定不会久留，会很快撤回去。这就给我们造成了歼灭它的好机会。关键是要弄准鬼子会从哪条路撤回去。"

大家分析的结果是，日军不会再从原路返回，因为日军害怕我们在来路伏击他们。最大的可能是，用一部分兵力向大庄子方向进攻，赶走磁河北岸的我军，掩护其主力从磁河南岸向东撤走。贺龙、关向应同意大家的判断，下决心集中主力歼敌于运动中。他们决定以磁河岸边的东西寺家庄、冯沟里一带作为伏击地域，让周士第与张宗逊按他的这一意图，迅速调整部署。他们以三五八旅七一六团和独立一旅二团进入陈庄以东八公里的东西寺家庄至南北台头之间和冯沟里、破门口以南地区，分别占领有利阵地，构成一个伏击圈；独立一支队去大庄子诱敌入圈；津南自卫军坚守白头山，阻击慈峪镇方向的增援；三五八旅四团为预备队。

贺龙同意了这一部署，为了防止日军从原路返回，又从二团和独立一支队各抽了一个营，会同四分区五团一部进至长峪。万一日军从原路撤退，则予以坚决堵截。

日军占领陈庄，十分得意。第三十一大队大队长田中省三大佐在日记中写道："不经大的战斗而占陈庄，这是指挥者的天才！"吹捧此次行动的组织者水原义重少将。28 日拂晓，他们放火焚烧陈庄，扬扬得意地沿磁河东撤。但是，田中没有想到，他的旅团长并不高明，此刻，已经把他的第三十一大队送进了贺龙张开的口袋里去了。

8 时许，日军主力进至破门口附近，进入了伏击圈。七一六团一营和独立一旅二团、独立一支队猛击敌人，战斗激烈地展开了。第三十一大队发觉自己遭到伏击，立即实行强攻，企图打开一个缺口突围出去。他们先向左边突，连续发动了四次冲击，都被七一六团打了回去，再向右边冲击，经过多次反复冲杀，也被独立一旅二团顶了回来。贺龙为了扎紧口袋，又把独二旅四团调来，守在破门口以东，挫败了日军两次东窜的企图。最后，把第三十一大队压缩在破门口、冯沟里地区。晚上，七一六团和二团发动攻击，占领了这个地区日军的前沿阵地，四团和独立一支队分别攻占了破门口以南和冯沟里以西高

贺龙（左）与关向应在陈庄战斗中察看地形

地，缩小了包围圈，把日军压缩到破门口、冯沟里这两个不大的村子里。

第二天，即29日，从灵寿和慈峪出动了800多日军前来解围，被津南自卫军阻止于白头山下。贺龙又命令张宗逊调四团去东西岔头，协同津南自卫军阻敌增援。第三十一大队见待援无望，集中兵力上鲁柏山，企图越山而逃。二团和四分区五团迎头阻击，七一六团跟踪追击，将日军围困在鲁柏山西侧一块狭长的山头上。遭到两次包围攻击，日军死伤惨重，兵无斗志，不断发电报紧急求援。

29日下午，贺龙来到横山岭张宗逊的指挥所，指示部署总攻击。命令一下，枪炮齐鸣，杀声震天。第三十一大队就地被歼灭，大队长田中省三被击毙。进攻白头山的日本援军与津南自卫军连日激战，伤亡甚重，30日晨向沙湾前进，企图接应残敌，被早一天到达这里的四团击退，撤回慈峪。30日下午，战斗全部结束，共歼敌1380余人，俘虏16人。陈庄战斗是抗日战争相持阶段中敌后的模范歼灭战之一，也是贺龙用兵的杰作之一。

战后，贺龙于11月初率部向曲阳县灵山镇以北的郎家庄和唐县神南镇一带转移，打算在那里进行整训。

这时，日本华北方面军开始执行《一九三九年度第三期治安肃正计划》，先以其独立混成第二旅团的辻村大队和堤赳大队向涞源以南晋察冀边区中心地带进攻，由此开始为期一个半月的冬季“扫荡”。11月2日，贺龙、关向应赴军区与聂荣臻会商，讨论一二〇师如何按晋察冀军区统一计划，配合军区部队参加反“扫荡”。

11月3日，晋察冀军区一分区一团、二团在涞源雁宿崖歼敌500人。隔日，独立混成第二旅团长阿部规秀中将率中熊大队前来增援，进至涞源县东南之黄土岭。

聂荣臻决心将其歼灭在这个地区。他向贺龙提出，请一二〇师派一个团配合军区部队作战。贺龙当即表示同意。返回郎家庄以后，他马上把师特务团[1]团

① 由独立一支队和师警卫营大部编成。

长杨嘉瑞、政委范忠祥叫到师部，命令他们立即开赴黄土岭，配合一分区部队作战。贺龙对杨嘉瑞说："嘉瑞，思想上要有充分准备，敢挑重担。不要把自己看成配角。我们都是一家，不分主客喔！""你不要怕打硬仗，不要怕牺牲，你豁出两个营也不要紧，回来我再给你补充。"在杨嘉瑞、范忠祥临走的时候，贺龙让警卫员拿来一件皮袄和一支烟斗，对他们说："送给你们俩。"又指着杨嘉瑞说："我告诉你，你去配合兄弟部队作战，要服从命令听指挥，遵守纪律，搞好团结。"杨嘉瑞、范忠祥表示："师长，我们记住你的话了，保证完成任务。"

一二〇师在晋察冀时的野战指挥所

关于特务团参加这次战斗的情况，1939 年 12 月 6 日，贺龙、关向应、周士第向朱德、彭德怀、左权报告如下：

"（一）敌阿部中将率步、炮兵 1300 余人，11 月 5 日由涞源出发，7 日占黄土岭。特务团配合军区一、二、三团消灭该敌，于 6 日下午由南北大悲强行军赶到黄土岭，归军区三团首长指挥。（二）7 日晨，敌向上庄子方向前进，被一团阻击。二团在黄土岭东北、三团在黄土岭东南，特务团占领黄土岭及其东北高地。下午 1 时，敌人向三团进攻，特务团从侧面攻击，敌遂溃下来。下午 3 时，敌人连续向黄土岭特务团二营冲锋数次，均被击退。特务团三营从左侧突击，进到敌人炮兵阵地。敌被我四面包围。黄昏后，各团总攻击，因配合不够，未能奏效。敌集中主力向黄土岭进攻，企图突围，又被我二营打退，敌遂集结兵力坚守，成对峙状态。8 日晨各团又总攻击。敌向北突击，将二团阵地突破，特务团一营从敌侧猛攻，将敌截为两段。当时，捉得汉奸一名，民夫数十。民夫说，大官两名，被我击毙，官兵均痛哭，将大炮两门、步机枪三四百支埋藏土中，军用品、死尸烧毁很多。此时涞源方面增援之敌已占领北面有利地形，并向我进攻。各部配合不好，不能解决战斗，黄昏后，各团遂退出战斗。（三）此役，特务团缴获枪 70 余支。敌共伤亡六七百人，阿部中将毙命。（四）我伤亡 40 余人。"

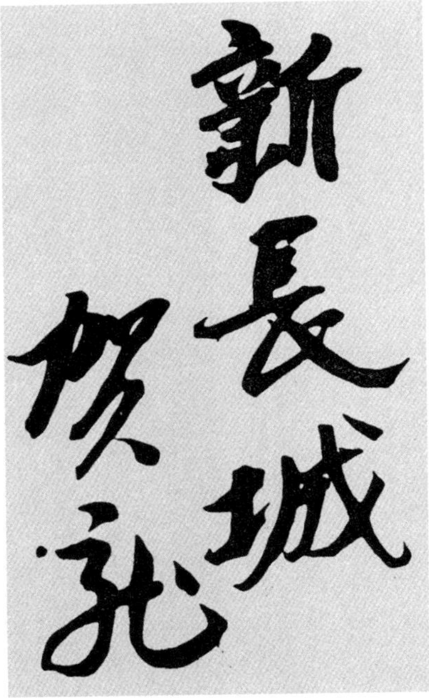

1939年11月7日，贺龙为晋察冀军区成立两周年的题词

此后的一个多月时间里，贺龙、关向应率一二〇师部队转战于阜平、平山地区参加冬季反“扫荡”。反“扫荡”结束后立即转入整训。在日军“扫荡”开始前，贺龙、关向应成立了一个高级干部研究班，分期分批抽调团以上干部参加学习，每期二十余人，学习时间4至5个月。学习内容是哲学和中国近代史。贺龙特地向抗大总校副校长罗瑞卿要来了两位教员。贺龙对他们说：“研究班的学员都是一二〇师团以上干部。他们都参加过长征。多年来忙于打仗，没有时间学习政治、文化，要请你们这些知识分子来帮助啊！”关向应说：“辩证唯物主义和历史唯物主义是马克思主义哲学的基本理论。我们的干部长期打仗，没学过哲学，一听哲学两字就害怕，请你们讲讲哲学原理，让他们掌握或者懂得。”第一期高级研究班是10月21日在刘家沟开学的。队长是廖汉生，政委是朱辉照。第一课是贺龙讲中国共产党和人民军队的斗争历史。这个研究班即使在紧张的反“扫荡”中仍然利用行军作战的间隙坚持了学习。

1939年，是一二〇师和贺龙战斗历程上极为壮观的一页。这一年，贺龙率一二〇师主力贯彻执行中共六届六中全会决定，胜利完成了中央军委和八路军总部赋予的三项任务，具有重大战略意义。其间，贺龙领导一二〇师部队在冀中作战116次，消灭敌军4900余人，战果辉煌。尽管国民党中的顽固分子大肆攻击八路军“游而不击”，但在铁的事实面前，蒋介石也不得不承认一二〇师的不朽业绩。他曾亲笔写信给贺龙，赞扬他：“年来杀敌英勇，嘉慰殊深。”这封信登载在1939年11月29日延安出版的《新中华报》上。

第十二章　巩固战略枢纽

第一节　回师晋西北

1939 年 12 月，胡宗南部进攻陕甘宁边区、阎锡山部进攻山西新军和八路军，将国民党顽固派掀起的第一次反共高潮推向了顶点。

阎锡山经过密谋策划，1939 年 11 月下旬密令第六集团军总司令陈长捷指挥第六十一军、第十九军等部，分南、北两路向驻晋西南的山西青年抗敌决死队二纵队和八路军一一五师晋西独立支队发动进攻。12 月 3 日，阎军在永和附近袭击了决死二纵队一九六旅旅部，同时破坏永和、石楼等地抗日民主政权及“牺盟会”等抗日群众团体，杀害了洪洞县、蒲县的县长及位于隰县的八路军晋西独立支队后方医院的伤病员，制造了“十二月事变”，又称“晋西事变”。

对此，中共中央军委及时指出：阎锡山发动这一事变，目的在于向我们示威，取得我方让步，以便他能确实掌握晋西南、晋西北两区，压倒新派[①]及八路军的力量，以准备在对日投降时处于有利地位。而“晋西南、晋西北两区为华北与西北之枢纽，必须掌握在抗战派手里”。

当时，贺龙正率部转战于晋察冀边区的阜平、平山。驻晋西北的新三五八旅旅长彭绍辉带领护送弹药的七一四团两个营于 12 月 6 日到达平山回口村，向贺龙、关向应报告山西局势，请示方略。贺龙、关向应根据中央军委指示及彭绍辉报告的情况，清醒地估计到阎锡山可能企图先将晋西南新军摧毁，然后进攻晋西北新军。贺龙对彭绍辉说：“晋西北阎军眼前没有行动，不过是他们的策略，用以麻痹晋西北新军。晋西北阎军不会无所作为。要记住，赵承绶曾经收买暂编第一师第四十四团团长冀聘之叛变。因此，新三五八旅不能掉以轻心。”关向应也指出：中央军委指示，要坚决反击阎军的进攻，力争抗战派的胜利。新三五八旅应迅速备战，支援新军。他建议彭绍辉尽速返回晋西北，准备反顽斗争。

事情的发展果如贺、关所料。12 月中旬，赵承绶奉命放弃忻县、宁武、神池、五寨、静乐等地的对日阵地，将兵力集结于兴县、临县地区，阴谋伺机向晋

---

① “新派”“新军”指“牺盟会”、青年抗敌决死队、暂一师、工卫旅等共产党领导下的山西进步抗日力量，区别于在阎锡山直接控制下的，人称“旧派”“旧军”的力量。

西北新军及八路军发动进攻。赵承绶还采用威胁利诱、分化瓦解的手段，策动决死四纵队中的反动军官发动叛乱。

12月13日，贺龙、关向应打电报给晋西北区党委副书记、新三五八旅政治委员罗贵波，对怎样应付这种局面提出了具体意见。其要点是：军事上，应将新三五八旅旅部及主力七一四团集结于普明镇与赤坚岭之间，控制赤坚岭，保持机动地位；警六团集结于岢岚、保德、五寨间的三角地带，策应和支持新军暂一师；独立一团、独立二团靠近决死四纵队，取支持之势。在政治上，应召集新军中的党员负责同志，作应变的具体部署。要清醒地估计到新军因干部成分复杂而产生分化的可能，对于事变中的坏分子应断然处置。

这些意见是有预见性的，但是，没有得到充分的贯彻。原因是多方面的。阎锡山从1939年3月在陕西省宜川县秋林镇召开高级军政干部会议（即秋林会议）以后，即阴谋在山西排斥共产党、八路军，破坏山西各派力量的团结。阎锡山将山西全省划分为四个行政区。晋西北为第二行政区，以骑一军军长赵承绶兼任行政区主任，下辖十个师管区，一律由阎军各师、旅长兼任管区司令，总揽军政大权，限制新军、八路军筹措粮食和补充兵员，企图达到“饿死、困死、赶走八路军”的目的。因此，晋西北新军和八路军不得不分散各地筹粮筹款，补充新兵，一时很难照贺、关意见迅速集中；新三五八旅主力七一四团，长年执行护送陕甘宁边区与各抗日根据地之间来往人员和物资弹药通过敌人封锁线的任务，本身发展不大，此时，还在执行任务途中，因此，要执行贺、关指示存在实际困难。所以，当12月18日，新军暂一师师长续范亭借故退出赵承绶召开的军事会议，连夜向晋西北区党委揭露赵承绶妄图进攻晋西北新军、八路军的阴谋计划之后，晋西北区党委与续范亭商定，调暂一师三十六团来岚县裴家庄、百化宇、祁家庄一带，与新三五八旅七一四团留下的一个营靠拢，准备应付即将发生的突然事变；同时，命令警六团、工卫旅、暂一师等部队迅速以营、团为单位集结待命。24日，三十六团到达岚县地区布防。

12月27日，决死二纵队与八路军晋西独立支队为保存有生力量、避免事态扩大，随晋西南区党委越过离（石）军（渡）公路，到达晋西北的临县招贤镇。赵承绶立即以临县为中心，集中两个军的兵力阻止决死二纵队北上，并阴谋袭击新三五八旅旅部和决死四纵队。

29日，彭绍辉率七一四团两个营星夜赶到岚县史家庄，投入反顽斗争。

12月31日，中央军委发出反顽斗争指示，指出：“胜利进行这一斗争，保持山西抗战根据地在我手中，保持华北与西北的联系，这是目前的中心问题。”军委命令：“贺、关立即出发，到晋西北指挥战争，愈快愈好。”据此，彭德怀于1940年1月3日下令一二〇师主力紧急回师晋西北。

贺龙连夜在回口村召开干部会议进行紧急动员。他对国民党、阎锡山背信弃义，非常生气。山西抗战局面是八路军、新军支撑的。1937年到1938年，在日军进攻面前，阎锡山的晋绥军节节败退，部队溃散，减员严重。收复七城以后，战动总会将动员的一部分新兵补充给赵承绶、郭宗汾、傅作义等部，使其重整旗鼓。如今，却恩将仇报，制造“十二月事变”，怎不令人气愤。在动员会上，他大骂阎锡山、蒋介石，他说：“他搞摩擦，老子要反摩擦。我要把他摩擦掉！”由于情绪激动，一挥手，竟把一盏照明的马灯碰翻在地。他决定“全师迅速开赴晋西北，并由他率领两个团先期西进”。

但是，由于部队在集结、补充衣被鞋袜等问题上存在实际困难，一时无法起程。贺龙发火了。他把参谋长周士第、供给部副部长范子瑜狠狠地批评了一通，责问他们为什么对这样重大的事抓得不紧。当他弄清情况以后，即令范子瑜十天之内完成物资补充。他每隔一天就要把范子瑜找来问一次进展情况。他根据部队集结、物资补充情况和行程估计，1 月中旬方能赶到晋西北，这样，有可能丧失反顽时机。怎么办？他想让在绥德的王震部过河，在一二〇师主力回到晋西北之前指挥和协同新三五八旅击破顽军，以解燃眉之急。贺龙心里很着急。他把事情的原委和自己的建议向毛泽东做了报告。毛泽东从全局考虑，没有同意这个建议，回电说：王震一动，蒋介石驻西安行营主任蒋鼎文会对陕甘宁边区发动进攻。毛泽东重申：“晋西北全部作战指挥由你们直接负责。”从而，把反顽斗争的重担放在贺龙、关向应的肩上。

于是，贺龙一面抓紧回师准备；一面给彭绍辉、罗贵波发出指示，要求他们：机动灵活，迅速打击骑一军，夺取方山，迫使其重新部署，以争取时间，集结力量，与之决战。贺龙、关向应提出的具体措施是：新三五八旅和决死四纵队、暂一师主力应尽力控制赤坚岭、寨上一线，相机占领白文镇；七一四团、决死四纵队一个团占领方山，掩护决死二纵队、晋西支队北撤；迅速解决仍然坚持反共立场的工卫旅旅长郭挺一的问题。后来，晋西北第一阶段讨逆军事行动的发展，与这一意见基本一致。

毛泽东考虑了贺龙关于不失反顽时机的意见，指派中央军委参谋长滕代远去晋西北指挥、协调当地的反顽斗争。

晋西北区党委在 1939 年 12 月 29 日决定成立以续范亭为总指挥的“晋西北拥阎抗日讨逆总指挥部”，从 1940 年 1 月 1 日起，实施反击。晋西北各部队从 1940 年 1 月 2 日到 9 日，先后占领寨上、开府、阳坡、马坊、方山、白文镇等地，歼灭了骑一军第三团，将赵承绶、郭宗汾部主力驱至临县县城及其附近地区。9 日，滕代远到达晋西北，组成了晋西北行动委员会。由滕代远统一指挥晋西北、晋西南的新军和八路军，进行第二阶段讨逆军事行动。10 日，滕代远将晋西北各军组成左右两集团，合击临县。经三天激战，赵承绶、郭宗汾丢弃县城向汾（阳）离（石）公路以南溃逃，晋西北反顽斗争基本结束。

24 日，贺龙、关向应赶到岚县史家庄，与滕代远、林枫、赵林、彭绍辉、罗贵波等会面。此时，反顽斗争虽已取得胜利，但留下了许多亟待处理的问题，如晋西北顽固派武装尚未全部肃清，由同蒲路以东跑来的阎锡山第十行署主任兼保安司令白志沂、第十一行署主任兼保安司令杨集贤部尚盘踞在晋西北北部；新军、牺盟会经过这次事变，亟待整顿和补充；各级政权尚需改造或重建；极度困难的财政经济问题必须解决；以及准备对晋西南阎军实施反攻等。因此，滕代远十分盼望贺、关早日回师。在史家庄见面后，他立即向毛泽东报告：“晋西北党政军民统一领导，由贺、关负责，当可大力加强。”贺龙、关向应则希望滕代远在晋西北多逗留一段时间，协助他们做好工作。滕代远答应了。

1940 年 2 月初，贺龙决定新三五八旅七一四团和暂一师三十六团开赴岢岚、河曲、保德，解决北边的顽固派。为此，贺龙来到新三五八旅旅部，亲自同该旅领导干部谈话。他说：“你们到北边去，解决那儿的顽固派，要在那儿建设根据地。要把那里当成你们的家，将来要在那里搞个分区，交给你们。”2 月底，七一四团和三十六团出发北上，先在兴县魏家滩消灭了阎锡山的游击第三师，接着，将白志沂、杨集贤两部 700 余人全部肃清，又劝说国民党察哈尔游击司令马占山、国民党军第八十六师高双成两部，退回到他们原来所在的绥远和陕西府谷等地。从此，晋西北结束了抗战以来两种军队、两种政权并存的局面。

赵承绶、郭宗汾逃离晋西北以后的第 14 天，即 1940 年 1 月 27 日，中共中央为了争取阎锡山继续抗日，以十八集团军留守兵团主任萧劲光的名义致电阎锡山，表示愿意出面调停山西新旧两军的冲突，使山西恢复团结抗日的局面。2 月 25 日，萧劲光和王若飞持毛泽东亲笔信去秋林，向阎锡山面述中国共产党的主张和建议。

贺龙也给阎锡山写了一封信，请萧劲光带往秋林。这封信是这样写的：

“司令长官钧鉴：职在路东闻晋西发生严重摩擦事件，深恐不利抗战，因此赶回路西，拟加调处。行至岢岚，闻赵司令已奉钧座命令移防石楼一带，新旧冲突亦已停止，无任欣慰。八路军与晋绥军同在钧座领导之下，抗战三年，感德至深，尚祈时赐指示，俾团结益坚，进步益速，龙深感幸。”

贺龙写此信的目的有二：一是说明一二〇师回师晋西北是为了调停新旧两派冲突，团结抗日，回师有名，合情合理。二是借此通知阎锡山，一二〇师主力已回到晋西北，一切反共倒退行为均无出路，以促使阎锡山继续抗日，为萧、王秋林之行助力。这封信，经过毛泽东修改，柔中有刚，是颇具策略之举。阎锡山深知他的军队已遭惨败，只好接受中共主张，于 4 月 20 日与萧、王达成协议，以汾离公路为晋西南与晋西北分界线，以汾河为晋西南与晋东南分界线。晋西南为阎军活动区域，晋西北、晋东南为八路军和新军活动区域，从而结束了这次冲突。

第二节 建设晋绥区

1940 年 1 月中旬，中共中央要求“贺、关将整个晋西北及绥远，南起汾离公路，北至大青山脉化为巩固的根据地，建立西北与华北的战略枢纽”。贺龙明白，这是中共中央的一项重大战略部署。晋绥地区不仅是中共中央与各根据地联系的交通枢纽，而且是陕甘宁边区的屏障，地位重要，把它建设成巩固的根据地，意义重大。

然而，摆在贺龙、关向应面前的却是一个极其困难的局面。

作为晋绥抗日根据地主要部分的晋西北，虽然是八路军最早开辟的敌后根据地之一，但在结束“十二月事变”之前的近两年半时间里，是一种统一战线的局面。政权、财权大多为国民党所掌握，群众的动员和组织，人民武装和抗日政权建设，无一不受到限制和阻挠，中国共产党和进步的抗战组织的活动，经常遭到干扰和破坏，因而根据地的许多建设工作，此时几乎还要从头做起。

在军事上，日军在晋西北周围配置有第二十六师团和三个独立混成旅团的部队以及一批伪军。他们正在准备发动大“扫荡”，扩大占领区，而一二〇师主力转战晋察冀，长期作战，两期整军计划都未完成，亟待休整；留晋西北部队在阎锡山“饿死、困死、赶走八路军”的阴谋活动中，减员严重，新三五八旅主力七一四团仅有1000余人，警六团、独二团等则不足1000人，战斗力有所削弱；新军长期以来以统一战线性质的抗日武装的面目出面，人多枪少，成员比较复杂，反顽斗争以来，思想上问题不少，急需整训。

最严重的是财政经济问题。晋西北处在西起黄河，东至同蒲路，北到长城，南抵汾离公路之间的黄土高原上，东邻晋察冀抗日根据地，西邻陕甘宁边区和国民党军控制的神木、府谷地区，南面为阎锡山统治的晋西南，北接绥南游击根据地，南北长约270公里，东西宽约160公里，幅员比较狭窄，而且没有扩大发展余地。这个地区内有30多个县，但抗日政权管辖下的人口仅一百几十万，地瘠民贫，其北部更是山西有名的贫困区域。以本地资源供应众多军队和地方脱产人员，支持长期战争，人力、物力、财力都十分不足。抗战以来，由于日寇的摧残，战争的破坏，连年的天灾，加上阎锡山数十年的残酷盘剥，晋西北人民生活已极其困难。“十二月事变”期间，阎军对晋西北又做了一次洗劫，把本已不多的财富掳掠一空。晋西北劳动力锐减，农业生产遭到严重破坏。据调查，到1940年初，农业劳动力比战前减少了1/3，骡驴减少十分之八九，羊减少6/10；许多土地荒芜，耕地面积仅达战前84%，粮食产量降低1/3以上，棉花总产量只及战前的3%；工矿、手工业大部被毁，本来不发达的手工纺织业更是完全停顿了。吃饭、穿衣成为最严重的问题。粮食极度匮乏。部队很难筹措到足够的食用谷物，只能以黑豆充饥。这种黑豆，本是用来喂牲畜的，现在却成了人们的主粮，而且就是这种黑豆也供应不足，有时部队只能喝黑豆煮的稀饭。贺龙、关向应他们也和大家一样。他们把黑豆皮去掉，将其碾成小颗粒，煮成干饭，其味苦涩。当地把这种做法叫做吃“黑豆糁糁饭”。师副官处怕贺、关天天吃黑豆影响身体健康，想设法给他们弄点白面、小米来调剂一下，但是，贺龙不允许，他说：“大家能吃，我们为什么不能吃？”有时候，续范亭等领导人来，贺龙招待他们的也是黑豆糁糁。在穿着上，许多部队的衣被鞋袜皆无着落，新军几乎完全没有被子。财政上困难尤甚。晋西北原来使用的是阎锡山发行的钞票。蒋介石是不准各省自行发行纸币的，但是，1939年，阎锡山一面向蒋介石政府要钱，装满自己的腰包；一面私自发行钞票，坑害百姓。阎锡山怕蒋介石干涉，以晋兴出版社作掩护，在山沟里秘密印刷他的纸币。由于印刷质量不佳，人们把这种纸币叫做“大花脸”“二花脸”。初发行时，每一元可买小麦 1.5 公斤，两年后，由于发行过滥，屡屡贬值，以致一元钱买不到 0.5 公斤小麦。阎锡山在晋西北留下了几千万元“大花脸”。“十二月事变”之后，这种钞票一夜之间成了废纸，使晋西北人民受到了严重损失。贺龙、关向应向中共中央和北方分局报告说：“我军保存的大多是‘大花脸’，故‘大花脸’打倒给了我们以严重打击。”抗日政府真可谓一贫如洗。部队那一点点生活津贴一连六七个月发不出来，连买冬衣的钱也没有。至于经济建设，一无资金，二无经验，更无从谈起。一言以蔽之，问题严重，困难重重。

贺龙、关向应正是迎着这样的困难，开始了领导建设晋西北抗日根据地的艰苦工作的。

在贺龙、关向应的工作日程上，第一位的是成立晋西北根据地的领导机构。1 月 26 日，在贺龙、关向应回到晋西北以后召开的第一次军政民高级干部会议上，着重讨论了成立晋西北政权机构及制定施政纲领问题。2 月 1 日至 3 日召开的第一次行政会议上，宣布成立山西省第二游击区行署（这是为了便于进行统一战线工作，沿用阎锡山政权机关的旧称，1941 年 8 月 1 日改称晋西北行署）。由续范亭任主任，牛荫冠任副主任。行署成立以后，很快任命了各专员公署的专员。续范亭、牛荫冠等在建设晋西北抗日民主政权、支持革命战争上发挥了重要作用。2 月 7 日，根据中共中央决定，由贺龙、关向应、滕代远负责，将晋西南、晋西北两个区党委合并，成立晋西区党委，由原晋西南区党委书记林枫任书记，原晋西北区党委书记赵林任副书记，领导晋西南、晋西北两区党的工作。2 月 24 日，遵照中共中央 1 月 23 日指示，成立了晋西北军政委员会，统一领导晋西北党政军各项工作，贺龙为书记，关向应为副书记。为了统一协调运用各种力量，还由各界代表组成了晋西北军政民联合委员会，由贺龙任主任委员。在军政委员会统一领导下，逐步展开了建设晋西北抗日根据地的各项工作。

晋西北新的抗日民主政权成立以后，为了渡过难关，坚持抗战，开展了扩兵、做军鞋、献金、献粮四大动员运动。在广大人民群众支持下，两个多月内，参军青年达 1.5 万人，做军鞋 12 万双，献粮 10 万石①，献金折合法币②181 万元，暂时解决了困难，对于壮大抗日武装，巩固根据地起了一定的作用。中共中央书记处 1940 年 6 月 11 日在对晋西北工作的指示中说：“创造晋西北根据地和四大动员都获得了很大成绩。”但是，在“四大动员”中也产生了严重错误，其实质和后果，晋西区党委书记林枫 1940 年 9 月 21 日在晋西北第二次行政会议上指

---

① 市制，1 石为 60 公斤。

② 国民党政府 1935 年 11 月 4 日废止银本位制，采用纸币制，以中央、中国、交通银行（后增加中国农民银行）发行的纸币为法币。

出："'四大动员'是没有很好地把握统一战线的原则，违犯了统一战线，做了很多不好的事情。许多本来不是要反对我们的人，由于我们过'左'的错误，引起了他们的逃跑，很多人本来可以和我们一道抗日的，但我们的错误做法，使他们产生恐惧，以致影响到统一战线的巩固。"因此，纠正"四大动员"中的错误，便成了当时建设晋西北根据地的一个重要问题。

贺龙、关向应作为晋西北根据地的最高负责人，虽然当时正忙于组织指挥春季反"扫荡"和准备对付国民党军第六十九军可能从黄河以东对陕甘宁边区的进攻，但是，对"四大动员"中发生的问题，他们仍然十分关注。贺龙曾对晋西区党委副书记赵林说："老赵呀，你们把筹来的钱、物交给部队，这是对的。可是，工作中有缺点啊！动员嘛，还得做工作，搞强迫命令可不应该。过去我在旧军队工作，要筹粮筹款，就把土豪绅士们找来，要他们出钱出粮，他们还能不给？可现在我们要搞统一战线，既要向他们筹款筹粮，还要团结他们抗日，特别是中农，搞强迫命令更不对！"此时，贺龙对这一问题的性质虽然还没有认识到是政策过"左"，但已看到了问题的严重性，感到了自己的责任，因而，在春季反"扫荡"结束后，他立即参加了5月15日召开的晋西区扩大干部会议，参与总结根据地建设中的经验教训，部署纠正"四大动员"中的偏差。贺龙在会上指出："四大动员"的主要问题是用强迫命令的方式让地主、富农献金、献粮，有的还吊打地主，擅自搜查。这些做法不仅使地主富农害怕失去其经济利益，而且感到人身安全无保障，对共产党感到失望。这次会议总结了"四大动员"的经验教训，确定组织军政民联合考察团分赴各地检查纠偏。贺龙、关向应为此从一二〇师抽调了300余名干部组成19个工作团，参加区党委主持的纠偏工作。

扩大干部会议结束以后，贺龙、关向应立即派周士第去延安，向中共中央书记处就晋西北根据地建设上存在的问题做详细汇报。中央书记处听了汇报，于6月8日对晋西北的工作发出指示，指出：晋西北的这一错误是"政策一般过'左'，有离开统一战线正确原则的极大危险"。贺龙、关向应对此十分重视。他们认为中共中央的指示是进一步端正和提高干部思想，克服"左"倾倾向的巨大力量，就与林枫、赵林商量，决定立即召开会议传达贯彻，然而，此时，日军又发动了夏季大"扫荡"，晋西北全体军民投入了紧张的反"扫荡"，会议不能开了。他们决定在高级干部中先行传达，并联系实际，分项检查政策上"左"的倾向。"百团大战"结束后，晋西区党委根据贺、关意见于1940年12月10日至1941年1月15日召开了地委书记联席会议，贯彻中共中央指示，以提高干部认识，检查纠偏工作。贺龙、关向应参加并领导了这次会议。会议开得很成功，与会的各级领导干部认识到，晋西北出现这种"左"倾错误的根源"是对中国革命性质、统一战线政策及中国革命长期性认识不足"，从而提高了思想和政策水平。纠正"左"倾错误的工作也取得了成绩：争取回来逃亡出去的富户364户，占逃亡富户的三分之二；争取了不少中间分子和知识分子，调动了他们的积极性，统一战线工作有了不少进展；认真执行了中共中央关于政权建设的"三三制"政

1940 年反“扫荡”时贺龙与关向应（右）、周士第（左）在彩林

策[①]，干部威信也有了提高。在贺、关等领导下，这次会议使晋西北根据地的政权建设和其他各项工作走上了健康发展的道路。因而，中共中央于 1941 年 2 月 14 日将贺、关、林、赵关于这次会议情况的报告提纲批转各根据地参考。

对于一些做过了头的事，贺龙还亲自做了干预。临县商会会长冯锡蕃，在阎军从临县溃逃时，因不明情况，曾随同逃离一天，第二天即自行脱离阎军返回临县。后来，被人诬告，说他当过阎方的方山县县长，还杀害过抗日干部，因而被临县新政权扣押，并没收了他的财产。事情查清后，正值“四大动员”，又把他作为“动员对象”，要他拿出一万银元，不然就关着不放。贺龙知道此事后，打电话给驻临县的决死四纵队司令员雷任民，告诉他：冯锡蕃从 1937 年起就为八路军办事。1937 年冬，一二〇师刚到晋西北，前方指战员没有冬装御寒，贺龙让供给部找冯锡蕃想办法。冯锡蕃经过多方奔走，冲破诸多难关，为一二〇师筹制了一万套棉衣，价值银洋约 20 万元。此后，也经常为八路军解决困难。贺龙说：“对于这样一个人，我们怎么能这样对待他呢？他的财产已被没收，哪里还有 1 万银元。快做点工作，把冯锡蕃放了，送他到一二〇师师部来。”在军政民联合委员会上，贺龙就此事向有关人员反复说明情况，指出这种做法不符合党的统一战线政策，并亲自出面保释他。几天以后，雷任民在临县请冯锡蕃吃饭，对他说：“对不起你，在军法处住了这么久，今天请你吃点便饭，座谈一下。贺老总打电话来，要你去师部。饭后，我派骑兵送你去。”到了一二〇师，供给部副部长范子瑜接待了他。周士第专门来看望，对他说：“你可以到司令部来玩嘛，不用怕。贺老总为你的问题，同雷司令谈过多次。贺总说，如果有谁杀害了冯锡蕃，我同他算老账。”从此，冯锡蕃走上了革命道路，在根据地的商业贸易战

① 抗日根据地的抗日民族统一战线政权，在政府人员分配上采取的政策。一般为，共产党员、左派进步分子、中间分子及其他分子（代表中等资产阶级和开明士绅）大体各占三分之一。

线上积极工作，为改善晋西北经济环境而努力。后来，随贺龙入川，先后担任过四川省商业厅、供销社、医药贸易局、医药公司的负责干部，当选为全国人大代表，74 岁高龄加入了中国共产党。

为解决晋西北严重的财政经济困难，贺龙花费了更多的心血。

1940 年 2 月在窑头村召开的旅以上干部会议上，贺龙就要求各部队集中人力、物资进行后方建设，力争自力更生，减轻人民负担，为晋西北人民分忧。他从工人自卫旅中挑选了一批学生和技术工人，让他们带着几台旧机器，以一二〇师修械所为基础，去黄河西岸陕西葭县（今佳县）办兵工厂。1940 年 3 月，他们办起了晋绥根据地第一个兵工厂——悖牛沟修械厂（后改称晋绥兵工厂），从此晋西北根据地有了自己的军工企业。

对于解决晋西北严重的经济困难，根本出路在于发展生产，尤其是恢复和发展农业生产。这一点，贺龙思想上十分明确。晋西北行署成立不久，1940 年 4 月 20 日，就颁布了《减租减息条例》，规定在全区普遍实行减租 25%，并取消一切附加；新债和旧债的年利率一律不准超过 1%，严禁对农民高利盘剥。这一条例的实施，大大地提高了根据地农民的生产积极性。接着，经过贺龙、关向应、林枫、赵林共同商量，成立了晋西区党委财经委员会，贺龙亲自担任这个委员会的书记，统一领导晋西北的财政经济工作。贺龙作为财经委员会书记，所做的头一件事就是要解决金融问题。在这方面，贺龙想了不少办法。

早在 1940 年 1 月，贺龙刚回到晋西北，就感觉到了经济问题的严重性。他把师供给部陈希云和范子瑜两位部长分别派到晋中和晋北，要他们到敌占区去筹款。结果，收效甚微。贺龙又派范子瑜去大青山地区筹集物资，卖到敌占区和国统区去换取晋西北急需的资金。1940 年下半年范子瑜第一次上大青山，变卖了筹措到的物资，带回三四十万块银元。这时，延安的党中央机关，经费也极为困难。军委参谋长叶剑英、后勤部长叶季壮打电报向一二〇师求援。贺龙把陈希云、范子瑜找来，让他们看了延安发来的电报，然后问：“你们看怎么办？”两位部长心里想，好不容易弄来的这点钱还不够晋西北急用呢！可是，首长问话岂能不答。范子瑜只好说：“请老总裁定吧！”贺龙又问：“你们从大青山带回来多少钱？”范子瑜说：“三四十万块银元。”甘泗淇、周士第说：“老总，你决定个数字马上送去吧。”贺龙衔着烟斗沉思片刻说：“你们从中拿出三分之二连夜送到延安去。”陈希云着急了。眼下晋西北急需用钱，送走那么多，自己怎么办呢？他马上说：“老总，我们部队还没有过冬的棉衣呢！”贺龙看了他一眼说：“你要头，还是要身子？”在他看来，支持党中央，支持延安，是义不容辞的任务。范子瑜一共上了三次大青山，每次回来，贺龙都要让他给延安送钱。整个抗战期间，由贺龙决定从晋绥地区向延安送了多少钱，已无法统计了。

筹措资金不失为解决财政困难的一种办法，但更重要的是要有自己的金融机构，才可以运用有效的机制稳定物价、发展生产、沟通城乡物资交流、保证供给。因此，财经委员会决定建立人民自己的银行。这是一个重大任务，由谁来负责呢？贺龙、关向应、林枫都想到了刘少白。刘少白很早就同中国共产党有接触。他的女儿刘亚雄是加入中国共产党较早的一批女党员之一。1937 年 8 月由王若飞、安子文介绍，刘少白加入了中国共产党，成为不公开身份的党员。刘少白毕业于山西大学法律系预科，在河北省建设厅、天津商品检验局当过科长，有相当的经济工作经验，而且，对山西的经济情况比较熟悉，是一个理想的人选。因此，贺龙亲自出面邀请他出任总经理，筹建银行。经刘少白多方筹措，筹集到了开办银行必需的资金。1940 年 5 月，西北农民银行在兴县正式成立，不久，又发行了晋西北根据地的货币——西北农币。银行的成立、农币的发行，对于稳定金融，争取晋西北财政经济的好转，起了重要作用。

1940 年春季和夏季日寇对晋西北的两次大“扫荡”，特别是实行“三光政策”[①]的冬季大“扫荡”，使晋西北尚未来得及解决的经济困难更加严重。贺龙在冬季反“扫荡”胜利以后，马上对晋西北的经济状况进行调查研究。在此基础上，他建议召开财经会议，讨论怎样克服困难，渡过难关。1941 年 3 月 4 日，晋西北行署召开财政经济会议，贺龙在会上做了报告，他指出：“现在的问题是群众没有饭吃，没有衣穿，没有房子住。我们必须解决这些问题。这是一个中心工作，党政军民，要一致努力，各级领导要深入实际，下决心把生产建设工作做出成绩来。”根据贺龙的建议，这次会议确定把发展生产、加强经济建设作为 1941 年的中心任务，并明确提出了“以农业为主”的发展生产方针。会后，贺龙又四处奔走，动员党政机关，将行署、军区、新军总指挥部、青联、妇联等单位联合起来，组成晋西北春耕委员会，统一领导全区党政军民开展大规模生产运动。他领导军区后勤部门着重抓了四件事：第一件，生产粮食。第二件，解决服装供应。主要是发动部队种棉花，建设河西被服厂和用土特产交换布匹。到 1942 年夏天，一二〇师每人都领到了一套夏服，并且拨给新军 8000 套夏装。第三件，解决副食品供应和燃料。要求各部队建立油榨房、粉房，挖煤炭。晋西北煤多，贺龙让独一旅、独二旅[②]各抽出一部分人来开矿挖煤，供应部队和群众燃料。第四件，开办商店，活跃经济，解决部队的日常开支。半年内，晋西北各部队一共开了 16 个商店，盈利法币 70 万元、农币 60 万元。在贺龙领导下，部队生产发展很快，真正起到了带头作用。经过党政军民在发展生产方面的不懈努力，到 1943 年，晋西北的经济状况，已有显著改善。

晋西北是华北与西北、中共中央与敌后各根据地联系的枢纽。1940 年 10 月，贺龙根据中共中央指示成立了晋西北交通司令部，由一二〇师三五八旅和决死二纵队各组织了相当于一个营兵力的交通大队，专门担负护送延安与敌后各根据地来往人员、物资、经费的任务。1941 年 3 月，他又成立了晋西北军区交通运输委员会，指定参谋长周士第兼任主任委员，进一步加强交通部队，做好护送

① 即日寇对华北各抗日根据地实行的“杀光、抢光、烧光”政策。

② 三五八旅返抵晋西北后，新三五八旅改称独二旅。

工作。许多从晋察冀、晋冀鲁豫、山东和江苏等地去延安开会、汇报和出差的人员，都要经过晋西北，在兴县落脚。贺龙为此指定了两个招待所，指派副官处长陈仕南负责接待来往人员。贺龙对陈希云、陈仕南说："兴县是延安的大门，我们要为党中央、毛主席看好这个大门。一方面要保卫党中央、毛主席的安全；一方面要把过往同志的生活照顾好。他们提出的要求，只要我们能办到的，一定要帮助解决好，使他们满意。"1942 年 10 月，刘少奇从新四军回延安。一路上要通过敌人的重重封锁线，被褥、替换衣服等都不便随身携带。一到兴县，供给部就给刘少奇将这些东西一一补充好。其他领导同志从敌后来到晋西北，也都是缺什么补什么。对于一般过往干部也是这样。1942 年 5 月，晋察冀的抗大二分校一批学员迁往延安，一个一百多人的女生队，在过同蒲铁路时，被敌人冲散，被子、衣服、生活用品全部丢光了。当她们三五成群地到达兴县时，供给部及时给她们补充了被服。贺龙知道了很高兴。他说："延安生活很困难，我们宁可自己苦一点，也不能给党中央增添麻烦。要想方设法减轻陕甘宁边区人民的负担，这是我们的光荣责任，也是我们应尽的革命义务。"1942 年秋，彭德怀从太行山到延安开会，在兴县讲话说："我们从太行出来，经过若干道封锁线，东西都扔光了，感谢你们把所有问题都解决了：吃的、穿的，还有牲口，还特意给我们改善生活，让我们好好休息。贺总在晋西北宁肯自己饿肚子，吃黑豆，也要招待好过往的干部，这一点，人人皆知，我是很钦佩的。"

贺龙历来重视文化建设，把它看做是增强部队素质，提高士气的重要措施之一。他亲自创建了战斗剧社，1939 年，又从延安鲁迅艺术学院、抗日军政大学

贺龙（二排右二）在兴县李家湾与一二〇师战斗篮球队和张学思率领的东干篮球队合影

和冀中参军青年中动员了不少人参加剧社，编演了许多好的话剧，使战斗剧社成为敌后一个颇有影响的艺术团体，培养出了一批优秀的艺术工作者。后来活跃于电影界、话剧界的著名导演成荫、欧阳山尊、严寄洲等都曾在这个剧社工作过，都受过贺龙当面教诲。1941 年，贺龙又四处物色爱好京剧的人才，成立了一二〇师战斗平剧社（京剧在当时称平剧）。他向负责组建平剧社的刘西林、张一然说："演旧戏一定要除掉封建毒素和低级庸俗的内容，要表现历史上除暴安良的正义人物和抵抗外侮的民族英雄，使人增长历史知识和民族意识。"在这样的思想指导下，平剧社演出了不少新编历史剧。贺龙到延安以后，这个平剧社与鲁迅艺术学院平剧团合并，组成延安平剧院。解放后，活跃在京剧界的薛恩厚，就是战斗平剧社的领导人之一。贺龙领导的部队中，体育运动历来蓬勃发展。最负盛名的是贺龙亲手创建的一二〇师战斗篮球队，许多队员都是他亲手挑来的。在冀中，他发现了曾参加过 1936 年奥运会的中国篮球队员刘卓甫，可是，人家已经当了抗日政府的县长，可贺龙爱才如命，想方设法经冀中主任公署把他调到了一二〇师。当时这个业余球队在陕甘宁边区和晋绥、晋察冀根据地都是很有名气的。有的队员，在新中国成立以后，成了体育界的领导干部。因此，在建设根据地工作中，文化建设自然也纳入了贺龙积极参与领导的领域。

1940 年 5 月 4 日，晋西北召开文化界救亡联合会代表大会，成立晋西北文化领导机构。贺龙在开幕式上讲话说："我的意见：一、文化人要学鲁迅；二、文化不能脱离政治和军事，文化对革命要起先锋和推动作用；三、应发展晋西北的文化。在前方作文化运动是不会杀头或被捕的，我们反对对文化的压迫。今天在这里有枪杆子给你们放哨，笔杆子要和枪杆子联合起来！今天我们的枪杆子上有马列主义，这是不可战胜的力量！"在联合会代表大会的闭幕会上，贺龙即席讲话说："晋西北的大学生很少，这可见一般文化之落后。"他举出几个具体事例后风趣地说："许多新的行政工作人员不会做'官'，上面有命令，下级不知道执行，这都是文化程度不够的缘故，所以，要发展晋西北文化。"他还谈到晋西北的戏剧艺术面临的继承和发展问题。他说："戏剧一方面应注意观众的水准，要重视民间形式，但完全的旧形式也不能全盘搬来，要加以改造，要使内容与形式渐渐统一起来。"随着晋西北农业生产的恢复、人民生活的改善，晋西北的戏剧运动以一二〇师战斗剧社和区党委七月剧社为中心开展得十分活跃。1941 年 8 月 15 日，一二〇师政治部召开戏剧运动座谈会，总结一年来开展戏剧运动的经验。贺龙在会上讲话说："（一）对于战斗剧社，我们要求它一方面领导和团结各旅、团的剧社；一方面还得有三大本事。什么本事呢？第一，要能为纪念大会、干部会议演出政治意义和艺术价值都好的多幕大剧；第二，要能在千万人的大会上，演出有教育意义的、大众化的、战士们一看就懂的独幕剧；第三，要能演出给老百姓看的、为老百姓所欢迎、所了解，而且能教育和组织他们的戏剧。""（二）对各旅、团的剧社，我们要求演大众化的、配合政治工作、巩固部队、宣传组织群众的戏剧，同时还要提高自己的艺术水平。""（三）我们要组织戏剧游击小组，配合敌占区工作人员和少数武装，以闪电的姿态到敌占区去，演些短小精悍的好戏，振奋敌占区的群众。”“（四）要多多创作，无论是戏剧、歌曲，还是舞蹈，不要老一套。唱歌，几部合唱不好，还是齐唱受群众欢迎。要组织采访团到各分区去搜集材料，多创作新的东西。”“（五）为了开展部队和地方戏剧运动，我们要培养艺术干部，以战斗剧社为骨干，从地方学校和部队中，有计划地调艺术干部受训。”“（六）对平剧（京剧），我认为应接受其优点，删去有封建毒素和庸俗落后的成分，用严肃态度来研究它。演出的剧本应该是表扬历史上的民族英雄，使观众增长民族意识和历史知识。”“总的来说，我们的戏剧要深入部队，面向战士，教育群众。”不久，贺龙组织了战斗剧社“游击剧团”，到敌占区去进行武装宣传。他对战斗剧社社长欧阳山尊说：“现在抗战进入了相持阶段，部队和老百姓都很困难，尤其是敌占区的老百姓。你们要去给他们宣传抗战必胜的道理，巩固他们最后胜利的信心，并且从他们那里搜集材料写出作品。”这些，就是贺龙关于根据地文化建设的一些思想，虽然，谈得很简短，却颇为深刻，涉及抗日根据地文化艺术运动中的一些根本性问题。他的这些思想，对晋西北根据地的文化运动影响很大，无怪乎著名作家萧三在听了贺龙讲话以后感慨地说：“谁说贺龙同志只是一介武夫？称他为中国的恰巴耶夫[①]？我看，除了某些特点外，并不相似啊！”

1940 年 5 月 4 日，贺龙在晋西文联成立大会上讲话

对于大青山地区党的建设和政权建设，贺龙、关向应也倾注了大量的心血。1940 年 7 月，贺龙、关向应根据中共中央对绥远工作的指示，决定将雁北和绥远合并，成立中共绥察区党委，由白如冰任书记。接着，贺龙、关向应又提出了建立绥察游击行署的意见，以统一全区行政，加强根据地建设的领导，还从晋西北抽调了两百余名干部支援大青山地区。1940 年 8 月，召开绥察人民代表大会，成立了晋西北行政公署驻绥远办事处，主任姚喆、副主任杨植霖，并且成立了绥

① 苏联十月革命后，反对帝国主义干涉和国内战争中的英雄、红军名将，在中国有的译为“夏伯阳”。

西、绥中、绥南专员公署和九个抗日民主县政府。

抗日政权的诞生，引起了日本侵略者的注意。他们反复地对大青山地区进行“扫荡”，实行“三光”政策，摧毁抗日政权和抗日武装。半年当中，绥西、绥中、绥南被烧毁的村庄多达1700余座，群众被迫大批逃亡，抗日政权和军队失去了依托，陷入能否存在下去的严重困境。

贺龙、关向应分析了这一情况，认为，大青山地区是一块完全处于敌人分割包围之中的根据地，和晋西北不一样，必须执行一套灵活的政策，方能长期坚持。贺龙说：“他们那里不能照晋西北这一套办，一切要有利于站住脚跟。”关向应说：“除了敌人残暴之外，主观上是领导思想上对建立一个什么样的根据地不明确。”贺龙同意这个看法，认为这就是大青山地区陷入困境的内部因素。他们向大青山骑兵支队司令员、驻绥远办事处主任姚喆、大青山骑兵支队政治部主任张达志、中共绥察区党委书记白如冰提出：“大青山今天不可能建立巩固的根据地，只能是一个游击区。地方党、政府必须正确执行革命的两面政策，建立广泛的统一战线。”1941年初，贺龙更加明确地告诉他们：“你们过去那种暴露政策，不利己，亦不利人，应禁止。”要求他们不要盲目地去扩张声势，而应在艰苦的对敌斗争中，执行隐蔽政策，积蓄自己的力量，保持与群众的联系，做扎实的工作，长期坚持游击战争，并且对如何执行隐蔽政策提出了具体意见。

贺龙、关向应的这些意见，从思想上明确了在大青山地区坚持斗争和进行建设的方向和策略，从而使那里的抗日政权逐渐得到了恢复与发展。到1941年5月，条件成熟，经贺龙、关向应批准成立了绥察行政公署，颁布了《绥察行政公署施政纲领》，大青山地区的抗日政权建设展开了新的一页。

第三节　保卫根据地

作为晋西北军政委员会书记、军区司令员、一二〇师师长，摆在贺龙面前的重要任务是打击日伪势力，保卫根据地。他回到晋西北以后，分析了反顽斗争以后晋绥地区军事斗争形势，认为要胜利地保卫根据地，在军事上有两个问题必须迅速解决：一是要把一二〇师与新军置于统一领导之下，以便必要时集中力量形成拳头；二是部队需要进行整训，提高战斗力，真正建设成为中国共产党领导下的人民子弟兵。为此，1940年1月26日，在史家庄晋西北军政民高级干部会议期间召开的军事会议上，贺龙就与新军领导人讨论了组织和指挥问题，并且做出了成立晋西北新军总指挥部的决定，由续范亭任总指挥，罗贵波任政委，雷任民、张文昂任副总指挥，统一管辖决死二、四纵队，工卫旅，暂一师。新军总指挥部接受贺、关领导和指挥。2月26日，贺龙在临县窑头村召开的一二〇师和新军旅以上干部联席会议上，又对晋西北的军事工作做了统一部署。晋西北的八路军和新军的统一领导于是形成。

3月10日，贺龙又在窑头村主持召开了有一二〇师与新军旅以上参谋长参

1940年3月10日，贺龙在临县窑头一二〇师和山西新军旅以上参谋长会议上讲话

加的参谋工作会议，讨论和部署晋西北部队的整训。贺龙对一二〇师与新军的整训，根据不同情况提出了不同的要求：一二〇师通过整训，要“人枪充实”，“提高战斗力，尤其是机动性和顽强性”；新军通过整训要“提高质量，完全正规化”，“建成为晋西北的子弟兵”。贺龙在会上充满激情地说：“一二〇师与新军是兄弟，我们要尽一切力量帮助新军，而且，我们也必须取得新军的帮助，今天是新军与八路军共同来建设晋西北。我们应用一切力量使这个地方成为晋察冀一样的模范抗日根据地。”

这时，由中央军委总政治部组织部长方强率领的总政治部考察团由冀中来到晋西北。贺龙请方强帮助新军整训。方强同意了。贺龙、关向应和方强共同制订了为期四个月的新军整训计划，并派出五个工作队分赴新军各部帮助工作。贺龙则侧重领导一二〇师的整训。

他主要抓了五件事：第一件，分批集训了三千余名干部，并继续举办有一百余名干部参加的高级研究班。第二件，将扩大来的兵员补充给晋西北各部队，其中以三千人补充新军。考虑到新军建设的需要，其中一千人是贺龙特地从各游击支队中抽出来的。第三件，进行了部队整编和干部调整。将新三五八旅改称独二旅，下辖七一四团（独二团并入其中）、独一团（改称五团）、警六团（改称六团）。命令一二〇师留在冀中的五个支队陆续返回晋西北，进行整编和补充。第四件，进行了长期建设晋西北抗日根据地的思想教育。由于一二〇师长期转战各地，不少人没有长期建设根据地的思想准备，认为建设根据地是地方上的事，加上，晋西北地区粮食不足，生活困难，半年来，部队的津贴分文未发，许多人少鞋缺衣，伤病员缺乏药品治疗，因而，部队中出现了埋怨情绪。针对这一情况，贺龙提出：必须开展一个长期建设晋西北的思想教育运动。1940年5月1日，贺龙在一二〇师运动会上说：“十年内战时期，毛主席创建了井冈山，我们建立了洪湖苏区，我们党建立了不少红色根据地，后来，由于机会主义破坏，使我们失去了立足之地，被迫走了二万五千里。那时，根据地在哪里？在脚底板上！这一条可让我们吃尽了苦头。今天要打败日本鬼子，夺取革命胜利，我们就要建立和发展抗日根据地。只要我们把晋西北建设好了，我们就像鱼儿在水中游，虎在山中行，任我自由了。敌人就会变成瞎子、聋子，到处碰壁，寸步难行。我们一定要树立长期建设根据地的思想。”在贺龙号召下，晋西北各部队普遍开展了树立长期建设根据地的思想教育运动。这对于动员广大官兵扎根晋西北有着深远的影响。第五件，为新军调配了部分领导干部。

贺龙领导的这次整训是在春季反“扫荡”以后的战斗间隙进行的。一共用了不到三个月的时间。经过整训，一二〇师实力有了很大增强，一些主力团队达到了 3000 人。全师到这年 4 月达到了 52021 人。新军在这次整训中，轮训了干部，提拔了一批在反顽斗争中政治坚定的干部；发展了党员，加强了党的组织，纯洁了内部；建立健全了政治工作制度和参谋、供给、卫生工作制度。经过整编与补充，晋西北新军达到了 12093 人，军政素质有了很大提高。

这次整训一结束，一二〇师与新军便投入了夏季反“扫荡”的艰苦斗争。

1940 年 3 月 9 日，日军华北方面军召开了兵团参谋长会议。方面军参谋副长平田正判少将在会上说：“在这一地区（指晋西北），近来共军渗透颇为显著，任其发展下去，不久即可能变成完全赤色地带。若不趁其根基尚未巩固之前，彻底予以剿灭，则其祸害恐将波及河北、蒙疆。”会议决定，由在山西中部的日军第一军与驻蒙军相配合，5 月准备，6 月“消灭盘踞兴县、临县、岢岚地区的共军”。参加这次“扫荡”的部队有第一军的独立混成第三、第九、第十六旅团和驻蒙军第二十六师团的谏山、石丸两个支队，总兵力达两万余人，来势汹汹，企图一举摧毁晋西北抗日根据地和当地抗日武装。5 月下旬，日军开始战役准备。北面，第二十六师团到了偏关；东面，独立混成第三独立旅团增兵五寨、神池、宁武，独立混成第九旅团集中于静乐、河口、古交；南面，独立混成第十六旅团的部队集结在离石、大武、柳林等地。

贺龙从日军的动向上，敏锐地觉察到日军的意图可能是：以重兵占岚县、岢岚，驱逐文水、交城西北山区的我军；尔后，从东、南、北三面，采用分进合击的办法围攻根据地中心区，并侵占黄河渡口，防我军西渡，以达到逐步压缩、分割包围、各个歼灭的目的。他清醒地估计到，战役初期，许多城镇可能被日军占领，但是，这样一来，敌人由于深入根据地腹地，交通线拉长，新占城镇需分兵把守，补给运输困难，侧翼暴露，也就给我军造成了可乘之机。基于这样的分析，贺龙决心避实就虚，广泛开展游击战，尽可能多地杀伤和消耗敌人，以逸待劳，争取战役后期集中兵力，歼灭日军一路。6 月 15 日，贺龙召集作战会议。他在会上说：日军战役进攻部署已经完成，不久，就会向根据地中心区进犯。我们的办法是，内外线结合，跟他们打游击战，千万不要死拼。他命令独二旅会同暂一师主动进攻日军独立混成第三旅团。他对独二旅旅长彭绍辉说：“你要设法把这路鬼子引到保德方向去，减轻对师主力的压力。”他命令决死四纵队跳到外线去，与决死二纵队一起，切断交通，打敌运输，拖住独立混成第十六旅团后腿。他命令三五八旅集结在岚县东村地区，伺机打击深入之敌。

三五八旅奉命向东村转移途中，接到报告说，合击静乐县兑久镇的村上大队七百来人，扑空以后，转到了静乐县米峪镇，远离了他们的据点。旅长张宗逊认为，村上大队孤军深入，我们有力量吃掉他。他向贺、关做了报告，得到了批准。17 日，张宗逊指挥三五八旅和独立二支队在曹家掌、圐圙村（现国练村）将村上大队包围并展开进攻。村上大队大部被歼，还有 100 来人据守窑洞顽抗。第二天，贺龙得知有两路日军分别从静乐和古交增援村上大队，张宗逊如不转移，将会落入敌人合击之中，遂命令三五八旅立即撤离，避开援敌。张宗逊不甘心丢掉这一百来敌人，在率领旅主力转移前，留下四团收拾残局，并限令他们，不管能否吃掉这一百来人，黄昏前必须撤离。四团猛攻顽抗之敌，黄昏前解决了战斗。增援的日军赶到米峪，见到的只是他们同胞的尸体。这次战斗，三五八旅共毙伤日军 500 余人，抓了 4 个俘虏。

直扑兴县，妄图合击军区指挥机关的是独立第九混成旅团的主力。强敌进攻，当避其锋芒、击其惰归。贺龙率师部转移到兴县西南一个叫湍枣墕的小村子里。这里位于可能成为敌人合击目标的兴县以西谷地的一侧，离黑峪口和黄河都不远。续范亭率新军总指挥部和一个警卫连在东南面三五里的另一个小村子里。贺龙命令在这里停一停，看看日军的动向，再做抉择。次日清晨，天下着毛毛雨，师机关和直属队天不亮就吃了饭，做好了转移准备，等待判明情况。突然，新军总指挥部方向枪炮齐鸣。参谋跑来报告说：从康宁镇方向来的一个中队的日军与新军总指挥部遭遇了，新军总指挥部只有一个警卫连，怕顶不住。贺龙听了说："不用慌，让师警卫连去顶一下。机关的干部、战士当中有枪的都留下来，一起到东南面的土岗子去，准备掩护，其余的跟我走。马上派人通知续总指挥，快撤下来跟我们转移。"他和关向应从容地走在前头，带着师部通过村子西南的小路下到黄河边上，沿黄河南去。续范亭撤下来和贺龙会合，他对贺龙说："师长，情况紧急啊！"贺龙衔着烟斗一笑："没关系，等一会就把他们甩掉了。"果然，如贺龙所料，指挥机关安全地转移了。

为什么在紧张情况下，贺龙常能化险为夷呢？他周围的人说：贺龙为人精细，记忆力极强，对敌情，特别是地形道路了解得一清二楚，因此，哪里可能是敌人合围的重点，哪里可能是合围的空隙，他都能判断得很准确，决心也下得快。关向应说："人们说，老贺的脑子里有一张详细的地图，这是真的。"贺龙却认为："关键是掌握好'利害变换线'，适时占据一个机动位置，不早不晚地跳到合围圈的外面去。"这一次，情况突然，比较危险，但贺龙还是率部及时地从湍枣墕绕到了日军侧后，顺利转移到了武家峁。日军又一次扑了空，发动这次战役的主要目的没有达到。

两天后，贺龙得悉，南北两面的日军已撤回原据点，占据兴县的日军还没有走，正在放火烧房子，有撤走的兆头。贺龙高兴地说："好，到时候了。"他决心集中兵力，在兴县以东的二十里铺，伏击从兴县东退的敌人，打他一个措手不及。他命令在康宁镇的三五八旅和在窑头以西的独一旅7月3日前赶到二十里铺至明通沟以南山地设伏；命令从冀中回来的独立三支队、五支队到兴县阳会崖以北山地设伏，形成一个口袋。同时命令独二旅监视从保德、岢岚地区南下的敌军。按照老习惯，他又指定张宗逊到现场指挥参战各部队，实现他的决心。对于在外线的决死二、四纵队，工卫旅和一二〇师特务团也做了相应的部署，然后，把师部推进到兴县羊湾里。

7月4日上午，日军独立混成第九旅团的2000多人分成三个梯队沿大川向东撤走，落入贺龙布置好的口袋里。独一旅放过先头部队，猛烈袭击日军本队，打得英勇顽强，给敌人重大杀伤。但是，由于有的参战部队未按时到达伏击位置，口袋出现了漏洞，致使日军抢占了有利地形，就地转入防御。第二天，从保德南下的独立混成第三旅团1000来人到达兴县，与独立混成第九旅团会合，向东突围，日军总人数超过3500人。贺龙考虑到已无法达到全歼的目的，于是，命令撤出战斗，用尾击、侧击、截击等手段，尽可能多地杀伤日军。日军于6日撤回岚县。二十里铺战斗共歼敌700余人，给独立混成第九旅团以重大打击，反“扫荡”就此结束。历时月余的夏季反“扫荡”，一二〇师和新军各部队进行大小战斗250余次，共歼灭日伪军约4500余人。

半个月以后，7月20日，八路军总部下达了以破击正太铁路为中心的《战役预备命令》，部署著名的百团大战。在战役第一阶段，八路军总部要求贺、关将主要兵力置于阳曲南北，破击平遥以北的同蒲铁路。贺龙考虑，晋西北夏季反“扫荡”刚刚结束，部队尚未休整、补充，就此长途南进，困难不少，因此，他向朱德、彭德怀建议：一二〇师主力在同蒲铁路北段配合正太路战役，破袭阳曲、忻县和朔县、宁武段同蒲铁路；阳曲以南平遥以北铁路，由正在文水、交城活动的工卫旅及一二〇师特务团负责破击。彭德怀认为，贺龙此建议切实可行，表示同意。

在百团大战的第一阶段，贺龙精心指挥，要求严格。有的参战部队行动缓慢，他十分恼火，在三五八旅攻克静乐县的康家会以后，立刻专电晋西北各部表扬三五八旅，同时严肃指出：“全师应克服一切困难，毅然以英勇的动作与胜利参加‘百团大战’。如有彷徨观望，畏缩不前，借口种种困难，不坚决执行任务，须给以严重处罚。”因而，在第一阶段中，一二〇师战果显著。他们攻占康家会，袭击阳方口，攻入五寨城，破击了忻静、汾离、太汾三条公路和同蒲铁路北段，歼灭日伪军2700余名，俘虏日军25人。

百团大战第二阶段，朱、彭命令一二〇师破击忻（县）宁（武）段同蒲铁路，配合正太路破击战，并规定各部队在9月21日统一行动。接到电报，贺龙考虑：现在应当抓住日军被我打得晕头转向之机，继续攻击，最好不要待到21日。他立即向彭德怀请示：一二〇师准备提前于15日行动。接到贺龙的电报，彭德怀非常高兴。他在9月7日复电，表示完全同意15日破击忻宁段同蒲铁路计划，并说："连日，增援正太路之敌正在该路以南与刘、邓集团作战，该路以北聂集团连日收复会里村、上下村、兴道等据点，正围攻盂县中，你们乘此机会破击极好（如能提早几天更好）。"

这一阶段，贺龙指挥一二〇师和晋西北新军三打头马营，袭占石湖河车站，激战黄松沟，战斗 50 余次，歼灭日伪军 1700 余名，俘虏日军 6 人，破坏铁路 60 余公里，汽车路 100 公里，控制了阳方口到忻县间的铁路线。

百团大战沉重地打击了日军。日本华北方面军承认："此次袭击，完全出乎我军意料之外，损失甚大，需要长时间和巨款方能恢复。""百团大战"提高了中国共产党和八路军的声望，坚定了全国人民的抗日信心。贺龙也为此做出了自己的贡献。

经过大半年的对敌斗争，晋西北的人民抗日武装有了很大发展，各地都新建了为数不等的游击队、自卫队，而且人员稳定，组织健全。10 月 15 日在兴县成立了晋西北抗日武装自卫队总部。晋西北各部队经过整训，已形成了统一领导。为了进一步推动晋西北的军事建设，1940 年 10 月 26 日，中共中央批准成立晋西北军区，并且同意贺龙、关向应的建议：在晋西北成立四个军分区，由一二〇师和新军旅级机关兼军分区机关，由旅或纵队首长兼任军分区首长。1940 年 11 月 7 日，晋西北军区在兴县成立。中共中央军委任命贺龙为司令员，关向应为政委，续范亭为副司令员，周士第为参谋长，甘泗淇为政治部主任。晋西北军区的成立，标志着贺龙、关向应领导的晋西北军事建设发展到了一个新的阶段。1942 年 8 月，中共中央晋绥分局成立，晋西北军区改称晋绥军区。

1940 年 11 月，时任晋西北军区司令员的贺龙

在建设和保卫根据地的斗争中，贺龙虽然工作十分繁忙，但仍然时时关注各部队的进步，特别是各部队之间的团结。他很注意密切与新军领导人的联系，尽力从各方面帮助和推动他们在政治、军事上继续提高。经过不断接触，他与新军总指挥续范亭、决死二纵队司令员韩钧等建立了深厚的革命友谊。贺龙的思想、风格给了他们深刻影响。续范亭赋诗称赞贺龙说："体国公忠似赵云，坚强活泼更超群。云龙气概难比拟，李牧廉颇两将军。"

1940 年 12 月 14 日，日军开始了冬季大"扫荡"。除了原来在晋西北周围的独立混成第三、第九、第十六旅团和第二十六师团的部队外，又调来了第三十七、第四十一师团各一部，总兵力达两万多人。他们采用“铁壁合围”的办法，对离石、临县、岚县、岢岚、兴县等地疯狂“扫荡”，重点在兴县。

此时，晋西北的部队，由于在“百团大战”中损失的人员还来不及补充，缺额较大。针对这一情况，贺龙采取了不同往常的做法。他命令各分区拿出一两个团，以营为单位分散打游击，主力避开敌人合围，跳到圈外，在运动中寻机作战，并组织精干游击队深入敌后袭扰敌人。他要求在这次反“扫荡”中，人人参加游击战，“使进入边区之敌不论昼夜，不论行止都受到我军扰乱、袭击”。他建议政治部的训练队和区党委的党校组织工作组，深入各分区帮助群众坚壁清野，组织地方武装作战。

日军这次“扫荡”确乎不同寻常。他们每占领一个城镇，即以此为依托，派出小股兵力四出“清剿”，一旦发现八路军主力或领导机关，马上出动大股兵力分进合击；合击扑空，再分散成若干小股，齐头并进，反复搜索。所到之处实行烧光、杀光、抢光的“三光”政策。12 月 29 日，日军放火烧了兴县城，往东撤走，三天后突然返回，再占兴县。贺龙率领军区和区党委机关转回到兴县西南，便在小善畔遭到了返回兴县的一股日军的攻击。因预有准备，前一天，军区和区党委机关便由位于谷地的小善村等处移至西面山上的小善畔等处，并且布置了严密的警戒。虽然只有直属的两个警卫连、一个侦察连和一个通讯连应战，情况比较紧急，但从晨至暮节节抗击，使敌人毫无所获。贺龙最不愿意打这种占不着便宜的仗。战斗中他对周士第说：“这个仗没意思，赶快走算了。”他随即命令警卫排长萧庆云：“你去通知警卫连，一定要坚持 40 分钟到 50 分钟，还有，把甘主任叫回来。”甘泗淇从部队一回来，贺龙就说：“快走！”他领着机关人员向日军来路的侧面，沿一条小路安全转到了兴县东南地区。萧庆云感到奇怪，为什么往前去反而能甩掉敌人？他去问贺龙：“老总，为什么不往后撤，反而往前插呢？”贺龙笑着说：“敌人不熟悉这里的地形嘛，你找个空子不就钻到他后边去了。”

这次反“扫荡”，贺龙指挥一二〇师及新军各部队，40 天作战 217 次，歼敌 2500 多人，破坏公路 125 公里、桥梁 23 座，迫使日军于 1941 年 1 月 24 日撤出了根据地。

第十三章　联防军司令员

第一节　新的使命

1941年开春以后，关向应患肺结核病日益严重。这年10月初，他离开晋西北去延安治疗，贺龙亲自到彩林后方医院送行。

贺龙与关向应从1932年在湘鄂西苏区开始一起工作，共同经历了八年的艰难岁月。在这八年的风风雨雨中，他们结成了深厚的战斗友谊。关向应理解贺龙、支持贺龙。他曾对人说："有人说老贺有军阀主义，其实，他联系群众，关心爱护群众，上下级关系密切，同他接触多了，就比较随便了。你不要看老总发脾气，他发脾气其实是爱护你。他伟大就在这一点上——关键时刻他立场坚定、果断。"贺龙尊重关向应，遇事总要问问关向应的意见。他们俩思想合拍，配合默契。关向应病重以后，贺龙十分焦急，诸事都很关心，连关向应应该吃什么，怎么吃法，都要亲自关照一番。不久前，刚刚送去一件皮大衣给他御寒，可是，现在，病魔却使他俩分开了。这使贺龙感到痛苦，尤其是关向应一走，集军政领导工作于一身，任务繁重。不过，正如关向应所说："老贺在最困难的时候，他总是有办法，而且每当最艰苦危难的时候，他最快乐。"

1942年春，正当贺龙根据中共中央的指示，组织晋西北部队精简整编，解决"鱼大水小""头重脚轻"①问题的时候，日军发动了对晋西北的春季"扫荡"。日军独立混成第三、第十六两个旅团集中一万余人，"扫荡"兴县和保德地区。独立混成第三旅团长森少将，率三个支队袭击保德二分区指挥机构及新军暂一师；独立混成第十六旅团长若松少将率三个支队直扑兴县晋西北军区领导机关，企图一举消灭晋西北八路军指挥中枢。他们采取远程奔袭的办法，增加了"扫荡"的突然性，到达奔袭目标地区以后，即组成多路纵队作宽正面的梳篦式的反复"扫荡"，发现指挥机关和主力部队，马上集中兵力攻击。1月4日，若松少

---

① 由于日军强化治安，蚕食根据地，1941年，晋西北抗日根据地的面积缩小了1/6，人口减少了50万，使党政军民全部脱产人员占根据地人口比例从4.3%，上升到5.6%，这就是"鱼大水小"；在军队中，军区、军分区等机关人员和部队总数的比例上升到1∶1.7，形成了"头重脚轻"的情况。

将指挥日伪军秘密出动，直奔兴县。

贺龙及时得到了情报。他当机立断，率军区机关迅速转移到了兴县西北的水江头。6日，若松占领兴县，扑空之后，马上跟踪而来。贺龙又转移到瓦塘以北地区。若松在水江头再次扑空，失去目标，感到奇怪，于是，下令摆开阵势，采用像梳子篦头一样的办法，以多路纵队，严密搜索。

怎样粉碎这次“扫荡”呢？贺龙说，鬼子正在找我们的主力，我们要避开他，让三五八旅去界河口和二十里铺一带活动，到鬼子屁股后面去放火，逼他退出去。对进入根据地的鬼子，用小部队袭击他，让他不得安宁。各分区的部队都避开正面，去打敌人的交通线和据点，把声势搞大点，那样，日军不得不走。

这一着很有效。三五八旅接连不断地打击若松的运输部队，逼得他掉转屁股去找三五八旅。外线部队打得更加热闹：独一旅三次截断离岚公路；决死二纵队在文水、交城地区，决死四纵队在离石、大武地区袭击据点，破坏交通，打敌运输；独二旅、暂一师跳出森少将的合围，袭占了义井。晋西北各部队在敌占区和交通线上四处出击，一共歼敌1750人。敌人顾头顾不了尾，十分被动，3月初放弃“扫荡”，撤回原据点。

反“扫荡”刚结束，中共中央发来指示，要贺龙、林枫速去延安。贺龙把反“扫荡”的扫尾工作交给周士第，即同林枫过了黄河。

延安用极大的热情欢迎了他。3月25日，中共中央西北局、陕甘宁边区参议会、边区政府、八路军后方留守处举行盛大欢迎会，欢迎一二〇师师长贺龙、刚从苏联养病回来的一一五师师长林彪和去绥德、米脂视察归来的边区政府副主席李鼎铭。毛泽东、朱德都到了会。主持会议的是边区参议会副议长谢觉哉。他先请林彪讲话。林彪刚刚回国不好意思讲，只说：“该受欢迎的不是我，而是从前方归来的贺师长和我们的李副主席。”谢觉哉转身请贺龙讲话。谢老风趣地说：“我们的贺师长是一条龙，转战华北，日本鬼子没奈何他，能降服这条龙的只有纯阳老祖，可是，纯阳老祖又在我们这边。”谢老道出了一个简单的事实：贺龙是个共产党员，他只接受中国共产党的领导，服从中国人民的意志，别的什么力量都奈何他不得。贺龙没想到，自己做了一点工作，竟受到延安人民如此盛情的欢迎。他十分激动，在热烈的掌声中讲话说：“我是一个普通党员，现在回家来了，是不该受这样盛大欢迎的。”接着，他简要汇报了晋西北的春季反“扫荡”情况，兴致勃勃地说：“敌人春季‘扫荡’彻底失败了，不过，敌人的战术也有改变，在我们面前并非完全无能，时常对我们实行反袭击、反伏击。我们如不注意敌人这种战术上的进步，那一定会吃亏的。我们应该注意研究敌人战术的改变。”谈到晋西北根据地几年来的建设，更加兴奋，他说：“晋西北根据地的建设时间比较短，从29年①算起，到现在不过两年，除了打仗以外，允许我们建设的时间不过14个月。如今‘三三制’政权已经建

① 民国29年，即1940年。

设起来，一天天在巩固中，过去逃亡的地主，现在已经回来了。地主士绅、各党派人士都积极参加了政权工作。他们很高兴、很安心。我们的行署主任续范亭同志，便是一位国民党员、老同盟会员。副主任牛荫冠同志，是牺盟会领导者之一，他的家庭是晋西北第一家大地主。乡村政权已经过两次改选，现在第三次普选已经完毕，正着手县的选举。晋西北参议会正在筹备，预计今年7月，第一次会议可以开幕。”最后，他深情地说：“晋西北根据地能建立起来，主要是我们忠实执行了党中央的正确政策，执行了我们的领袖毛泽东同志的指示，晋西北紧靠陕甘宁边区，在建立新民主主义根据地中有一个近便的榜样。”这次讲话，是他真情的流露，赢得了一阵阵掌声。

1942年5月，时任陕甘宁晋绥联防军司令员的贺龙

其实，毛泽东让他到延安来，是要他担任陕甘宁晋绥联防军司令员的。

毛泽东先让他参加由朱德领导的军委考察团，检查八路军留守兵团的工作。他同留守兵团的领导人萧劲光、曹里怀、莫文骅做了多次长时间的交谈，了解情况，交换意见，又听取了一些旅、团干部的反应，仔细阅读了留守兵团三位领导写的工作报告；在1942年3月下旬召开的中央军委检查留守兵团工作的会议上做了坦诚的发言。他肯定了留守兵团在保卫陕甘宁边区和军队建设上的成绩，又严肃地批评了领导工作中的缺点和错误，尤其对留守兵团在处理与中共中央西北局关系上存在的问题，做了中肯的批评。朱德在他所作的检查工作的结论中，肯定了贺龙的看法。这次检查，使贺龙熟悉了陕甘宁边区部队的情况，为担负联防军司令员做了思想准备。

1942年5月13日，中央军委发布了关于成立陕甘宁晋绥联防军司令部的决定，任命贺龙为司令员，徐向前为副司令员，关向应为政委（关向应休养期间，高岗代政委），林枫为副政委。毛泽东要求贺龙参加解决三项任务：（一）统一晋西北与陕甘宁两个区的军事指挥及军事建设；（二）统一两个区的财政经济建设；（三）统一两个区的党政军民领导。

贺龙又挑起了一副新的担子。

第二节 “你的兵练得不错哪！”

陕甘宁边区的部队有一二〇师的、有留守兵团的，还有边区保安司令部的，指挥、组织不统一，不适应保卫边区的需要。因此，贺龙上任后第一件事就是根据中共中央统一军事指挥的要求，对边区部队进行整编。他同副司令员徐向前、留守兵团司令员萧劲光商量以后，决定把留守兵团所属的各独立团及保安司令部所属的四个团统一编成两个警备旅，同三八五旅、三五九旅一道置于联防军的统一指挥之下。中央军委批准了这个方案，并于 1942 年 10 月间将留守兵团领导机关并入联防军机关，任命萧劲光为联防军副司令员。贺龙又根据保卫边区的需要，重新划分和调整了部队的防区，成立了军分区。他还建议，由地委书记兼任军分区政治委员，以实现各地区的一元化领导。经过整编，边区部队出现了一个新面貌。

不久，贺龙带着参谋人员深入各分区视察。走了一遍以后，他感到忧虑。当时，国民党军在陕甘宁边区周围驻有 50 万大军，对边区实行封锁。眼下，国民党顽固派又在酝酿掀起第三次反共高潮。四个多旅的部队不仅要保卫河防，对付日寇，而且要对付众多的国民党军，兵力实在不足。在非主要方向的边境上，一个团要担负 400 公里正面的守备，显然很难应付国民党顽固派可能发动的进攻。贺龙有一个增加边区军事力量的想法，可是，现在是根据地最困难的年月，都在精兵简政，边区要扩兵显然是不行的，于是，他想到了晋西北。他考虑，晋西北新军决死二纵队和四纵队、暂一师、工卫旅经过整编和多次反“扫荡”的锻炼，战斗力提高很快，已经可以胜任保卫晋西北的任务了。一二〇师独一旅的一个团已于 1941 年调来陕北，旅部及另一个团仍在晋西北，可将其调来。他把这个想法报告了毛泽东，得到了毛泽东的批准。1942 年 11 月 26 日，一二〇师独一旅旅部及一个团调到陕北，全旅配置于绥德地区。三五九旅全部调往延安东南作为机动部队，以便随时应付国民党顽固派可能发动的突然进攻。

1943 年 3 月，蒋介石发表了《中国之命运》，鼓吹封建法西斯理论，反对共产主义。5 月，国民党军把对付日军的一批部队从河防撤往边区周围，增加包围陕甘宁边区的兵力，并且向关中地区逼近，企图闪击延安。国民党第八战区副司令长官胡宗南亲赴耀县召开作战会议，又跑到洛川以北活动，扬言要让八路军交出边区。形势一下子紧张起来。虽然预有准备，但贺龙还是不很放心，又向毛泽东建议，再从晋西北调一个旅过来。毛泽东同意了。6 月，中共中央军委根据贺龙的建议将三五八旅调到陕甘宁边区。贺龙随即命令三五八旅进驻鄜县（今富县）以西黑水寺、直罗镇一带葫芦河谷地区，同由康健民率领的骑兵旅一道，增强关中地区的纵深防御和准备实施机动。部署完毕以后，他又到关中分区亲自检查了一遍。当他返回延安时，延安各界正在文化沟体育场召开抗战六周年纪念会，进行反顽斗争紧急动员。人们知道贺龙刚从南线视察回来，用热烈的掌声欢迎他讲话。他走上讲台，感慨地说：“往年，我们在前方纪念‘七七’，周围都是敌人。今天，在我们家里纪念‘七七’也同样不安宁，昨天，关中已经听到了炮声。这炮声是从新自河防阵地撤到边区附近的部队发出的。他们不打日本了，开来打自己人，要消灭边区老百姓，消灭共产党，消灭边区政府。”他极为气愤地反问：“国民党政府不发一饷一弹，我们打了六年仗。日寇侵华军队，我们打了一半，这样的军队不好吗？我们不敢言功，但我们何罪可伐？为什么要来打我们？对 33 个叛将[①]不讨伐，而对我们则当做敌人看待，这还有公理吗？”

蒋介石派驻延安的一位姓徐的联络参谋也参加了会议。他坐在台上说：“蒋委员长‘七七’广播中并没有说要打内战。”

贺龙听到后，带着讽刺的口吻说：“刚才联络参谋徐先生说，蒋委员长‘七七’广播没有提到内战，我说，这个消息很好，我们很拥护。但是河防大军六七个师和什么坦克、重炮纷纷西调，包围边区，部队都换上了新炮，连马鞍子也换了新的，对着我们如临大敌，而把日寇放到一边，这究竟是什么道理？还要请解释解释。”

联络参谋无言以对，显得尴尬。台下响起了一片掌声。

贺龙对着台下大声说：“现在边境上对方的枪已经响了，我们还没有还枪，因为我们一向是主张团结抗战的。人家如果不打我们，我们也绝不去打人家，但是，如果一定要来打我们，我们就一定要自卫。我们的忍让是有限度的。我们边区的男女老幼都要准备好，随时还击对边区的进攻！”

贺龙的话激发了群众对顽固派的同仇敌忾，掌声、口号声响成一片。由于中共中央及时揭露了国民党顽固派企图进攻陕甘宁边区的阴谋，边区军民做了充分的准备，因而，在第三次反共高潮中，胡宗南始终不敢冒天下之大不韪。

国民党顽固派没有贸然发动进攻，却组织了一些土匪、特务潜入边区，进行破坏。清涧、绥德、米脂、西川一带接连出现阎锡军等八股土匪，到处窜扰，抢劫公营商店及单行军人的武器，刺杀地方工作人员，破坏地方政权。土匪活动最猖狂时，平均每天要发生一次抢案，清（涧）绥（德）大道上黄昏时分没有武装护送就不敢走路，严重地影响了当地的治安和交通。

贺龙决心剿灭这些政治土匪，保护边区政权和人民。1943 年，他乘陕甘宁边区高级干部会议在延安召开的机会，召开了军政干部联席会，专门讨论剿匪工作。贺龙在会上指出：这些土匪已经作案 30 余起，干部和群众死伤 23 人，损失财物 200 万元，如果任其发展，边区将得不到安宁。贺龙严厉批评了某些干部由于存在和平麻痹思想，对土匪采取放纵和宽大过头的态度。他提出，由各分区司令部和地方党政机关联合组成“清剿”委员会，统一领导剿匪工作，坚决消灭国民党派来的这些祸害。会后，贺龙连续两次签发剿匪命令，确定了“剿抚兼施，军民协力”的方针，拟定了“清剿”战术，制定了对土匪的处理办法和有关政策。

---

① 1938 年 12 月，国民党副总裁汪精卫投降日本后，国民党政府军中的一些将领陆续投敌叛国，其人数高达 33 人。

贺龙强调："要坚决肃清匪患"，但须"正确执行政策"，"注意分化和争取"，"慎重对待首要分子与胁从分子的区别，避免乱杀"。经过三个月的努力，八股土匪被全部肃清，进一步巩固了边区政权，安定了人民生活。

贺龙当了联防军司令员以后，常常下去视察。他发现边区部队由于以往领导不够统一，训练上存在不少问题，各有各的做法；学校、教导队的训练也有与部队实战需要脱节之处。这自然要影响部队战斗力的提高。他决心解决这个问题。第三次反共高潮一结束，贺龙就开始着手解决部队训练问题。他对联防军参谋长张经武说："现在要解决一下部队训练问题。要开一个会，把同志们的不同想法摆出来认真讨论一番，争取今年把陕甘宁和晋绥两个区的部队训练统一起来。"

1943 年 6 月，联防军召开了陕甘宁边区和晋绥军区团以上参谋长会议，讨论部队军事训练问题。贺龙亲自领导了这次会议。他在会上提出的指导性意见，主要是：（1）训练要为战争服务。他说："过去学校和部队的教育与战争脱节的现象，应当纠正。"在训练中，"各级司令部对自己周围的敌人与顽军应有一定的想定[①]，作为训练的依据。西北地区要有两个想定：一个是对付日本军队的，一个是对付顽军的。今天，战斗经验中有许多战术、技术问题，要依据这个原则进行整理。要加强学校与部队的联系，部队供给学校材料，学校帮助部队整理；学校向部队提出训练及战术意见，使学校教育符合部队的需要。"（2）部队训练的要求或者说目标，在于"能对付两倍到三倍的兵力（的敌人）"，"一个打三个"。贺龙指出：这是根据边区部队面临的实际情况提出的，是形势的需要。只有把兵练成这个样子，才能使我们立于不败之地。（3）生产与训练这两大任务要统筹安排。当时边区部队正在普遍开展大生产运动，因此，有些部队在安排生产与训练上统筹兼顾不够，安排不尽合理。贺龙指出："生产任务大体上已经解决，而学习任务还未解决。学习问题主要是抓紧，要挤时间。"他说：训练抓得不紧，"问题是首长和司令部抓得不紧"。他提出了一个负责制办法："各级司令部把兵训练不好，我就找你们参谋长。你们应当多用脑筋想办法。"

贺龙还对会议的开法进行了改革。他打破以往坐在一起讨论来议论去的老一套办法，请参谋长们穿上草鞋，去当几天兵，到操场上做做动作，学些切实的具体的教育方法，以便回去统一部队的训练思想和章程。贺龙自己也穿着草鞋来往于操场烈日之下。这套办法，给会议注入了一股新鲜空气，会开活了。

这次会议，对部队的训练方针、组织领导、规章制度等展开了充分讨论，提出了明确的意见，特别强调"克服机械地认为生产第一、教育第二、忽视军事教育的倾向和军事训练与作战脱节的现象"，并对 1943 年下半年的训练提出了具体要求，从而，大大推动了两个根据地的军事训练。

三个月过去了，军事训练搞得怎样了呢？有什么经验教训？冬季练兵应当怎么搞法？为了解决这些问题，1943 年 10 月，贺龙主持召开了陕甘宁边区部队高

---

① 军语。按敌对双方基本特点结合实际地形拟定的一种情况设想。

级干部会议。中共中央军委领导也很重视，毛泽东亲自参加了会议。毛泽东在会上说：“你们做得很好，希望你们今年冬季，在现有基础上，再进行一次很好的训练。”他还要求，在训练中要贯彻“首长负责、亲自动手，一般号召与个别指导相结合，领导骨干与广大群众相结合”的领导方法，并且对这一方法做了具体说明。

这次会议，在总结经验的基础上，确定了“以兵为主，人人皆兵，个个都练，士兵教育应以技术为主”的冬季练兵方针，侧重学习射击、投弹、刺杀三大技术。为了贯彻毛泽东的讲话精神，贺龙把与会的高级干部编成班、排，下到操场，首先学习三大技术，统一训练要求。贺龙说：“别人能做到的，高级干部一样能做到。毛大帅不是号召首长负责，亲自动手吗？我们自己先动动手，就有发言权了。”毛泽东也很高兴，兴趣盎然地来到操场，观看高级干部操练，对与会者的情绪鼓舞很大。贺龙主持的这次高级干部会议，成为边区部队冬季练兵的良好开端。毛泽东“官教兵、兵教兵、兵教官”的群众路线的练兵方法，普遍得到了贯彻执行。11 月中旬，冬季练兵热潮便在部队中形成了。

在这次冬季练兵中，两个地区的部队普遍开展了争当“朱德射击手”“贺龙投弹手”的竞赛。

这个竞赛是怎么来的呢？一年前，即 1942 年春，贺龙到陕甘宁边区不久，去三五九旅视察。师长来了，旅长王震十分高兴。他为贺龙组织了一次投弹、刺杀和射击表演。有个叫齐巨洲的战士一下子将手榴弹投了 50 米。贺龙看了，高兴地鼓起掌来。王震旅长兴奋地大喊：“好一个贺龙投弹手！”表演完毕，王震请贺龙给部队讲话。贺龙说：“你们是保卫党中央的卫队，你们要保卫边区每一寸土地。你们练兵练得很好，投弹投得远。你们还要好好练习射击。每一颗子弹打死一个仇敌。一二〇师是个大学校嘛！”王震接着说：“师长号召我们生产、学文化、练习武艺，特别是打手榴弹、射击。我们旅要创造出无数的贺龙投弹手、贺龙射击手。敌人来了，就把他们消灭。”旅政治部很会做工作，他们抓住王震的这一讲话，很快在三五九旅开展了争当“贺龙投弹手”的竞赛。在后来的冬季练兵中，这一竞赛从三五九旅推广开来，变成了全边区部队的群众性活动，并且发展为争当“朱德射击手”“贺龙投弹手”的运动。

1943 年冬季大练兵到 1944 年 3 月结束，成绩显著，收效巨大。例如三五八旅考核的结果是：全旅步枪命中率由 48.5%，提高到了 90.3%，重机枪命中率达到了 84%，轻机枪命中率达到了 68%，山炮命中率达 100%，手榴弹投掷距离由平均 25 米，提高到了 40.69 米，并创造了 72 米的最高纪录，刺杀和超越障碍，也都比较熟练。经过一段时间的巩固和发展，1944 年 9 月联防军司令部召开了模范学习者代表会议，检阅和总结大练兵成果。

贺龙在会上讲话说：“我们现在有了投掷 72 米的投弹手、（发射 6 发步枪子弹）打 60 环的神枪手，部队的战斗力大大提高了，但是，为了反攻，仅仅这样还是不够的，我们应当继续求进步。”他说，1944 年冬季，我们还要练兵，我们的目标是：“巩固技术，提高战术，把技术与战术结合起来。”“战斗员要提高自己的

1943 年，贺龙（右一）在开展的大练兵运动中给部队授奖旗

技术并掌握新技术，指挥员要提高战术指挥能力。”

9 月 25 日，模范学习者代表大会在延安东关操场举行军事表演。贺龙、徐向前、萧劲光、谭政陪同毛泽东以及其他在延安的中央领导人前往观看。

军事表演一共七项：投弹、射击、刺杀、马术、越障碍、木马、单杠。第一项表演投弹。表演者都投过了 45 米。

毛泽东看了很高兴，对贺龙说：“老总，你练兵练得不错哪！这些同志了不起，真是‘贺龙投弹手’。今后每个战斗员都练成这样的投弹手，那就无敌于天下了。”贺龙说：“我们已经计划普遍开展苦练三大技术的活动。”

这时，独一旅投弹手张兆信打了一个精彩的空中爆炸。会场上响起了一阵掌声。毛泽东更高兴了，对贺龙说：“这颗手榴弹打得很巧妙嘛！叫它在哪里炸，就在哪里炸，这很有用处，更能发挥手榴弹的威力了。”贺龙说：“是呀，本领是练出来的，只要苦练，就会越练越精！”毛泽东点头说：“是这样的。”

贺龙等领导的联防军大练兵运动，大大提高了部队的军事素质，为 1945 年在爷台山地区打退胡宗南的进攻以及对日反攻准备了良好的条件。

第三节　奋战财经战线

1942 年 6 月 8 日，中共中央为了统一晋绥与陕甘宁两个地区的财政经济，决定组织财经委员会。委员由陕甘宁和晋绥两区的主要负责人和从事财经工作的干部共 19 人组成，林伯渠任主任，贺龙任副主任。这样，从 1942 年下半年开始，贺龙即以很大精力参与领导两个区域的财政经济工作，在解决陕甘宁边区的财政经济问题上，出力尤多。

由于国民党顽固派的严重封锁，1942 年，陕甘宁边区财政经济十分困难，情况极为严重。毛泽东将此比喻为抗日的暗礁。他说：“什么是抗日航船今后的暗礁呢？就是抗战最后阶段中的物资方面的极端严重的困难。”[①] 为了克服困难，绕过暗礁，毛泽东亲自调查研究，写出了解决抗日根据地财经问题的历史性文献《经济问题与财政问题》，提出了“发展经济，保障供给”的方针。在毛泽东写作这篇文章的过程中，正值中共中央西北局召开高级干部会议，以整风精神，讨论中共西北党组织历史上的路线争论，总结经验，纠正当前工作中存在的种种偏向，确定边区当前的中心任务和措施。毛泽东委托贺龙将这个文件在会上进行传达，以期展开讨论，听取意见，统一思想，教育干部。12 月 21 日，贺龙将毛泽东写好的前六部分印发给与会人员，并在会上做了传达这一财政经济工作大纲的长篇发言。一个礼拜以后，毛泽东写完了文件的后三部分。29 日，贺龙就后三个部分做了第二次传达性发言。

1942 年 9 月，贺龙（左）与毛泽东在窑洞前亲切交谈

贺龙在传达发言中，着重强调了发展生产对克服财政经济困难的重要性。他说：“毛主席指出的‘发展经济，保障供给’是我们经济工作与财政工作的总方针，它不是单纯从财政收支上解决问题，而是以发展公营经济与私营经济来保障军民供给。”“他把发展生产看成是解决一切问题的中心环节。”“我想，他的这个想法很正确。如果不生产，让天上往下落吗？天上也落不下来。落下来的是雨，而

① 毛泽东：《一个极其重要的政策》，载《毛泽东选集》第 3 卷，人民出版社 1991 年版，第 881 页。

雨有时候也不落；靠我们的国家？[①]国家一个饷也不发，子弹也不发，什么也不发。那靠什么呢？就靠自己。我们边区政府是穷的，只有靠自己生产。"所以"你要是对生产取消极、轻视、忽视的态度，就是违反抗战与革命的利益。"在发言中，他特地表扬了几位在边区发展生产中做出贡献的知识分子。一个叫沈鸿。贺龙说："他是个大学生，又是个专门家，他自己在上海有机器、有工厂，抗战以后，马上把机器搬到我们边区来，帮助我们造了全套的造枪机器。""他不是共产党员，在我们这里非常艰苦，埋头苦干，对我们边区发展工业有很多帮助。"第二个叫钱直道。贺龙说："他是个工程师，他到边区来把无烟火药制造成功了。他帮助我们抗战，特别对军事工业有很大贡献。"第三个叫林发。贺龙说："他是研究玻璃的，过去试验造玻璃有人反对他，结果试验成功了，解决了我们很大问题。"第四个叫陈正霞。贺龙说："他是个技师。我们延安，以前有些破烂机器，后来他把机器修起来了，把工厂支持住了，搞起来了。今天不但没有停产，而且发展了。"还有一个叫华绍真。贺龙说："他是个科学家，是个工程师。我们印钞票到处买纸，买不到，他利用边区的材料把纸造出来了，再加把力，其他各种纸张也可以造出来。"贺龙在会上大声疾呼："他们是坚决抗战的。这些人对我们边区有这样大的帮助，自己搬机器来，埋头苦干，什么话也不讲，只要工作，我们应当尊敬他们。"

西北局高干会议以后，成立了西北财经办事处，作为财经委员会的办事机构，负责具体管理边区财经工作。贺龙兼任财经办事处主任。

当时，财经工作中最重要的问题是入不敷出。贺龙与林伯渠及财办人员商量以后，决定采取一个特殊办法：边区政府拨给各军分区 500 万元，由各分区包干自行解决各地区的经济问题。这样，暂时摆脱了政府收支不平衡问题，但却加重了军队的负担。贺龙把各分区和各旅的领导人找来，对他们说："过去，水是顺流的，由上往下；43 年要由下往上流。上面向下面要饭吃，因为你们有生产力量，有商店、骡马店、运输队，有基础嘛。""你军队吃什么，地方干部就吃什么；你穿什么，地方干部就穿什么。地方上没有饭吃，没有衣穿，没有办公纸张就向你要。上面总共补助 500 万元，其余的要军队来负担。"他下令各分区成立财经委员会，统一领导军队、地方的财经工作，以集中财力，分区包干，渡过困难。这种包干的办法，虽说加重了军队的负担，但也提高了各分区生产的积极性和解决本区财政经济困难的责任感，作为解决入不敷出的应急措施，确实起到了一定的作用。

然而，从长远来看，这样做只能是权宜之计，根本问题，一是要增加边区政府的收入；二是要发展生产。当时，陕甘宁边区和晋绥根据地最主要的收入来源是向国民党统治区输出食盐和别的土特产，但是，由于没有统一领导，各做各的生意，肥水外流，边区政府得不到应有收益。财办成立后，抓紧时间，建立了边

---

① 这里指的是由国民党执政的中华民国。

区政府物资局，把陕甘宁和晋绥两个区域的贸易统一管了起来。对食盐和各类外销的土特产实行统销。这样一来，边区政府的收入就有了保证。

发展生产是解决边区财经困难的根本出路，而发展生产需要资金。边区银行因为资金有限，所以，在发放农业贷款时规定必须有一定的抵押。没有东西抵押，就不给贷款，这样，大部分资金便到不了某些基层生产单位和农民手里。贺龙认为这种做法虽有道理，却不利于农业生产的发展。银行资金大部分应当用到发展生产上去。钱放在银行里，怎么发展生产？不发展生产，政府不可能增加收入，银行资金也不会充裕。他亲自去找银行行长朱理治，对他说："今天的问题是要发展生产，你应当把票子投到生产上去，你说对不对？"朱理治说："没有抵押，资金收不回来就麻烦了。"贺龙说："你不给他票子，他没有资金扩大生产，哪来抵押？你帮他发展了生产，他就有了钱，不就可以还你？何况，生产发展了，政府收入多了，你银行的资金不也多了吗？"经过一番谈话朱理治赞同了贺龙的想法。为了解决金融问题，贺龙又从晋西北调集了数百万元法币，以充实银行的实力。1943 年，边区银行对机关、部队的生产投资比 1942 年增长了 38 倍，向农民发放的农业贷款增长了十几倍，在发展生产上，发挥了应有的作用。贺龙在 1944 年总结说："如果没有这一笔资金投下去，没有这批马兰草的票子[①]，那我们去年的生产成绩是不会这么大的。"

经过一年的努力，到 1944 年春，边区财政经济情况开始好转。这一年，陕甘宁边区扩大耕地 100 万亩，增产细粮 16 万石，运销 30 万驮[②]盐和土特产，种棉花 15 万亩，织布 10 万匹，工业也有了发展，人民生活得到了改善。

但是，大家仍很注意艰苦奋斗、勤俭节约。那时是供给制，伙食费是很少的。中共中央的一些领导人一般也只吃些白菜、土豆、萝卜之类的蔬菜。1944 年冬，贺龙因为有病住进了医院。负责管理贺龙生活的警卫排长，看见贺龙几乎天天吃白菜、萝卜，心里很不安，想改善一下伙食。有一次，他买了半斤木耳。谁知，吃饭的时候，贺龙把他叫去了，问他："我一个月多少钱伙食费？已经吃去了多少？还剩多少？一个月吃上一两次木耳要超支多少钱？你给我算一算。"警卫排长一时算不出来，愣在那儿。贺龙对他说："前方部队天天在打仗，他们吃的是什么？我们有白菜、萝卜吃就不错了。你买半斤木耳就花了半个月的伙食费，那怎么行？"他又说："你们总觉得天天白菜、萝卜单调，可以动脑筋想办法花样翻新嘛！萝卜，就可以切成丝炒，也可以切成块、切成丁炒得脆脆的，还可以盐腌着吃，不就不单调了吗？"从此以后，警卫排长再也不敢给贺龙买贵一点的东西吃了。

矛盾是普遍存在的，旧的矛盾解决了，新的矛盾又会出现。虽然军民动手，丰衣足食了，但是，由于盐和土特产滞销，财政收入减少，出现了亏空，银行由

① 即陕甘宁边区银行发行的钞票，简称边币，是用马兰草为原料制造的纸张印刷的。
② 指一头骡子所驮重量。

此增发了近10万元边币，结果，金融波动，通货膨胀。1943年10月，财经办事处为制止通货膨胀，曾紧急建议中共中央西北局做出决定：紧缩开支，回笼货币，停止发行钞票。但是，由于财政周转不灵和在财经工作上存在闹独立性的倾向，这个决定在实际工作中未能得到认真贯彻。

1944年初，财经委员会和财经办事处决心解决这一问题。贺龙及其他财办领导人，召开座谈会，摸清情况，听取意见，研究对策。贺龙多次找银行、物资局、财政厅等单位领导人个别交谈，分析情况，统一思想。在做了充分准备之后，财委把这一问题提到中共中央西北局于3月4日召开的以讨论财政金融问题为主要内容的高级干部会上，请大家畅所欲言，想办法、出主意。3月27日，贺龙根据会议的讨论情况做了总结报告。贺龙分析了这次边区金融波动的原因。他说，第一，“有些同志对边区经济特点认识不清，不尽大的努力去发展边区的自给工业，而是单纯依靠贸易解决问题，以为物资局一成立，万事大吉，天下太平，有了点土特产，什么问题都解决了。第二，在思想上有严重的主观主义，不了解具体情况，以笼统的估计代替确实的调查。第三，在工作作风上有官僚主义倾向，有的土产公司做生意有什么‘三不买九不作’之类。第四，在组织上有闹独立性的错误，各自为政，使党的政策不能贯彻”。对此，他以一个共产党员勇于负责的精神承担责任。他检讨说：财经工作中的这些问题，“我要负总的责任，因为我是办事处主任。虽然过去对财政厅、物资局、银行都有批评。但总的责任我要负。他们在工作中政策执行得不好，票子发得多，闹独立性，主观主义、官僚主义，这些都因我们领导上有缺点，这些错误我们一定深刻认识。去年，毛主席写了一个财政经济的报告，写了一个月，是很费脑子的事。我们做的结果怎样了呢？结果金融波动，物价波动，对外贸易做得不好，管理得不好，一直到今天这些东西还没有完全克服。我们花了一些代价，取得了这些经验教训”。对于今后边区的财经工作，他在报告中提出了以生产节约、开源节流、稳定金融、巩固边币为中心的五点建议，并指出：“财经部门的干部要执行政策、执行法令，又走群众路线，照顾群众，这样才算有党性。”

贺龙的这一报告，集中了大家的意见，符合边区财经工作实际，得到了赞同。中共中央西北局对此做出了相应的决议。此时，陈云被任命为西北财经办事处副主任，协助贺龙加强对边区财政金融的领导。

在晋西北，贺龙是生产运动有名的倡导者，来到延安以后，又兼任财委副主任，组织全边区的生产成为他分内之事。他尤其重视军队的生产运动。到延安不久，他就同王震到南泥湾去看望在那里屯田的三五九旅七一八团。团长陈宗尧向他汇报说：“1941年来到南泥湾，一年内就开荒播种1.22万亩，收成不错。”他请贺龙、王震去看看他们团种的庄稼，养的猪，请他们同战士们一起吃一顿饭。

贺龙和王震在部队开饭的时候，从一个连走到另一个连，检查他们的伙食情况。贺龙揭开一个又一个用白布盖着的菜桶，高兴地喊起来：“啊，这红烧肉烧得好！豆腐煎得两面黄，炊事员同志真是费了工夫了。”王震说：“陈宗尧这里可有几个好炊事员。”陈宗尧在一旁得意地笑着。贺龙看了另一个连队的伙食，笑着说：“唷，碗碗都是辣子。这是南方菜嘛！这是哪个连？”陈宗尧回答：“十一连。”贺龙说：“我就在这里吃饭了。”说着，拿起一个馒头嚼了起来。一边吃一边说：“馒头蒸得好。我带几个回延安去。”吃完饭，贺龙对王震和陈宗尧说：“生产方面你们已经打下了坚固的基础，全团有近千头猪，但还要好好生产，让每个战士吃得胖胖的，脸色红黑红黑。你们也要把屯田的经验好好总结一番。”王震、陈宗尧点头称是。

1942 年 12 月，贺龙在陕甘宁边区高级干部会议上就毛泽东的《经济问题与财政问题》作传达性发言时曾详细介绍了三五九旅从事农业生产的成绩和经验，并根据毛泽东的意见提出：到 1942 年，边区大多数部队应该完成自己所需粮食和被服的 80%，一部分军队如三五九旅应该完成 100%。之后，贺龙一面深入部队检查督促；一面在边区报刊上发表文章，在各种会议上讲话，根据生产情况，在不同阶段提出不同的要求，以推动部队的生产运动。1943 年 3 月，他提出了开展生产大竞赛的建议；4 月，他号召部队要做到自给自足，而且，要有多余的粮食送给政府机关；1944 年，他又提出，为了减轻人民负担，节约政府财政开支，部队要为完成十万石细粮而斗争。这些建议，都是在总结了前一阶段生产情况的基础上提出来的，既能鼓舞群众，又有完成的实际可能。因此，成为各个阶段推动边区部队生产运动的动力。

贺龙（前左三）在南泥湾视察时和战士们一起用餐

1943 年春，国民党掀起了第三次反共高潮。守备部队的备战活动紧张起来。在这种情况下，生产还搞不搞？有人说，一搞农业，就要影响战备工作，主张暂时放弃生产。贺龙分析了反顽斗争总的形势，认为仗不一定打得起来，但是，不能放松打仗的准备，有备无患嘛！生产呢？也不能放弃。他提出了“一手拿枪，一手拿锄”的口号，并且向守备部队建议：战斗与生产来个“分兵把口”，在前面挖好工事，筑好碉堡，加强守备，在碉堡与工事后面开荒种地，搞好生产。他的这一主张得到了部队的拥护，都照着办了。结果，守备部队既保卫了边区，又发展了生产。贺龙后来风趣地对大家说：“我们在紧张的时候筑碉堡，在碉堡后面开荒种地，并且喂了猪鸭鸡兔。这些东西得到得不到呢？得到了。猪鸭鸡兔，我们都吃了，但是，在碉堡那边的顽军，连我们的一根鸡毛也没吃上。”

在贺龙领导下，边区部队的生产运动搞得轰轰烈烈。1943 年开荒 20 余万亩，占了全边区开垦荒地总数的 1/3，共收细粮 3 万石，三五九旅做到了粮食自给。三五八旅、独一旅等其他边区部队做到了粮食大部自给，蔬菜全部自给。边区部队共养猪 1 万余头，羊 1.5 万只，每人每月可吃到 3 斤肉。边区部队建立了 11 个纺织厂，年产布 40 万匹，还织了许多毛毯、毛巾，做到了丰衣足食，兵强马壮。这是古今中外历史上从来没有过的事。

贺龙来到延安不久，由于感情不和，与骞先任离婚了。延安的一些热心人就忙着为贺龙当起红娘来。西北局组织部长陈正人把中共延安县委组织部长薛明介绍给贺龙。

薛明是河北霸县人。抗战开始后，一直从事抗日群众工作。她带了一支青年妇女抗日队伍，从北平辗转到长江以南，宣传抗日。1938 年，经新四军江西办事处介绍，她来到延安，先后在中共中央党校、妇女大学学习，后来去清涧工作，成绩突出，曾被选为县参议员，后调任中共延安县委任组织部长，是西北局着意培养的妇女干部。

1942 年春的一天，西北局书记高岗陪贺龙来到延安县委。县委书记和薛明接待他们。高岗对贺龙说：“这就是薛明同志。”贺龙同薛明握了握手。谈话中，他问薛明：“你认识叶群？”薛明说：“认识。”贺龙说：“今天是星期天，同高书记到这儿来转转，问点情况。我知道你同叶群是朋友。叶群在马列学院把林彪同志的信给同学们看，这很不好。谈恋爱嘛，你要不同意，就算了。为什么把林彪同志的信给别人看呢？你俩很熟悉，你是不是可以告诉她，不要这样做。”叶群是同薛明一道从江西来延安的，彼此是很熟悉的朋友。薛明感到，叶群这样做确实不对。贺龙的态度很诚恳，是对同志的关心，所以点头说：“可以。”贺龙高兴了：“那很好。朋友嘛，就要这个样子。你认为怎么样？”薛明回答说：“我同意贺老总的意见，这件事我可以办。”贺龙点头说：“那好，我要说的就这么多。我知道，你在清涧工作做得很不错。”临走时，贺龙问薛明：“听说你是天津人？”薛明回答：“离天津很近，霸县人。”贺龙说：“我有个厨师，会做天津包子，你可以去尝尝，看像不像。以后有空到我那儿去玩。”说完，也不管薛明怎样回答，甩开大步走了。

这次见面给彼此的印象都不错，从此，俩人开始了交往。

1942 年 8 月 1 日，贺龙与薛明结婚了。这一天，贺龙住的窑洞里，高朋满

1942 年 8 月 1 日，
贺龙与薛明结婚

座，任弼时、林伯渠来了，高岗、陈正人、张邦英等西北局的领导人来了，贺龙的老部下王震、李井泉也都来了。林老举着一杯酒指着陈正人说："你这个红娘做得不错呀！他们俩同意结婚，我就来喝喜酒。老贺，祝贺你，我先敬你一杯。"薛明知道贺龙有胃病，不宜喝酒，那是贺龙的部下告诉她的。她马上接过林老手中的酒杯，一饮而尽，于是，大家就冲着薛明开起玩笑来。窑洞里充满了洋洋喜气。

没过几天，一二〇师战斗篮球队在贺龙的窑洞里接受毛泽东的接见。贺龙陪着毛泽东来了。这是薛明第一次同毛泽东见面。毛泽东向薛明拱拱手，笑着说："薛明同志，好呀！恭喜恭喜！"贺龙在一旁微笑着。他能不高兴吗？在延安，他有了一位伴随终生的伴侣。延安的岁月，贺龙是难以忘怀的。

第四节　在整风运动中

1942 年，中国共产党开始了整风运动，这是中国共产党建设史上的一件大事。贺龙一到延安，无例外地投入了这一运动。1942 年 11 月 2 日，他以一个普通党员的身份在陕甘宁边区高级干部会上发言说："整风整什么？是整我们党内不正之风，整主观主义、宗派主义、党八股。""十年内战中，中央苏区垮了，鄂豫皖苏区垮了，川陕苏区垮了，湘鄂西苏区也搞垮了，这都是不正之风对党的危害。"他说："今天我们的边区党内还存在些什么不正的东西？整风整什么？就是整闹独立性，整党内那些不正的东西。"贺龙强调："整风要从上面整起，上面整好了，下面一定整得好，这是个领导问题。上面没有整好，下面有什么办法。我责备下面，首先要责备自己。责人首先要责己，责己严，责人宽。我今天是一个司令员，如果军队做了坏事，犯了纪律，违犯政府法令、政策，这个责任是领导机关负，我要负，我是一个司令员嘛。我骂下面说是你们不好，我自己好，下面心服吗？不心服的。”贺龙就以这样的态度参加了整风运动。

当时，在边区部队中存在着一些不良倾向，诸如，不尊重中共中央西北局，不尊重边区政府，少数干部对地方干部蛮横无理，不执行精兵简政的政策，不愿参加边区建设以及生产上各自为政、本位主义等。针对这种现象，贺龙依据整风精神，在陕甘宁边区高级干部会上作关于整军问题的报告，提出了开展整军以克服“三风不正”，“使军队更进一步正规化”的要求。他强调，整军的中心是加强一元化领导，“拥护中央与西北局，拥护边区政府，爱护老百姓，拥护党的一元化领导，为此，在部队中要开展反对军阀主义倾向的斗争”。对于部队中闹独立性、各行其是的倾向，贺龙给以严厉的抨击。他说：“军队不能闹独立性，政府不能闹独立性，民众团体不能闹独立性。我们边区只有共产党，没有两个党，为什么共产党里头搞独立性这个东西？西北局决议随便可以不执行？中央政策随便就可以不执行，这种党员还像什么样子嘛？不像样子。我当个师长，一二〇师，我在那里的时候部队很好，如果我走了，部队就不好了，这样，我的党性还有没有呢？没有了，是不是个好干部？不是的。”贺龙的这些思想，从实际出发，针对性强，旗帜鲜明，在陕甘宁边区部队的整军工作中起了重要作用。

1942 年贺龙在延安

1943 年 1 月 6 日，中共中央书记处发出通知，批准高岗、林伯渠、贺龙、陈正人、贾拓夫五人为中共中央西北局常务委员会委员。从此，贺龙以更多精力参与了西北局的领导工作。

1943 年，中共中央召开政治局扩大会议，讨论党的历史上特别是第二次国内革命战争时期政治路线的若干问题。贺龙参加了这次讨论。红二方面军、一二〇师，经历了复杂的情况，在长期斗争中也产生了一些有争议而需要统一认识的历史问题，因而，在此期间，贺龙召集在延安的一二〇师各部队领导干部开了几次会，进行实事求是的讨论。这次讨论，涉及洪湖时期的“肃反”问题，也谈到了到达陕北以后的反军阀主义斗争，并且还讨论了抗日战争初期开辟晋西北根据地的一些问题。通过讨论，大家统一了思想。甘泗淇在向中共中央军委汇报时说：“我们在与敌人斗争中，基本上是团结的，在贺、关领导下，忠实于党，同心同德地干，但有些同志过去对贺龙同志认识有不足和错误的地方。我们没有从本质上认识他。在毛主席领导下，不久前开了个干部会，现已解决了。”[①]1943年1月7日到9日，在中共中央西北局高级干部会议上，中共中央秘书长、主管西北局工作的中央常委任弼时在会上做了题为《关于几个问题的意见》的长篇讲话。在这一讲话中，对贺龙给予了高度评价。他说：“贺龙同志是一个真正身经百战的勇士，有指挥战争与建设军队的丰富经验。他从小就有反抗旧统治的思想，在反动统治下，单人独马去创立武装组织，从几个人、几匹马、几支枪的小队伍发展到大的部队，在旧社会里做到镇守使，大革命时代是国民革命军的一个军长，非常熟悉旧社会，特别是旧军队的情形。这都是值得我们向他学习的。但是贺龙同志伟大之处，不仅在此，而在于他对革命对党的一贯忠诚的态度。他有百折不挠的精神，不因斗争失败而气馁。南昌起义失败后，他便跑到洪湖去，从仅仅几个人的起义，发展成为大兵团的红军。后来因立三路线、‘左’倾机会主义路线而使部队缩小，但他从不灰心丧气，又跑到贵州东北部去建设根据地。他对党中央的正确路线是坚决而忠实地执行的，从不以军队势力和党对立，不把军队看得比党高。当二方面军和四方面军会合时，他是坚决反对张国焘所采取的反抗中央的行动的。他还时常说，率领军队的党员，绝对不能把军队看成是自己的。自己如果调动工作时，就希望代替自己工作的人，能够很快地把军队带得很顺手、很就绪，否则，自己心中是不安的。这说明贺龙同志对党对革命的忠实，说明了他是立场坚定、有原则性、有组织能力、善于和群众打成一片、性格直率、富有魄力、大公无私的一个同志。”

但是任何一个人，即使最伟大的人物，也会有其自身的弱点。贺龙也一样。在整风运动的审干阶段，因为对敌情估计错误，中共中央决定开展抢救失足者的运动，全边区以至各根据地先后都动起来了。一时间各方面纷纷反映，党政军民团体中都混进了蒋、汪、日特务。在这种情势下，贺龙在1942年10月和11月曾两次在一二〇师整风座谈会上，把当时“坦白”出来的一些不真实的情况作为例子，动员干部坦白交代，并且点了一些同志的名。这种做法，不管是由于对情况认识不清，还是为了积极贯彻中共中央审干的安排，其作用都是不好的，给一些干部造成了伤害。后来，当扩大化的问题进一步发展时，便引起了他的警觉和反思。这年年底，在晋绥军区请示关于清查干部的若干问题时，他便显得十分慎重了，专电林枫、周士第说：“清查干部的历史和思想、配备干部要慎重，要德才兼顾，避免宗派现象。”有一次，独一旅一位领导干部来联防军司令部汇报工作，贺龙对他说：“你这个人，自己有体会嘛！有血的教训。你挑担子、挨捆的滋味忘记了吗？怎么能相信你的部队有几百名特务？”过后，贺龙还派杨琪良随甘泗淇到独一旅进行平反和其他善后工作。因此，一二〇师在纠正抢救运动的错误上，总的来说，行动是比较迅速的。

整风运动结束以后，1945年4月23日，中国共产党在延安召开了第七次全

① 甘泗淇：《关于一二〇师的工作报告》1943年5月。

中共七大期间贺龙与任弼时（右）在一起

国代表大会。贺龙作为代表参加了会议。6 月 9 日，在这次大会的第十九次会议上，贺龙被选为中共中央委员。

世界反法西斯战争进行到 1944 年，盟军在欧洲的反攻节节胜利。在亚洲、太平洋战场上，日本侵略者的处境也日益不妙。日军为了在海上交通线被切断时仍能保持其本土与东南亚的联系，在当年四、五月间发动了打通大陆交通线的攻势。蒋介石集团正集中精力保存实力，准备内战，对日军的进攻毫无准备，连失河南、湖南、广西、广东大部和贵州一部，重庆震动。

1944 年 4 月，根据国际国内形势的变化，毛泽东指出：我党我军现在的任务是要准备担负比过去更为重大的责任。我们要准备不论在任何情况下都要把日寇打出中国去。为我党能够担负这种责任，就要使我党我军和我们的根据地更加发展和更加巩固，就要注意大城市和交通要道的工作，要把城市工作和根据地的工作提到同等重要的地位。遵照这一精神，以贺龙为首的陕甘宁晋绥联防军领导集体，除指导晋绥军区进一步开展"把敌人挤出去"的斗争，加紧拔除根据地内的敌军据点和向敌占交通线发动攻势外，还在中共中央直接领导下，先后组织了六支部队开赴日军 1944 年占领的地区，开辟抗日根据地。首先出动的是由三五九旅一部组成的八路军第一游击支队（南下支队）。他们的任务是先到湖南建立以衡山为中心的根据地，而后逐步与中原部队和广东的东江纵队连接起来，形成解放区战场的南方一翼，以便将来配合全国反攻。11 月 1 日南下支队在延安举行誓师大会，毛泽东、朱德、刘少奇、周恩来、任弼时、彭德怀、贺龙、叶剑英、聂荣臻都到会讲了话。贺龙讲话时，举起十指张开的两只大手说：同志们！我们中国共产党就是靠这个起家的。就是说，最初我们没有一支枪、一粒子弹，是靠自己一双手起家的。我们从敌人手中夺取武器，才有了人民军队，才发展成为现在的八路军、新四军。他的讲话给人们留下了深刻的印象，直到离开延安以后很久，

贺龙在欢送三五九旅南下支队大会上讲话

他那高举起来的两只大手，还不时呈现在南下支队指战员的眼前。11 月 9 日南下支队离开延安，开始了转战晋、豫、鄂、湘、赣、粤数省的艰苦历程。

中共七大以后，中国共产党领导的抗日武装全力准备对日本帝国主义实施反攻。1945 年 7 月 21 日胡宗南悍然制造了“淳化事件”。他指挥国民党军暂编第五十九师、骑兵第二师、预备第三师攻占了八路军在淳化县爷台山的阵地，企图以此为跳板进而夺取关中分区，威胁延安。贺龙一面以联防军司令员的名义向蒋介石、胡宗南提出强烈抗议，在他致胡宗南的信中说：“先生治军失当，变起萧墙，略无自责之心，反启诿过之志，淳化兵变实在先生亲手所创造，其然岂其然乎？”一面调动部队，部署反击。经毛泽东批准，他将正在开往对日反攻前线的三五八旅八团连夜调回淳化县凤凰山、照金地区，和新四旅、警一旅一道进行反击作战，指定张宗逊在现地统一指挥。反击战从 8 月 8 日夜开始，到 9 日下午 2 时结束，全歼国民党军进攻部队，收复了爷台山阵地，粉碎了国民党顽固派的阴谋，巩固了陕甘宁边区作为对日反攻基地的地位。

第十四章　保卫抗战胜利果实

第一节　风雨无阻夺文水

1945 年 8 月 15 日，日本帝国主义宣布无条件投降。中国人民经过艰苦卓绝的 8 年抗战，终于取得了最后胜利。当晚，延安，这个革命圣地，到处是高挂的红旗、震耳的锣鼓、熊熊的篝火和欢乐的人群，欢笑、拥抱、热泪……延安的狂欢之夜，表达了中国人民的胜利喜悦。

在这个欢乐的夜晚，中共中央正在举行紧急会议，贺龙参加了会议。由毛泽东亲自主持的这个会议，已经开了三天了。会开得十分紧张，连饭都是在会场里吃的。因为，随着日本帝国主义的投降，国内政治形势发生了急剧变化。蒋介石的既定方针，是要用战争手段消灭中国共产党领导的人民力量。但是，他在日本投降后立即发动全面内战困难很多：国际上，美、苏从各自的利益出发，不赞成中国发生内战；在国内，人民普遍反对内战，要求和平，反对独裁，要求民主；而且，蒋介石的军队有一半以上远在西南、西北，日军占领地区的大城市及交通要道，大部分处于八路军、新四军包围之中，战略态势对国民党不利。在这种情况下，蒋介石以国民政府主席的名义，于 8 月 14 日电邀毛泽东到重庆谈判，以此为准备内战争取时间。中共中央对此有极其清醒的估计，在日本帝国主义宣布投降前夕，8 月 10 日，通过了毛泽东起草的《关于日本宣布投降后我党任务的决定》。《决定》指出："对蒋介石发动内战的危险，应有必要的精神准备。""国民党积极准备向我解放区收复失地，夺取抗日胜利的果实，这一争夺战，将是极为猛烈的。""各地应将我军大部迅速集中，脱离分散游击状态，分甲、乙、丙三等，组织成团或旅或师，变成超地方性的正规兵团，集中行动。"中共中央还要求正规兵团的数量应占全部兵力的 3/5 到 2/3，以便实行由游击战为主向运动战为主的战略转变，适应对日本侵略者实施反攻和反击国民党军队大规模进攻的需要。这次中央紧急会议对此决策做了详尽的讨论，并在会后陆续采取了相应措施。

毛泽东和中共中央交给贺龙的任务是：统率晋绥部队，占领太原，控制山西和绥蒙。毛泽东指出：傅作义、阎锡山都已动作，我们必须尽快行动。贺龙对此十分赞成。他明白，在这样的历史转折关头，谁先走一步，谁就能赢得时间、赢得胜利。

8月16日清晨，会议结束。贺龙匆匆走出会场，朝着守候在枣园的一辆卡车上的警卫人员喊道："韦绍坤，我们胜利了，你高兴不？"韦绍坤赶紧跳下车来，迎着贺龙说："老总，咋不高兴！我早就想去参加游行了。"贺龙笑了笑说："蒋介石又在准备内战了！还得打仗。走，现在就准备出发。"韦绍坤丈二和尚摸不着头脑，忙问："老总，到哪儿？""过黄河！"贺龙挥了挥手。

第二天一早，贺龙就同联防军参谋长张经武，晋绥分局代理书记、晋绥军区政委林枫和一个精干的指挥班子登车出发了。路过柳树店时，人们远远就看到抱着儿子在大路口等候的薛明。车停下来，贺龙走到薛明跟前笑着说："好啊，你们娘儿俩也来为我们送行了。"接着，就抚摸着孩子绒绒的小脸说："小家伙，我们要去打仗喽！"忽然，又想起了什么，伸手到口袋里掏出一把有钢链的小刀，在孩子面前晃了晃说："小家伙，这把小刀送给你玩，快点长大，好去当兵。"薛明听了也笑了，她叮嘱说："到前方去，要多保重，不用惦记我们。"贺龙跳上汽车，急忙上路了。

根据中共中央部署，晋绥军区对日反攻在南北两线同时展开：南线，以夺取太原为重点；北线，着重于阻止傅作义部东进，争取攻占归绥。贺龙一行从宋家川渡过黄河以后，便分道而行了。林枫前往兴县，领导全区党政工作，协调南北两线行动，并组织干部去东北；贺龙径直奔赴晋中，指挥南线部队攻占太原。晋绥军区司令员吕正操已先期去北线指挥作战。

贺龙骑马向汾阳、文水地区急驰。晋中部队根据他的命令，已从8月15日开始向拒降的日军发起反攻，逐渐向太原逼近。这些天来，形势发展怎样？阎锡山如何动作？成为贺龙一路上急切想了解的问题。虽然沿途都是他曾经浴血战斗过的土地，很想到这些地方走走。然而，军情急迫，他必须尽快赶到汾阳前线。因此，除了在沿途住下来休息的地方，设法了解情况，解决问题外，其他地方无暇顾及，只得遗憾地策马而过了。

贺龙与联防军副司令员萧劲光（中）、参谋长张经武（左）在一起

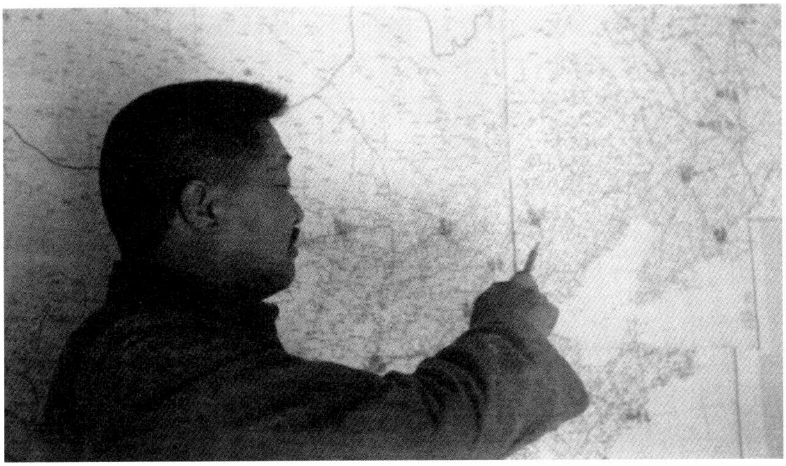
贺龙在分析战局

8月20日，中共中央决定，晋绥军区从陕甘宁晋绥联防军中分出，辖吕梁、雁山、绥蒙三个军区，并以主力四个旅组成晋绥野战军，直属军委。当天，贺龙到达汾阳西北的向阳镇，随即召开干部会议，分析形势，讨论对策。

当时的情况是：在南线，8月10日，日本政府发出乞降照会，阎锡山便马上以其早在晋西南的孝义、隰县一带集结的九个师向太原出动。8月15日，先头到达太原城郊。阎军一路上占领了汾阳、文水、平遥等县城。所到之处，一律不解除日军武装，反而命令他们向前去受降的八路军“做有效的防卫”。在北线，从8月12日开始，晋绥军区部队遵照贺龙命令，分两路从平绥路以北和偏关地区出动，以夺取归绥为目标向平绥铁路西段拒降的日伪军发起反攻，陆续收复了陶林、武川、毕克齐、旗下营、陶卜旗、清水河、凉城、左云、右玉、和林格尔等地。18日，北路绥蒙军区部队攻入归绥，守城伪军节节败退。此时，国民党第十二战区司令长官傅作义指挥第三十五军、暂三军、第六十七军、骑四师等六万余人，出河套，分两路“东进受降”。8月11日占领包头，18日从南面进攻归绥。绥蒙部队腹背受敌，不得已于当晚撤出归绥。在这种形势下，原来夺取太原、控制归绥的计划一时已无法实现。贺龙说：“太原、归绥我们目前都进不去了，要想出个新的办法来。反正不能让蒋介石这么顺利地把‘桃子’摘去！”

8月22日，中共中央军委指示：蒋介石利用其合法地位，接受敌军投降。敌伪正将大城市和交通要道交给蒋介石，在此形势下，我军应迅速改变方针，“以相当兵力威胁大城市及交通要道，使敌伪向大城市、交通要道集中，而以必要兵力着重夺取小城市及广大乡村”。贺龙认为这个指示完全符合晋绥地区的实际情况，太及时了。于是，迅速调整部署。他决定：在北线，除巩固已解放的陶林、武川、清水河等城以外，要继续夺取绥东、绥南各县城，配合晋察冀部队夺取集宁、丰镇，阻止傅作义部继续东进；在南线，坚决打击阎锡山的进犯，夺取汾阳、文水、交城、孝义、离石、中阳及广大乡村，巩固和扩大解放区；对于太原、大同、归绥等城市则以部分兵力威胁之。8 月 26 日，毛泽东批准了这个部署，并告贺龙，他即将赴重庆同蒋介石谈判。

对于蒋介石电邀毛泽东赴渝，贺龙一直认为这是一种阴谋诡计。在延安时，他就担心毛泽东赴渝的安全。中共中央对此极为慎重。中央政治局曾多次进行讨论。8 月 23 日，毛泽东在政治局扩大会上指出：蒋介石想消灭共产党的方针没有改变，也不会改变。他所以暂时取和平姿态，是由于消灭我们的条件还不具备。苏美需要和平，人民需要和平，我们需要和平，国民党摊子还未摆好，兵力分散，内部矛盾，还不能下决心打内战。会议决定，由周恩来先去重庆，毛泽东暂缓前往。周恩来说："中央决定我去，是一个侦察战，最重要的是看蒋介石开的什么盘子。"8 月 25 日，中央政治局成员同由重庆归来的王若飞一起，再次研究了毛泽东赴渝问题。经过反复权衡，政治局同意毛泽东亲赴重庆。毛泽东说："这样，可以取得全部的主动权。"

在晋绥前线的贺龙是不了解这一过程的。所以，当毛泽东告诉他要去重庆谈判时，他仍然十分担心。8 月 29 日，专电朱德、刘少奇、任弼时说："毛泽东主席赴渝安全有无保证，我们不明了情况，望告之。"8 月 30 日，刘、朱、任回电说：毛泽东赴渝谈判完全必要。从国际国内情况看，安全保证也是有的。又说，目前，在前线最能配合与帮助谈判的事情，就是在自卫原则下打几个胜仗。晋绥方面对阎锡山和傅作义的进攻，望能组织一两次胜利的战斗，以配合毛主席的谈判。

看了这封电报，贺龙说："好哇，我们相信中央的判断，现在，我们能做的，就是争取打几个好仗，用实际行动配合毛主席去重庆。"

当时，独三旅进攻仍由日伪军占领的汾阳城，因为计划和侦察不周，未能得手。贺龙当机立断，命令刚由陕甘宁边区赶来的独一旅和晋绥八分区部队攻击文水城。

文水，在太原西南约 80 公里处，是太汾公路上的重要县城，由伪军把守。贺龙亲自部署作战，命令部队从三面攻城，留下一面"围而不攻"，以便待适当时机，赶鱼入网，聚而歼之。

30 日下午，发起战斗。正当部队向文水城接近时，突然阴云密布，大雨滂沱，部队运动困难。八分区领导人心里焦急，他们向贺龙请示：雨太大，道路泥泞，部队行动困难，可否待大雨过后攻城？

"乱弹琴！"贺龙听了骂了一句，然后斩钉截铁地下令："风雨无阻！"贺龙说："把我这话传达给他们，风大雨狂，敌人一般疏于戒备，正是我们击敌不备的大好时机。要克服困难嘛！"

"风雨无阻"这铿锵有力的四个字传达到部队，成了一道强有力的动员令。战士们栉风沐雨，在泥泞中顽强挺进。八分区二支队隐蔽地越过壕沟，剪断铁丝网，通过布雷区，把云梯靠上城墙，登上了城东北角，并迅速突破前沿向纵深发展；独一旅冒着暴风雨，人拉肩扛把几门炮架到了离城几百米的地方，准确地轰击敌人，支援突击部队。经过一天的激战，敌人一部分被歼灭，大部分投降，一股残敌猬集西城顽固抵抗。贺龙命令攻城部队从北向东再向南攻击，迫敌西窜。

31日傍晚，残敌果然由西门突围而出，钻进了贺龙布置的口袋，全部被歼。城防司令以下500余人被俘。

收复文水的第二天，贺龙进城看望攻城部队，听取指挥员们的汇报。当他听说部队登城以后，及时改造工事击退敌人反扑时，高兴地说："打仗就是要机动灵活。打开突破口以后，就要防止敌人反扑，要立即构筑能攻能守的工事，有了它，就可以以一当十。不创造条件，不讲战术的，不是好的指挥员。"

他还听取了跟随部队进城的文水县人民政府县长李魁年、汾（阳）文（水）武工队副政委李凤年的汇报。在他们谈到文水中学有不少师生渴望革命时，贺龙说："好啊，这些宝贝疙瘩你们去把他们动员出来，办一所我们自己的学校嘛！""这批知识分子，地方和部队都需要。将来建设新中国，更需要文化人才。把他们动员出来，办一所培养我们自己干部的学校，这可是件重要的事情！"停了一会儿，他又说："文水在交通线上，阎锡山绝不会罢休的，他一定会以优势兵力来反扑。在这种情况下，城市可以放弃，人才必须力争。"贺龙当场决定，这所学校名叫"陕甘宁晋绥联防军随营学校"，由他兼任校长，留下他的秘书彭德担任副校长，主管筹建事宜。贺龙对彭德说："这是一个很重要的工作。这些学生，虽然革命热情很高，但他们受敌伪教育时间很长，对我们还不了解。我们的干部，要以身作则，用共产党员特有的思想作风去亲近、感化和教育他们，坚定他们的革命意志。"后来，贺龙又从各部队抽调了一些知识分子干部到学校工作。到1946年，在师生们的强烈要求下，这所学校更名为"贺龙中学"，为地方和部队输送了许多干部。

文水战斗后，贺龙继续指挥南北两线部队向拒降的日伪军展开攻击，先后又收复了平鲁、神池、静乐、离石等城，歼灭日伪军5000余人，并且成功地粉碎了傅作义集团对绥南的进攻，配合了重庆谈判，晋绥解放区也得到了巩固和发展。

第二节　绥远战役

贺龙来到山西前线的半个月内，蒋介石一面同中国共产党进行和平谈判，一面调动兵力，沿平绥、同蒲、津浦、平汉等铁路向各解放区进犯，勾结日伪军夺占城市和交通要道。到9月初，在华北，阎锡山出动了七个军，以主力进占同蒲路沿线；傅作义出动了四个军和一个骑兵师，在夺取包头、归绥、集宁等城后沿平绥路东进，先头部队直指张家口；在华东、中原，蒋介石调动大批部队，抢占平汉、津浦路沿线城市，企图迅速控制战略要地及交通线，分割解放区，打开通路以抢占东北。为了打破蒋介石这一企图，中共中央军委决定在同蒲、平绥、平汉、津浦铁路沿线，继续肃清日伪残余据点，开辟战场，尔后集中主力，组织几个战役，打击进犯的国民党军，以迟滞敌人前进，巩固华北、华东解放区，掩护全军调整部署，特别是在东北的战略展开，加强中国共产党在和谈中的地位，争取实现和平。

8 月 30 日，中共中央军委发出关于争取绥察热全境的指示，指出：傅作义、马占山夺取归绥，继续东进，阎锡山占太原后向北伸张，在此情况下，我力争太原已不可能，应集中兵力，巩固对张家口的占领。为此，军委要求晋绥野战军除留一部分兵力牵制阎锡山外，主力从太原附近转移到绥远境内打击傅作义。贺龙接到电报后，马上复电：由他亲自率领晋中地区的 5 个主力团，立即先行北上，争取用 16 天时间，赶到右玉集结。吕梁军区司令员兼政委张宗逊、副政委罗贵波留在晋中，执行牵制阎锡山的任务。中共中央军委于 9 月 5 日批准了这一部署。

电报发出后，贺龙即刻北上，前往晋绥军区所在地兴县。在这里，与林枫一道，处理了几件事：

一是根据中共中央指示，为加速东北地区战略展开，抽调一批干部和适当数量的部队开赴东北。尽管晋绥军区地广人少，但仍然抽调了可以组建十个团的连以上干部和一个建制团，由林枫、吕正操率领前往东北。

二是研究确定了绥蒙、雁门、吕梁三地区的党委书记和军区领导干部的人选。

三是督促军区后勤部成立兴县总兵站和沿途各兵站，帮助输送大批干部从延安到华北、华东及东北地区。在晋绥，过境人员最多时一天可达五六百人。贺龙对后勤部副部长范子瑜说："我们一定要把输送干部的工作搞好，这是全党的大事。我们这个地方即便搞得倾家荡产也要把这件事办好。你就在兴县坐镇指挥。"

9 月 19 日，中共中央发出了由代理主席刘少奇起草的《关于向北发展向南防御的战略方针和部署的指示》，指出："目前，全党全军的主要任务是继续打击敌伪，完全控制热察两省，发展东北并争取控制东北，以便依靠东北和热察两省加强全国各解放区及国民党地区人民的斗争，争取和平民主及国共谈判的有利地位。"指示要求晋察冀和晋绥两区部队坚决打击国民党自绥远和可能自北平向张家口的进攻，保障察哈尔全境、绥远大部、山西北部及河北一部的占领，使之成为以张家口为中心的基本战略根据地。

贺龙拥护中共中央的决策。他调动晋绥野战军的四个主力旅和绥蒙军区骑兵旅参加绥远战役。聂荣臻命令晋察冀军区三个纵队九个旅参战。这个战役共运用 14 个旅、5.3 万人。鉴于晋察冀军区参战部队较多，贺龙于 10 月 1 日致电中共中央军委，建议绥远战役由晋察冀军区司令员聂荣臻统一指挥。中共中央采纳了贺龙的建议。

聂、贺商定的绥远战役的部署是：晋察冀军区部队从东向西进攻，首先歼灭隆盛庄、张辛镇的敌人，尔后，各个击破丰镇、集宁间的敌人；晋绥军区部队由南向北进攻，消灭凉城、新堂、天成村之敌后，向集宁方向发展进攻；然后，两区部队继续协力歼敌于绥远东部地区。

两个军区部队协同进行大兵团作战，在晋绥部队还是第一次，如何搞好战役的协同动作，是贺龙一直思考的问题。在左云城北广场召开的动员大会上，他说："过去，我们同日本鬼子基本上打的是游击战，现在要大兵团作战，打运动战，两大区部队要协同作战，这对我们来说是一个新问题，大家一定要注意。”他着重指出：“我们的部队老战士多，很勇敢，但不要有骄傲情绪。我们这次到绥东去打仗，要尊重地方党，爱护地方部队。这一点要讲清楚。我军的战斗力是由多种因素组成的。热爱人民，拥护政府，非常重要，没有这一条不能打胜仗。”他特别强调：“对晋察冀部队要主动团结。没有友邻部队的配合、支持，怎么能打好仗呢？我们一定要尊重友邻部队，爱护友邻部队，团结友邻部队，这是人民军队的光荣传统。”

10月17日，贺龙率领晋绥野战军主力北越长城，进军绥东，行进在高山峻岭、羊肠小道上。贺龙时年49岁，身患高血压、胆结石和慢性肠胃炎等疾病，虽然近来没有大的发作，但是，由于鞍马劳顿，病痛一直折磨着他。这一点，医生们最清楚，常常为他的身体情况担心。可是，贺龙对此却毫不介意，一路上，饿了，和大家一道啃干馒头；渴了，喝一杯清泉水。有说有笑，妙语连珠，令医生和警卫人员惊叹不已。

10月18日，绥远战役揭幕。晋察冀部队攻克张皋、隆盛庄；晋绥部队占领凉城、陶林，歼敌第三十五军及暂编骑一旅各一部。

傅作义见此情景，急忙收缩兵力，命令部队迅速向归绥集中。21日，第六十七军军部及所属新编第二十六师由丰镇撤到卓资山，第三十二师撤至福生庄、三道营，伪蒙骑五师由新堂撤往六苏木。

贺龙密切注视着敌人的动向。看出了傅作义想把他那已经分开的五指，匆忙握成拳头的企图。他想，如果不抓住时机，恰当处置，敌人将很快集中归绥。这样一来，不仅不能予以各个歼灭，而且会给战役发展造成困难。贺龙当机立断，决定改变东向集宁、丰镇的计划，命令在平绥铁路以南的晋绥部队挥戈向北，直插卓资山，将敌人拦腰斩断，造成有利形势；同时命令已到商都的独二旅和骑兵旅迅速南下，对卓资山形成包围。

卓资山在归绥以东75公里处，北靠大青山的灰腾梁，地势较高，平绥铁路穿镇而过，东向集宁，西通归绥、包头，一条公路北至陶林，南达凉城，是绥东的一个交通枢纽，归绥的屏障。傅作义电令第六十七军军长何文鼎在此坚守一个月，以便他调整部署。

24日，贺龙到达卓资山附近，当即奔赴第一线。警卫人员担心贺龙的安全，上前劝阻说：“老总，危险啊！你不要到前面去了。”贺龙一听，生气了，手握烟斗指着警卫员们说：“你们是怎么搞的嘛？打仗，能没有危险？不能因为有点危险就失掉战机！让我走！”警卫人员无可奈何。当贺龙来到三五八旅指挥所时，旅长黄新廷、政委余秋里大吃一惊，他们说：“老总，你怎么到这里来了？这里危险啊！”贺龙也不答话，拉着他们要到前面去观察敌情。旅长、政委赶忙拦阻：“老总，敌人的炮打得很厉害，不要再往前啦！”贺龙瞪了他们一眼说：“打仗还怕炮弹？走嘛！”

在他了解到卓资山守敌有逃跑迹象时，马上指示说，要不失时机地发动攻击。不要因为我们部队刚刚赶到，不熟悉情况而丧失时机。你们要一面加速查清敌情，一面部署战斗。情况变化了，随时可以调整，不能按部就班。他决定，黄昏时分，发起攻击。随即命令：三五八旅担任主攻；独一旅（两个团）在卓资山东面阻击由集宁来援之敌；独三旅进占卓资山以西、以北地区，断敌逃路，并准备阻击归绥来援之敌。这时，部队从抓到的“舌头”那里查清了盘踞卓资山的敌人是何文鼎的部队。贺龙听到报告，精神一振，指着卓资山方向说：“何文鼎？好嘛，他是我们的老对头了（按：何文鼎的部队在抗战期间长驻陕甘宁边区北方的桃力民，参加对边区的包围），这次一定要敲掉他。”他告诉三五八旅旅长说，你们一定要集中兵力攻击龙山湾北侧高地和西山顶。那是两个制高点，又是何文鼎的侧后，拿下它，对于打垮何文鼎的防御作用很大。他反复叮嘱：这一仗，要打得快，打得猛，打得好！速战速决，力争全歼。他说：“速战，我们才能够各个击破增援的敌人，全歼，就会使盘踞归绥的敌人士气沮丧，为战役发展创造条件。你们告诉部队，要英勇顽强，猛打猛冲，活捉何文鼎！”

24 日晚 8 时，攻击开始。主攻部队勇敢机智，迅速占领了制高点，而后，穿插分割，逐一歼敌。他们充分发挥了夜战、近战的特长，战斗发展异常迅速。

战斗打了一夜，贺龙在指挥所里一夜未眠。在战斗最激烈的时候，他对警卫班的战士们说：“你们待在我身边干什么？赶快去参加战斗。我现在用不着你们，一个人也不用！战场上多一个人，胜利就会来得快一分，快去！”贺龙身边的警卫人员都是从基层挑选来的共产党员，谁不想上战场去与敌人厮杀？首长一开口，一个个都奔向了枪声最激烈的地方。当然，他们并没有忘记留下几个人保卫首长的安全。

25 日上午，战斗胜利结束，全歼新编二十六师四千余人，俘虏了中将师长张士智，可惜，在押解途中逃跑了。何文鼎呢？战斗刚一打响就偷偷溜走了。然而，最令贺龙遗憾的是由集宁西撤的傅作义集团主力第一〇一师前来增援，虽然遭到了独一旅的顽强抗击，但是由于上面指挥不统一，独二旅未能按时赶到，让第一〇一师逃到归绥去了。贺龙后来说：“如果独二旅赶上来了，我们就打上一〇一师了。一〇一师没有被歼灭，逃走了，傅作义守归绥就增强了信心。”

在贺龙用兵卓资山的时候，中共中央军委发出指示说：“如傅固守归绥，则先将包头、五原、固阳占领，逼傅部绝食突围，然后歼灭之。如我能迅进，可能速占归绥。”卓资山战斗胜利后，傅作义已将其主力撤到归绥。聂荣臻与贺龙约定在卓资山以东的隆盛庄会面商定下步行动。10 月 26 日，即卓资山战斗后的第二天，聂荣臻到达隆盛庄，然后，聂、贺一道进入卓资山。在这里，聂荣臻与贺龙、李井泉就下一步行动做了研究。27 日，他们又收到了中共中央军委指示，指示进一步强调：“此次作战，必须达成歼灭傅顽主力之目的，应将我主力运动到傅顽阵地背后去，由西向东打，方可聚歼。”聂、贺根据当时敌我情况商定：先肃清外围，合围归绥，再行攻城，并派一部分兵力西出包头。显然，这个决定的重点在于夺取归绥，西进仅是一种配合行动，没有充分体现中共中央军委迅速西进、由西向东打的意图。贺龙后来说："本来，在卓资山战胜敌人后，就应该按军委指示早日西进，攻击傅军退路，消灭敌军主力。在卓资山时，我没有把军委指示提出来与聂司令员讨论，这要负一定责任。"①

聂、贺决定的围攻归绥的部署是：晋察冀野战军的冀察纵队、冀晋纵队沿大青山麓向西进击，肃清平绥路以北之敌，从北面包围归绥；冀中纵队从东面包围归绥；晋绥野战军主力肃清平绥铁路以南至大黑河以北之敌，从南面和西面包围归绥；晋绥野战军的独一旅、骑兵旅与冀察纵队骑兵二团组成挺进军，由王尚荣指挥，沿铁路西进，截断归绥与包头间的联系，相机夺取包头。

这时，傅作义已将其主力第三十五军、暂编第三军、新编骑四师等共 2.4 万人集中归绥，原伪蒙部队扼守归绥外围据点。敌军依城防守，以逸待劳，并不时出击，给攻城部队以消耗、干扰。经过在外围的几次激战之后，双方形成对峙状态，历时半月无进展。西进的挺进军从 11 月 1 日至 5 日，连克兵州亥、察素齐、沙尔沁，歼敌 5 个骑兵团，直抵包头城下。在包头，傅作义集中第六十七军等部共 1.2 万人防守。挺进军兵力不足，也与敌军形成了相峙局面。

贺龙在归绥城西接到王尚荣的报告，甚为焦虑，经与聂荣臻商量之后，令三五八旅两个团（缺一个营）由旅长率领增援包头。11 月 11 日，三五八旅赶到了包头。

包头为绥远第二大城，城墙坚固，又有日军构筑的钢筋水泥工事，是一座坚城。逼近包头的晋绥部队企图以全部三个多团的步兵尽快拿下它，在未充分掌握敌情的条件下，即于 11 月 12 日发起攻击。攻入城内的四个营英勇战斗，奋力拼杀，与敌人展开激烈巷战。但因兵力不足，在敌人猛烈反扑下，伤亡很大，弹药耗尽，被迫撤出城外。

当天，贺龙就接到了攻击包头失利的报告。他与聂荣臻几经研究，决定由贺龙、李井泉率晋绥野战军全部和晋察冀部队一个旅西进，夺取包头；晋察冀部队在聂荣臻指挥下，继续围攻归绥。

对此，中共中央军委认为，夺取包头是好的，但须集中力量。聂应和晋察冀主力与贺、李一同西进，留部分兵力控制归绥。聂荣臻对这一主张有不同的看法。他认为，如晋察冀部队主力西进，围城部队即转为劣势，敌人必然乘机反击，战局有恶化的危险；主力全部西进，将分成归绥、包头、河套三个战场，兵力分散，难以相互策应；没有巩固的后方补给线，粮食、弹药无法补给。因而，他主张按原部署打几仗，看情况发展，请中央军委慎重考虑。

中共中央军委在 11 月 22 日的指示中虽然仍主张聂部西进，集中力量攻取包头，但同时指出："中央对于前方情况不了解，望你们根据情况实行之。"23 日又指示说："如果你们估计短期内没有把握攻下包头、归绥，是否即将部队撤到机动位置，相机再定今后计划。"

---

① 贺龙在晋绥军区建军会议上的讲话，1947 年 5 月。

贺龙是想倾全力攻下包头，实现中共中央战略意图的。他在包头东郊沙尔沁对部队说："我们先打下包头，再打五原、临河，抄傅作义的老窝，回过头来再打归绥、大同。"12 月 2 日，第二次攻打包头。晋绥野战军在零下十几度的塞外严寒中，英勇作战，表现非凡，但由于缺乏攻坚装备，衣着单薄，天寒地冻，土工作业、排除障碍和部队生活保障都遇到了很大困难，加之敌人已有充分准备，因而，激战终日，未能奏效。

这时，贺龙因长期劳累，胆囊炎复发，又患了重感冒，无法亲临第一线指挥，只能躺在床上关注着战斗情况。当他得知攻坚受挫后，反复思索，感到在这种情况下继续攻城，将会消耗自己更多的有生力量，也没有取胜的把握。这种仗不应再打，因此，他毅然决定停止攻城，撤离包头。

一个指挥员审时度势，权衡得失，敢于及时做出摆脱困境的决策，并不是件很容易的事。曾任过傅作义部第一〇一师师长、第三十五军军长的董其武将军在全国解放以后，同贺龙谈及绥远战役时说："贺老总，你那时的指挥确实高明，很快决定撤退，不攻包头了，那是非常正确的。如果再攻，也不好攻下来。因为我们的部队工事里生着火炉，枪炮口都标定了方位，是以逸待劳，又有优势装备，弹药充足。包头城一面是山坡高地，一面是平坝子。我们部队据守在高处，给周围城墙泼了很多水，一冻成冰，又滑又硬，不好接近，你们是很难攻下来的。当时，你下令撤退，非常英明。"贺龙听了，笑而不答。

晋察冀军区部队也于 14 日从归绥附近撤围，绥远战役结束。

这次战役历时 50 余天，虽未实现预定目的，但歼灭了 1.2 万敌人，收复了绥东、绥南广大地区，打破了国民党当局控制平绥铁路的企图。

第三节　停战令后

经过三个月的军事较量，蒋介石处处失利，不得不同意重开国共谈判。经过国共两党代表几度商谈，在 1946 年 1 月 5 日达成了关于"停止国内军事冲突"的协议，于 1 月 10 日正式向全国宣布；同时，双方下达了"停战令"，规定从 1 月 13 日 24 时起停止一切战斗行动。为了保证停战令的执行，由国民政府代表张群、中共代表周恩来和美国总统特使马歇尔组成军事三人小组；在北平，建立了由三方代表组成的军事调处执行部，以监督停战，调处冲突。

但是，蒋介石在签订停战协议的同时，又下达了"抢占战略要点"的命令。傅作义奉命向绥东、绥南解放区进犯。1 月 12 日抢占陶林、和林两城。13 日进攻卓资山，遭到了晋绥野战军的沉重打击。暂三军军长袁庆荣被撤职。1 月 14 日凌晨，傅部骑四师和伪蒙军一部共 3000 余人，在停战令生效后，侵占了集宁；阎锡山部也会同原伪蒙军王英部，于 14 日侵入丰镇。

接到国民党军违反停战令的报告，贺龙立即召开会议研究对策。会议提出了两种方案：一是谈判，因为停战令已经生效，可向军调部报告，通过谈判，迫使

1946 年的贺龙

国民党军撤退；二是打，用武力夺回来。贺龙主张打。他说：理在我们一边，我们也有力量，敌人孤军深入，仗是好打的，为什么不打呢？谈判解决不了问题，执行部里美蒋的人多。讨论结果，同意了贺龙的意见。贺龙调三个步兵团和绥蒙军区骑兵旅，由绥蒙军区司令员姚喆、政委高克林统一指挥，在晋察冀部队配合下，向集宁反击。

1月17日晚，八路军兵临城下。国民党当局忙向北平军调部报告，谎称集宁在停战令生效前是他们占据的地方，诬告八路军违反了停战令，为此，军调部决定18日派执行小组到集宁视察。

贺龙得知这一情况，当即急电姚喆，要求他们在18日8时前，全歼侵犯集宁的国民党军。17日黄昏，总攻开始，18日晨，城内蒋军被肃清，歼敌2000余人，收复了集宁。

这一夜，贺龙守候在新堂土台子野战军司令部，注视着战斗的进程，通宵未眠。18日晨，接到收复集宁的报告，他长长地舒了一口气，命令参谋赶快给姚喆发电报，叫他们马上打扫战场，准备迎接执行小组。贺龙的命令传到集宁，全城军民一齐出动，清扫街道，修补城门，恢复战前的面貌。随军调部执行小组进入集宁的记者写道："执行小组抵集宁时，集宁已无战事，晋绥八路军驻防该地，社会安谧，秩序良好。"

在绥东、绥南、晋北的晋绥部队执行贺龙坚决反击傅作义部进攻的命令，也击退了国民党军对凉城、丰镇的进犯，击溃了入侵和林的敌人，收复了雁北的左云。蒋介石在绥远、晋北"抢占战略要点"的阴谋未能得逞。

三天后，贺龙冒着塞外飞雪，从土台子赶到丰镇，以"中共山西司令员"的身份参加军调部大同执行小组会议。参加会议的有大同执行小组的国民党代表温天和、中共代表李波、美国代表霍雷和晋察冀野战军第四纵队司令员陈正湘。国民党军山西北部地区司令楚溪春没有到会。

会议开始，美国代表霍雷发言。此人站在国民党一边，闭口不谈国民党军队侵犯集宁的责任，只讲什么要恢复交通、自由贸易等题外话。贺龙衔着烟斗，冷眼旁观，察觉到霍雷是在故意回避会议主题，转移大家对国民党侵犯解放区的注意，心里很不高兴，心想这家伙不对头，非整他一下不可。他冷笑一声，打断霍雷的话，厉声问道："你的权力有多大？你是军调部执行小组成员，我只知道你的权限是监督停战，调处冲突，没有什么恢复交通、自由贸易的权限。”

霍雷愣了一下，马上又说：“我的责任是监督停战。你们共产党在集宁就违反了停战协定，侵犯了政府的地方。”

“集宁的事我们最清楚。”贺龙大声说。接着，他指出集宁是 1945 年 8 月 22 日由八路军从日军手里解放的，以后被国民党军抢走。当年 10 月 24 日，八路军重新解放集宁，一直到今年 1 月 13 日停战令生效前都在八路军管辖之下。1 月 14 日清晨，国民党军队将停战令丢在一边，袭击集宁，被我们打退了，他们丢了几百具尸体。他冷冷地问道：“你说集宁到底是谁的地方？”霍雷无言以对。

贺龙针锋相对，毫不放松，又揭露了国民党军队在绥东进攻卓资山、丰镇，在晋北侵犯左云的事实。他问霍雷和国民党代表温天和：“你们说，究竟是谁违反了停战令？这个责任要谁来负责？”温天和讷讷地说：“晋北是阎长官管辖的地方，出了事由阎长官负责。”贺龙马上指着记录员说：“好，阎长官负责，温代表说的，请把这记录在案。”温天和为了掩饰自己的失言，立刻转换了话题，又谈起了双方自由贸易等问题。贺龙暗暗发笑，拿起烟斗，美美地抽了一口烟，向他们表示，贸易是老百姓的事。他们愿意来丰镇就来丰镇，愿意去大同就去大同，我们从来不阻止。温天和问，楚溪春没有来，贺龙能否到大同走一趟，见见面，一道谈谈遵守停战协定的事。贺龙不愿去。他心里想，我们抗战八年，进不了大同，阎锡山不打日本，还和日本人勾结，他们进了大同，是不清白的，我不能去那里。

第二天，楚溪春来到丰镇参加会议。他在会上提出执行军调部和字第二号命令，共产党军队必须后撤 60 里。

贺龙反驳说：“孤山（解放军阵地）离大同 30 里，我们从孤山后撤；你们从大同后撤，各撤各的，大家平等。我们后撤 60 里不要紧，你退 60 里，就得把大同的砖瓦都搬走。怎么样？楚司令。”楚溪春说：“为什么我要从大同后撤？大同隶属国民政府。”贺龙一听“隶属国民政府”几个字，气愤起来，“忽”地一下站起来说：“你们是什么时候进大同的？抗战八年，没在大同见过你们一兵一卒。大同一直由我们围困着。你们是怎样进的大同？楚司令心里明白！”楚溪春做贼心虚，坐在那里，板着脸一言不发。贺龙看了一眼楚溪春，笑了笑说：“我看大家还是老老实实、诚诚恳恳来对待停战协定，这样才能有国内的和平。”

作为主人，当天晚上，贺龙在丰镇杏花村酒店设宴，招待参加会议的各方代表和新闻记者。席间，楚溪春对贺龙说：“贺将军，你们没有煤炭，我们缺少粮食，咱们交换，好不好？”贺龙说：“楚将军，你们缺粮是真的，我们可不缺煤炭，多得很。我们还供应张家口呢！不信你到车站上去看看。你们需要粮食，我们可以供应一点儿，为了大同的老百姓嘛！这事可以谈谈。”楚溪春随即表示感谢。

贺龙在丰镇针锋相对、有理有节的斗争取得了胜利。三方代表经过三天磋商，终于达成了恢复 1 月 13 日午夜以前的阵地等六条协议，然而，这些协议国民党当局也并未执行。特别是在晋绥军区南线，阎锡山部乘晋绥部队主力在绥远之机，不断违反停战令向解放区进犯，当地八路军未能适时集中兵力予以有力打击，以致被敌人占去了三座县城和一些市镇。后来贺龙曾在晋绥分局高干会上指出：当时我们对阎锡山的斗争有点缩手缩脚，使阎锡山钻了我们的空子，到处打我们。要接受这个教训。

处理了谈判事务，贺龙便经张家口去北平就医，尔后到延安述职，4 月下旬回到兴县。6 月 19 日中共中央决定由贺龙兼任晋绥军区司令员，并担任晋绥分局常委。在贺龙离开绥远以后，晋绥野战军即交由副司令员张宗逊指挥。

第十五章　为了解放战争的胜利

第一节　把晋绥和晋察冀解放区连成一片

虽说是停战了，但在晋绥解放区与傅作义、阎锡山军队接触的漫长战线上，摩擦、冲突从未停止过。贺龙和晋绥分局、晋绥军区的其他领导人，都清楚地认识到，国民党反动派仍然是在玩弄假和平、真备战的阴谋诡计，不久将会爆发更大规模的战争。中国共产党是真正希望和平的，但对蒋介石这样的对手，不能抱幻想。因此，他们领导晋绥解放区军民，在停战令下达后，继续充实着战争准备，以防不测。军队除个别年老体弱人员转到地方工作外，没有复员，吸收新战士的工作没有停止；由民族战争到阶级战争的思想转变，得到了进一步解决；军队训练、根据地的各项建设，也都获得了扎实的进步。整个晋绥解放区，从军队到地方密切注视着国民党反动派的动向。

为迎击国民党可能发动的大举进攻，1946 年 6 月 19 日中共中央晋绥分局召开了高干会。贺龙在会上做了两次讲话。他说：国民党打内战是靠美国人，而我们是靠人民。真正把农民的土地问题解决了，群众斗争的积极性就会起来。蒋介石打我们五年、十年、一百年也不怕。会议根据中央指示决定开始进行土地改革，还接受贺龙建议通过决议：减轻农民负担，1946 年度的公粮由上年的 47 万石减为 25 万石；发放农贷 1.6 亿元西北农币，解决农民发展纺织业的困难；农民过去欠交的公粮、欠还的贷款，凡交不起的，一律免除；制定怎样划分阶级成分的政策性文件，为全面展开土地改革做准备。到 1946 年底，占全区 1/3（100 万）人口的无地少地农民，获得了土地，生产、支前的热情大大提高，为解放战争的胜利准备了深厚的基础。

1946 年 6 月，蒋介石撕毁协议，发动了对解放区的全面进攻，全国规模的内战开始了。进攻晋绥和晋察冀解放区的是第十战区、第十二战区、第二战区所属国民党军 38 个师，约 26 万人。蒋介石的计划是：首先占领承德和冀东地区，尔后以主力夺取张家口，控制平绥、同蒲铁路及平汉铁路北段，分割晋绥、晋察冀和东北解放区，然后，集中兵力分别消灭晋绥、晋察冀的中共军队。

针对蒋介石的这一计划，中共中央军委 6 月 19 日发出指示：华北方面要首先歼灭阎锡山各部，控制山西高原，使晋绥、晋察冀、晋冀鲁豫三个解放区连成一片。作战步骤为：第一步夺取太原、大同间的同蒲铁路北段，第二步以晋察冀和晋绥两军区主力会攻大同，第三步夺取正太路，相机攻占石家庄、太原。

贺龙根据中共中央军委提出的任务，分析了山西的形势和敌我力量对比，感到晋绥部队北要对付傅作义，南要打击阎锡山，兵力不足，须在傅作义部尚未进犯之前，争取时间，迅速消灭阎锡山的一至两个师，夺取晋北同蒲路沿线及其两侧的岱岳、宁武、崞县、代县、五台、定襄、忻县等地，使晋绥、晋察冀两解放区连成一片，获得人力、物力的补充，以利于尔后会攻大同。目前，应对傅作义控制区暂时采取守势，对阎占区取攻势。贺龙说，我这叫“远交近攻，睦傅打阎”。他把这一想法报告了中共中央军委，并建议从晋察冀军区调一个旅，共同完成这一任务。中央军委批准了他的计划，并由晋察冀军区调第四纵队第十一旅和地方部队一部协同作战。晋绥军区命令晋绥野战军独二旅、雁门军区的地方兵团和晋察冀军区十一旅等部共同发起晋北战役，并报请中共中央军委批准，组成晋北野战军，任命周士第为司令员兼政委，贺炳炎为副司令员，廖汉生为副政委，统一指挥晋北战役。

6 月 17 日，独二旅攻克朔县，歼敌 1200 余人。贺龙对周士第说，晋北野战军要乘胜夺取宁武、原平、崞县、代县，然后攻占五台、忻州，完成任务后再行北上夺取怀仁、应县，为今后会攻大同造成有利形势。据此，独二旅 7 月 1 日攻克宁武，7 月 2 日四纵十一旅收复繁峙，8 日独二旅进攻崞县，经四小时激战，歼灭阎锡山部第十师第二团及地方团队 2000 余人，俘虏 800 余人。对于这次攻坚的胜利，贺龙极为重视，将其经验归纳为四条，即（一）集中火力，突破一点；（二）登城后，有准备地击退敌人的反冲击；（三）预先划分各部队进城后的作战区域；（四）敌人将肃清时，我军主力应迅速集中，以便打援和追击。22 日，将这些经验报告军委。26 日，毛泽东批示说：“攻崞经验甚好，望通报张垣、太行及陈赓，以供参考。”

晋北野战军的胜利，使阎锡山甚为不安，他立即收缩兵力，将原平、五台、定襄等地的军队急速集中忻县，使忻县的守军增加到 8000 余人，包括第十九军军部，第三十七、第三十九、第四十师各一部，以及一些保安团队。

7 月 16 日，晋北野战军主力南下，接近忻县。贺龙告诉周士第：阎锡山怕丢了忻县，危及太原，很可能调兵增援，那时，你们可以打援，在野战中消灭其一部，并力争将敌各个击破。

果然，阎锡山一面命令第七集团军总司令赵承绶飞往忻县，为守城官兵打气，并枪毙了逃到大同的朔县城防司令张文龙，逮捕了在崞县作战失利的第四十师师长王乾元；一面急调第六十八师师长许鸿林率两个团北上增兵忻县。周士第根据贺龙意见，留一个旅在忻州外围监视敌人，主力八个团迅速南下打援。7 月 23 日，在平社地区的汾阳岭、邢家山一带将许鸿林的两个团基本歼灭。许鸿林仅率二百余人逃脱。

贺龙决心乘胜攻占忻县，命令在离石的独四旅旅长顿星云、政委杨秀山率两个团即刻北上，加入晋北野战军，增加攻城力量。7 月 31 日，晋北野战军对忻县发起攻击。忻县，是太原北面的门户，经日军和阎锡山军多年经营，堡垒成群，工事坚固，无强大火力，攻击甚难奏效，至 8 月 1 日，进展甚微。周士第下令撤回原阵地。8 月 11 日，第二次攻城，仍未能突破敌人城防工事。

贺龙认为，我们对忻县工事了解不够，炮兵不能按时到达指定阵地充分发扬火力，再打下去，成效不大。50 多天里，已经收复了 9 座城池，歼灭阎军 8600 余人，切断了大同、太原间的敌军联系，控制了忻县以北的同蒲铁路，使大同之敌陷于孤立，战役任务基本完成，不必再为忻县多费时日。同时，根据中共中央军委指示，将开始大同战役，晋察冀军区参战部队须撤回去整训。因此，8 月 15 日，贺龙下令结束晋北战役。

就在晋北战役期间，7 月 22 日，关向应在延安病逝。关向应是贺龙“一生中最真挚的战侣”。贺龙在《哭向应》一文中说：“整整十五年，你我同生死、共患难。洪湖、湘鄂西、鄂豫川陕边，酷暑炎天；湘鄂边、湘鄂川黔、云贵川、甘陕、雪山草地、西安平原，踏晋绥，出河北，几万里长途征战，入死出生，无论在战场上、工作中，也不管在芦庐草舍、大厦高堂，我记不出何时不在一起，何战有所分离……”这样一位战友的离去，对他无疑是一个重大打击，悲痛、思念长久萦绕着他。在追悼会上，贺龙泪流满面，泣不成声，介绍关向应生平事迹的讲话，再也讲不下去了。这在一个铮铮铁汉身上是不多见的。这种真诚的悲哀，在贺龙心里一直延续了多年。

不久，王震率三五九旅南下支队从中原突围，万尽艰险，回到了陕甘宁边区。贺龙十分高兴，立即致电王震表示慰问。此时，他正在为开拓晋西南动脑筋。晋西南是阎锡山的老地盘，开拓这个地区，不仅可以拱卫陕甘宁边区，而且对巩固太岳和晋绥解放区都有重要意义。王震回来，打开了他的思路。9 月 5 日，他致电中共中央军委，建议三五九旅南下支队进驻吕梁地区，开拓晋西南。军委立即表示同意。10 月初，王震率部到达离石，被任命为吕梁军区司令员兼政委。

待到国民党军占领了张家口，贺龙更深切地感到，今后的仗将越打越大。晋绥主力部队目前分为两个野战军的状况已不适应形势的发展。他和李井泉商量之后，报经中共中央军委批准撤销晋北和晋绥野战军，将晋绥野战部队组成三个纵队：三五八旅、独一旅组成第一纵队，张宗逊任司令员，廖汉生任政委；三五九旅、独四旅组成第二纵队，王震任司令员兼政委，彭绍辉任副司令员，罗贵波任副政委；独二旅、独三旅、独五旅组成第三纵队，许光达任司令员，孙志远任政委，贺炳炎任副司令员。与此同时，贺龙又筹建了晋绥军区军政干部学校，自兼校长。他说：“从一定意义上说，打仗主要是打干部，没有好的干部，不会有好的部队。为了粉碎蒋介石的内战阴谋，必须培养大批干部，这是关系仗打得好打不好的一个重要问题。”

第二节 甘挑重担

1947年3月，由于全面进攻解放区严重受挫，蒋介石被迫在晋察冀、晋冀鲁豫、晋绥、东北等战场转为守势，集中兵力对山东和陕北实施重点进攻。在西北，国民党军集中了34个旅25万人，准备入侵陕甘宁解放区，攻占延安，摧毁中国共产党和人民解放军的指挥中枢。蒋介石以第一战区胡宗南集团主力整编第一军、整编第二十九军以及整编第十五师、第三十八师各一部共15个旅由南向北实施主攻；以西北行辕所属马鸿逵、马步芳的整编第十八、第八十一、第八十三师由银川、同心、镇原一线向东；以晋陕绥边区总部所属第二十二军由榆林向南，配合胡宗南部作战。

这时，在陕北，解放军只有4个野战旅（约1.7万人）和3个地方旅，在敌我兵力对比上，处于绝对劣势。陕甘宁地区虽然地瘠民贫、资源缺乏，但是，经过中国共产党多年治理，群众觉悟和组织程度很高，对战争有准备，群众条件很好；陕北高原山丘起伏，沟壑纵横，地形复杂，回旋余地大，有利于轻装野战。根据这些情况，中共中央确定解放军在陕北作战的基本方针是：诱敌深入，必要时放弃延安，与敌人周旋于山区，陷敌于疲惫、缺粮的困境，然后，抓住战机，集中兵力，在运动中逐次歼敌，将胡宗南集团牵制在陕北战场。

陕北面临大战，谁来统率这个地区的部队呢？陕北部队隶属陕甘宁晋绥联防军，按惯例应由联防军司令员贺龙指挥，但是，他已于1945年8月受命兼任晋绥野战军司令员，目前仍在晋绥前线。因此，中共中央军委副主席兼解放军总参谋长彭德怀从防卫延安的主要方向南泥湾检查防务归来，即向毛泽东提出："在贺龙同志未回延安之前，陕北几个旅加上后勤人员也不过两万来人，是否由我暂时指挥？"毛泽东表示："很好。"1947年3月16日，中共中央军委决定组成西北野战兵团，由彭德怀任司令员兼政委，陕甘宁地区的野战部队及其他一切部队统归彭德怀和副政委习仲勋指挥。

党性很强的贺龙，拥护这一决定。他一贯认为："军队是党的军队，不是个人的。我带的军队，别人也能带。军队要听党指挥嘛！"就在1946年11月上旬，贺龙刚刚把晋绥的全部野战部队编成三个纵队，中共中央军委即来命令，调其一纵队西渡黄河，保卫边区。贺龙二话没说，亲自到一纵队驻地，动员部队愉快地服从命令，执行保卫边区的光荣任务。1947年3月，中共中央军委又下令调晋绥二纵队开赴陕北。贺龙照样不折不扣地执行命令，送王震部过了黄河。后来，贺龙还让人捎话给一纵队司令员贺炳炎、政委廖汉生说："你们的任务很光荣，毛主席在陕北，要保证毛主席和党中央的安全。要多打胜仗，多消灭敌人，听彭老总的指挥，这样才对得起党和人民。"

3月19日，解放军主动撤离延安。中共中央和陕甘宁领导机关一部分撤到晋绥解放区。这里一下子成了西北战场的后方。此时，贺龙深感自身任务的艰巨：他统率的部队仅有一个野战纵队、一个骑兵旅以及十余个地方团队，既要保卫和巩固晋绥解放区，又要为陕北战场输送人员、物资，保证中央和陕甘宁边区在晋西北机关的工作与安全，还要配合友邻解放区作战，保障中共中央与各解放区的交通通畅，任务确实不轻。但是，担子再重也得挑呀！而且，就他的性格来说，担子越重，他越高兴。3 月底，周恩来到达山西临县三交镇会见贺龙，向他传达了中共中央枣林沟会议决定：成立以刘少奇为首的中央工作委员会，前往河北；组成以叶剑英、杨尚昆为首的中央后方工作委员会，留驻晋西北；毛泽东、周恩来、任弼时留在陕北，主持中共中央和中央军委的工作。周恩来与贺龙研究了中央机关来晋人员的去留问题，决定少部分回陕北，担负急需的工作，一部分随刘少奇去河北，一部分留晋西北。周恩来对贺龙说，中央机关来河东的人员、单位一大堆，还有许多老同志、妇女和孩子，事情很麻烦，一切要依靠你来安排。贺龙说：你放心，我亲自负责，保证他们的吃住和安全。周恩来含笑点头。他回到陕北以后，向毛泽东汇报说："中央机关到河东以后，贺老总亲自做了安排，安全是没有什么问题的。"

贺龙一直很担心毛泽东、周恩来他们的安全。他向周恩来的警卫员做了详细的询问。在谈到周恩来从陕北到晋西北这一路上的情况时，贺龙问道："你们带的什么武器？"警卫员说："老总，我们只带了两支短枪。"贺龙一听，立刻板起了脸："那怎么行呀！短枪射程太近，火力又弱，万一路上遇到敌人，你们怎么办？"警卫员未做回答。贺龙说："我给你们每人一支卡宾枪和几百发子弹，你们要好好保护周副主席。"

这时，彭德怀正将陕北解放军主力隐蔽集结于延安东北地区，伺机歼敌，急需补充弹药。5 月 10 日，他致电贺龙求助。贺龙同李井泉商量后，急送各种炮弹 2000 发去陕北，此后，他又下令后勤部门送去了三批武器弹药。彭德怀和中共中央西北局书记习仲勋为此专门致电感谢。

从这件事情上，贺龙预见到，今后，西北战场对武器弹药的需要量相当大。从哪里来呢？除了从敌人手里缴获以外，就得靠其他解放区支援了。晋绥既已成为陕甘宁的后方，理应做出自己的贡献。但是，晋绥地区的军事工业，规模不大，条件也差，尤其缺乏技术人员和各种仪器、机械。要有效地支援陕北战争，必须发展军事工业，扩大军火生产。他想到陕甘宁边区也有军工企业，那是抗日战争时期搞起来的，其中有不少人才。目前，他们在陕北已无法正常生产，为什么不把两个地区的军事工业合在一起呢？这样，既能使陕甘宁边区那点家业不致在战火中被破坏，又可以集中人力、物力扩大生产，岂不是两全其美的事！这时，联防军军工局长李强撤到河东来了。贺龙立刻向他征求意见。李强很高兴，认为贺龙的想法很有道理，极力支持。于是，贺龙专电习仲勋，提议将河西的军工厂全部迁到河东，集中两区军工力量发展军火生产，以支援西北地区长期作战。习仲勋将此事告诉了彭德怀。彭德怀觉得贺龙的想法很有战略眼光，也大力支持。彭、习联名致电贺龙，表示完全同意，并请贺龙全权负责。不久，联防军军工局副局长李颉伯奉命率延安军工人员携带设备来到河东。贺龙任命蒋崇璟为晋绥军区工业部部长，李颉伯为第一副部长，具体负责扩大军工生产。此后，晋绥军事工业得到了相当发展，到 1948 年已有 14 座工厂，1 所工业学校，3500 多名职工，年产山炮弹 4000 余发，两种型号的迫击炮弹 7.5 万发，手榴弹 100 余万枚，各种炸药 20 多万斤，子弹 15 万发，在一定程度上支援了战争。

1947 年 7 月，贺龙因工作劳累，胆囊炎再度发作，并且患有高血压病，只得住进晋绥军区碧村医院。就在这个时候，中共中央来电通知贺龙去河西出席重要会议。贺龙深知，在西北战场紧张作战的时候，中央召他参加会议，必定有关系全局的大事要讨论，因此，他不顾疾病缠身，匆忙出院，带了个医生前往陕北。临行前，他把警卫员叫到跟前问道："我记得还有一斤水果糖吧？"警卫员点点头。水果糖，现在不是值钱的东西，可在当时的解放区却是来之不易之物。这一斤水果糖是一年前有位同志特地送给贺龙的，他一直舍不得吃，让警卫员保存着。警卫员不知道这位老总这时候为什么要水果糖，赶忙把它拿了出来。贺龙拎着水果糖对警卫员说："毛主席离开延安，整天和敌人周旋，生活一定很艰苦。你把这包水果糖带上，送给主席。"

9 月 18 日，贺龙赶到中共中央当时的所在地——靖边县小河村。他是远道而来的第一人。毛泽东从窑洞里迎出来，紧紧地跟贺龙握手问候。贺龙看见毛泽东略显消瘦，便说："主席呀，你比在延安时瘦多了呢！"毛泽东笑了，摸摸脸颊说："是吗？可我觉得比起在延安时更结实了。我看，行军是个好事情，可以锻炼身体，现在，不骑马走 10 里、20 里，也不觉得累。"贺龙说："那我们就放心了。"

毛泽东同贺龙谈了目前的形势和这次会议的中心议题。毛泽东说，这次会议主要是研究怎样进一步组织和发展战略进攻问题。原计划陈赓纵队西渡黄河，加强陕北军事力量。现在，有另外一种考虑，陈赓不过黄河，直接到豫西去，这样不仅可以迫使胡宗南从陕北分兵，有利于陕北战争，而且还可以对刘、邓南下起重要的配合作用。这还要等陈赓来了，征求一下他的意见。毛泽东还说，看来陕北战场得依靠你们晋绥了，无论在军事上、财政上、粮食上都如此，所以，中央考虑，由你贺老总来把这两个地区领导起来，造成一个统一的后方，也好让彭德怀放手去打仗。毛泽东说，别小看了后方，没有一个好的后方，仗是打不下去的，并就此征询贺龙的意见。贺龙表示，听从中央安排，一切服从战争的全局利益。

7 月 21 日，会议在小河村河滩边的一个院子里召开。毛泽东、周恩来、任弼时都住在这里。这次来开会的人多，有彭德怀、贺龙、陈赓、陆定一、杨尚昆、习仲勋、王震等，窑洞太小，容纳不下，便在院子中央大槐树旁搭了一个棚子，放上两张木桌，几把椅子，就是会场了。贺龙一坐下来，抬头看看凉棚，笑着说："我们在晋绥开会都有房子，有些人还觉得艰苦。主席开会，只能搭个棚子，谁艰苦呀？我回去一定要好好宣传宣传。"

会议一开始，毛泽东首先讲话。他说："原计划边区和陈赓两部集中起来打，现在决定分开来打。这从战略上、粮食上看都是有利的。对蒋介石的斗争，计划用五年解决。看过去这一年的成绩，是有可能的。"毛泽东接着说："陕甘宁边区军事上、财政上都依靠晋绥，今后，更加如此，因此，决定由陕甘宁晋绥联防司令贺老总统一领导这两个区的工作。”周恩来在会上详细总结了战争第一年的成绩，分析了敌我力量的消长情况，指出：除山东、陕北两处外，在其他地方都可以转入反攻。

经过讨论，大家都同意中央关于陈赓纵队挺进豫西的决定，认为中共中央关于不等解放军在数量上、装备上超过对方，立即从战略防御转入战略进攻，以敌人兵力薄弱的地区为主要突击方向，实行打出去的方针，完全正确。会议决定“由贺龙统一领导陕甘宁、晋绥两地区工作，解决统一后方、精简节约、地方工作三个问题，以集中一切人力、物力、财力，支援西北解放战争”。这样，中共中央便把全面支援西北解放战争的担子交给了贺龙。

对于中共中央的这种安排，有人觉得，让一个一辈子领兵打仗的老总，去管地方工作，搞后方，不可理解。贺龙自己呢？却感到这个决定很重要。中共中央军委留在陕北，作战由军委领导同志亲自指挥更为适宜。何况，中央交给他的任务也并不简单，这一点，毛泽东已经同他说得很清楚了。他是一个共产党员，一切都要从战争全局出发，怎样有利于战争就怎样安排，个人不该计较什么。小河会议结束不久，他在绥德地区中共县委书记联席会上说：“两个边区 1942 年就统一过一次，这次是第二次统一，还由我来当牵头人。两边区的党和军队早就统一了，就是财政和行政不统一，今后一定要统一。如果不统一，很难支持目前严重的战争。”在会上，他提出了两边区统一的三项具体措施：一是统一两边区生产建设、金融贸易，建立独立自主的财政经济体系。二是加强支前工作的组织领导，有计划地使用人力、物力、财力。后方机关要精兵简政，把多余人员组织起来搞生产，为前方服务，将节约下来的物资送到前线去。三是要搞好土改，从根

在小河会议期间贺龙与彭德怀（左一）、陈赓（右二）、王震（右一）在一起

本上调动劳动人民生产、支前的积极性。这次讲话，可以说是贺龙对于中共中央决定最明确的表态，也是他主持后方工作简略的施政纲领。

从西北解放战争的结果来看，当时中共中央根据西北的特定情况让贺龙主持联防军，把两个边区合起来，统一后方和军区的领导是十分正确的。当时任中共中央西北局书记的习仲勋在回忆小河会议及其以后这段经历时说："不合，仗难打胜。没有这个会议，前后方就不能一体化。会后就一体化了。前方打仗，俘虏带回来也有了地方。兵员补充、粮食弹药都靠晋绥，没有两区统一，就不可能取得只经一年一个月零三天就收复延安的胜利。"

7 月末，贺龙根据中共中央军委指示，又将晋绥野战军第三纵队主力调给西北野战军，仅留下该纵队的独三旅在晋西北。

8 月中旬，中共中央军委为迷惑敌人，掩护西北野战军主力在榆林以东集结待机，指示贺龙，立即部署在陕北的机关迅速移往黄河以东，制造主力东渡的假象。于是，贺龙、习仲勋率中共中央西北局、边区政府和联防军机关，冒着狂风暴雨，沿蛆蜊峪大川东行。在延安的胡宗南，果然误认为中共首脑机关正在"逃窜"，下令各部"迅速进击，勿失此千载良机"。贺龙等率部于 8 月 18 日渡过黄河。他们刚刚登上东岸，胡宗南的部队已追到西岸，隔河打炮，炮弹在河中激起阵阵浪花。贺龙笑着对部队说："胡儿子放炮为我们送行呢！别理他，走呀！"

彭德怀抓住这一机会，在沙家店地区指挥西北野战军歼灭了胡宗南集团主力之一的整编第三十六师，彻底粉碎了蒋介石企图将中共中央领导机关赶到黄河以东的计划，成为西北战场转入战略反攻的转折点。

贺龙到达河东以后，与习仲勋、林伯渠研究决定，西北局、联防军和边区政府机关暂驻在山西临县沙原村一带，立即组织力量，全力支援前线。

贺龙刚住下，毛泽东便发来电报说：请你们迅速分赴各县大力动员粮食，只要有 7000 至 1 万石粮食，即可保障作战计划之完成。8 月 27 日，中共中央军委又发来急电：野战军南下，已无粮携带，着从速令绥（德）延（安）两地区沿途筹粮。粮食、粮食！能否保证粮食供应，成为西北战场解放战争能否胜利的关键。当时，西北野战军共约 6 万人，中共中央、陕甘宁边区各机关、部队、学校及游击队 2 万余人。这 8 万余人每月需粮 1.6 万多石，还不包括河东晋绥军区部队和地方工作人员所需粮食。然而，陕甘宁、晋绥两区加在一起，人口仅 400 余万，黄土高原，土地贫瘠，农业生产落后，产量较低。国民党军队侵入陕北以后，"胡祸"横行，加上近年来陕北和山西缺雨，旱灾严重，粮食只收到丰年的四五成。有一次，贺龙在谈到这方面情况时说："陕甘宁边区胡宗南部队到处为祸，大片土地荒芜，供给异常困难，加上天灾，绥德地区就有 40 万人缺粮。河东灾荒也很重，朔县、神府、平鲁基本上没收成。岚县稍好，也只有二成的收成。"在如此严重的情况下，要解决 8 万多人所需粮食，困难之大是可以想见的。

贺龙首先同习仲勋、林伯渠、王维舟、贾拓夫等中共中央西北局和边区政府领导人一起，迅速实行了两区财政经济的统一。贺龙亲自兼任西北财经办事处主任，并将两区的银行、贸易公司合并，成立了统一的西北农民银行和西北贸易公司。贺龙又主持了联防军后勤工作会议，在军队供给上实行统筹统支。财务部门和供给部门合并，做到财供统一。他还指示陕甘宁各地成立兵站，由地区专员和县长兼任站长，负责筹粮、筹款、运输、供应，使野战军走到哪里，便可以在哪里得到供应。总之，贺龙想尽一切办法，集中有限财力、物力为战争服务。

再则是派出得力干部，组织庞大队伍，到晋中平原及邻近的解放区筹粮、运粮，千方百计保证西北战场急需。1947 年 9 月，通过中共中央向晋冀鲁豫解放区要了 10 万石粮，急需组织运力前往运粮。贺龙同林伯渠商量后，急调西北野战军后勤部供给部长薛兰斌前来主持。贺龙、林伯渠找他谈话，交代任务。薛兰斌一听就抓了头皮，他说："老总，千里不运粮，百里不运草啊！这么多粮食要运到陕北，又没有车，路也不好走，还得过中条山、吕梁山、汾河，太困难了。"贺龙敲着手中的烟斗说："任务必须完成，没价钱可讲。你知道，前方战士没粮吃呀！只要能把这批粮食很快运过黄河，就是支援了战争，支援了陕北没粮吃的老百姓。"薛兰斌说："运粮就得有人，有牲口。"贺龙把手一挥说："那好办！我马上发电报，让晋绥派人、出牲口。"过了几天，贺龙又把延安大学在晋绥的一千余名师生员工动员出来，交给了薛兰斌。贺龙说："这一千多人给你当运输队的骨干，依靠他们准能完成任务。缺少骡马，就人人动手背嘛！"

薛兰斌率队出发了，贺龙的心却一直放不下来。他虽然下达了必须完成任务的命令，但是，他很清楚，要完成这一任务，将面临多大的困难。他让参谋经常和运粮队保持联系，及时了解情况。有一次，他到晋南去，专程赶到运粮队检查工作。他看到沿途各地，男女老少齐动手，车运肩扛，运粮队伍络绎不绝，场面感人。贺龙对薛兰斌说："你们做了件大好事。我代表西北局谢谢你们。"

贺龙领导各级人民政府动员和组织了庞大的支前队伍，从晋中、晋西南以及其他解放区调运了大批粮食到陕北。1948 年 5 月 31 日，贺龙在西北野战军前委扩大会上报告说："河东的抗勤[①]，任务超过了抗日战争的总和。在榆林战斗中，第一、二、六、九、十分区都动员群众背粮。仅临县三个乡就动员了 69 万人次，其中妇女占 32 万人次。绥德有部分粮食还是从河南运来的。在晋南也有数万人运粮，运粮的牛车络绎不绝。"西北野战军副参谋长王政柱后来著文回忆西北解放战争时，感慨地说："西北野战军所用的粮食，主要是贺老总组织晋绥解放区的人民群众，从千里之外运到陕北来的。"

三是想方设法筹集其他物资。后方工作是很复杂的，除了粮食，还需要其他各种军需物资、武器弹药、兵员和经费等，这些都要由贺龙负责来筹措和组织。1947 年冬季即将来临时，前方部队急需越冬的被服、装具和经费，以便南下作战，将战争推向国民党统治区。可是，到哪里去弄这些东西呢？翻开这个时期西北战场的档案，可以见到大量反映中共中央和西北野战军领导焦急心情

① 指晋绥地区的支前勤务。抗日战争期间，人民出动人力、畜力支援战争叫抗勤。这里沿用了那时的说法。

的电报。这些电报大都是打给贺龙的。贺龙和林伯渠、习仲勋等商量以后认为，最有效的办法就是做点生意，将陕甘宁、晋绥的土特产运到边界地区，让商人们贩往国民党统治区去出售，换回所需的钱和物资。然而，战火连天，千里运输，哪里去找能完成这样特殊任务的人呢？林伯渠、习仲勋感到为难。贺龙说："我把绥蒙军区副政委张达志调来，让他去完成这个任务。"张达志带了两个骑兵团奉命赶到。贺龙对他说："西北野战军现在困难得很，衣服穿不上，伙食钱也没有。冬天快到了，要想一切办法支援他们。我给你一个特殊任务，当运输队长，做买卖。你带两个骑兵团，一个到关中，一个到晋南。我给你两部电台，直接同联防军司令部联系。"张达志说："运输队用不着两部电台。"贺龙指着他说："张达志，你别小看这件事。你带的人不多，可任务却不轻。你要把土特产卖掉，还得换成我们需要的各种物资，什么棉花啦，布匹啦，鞋袜什么的，还要换成钱、金子、银元什么的，任务可不轻。你必须同我直接联系。我每天要向你通报敌情，怎么不要两部电台？"

张达志带来的绥蒙军区骑兵一、二两团要去做买卖了。上面给每匹马配备两个口袋装货物，连张达志的乘马也不例外。临出发的时候，贺龙又一次向张达志交代说："为了行动方便，我任命你为陕甘宁晋绥游击司令。你每天同我联系，你要详细报告。换到的东西和钱，在路上不管碰上西北野战军哪支部队，他们要钱给钱，要东西给东西，只要他们打个条子就行了。记住，你们的任务不是打仗，一定要保证钱和物资万无一失！"张达志领命出发，活跃了整整一个冬季，一直到 1948 年 2 月才圆满结束了这项特殊任务。

在兵员补充上，贺龙主要是全力经营联防军区的地方兵团建设。贺龙的办法是：在部队，紧缩机关、充实连队；在老区，主要是动员失散兵员归队；在新区，动员群众参军，组织游击队，千方百计扩大地方兵团。他向毛泽东报告说：这样做，"一方面可做野战军的补充兵团；另一方面，也可以逐渐升级为野战兵团"。这种办法很见成效，1947 年一年里，就动员了 3 万人参加野战军，5 万人参加地方军。在陕甘宁和晋西北这样人口稀少、连年征战的地方，动员出这么多人是很不容易的。在兵员动员、扩大地方兵团的基础上，根据战争的发展，到 1948 年底，在陕甘宁和晋绥地区的野战部队扩大到了 7 个纵队 2 个旅。到了 1949 年 6 月，西北野战军指挥下的部队，已从小河会议时人员不充实的 3 个纵队 2 个旅，发展成按"三三制"编制的 18 个师、6 个军、2 个兵团、22 万人的大军了。

1954 年彭德怀在接见电影《沙家店》剧组创作人员时说："光在粮食问题上表现贺龙是不够的。他不顾一切地支援西北战争，非常热情地动员新兵、搞医院、搞粮食，还亲自到部队中去进行鼓动。你们要加强描写贺龙同志。"

第三节 "三查、三评"整训部队，加强对敌斗争

1947 年 7 月，贺龙再次统一领导陕甘宁和晋绥两个地区的时候，陕北和晋绥两区的军事形势都相当严峻。在陕甘宁边区，胡宗南部虽经我军多次打击，但

尚未丧失进攻能力，还占据着边区大部分县城；边区的地方部队力量不大，某些干部“对敌斗争劲头不足”，害怕到敌后进行游击战争。1947 年底，贺龙着手从政治和军事两方面整训部队。主要是进行“三查”、“三评”[①]，实行军事、政治、经济民主，提高部队的政治觉悟和战斗积极性，在此基础上，总结经验，加强战术、技术训练，提高战斗力，力争多打胜仗。1948 年 1 月，贺龙对下去检查土地改革工作的西北局副书记马明方说，请向分区领导人传达我的意见：首要的是打仗问题，要转变军事领导，以战争胜利促进其他工作改变面貌。如果仗打不好，地方工作也不好搞。只要军队积极起来，坚决开展对敌斗争，不断消灭敌人，我们的工作就好做了。

为整顿部队，贺龙和联防军区领导机关采取了一系列措施。1948 年内，先后召开了参谋会议、后勤工作会议、政治工作会议。在这些会议上，总结工作、表扬进步、批评缺点、提出要求。针对西北战场情况的发展，贺龙及时向地方兵团提出配合野战军作战的任务；对在战斗、工作上取得成绩的部队及时表扬，对没有打好仗的，要求及时总结经验，以利再战。经过 1948 年从军区领导到基层的共同努力，陕甘宁地方部队的工作有了显著改进。以原绥德分区的四、六两团为例：战争初期，这两个团屡次发生不尊重地方党政机关，违反政策、纪律，打骂群众的情况。贺龙治军严明，几次予以严厉批评，指导他们严加整顿。后来，贺龙调张达志任该分区司令员，领导这两个团开展以诉苦和“三查”为内容的新式整军运动，大力加强政治思想工作，开展群众性的练兵运动。经过三个月的整训，部队面貌焕然一新，指战员阶级觉悟提高很快，组织建设、政策纪律观念也都得到了加强。1948 年初，整训结束时，正值西野进行宜、瓦战役前夕，贺龙和习仲勋令绥德分区领导人率领这两个团向榆林以北之敌进攻，截断榆（林）、包（头）交通，予敌以牵制，并保障边区北翼安全。这支部队于 1948 年 4 月中旬，在内蒙古伊克昭盟准格尔旗接连打了两次胜仗：一次歼灭伪蒙古警备师一千余人，俘敌少将师长；一次全歼敌军第八十六师第二五六团一千余人。不但仗打得好，战场纪律、群众纪律也好。战后，贺龙等军区首长立即发电报表扬，并指出：“这是新式整军之直接结果。”1948 年 6 月，联防军区命令这支部队编为警二旅，以张达志为旅长，开赴晋绥地区，参加保卫麦收、破坏阎军屯粮固守计划的战斗。7 月 21 日，该旅参加晋中战役，协同晋绥军区十二旅，在忻县豆罗村一带阻击向太原退却的阎军，全歼敌第三十九师及保安团共七千余人，解放了忻县。此后，该旅又奉命南下，参加太原战役。10 月初，经七昼夜激战，攻克太原东北重要据点凤阁梁，歼敌一个加强营。10 月下旬，参加攻占太原外围四大要寨之一的牛驼寨的战斗，也完成了任务。经过这一阶段的战斗锻炼，警二旅成了一支能攻能守、纪律严明的部队。贺龙说：张达志带领的两个团，（协同其他部队）把力量和自己差不多的敌人一个师消灭了。兵还是原来的兵，干部还是原

---

① “三查”即查阶级、查工作、查斗志；“三评”即评干部、评党员、评斗志。

来的干部，只调去了一个张达志，经过军事和政治整训，进步比较快，战斗力显然提高了。这支部队面貌的改变，说明贺龙贯彻人民军队建军思想，狠抓干部教育，严格要求，加强实战锻炼的措施是很正确的。

对军区部队的对敌斗争，贺龙极为重视。他根据毛泽东的军事思想和部队的情况，做过许多精辟的指示。如1948年5月，他针对陇东分区对国民党骑兵作战缺乏经验信心不足的情况，去电报指示：要“以积极战斗精神，不打大敌打小敌，不打强敌打弱敌；遇大敌则削弱之，遇小敌则歼灭之；掌握情况、避实击虚、改进指挥、提高技术、充分准备是战胜敌人的必要条件”。1948年后，各分区都注意了总结战斗经验，陇东分区专门研究了对青海马步芳部骑兵作战的经验，经过积极战斗，改进战法，扭转了被动局面。

贺龙在肯定部队成绩时，也同时指出存在的问题和改进的要求。1948年8月，他在中共西北局召开的地委书记会议的讲话中，指出了部队在贯彻人民军队建军思想、党委领导、作风和纪律等方面存在的问题，并提出了改进措施，特别要求加强党的一元化领导。他说：“军分区应当是地委的军事部，地委会议应专门讨论建军和作战问题。”贺龙领导军区部队，保证党对军队的绝对领导，贯彻人民军队的建军思想和运用灵活机动的战略战术，收到了显著成效。陕甘宁边区的地方部队在战斗中不断壮大，到1948年底，军分区由5个增至7个，部队由1万余人增至3.6万人。由地方兵团升级组建了警四旅，划归西北野战军建制。陕甘宁边区地方部队1948年作战459次，歼敌1.2万余人，积极配合西野作战，保卫和扩大了解放区。

在晋绥地区，贺龙和李井泉鉴于主力部队几乎已经全部西调的情况，认为必须大力加强地方部队，运用抗日战争中“挤敌人”的成功经验，在党的一元化的领导下，大大加强对敌斗争，方能更有效地对付傅作义和阎锡山，巩固根据地，于是委托副司令员周士第进行具体筹划。1947年12月，晋绥军区和晋绥分局联合召开对敌斗争会议，全面检查一年来的对敌斗争。从检查中发现，在地方工作上，因为受土改中“左”倾错误的影响，在新区和边沿区，发生了一些过左的冒险行动。如过早地实行土改，在土改中又过多地扣押地主、富农，错斗中农，以及分粮食、吃大户等，扩大了打击面，伤害了基本群众，孤立了自己。军事斗争上，虽然打了不少胜仗，但也暴露了一些干部对运动战为主的作战方针及集中优势兵力打歼灭战的思想理解不深，以致有些仗收获不大。会议根据中共中央“十二月会议”的精神决定：地方工作要纠正过去的错误，正确执行政策，组织反对阎锡山、傅作义反动统治的统一战线，集中打击依附国民党的恶霸地主，缩小打击面。军事斗争上，地方兵团和游击队要进一步学习和贯彻毛泽东军事思想，针对敌军活动规律，适时集中优势兵力，各个歼敌。在敌大兵团出动时，则集中更大的兵力，主动积极作战。争取在一两年内，配合友邻军区夺取太原、归绥，解放全山西、全绥远。

对敌斗争会议后，晋绥军区各分区先后召开了党、政、军民负责人参加的会议，进行传达、贯彻，军区也派出工作组下去帮助落实。此后，各地根据对敌斗争会议决定，改正土改中错划的成分，退赔错误没收的财物，救济贫苦农民，安定了人心；组织游击队和武工队在边沿区积极活动，摧毁伪政权，打击小股地主武装，捕捉敌方零星人员，宣传各项政策，配合地方兵团主动出击。晋绥地区形势越来越好。

由于贺龙和晋绥军区领导十分重视地方部队的建设，及时使游击队、地方兵团逐步升级为野战部队，晋绥地区的野战机动兵力逐渐增加，连同独三旅和警二旅，增至 7 个步兵旅和 1 个骑兵旅。1948 年，这些野战兵团和部分地方兵团，先后 5 次分别参加由晋察冀、晋冀鲁豫军区组织的进攻战役，即 3 月份的绥东察南战役、3 至 5 月份的临汾战役、6 月份的晋中战役、9 月份的绥远战役以及 10 月份以后的太原战役，都较好地完成了任务。

晋绥部队 1948 年作战 1173 次，歼敌 5.5 万余人，到当年年底，除太原、大同、归绥、包头等大城市及平绥路西段外，晋绥广大地区都已为人民解放军所控制。

贺龙充分肯定晋绥军区对敌斗争会议和会议后取得的成绩。1949 年 7 月，他在一次谈话中说："假若对敌斗争会议能早开一点儿的话，也许会更好一些。"

第四节　协助彭德怀抓部队思想建设

1948 年 1 月，西北野战军转入外线作战。陕甘宁晋绥联防军根据中共中央军委命令，更名为陕甘宁晋绥联防军区，后来又改称西北军区。贺龙任司令员，习仲勋任政治委员。

在集中精力支援前线和建设各分区武装的同时，贺龙十分关注晋绥部队在西北战场的表现，他说："我带的部队，如果别人不能指挥，那就说明我贺龙党性不强。"因此，他除了多次参与西北野战军前委会议，研究和制定西北战场的一些重大决策之外，还用了不少精力，积极协助彭德怀加强西北野战军的军政建设。

1947 年冬，为了配合中原和西北人民解放军作战，扩大和巩固晋南解放区，中共中央军委决定，由晋冀鲁豫军区八纵队和西北野战军二纵队、三纵队独三旅合力解放晋南重镇运城。西北野战军二纵队接受命令后，攻克韩城，东渡黄河，与兄弟部队协力于 12 月 28 日全歼国民党军 1.3 万人，解放了运城，圆满完成了作战任务。然而，他们在执行"三大纪律、八项注意"上却出了偏差，特别是城市政策执行得不好。1948 年 1 月 11 日，周恩来在西北局高级干部会上对此做了严厉批评。他说："城市政策很重要，不要破坏，在韩城搞得不好，犯了纪律，连学校里的钢琴也没收了，真是乱弹琴。"他指出："我们一方面要防止敌人捣乱，一方面要掌握政策，这样才能保证我们打出去的胜利，开展大西北的局面。"周恩来对二纵队的批评，使贺龙深感不安。二纵队是他长期领导下的一支老部队，为什么进入城市以后，不能认真执行党的政策和纪律呢？这说明在新的形势下，部队政治思想建设上出现了新问题，急需认真解决。1948 年 1 月西北野战军前委扩大会议做出了关于认真执行新区政策的决议。贺龙同彭德怀商量，由他赴二纵队整顿纪律。彭德怀欣然同意。2 月初，贺龙专程到达山西新绛县，在二纵队党委会上，传达周恩来讲话和西野前委决议。他对二纵队在韩城、运城违反城市政策和群众纪律的错误，提出了严肃批评。他强调指出：你们违反了城市政策，破坏了群众纪律，客观上就是帮助了敌人；你们违反了党的政策，就脱离了群众。没有群众，还有什么胜利可言？这不是对敌人有利吗？我们要在三五年内消灭蒋介石，争取全国胜利，不能认真严格地执行政策、遵守纪律怎么行？贺龙要求纵队党委开展批评与自我批评，认真检查错误，接受教训，要把这件事当做大事好好抓一抓。他在二纵队住下来，协助王震整顿部队纪律。王震后来说："贺司令员在宜川战役前专门到二纵队来抓遵守政策、遵守纪律，对二纵队此后的建设作用很大。"

1948 年 4 月，彭德怀指挥西北野战军乘宜川大捷的声威，挥师南下，围攻洛川，解放黄陵、宜君，进逼蒲城。胡宗南急令整编第三十八师增援洛川。彭德怀决心以一部兵力围困洛川，主力向国民党军兵力空虚的西府（即泾河、渭河之间地区，古属风翔府）挺进，相机夺取宝鸡。西北野战军主力从 4 月 17 日至 25 日，连克长武、麟游、凤翔、扶风等 12 座城镇，26 日攻克胡宗南后方补给基地宝鸡。胡宗南被迫放弃延安。联防军区部队于 4 月 21 日收复被国民党军侵占了一年零一个月的延安。胡宗南急令裴昌会兵团配合马步芳的第八十二师，共 11 个旅，分两路驰援宝鸡，企图夹击西北野战军主力。彭德怀当机立断，于 4 月 28 日撤出宝鸡，转至老解放区的马栏等地休整。

彭德怀指挥西北野战军主力，转战千里，攻占宝鸡，迫使敌人放弃延安，严重削弱了胡宗南集团的力量。然而，此次作战也暴露了西北野战军部队存在的一些问题，特别是个别指挥员未能坚决执行野司的命令，在敌人优势兵力追堵中，几次给西野部队造成险势，使彭德怀大为恼火。在后方的贺龙了解到这些情况，

1948 年 4 月，贺龙在我军收复延安庆祝集会上讲话

感到自己有责任协助彭德怀迅速解决这些问题。

5月初，贺龙回到延安，部署工作之后，便同林伯渠前往西北野战军三纵队驻地黄龙山区的白水县。

三纵队主力在洛白公路追歼从延安南窜敌人的战斗中取得了不小的胜利，但是未能全部达到预期目的。贺龙来三纵队，主要是协助纵队党委总结经验教训的。他在纵队党委扩大会上，号召大家发扬批评与自我批评的精神，开展自下而上、自上而下的批评，揭露矛盾，总结经验。贺龙认真听取了大家的发言，做了长篇讲话。他指出：这一仗，总的来说，还是成功的，但是美中不足，有缺点，主要是干部的军事素质、政治水平不高，作风不够顽强，并且对个别旅的干部不团结问题提出了严肃批评，要求他们“虚心检讨，认真总结经验教训，不要怪张三李四，互相埋怨”。贺龙亲自参加的这次三纵队党委扩大会，发扬了民主，开展了批评与自我批评，总结了经验教训，增进了团结，对于三纵队以后的建设起了良好的作用。

离开三纵队，贺龙同林伯渠赶赴洛川县的土基镇，出席西北野战军前委扩大会议。这次会议的议题，主要是对西府战役进行总结。这次战役，西北野战军共歼敌2.1万人，扩大和巩固了解放区，开辟了麟游新区，将战争推向了国民党统治区，为继续发展进攻创造了条件。但是，由于宜川战役后准备不够充分，在胡宗南、马步芳积极配合，以优势兵力围追堵截的情况下，西北野战军遭到了一些损失。战后，有的干部便埋怨彭德怀的战役决心有错误。贺龙到达土基镇以后，对这种反映十分重视，也很恼火。在贺龙看来，彭德怀乘胜进攻宝鸡，破坏胡宗南的后方，削弱胡宗南的力量，迫使其放弃延安，是很有魄力的。虽然对困难想得少了一些，但其决心正确。自己必须以鲜明的态度支持彭德怀。贺龙在西野前委扩大会上讲话说：“我们原准备围洛川打援，但敌人不北进，使我们没饭吃，逼得我们非走不可，在这种情况下，只有出西南。这一行动方针是完全正确的。”“我军西南行动虽然增加了伤亡和减员，但也获得了敌人不少武器弹药，缴获了坦克、大炮、汽车等重装备，而且收复了延安和洛川，特别是收复延安，对全国、全世界的影响都很大。”“总之，这次战役行动，如下面能很好实现彭总的决心，会打得更好。”

会上彭德怀严肃批评不执行命令的旅的干部说：“擅自放弃沿扶风、岐山、凤翔公路阻击迟滞敌人西进的任务，让敌人毫无顾忌地长驱直进，使宝鸡缴获堆积如山的军用物资，不能抢运，使野战军主力陷入被动，使二纵队六旅受到侧敌的严重威胁。”“虽经警告，但在陇东屯子镇向东转移令其担任向屯子镇警戒掩护任务时，又擅自撤至萧金镇以东，使新四旅受到一些不必要的损失，这是严重的犯罪行为。”对于这种情况，贺龙极其重视，在了解了各方情况之后，他在会上对此也提出了严厉的批评，但是，贺龙批评的矛头是针对纵队领导的。因为，在他看来，这个问题发生在旅级干部身上，根子却在纵队领导那里。他说：“这次西府战役中，四纵没有按毛主席指示去做。你们不是把两个旅的力量集中起来，而是分散使用，这是轻视敌人。”“我个人认为，应由主要领导负责。”“这次战役中，纵队领导对下面分散兵力、不执行命令是知道的。为什么会出现这种情况呢？除了他自己讲的阶级意识不强之外，我认为，这几年边区的和平生活环境对个别纵队领导人起了副作用，对有严重错误的干部不能及时进行严肃的批评教育，结果使他们犯了更大错误。”对于一纵队，彭德怀说：“一纵队在西府战役中是坚决勇敢迅速的，但在配合六纵队夹击屯子镇外围之敌时，走错了路，耽误了时间，是其缺点。”一纵队是贺龙领导下的老部队，贺龙对他们格外严格。在土基会议上，他在听了彭德怀的讲话和一纵队领导人的发言之后，仍然十分严肃地提出了批评。他说：“你们在发言中说了很多原因，走错了路，我认为虽然能算理由，但是，彭总打电话叫你们去那里筹粮，就应该坚决执行，不管你有什么理由，有多大困难，不坚决执行是不对的。彭总说了，就是命令。”最后，贺龙说：“这次战役，彭总的决心是正确的，但实现这个决心时，某些干部出了毛病，所以说这个仗总的来说是打胜了，但美中不足。”三十多年后的“文化大革命”中，彭德怀身陷囹圄，他在《自述》中把西府战役作为解放战争中他的两大错误之一来“检查”时，深有感触地说：“但当时还会得到一定的群众支持。”无疑，其中首先就有贺龙的支持。

土基会议之后，西北野战军在黄龙山区按照彭德怀提出的计划进行整训。为了在整训中贯彻好前委扩大会议决议，贺龙不辞辛劳，深入一、二、三纵队，一面看望这些老部下，一面同纵队和各旅干部谈心，进一步做思想工作，要他们把思想统一到西野前委扩大会精神上来，总结经验教训，加强团结，坚决服从彭德怀的领导，争取西北解放战争的全胜。

对于贺龙的这种良苦用心，彭德怀心里十分清楚。全国解放以后，有一次在中南海怀仁堂开会，一向很少当面称赞别人的彭德怀，竟情不自禁地对贺龙说：“你领导的晋绥部队真是好啊，能打仗，听指挥！”

第五节　在天翻地覆的日子里

1948 年 8 月初，贺龙从延安出发，前往河北平山，参加中共中央将于 9 月召开的政治局扩大会议。

此时，战争已进入第三个年头，全国形势发生了更有利于人民的巨大变化。人民解放军经过两年作战，总兵力已发展到280万人，与国民党军总兵力相比，由战争初期的1∶3.4上升为1∶1.3，在第一线的机动兵力已优于国民党军，全军装备大为改善，而且积累了打大规模运动战和攻坚战的经验，战斗力空前提高；解放区面积已扩展到234万平方公里，人口达1.68亿，老解放区全部完成了土地改革，广大农民生产和支援战争的积极性空前高涨，生产得到了恢复和发展。在战争的第二年，国民党军损失了50万人，经过大量补充，总兵力虽然仍维持在365万人左右，但大多数部队是被歼后重建或受到严重打击的，士气低落，战斗力不强，绝大部分正规军又被人民解放军分别钳制在东北、华北、西北、中原和华东五个战场，战略机动兵力已经减少了许多；国民党统治集团内部矛盾进一步激化；国民党统治区的经济急剧走向全面崩溃；蒋介石集团陷入了四面楚歌的境地。

中国大地上，正在发生天翻地覆的变化。

因此，贺龙此行心绪特别好。他已经深切地感受到了胜利的喜悦。他经过禹门口，直趋临汾。在那里，正在筹建人民解放军西北军政大学，为即将全部解放的大西北培养干部。他一到临汾，立即听取了负责筹建工作的原贺龙中学副校长李长路的汇报，并同他一道，策马临汾近郊，为西北军大选择校址。他对李长路说："你要设法抓紧修缮校舍，可以边建设，边招生，边学习，不要等什么都齐备了再开学。"

在汇报中，有人告诉贺龙：晋绥军区工业部长蒋崇璟正在临汾筹建一个财会、统计人员训练班。贺龙马上叫人把他找来，听取他的汇报，又同他一道去看了财会训练班的地址，最后，贺龙说："同志，眼光放远一点吧！西北快要全部解放了。全国解放也不远了。不要叫什么训练班哟，我看就叫'西北人民工业学校'吧！你就在这里负责培养大批财经人才，准备迎接新局面。"他当场决定，由蒋崇璟担任校长。这所学校很快办了起来，后来成了西北军政大学财经学院。

离开临汾，贺龙到达离石。晋绥军区政委李井泉赶来相见。贺龙对他说："这一带大革命以来就有我们党的组织，青年学生也很多，人才不少，我们一定要把他们收集起来。我已经让李长路在临汾筹建西北军政大学。现在，应该让这里的贺龙中学赶快组织人力，到晋中平原去招生。"李井泉说："老总，这件事由我去办吧。"贺龙笑着说："那就麻烦政委同志了。"在他离开离石的时候，李井泉告诉他，贺龙中学已经派该校中学队队长到汾阳去招生了。贺龙满意地点点头。几天后，贺龙路过汾阳，特地把这位队长找来汇报情况。当他听说只来了四个人负责招生时，很不高兴地说："四个人？力量太小了，要大力加强，大力加强。"他对招生的人说："现在全国胜利在望，我们就要解放全中国了，需要大量吸收知识分子，培养建军、建国的人才。晋中各县已经解放，广大知识青年有了参加革命和学习的机会，他

1948年9月贺龙在西柏坡

们也有这个要求，我们为什么不放手一些呢？我看这次在晋中招生，至少要招1000名学生。你们要认真完成任务。等我从中央开会回来，再来检查。”不久，西北军大很快组织人力，在汾阳成立了招生办事处。

贺龙一面赶路，一面考察。9月初到达中共中央所在地河北平山县西柏坡村。[①]9月8日，中共中央政治局扩大会议在西柏坡小食堂召开，会期一周。到会的有政治局委员7人，中央委员和候补委员14人，重要工作人员10人。这是抗日战争结束以后到会人数最多的一次中央会议。

毛泽东在会上作主要报告，提出根本打倒国民党，大概要五年左右时间（从1946年7月算起），并重提“军队向前进，生产长一寸，加强纪律性，革命无不胜”的号召。周恩来就解放战争第三年的计划要点、人民解放军的建设、对资产阶级的政策做了长篇发言。会议最后确定：建设500万人民解放军，在大约五年的时间内，从根本上打倒国民党统治，并决定，解放军在第三年内仍然全部在长江以北和华北、东北作战。会议认为，战争第三年内，必须准备好3万至4万名各级干部，以便在第四年内军队前进的时候，能有秩序地管理新解放区，为此，要在大城市中吸收工人和知识分子。会议还预定在1949年内召开中国人民政治协商会议，成立中华人民共和国临时中央政府。这次会议，使全党在国内局势发生大变动前夕，明确了前进方向，统一了行动步调。

贺龙完全拥护五年内从根本上打倒国民党反动统治的决策。他结合西北地区的情况发言说：“在西北，我们也谈过这个问题，但对美国来不来，美国会不会利用日本来延长战争，有所议论。这次，毛主席在报告中指出有两种可能：一是战争第三年、第四年给敌人的打击严重，蒋介石垮台可能早些；二是美国出

1948年9月，贺龙在西柏坡出席中共中央政治局扩大会议期间与邓小平（右一）、聂荣臻（左二）、蔡树藩（左一）合影

① 1948年3月23日，在西北战场人民解放军转入进攻的形势下，中共中央离开陕北，5月到达河北平山县西柏坡，与中央工委会合。

兵，战争延长。毛主席指出，我们既不要因胜利太快而无准备，也不要因胜利稍慢而没有耐心，这是非常正确的。回去就可以向前方同志解释了。”他说：“西北部队数量不大，但负担不小，几次战役中干部伤亡较大，党和政府对支援战争已尽了一切力量，但仍有困难，主要是经济问题。西北要用一切力量来努力发展生产。”他特别强调培养干部的必要性，他说：“提高干部理论水平，健全党内民主生活，是完成任务的重要环节。这对西北很需要。虽然那里的党员是老的，但批评与自我批评精神在边区干部是很差的，如不解决，工作不易做好。”他还认为：“今天我们各种知识都不够。对工业、税收、财会等都不懂，十分需要学习。”因此，他建议：中共中央宣传部抓好干部教育，特别是要弄一个好教材；中央财政部门搞个财经工作人员训练班，以适应经济建设的需要。

会议还做出了关于执行请示报告制度的决议，要求用最大努力克服无纪律状态和无政府状态，克服地方主义和游击主义，加强中央的集中统一领导。这个决议引起了贺龙深入的思考：这两三年来，如果能经常地、及时地向中共中央请示报告，土改、整党和其他方面的错误就可能避免或者及早得到纠正。他决定向中共中央写个报告，尤其是要反映关于土改、整党的问题。会议结束后，贺龙就手头所带材料及自己的记忆，写出了《对于晋绥、陕甘宁土改整党工作的检讨》和《联防军区工作的两个问题》，并于 9 月 24 日呈送毛泽东。晋绥、陕甘宁两地区在土改整党工作中曾经发生过“左”的偏差。毛泽东 1948 年 3 月从陕北到河北途中，在晋西北曾就此问题讲过话。贺龙作为这两个地区的主要领导者，参与领导了两区的土改整党工作。对这中间出现的错误，他感到自己有不可推卸的责任，虽然错误已经纠正，毛泽东对晋绥地区的土改工作已有定论，但还是应该向中共中央有个交代，才符合此次会议的精神，也是个共产党员应有的态度。贺龙在报告中，分析了晋绥、陕甘宁两区土改整党的过程、错误的表现和产生错误的原因，态度极为严肃。贺龙在上送报告的同时给毛泽东的信中说：“这二三年来，我们在工作中发生了不少错误，特别是去年以来，在土改、整党工作和工商业政策上发生了‘左’的错误。这主要有四个问题：第一，划分阶级成分上，采用了不完全正确的标准，把一部分劳动人民错误地划成了地主、富农，因而，减弱了农村劳动人民反封建的统一战线；第二，没有坚持党的严禁乱打乱杀方针；第三，在土改中侵犯了属于地主富农的工商业，在征营业税中，打击了工商业，在清查经济反革命中，扩大了清查的范围，这些使工商业的发展受到了一定损失；第四，在土地改革中，工作团超越党支部组织直接发动群众，缺乏分析地对待群众要求，对有错误的党员干部处理方面，也是这样。”他写道：“这些错误产生的主要原因，是由于我们政治理论素养的薄弱和对于党的政策缺乏深刻的了解，以致在某些问题上，存在着不正确的认识，因而就不能及时地发现和改正；在某些问题上，缺乏深刻的认识，因而，虽然确定了基本正确的政策原则，也会盲目地中途动摇，不能始终坚持下去。”应当说，贺龙这些看法是实事求是、严于律己的。写完上述两个报告，10 月初，贺龙离开西柏坡，先后到兴县、包头、临汾等地视察和传达中央政治局扩大会议精神，12 月初返回延安。

1949 年 2 月 17 日，贺龙同彭德怀、中共中央候补委员王震、习仲勋从延安出发，再次前往西柏坡，出席具有历史意义的中国共产党七届二中全会。这次会议讨论了彻底摧毁国民党统治，夺取全国胜利，把党的工作重心从乡村转到城市的问题，并着重研究和规定了党在全国胜利后，使中国由农业国转变成工业国，由新民主主义社会过渡到社会主义社会的总任务和途径。

二中全会之后，贺龙奉命前往刚刚解放的北平，参与解决绥远问题。毛泽东在七届二中全会上提出了解决国民党军队残余的三种方式，即天津、北平和绥远方式。绥远解放区从抗日战争时期起，一直属于贺龙领导的晋绥军区管辖，目前，则归西北军区领导，因此，毛泽东要他去北平领导绥远问题的第二轮谈判。为使绥远问题的第二轮谈判有一个良好的气氛，他请晋绥分局书记、晋绥军区政委李井泉前往卓资山，向在绥远作战的第八军传达毛泽东在七届二中全会上的讲话精神。他对李井泉说："你一定要讲清绥远方针的意义，使干部战士明了中央的精神。绥蒙的党政军都要不折不扣地执行中共中央的方针。你传达我的话，所有武装立即停止向国民党军主动进攻，从现地后撤 60 公里。"他特别要求李井泉告诉绥蒙部队，不准乘机挖绥远国民党军队的"墙脚"，停止向国民党军发动政治攻势。送走李井泉后，他动身前往北平。在北京饭店，贺龙同聂荣臻、林彪、陶铸一道，同原国民党华北"剿总"总司令傅作义、副司令邓宝珊就和平解决绥远问题进行谈判，取得了一致认识，并确定组成专门小组，讨论和拟定和平解决绥远问题的具体办法。会上，贺龙对傅作义说："傅先生，这次解决绥远问题，我军派李井泉、张友渔、潘纪文为代表，和贵方讨论一切有关事宜，请傅先生也指定人员，以便成立专门小组，共同协商。"傅作义随即指定王克俊、周北峰、阎又文为代表。最后，双方商定，在北京饭店成立专门小组作为双方协商机构的联合办事处，着手进行和平解决绥远问题的实质性工作。到了 4 月份，为了适应新形势，中共中央决定，将绥远地区划归中共中央华北局和华北人民政府管辖。和平解放绥远的工作也就相应地移交给了中共中央华北局。

1949 年的贺龙

在西柏坡，彭德怀同贺龙商量，为了给西北地区筹措一些急需物资，学习东北地区恢复生产建设的经验，请贺龙去东北走一趟。经中共中央同意，参加完和平解决绥远问题的谈判，贺龙即前往东北。5 月 20 日，人民解放军解放了陕西省省会西安。中共中央任命贺龙为中国人民解放军西安市军事管制委员会主任。不久，中共中央决定组成新的中共中央西北局，以彭德怀为第一书记，贺龙为第二书记，习仲勋为第三书记。贺龙很快结束了东北之行，赶赴西安就任。5 月 24 日，贺龙到达西安。第二天，西安市军事管制委员会和西安市人民政府同时成立。

刚解放的西安，很不平静。国民党军马步芳、马鸿逵集团为避免被解放军各个击破，纠集了 11 个师，配合胡宗南集团向咸阳、西安反扑。城内暗藏特务乘机散布谣言、制造混乱，进行破坏。人民解放军入城头五天内，就发生了 170 余起抢劫事件。人民解放军第一野战军主力，此时正在咸阳以西集结，准备一次战役行动，西安市内仅驻有一个师，力量单薄。贺龙一到西安，立即召集西安党政军负责干部研究对策，认为对胡宗南和“二马”的反扑，不可轻视，要准备其来，不可望其不来。目前，西安市守备力量薄弱，从华北调来的人民解放军第十八、十九兵团尚未到达，必须考虑个妥善办法，以防万一。讨论再三，贺龙决定用“瞒天过海”之法。他一面责成有关部门想尽一切办法迅速调运十万石粮食进城。他说：“粮食一定要运进来，不然，敌人围了城，城里没粮，援兵一时到不了，就会不打自乱。”一面命令守备部队的三个团向南展开，驻西安各级机关的干部、战士一律拿起武器，采取种种办法，制造华北两个兵团胜利到达陕西的假象。接收工作照常进行。公安部门加紧工作，迅速组织力量打击潜伏的国民党特务分子。这样一来，敌人一时摸不清西安的情况，未敢贸然行动。到了 6 月份，第一野战军在咸阳、礼泉一带给了进犯陕西的青海马继援部以严重打击，第十八、十九兵团也相继开抵陕西，才彻底解除了对西安的威胁。

早在 1949 年 2 月，中共中央西北局就决定，为迎接西安解放，顺利做好接收工作，成立了接收西安准备委员会，负责训练干部，搜集情况，研究政策，草拟各种条令、条例。当贺龙从东北到达西安时，各项接管工作已经展开。贺龙认为，就他自己来说，对接管这样的大城市缺乏经验和知识，而且城市工作政策性极强，必须尽力减少错误，把军管工作搞好，因此，凡是重大问题，他从不轻易个人做出决定，而是提出自己的看法，发动大家进行充分讨论，在广泛听取意见之后，他才“拍板”定案。

贺龙在主持西安军管会期间，主要抓了这样几件事：

第一件是接管工作。西安是西北最大的都市，机关、学校、银行、企事业单位很多，接管工作千头万绪。为使其有条不紊，贺龙领导军管会把接管对象分为几种不同类型，采取不同处理方法：一种接、管并进，接下来就管，这主要是跟人民生活密切相关的公用事业；一种先接后管，主要是银行和解放前已停止运转的国民党军队后勤系统的企业；一种是先管后接，主要是铁路、交通部门。事关运输物资、支援前线，因而，先管起来，组织力量恢复交通，而后再办交接手续；一种是接了就打碎，例如国民党在西安的一些党政机关。按贺龙指示，军

1949年，贺龙任西安市军事管制委员会主任时与李井泉（前左一）、习仲勋（前右一）、王尚荣（二排左一）、廖汉生（三排左一）等在西安

管会工作的重点放在“管”上。由于接管工作方针明确，重点突出，仅用了一个月的时间，就完成了接管任务。各公私企业相继恢复了生产。贺龙在这方面花费了很多心血。西安有不少私营企业，军管会对他们采取坚决保护的政策。有些一时搞不清所有制性质的企业，分别采取了军管、监理和代管等办法，而且不管使用哪种办法，一开始便组织他们迅速恢复生产。西安有座大华纱厂，拥有3万纱锭，800台织布机，是西北地区一家较大的私营企业。国民党军逃窜时，全厂职工英勇护厂，保持了工厂的完整。但是，由于资方经理出走，资金无着，生产停顿。对于这样一个工厂应当怎么办呢？贺龙主持军管会展开讨论，决定：（1）对大华纱厂实行军事管制，以便其迅速恢复生产；（2）明确宣布，对民族资本的所有权，人民政府予以承认并保护；（3）该厂恢复生产所需资金由人民政府负责筹集。在会上，贺龙指定由市政府企业处、工商处和人民银行共同负责解决。会议还决定，大华纱厂全体职工维持原有工资不变，并号召资本家认清大局，从速回厂，参加生产管理。这样一来，不仅解决了大华纱厂的管理和资金问题，而且调动了全体职工的积极性，6月27日就恢复了生产。这一天，贺龙十分高兴地参加了该厂复工大会，向全体职工表示祝贺。他在会上说：“对于国民经济有益的私营企业，我们允许它恢复、发展，保护其合法经营。因为，现在这种企业不是多了，而是太少了，必须发展。这种发展，对人民、国家、经济建设有益。”他对工人们说：“在劳动态度上，应该和在国民党反动统治下的私营企业中的工人有所不同。在这里，虽然也是在资本家工厂做工人，但同时又是国家的主人，因

此，有责任督促和帮助有益的私营企业恢复和发展起来。这样做符合工人阶级目前以及长远利益。共产党的经济政策，其唯一的目的，即为着发展生产，繁荣经济。”贺龙关于中国共产党对待私营企业的方针政策的阐述，大大鼓舞了解放了的工人。就在这一天，大华纱厂的纱锭、织布机全部运转了起来。

第二件是肃清匪特，安定社会秩序。胡宗南长期盘踞西安，中统、军统特务很多；国民党军队溃逃后，西安又留下了许多散兵游勇，还有近十万失业和半失业人员，其中有六七万是抗日战争时期从河南逃来的难民。这些都给西安解放后的社会秩序带来诸多问题。6月中旬，胡宗南企图向西安反扑，并窜扰咸阳及西安东南一带，市内潜伏特务、散兵土匪乘机蠢动，6月份共发生抢劫案70起，其中多数是有组织的特务破坏活动，使得商业一度停顿，人心不定，社会秩序混乱。贺龙及时考察和分析了产生这些问题的原因，认为除了进城前对于对付此等情况准备不足、公安力量薄弱之外，一个重要原因是没有动员全党发动群众，调动多方面的力量进行治安工作，公安干部在肃清匪特工作中还残存着一种“神秘观念”。贺龙把这一问题提到中共中央西北局常委会上讨论。6月底，西北局决定迅速纠正这些缺点，严肃批评了治安工作中的“孤立”作风，要求运用宣传工具，揭露匪特罪行，发动群众参加治安工作。为此，贺龙组织了一批干部到各区去动员群众，参加维护治安，打击特务土匪。在政策上则严格贯彻区别对待、分化瓦解的方针。这样一来，二十来天就捕获了大批特务、土匪，破获了36起抢劫案。对于散兵游勇，贺龙指示说：“散兵游勇由警备司令部、公安局会同西北军区切实负责调查清楚，集中管理，分别处理。这些人有的是学生出身，有的是土匪出身，有的还是恶霸、流氓，里面还有许多还乡军人，他们有的是东北军的、西北军的，总之，他们是各式各样的，如不分别处理，将来会出问题。”据此，警备司令部会同公安局对散兵游勇进行了调查登记，分别情况予以处理：有的收容，有的遣散，有的在本市安置，从而解决了维持社会秩序中的一大问题。

安置失业人员和难民，也是件很难办的事。贺龙指示说：“难民和失业市民问题，市委应该负责进行调查研究，给他们找个出路，审慎地处理好。民政厅、农业厅应予以帮助。”根据这一意见，人民政府用了两个月的时间对十万失业人员进行登记，分别不同情况予以处理：失业人员中的一部分工人、店员和文教人员，随着工厂复工、学校复课予以吸收；一部分经过集中训练后，分配到新解放区工作；对于大批河南难民，主要是资助他们回乡或到黄龙、马栏山区垦荒，从事农业生产。经过一系列艰苦细致的工作，西安社会秩序渐趋好转。

第三件是稳定金融，平抑物价。贺龙说：“西安有60万人向我们要吃穿，但我们的财政厅长接收时只带一名通信员、一匹马、两个肩膀扛一张嘴，其他什么也没有。”不仅如此，刚解放时，由于人民银行未成立，人民币未运到，人心浮动，商业陷于停顿状态。总之，财政金融、生产流通面临成堆的问题。5月25日，人民银行成立，公布了银洋收购价和各地物价情况，于是，市面上开始有了交易。但是在胡、马企图反扑西安的影响下，物价大幅度波动，有的商人甚至拒收人民币，银元贩子推波助澜，情况十分严重。贺龙和贾拓夫等军管会领导人分析，银元在西安流通的数量并不大，因为胡宗南逃跑时，用收税、抛售物资、盗卖公物等办法劫走了一大批银元，但银元在市场上流通具有破坏性，特别是排斥人民币，促使物价上涨，并成为投机倒把的主要对象，严重影响人民币的正常流通。他们经过协商，决定采取三项措施：一是贺龙签署公告，取缔银元贩子，不准银元流通，打击投机商人。二是大力维护人民币的信用。贺龙要求物资部门大力组织四乡的粮食、棉花入市，一律以人民币交易，成为人民币的物资后盾。贸易公司奉贺龙之命，两个月内向市场发售了价值五亿人民币的粮食、布匹、棉花及油料。三是贺龙亲自在西安各界人民代表会上进行稳定金融的动员。他说："稳定金融，是各界人民群众最关心的问题，我们应该用最大的力量做好这个工作。希望各位代表对人民说清楚人民币和敌币的基本区别，使他们知道人民币是有充分物质基础的，是可以在全国流通的唯一合法的永久货币，同时，人民币本身的作用就是发展生产、繁荣经济。"经过这样的努力，财政经济情况有了好转。贺龙在总结西安市军管会三个月工作时说："在稳定金融、平抑物价、解决群众吃穿等方面做了很多工作，取得了很好的效果，这是一件大事情。"

在接管和治理西安工作中，贺龙极重视听取各方面的意见。在粉碎了胡宗南反扑西安的企图以后，贺龙邀请西安各界代表和民主人士座谈。贺龙说："西安已

在第一届政协会议期间，贺龙与何香凝（前排左一）、蔡畅（前排左二）、邓颖超（二排右二）等合影

经永远属于人民所有，再不会被任何反动派占去了，但要把西安管理建设得很好，把一个旧的消费城市变为一个新的人民的生产城市，就不是一件简单的事情，而是一个复杂艰巨的任务。四十余天来，我们所做的工作还是很不够，工作中还存在不少缺点，特别是摆在我们面前的肃清匪特、巩固治安和恢复、发展生产、安定民生两件大事，还没有做得很好。”“希望西安各民主党派、人民团体、各界人士、少数民族与我们很好合作，希望本着知无不言、言无不尽的精神，对当前和今后各方面的工作多多提出意见，对于我们工作中的缺点错误，随时给以批评和指正。只要批评是合乎实际情况，对于人民事业有利的，我们无不欢迎和接受。”贺龙真诚的态度，使在座的各界人士甚为感动。他们说：“共产党善于接受真诚正当的意见，是很好的风度。”他们在会上就接管、肃特、稳定物价、执行政策等工作纷纷提出意见。会议一直开到傍晚。这样的聚会，在西安是从来没有过的。

在贺龙主持下，西安市军管会共接收国民党旧政权的军事、行政、公安、财政、金融、交通、电讯、农林、文教机构和其他企业等 240 个单位，人员达 25675 人。在整个接管过程中，邮电通畅，电力和公共交通迅速恢复，陕西境内的铁路很快分段通车，社会治安日益好转，革命秩序迅速建立，生产得到了恢复和发展，正常的流通市场逐渐形成。在此基础上，西安市共提供军用物资 6 万余吨，粮食 8000 多吨，供应部队，并且动员了大批青年参军、大量民工随军支前，为保证第一野战军解放西北全境做出了贡献。

9 月上旬，贺龙奉中共中央之命，离开西安赴北平参加全国人民政治协商会议第一届全体会议，被选为主席团成员。10 月 1 日，贺龙登上天安门城楼，出席开国大典。望着缓缓升起的五星红旗，贺龙百感交集。从参加护国讨袁斗争以来，他经历了多次曲折复杂的艰苦斗争，尝过多少酸甜苦辣，今天终于实现了毕生追求的理想，中国人民从此站起来了。他内心激动万分，庄严地举起右手向国旗行礼。10 月初，他参加了毛泽东主持的中共中央军委会议，讨论进军西南问题，从此，贺龙结束了西安市军管会的工作，担负起新的任务。

第六节　进军四川

早在西安解放之初，中共中央对贺龙以后的工作就已做过考虑。1949 年 5 月 23 日，毛泽东在部署各野战军向全国进军的电报中，明确指出：“一野（4 个兵团 35 万人）年底以前可能占领兰州、宁夏、青海，年底或年初准备兵分两路：一路由彭德怀率领位于西北，并于明春开始经营新疆；一路由贺龙率领经营川北，以便与二野协作解决贵州、四川、西康三省。”因此，在担任西安军管会主任期间，贺龙即与彭德怀、习仲勋商量，从西北地区抽出地方干部 4528 人、军队干部 1512 人，集中在山西临汾，进行南下的准备工作。他又与李井泉商量，从晋绥分局、晋绥军区机关抽出一些干部，组成调查小组，化装成商人、老百姓，潜入西南，调查了解当地的军事、政治、经济情况，为向那里进军做准备。7 月 16 日，毛泽东在指挥解放军向华南进军的电报中又指出：刘、邓共 50 万人，除陈赓现率的 4 个军外，其主力决于 9 月取道湘西、鄂西、黔北入川，11 月可到，12 月可占重庆一带。另由贺龙率 10 万人左右入成都，由刘伯承、邓小平、贺龙等同志组成西南局，经营川、滇、黔、康四省。这封电报明确地将解放和治理西南四省的重任交给了刘、邓、贺。因而，在接管西安的繁忙工作中，贺龙经常抽出时间，为入川做细致的准备。9 月上旬，贺龙在赴北平出席全国政治协商会议第一届全体会议途中，特地去临汾看望正在集训的干部。他就集训队必须研究的问题指示说："首先要学好政策。另外，还要研究大学怎么办？教育怎么办？报纸怎么办？进城以后怎么发动群众？怎样解决贫苦群众的困难？各项具体政策，都要搞个明文规定。怎么搞金融贸易？对警察、土匪、特务怎么改造使用？也都要有长远考虑。四川情况复杂，有哥老会，还有少数民族。对反动武装的改造、对城市各业工会的改造，都要特别注意。要使全体干部懂得，进城后要建立人民武装，搞好工会工作。群众的吃饭问题要首先解决。负担要公平合理。"可见，此时的贺龙已经对于入川以后的工作，有了比较细致的考虑了。

10 月 13 日，中共中央决定，邓小平、刘伯承、贺龙分任中共中央西南局第一、第二、第三书记；贺龙任西南军区司令员，邓小平任政委，刘伯承任西南军政委员会主席。14 日，贺龙参加了由毛泽东主持的中共中央军委会议，讨论和决定进军西南的若干问题。"你带哪支部队入川呢？"毛泽东征求贺龙的意见。带哪支部队跟他进军四川事关重大。贺龙当然希望率领那些自己熟悉的老部队。但是，他考虑到，这些部队都是第一野战军的主力，目前正在彭德怀指挥下解放西北广大地区。而且，从 1947 年 3 月以来，这些部队一直在西北战场作战，对西北地区情况比较了解，彭德怀对他们已比较熟悉。而部署在秦川和天水一带的十八兵团，处在进川比较方便的位置；十八兵团司令员兼政委周士第与自己共事多年，完全可以合作得很好。因此，他向毛泽东提出："我还是带十八兵团入川吧！"毛泽东和中共中央军委同意了他的意见。决定由贺龙率十八兵团、七军和十九军共 14 个师担负解放川北、陕南的任务。

有些长期跟随过贺龙的人对此颇不理解，他们问贺龙："老总，你为什么不带自己带出来的部队进川呢？"贺龙十分严肃地回答说："为什么一定要带我从前领导的那些部队入川呢？军队是党领导的，不是我贺龙个人的。如果我不带十八兵团，非要带自己带出来的部队，那我贺龙就不像个共产党员了。"

18 日，毛泽东正式发布由陕入川作战的命令。毛泽东告诉贺龙说："歼胡作战时间，不应太早，应待刘、邓进至叙府、泸州、重庆之线，然后发起攻击，时间大致在 12 月中旬。"

10 月下旬，贺龙从北京到达临汾，检查入川准备工作。中共四川地下党负责人李宗林、马识途前来汇报情况，迎接大军入川。马识途在回忆这件事时写道："我们被带到一个普通的小院子，看到一个大个子披着一件宽大的布军棉衣……他把我们很亲热地让到屋里去。‘你们从四川过来很不容易吧？古话说蜀道难嘛！’我没想到这位高级军事指挥员说起话来这么文雅，更没想到他说的几乎是四川话，感到十分亲切。贺老总问了我们一些关于四川的情况，包括一些地方军阀的名字。我们做了回答……他看出我们希望大军迅速南下解放四川的急切心情，知道这也是灾难深重的四川人民的共同愿望，便说：‘快了，到你们成都过年去。’”11 月 3 日，贺龙、李井泉回到西安，为筹划进军四川彻夜工作。11 月 6 日，贺龙向中共中央建议：“在未与西南局会合前，得有统一的党委组织及指挥机构实施领导较为适宜。”7 日，中共中央回电，确定成立川西北军政委员会，以贺龙为主任，统一领导军事、政治、党务、民运等项工作。11 月 6 日，周士第和十八兵团副司令员兼副政委王新亭到达西安。贺龙、李井泉和他们在这里组织了西南军区司令部前线指挥所，作为入川作战的指挥机构。

入川部队接受任务后，情绪饱满，斗志旺盛，但也有一部分北方人，不想进川。他们有的怕到了川康不服水土；有的怕吃不到面食、吃不惯大米；有的怕与少数民族处不来，总之，有不少思想问题。贺龙觉得，这是入川前思想上的一只“拦路虎”，必须予以解决。他指示十八兵团赶快组织几次报告会，打开干部们的思路。先让马识途介绍四川情况，再由刚从北京参加全国政治协商会议第一届全体会议返回的十八兵团政治部主任胡耀邦作形势报告。在此基础上，25 日，贺龙召开了南下干部动员大会。他在大会上做了深入动员。他说：“毛大帅交给我们的任务，是歼灭胡宗南部队，配合二野解放祖国的大西南。这个任务是非常艰巨的。”“不错，西南和华北等地相比，许多地方还是很落后的，条件也是艰苦的。大家不要怕艰苦。我们有些同志一听说西南是‘天无三日晴，地无三尺平’，还天天吃大米，就想留在家乡不走了。我们在座的都是共产党员、共青团员和革命战士，我们不是天天说要解放全人类吗？现在西南还有几千万同胞在受苦，蒋介石还有几十万军队盘踞在那里，要把西南当成卷土重来的反攻基地。你们留在家乡能安居乐业吗？”“我也不是北方人，家乡在湖南桑植。我就是吃大米长大的。为了革命，为了抗日，我们许多南方人参加了二万五千里长征，到了晋绥，吃了整整八年的小米和黑豆。难道在座的同志就不能为了革命，到西南去吃几年大米吗？”“同二野会师以后，要虚心向他们学习，主动搞好团结。不要一开口就是‘我们吃了好几年黑豆’。难道只有我们才艰苦？兄弟部队就不艰苦吗？其实我们晋绥背靠陕甘宁边区，比他们在太行山的条件好多了。”“解放西南是大陆上的最后一仗。我希望每个同志都不要错过这个立功的机会。”贺龙的话打动了许多人的心。担任过中共四川省委副秘书长、从晋绥南下的干部贾丕基回忆说：“我当时就是不大愿意到西南来的，怕不适应环境。听了贺老总这一席发自肺腑的话，我为之感动。事过三十多年，其他的话我都记不准了，唯独难道你们‘就不能为革命到西南吃几年大米吗’这句话，我铭记至今。我就是听了这句话以后下决心参加南下队伍的，至今也不后悔。”

中共中央军委和毛泽东根据西南地理情况及敌人力避与人民解放军决战的特

点，决定采取“以大迂回动作，插至敌后，先完成包围，然后再回打之方针”①，组织实施解放西南的战役。具体部署是：第二野战军主力待第四野战军发起广西战役之时，以大迂回动作从东南直出贵州，进至叙府、泸州、重庆之线，切断胡宗南集团及川境诸敌退往云南的道路；十八兵团积极吸引、抑留胡宗南集团于秦岭地区，待二野将川敌退往康、滇的道路切断后，迅速占领川北及成都地区，尔后协同二野聚歼胡宗南集团。据此，贺龙、李井泉、周士第指挥十八兵团佯攻扼守秦岭一带的胡宗南部队，但却“攻而不破”，不使他过早南撤。8 月 29 日，十八兵团发起秦岭战役。六十军全部和六十一军两个师，向防守川陕公路正面秦岭要隘之敌攻击，造成解放军欲经川陕公路南下入川之势。这一着果然有效。胡宗南和他的高级幕僚深信解放军绝不会舍近求远，经两湖远道入川，必然由西边取三国时魏军伐蜀的路线，一路从兰州南下，经武都出碧口，一路沿川陕公路南下，两路合成一把尖刀，直插川西。蒋介石对此分析也无异议，于是做出了“拒共军于川境以外，以陇南、陕南为决战战场”的部署。

为利于第二野战军出敌不意地以大迂回动作完成包围，贺龙恰当地把握着攻打胡宗南的“火候”，既像真打，又攻而不破，打到一定时候，即结束秦岭战役，转入休整。这一下，胡宗南高兴了。他向在重庆的蒋介石报告说：“共军多次猛攻秦岭，无一处突破。”并吹牛说，他的两个兵团固守秦岭防线万无一失。蒋介石甚为满意，任命胡宗南为川陕甘边绥靖公署主任，裴昌会为副主任。胡宗南得意扬扬，派其第五兵团李文部 4 万余人守备秦岭川陕公路两侧地区；第十八兵团李振部 4.4 万余人防守李文部以西地区；裴昌会的第七兵团 6 个军沿川陕边的白龙江、米仓山、大巴山布防，构成第二道防线，摆出了坚守的架势。看到这些，贺龙十分高兴，这说明他执行的牵住胡宗南的任务完成得还不错，于是乘此机会安排十八兵团主力休整，进行深入的南下动员和山地作战训练，养精蓄锐，待机而发。

刘、邓指挥二野于 11 月 1 日，在南起贵州天柱，北至湖北巴东的 500 公里的地段上向国民党军实施多路攻击。15 日解放贵阳，21 日解放遵义。同时，在鄂川边地区围歼了川湘鄂边绥靖公署宋希濂的部队，先后占领建始、恩施、宣恩，解放彭水、黔江，生俘宋希濂部第十四兵团司令钟彬。直到这时，蒋介石才察觉解放军有由湘鄂进黔川迂回重庆、成都的企图，于是，急令胡宗南部由秦岭、巴山南撤。胡宗南令其所属各兵团从 13 日起陆续向川北撤退。

对胡宗南的退却，贺龙早有所料。他说：“胡匪为了缩短防线，集结和保存实力，势在必撤。”但他并未立即令主力追击。人们不解。他向干部们解释说：“在秦岭地区已不可能歼灭胡匪的情况下，我们应以不过于压迫敌人和扫清前进道路上的障碍为目的，派得力先头部队配属工兵，以战备姿态尾敌前进。”对此，随军南下的马识途问贺龙：“敌人现在真是望风披靡，只顾往成都跑。我们为什么

① 中共中央军委 1949 年 9 月 12 日关于歼灭白崇禧及西南各敌的作战方针致刘伯承、邓小平、林彪、邓子恢电。

不快一点进军，一鼓作气击破巴山，直捣成都呢？’贺龙笑着说：“我也巴不得明天就进成都，但是，我们不光要拿下四川，更要紧的是歼灭敌人，不要叫他们溜到云南边境上去，所以我们现在慢慢走，把胡宗南的几十万大军滞留在巴山一带。等二野大军封住了他们往云南的退路，再迅速进军，把他们包围在川西歼灭掉。这就是中央指示我们的‘先慢后快’方针。”

12月3日，刘伯承、邓小平电告贺龙：二野和四野一部已经渡江，十军已到合江，十六军即到泸州南岸，十八兵团可加速前进，形成南北钳形攻势。贺龙知道了二野即将切断胡宗南集团逃往滇康的退路，乃于5日下令十八兵团和七军分三路猛追逃敌，十九军从东进入汉中盆地。11日，大雪飘飘，寒风凛冽，贺龙率前线指挥所由宝鸡出发，沿川陕公路，直奔秦岭山区。

秦岭山脉海拔2000米以上，主峰海拔3700多米，到处峭壁悬崖，深沟峡谷，除一条川陕公路外，只有几条古驿道。这里人烟稀少，物资缺乏，加上天气寒冷，部队行进、宿营、供应都十分困难，所需物资必须由战士背负，每个战士平均背负45公斤。贺龙看着背着沉重物资在古驿道上行进的战士，深为感动，他对指挥所的人说：“战士们靠‘十一号’[①]在山路上行军打仗，我们是坐‘屁股冒烟的’[②]走公路。战士们最辛苦，他们的功劳是第一位的。”他走下车去，鼓励战士们发扬吃大苦、耐大劳的精神，克服困难，追赶逃敌。他说：“前几天，我们是为了稳住胡宗南这只‘惊弓之鸟’，不让他过早地逃跑。现在刘邓大军已经解放了重庆，切断了敌人的退路，我们现在要关起门来打狗，这就靠你们走得快了。”十八兵团和七军在贺龙指挥下，以平均每日超过百里的速度直逼四川。蜀

1949年12月，贺龙率第十八兵团和第七军一部入川。图为贺龙（左）在进军途中与王维舟（中）、周士第研究战役部署

① 指两条腿。
② 指汽车。

道难行，雪后路滑，有不少战士在途中跌伤，有的汽车翻入了山谷。贺龙知道这些事以后难过地说："他们的父母把儿女交给我们，是要他们打蒋介石、胡宗南的。他们还来不及打仗，自己却因为车祸做了无谓的牺牲，我们将来没法向他们父母交代呀！"他反复指示追击部队必须注意行车、行军安全，要求领导干部在每日出发前要检查汽车防滑链是否装好，不能马虎。他要求各部队把安全行军作为大事来抓，并指示作战科长每天都向他报告行军和事故情况。

12 月 9 日，云南的卢汉，川、康的刘文辉、邓锡侯、潘文华等部分别宣布起义。云南、西康和平解放。14 日，十八兵团解放广元，17 日占领著名古关隘剑门关，打开了越过巴山通向成都的门户。20 日，二野部队进到简阳、仁寿、新津、双流，十八兵团进抵巴中、绵阳、江油一线，将胡宗南集团及其他国民党军数十万人包围在成都及其附近。胡宗南见突围无望，求援无门，23 日，乘飞机逃往海南岛。这一天，贺龙乘车经剑阁前往梓潼，在七曲山，他和周士第、王维舟、张经武登上山冈，望着成都方向兴奋地说："离 1950 年元旦还有最后一个星期，无论是武力解决，还是和平解决，我们都可以到成都过年了！"就在这一天，胡宗南集团第七兵团司令裴昌会派人前来接洽起义。贺龙驱车到达德阳，接见裴昌会。裴昌会后来回忆说："贺司令员派人来把我们引到县署东北面一家别墅里。在距离四五十米处，已见到贺司令员伫立在门外等候我。他一见到我，就走下台阶来和我亲切握手说：'老朋友，有幸又在这里重逢了。'（抗战时期我在洛阳会见过他）接着，他又向我介绍了和他在一起的李井泉、王维舟同志。入座后，贺龙同志爽朗地说：'先把话说清楚，在战场上打死人不算血债。'接着，便问胡宗南逃跑的情况和部队西撤的意图。我说，胡宗南仅带几个亲信乘机逃走，去向不明。他的企图是把部队撤到西昌，再转移到云南边境，然后退到缅甸，从海上转去台湾。但他仓皇出走前，对部队没有下达下一步如何行动的命令。贺龙同志听

1949 年 12 月 30 日，成都解放，贺龙（车中前排）乘车进入市区

后哈哈大笑，问我：‘你在川陕公路两侧还有这么多部队，你对他们有把握没有？’我说：‘绝对把握也很难说。不过目前士无斗志，官气不扬，想不致有什么异动。’他说：‘我的主力部队明天才能到达德阳，我还要回去处理一些事情，等后续部队来了，我再来。’”“28 日，贺司令员回到德阳，先到了我这里，说：‘准备好，元旦前我们到成都去，还要举行入城式。你就跟我一块儿去吧。’那种宽宏大度的胸怀和坦率诚挚的语言，很令人佩服。默念我以待罪之身，和他素昧平生，他对我是那样诚恳热情，一见如故，谈笑风生，令人铭感无既，永志不忘。”

在解放军的政治争取下，从 21 日到 25 日，国民党川陕鄂边绥靖公署副主任董宋珩、第十六兵团副司令曾甦元、第十五兵团司令罗广文、第二十兵团司令陈克非也分别宣布起义；第五兵团司令李文率残部在邛崃地区被围后，向人民解放军投诚；27 日，第十八兵团司令李振在成都以东宣布起义。当天，成都解放。至此，蒋介石在大陆的最后一支主力全部覆没，战役胜利结束。1950 年 3 月中旬，人民解放军解放西昌地区，歼灭残敌万余人。至此，云、贵、川、康四省回到了人民的怀抱，中国内地（除西藏外）的解放战争基本结束。

12 月 28 日，贺龙到达新都，30 日举行了隆重的进入成都的入城式。贺龙、李井泉、周士第率十八兵团一部经北门入城，受到了三十余万人的夹道欢迎。1950 年 1 月 1 日，刘伯承、邓小平在致各战略区的感谢支援电中，正确评价了贺龙在解放大西南战役中的贡献。他们说：“西南战役之能如此迅速地完成，尤其是西南敌人主力胡宗南之能如此迅速地被歼灭，其主要原因之一，是一野十八兵团在贺龙同志率领下前进的神速。”

第十六章　在西南军区

第一节　改造起义部队，团结民主人士

在解放西南过程中，国民党军起义、投诚和被俘的官兵达 90 万人。其中起义的就有 56 万余人，是解放战争中历次战役人数最多的。这些部队，许多是在解放军大军压境或被包围的情况下，不得已而起义的，情况十分复杂。起义后，他们有的虚报人数，以增加同共产党讨价还价的资本；有的隐藏特务，包庇坏人；有的仍然抓兵征粮，骚扰地方，抢劫百姓；还有的散布谣言，进行反动宣传，甚至故意开枪打炮，制造混乱；有些人包括某些高级将领，存在着严重的抵触、对立情绪；更有甚者，有少数部队在国民党特务分子的挑拨煽动下，与当地的土匪恶霸、帮会头子勾结起来发动了叛乱。

怎样对待这么多情况复杂的起义部队呢？贺龙认为，必须抓紧时机，认真处理，否则将危及西南地区的安定。他提出：必须将这些人养起来，如果全部遣散，会造成社会动乱，那是不符合人民利益的。我们的政策是对他们进行彻底改造和妥善安置，使他们各得其所。成都战役结束后，1950 年 1 月 5 日，贺龙和周士第、李井泉向中共中央军委和刘伯承、邓小平上报了对国民党起义部队处理意见的报告。他们认为，应将国民党起义部队分为四类：一是地方系刘文辉、邓锡侯、潘文华等领导的部队，他们实力不大；二是国民党嫡系正规军，人数多，而且大部分是被迫起义的；三是地方游杂武装，成分复杂；四是在解放军包围下放下武器的其他部队。对不同情况的起义部队应当采取不同的处理方法。如对第一类部队，保持原番号，按其实有人数进行整编。对刘、邓、潘等将领给以适当安排；对第二类部队，授予适当番号，指定地点，分散就粮，逐步改造，并派得力干部前去联络，了解情况，宣传共产党的政策，稳定情绪。贺龙等认为，这样做可以稳定一切起义和投诚部队，影响散匪，利于剿抚；对尚待消灭的国民党军残部，也有分化瓦解作用。1950 年 1 月 29 日，贺龙签发了成立工作团的命令。随后，便挑选了一批干部，首先向在川西的原国民党军第七、第十六兵团，第二十、第二十四、第九十四军派出了工作团，对这些起义部队进行教育改造，以取得经验。

2 月 8 日，贺龙在中共中央西南局第一次会议上，对改造国民党起义部队的

方针政策、步骤方法等做了阐述。他说：对国民党军队的改造，是一项十分复杂和艰巨的任务。首先，要向他们讲清楚，他们过去对人民是有罪的，共产党同他们没有个人恩怨。我们的方针是：从组织上、思想上按解放军的标准彻底改造他们。在部队中实行政治、军事和经济民主。改编要选好突破口。第一步改编王瓒绪的部队；第二步改编川鄂绥靖公署的部队；第三步改编国民党其他正规部队。为了便于解决粮食问题，有利于改编工作的进行，应把各改编部队调开，使起义部队的几个主要集团隔离开来。要召开大会、小会对起义官兵进行宣传教育，讲明我党的方针政策。向起义部队派工作团，必须明确军代表在起义部队中的职权。在起义部队中要取消反动特务组织，割断各起义部队电台和政工机关间的横向联系，建立战士委员会等一套新的制度。

1950 年春，时任西南军区司令员的贺龙

贺龙认为，要顺利改造起义部队，关键是要做好起义的高级将领的工作。在这方面他进行了卓有成效的工作。

1950 年 1 月 11 日，十八兵团在成都市蓉光电影院召开欢迎国民党军起义军官大会。出席会议的有刘文辉、邓锡侯、潘文华、裴昌会、罗广文、陈克非、董宋珩、王瓒绪等高级将领，以及他们部下的团以上军官。贺龙登上讲台，向大家问候说："你们辛苦了！我们欢迎你们。在座的各位同志，从今日起，我和诸位共事了。"

短短的几句话，特别是"同志"和"共事"这两个有着特殊意义的词汇，一下子使贺龙与起义军官的距离缩短了，台下爆发了一阵充满感激之情的掌声。贺龙接着说："人民解放军对待坚决脱离国民党反动派的起义官兵，一向是热诚欢迎的。起义之后，按照人民解放军的制度进行改造，完成整编以后，也就是人民解放军了，应该和解放军紧密地团结起来。但是，大家首先要做到坦诚相见，然后才能由组织上的一致达到思想上的一致，成为真正的人民军队。在座的诸位中，可能有人有顾虑，怕过去是解放军的对头，现在得不到宽大。共产党人以人民利益为重，是改造人、改造社会的，不计较个人恩怨。不论过去是高级将领，还是下级军官，只要起义或放下武器，人民解放军就可以宽大处理。只要他们愿意接受改造，愿意为人民服务，就一定能为建设社会主义的新中国贡献力量。"接着他谈到了"改造"的艰巨性。指出："改造是痛苦的。进步慢则痛苦的时间就长，进步快则可以缩短痛苦的时间。但是，如果在头脑中取消了'名'和

‘利’，就会大大减少痛苦。在座的许多人都知道我的过去。那时候我带的部队，就是我私人的本钱，把一排人拉过来就当连长，把一连人拉过来就当营长。今天就不是这样了，部队是国家的、人民的，不是私人的了。你们一定要清楚这一点。过去养成的恶习，必须彻底改掉，迅速建立起为人民服务的思想作风，给人民当个老老实实的勤务员。”

贺龙针对起义军官的思想状况，语重心长地讲了三个小时，然后同起义将领们一一握手。许多起义将领为他坦率而真诚的话语所打动。郭勋祺刚一散会便说：“贺司令员这一讲，我就放心了，好像吃了定心的汤圆。”

在四川一些有影响的起义将领中，有的曾和贺龙共过事，有的则是打过仗的老对手。贺龙根据自己同国民党上层人士打交道的丰富经验，区别不同对象，有针对性地做团结争取工作。

贺龙进入成都的第二天，便收到了刘文辉、邓锡侯、潘文华等人的请柬，要设宴为他接风洗尘。贺龙认为这是联络感情、开展工作的绝好机会，欣然前往，同起义将领们亲切交谈。他说：我过去也带过地方军，并且在你们四川驻过防；曾同在座的有些先生打过仗，这叫不打不相识嘛！今天，我们终于走到一起来了。贺龙豪放的性格，挥洒风趣的谈吐，赢得了大家阵阵热烈的掌声和欢笑声。最后贺龙向大家宣布：“过两天，军管会将请各位先生开座谈会，共同商讨大政方针。”起义将领听到这个关系到他们前途的消息，都很激动。几天后，军管会便召开了各界代表座谈会。刘文辉等起义将领应邀出席。贺龙在会上毫无拘束地同大家交谈，宣传党的方针政策，听取大家的意见和建议。他这种谦虚和蔼的作风，给与会人员留下了深刻的印象。

贺龙了解刘文辉、邓锡侯、潘文华、卢汉等四川、西康、云南地方实力派人物，知道他们同蒋介石早有矛盾，被蒋视为异己，受到排斥和打击。在解放军进

1950年，贺龙（左）在重庆接见国民党军起义将领刘文辉（右）等

军西南之际，他们率先起义，对加速西南的解放进程起了作用。贺龙对他们的功绩给予充分评价，主动团结他们，真诚地同他们交朋友。他同刘伯承、邓小平一起，建议中央人民政府任命刘文辉和从香港归来的原云南省主席龙云为西南军政委员会副主席；邓锡侯、潘文华、卢汉、裴昌会、陈铁等担任西南军政委员会委员。裴昌会要求到地方工作，贺龙便推荐他担任了川北行政公署副主任。

贺龙曾亲自同许多国民党起义将领个别交谈，做思想工作。以平等的态度，不厌其烦地向他们交代党的政策，指明前途。原国民党军绥靖公署副主任董宋珩和兵团副司令曾甦元，在起义之后，不知怎样才能稳定部队。贺龙诚恳地给予具体指导。他说："你们要赶快整理部队，撤销空番号，把多余的军官集中起来组织他们学习，把部队中的国民党特务逮捕起来，这样你们的部队才能稳定。"有一位起义将领对改造他的部队抵触情绪很大，他头发不理，胡子不刮，成天戴着钢盔，穿得破破烂烂。贺龙知道后，马上找他谈话，谈一次不行，谈两次、三次……共谈了五次。精诚所至，金石为开。他终于被贺龙宽广的胸怀、热忱的态度所打动，思想转变了过来。

贺龙很注意做好上层民主人士的工作。成都住着一位早年追随过孙中山的老同盟会员熊克武，他曾是贺龙的上司。后来他拒绝出任蒋介石给他的任何职务，一直闲居成都。蒋介石逃离大陆之前，曾派人拉他去台湾，他拒绝了。这是一位在西南和国民党上层中颇有影响的人物。一天，贺龙和李井泉在四川地方党负责人的陪同下，来到熊克武寓所。熊克武开门出迎，发现来客是阔别了二十多年的部下、当今西南地区的最高领导人之一的贺龙，惊喜交加，赶快邀请进屋。贺龙见他布鞋长衫，居室简朴，顿生钦佩之情，便邀他出来参加工作。开始，熊克武婉言推辞："我年老力衰，思想陈旧，恐怕跟不上形势。"贺龙希望他能"为建设新中国、新四川带头做贡献，做个继续前进的革命老人"。熊克武终于被贺龙的真诚态度所感动，接受了他的邀请。1950 年 1 月 10 日，贺龙致电刘伯承、邓小平和中共中央，举荐熊克武，称赞他"一贯不满蒋，向来生活上较严肃"，"不贪污，不置私产"，"是较正派的人物"。"他表示拥护共同纲领，拥护毛主席，今后愿在毛主席的领导下尽自己一份力量。"建议给以军政委员会副主席的职位。中共中央同意了贺龙的建议。

贺龙除了自己积极做工作之外，还动员其他干部去做起义将领的工作。成都市军管会委员马识途是起义将领罗广文的同乡。有一天，马识途收到罗广文请他赴宴的请帖，不知该不该去，便去请示贺龙。贺龙说："去，为什么不去？你有这个关系，为什么不很好地利用！你去对罗广文说，要他老老实实接受改编，把部队中的国民党特务抓起来，只要他把部队完整地交出来接受改编，不但我们对他既往不咎，他还可以立功受奖，有光明前途。"马识途如约赴宴，向罗广文转达了贺龙的口信。罗广文听后，感动地说："有贺司令员这句话，我就放心了。请你回去报告贺司令员，我们愿意接受改编。"后来，他果然清除了部队中的国民党特务分子，按中共中央军委的命令，把部队开到华东进行改编。罗广文本人当了山东省林业厅厅长。

为了便于更好地做起义军官的工作，西南军区在军政大学举办了由上校到中将级军官参加的高级研究班和教导总队，由贺龙直接领导。高研班第一期于1950年3月正式开课。贺龙认真贯彻执行党的政策，根据他们的不同情况、不同表现，区别对待。对确有真才实学的，结业后绝大多数分配了适当工作。原刘文辉的参谋长杨家祯是国民党陆军大学的毕业生，被输送到南京军事学院，成为那里的第一批教官。对坚持反动立场、抗拒改造的，则严惩不贷。有一个少将政工处长，拒绝改造，叛变逃跑，又被抓回。贺龙指示召开有高研班和教导总队全体学员与其家属参加的公审大会，按照政策法规予以严惩。

按照中共中央西南局和西南军区决定，军区下属各部队抽调了一批干部组成工作团，携带电台，分赴各起义部队去领导和帮助改造工作。工作团到各部队后，即同所在兵团或独立军的主管人员，组成军政委员会，并向师以下单位派出军代表，统一领导部队的改造工作。贺龙和邓小平规定，军代表的主要任务是：在起义部队中进行政治教育，开展政治工作，实行政治、军事和经济民主，执行三大纪律、八项注意，把起义部队改编为人民解放军；在起义部队中行使人民解放军的政治委员职权，凡部队对上对下的报告、命令、正式公文函件，军代表签字后方能生效；负责沟通与就近解放军、人民政府、人民团体的联系，解决部队的困难。工作团应将各起义部队的电台集中保管，不再使用，部队中的国民党特务组织，应予严格取缔。

在工作团出发之前，贺龙接见了部分成员。他说：国民党部队起义，回到人民的怀抱，是好事。但是这里边有坏人，要清理。不过急了不行，要实行“剥笋政策”，一层层地来。第一步可以将已经公开了的特工人员，集中学习一段时间后，送到成都来由军区处理；对暗藏的特务，要摸清情况，逐步解决。

工作团到各起义部队后，认真宣传党的政策和解放军的优良传统，发动士兵诉苦，绝大多数官兵的思想有了明显转变。然而，也有极少数军官仍然坚持反动立场，拒绝改造，甚至发动叛乱。从1950年1月到6月的半年之内，起义部队中共有27个单位39万余人叛乱，杀害军代表等100余人。其中仅云南暂十三军叛变的1个团，就杀害了江川县委副书记、组织部长等80余人；贵州起义部队叛变的占五分之二以上；驻川西的原国民党第二十军杨汉烈部、第十六兵团三〇二师等部分别于1月至3月叛变，逃入深山。贺龙接到报告以后，立即派部队平定，并指示平叛部队“要狠狠地打，坚决镇压，不准漏网。首先要消灭其中的顽固分子，促使其他叛兵动摇分化”。

在处理起义部队叛变的问题上，贺龙非常注意党的政策。他把起义将领同少数反动军官、广大官兵和个别坏人严格区分开来。原国民党第三〇二师叛乱后，他派人去看望正在病中的董宋珩，重申对起义部队的政策，希望他劝说叛乱者返回。董宋珩深为感动，抱病驱车至什邡，派人上山说服第三〇二师叛部。但有几个首恶分子拒不听从劝告，妄图顽抗到底。于是，贺龙命令部队予以全歼，很快

贺龙（前右）在视察中与邓小平（前左）交谈

就平息了川西这次规模最大的叛乱。除对三名首恶分子依法严惩外，对绝大多数官兵仍采取了宽大政策。

第七兵团也有数百人携枪叛逃。裴昌会甚为不安，打电话请示贺龙：“贺司令，是不是我把部队的枪都下了？”贺龙答道：“不能下。”裴昌会又说：“现在有些部队思想不稳定。不下枪，他们拖枪跑了怎么办？”贺龙明确地告诉他：“起义部队怎么能下枪呢？要按中央的政策办。如果有人要跑，跑了以后再想法子解决。”

刘文辉的第二十四军有数百人在雅安叛乱。刘文辉心里不安，主动找贺龙当面报告此事。贺龙安慰他说：“你不要慌，等把情况查清楚再处理。”几天后，贺龙来到刘文辉家中，对他说：“事情已经查明，哪一级出事哪一级负责，你放心，我们绝不会因为下级出事而牵连到上级。”

贺龙这种是非分明、胸怀博大、坦诚相待的态度，使起义将领十分钦佩。他们说：贺司令员对我们信任谅解，平等相待，真正体现了共产党的政策，我们十分愿意和他交往。

贺龙正确地执行了党的政策，成功地做了起义部队将领的工作，及时地向起义部队派出了工作团，妥善地处理了叛乱事件，从而保证了改造起义部队工作的顺利进行。除遵照中共中央军委命令将起义部队中的三个兵团调往外区外，留下的两个兵团和五个军，在四个月以后，都顺利地编入了人民解放军西南军区序列。这些部队在剿匪、进藏、正规化训练和文化学习，以及支援地方经济建设中，都做出了贡献。

第二节　“土匪一定要剿灭”

西南是大陆最后解放的地区。这个地区的国民党军主力虽然被消灭了，但反动残余势力还相当大。他们对蒋介石和帝国主义抱有幻想，妄想把这块地盘作为反攻复辟的基地，因此，成都战役刚结束，土匪暴乱就开始了，而且蔓延迅速。西南军区的部队未及休整，便投入了剿匪作战。贺龙把它当做中心任务，亲自领导这场斗争。

贺龙对四川社会的历史和现状甚为了解。他指出：四川的土匪暴乱不是偶然的。解放前，有一个时期，四川有军队 30 万、土匪 30 万、“袍哥” 30 万，这叫“三三制”。国民党的蓝衣社有“十三太保”，四川就占了两个：康泽和曾扩情。被称为“袍哥”的四川青红帮势力很大，情况复杂。他们渗透到城乡的各行各业、三教九流之中，领导权大多数掌握在地主恶霸手中。他们熟悉本地情况，是些地头蛇，具有极大的危险性。蒋介石在逃往台湾之前，对在大陆繁殖“游击战争”、建立“游击根据地”做了布置。1949 年 4 月，国民党在成都和贵阳办了“游击干部研究班”，专门培训特务土匪的领导骨干。在成都的国民党中央军校办了 5 期，培训了 3000 多人；在贵阳培训了 1700 多人。他们在川西北和其他地区建立“反共救国军”“游击挺进军”等反革命武装，还按行政区划成立了各级指挥部，原国民党四川省主席王陵基成了总司令。“军统”也在西南地区做了布置。10 月，保密局西南特区区长徐远举，在重庆多次开会研究布置开展“游击战争”，成立了“游击指导委员会”。11 月初，在人民解放军逼近重庆时，保密局局长毛人凤亲自主持召开了“特干紧急会议”，布置开展“游击战争”。12 月，重庆的特务机构撤到成都以后，又成立了由徐远举领导的办事处，专门负责联络各地的“反共救国军”。胡宗南逃跑前，也搞了一个“反共救国会”，吸收地方反动势力，组织所谓“中国国民党四川省救民义军”和“别动队”，准备开展“游击战争”。所以，西南地区的土匪，是有历史性和政治性的，一定要下决心将其消灭，否则其他一切事情都做不好。

为了适应剿匪反霸、发动群众、建立人民政权、进行生产建设等任务的需要，1950 年 1 月 17 日，在贺龙主持下，召开了川西北临时军政委员会会议，讨论十八兵团部队地方化问题。决定建立川北、川西、西康等军区及其下属的各军分区。当天，贺龙把讨论的意见报告了中央军委及中共中央西南局。经中共中央军委批准，在西南军区管辖的地区，相继成立了贵州、川东、川南、川北、川西、西康、云南等军区。①

为了迅速平息匪患，保卫胜利果实，中共中央西南局和西南军区决定，集中 13 个军共 37 个师又 2 个团的兵力，从 1950 年 2 月初开始，采用合围、驻剿、奔袭与穷追、搜剿相结合的战法，展开大规模的剿匪作战。

2 月 3 日，贺龙同周士第、王维舟和胡耀邦由成都去重庆，参加中共中央西

---

① 贵州军区于 1949 年 11 月 15 日成立，由第五兵团兼，杨勇为司令员、苏振华为政治委员。川东军区于 1950 年 1 月 1 日成立，由第三兵团兼，王近山为司令员、谢富治为政治委员。川南军区于 1950 年 2 月 1 日成立，由第三兵团第十军兼，杜义德为司令员、李大章为政治委员。川西、川北、西康军区于 1950 年 2 月 8 日同时成立，川西军区司令员为张祖谅、李井泉兼政治委员；川北军区司令员为韦杰、政治委员胡耀邦；西康军区司令员刘忠、政治委员廖志高。云南军区于 1950 年 4 月 1 日成立，由第四兵团兼，陈赓为司令员、宋任穷为政治委员。

南局第一次全体会议。会议期间，第六十军一七八师政治部主任朱向篱带一个班外出执行任务，在成都近郊的龙潭寺和石板滩遭到了名为“川西人民反共救国军”第六兵团的1000多名土匪的袭击，朱向篱等全部被害。土匪还抢劫了一支解放军的运粮队，包围了赶去救援的一个连，围攻解放军驻石板滩的军事代表，杀害了军代表等26人。贺龙得到报告，极为愤怒，立即命令第六十军前往清剿。到2月7日，这股土匪即被消灭。中共中央西南局第一次全体会议决定：“以剿匪生产”作为“当前的中心任务”，要求西南军区和各地政权机构坚决贯彻中共中央制定的“军事打击、政治瓦解、发动群众三者相结合”的方针，严格执行“镇压和宽大相结合”，“首恶必办，胁从不问，立功受奖”的政策。

2月11日，会议刚结束，贺龙即和王维舟、周士第、胡耀邦冒雨从重庆赶回成都去处理川西土匪暴乱事件。西南军区副司令员兼参谋长李达为了贺龙一行的安全，派一个加强连护送。

车队从重庆出发时，贺龙的吉普车一直跑在最前边。大家担心他的安全，纷纷劝说。午饭之后，他才答应走在警卫部队后边。天近黄昏，他们遇到一股土匪的突然袭击。贺龙说：“不要理他们，继续前进。”警卫连在汽车上用轻机枪向土匪还击，匪徒们慌乱地撤走了。

入夜时分，贺龙一行到达资阳。这里是起义部队第十五兵团罗广文部的驻地。因情况比较复杂，从安全方面考虑，有人主张不在此停留，连夜继续赶路；有人主张即使在这里住下，也不要通知罗广文，免生意外。贺龙笑着对大家说：

1950年，贺龙（前排左四）、邓小平（前排左五）与西南军区第一次军队整编工作会议参会人员合影

"今天就住在这儿了。我们不但要住下，还要大摇大摆地进城。罗广文是按我们指定的位置驻扎在这儿的，没有什么不正常的情况。人家已经起义，我们就不能轻易怀疑。"他们住下以后，贺龙会见了罗广文，对他有所鼓励。第二天，贺龙一行安全抵达成都。

此时，成都周围几个县都有土匪公开活动。有的甚至跑到了成都市郊，白天拦路抢劫，袭扰人民解放军，夜间用机枪朝成都城内射击，扰乱民心。市内暗藏的土匪、特务也与之相呼应，抢商店，打黑枪，造谣惑众，制造混乱。他们煽动数千人到市军管会闹事，甚至公然撕掉军管会人员的臂章，烧毁停在军管会门口的卡车。国民党特务还打算暗杀贺龙和军管会主要负责人。反动气焰嚣张到了极点。成都市内商店不敢开门，居民不敢上街，人心惶惶。贺龙气愤地说："我不相信这几个毛贼就闹翻了天！"他立即同川西军区党委成员一起研究了一个剿匪方案，决定由第六十军先集中八个团的兵力，围剿成都市周围和岷江两岸温江、郫县、灌县等地的股匪。

贺龙对军管会和川西军区的领导人说："你们都是经过南征北战的，现在不能住在城里不出去，让土匪横行霸道。我们解放军什么时候遭到袭击不还手？我们的主力部队必须全部拉出去剿匪。对土匪要坚决打击，不要手软。"

有的干部反映："土匪多数穿老百姓的衣服，分不清哪些是土匪，哪些是老百姓？部队怕打错了。"

贺龙说："今后凡是拿枪打解放军的，都是敌人，一律消灭。但是对经过喊话，放下武器的，就不要打他们了；对被土匪裹胁的群众，也不能打。"

贺龙对剿匪部队说：打蛇先打头，擒贼先擒王。进剿大股土匪时，首先要打掉他们的指挥部，把土匪搞得惊慌失措，阵脚大乱，这样我们就能掌握主动权。他同剿匪部队的指挥员一起根据掌握的情况，认真分析匪情，认为此番成都附近暴乱的中心点是灌县巨源场。他命令十八兵团副司令员王新亭坐上装甲车，率领精锐部队直捣土匪的巢穴，一下子就将其指挥部摧毁了。土匪失去指挥部，如鸟兽散。解放军乘胜扩大战果，很快打通了成都到灌县的公路。成都附近的土匪见势不妙，纷纷向远处逃窜。成都附近的匪患基本解除。

四川各地的剿匪斗争不断告捷，到 1950 年 2 月底，川东、川西、川南 3 个地区已歼匪 4.5 万多人。但是，尚未打更多的歼灭战，大股土匪多数未被全歼。那时，西昌还未解放，许多股匪同逃到西昌的胡宗南、贺国光取得了联系。在他们支持下，匪患仍在蔓延。贺龙等在向中共中央作的《西南军区三月份综合报告》中说，这些匪徒"为害甚巨"。"蓉雅、川湘两路线上的桥梁全被其破毁，成渝、渝筑两路之运输时遭袭劫，邛崃县城曾遭匪万人围攻，我地方干部、征粮人员和小部队因受袭而伤亡者，已在三千人以上。粮食损失一亿余斤。十八军进军（西藏）时间，则因匪势严重而推迟了一个月。"因此，中共中央西南局、西南军区于 3 月 15 日发布了《关于开展一元化剿匪的指示》，确定从各军区、军分区至县、区、乡、保各级都组织剿匪委员会，作为剿匪的统一领导机关，由各级党委书记任主任或副主任，军事首长为副主任或主任，并吸收党外民主人士和少数民族中上层进步人士参加，以便孤立匪特，广泛团结和组织人民群众参加剿匪斗争。

贺龙认识到，剿匪是同国民党残余势力进行的一场尖锐复杂的斗争，涉及面很广，政策性很强，需要充分发动群众、依靠群众。3 月 16 日，他在成都各界人民代表大会上，针对当前情况，就剿匪问题发表了气度非凡的长篇讲话。他说：从“缴获土匪的《游击根据地地理图》、《游击战术》和伪国防部‘委任状’等文件和宣传品，以及俘虏的口供都证明，土匪组织的暴乱，乃是以国民党特务分子和王陵基创办的‘游击干部研究班’，以及少数封建恶霸，勾结惯匪流氓、散兵游勇所发动的有预谋、有组织的反革命行动。四川是国民党反动派据以顽抗的最后的中心地区，特务分子在这里特别多，因而他们在这里所作的反革命部署也就较其他地区更为周密。当我们大军挺进四川的时候，打乱了他们的组织，打昏了他们的头脑，可是，当他们稍事喘息之后，便重整反动力量，乘我们人民政权尚未巩固，扰乱社会秩序和破坏人民政权，这是不足为怪的，……他们所提的口号是：‘拥护蒋总裁’。‘繁殖游击战争，坚持到第三次世界大战’，‘打穿旧军衣、戴八一帽徽的（即解放军），不打穿新军衣、不戴八一帽徽的（即起义、投诚部队）’，并且假借起义部队的番号印发传单，号召反对共产党、反对人民政府。在座的一些人中，对减租减息不满意。你们长期吃农民的，穿农民的，现在拿出点来给农民，有什么不可以呢？还有些人在暗中支持土匪闹事。有人说，土匪暴乱，就是因为人民政府实行合理负担，禁用银元，因此提出要修改人民政府的政策。这显然是替土匪、特务和封建势力说话。刘伯承主席在重庆各民主党派人士参加的会议上有一段讲话，很恰当地回答了这个问题，他说：‘有些人说封建势力在此次剿匪中要来点手法，做点脸色给我们看。脸色是吓不倒人的！’我们大家见过土匪袒着臂膀，拍着胸脯，装腔作势，运用敲诈伎俩的脸色吧？但最厉害的脸色也无非是美式的、现代化的飞机、大炮、坦克了吧？这又算得了什么？蒋介石的几百万军队还不是被解放军打败了吗？土匪有什么了不起？有些特务、土匪扬言要跟我们打游击。可以正告他们，我们共产党是打游击的祖师爷，我看他们是坚持不了多久的。土匪一定要剿灭，特务一定要肃清，这个方针是不会有丝毫动摇的”。

贺龙这一番话，对于那些企图在暗中支持土匪、借以抬高自己的身价、同人民争权力的某些人，起了很大的震慑作用，促使他们老老实实下定决心接受改造。有位过去从未见过贺龙的民主人士，听了他的演讲，敬佩之意油然而生，情不自禁地说：“贺龙这个人真不简单啊！”

3 月 23 日，贺龙和刘伯承、邓小平共同签发了《西南军政委员会暨西南军区剿匪布告》，明令“各地人民解放军一致行动起来，不惜任何疲劳艰苦，以不根绝匪类绝不休止的决心，坚决遂行剿匪”任务，还宣布了五项剿匪政策和十条《人民剿匪自卫公约》，号召全体人民与人民政府协力一致剿匪自卫。

由于充分发动了群众，剿匪斗争不断深入。到 4 月初，各省腹地的大股土匪已基本肃清。4 月 4 日，贺龙在欢迎西南军区前指迁到重庆的大会上说：“目前大规模的战斗虽已宣告结束，但散伏在各地的小股土匪、特务武装却亟待我们去肃清。最近土匪特务武装在各地区肆无忌惮地破坏工厂、机关，抢夺公粮，袭击我分散的部队及人民政府，到处骚扰、捣乱，梦想着‘打游击战’，苟延残喘。我们是打游击出身的，只要重新捡起游击战术来，胜利是稳有把握的。”怎样消灭分散成众多小股的土匪呢？5 月上旬，贺龙在西南军区高级干部会议上做了详细说明：对于剿匪，“也要树立打歼灭战的思想。有些同志说匪民不分，不能打歼灭战，这个说法是错误的。作战指挥要灵活，部队的装备要轻便，要避免用打正规战的战术去打土匪，也反对打散和赶跑了事。应该发挥艰苦奋斗的作风，不怕疲劳，穷追猛打。总之，剿匪的战术应该是：以集中对集中，以分散对分散，以隐蔽对隐蔽，根据具体情况决定对付敌人的办法。剿匪也是反封建的斗争，因而也是长期复杂的斗争。尚未建立剿匪委员会的地区应尽快建立，贯彻党的一元化领导，以便组织各界人士，组织军事、经济、文化各方面的力量全力剿匪。要正确掌握以政治为主、军事为辅的斗争方针，深入发动群众、组织群众、联系群众，各县都要建立点线联络站，进行瓦解土匪的工作。政治瓦解，必须在军事打击见效的条件下，才能展开。‘首恶必办，胁从不问（但要教育批评），有功者赏’的原则，一定要正确执行。杀掉几个首恶者是完全应该的。前一段，群众对我们不杀匪首是有埋怨情绪的。我们不杀那些骑在群众头上作恶的匪首，群众就发动不起来，但是对某些地区的乱杀现象，也是应该制止的”。

由于西南军区正确地执行了武装进剿和政治瓦解相结合的方针，实行了首恶必办、胁从不问、立功受奖的政策，在四个月的时间内，就歼灭了土匪 19 万余人。6 月份，贺龙向重庆各界人士作关于西南地区剿匪情况的报告时，满怀信心地说：“这些成绩表明，人民解放军剿灭土匪是有足够的力量与把握的，现在各主要交通线上的股匪已基本肃清，各地的土匪遭到了致命打击，残匪被彻底消灭的时间为期不远了！”

经过半年的努力，到 7 月止，剿灭土匪已达 34 万多人，比较富庶的地区和主要交通线两侧已基本净化，征粮任务如期完成，城乡工商业已正常运行。

但是，由于西南地区土匪数量多、分布广，加上地理条件复杂，各地剿匪工作进展不平衡，因而，当解放军集中兵力在四川、云南、贵州和西康的平川富庶地区和主要交通线两侧进剿的时候，有一部分土匪逃窜到了各省交界或各省边沿地形险要的深山地区。其中贵州境内的五六万土匪，控制了边陲 21 个县城。他们在台湾国民党的指挥下，公然建立“政府”，开办工厂、学校，架设电台，发行纸币……准备长期顽抗。

7 月下旬，邓小平、刘伯承和贺龙主持了中共中央西南局第三次全体会议。会议决定从 1950 年冬到 1951 年春，在西南全面开展清匪反霸和减租退押运动。邓小平提出：清匪、反霸、减租、退押运动是西南地区反封建斗争中的“淮海战役”。贺龙十分赞同这个提法。在 8 月下旬召开的中共西南军区党委第一次全体会议上，他建议把邓小平的这一提法写进《关于下半年部队工作任务的决定》和《西南军区剿匪指示第十一号》两个文件中去。贺龙主持写的这两个文件指出：清匪、反霸、减租、退押运动，是西南斗争中的“淮海战役”，也是全军今冬明春的中心任务与战略任务，在继续深入腹地清剿的同时，必须抽调足够的兵力，大力组织对边沿匪特控制区，特别是贵州边沿区的围剿和会剿。为此，西南军区从四川抽调四个师入黔会剿。

西南地区剿匪反霸全面展开以后，防止扩大化是非常重要的，这样才能稳、准、狠地打击土匪。贺龙等及时发出了《严防清匪中误捕乱捕现象》的指示，并主持制定了《捕捉处决土匪的权限规定》，指示各部队和公安机关：“必须严格将目前仍手持武器杀人抢劫、组织暴乱之土匪特务与社会上一般之反革命罪犯加以区别。上述手持武器之反革命匪类，均应以反革命之现行罪犯，严格处理。”“对捕获之罪大恶极之匪首须即处决者，可由地委、军分区报请省、区党委，二级军区批准处决，报大军区备查。”

1950 年，西南地区展开了大规模镇压现行反革命分子的运动。这些反革命分子与土匪暴乱紧密配合，除在城市从事破坏活动外，还在农村利用封建会道门，组织伪农会，帮助地主恶霸夺田、逼租、索债、暗杀，以打击新生的农村基层组织。在重庆、成都、昆明、贵阳等省会，公安机关多次召开公审大会，公开枪决了一些罪大恶极、不杀不足以平民愤的匪特。据 1 月至 10 月的统计，全西南地区捕获国民党特务分子 6000 余名，自首登记的 1.23 万名，破获阴谋暴动案 1391 起，缴获电台 113 部。

西南剿匪的“淮海战役”，在 1950 年取得了决定性的胜利。全年歼匪近 85 万人，缴获各种炮 790 余门，轻重机枪 3700 余挺，其他各种枪 40 余万支。在剿匪过程中，建立了 10 万余人的地方武装和 80 多万人的人民武装自卫队。在剿匪作战中，人民解放军也付出了很大代价，总共牺牲了 4230 余人。

1951 年 1 月 6 日，贺龙和邓小平、张际春、李达向中央军委和毛泽东主席写了《西南军区一九五〇年剿匪情况总结》，汇报一年来的战果和所采取的主要措施。毛泽东于 1 月 18 日致电贺、邓、张、李：“你们 1 月 6 日送来的 1950 年一年剿匪工作总结报告，收到阅悉。路线正确，方法适当，剿灭匪众 85 万人，缴枪 40 余万支，成绩极大，甚为欣慰。望即通令所属，予以嘉奖。尚望你们继续努力，为干净剿灭残存匪众近 4 万人而奋斗。”中共中央军委将这个报告批转给了华东、中南、西北军区和福建、广东、广西军区参考。

毛泽东电文中说的“残存匪众近 4 万人”，是西南军区当时了解的情况，后来查实的数量（包括新出现的）远比此数为多。这些土匪主要分布在川康滇边、黔湘桂边、黔桂滇边、滇西南和川西北等地。其中一些重要股匪是由长期未被抓获的大匪首傅秉勋、何本初、周迅予等率领的。他们窜入川西北的阿坝、懋功、黑水和大小凉山的藏族、彝族聚居区，欺骗、勾结土司头人，掩护他们向川康富庶地区和川、青、甘边界扩张。他们人数虽不很多，却是土匪中最凶残的，破坏能量很大。贺龙决心彻底肃清这些残匪。1951 年 1 月，西南军区发出指示，强调紧密依靠各族人民群众，积极主动地开展肃清残匪的斗争。2 月初至 4 月中旬，川西军区先后投入 10 个连的兵力，平息了川西靖化（今金川）、懋功的土匪暴乱，歼灭“反共联盟军”3000 多人。川西军区在剿匪中采取了一些好的办法。毛泽东在 2 月 15 日批转川西军区的剿匪报告时指出：西南的经验，县区乡均建立有党外民主人士参加的剿匪委员会，保有清剿小组，区有捕捉队，此外尚有情报站与检查站的组织；再则清匪必须与反霸、减租、退押或土改结合进行，必须杀掉罪大恶极的首恶分子；必须由党委统一领导，全力以赴，才能发动群众，根绝匪祸。为贯彻毛泽东的指示，西南军区于 3 月 15 日发出指示，要求全区认真学习和推广川西军区经验。此后，各地普遍组织了清剿小组和便衣捕捉队。1951 年，西南地区又歼灭残匪 20 万人以上。被土匪盘踞一年多的贵州省册亨、望谟、罗甸、荔波四座县城全部收复。

1952 年和 1953 年，西南军区在继续清剿残散土匪的同时，在川西北发起了两次规模较大的进剿作战。一次是 1952 年 7 月，集中 7 个团又 6 个营近 2.1 万人，进剿盘踞在黑水地区的土匪。战前，贺龙对参战部队说：“这次去黑水清剿，要特别注意少数民族政策。这一带的人为什么容易受国民党匪特的欺骗宣传来反对我们？这是因为长征时，有的红军部队路过此地时，群众纪律不好，把这里的老百姓搞怕了。你们这次去，要特别注意群众纪律，更重要的是救济当地群众。过去欠了‘债’，这次我们要还。你们要准备好足够的粮食和其他各种物资，每到一个地方，首先运去粮食，无偿救济当地群众。”根据贺龙的意见，人民政府派民族工作团随军行动，每到一地，即召集头人、土司开会，宣布黑水暴乱主要由傅秉勋负责。解放军进剿的目的是消灭傅匪为首的匪特，对苏永和等黑水地区上中层分子，则做团结争取工作，以分化与孤立敌人。在强大的军事压力与政治攻势下，苏永和等少数民族上中层分子都归降了解放军。但是，受台湾国民党指挥并得到他们空投补给的傅匪残部拒不投降。贺龙命令将其彻底消灭，并派飞机助战。这次作战从 7 月 20 日开始，到 9 月 20 日结束，历时两个月，除少数匪首逃跑外，共歼匪 3635 人，缴获各种枪 3935 支（挺），匪首傅秉勋投河自杀。50 多万少数民族获得了解放。

另一次是 1953 年 3 月，集中 4 个团又 2 个营的兵力，在西北军区部队配合下，围歼川北草地的股匪。草地土司华尔功成烈在剿匪政策的感召下，改变了两面态度，交出了重要匪首何本初、周迅予等人。后来凉山地区的头人也交出了匪特 40 多人。

至 1953 年底，西南地区共歼灭土匪 116 多万人，剿匪斗争取得了彻底胜利。

在领导剿匪的同时，贺龙还与隐藏在工商业和金融系统中的敌特与奸商进行了一场没有硝烟的战争。在川西土匪最猖獗的时候，成都市工商、金融系统内暗藏的敌人和奸商乘机兴风作浪，与城外土匪相呼应。他们垄断了粮食、棉纱和金融市场。粮食、棉纱价格暴涨，其他东西跟着涨价，几乎一天一个样，人民币贬值，人心更加浮动。

贺龙认识到，稳定金融、物价，安定民心，是同剿匪斗争相辅相成的。土匪和暗藏的敌人勾结奸商，企图通过搞乱物价和金融，搅乱人心，扩大暴乱。所以，稳定金融、物价，对于安定人心和社会秩序，保障剿匪斗争的顺利进行有重要意义。贺龙与川西区党委领导人多次开会，研究对策。他指出：对土匪和暗藏的敌人，不仅要在军事上、政治上给予坚决打击，而且还要把他们在经济上的猖狂进攻打下去。他决心从棉纱和粮食着手，同敌人与奸商斗一斗法。

当时成都的棉纱市场被少数奸商控制着。他们对市场上有多少棉纱，在谁的手中，了如指掌。他们知道军管会拥有的棉纱不多，所以任意抬价，一支纱由120万元猛涨到4000万元。[①]

有一天，贺龙把市军管会工商处处长王廷弼找到办公室问道："现在我们有多少粮食？""4000万斤。""多少棉纱？""120万支。""布匹呢？""还有4万匹。"

贺龙决定首先控制棉纱市场。他除了利用成都现有的棉纱外，还调动部队车辆，从重庆把大批棉纱秘密运到成都，又从上海、武汉和西北调进了一批棉纱。大批棉纱调到成都以后，便逐步往外抛售。奸商们不知底细，大量吃进，每支纱由400余万元涨到了1700余万元，人民政府还在大量抛出。奸商们不知道哪来这么多的棉纱，便向银行借贷，继续一个劲儿地吃进。他们的如意算盘是，一旦人民政府的棉纱售完，就可以抬价出售，操纵市场，结果把大量资金陷了进去。这时银行抽紧银根，使奸商们借不到钱，不得不把吃进去的棉纱吐出来。棉纱充斥市场，价格猛跌。每支纱由1700多万元，跌到400多万元。银行又逼他们还本付息。两头一挤，那些捣乱市场的奸商，有的破了产，没有破产的也大赔血本。这样，人民政府就牢牢地控制了棉纱市场。

粮食问题也很严重。由于人民政府控制的粮食很少，奸商们乘机哄抬粮价，几天就翻了一番。为解决粮食问题，贺龙决定派征粮工作队下乡征购公粮。地主、富农们就到处叫嚷"负担过重"。国民党特务土匪利用这一点大肆煽动，提出"打倒解放军，三年不纳粮"、"保粮保命保枪"等口号，煽动抗粮；还不断袭击解放军征粮队，使川西的征粮工作一度很难进行。为了打开局面，贺龙把余秋里（后来担任西南军区后勤部长兼政治委员）找来，对他说："现在征粮工作很难开展。派你带工作队到新都搞个试点，怎么样？"余秋里说："好，我马上就出发。"余秋里到新都后，参照根据地搞土改的经验，仅用了一个多月的时间，就筹集了大批粮食和柴草，不仅解决了应急之需，而且通过征粮，争取和发动了农民群众。贺龙详细地向余秋里了解了川西农民的生活、收成和对征粮的态度，并将他的征粮工作报告刊登在《川西日报》上，以无可辩驳的事实，戳穿了土匪暴乱是征粮引起民变的谎言，使征粮工作逐步顺利展开。大批粮食从农村源源运进城里，把城里控制粮食的奸商斗垮了。由于稳定了棉纱和粮食的价格，其他物

① 旧币，1万元旧人民币折合新发行的人民币1元。

价和金融市场也逐渐趋于稳定。

1950 年春节，成都周围的土匪叫嚣要“大闹成都市”。当时，成都市内商品紧缺。国营商店东西少，难于支撑门面，一些商店又怕遭到土匪抢劫，因此，市工商处决定，商店春节关门，并延长假期一天。年初二深夜，贺龙把王廷弼叫到办公室，严肃地问道：“你们的商店为什么不敢开门营业？”王廷弼说：“我们年三十开了一天门。”贺龙指出：“只开一天门怎么行？商店不开门，群众的思想就不稳定。”王廷弼说：“我们也想开门，可是东西太少。万一……”贺龙听了王廷弼的这个解释很不满意，说道：“就是你们几个搞经济工作的胆小怕事。明天就要开门营业！不然的话，我要以‘捣乱市场’治你们的罪！”王廷弼立即表示：“我们明天就到工商会宣布政策、定价，后天就开门营业。”“对嘛！”贺龙这才露出了微笑。他看到王廷弼紧张地站着，就挥挥手说：“你坐下嘛，站在那里干什么？”并对警卫员说：“做点抄手（即馄饨）端来！”他见王廷弼紧张的情绪还没缓和下来，便和蔼地对他说：“批评得重了吧！不要那么紧张，回去好好休息，明天还要看你们的哩！”按照贺龙的指示，王廷弼于 2 月 21 日召集成都 22 个行业的代表开座谈会，要求各行业提前开门，并适当掌握价格，以稳定市场。会后，各私营商店均响应军管会号召，于 2 月 22 日相继开门营业。

同时，贺龙指示成都市军管会颁发布告，号召全市人民动员起来，扑灭反革命破坏活动。布告指出：凡造谣惑众、抢劫财物、捣乱金融、囤积居奇、抬高物价者，“一经查获，一律从严论处，坚决镇压”。

在贺龙的领导下，不到一个月的时间，就粉碎了特务、土匪勾结奸商妄图扰乱成都市场的阴谋。经济战线上也打了个胜仗。

第三节 指挥进军西藏

成都战役刚刚结束，1950 年 1 月 2 日，中共中央、中央军委发出指示：“以西南局和第二野战军为主，在西北局和第一野战军配合下，于 4 月开始组织向西藏进军，10 月以前解放全藏。进藏部队到西藏之后，要认真执行党的民族政策、宗教政策和做好统一战线工作，要争取上层，影响和团结群众，保护爱国守法的喇嘛寺庙，尊重宗教信仰自由和风俗习惯，亲密团结这个民族，争取团结一切可以团结的爱国力量，集中打击帝国主义及其忠实走狗——亲帝分裂主义分子。”

接到中共中央和中央军委的指示以后，贺龙就加紧筹划解放西藏的工作。他派人到成都华西大学等几所院校，借来有关西藏的图书资料，认真阅读与研究；又请专门研究康藏问题的专家李安宅、于式玉、法尊和尚、任乃强等详细介绍康藏的历史和现状，虚心听取他们的意见和建议。在调查研究的基础上，贺龙于 1 月 10 日向毛泽东、彭德怀和刘伯承、邓小平写了《康藏情况的报告》，汇报初步了解到的有关西藏的情况，对进藏路线提出了意见。他说：经康进藏，通常走的路线有三条：一是由打箭炉经甘孜、德格、昌都、嘉黎至拉萨。此为满清时赵尔丰进藏旧路，有驿站。但山多且陟险，昌都至嘉黎间有东西两大雪山，均在海拔五六千米以上，每高 1000 米，温度（摄氏）降低 4 度，终年积雪，最难走。二是由昌都至恩达西北行，经类乌齐、德庆、萨尔松多、索克宗至黑河，再折向拉萨。三是由甘孜至玉树西行，经布母拉，沿格尔吉河上行，至唐古拉、黑河，这一条路是高原的脊背。路线的选定，还需进一步的研究。但无论走哪条路，均需以甘孜为补给站。甘孜至打箭炉有旧公路基，可以修复通车。我们已着手编三个工兵团，稍加训练准备后，即可开去修路。贺龙还就西藏气候、教派情况做了详细报告。他特别强调："对宗教问题处理得适当与否，是决策的一个关键。"

与此同时，贺龙派测绘人员协助西藏地理学家仨乃强教授迅速绘出了中国第一套二十万分之一的西藏地图，印发给部队。

西藏距内地路途遥远，交通不便，经济落后，人烟稀少，加之语言不通，居民与汉民族的隔阂比较深，所以，向西藏进军是一场特殊的战斗。进藏部队的给养，几乎全部要由内地筹措，随军前送。补给成了重于作战的首要问题。中共中央、中央军委指示进藏部队，在物资供应上，取之内地，"不吃地方"；在兵力和装备上，务求精干、适用。据此，中共中央西南局和西南军区确定了"政治重于军事，补给重于战斗"的斗争方针。贺龙和刘伯承、邓小平等用了大量精力和时间去研究解决进军西藏在政治上和物资上的准备，特别是如何做好后勤保障工作的问题。他们决定成立进军西藏支援司令部，统一领导进藏部队的后勤保障工作。司令部统辖 7 个工兵团、10 个辎重团和 1 个空军运输机大队，担任筑路和运输补给任务。

2 月初，被任命为支援司令部政治委员的胥光义抵达成都，向贺龙报到。贺龙对他说："我们这次进军西藏，不是在军事上能不能打胜仗的问题。我们在军事上打胜是没有问题的，因为解放军是经过考验的。现在对于我们来说，是在政治上怎样争夺民心的问题。你们后勤支援工作的主要任务之一，是研究如何使装备轻便，减轻战士的负重。因为进藏以后，汽车用不上，只有靠牲口、靠牛车运输。有些山道，牲口也过不去，就只能靠人背了。进藏部队的武器装备要质量好、重量轻、适应高原作战的特点。部队装备好，进藏以后就可以振奋人心。"

贺龙对进藏的准备工作抓得很紧，对进藏部队的被服、装具、饮食卫生等都考虑得很仔细、很具体。贺龙签发的《西南军区关于支援入藏工作向军委和西南局的报告》中写道："前方部队需要什么，即用一切力量供给什么。并根据康藏地形、气候、交通、经济及敌情与我军人马装备具体条件定出计划，实施补给。如：一、康定以西气候寒冷，人烟村落稀少，宿营困难，特制发人用帐篷、马用头罩、汽车暖罩与解冻剂。服装每人一件皮大衣、皮上衣、皮裤、高腰毛里皮鞋、毡子裹腿、皮帽、皮手套、毛袜、包足布、绒衣、线棉背心、棉被、风镜。为防湿防雨，每人发给雨衣、斗笠、防湿垫布各一件。中高级干部每人一个行军床。二、为了保持战士身体健康，力求食品中养分充足。特以黄豆、小麦、花生、奶油等原料制成饭粉，以面粉、白糖、食盐、猪油、奶油、鸡蛋、酵母等原

贺龙（蹲者）与王维舟（右四）、李达（右二）检查进藏部队装备

料制成饼干，并以卵片、白糖、精盐、淀粉、蟹黄、味精等原料制成佐食品蛋黄腊和酱油粉等物，内含大量维生素 B、C，并发给维他命 C 药片 70 万片，以补助营养，防止色盲。……派卫生检查队了解康藏地区发病特点，予以补助药品，特多发防冻药品，以防减员或减弱战士体力。”

贺龙向李达反复交代：要给进藏部队最好的装备、最好的骡马。他们需要什么只要办得到，就尽量满足他们的要求。贺龙是以爱马著称的，他为支持进藏部队，把他的几匹心爱的战马，全部送给了进藏部队。他对后勤部门说：“试制部队装具，既要适应高原的生活条件，又要适应作战的需要。多在保证部队吃饱、穿暖、减轻负荷等方面出主意、想办法。服装的样式一定要设计好，质量要高一点。”后勤部门把新设计的军装样品送给他看时，他逐件做了检查，还亲自试穿。帽子样式好看不好看，挡风不挡风；衣服口袋怎么设计，甚至连军装各部位应缝多少针，他都有所考虑。

3 月 14 日，第十八军成立了前进指挥所和先遣支队，25 日，在乐山召开了进军西藏动员誓师大会，4 月 28 日到达甘孜。由于修路进展迟缓和空投试飞一个多月未成功，先遣部队有耗无补，发生了粮荒。据有关记载，从 5 月 1 日起，每人每天只能吃一斤粮。直到 6 日和 7 日，空军向康定、甘孜试投成功，先遣部队的粮荒才得以缓和。

由于只有两架飞机可以到甘孜空投，无法保证到甘孜部队的全部粮食供应。因此，贺龙和邓小平于 7 月 24 日向毛泽东主席、中共中央军委报告：为了保证 9 月份在甘孜囤积 150 万公斤粮食，准备昌都作战，必须加强空运。毛泽东对此极为关注，立即批准购买一批运输机，用来空运进藏物资。然而空运能力毕竟有限，仍无法保证大部队的全部供给。4 月 1 日，毛泽东指示：要“一面进军，一面修路”。部队走到哪里，路修到哪里，物资亦运到哪里。为此，西南军区调集6个工兵团、3个步兵团组成筑路大军，不惜一切代价，克服一切困难，抢修雅安到甘孜段公路；云南军区滇西援藏委员会公路局也组织部队和民工1.7万余人，抢修大理到中甸的公路。

在支援司令部和康藏公路修筑司令部的领导下，到10月份，公路已修筑750公里，用飞机、汽车和马车向前方运输了上万吨物资。随着准备工作的进展，进藏部队陆续向前开进。至10月初，十八军的部队由四川进至金沙江东岸的邓柯、德格、巴塘一线；云南军区的部队进至贡山；青海军区骑兵支队进至玉树，从东、南、北三个方向接近了昌都地区，完成了战役展开。

用和平方式解决西藏问题是中共中央的基本方针。中央人民政府多次通知西藏地方当局派代表到北京谈判。但西藏地方当局故意拖延，并加紧军事准备，企图以武力阻止解放军进藏。西南军政委员会委员、西康省人民政府副主席、甘孜白利寺格达活佛[①]力主和平解决西藏问题。1950年5月初，他致电朱德总司令，表示愿亲自到拉萨，阐明中国共产党的和平诚意和民族政策，做西藏上层的工作。[②]贺龙和刘伯承、邓小平研究了当时的情况，于5月10日向中共中央建议说："争取和平解决西藏的可能较前增大。""进行和平谈判必须条件恰当，而且要从西康内地去沟通关系，才能避开英美牵制，才有实现可能。""格达亦可考虑入藏。"中央人民政府同意了格达活佛的请求，委派他去拉萨劝说西藏地方当局接受和平解放西藏的方针。然而，格达活佛行至昌都，即被驻昌都的西藏边使噶伦拉鲁鲁桑旺勒软禁起来，不许他离开昌都。格达表示："我死亦不悔，但求能去拉萨一见达赖活佛"，被拉鲁拒绝。后来，格达活佛被英国特务毒死，随员被押送拉萨。西藏地方当局关上了谈判的大门。

同时，西藏地方当局调整了军事部署：将藏军一部置于阿里、黑河（今那曲）地区，阻挠解放军南下；指使窜入康北的国民党军残部在甘孜、竹庆地区阻止解放军西进；将用英美武器装备起来的7个代本[③]全部和3个代本的一部，部署在昌都周围和金沙江西岸，企图阻止解放军从康西、青南和滇西北进藏。

为了打击西藏地方当局中的顽固势力，促使其内部分化，打通和平解放西藏的道路，西南军区决心以十八军、云南军区各一部和青海骑兵支队等共约6个团的兵力，发起昌都战役，歼藏军主力于昌都地区。

贺龙和邓小平在《昌都战役基本命令》中规定：十八军主力应于9月上旬在

---

① 即格达呼图克图，1903年生于西康省甘孜县白利乡贫苦藏族家庭，7岁为白利寺活佛。17岁入西藏学佛经八年，得格西学位。1936年，担任藏族历史上第一个人民革命政权——中华苏维埃博巴自治政府副主席。全国解放以后，被聘为中国人民政治协商会议全国委员会第二次会议特邀代表。时任西南军政委员会委员、西康省人民政府副主席兼康定军事管制委员会副主任。

② 朱德、刘伯承于6月1日复电格达："来电敬悉，先生入藏进行和平谈判用意极嘉，无限欣慰。谈判条件当由天宝同志转告你。"

③ 藏语，旧译"戴本"、"戴绷"或"代奔"，原西藏地方政府军职名。乾隆五十七年（1792年），清政府规定西藏额设藏军3000名，代本6名，每一代本，率兵500名，沿为定制。例由贵族出身的俗官担任。1913年西藏地方政府大量扩军，代本数目也随之增加。

甘孜、玉隆、邓柯之线集结完毕，9 月中旬由该线发起进攻，争取于 10 月 10 日前后占领昌都。另以该军五十三师一个团，同时由巴安（即巴塘）出动，歼灭宁静之藏军，尔后向昌都攻击前进，配合五十二师钳击昌都。以十四军一部，同时歼灭盐井和竹瓦根之敌。西北军区之玉树部队归五十二师指挥，加强昌都作战。

贺龙分析了藏军善于骑马，行动较快的特点，对十八军军长张国华讲：要从侧翼做深远的迂回。他说："抓住敌人就有办法，包围住了就是胜利，而走得快，才能抓住敌人。"这一作战原则，对于战役的胜利，起了重要作用。

解放军各部队于 10 月 6 日向昌都地区藏军发起进攻，12 日进占芒康，第九代本德格·格桑旺堆率部起义。为表彰九代本的义举，贺龙接见了格桑旺堆等人，代表西南军区向他们赠送了礼品和物资。

解放军迅速逼近昌都，并且截断了藏军的逃路。20 日晨，昌都总督阿沛·阿旺晋美宣布起义，命令第二、三、四、七等 4 个代本及总署机关和沙王（总督）卫队等共 1700 余名官兵停止抵抗。

21 日，贺龙和邓小平电示十八军："第一，加紧进行俘虏或投诚官兵工作，用高度热情和诚恳的态度去对待他们，严禁侮辱和虐待。""第二，对于噶伦及代本等高级军官，尤应妥为招待，采用座谈方式予以教育和争取，以便他们回去影响拉萨政府，立即脱离英美影响，速派代表到昌都或北京商谈和平解决西藏问题……"

这次战役，歼灭了藏军主力，粉碎了西藏地方当局用武力阻止解放军进藏的企图，使其上层顽固势力发生动摇、爱国进步力量更加坚定，从而为和平解放西藏创造了有利条件。

十八军进驻昌都以后，查清了格达活佛遇害的情况。消息传开后，激起了西藏人民和全国人民的极大愤慨。西南军政委员会于 1950 年 11 月 25 日在重庆为格达活佛召开追悼大会。贺龙以悲愤之情，著悼文说："中华人民的优秀儿女、藏族同胞引以为荣的模范人物格达，在为争取西藏人民和平回到中华人民共和国祖国的大家庭来的事业中牺牲了。他是生得伟大，死得光荣的……他的血没有白流。格达委员遇害地昌都，现在已经飘扬起中华人民共和国灿烂的国旗，它骄傲地向一切帝国主义反动派说：一切侵略阴谋和暗害阻挠，都阻挡不住藏族同胞以及全中国人民的意志！这个灿烂的红旗，不久的将来，就将要飘扬在拉萨，直到喜马拉雅山祖国的边疆！"

昌都战役结束后，阿沛·阿旺晋美写信给达赖喇嘛，劝说达赖喇嘛速派代表团到北京谈判。经中央人民政府再三敦促，1951 年 2 月 12 日，西藏地方当局派遣以阿沛·阿旺晋美为首席代表的西藏地方政府代表团赴北京谈判。经过 23 天的商谈，于 5 月 21 日签订了《中央人民政府和西藏地方政府关于和平解决西藏办法的协议》。在朱德副主席的主持下，双方代表于 23 日举行了签字仪式。

根据《协议》规定，毛泽东于 5 月 25 日指示进藏部队以战备姿态，分路向西藏腹地进军，以保证协议的实行和国防的巩固。据此，贺龙和邓小平命令十八军副政委王其梅率领包括统战、公安、外事等方面干部的先遣支队，同阿沛·阿旺晋美等西藏地方政府代表，于7月25日由昌都前往拉萨；十八军主力1.07万余人，分两个梯队随后西进。第一梯队，10月26日抵达拉萨，举行了庄严的入城式，向全世界宣告：西藏回到了中华人民共和国的怀抱。为了巩固国防，经中央军委批准，1952年2月10日，西藏军区成立。①

西藏的解放，为西藏百万农奴的翻身解放、经济的发展，带来了光明的前景。按照中共中央、中央军委"一面进军，一面修路"的指示，西南军区调集了大量部队和民工，从1950年夏开始修筑由康定到拉萨段的康藏公路。

1951年贺龙在重庆

1951年夏，贺龙在重庆主持筑路会议，对到会的工程技术人员、筑路部队指挥员和西南军政委员会交通部的负责人说："修筑康藏公路，难度之大，不仅在我国筑路史上，而且在世界筑路史上都是空前的。我们解放西藏，就要帮助西藏人民进行建设。而要建设，没有公路是很难想象的。所以，这条康藏公路不但坚决要修，而且一定要在1954年把汽车开到拉萨！"会后，根据贺龙指示，成立了康藏公路修建司令部，由十八军后方部队司令员陈明义兼司令员，西南军政委员会交通部长穰明德兼政治委员。

为了找出一条从昌都到拉萨的合理的公路线，从1951年起，先后派出了6支踏勘队。他们翻雪山、过沼泽，在深山大川和原始森林中跋涉5000多公里，克服了无数艰难险阻，基本查明了康藏公路预选线路及其两侧的地质、地貌，并于1952年秋写出了勘察报告。报告提出了两个方案：一是走北线，从昌都经丁青、索县等地到拉萨；二是走南线，从昌都经邦达、波密、林芝、太昭至拉萨。究竟走哪条线？陈明义和穰明德带领工程技术人员到重庆，向中共中央西南局和西南军区汇报请示。

他们到达重庆的第二天下午，贺龙就接见了他们。陈明义、穰明德等走进客厅，贺龙同大家亲切握手，然后端出一盘香蕉说："你们在康藏高原修路很辛苦，

① 西藏军区司令员为张国华，政治委员为谭冠三（第十八军政治委员）；阿沛·阿旺晋美为第一副司令员，朵噶·彭错饶杰为第二副司令员，昌炳桂为第三副司令员；范明、王其梅为副政治委员；李觉为参谋长，刘振国为政治部主任。

不容易吃到水果，快来打个牙祭吧！”几句话把大家都说笑了，心里感到热乎乎的。大家一面吃着香蕉，一面向贺龙汇报。陈明义说：“由于运输困难，有时主、副食品供应不上，战士们就挖地老鼠和野菜吃。”贺龙感慨地说：“这和我们长征时一样啊！”陈明义说：“战士们白天在雨里雪里修路，夜里住在用雨布搭的帐篷里，漏雨飘雪，衣服和被子都湿透了。”贺龙皱起眉头，对秘书说：“记下来。叫后勤部给筑路部队特制帆布帐篷，补发雨衣！”陈明义说：“西藏是个高寒地带，常年吃不上蔬菜。战士们由于缺乏维生素C，手指甲盖都陷下去了。”贺龙听到这里，不安地站起来，在客厅里踱着步子，思索着，然后，他果断地说：“立刻派人去上海买维生素C。必须让战士们每人每天吃四片维生素C，少了不行！”陈明义继续说：“我们筑路部队得到了藏族同胞的支持。他们赶着牦牛，冒着雨雪，为部队运送粮食。”

贺龙十分感激地说：“真要感谢藏族同胞呀！”并严肃地指出，“藏族同胞越是支援我们，我们越应该尊重他们的风俗习惯，遵守民族政策，严格群众纪律。”

穰明德打开地图，把踏勘队预选的南北两线沿途的地貌、地质、气候、物产、资源、工程难易利弊比较以及工程技术人员的不同意见等做了详细汇报。最后他说：“究竟走南线还是北线？请贺司令员考虑决定。”

贺龙仔细地看着地图，边听、边问、边思考。经过反复掂量，他拿过一支红铅笔，指着地图果断地说：“走南线。第一，南线气候温和，海拔高度低。在西藏高原，这是用黄金也买不到的优点。第二，南线经过的森林、农业区、草原、湖泊、山地、物产都比北线丰富，不仅修路用的木材、石料等可以就地取材，还有青稞、牛羊、水果、燃料等，生活也方便。更重要的是，南线有丰富的资源和极大的经济价值，将来开发建设，有着广阔的前途。公路走南线，符合西藏人民的长远利益。这就是我们考虑问题的出发点！”

贺龙望望神色有些迟疑的陈明义，猜到了他的心思，便用力拍了拍他的肩膀说：“当然，怒江天险、冰川、流沙，会给施工带来麻烦，甚至带来意想不到的艰难。但是怒江也好，冰川也好，流沙、塌方也好，能挡得住中国人民解放军吗？我相信，我们的工程技术人员有办法让激流、冰川、流沙、塌方通通让路。至于北线，将来仍然要修。在祖国的西藏高原上，将来要修很多很多公路，要修成四通八达的公路网咧！”贺龙的远见卓识和气魄胆略，使大家信心倍增。他们交换了一下眼色，都会心地笑了。这时穰明德把地图一卷说：“贺总，等着我们通车拉萨的捷报吧！”

贺龙放下铅笔，点上一支雪茄，微笑着问：“什么时候能通到拉萨？”“1954年底！”穰明德挽起袖子，用力一挥手说：“贺老总，1954年年底汽车开不到拉萨，我把头拿下来见你！”

贺龙哈哈大笑，爽朗地说：“那好，我等着为你们通车拉萨庆功！确定这条公路的走向，事关重大。我要写报告给毛主席，请他批准。你们先把康定到昌都段修好。为了解决你们筑路部队的物资保障问题，我派余秋里同志到康藏公路走一趟。”

筑路部队全体指战员经过两年的艰苦施工，比计划提前五十余天，完成了康藏公路康定到昌都段的通车任务。1952 年 11 月 22 日，贺龙向中共中央、中央军委和中共中央西南局报告筑路问题，对昌都到拉萨段的线路选定，提出了建议。他说，经过认真的研究，“认为以采用南线为好’。

1953 年 1 月 1 日，毛泽东批示：“同意此项意见。”并将报告批转周恩来、邓小平：“采取南线为适宜。”

贺龙在报告中还详细汇报了筑路部队艰苦奋斗的情况。他说：三年来，筑路部队在 3200 米以上高原环境施工，自然条件极恶劣，生活艰苦，任务繁重，劳动强度大，供应不及时，很少吃到新鲜蔬菜和鲜肉，营养不良，许多人得了关节炎和心脏、消化系统疾病以及口腔疾病，体重普遍下降。接着，他提出了改善筑路部队生活的具体意见：“为保持筑路部队的营养量，按每人每日 4 两猪肉、1 两猪油、5 钱蛋粉、1 斤青菜、7 钱盐、生姜和辣椒各 7 分、茶叶 2 钱 5、粮食 26 两[①]，供给实物，保证定量定质，使部队能够真正吃到。为此，拟多从后方输送肉类罐头和发动部队在可能条件下多种菜，另从后方输送一部分干菜。”（毛泽东阅后旁注“增营养”）“在不妨碍筑路与就地取材的原则下，修建一部分营房，供部队休整时居住。”

贺龙几次要求去西藏看望部队、检查施工情况，中共中央考虑到他患有高血压等症，没有同意。贺龙只好派李达代表他和西南军区党委，到筑路工地进行检查，并先后派出了几批慰问团进藏慰问。贺龙要求西南军区政治部文工团，深入筑路部队，进行慰问，搜集歌颂他们的创作素材。文工团员们深入部队以后，创作了《英雄们战胜了大渡河》《藏胞歌唱解放军》《歌唱二郎山》等大量反映和平解放西藏和筑路英雄事迹的音乐舞蹈等文艺节目，其中流行全国的优秀歌曲《歌唱二郎山》，就是贺龙建议推广的。西南军区京剧院也遵照贺龙指示，带了一批精彩的节目，到雀儿山等最艰苦的工地演出。

1954 年 12 月 25 日上午 10 时 40 分，康藏公路全线通车仪式在拉萨河大桥桥头举行。它标志着西藏经济文化建设开始了新的纪元。

贺龙为修筑康藏公路，倾注了大量心血。在通车之际，他撰写了《帮助藏族人民长期建设西藏》的文章，称赞在世界屋脊上修建康藏公路是中国历史上亘古以来未有的创举，在全世界也是罕见的奇迹。他赞扬筑路部队、民工和技术人员的忘我劳动和高度爱国主义、革命英雄主义精神。同时指出：“公路通车到拉萨，仅仅是长期建设西藏的第一步”，希望进藏部队和全体工作人员，戒骄戒躁，老老实实，勤勤恳恳，热忱而切实地从政治上、经济上、文化上长期帮助藏族人民，稳步地发展西藏的建设事业。

---

① 旧市制，16 两为 1 斤。

第四节 兢兢业业建设国防军

全国大陆解放以后，中共中央、中央军委认为，人民解放军已从战争状态转入现代化建设时期。毛泽东发出了“为建设强大的国防军而奋斗”的号召。为了尽快恢复和发展国民经济，为了建设现代化的国防军，需要大量减少常备军。中央军委决定在 1950 年裁减 150 万武装人员，要求西南军区裁减 37 万人。要妥善安置这么多人，任务相当艰巨。

1950 年 5 月上旬，贺龙和邓小平召开西南军区高级干部会议和中共中央西南局第二次全体委员会会议，专门对裁军做了动员和部署。邓小平着重阐述了精简整编的重要意义。贺龙传达了西南军区精简整编方案和对复员军人的安置办法。他强调指出：总的原则是既要保存部队骨干，以适应国防建设需要，又要使复员人员有家可归，不致流离失所。因此，要反对推出门了事的不负责任态度。他指示，要专门成立处理复员军人的机构，根据复员军人不同的情况，做妥善处理。由于各级领导重视，组织教育工作做得好，整个复员工作于 1950 年底顺利完成。

部队在精简整编以后，很快掀起了学习文化的运动。贺龙指出，建设现代化的国防军，必须掌握文化工具，突破文化关。不过这一关，就学不好现代军事知识和掌握先进的军事技术，也不能很好地接受马列主义、毛泽东思想，国防现代化建设的任务就难以完成。5 月 4 日，他在西南军区高干会议上就说过：部队精简整编后，主要是教育，要把每个连队都变成一个学校。三年之内把全军战士普遍提高到高小文化程度，干部不够初中文化水平的都要提高到初中程度。

8 月 1 日，人民革命军事委员会发出《关于在军队中实施文化教育的指示》。全军规模的文化教育从 1951 年 1 月全面展开了。西南军区机关、部队的学文化运动也轰轰烈烈地开展起来，到 1952 年夏季，形成了高潮。

在学习上，贺龙身体力行。《毛泽东选集》第一、二两卷出版后[①]，贺龙一面号召大家“系统地而不是零碎地，实际地而不是空洞地学习马克思列宁主义和毛泽东思想。一定要领会其精神实质，首先钻进去，然后考虑如何运用于不同的工作岗位，求其融会贯通”；一面带头制订学习《毛泽东选集》的计划。他说，我自己虽然快 60 岁了，但还要努力地学，不断地学，一直学到老。

毛泽东曾建议贺龙学习文化，周恩来也让他学习写作和书法。这次，他便把学习毛主席著作同学习文化、练习写作结合了起来。他让秘书买来了魏碑体的字帖和毛边纸，每天早晨先练习几页书法，然后读书。他虽然患有高血压病，但仍坚持学习不辍。在规定时间认真读书，晚上还要挤时间多学一些。在他的书柜中，除《毛泽东选集》和马列主义经典著作外，还有《东周列国志》《史记》《资治通鉴》《纲鉴易知录》等古籍。据薛明回忆：“贺龙读的书中有些文言文我看不懂，他读起来却很快。我开始不相信他都能看懂，拿过书来，问他看过的那几页

①《毛泽东选集》第 1 卷于 1951 年 10 月 11 日发行；第 2 卷于 1952 年 4 月 10 日发行。

的内容，他回答的基本不差。”

开展学文化运动之前，以贺龙的名义上报下发的文件、电报，大都是他向秘书或有关负责人交代意图，由他们起草，然后由贺龙审阅后签发。学文化运动开始后，他时常亲自动笔。有一次，裴昌会到重庆开会时去拜望贺龙，见他正伏案写作，便很奇怪地问：“贺司令员，怎么现在你还亲自写东西？”贺龙说：“毛主席号召自己动手写，不要秘书代笔。我要响应号召啊！”

对于身边工作人员的学习，贺龙也十分关心。在党小组会上，他对秘书、警卫员、公务员、司机说：“没有文化的军队，是愚蠢的军队，作为共产党员，要好好学习文化，学习毛主席的著作和《干部必读》。干革命离了这个是不行的。”每逢学习日，他路过工作人员的房间时，总要推门看看他们是否在读书。司机何建成以前不识字，在贺龙的鼓励下，学习非常刻苦，在学文化运动中立了三等功。

1952 年 5 月 28 日，西南军区直属队举行了隆重的 1952 年度文化学习开学典礼。贺龙在讲话中再次强调：提高文化科学水平，培养大批工人农民出身的知识分子，是掌握现代化军事科学技术，建设现代化国防军的必要条件。所以，普遍提高部队的文化水平，是一个战略性的任务，也是全党全军的一件大事。他要求各级党委、各级领导干部拿出最大的决心，付出最大的努力，加强对文化教育的组织领导；文化教员要热爱和安心本职工作，争取在文化教育中为人民立功。他号召广大指战员拿出冲锋陷阵的精神来攻克文化碉堡。在贺龙领导下，西南军区 96.8% 的干部战士投入了文化学习运动，掀起了群众性的“文化练兵”高潮，取得了很大成绩。西南军区部队干部、战士大都出身贫苦，许多人是文盲或半文盲，到 1952 年底，第一期文化教育计划完成后，已有 80% 以上的人员摘掉了文盲帽子，部队的文化程度有了很大提高，有 1 万多人在文化学习中立了功。身经 250 次战斗、立过 8 次战功、5 次获得英雄模范奖章的刘子林，原来只有相当小学三年级文化程度，经过短短 8 个月的文化学习，学完了初小、高小的全部课程，以优秀成绩升入初中班，立了一等功，受到贺龙的接见和表彰。

1953 年 1 月 6 日，贺龙在西南军区党代表会议上说：文化教育是我军今后长期建设中不可缺少的一个方面，不仅在文化教育为中心的时期，不准有丝毫的忽视或放松，就是在军事训练为主的时期，也要按规定继续进行文化教育，大力办好学校，以求在原有基础上巩固、提高。

贺龙不仅重视普遍提高广大指战员的文化水平，也十分重视专业文艺工作队伍的建设，使他们为建设现代化国防军服务。他曾亲自找一些文艺工作者谈心，语重心长地对他们说：“文化工作是极其重要的工作。正如毛主席所指出的，文化队伍是一支必不可少的军队。随着我们国家蓬勃发展的经济建设，我们将要进入一个文化建设的高潮；我们的军队也必须成为一支具有高度文化的现代化的国防军。这就大大加重了文化艺术干部的任务。为了发挥文化工作的力量，你们必须走在社会发展的前头。你们现在不应当不安心，而是需要考虑如何去努力完成这一伟大任务。”贺龙号召文化工作者努力“面向连队”、“为兵服务”。1953 年底，西南军区召开文艺检阅大会，贺龙向与会全体人员说：我们的军队“正向着现代化强大国防军迈进，我们部队的文艺工作者，要响亮地吹起这个伟大时代的战斗号角，光荣地担当起我们队伍行进中号兵的作用，教育部队、鼓舞部队，使整个部队充满着坚定的信心和乐观情绪，发挥高度战斗意志”。

培养大批能掌握现代武器装备与指挥诸兵种合同作战的干部，是建设现代化国防军的中心环节。贺龙对此给予了极大的关注。1950 年 5 月 5 日，西南军区的第二高级步兵学校举行第一期开学典礼，贺龙专门给该校送去了“加强军事、政治、文化各方面的学习，建设强大的国防军”的题词。7 月，贺龙和邓小平又发出了关于加强学校建设、大量培养干部的指示，指出：为了适应当前形势和建军要求，需要办两种学校：一种是战略性的、正规的高级与初级学校，专训国防军的基本干部。目前应集中人力、物力办好这种学校。这些学校的编制、教育计划、设备、制度以及对干部、教员和学员的各项要求，应按中共中央军委规定，达到全国一致的水准。另一种是速成性或轮训性的干部教导团、队，轮训各级各类干部，着重提高其本职业务能力。各军区、军、师和军分区都应组织教导团或教导队轮训各类干部。对炮兵、工兵和其他专业性学校，亦应调整充实，分头轮训在职各种专业干部。指示强调：大量培养干部，是适应我军战略性要求的一项重大任务，我们要以宁可少养若干兵的决心，把学校办好。在贺龙、邓小平领导下，西南军区先后组建了第五（云南）、第六（川东）、第七（贵州）、第八（川西）四个初级步兵学校和一个航空预备学校。他们要求各步兵学校的干部“应选部队中有作战经验者充任，不可滥竽充数”，学员的“每一课程之结束和毕业时，均按规定考试，不合格者退回或留级”。

在筹建西南军区第七军医大学时，贺龙数次审查校舍图纸，到重庆高滩崖、新桥等地勘察地形，选定校址，还亲自登门，聘请了一批在美、英、德、法等国留过学，又在国民党军队或地方医院担任过副院长、科主任具有国内第一流专业水平的专家、教授到军医大学任教。贺龙经常去看望他们，向他们征求意见。他向第七军医大学的校长、政委交代：要给这批专家最好的生活待遇。开会、看戏、看电影，都要请他们坐最好的位子，工资由他们自己报，报多少给多少。贺龙又指示后勤部门抽出几辆吉普车和轿车，作为接送教授的专车。要使他们无后顾之忧，便于充分发挥他们的聪明才智。

在贺龙和邓小平领导下，经过精简整编、学文化运动和军政训练，以及开展“三反”运动，西南军区部队的编制更加精干合理，指战员的文化水平和军政素质明显提高，在建设现代化国防军的道路上迈进了一大步。

西南军区的辖区与越南、老挝、缅甸、印度、不丹、锡金和尼泊尔等国接壤，边境线长达 6000 余公里。当时，逃往邻国的第八、第二十六军等国民党军残部勾结特务、土匪，在边境地区频繁进行骚扰破坏。他们挑拨邻国与新中国的关系，制造事端，使西南的边防斗争异常尖锐复杂。贺龙根据云南省与越、老、缅三国接壤，有 3000 多公里的边境线，地区辽阔，人口较少，自然条件复杂，交通不便，补给困难，以及绝大部分边防部队生活、训练、执勤条件十分艰苦的实际情况，于 1952 年 9 月 14 日，向毛泽东、中共中央和中共中央西南局写了关于加强云南边防建设的报告，提出了若干措施：

第一，迅速解决边防部队住房。“云南边防的营房建设，是国防建设的一个重要组成部分”，由云南军区就地取材，在技术可行的条件下，争取及早施工。先建筑第一线的哨所、住房及第二线必要的宿舍，尔后再逐步加强。

第二，结合经济建设需要，大力增修公路，架设通信线路，解决运输补给和通信的困难。除修建中共中央军委批准的昆洛、南大、筒奎等长达 1500 余公里干线外，加修连接干线的支线。

第三，健全边防军分区。将丽江、保山、普洱、蒙自、文山等边境军分区改为警备区，适当扩大领导机构，配备较强的干部，以适应边防斗争的需要。

第四，搞好民族团结，与少数民族共同建设边疆、保卫边疆。西南的边防都在少数民族地区。边防斗争的复杂性与艰苦性主要表现在民族问题上。少数民族工作哪天做不好，边防问题哪天就得不到解决。只要把兄弟民族团结起来，我们的边防就会胜过钢筋水泥工事。

1953 年 10 月 21 日至 12 月 14 日，贺龙作为中国人民第三届赴朝慰问团总团团长，率领 8 个分团共 5448 人赴朝鲜，对中国人民志愿军和朝鲜人民军进行了长达 45 天的慰问活动。在朝鲜期间，除进行慰问活动以外，贺龙还对中国人民志愿军进行了考察。贺龙认为，志愿军在朝鲜战争中的许多经验教训，可以作为人民解放军今后建设的参考。他到夏季攻势作战地域和上甘岭、老秃山等处亲自了解作战经验、工事构筑和部队士气等。为了多考察些部队，他特地向毛泽东请示，要求批准他晚几天回国。

回国后，根据朝鲜战争中的新鲜经验，贺龙对人民解放军在建设现代化国防军中迫切需要解决的问题进行了研究，并于 1954 年 1 月在全国军事系统党的高级干部会议上，阐明了自己的见解。他说：“要建设现代化的国防军。首先必须培养大批能够掌握现代军事技术和指挥艺术的干部。我认为培养干部，今后应注意培养经过斗争考验并有战斗经验的工农干部和部队中的英雄模范。这是我们建军的骨干。但是这些同志文化程度低，学习科学技术受到一定程度的限制。所以要提高他们的文化程度，并进一步使之能够掌握科学技术，这在今后培养干部上是非常重要的问题。”

贺龙认为，人民解放军要实现现代化，就必须建设自己的国防工业。他说：“现代化军队的装备，必须依靠国家的重工业，尤其是国防工业建设。对我们这样一个大国来说，从国外订货只能解决临时问题，不能解决长久的问题。因此，向国外订货必须是急需的东西。那些可以少定或缓定的，就要少定或缓定，把钱省下来建设我们自己的重工业和国防工业。”

关于学习苏联问题，他说：“我认为学习苏联首先应该注意两个问题：第一，是要根据中国实际可能的条件与将来可能发生的情况，循序渐进地学。这就是

贺龙（右二）等在上甘岭阵地上

说，学习苏联不仅要根据我国目前的具体条件，同时还要预见到我国将来的发展。第二，是在我们解放军传统的基础上学习，不能割断历史，要照顾历史，要照顾我军的历史传统……要实事求是，而不是追求形式。”

关于政治工作，贺龙强调指出：政治工作是我军的生命线。我军是无产阶级的军队，是共产党领导的、全心全意为人民服务的军队，无论什么时候都需要政治工作。任何削弱政治工作的思想和现象都是错误的。政治工作必须与业务技术相结合，保证战备训练及其他各项任务的完成。为此必须注意加强政治机关的建设，提高政治干部的质量。部队在加强现代化建设的同时，不能放松政治素质的提高。

贺龙的发言，给到会者留下了深刻的印象。

第十七章　新中国体育事业的奠基人

第一节　五湖四海揽人才

1952 年 8 月，中国共产主义青年团中央向中共中央和中央人民政府副主席刘少奇写了《关于参加第十五届奥运会的情况报告》，建议在政务院下设立一个与各部、委平行的全国体育事务委员会，“委员会的主任委员，最好请贺龙那样的一位将军来担任”。

团中央希望贺龙主持国家体委，是因为他们知道，贺龙一贯重视体育事业，在他所领导的地区和部队中大力发展体育运动。全国解放后，他组建了新中国第一支专业的男女篮、排球队，并为国家输送了一批优秀的体育工作干部、教练员和运动员。体育界人士仰慕贺龙。

1952 年 5 月，贺龙在西南军区第一届运动会开幕式上讲话

一天，政务院常务副总理邓小平给贺龙打电话，告诉他政务院决定组建全国体育运动委员会，并说：“团中央和全国体育总会建议请你当主任。我和总理商量了，也感到由你来当最合适。”贺龙问道：“毛主席的意见呢？”邓小平说：“毛主席也赞成。”贺龙说：“好。毛主席叫我干，中央叫我干，我就干！”很痛快地答应了。

11 月 15 日，政务院总理周恩来在中南海怀仁堂主持中央人民政府委员会第十九次会议，讨论关于成立全国体育运动委员会的问题。周恩来正式提议由贺龙担任全国体育运动委员会主任，蔡廷锴任副主任，会议一致通过。

这时，贺龙还在中共中央西南局书记、西南军政委员会副主席、西南军区司令员的岗位上，但他一接受国家体委主任的任命，就以极大的热情投入这方面的工作。

旧中国的体育运动水平极低，直到1948年，没有在世界奥林匹克运动会上得过一枚奖牌，全国没有一支健全的体育运动队，也没有一处像样的体育场馆，体育人才更为缺乏。要在这样一个基础上把体育运动搞上去，任务艰巨。对此，贺龙有足够的思想准备。他说："旧中国本来就是个烂摊子，体育事业更是如此。搞体育工作，不能享现成福，而是要白手起家，艰苦创业。"他第一次会见体委机关干部时，就勉励大家要正视现实，克服困难，把体育当做毕生的事业，不要小看体育工作，不要有低人一等的思想。他充满信心地对大家说："随着整个国民经济的发展，体育运动也会大大地发展起来。"

新中国成立初期，百废待兴，各方面都需要干部，加上受传统观念的影响，很多人都不把体育当做正式职业，体育干部更不易解决。虽然政务院给体委核定的编制是239人，但却很难配齐。没有相当数量合适的干部，体委的工作便很难开展。

1953年4月，贺龙到北京主持了第一次全国体育工作会议之后，一回到重庆，就为充实体委物色人才。贺龙点的第一个将是张之槐。他1937年毕业于北平体育专科学校，抗日战争时期是八路军一二〇师"战斗"篮球队队长，解放后担任了西南军区司令部干部处处长。张之槐对去体委工作毫无思想准备。那时部队已开始酝酿实行军衔制，他不愿意在授衔之前转业。贺龙理解这种心情，对张之槐说："体育事业同样是建设新中国的一条战线。我上次到北京开会，住在北京饭店，马路斜对面就是东长安街体育场，每天晚上灯光球场里挤得满满的，门外还拥着一大片人。群众那么喜欢体育，需要有人来领导和组织呀！你是学过体育的，科班出身，干这行的专家。你不干，谁干？不要光想当官扛牌牌，不考

1952年5月，贺龙在西南军区第一届运动会上为足球比赛开球

虑事业。我是西南军区司令员，你说重要不重要？中央要我当体委主任，我就得去当。不光去，还得干好。我们是共产党员嘛！我给你几天时间考虑考虑，想通了，来找我。”张之槐整整想了一个通宵，深深感到贺龙的批评是对自己的信任和期望，终于下定了决心。第二天一早就去找贺龙，对他说：“老总，想通了，我去。”贺龙高兴地说：“想通了就好！要认识体育工作的重要性啊！过去洋人笑我们是‘东亚病夫’。现在，中国人民站起来了，这顶帽子要摘掉！谁来摘呢？搞体育的人有责任嘛！这个任务很艰巨，也很光荣。说实话，能把体育工作搞好，能把‘东亚病夫’这顶帽子摘掉，不那么简单。快去北京报到。去了以后和体委的同志们一起尽快把工作开展起来。”

同张之槐一起到体委报到的，还有张联华和朱德宝。他们也是贺龙点的将。张联华也曾是一二〇师“战斗”篮球队的队员，这时是中国人民志愿军某炮兵团的政治委员。朱德宝曾是“东干队”[①] 的队员，在东北军区空军某部担任军械处处长。1953 年 8 月，他们三人分别被任命为体委三个司的副司长。

1954 年 9 月，在第一届全国人民代表大会上，贺龙被任命为国务院副总理、国防委员会副主席和国家体育运动委员会主任。11 月，他和薛明带着子女鹏飞、晓明、黎明乘轮船离开重庆，辞别了战斗工作了五年的西南，到北京赴任。与他同行的有宋任穷、蔡树藩、刘秉林、王凌、武岳松等。他们也是因为西南大行政区撤销，奉调去北京工作的。一上船，贺龙就打上了他们的主意。

贺龙先做蔡树藩的工作。蔡树藩是奉命到内务部工作的。他在西南与贺龙共事多年，对贺龙的为人十分敬佩，很乐意在他领导下工作，所以当贺龙动员他去体委工作时，便欣然同意。贺龙一到北京就去找邓小平，让蔡树藩由内务部副部长改任国家体委副主任。王凌原是调往地质部的，她被贺龙说服，到体委担任了办公厅副主任。武岳松曾是西南军区保卫科的干部，贺龙动员他到体委后，担任了新建的北京体育馆副馆长。中共西南局宣传部副部长张非垢，是到外文出版社当社长的。贺龙觉得体委很需要几个秀才，便动员他也去体委工作，张非垢不仅自己同意，而且动员同去外文出版社的张彩珍说：“去体委吧，这是贺老总的命令。我也是文人进武庙。”这样，张彩珍也进了体委。贺龙还邀请起义将领、西南行政委员会副主席卢汉到体委共事。此后，贺龙又乘各大行政区机构撤销之机，多方设法从原西南、中南、华北、西北各行政区调来了李梦华、陈先、曹建纯、董念黎等人，又陆续选调了一批青年干部到体委机关，使新中国的体育领导机构很快健全起来。

贺龙叮嘱体委的干部说：体育是全国人民的事业，不是体委一家的事。要与有关方面，特别是教育部门、工会和共青团一齐动手。没有各方面的支持，体委是无能为力的。大家动起手来还怕十年赶不上世界水平！

---

① “东干队”即东北干部队，于 1939 年 7 月成立，成员是东北籍的爱国青年，也称抗日军政大学三分校直属队。张学良的胞弟张学思曾担任队长。这里是指“东干队”的篮球队。

有了机构就要有办公室和宿舍。早在贺龙到北京之前，他就请北京市政府帮助解决体委机关的办公用房。北京市市长彭真大力支持，把位于宣武门东侧未央胡同33号的十几间平房给了体委。后来体委人员按编制逐渐配齐，容纳不下，贺龙再次请彭真设法解决。彭真又批准把王府井八面槽9号的135间房子给了体委，并在草厂胡同安排了宿舍用房。彭真给贺龙的信上说："贺老总：房子解决了，据报还可以。"

在国家体委初创时期，教练员和优秀运动员屈指可数，一些人流落海外。贺龙不拘一格延揽人才。他以无产阶级革命家的博大胸怀、气魄和胆略，力排众议，大胆地选用了一批优秀运动员和教练员，很快将新中国的体育队伍建立了起来。

当时用人是十分重视出身和社会关系的。国家游泳队建队时，对涂广斌能否入队，有不同意见。有人认为他技术不错，本人政治表现也好，可以吸收为队员；有人则认为他曾随舅舅去过台湾，不宜当国家队队员。这事被贺龙知道了。他说："这有啥问题呢？他是个青年，能从台湾回来，说明他喜欢咱们的新中国。这样的运动员，不但应该吸收到国家队，还应该很好地培养。"这样，涂广斌成了国家游泳队的正式成员。后来他担任教练，培养出了穆祥雄等具有世界水平的优秀运动员。

国家女排队员曹其纬的祖父是参与"二十一条"卖国条约谈判、当过袁世凯政府外交部长的曹汝霖，从上海女子排球队选入国家女排。贺龙在一次集会上把她介绍给朱德和陈毅两位元帅说："她就是演电影《女篮五号》里'小五号'的，是曹汝霖的孙女，现在是我们国家队的队员。"几天后，贺龙给她写了一封信，希望她戒骄戒躁，为祖国多做贡献，不要背家庭出身的包袱，要靠拢组织，争取加入共青团。由荣高棠转来的这封信，使曹其纬说不清是感激还是兴奋，不禁泪如泉涌。荣高棠说："贺老总亲自给运动员写信，这还是头一次。你要珍惜这份珍贵的礼物！"

游泳运动员吴传玉1951年从印度尼西亚归国后，在1953年国际青年友谊运动会上，获得100米仰泳金奖；1954年，又在第十二届世界大学生夏季运动会游泳比赛中，获100米仰泳和100米蝶泳亚军。贺龙认为，像这样优秀的运动员应当有权参与新中国的国家大事，经他提议，吴传玉被选为新中国运动员中的第一位全国人民代表大会代表。贺龙还请荣高棠陪吴传玉到家中做客，亲切地对他说："你回到祖国来，很不容易，为祖国做出了贡献，更值得欢迎。你要继续努力提高游泳技术，为祖国争取更大的荣誉。"可惜的是，吴传玉在同年10月到国外学习时，因飞机失事罹难。贺龙深为惋惜，亲自出席追悼会，号召全国体育工作者和运动员向他学习。

贺龙对傅其芳的关怀，在体育界一直被传为美谈。傅其芳在香港因击败过英国的乒乓球世界冠军李奇和伯格曼而出名。但仍然没有改变他失业的困境。动荡的生活，使他感到前途渺茫。他曾向有关方面表示希望代表新中国打球，但又有些顾虑，因为他在香港欠了一笔债，没法偿还，还担心回大陆后生活水平会降低。

贺龙闻讯后，同国家体委的领导人商量决定，欢迎傅其芳回来。他欠的债由国家替他还清，还特别批准他的月薪为 200 万元（旧币）。这个数目比当时体委的一些领导干部的薪金都高。1953 年春天，傅其芳回到了祖国大陆。1954 年，他在布达佩斯世界大学生运动会乒乓球比赛中，获得男子单打第三名，为祖国争得了荣誉。贺龙对他十分关心，亲自找他谈话，鼓励他提高思想觉悟，努力钻研技术。1958 年后，他当了教练，探索出了一条近台快攻的新路子，培训出了徐寅生、李富荣、张燮林、庄则栋等一批世界名将，为中国乒乓球队在第二十六、二十七、二十八届世界乒乓球锦标赛中获得男子团体和男子单打“三连冠”立下了功劳。

上海乒乓球女选手孙梅英，1952 年获全国乒乓球锦标赛女子单打冠军。有一次，贺龙到国家体委东楼礼堂观看汇报表演，得知孙梅英不安心在北京参加集训，想回上海。表演一结束，他就把孙梅英叫到跟前，问道：“听说你不想在北京打球，想回上海去，是不是舍不得离开妈妈？”孙梅英不好意思地点点头。贺龙和蔼地说：“新中国的青年应当志在四方。你要是想念妈妈，那好办，过年过节的时候放你回去探亲。还是安心在北京练球，要服从国家的需要，苦练本领，为国争光！”孙梅英听了十分感动。她母亲知道后，再三叮嘱女儿要听贺老总的话，全家人都支持她出去打球。从此孙梅英下定决心，把自己的青春贡献给了乒乓球事业。

就这样，贺龙团结了一大批国内的体育专家，吸引了许多海外赤子纷纷归来报效祖国。优秀羽毛球运动员王文教、林丰玉、陈福寿、方凯祥、汤仙虎、侯加昌、陈玉娘、梁小牧；优秀乒乓球运动员容国团都是 20 世纪 50 年代回到祖国大陆，为新中国体育事业做出了不可磨灭的贡献的。经过贺龙、国家体委和各省市有关部门的艰苦努力，国家足、篮、排球队，乒乓球队，田径队，网球队，体操队，游泳队等运动队，在 1954 年前后相继充实和组建起来。许多优秀运动员被选送到中央体育学院和竞技指导科、体育训练班学习，有些被送到国外进修。全国各大行政区也按国家体委要求集中训练运动员，仅 1953 年就有 854 人受训。同年，还在人民解放军中集训了 1210 人。

共和国成立后，中央人民政府政务院虽然指示各省市都要建立体育机构。但直到 1953 年底，各省市成立体育机构的还不足半数。贺龙认为，要广泛吸收体育人才，建立新中国的各级体育机构，重要的问题是，要大张旗鼓地向全国人民宣传体育运动对于国计民生的重要意义，以引起各级领导和广大群众对体育工作的重视和热爱；大力宣传中国共产党关于体育工作的方针、政策，号召各界支持体育工作。要做到这一点，体育战线应有自己的一张报纸。1958 年初，贺龙为此事向周恩来请示。周恩来说：“我们国家这么大，是需要有一张体育报。你们向中央写报告嘛！”4 月 1 日，贺龙和张非垢、黄中给中共中央、国务院写了报告，由贺龙面呈周恩来。6 月下旬，中共中央批准国家体委创办《体育报》。贺龙请毛泽东为《体育报》题写报头，请朱德题词。贺龙向体委有关领导人和《体育报》的负责人阐述了办报的宗旨和方针，提出了具体要求。他说，《体育报》

要贯彻中央的方针政策，又要有体育特色；要组织好通讯网，还要有特邀通讯员，也可以请荣高棠和体委各级领导人写文章；《体育报》对于提倡什么、反对什么，旗帜要鲜明。

9 月 1 日，一张套红的《体育报》创刊号送到贺龙面前，他立即欣喜地阅读起来。第二天清晨就给报社打电话表示祝贺。贺龙指示说：报纸是喉舌，要走在前面，鞭策我们的工作，“要大胆地办，把《体育报》办成六亿人民的报纸”。

从此，《体育报》成了贺龙必读的报纸。他一般都在晚上看《体育报》，一旦发现有了进步或发生了缺点错误，就打电话给报社负责人，及时予以表扬和指导。有时一天要打几个电话。报社现存贺龙 1963 年至 1965 年的电话记录和信函，就有 54 件之多，平均每月一两件。报社整理的这些指示的记录的摘要，达 3 万字以上。

1963 年 8 月 31 日，贺龙参加了《体育报》创刊五周年庆祝会。他在热烈的掌声中向大家表示热烈祝贺，接着又谈了办报宗旨。他说：“报社同志要坚决贯彻毛主席的‘发展体育运动，增强人民体质’的指示；详细调查了解一下，我们在贯彻执行增强人民体质、为生产和国防建设服务方针上的实际情况如何，这个问题要认真研究。”“《体育报》现在的发行面还太窄，应当考虑怎么适应广大群众的需要，如何使小学生、大学生、干部、工人、农民都能看懂，外行看得懂，内行也爱看。做好了，几万份报纸就等于几十万份甚至更多万份的力量。”贺龙要求《体育报》虚心学习其他报纸的长处。他赞扬《北京晚报》办得好，他们敢于批评，也敢于表扬鼓励，要向他们学习。为了把《体育报》办得生动活泼，大家爱看，贺龙要求体委领导人、各运动队、教练员和运动员都为《体育报》写文章。其中马约翰在《体育报》第 608 期上发表的《乒乓球双打的技术和战术》、天津女排写的《骄娇二气使我们摔了跟头》、北京体育学院副教授徐宝臣写的《千万不能满足》、徐寅生写的《看解放军练兵的感想》，以及戚烈云、陈家全、陈远高、李世华、韩翠青等人的文章，都受到过贺龙的称赞。贺龙还指示《体育报》转载傅其芳为《中国体育》所写的介绍自己思想转变的文章，连载徐寅生的学习笔记并建议其他各报转载。《体育报》在动员全国人民关心和热爱体育运动、发现和培养体育人才、推动体育运动的发展上起了很大的作用。

第二节　建设“又红又专”的体育队伍

贺龙长期带兵，深知一支军队要有坚强的战斗力，就必须有高度的政治觉悟、过硬的军事技术、顽强的战斗作风和严格的组织纪律。同样，一支优秀的体育队伍，在比赛中，特别是在强手如林的国际赛场上，要战胜对手，取得好成绩，争得好名次，也必须思想、技术、作风“三过硬”。因此，在各运动队组建起来之后，贺龙就借鉴军队的管理方法，严格要求，严格训练，精心培育，努力把他们培养成国际一流的体育队伍。

贺龙认为，无论干什么工作，思想总是领先的。因此，他特别注重运动队的思想建设。要求教练员、运动员"又红又专"。他对运动员们说："你们是新中国第一代运动员，要为革命而搞体育运动；打球不是为了好玩，不是为了求一技之长、争个人名利，而是为了党和人民，为了祖国的荣誉。"贺龙十分重视各运动队的党团组织建设，关心教练员和运动员政治思想上的进步。他多次指示，要参照解放军把党支部建在连上的经验，逐步在运动队中建立党、团支部或小组，培养运动员、教练员成为中共党员和共青团员，充分发挥党、团员的模范先锋作用。由于一些优秀教练员、运动员的出身和社会关系比较复杂，有的党组织负责人对吸收他们入党有顾虑。对此，贺龙说：如果对运动员许愿，说成绩好了可以入党，拿入党做交易是不对的。但对做出了贡献、政治表现好的同志，就应当积极发展他们入党。

傅其芳是为中国乒乓球运动做出了重要贡献的优秀运动员，曾多次申请加入中国共产党，但迟迟未被吸收。贺龙对此提出了批评："你们对一个同志的政治生命关心不够呀！看人不能看死，要看发展嘛！有人说他的历史复杂，难道还能比我复杂！从旧社会过来的人，历史总是复杂一点。我们主要看他的表现。他接受党的培养教育有十几年了，多次立功受奖，决心献身于祖国的社会主义事业。这样的同志，应当吸收到党内来。你们如果不敢介绍，我和荣高棠介绍！"在贺龙的过问下，傅其芳终于实现了多年的夙愿。

贺龙还在国家体委一次党组会议上说："现在的运动员就是将来的干部。如果不是党员、团员，如何通过党、团组织进行教育？军队的新兵，三年内由团员到党员。我们的运动员最少的也有五年历史，但入党的很少。陈镜开九破举重世界纪录，郑凤荣打破女子跳高世界纪录，为什么不能入党？"后来，国家体委党组每年都专门讨论两次发展教练员、运动员入党的问题。在贺龙的关怀下，郑凤荣、陈镜开、徐寅生、李富荣、邱钟惠、林惠卿、姜玉民、陈文彬等优秀运动员，先后加入了中国共产党。后来，他们多数成了体育战线上的骨干。

贺龙要求运动员具有敢于拼搏的精神，面对强手，敢打敢拼，胜不骄，败不馁，争取好成绩，但并不一味要求运动员只能赢不能输。他认为，比赛总有赢输，不能以胜败论英雄。如果运动员在比赛中发挥出了他们的最高水平，但由于技术和实力不如对手而失败了，那是无可非议的；相反，如果打败了对手，但风格不高，也不能称做英雄。这就是贺龙常讲的："输球不能输人，赢球还要赢人。"

在迎接第二十六届世界乒乓球锦标赛之际，女运动员胡克明在接受《北京晚报》记者采访时说："我自己的打算是要打出风格、打出水平。"当时，这两句话并没有引起人们的注意，有人还认为这两句话没有明确的求胜目标，是消极的。贺龙从《北京晚报》上读到这两句话，立即从中发现了闪光的内涵，并赋予了深刻的思想内容。他说："要打出风格、打出水平。打出什么风格？中国的风格；打出什么水平？世界水平。"在赛前动员时，他对运动员们说："只要你们打出了风格，打出了水平，赢了算你们的，输了算我贺龙的。"周恩来也十分赞赏这一口号。从此，“打出风格、打出水平”很快成了全国各运动队的行动指南，成为中国体育竞赛的一条重要指导思想。

在运动员的训练上，贺龙主张训练难度要大幅度地超出比赛的难度。这样才能在比赛时最大限度地发挥运动员的技术，与世界强手相抗衡。他把人民解放军军事训练的“三从”（即从难、从严、从实战出发）原则，加上“大运动量训练”，归纳为“三从一大”原则，运用到运动员的基础训练和专项训练中去，取得了显著成绩。后来，在总结经验的基础上，进一步提出了“三不怕”（不怕苦、不怕难、不怕伤）、“五过硬”（思想、身体、技术、训练、比赛过硬）的口号。贺龙十分强调反对骄娇二气，要求运动员勤学苦练，不怕流血流汗，不偷懒。要学习解放军，任何苦都能吃，任何困难都能克服。有一次，贺龙专门给《体育报》推荐《解放军报》刊登的两条报道：一条是《炮七连九扫骄气》；一条是解放军二六一医院艰苦奋斗的事迹。他说：“骄气要不断地扫，才能不断进步。这个问题对体育队伍来说，是非常重要的。”贺龙风趣地比喻说：“运动员都要练成武松，不能成为林黛玉。要敢于和强手比，把世界强队比下去。我们的腰杆要硬，胆子要大，心要细，既要有打虎的功夫，又要有绣花的功夫。”

贺龙主张把运动员培养成有修养、有知识、有头脑的全面发展的人才。在国家队建队之初，他就指示：运动员除了学习运动技术理论和进行训练之外，还要学习政治（哲学、政治经济学、社会发展史等）、文化（包括历史、语文、数理化基本知识、运动生理等）。他说：“运动员学习时间有限，更应该抓紧时间读书。”他经常督促运动员认真读书。到运动员宿舍检查时，总要看看他们枕边放着什么书，并向他们推荐自己读过的一些书籍。

贺龙对运动员的生活待遇、家庭婚姻、退役后的安置等问题都非常关心，特别是对做出过重大贡献的运动员，月薪仅仅几十元，深为不安。他说：“我们的运动员很好啊！做出了成绩，没有多少物质奖励。外国的运动员当了世界冠军，又是洋房，又是汽车。而我们的世界冠军除了工资，其他什么也没有。”有一次，他对一位主管财经工作的副总理说：“运动员工资少，伙食标准也不高。出国的服装，回来还要上交，你也抠得太紧了。你给他们多做一套有什么？”他还趁外出视察的机会，对一些省委领导人说：“你们对运动员要重视，不要光说球打得好，对他们的工作、生活也要管一管。”在制定运动员工资标准时，贺龙对经办人说：“运动员把青春时光贡献给国家了，他们的工资要定得高一些。”

运动员的运动生命，和其他行业相比，是短暂的。因此，如何安排运动员，尤其是如何安排因为比赛、训练致伤和患病的运动员的工作与生活，是一个影响深远的问题。贺龙对国家体委干部司的负责人说：“要把运动员当成我们的兄弟姐妹，使他们‘安家落户’。不好好安置运动员，哪能调动运动员的积极性？有谁还愿意当运动员！运动员的安置，国家要背起来。干部司应该检查一下六个大区对运动员的处理情况。处理不好的要重新处理。过去处理不好，是官僚主义；现在知道了，不重新处理，是死官僚主义。”四川省第一批专业排球运动员中有一名当了教练员，后来却被派到运动系去看门和帮人照顾孩子；江苏省的一名运动员受伤后，被送回原籍务农，所挣工分不能糊口。贺龙知道后，责成当地体委立即妥善安排。他对运动员来信反映的问题，都及时批转有关部门进行调查，妥善解决。他常对国家体委负责人说："优秀运动员是国家的宝贝，他们为国家做出了贡献，争得了荣誉。我们不能过河拆桥，卸磨杀驴。对运动员不是管一阵子，而是要管一辈子。"

培养体育人才，还必须办好学校。贺龙出任国家体委主任之初，即着手筹建中央体育学院。1953 年 9 月 20 日，贺龙在重庆对担任四川省文教委员会副主任的钟师统说："现在，中央叫我搞体育。要搞，先得抓干部。体委已经决定在北京办个体育学院。你办学校有经验，这个院长就由你来当吧！"钟师统说："贺总，我不懂体育，怕干不了啊！"贺龙说："没有什么干不了的！我还不是跟你一样不懂，也当起体委主任来了。干吧，需要几个帮手，你提出来，我给你调。"于是，钟师统挑起了筹建体育学院的担子。

1953 年 11 月 1 日，中央体育学院在北京先农坛正式开学。师生们把先农坛体育场看台底下的空间当做宿舍，搭个席棚作为教室和食堂。共和国的第一所体育学院就这样诞生了。

后来，中央体育学院改名北京体育学院，并在圆明园北面选定了新院址。贺龙和钟师统等共同研究确定了办校方针、学制安排、课程设置，以及校舍设计、学生生活等许多重要问题。他指出："体育是门科学。体育学院应该在战术、技术、解剖和体育理论等方面搞出一套东西来，为加速提高运动技术和训练工作服务。""北京体院是中国体育界的最高学府，要有我们自己的教授，要办成世界上一个有权威的体育中心。"

贺龙还指示各级体委要大办业余体育学校。采取大中小结合的办法，大量训练干部和技术人才，以适应群众体育运动日益发展的需要。

培训体育人才，离不开完善的体育场馆和各种先进的训练设施。但是，旧中国体育场馆极少。在北京，除 1937 年建造的先农坛体育场之外，尚无一座体育场馆，甚至连一个带看台的篮球场也没有。贺龙和国家体委负责人经过慎重研究，决定在北京修建一个设施比较齐全、设备比较先进的体育馆，并得到了国务院的支持。荣高棠和黄中跑遍了北京市，终于在天坛的东侧找到了一块空地。他们高兴地对贺龙说："地皮找到了。但是我们没有施工力量，也不懂建筑。"

贺龙想到了北京市副市长万里。他曾担任过西南军政委员会财经委员会委员，在重庆组织过城市建设。万里此时正在外地，贺龙立即打长途电话，请他出马筹建北京体育馆。

万里接到电话的第二天就返回了北京。荣高棠和黄中问他："你怎么提前回来了？"万里风趣地说："贺老总的军令如山倒啊！怎能不立即报到？"

不久，贺龙又调来了参加过修建重庆人民大礼堂的张一粟，协助万里工作。

这样，由万里挂帅，管平、张一粟等负责领导，北京市设计院设计，大通公司承担施工，开始修建总建筑面积为3.3万平方米的体育馆。贺龙给他们一年的工期。设计人员加班加点，三个月就绘制出了体育馆的各种图纸。1954年秋动工兴建。在施工过程中，贺龙经常到工地去看望工程技术人员和工人，对他们说："这个工程，是体委在北京修建的第一座体育馆，一定要建好，按时竣工。中央和北京市许多部门都支持你们，要人给人，要钱给钱。"参加施工的数千名职工努力奋战，节假日也不休息。经过一年多的紧张施工，到1955年4月，一座占地16公顷，由比赛馆、游泳馆、训练馆组成，可供篮球、排球、乒乓球、羽毛球、举重、游泳比赛和训练用的多功能体育馆全部竣工。

20世纪50年代初期，在贺龙为首的国家体委领导下，全国有计划地兴建了中小型体育馆38座。成都、广州、昆明、兰州、南京、西安都建造了有2.5万个以上席位的体育场。在北京又兴建了射击场、摩托车赛车场和陶然亭游泳场，这些场馆的建设为开展群众体育运动和培养运动员创造了条件。

第三节 "体育要为广大人民群众服务"

毛泽东给新中国提出了"发展体育运动，增强人民体质"的发展体育运动的方针。1953年4月27日，贺龙在全国体育工作会议上说："我们应该把体育运动搞好，提高人民身体健康水平。这不仅现在需要，而且随着经济文化的发展，会更加需要……我们的体育运动要为广大人民群众服务。"

贺龙强调指出："自从中华人民共和国成立以来，我国体育运动即明确地以服务于人民健康、经济建设和国防建设为目的。这是我国体育历史上的一个本质的改变。""体育工作应该围绕一个中心，这个中心就是生产和国防。体育为生产，体育为国防，国防也是为了生产。如果体育不是为了生产和国防，那我们搞体育还有什么意义呢！？""我们今天搞体育，把人民的体质搞好，是为了使学生不缺课，工人不缺勤，战士的手榴弹扔得远些，同敌人拼刺刀时勇气更足一些，使害神经衰弱症的减少一些。因此，各级体委必须善于抓住开展基层体育运动这个中心环节，善于进行组织工作，把我们有限的力量，使用到最主要的地方去。"

1954年7月13日，应苏联邀请，贺龙率中国体育代表团赴莫斯科参加"体育节"。利用这个机会，他对苏联从中央到基层的体育工作进行了一个月的考察。贺龙和代表团成员在莫斯科、基辅、索契、第比利斯等地，对苏联的体育组织、制度、政策、训练、竞赛、群众体育、业余训练、场地设施等做了全面调查。参观了各种类型的大小运动场馆，访问了各级政府的体育运动委员会，工厂、集体农庄的体育组织，青少年业余体育学校，莫斯科航空俱乐部和列宁格勒体育科学研究院，以及农村体育运动展览馆。在考察中，给贺龙印象最深的是苏联推行的"准备劳动与卫国"体育制度和开展群众性体育运动。8月17日回国以后，向中共中央、周恩来和国务院高等教育委员会党组织写了报告，介绍苏联开展"劳卫制"的情况，并且提出了结合中国实际情况学习苏联经验的建议。1954年，在学校中正式试行“劳卫制”，作为推广群众性体育活动的一项具体措施。

1955 年 10 月，第一届工人体育运动大会在北京举行。在贺龙的积极推动下，这届运动会前后，在全国职工中掀起了体育活动的热潮。到 1956 年底，已建立起全国性的产业体育协会 19 个，基层体育协会 2.51 万个，会员达 178 万之众。全国总工会领导的职工体育运动，在当时，普及面最广，成绩最为显著。贺龙曾多次赞扬他们。1958 年初，贺龙听说全国总工会准备压缩当年的体育经费，便于 1 月 20 日亲自致函总工会主席赖若愚：“随着国家社会主义建设高潮的到来，文化体育运动的高潮也必然接踵而来。”“据说今年总工会体育规划的数字小（经费也大大缩小了），望加修改。因这笔钱也是有关工人福利的，仍以占工会会费百分之十到百分之十五为好。另总工会和各级工会的体育部〔应〕迅速建立起来，以便有领导地开展国防体育活动。”这封信，反映了贺龙对群众性体育活动的关注。

中国的农村人口占全国总人口 80% 以上，普及农村体育运动，对于提高全民族的体质有着特别重要的意义。贺龙指出，体育队伍的雄厚力量还是在农村。但因农村的体育水平普遍很低，经费又很有限，所以开展体育活动应该有重点、因地制宜、循序渐进、量力而行。本此精神，国家体委在 1953 年确定，在农村中主要结合民兵训练，利用农闲季节，着重试行一些在农村中便于开展的运动项目。另外，也提倡在农民中开展固有的、有利于增进人民健康的各种民族形式的体育活动。1956 年 6 月，国家体委根据贺龙的倡议，在北京召开了首次全国农

1955 年 9 月，贺龙与参加第一届工人体育运动会的部分运动员们在一起

村体育工作会议。提出了在发展生产的基础上，依靠共青团组织，坚持业余、自愿和简便易行的原则，开展农村体育运动。经过各级体育组织的工作，到 1957 年，中国大陆农村中已经建立起了 3 万多个基层体育协会，会员达 90 多万人。

在农村，有些地区长期以来自然形成了“排球之乡”“武术之乡”“足球之乡”“游泳之乡”“田径之乡”“摔跤之乡”等具有某项优势体育项目的地区。其中名扬中外的广东“三乡”（“排球之乡”台山县、“足球之乡”梅县和“游泳之乡”东莞县）的运动队在全国比赛中，曾名列前茅。贺龙十分重视这些体育之乡的经验，要求国家体委做出计划，把他们的经验“普及到广大农村去”。

武术，是中国民族体育百花丛中的一枝奇葩。贺龙认为武术“深深植根于民间，不受年龄、性别限制，也没有地区、条件的约束”，是一项投资少、收效大、能健身防身、利国利民的活动。他号召武术界人士不断发掘、整理、提高、推广这一传统项目，“让武术成为我们社会主义的物华天宝”。1953 年 11 月 8 日至 12 日，在天津举行的第一届全国民族形式体育表演暨竞赛大会期间，贺龙对武术问题发表了精辟的见解。他说：“民间流传的武术套路是很多的，不仅汉族有，各少数民族也有。这是要花费力气去发掘的。譬如一座宝山，要探明情况之后，才能发掘出宝藏来。这是头一件要做的事。被挖掘出来的是真宝还是假宝，还得花力气去淘洗、整理，剔除其违反科学的东西，打开人们的眼界，恢复它固有的健康的形体，使它符合科学原理，使它更易于掌握，收到增强体质的效验。这是很重要的第二件事。要提高拳艺，不外两个方法：一是从现有基础上开拓新境界，一是博采他人的长处。只有经过刻苦认真的揣摩，道路才能越走越宽。习前人之习，也才能在自己手里发扬光大，取得更大更多的成效。这是第三件事。”他主张，“民族形式体育中有些封建味道的东西要否定掉，这些对增强人民体质没有益处。我们要的是真功夫，这对人民体质的增强有好处”。

新中国成立之初，有些地方开始组织武术团体时，一些“走江湖”的甚至反动会道门的头目也混了进来，搞起烧香拜师、磕头收徒那一套。贺龙对此进行了严肃批评，并且明确指出：“今后，对于武术的研究、整理工作应该限定在一定的部门，并需要有真正懂武术并具有一定科学水平的人来领导。”贺龙的意见，对于中国武术的发掘、整理和健康发展，具有重要的指导意义。1953 年之后，大部分省市建立了武术队和业余体校武术班。各体育院校和师范院校也培养出了一批武术人才。1962 年编写了体育学院通用武术教材，研究、整理出版了《简化太极拳》，以及关于刀、枪、剑、棍技术的一批书籍。辽宁、北京、上海、山东和安徽等省、市都涌现出了一批优秀的武术运动员。

经过一系列艰苦细致的工作，群众性的体育运动在全国蓬勃开展起来，成绩显著。为了检阅十年来新中国体育事业的伟大成就，进一步促进群众性体育运动的开展，1959 年 9 月 13 日至 10 月 2 日，在北京举行了中华人民共和国第一届运动会。

作为运动会的组织者，贺龙从大政方针到具体事务都做了认真周到的考虑。

仅运动会的开幕词，他就和筹委会的有关人员反复修改了多次，还将文稿送周恩来、彭真等审阅。那时，工人体育场刚刚落成，贺龙怕出席开幕式的毛泽东等党和国家领导人登台时不方便，他一次又一次地在主席台及其附近的通道、台阶上试着走来走去，指点工作人员对一些地方进行铺垫。由于台阶很滑，已经63岁的贺龙在一次试走时不慎跌了一跤，摔坏了左腿。他忍着痛一直看着工作人员将台阶铺垫好才离开。回家后，医生让他卧床养伤。贺龙说："党中央让我管体育。这次全运会是新中国成立以来的第一次，毛主席、刘主席、周总理、朱老总等领导人都要来参加开幕式，到时候，我还要当向导、引路，我能躺得住吗？"

9月13日，全运会开幕。贺龙腿伤未愈，仍提前来到工人体育场，又一次检查了通道、台阶和主席台，还在给毛泽东准备的椅子上坐了坐，试试是否安全舒适。

下午3时，第一届全国运动会开幕。贺龙致开幕词说："解放后，我国运动员创造和打破了2800多次全国纪录，出现了1个世界冠军，这是中国历史上从来没有过的。1956年和1957年只有3人6次打破了3项世界纪录，而在1958年就有9人8次创造了5项世界纪录，增长了1倍多，1959年，仅1至8月，就有29人在几个项目中12次打破了世界纪录。现在全国有成亿的人经常参加体育运动，广播体操已成为广大人民群众日常生活的一部分。"他号召与会全体人员要"千方百计地创造优异成绩，把全运会开好，开得精彩！"

这届运动会果然开得很好，在36个正式比赛项目、6个表演项目中，7人4次打破4项世界纪录，664人844次打破和创造了106项全国纪录。

1965年9月，贺龙又主持了第二届全国运动会，在这届全运会上，有24人10次破9项世界纪录，331人469次破130项全国纪录。这一年，共有66人41次打破26项世界纪录，是中国历史上破世界纪录最多的一年。

1954年开始试行的"劳卫制"，在推广过程中，曾出现一些问题，引起了一

贺龙在第一届全国运动会上致开幕词

部分人的反对，有的报纸还登了不赞成“劳卫制”的文章。贺龙认为不能因为出了一点事就取消“劳卫制”，应该经过修改项目、加强技术指导来解决。他派荣高棠当面向周恩来总理请示。周恩来当即表示:“劳卫制”还是要搞，使“劳卫制”得以在全国推广开来。到1966年全国每年平均有500万人达到“劳卫制”标准，已有等级运动员1000万人以上，其中运动健将3392人，打破世界纪录145次，获得14项世界冠军，210人荣获体育运动荣誉奖章。

在1959年12月召开的中共中央军委会议上，贺龙提出了开展群众性的军事教育和国防体育的问题。他说：开展群众性的军事教育和国防体育，使广大的人民群众特别是青年和少年，不脱离生产和学习，利用业余时间，通过各种生动的形式学习一些基本的军事知识和技能，锻炼身体，树立起献身国防事业的思想。这不仅等于为义务兵役制创办了一所业余预科学校，而且也为服役期满的退伍青年准备了继续提高军事知识和技能的场所。“1951年，刘少奇同志曾指示萧华和刘亚楼同志，考虑在我国建立航空科学志愿学会一类的组织，着手培养国防后备力量。周总理也同意我们筹建中央国防体育俱乐部，重点试办。”我们已经做了一些工作，还须继续加强。

1952年6月，在贺龙主持下，在北京建立了中央国防体育俱乐部。三年中，还先后在青岛建立了航海俱乐部，在成都建立了初级滑翔站和重庆跳伞运动站，并以这几个城市为重点，分别试办了航空模型、无线电和军事野营等10项军事活动。参加学习军事技术和国防体育活动的青少年达5万多人。1956年，中央国防体育俱乐部改称中国人民国防体育协会（简称国防体协），先后由蔡树藩和国防部副部长李达上将兼任主任。在中共中央军委的支持下，航海俱乐部、滑翔学校、射击场、航空干部训练班、滑翔机制造厂、摩托俱乐部、航空俱乐部、航海模型俱乐部、潜水俱乐部等相继成立。新中国的国防体育运动逐步开展了起来。

贺龙认为，在国防体育中，射击是最基本的，也是最便于普及的项目，他说：“国防体育首先要开展射击运动，要使每个人都学会打枪。”贺龙亲自出任国家射击队筹备委员会主任。他从部队选调来了近百名神枪手，成立了第一支国家射击队。贺龙带领射击教员钱福锦等，跑遍了北京城郊，在西郊翠微山下选定了北京射击场的场址。1955年10月，中国第一个大型射击场——北京射击场建成。11月1日，在新落成的射击场举行了由中国首次主办的国际射击友谊赛。参加的有苏联、保加利亚、朝鲜、蒙古、罗马尼亚、波兰、捷克斯洛伐克和中国的选手。贺龙两次到场检查比赛的准备情况，观看中国运动员的训练。在同运动员谈心时，有几名运动员说：“苏联选手的射击技术很高，他们是老大哥，我们赢不了人家。”贺龙说：“不管老大哥老二哥，比赛场上我们就是要赢。胜了，我们就是老大哥！”这席话，给中国运动员增添了极大的勇气。

中国选手牢记贺龙的嘱咐，在比赛中发挥了自己的最高水平，团体总分列第四名。李素萍夺得了女子小口径步枪20发立射的冠军。中国射击队第一次参加国际比赛，就取得这样好的成绩，信心大增。在友谊比赛闭幕的庆祝舞会上，贺

1956年，贺龙到北京射击场视察时给运动员讲解射击要领

龙特地把李素萍带到周恩来身边，介绍说："这是你的老乡。这次比赛得了冠军。"周恩来高兴地说："咱们国家第一次搞这种比赛，成绩不错。要继续努力，戒骄戒躁啊！"

1958年8月，在北京龙潭湖举行全国规模的航海模型比赛。贺龙邀请陈毅、叶剑英两位元帅和萧劲光、刘仁等观赛。他们仔细地欣赏了100余艘小巧玲珑的各种舰船模型。在青少年自行设计的中国第一艘万吨远洋货轮模型前，贺龙异常兴奋地说："我们要建设一条强大的海上铁路。"他当即指示，比赛后，国防体协要组建一支航海模型队到全国各地巡回表演。赛后，国防体协挑选出各类船模20余艘，加上当时的摩托艇队，共30余人，组成"中央航海模型摩托艇巡回表演队"，先后在武汉、广州、上海等12个大中城市进行了表演，仅长沙市，观众即达20万人。

贺龙对航空运动也十分重视。1958年夏天的一个星期天，他和蔡树藩来到位于良乡的中国第一个航空运动基地——中国人民航空俱乐部视察，看望正在集训的跳伞运动员。贺龙看到运动员食堂设在一间又窄又脏的锅炉房里，眉头立刻皱到了一起，很不高兴地说："食堂怎么能设在这儿？"他指示俱乐部的领导要关心运动员的生活，立即解决食堂房子问题。贺龙还经常督促国防体协的领导人到第一线去了解情况，解决问题。运动员们没有辜负老一辈革命家的殷切期望，在各种竞赛中，多次创造世界纪录。当时，31项航空模型比赛的世界纪录中，中国居第一位。

1960年，贺龙提出了"以滑翔为国防体育的重点"。贺龙认为，开展这项运动，一方面可以培养青少年的勇敢精神，普及航空知识；另一方面，可以直接向空军输送预备人员。他说："空军每年需要（招收）多少名飞行人员，只要到航

1958 年 8 月，贺龙在全国第一届航海模型展览会上参观无锡市代表队制作的驱逐舰模型

空俱乐部去查查档案即可。”

1964 年 8 月 29 日，中国人民航空运动协会在北京成立。贺龙亲临祝贺，并对以后的航空运动如何开展，做了具体指示。从此，中国的航空运动翻开了新的一页。全国各地的航空俱乐部、滑翔学校向空军输送了一批批滑翔员。仅山西省 1964 年到 1966 年就输送了 120 名。

对军队中的体育运动贺龙尤其重视。他把体育看做是军事训练、思想作风建设、文化建设的重要组成部分。1954 年 4 月 13 日，贺龙指出：人民解放军“必须在部队中大力提倡体育运动，加强体育锻炼，使每个同志都能够更好地掌握现代作战技术，使每个同志都能够高度地发扬现代作战的组织性和纪律性、连续性和艰苦性，以便克敌制胜。要做到这一点，没有坚强耐劳的体魄，没有机动、敏捷的体能，没有勇敢、坚毅和集体主义精神是不可能的。而体育运动是实现上述条件的重要手段之一”。他要求多多提倡适应军事需要的各种体育活动，把部队中的所有成员都组织到一定的体育活动中来。不久，国防部颁发训令，指示各军兵种建立健全体育机构，在团以上单位配备专职体育干部。1955 年，人民解放军训练总监部设立了体育局。贺龙向训练总监部推荐曾担任过“东干队”篮球队队长的韩复东当局长。

此时，韩复东是人民解放军第一二一师师长兼汕头警备区司令员。他觉得自己年纪已大，不想再搞体育工作了。贺龙对他说：“这可不能从兴趣出发呀！我这么大年纪了，党中央、毛主席还叫我当体委主任。我不是从兴趣出发，这是党的事业。让你来又不是让你上场打球，是来当体育局的局长，领导军队的体育工作。你才 30 多岁，不但要来，而且一定要搞好。”贺龙还对他说：“体育和国防的关系更是密切，陆、海、空军都要有好的体魄。飞行员一小时飞行几百公里，以至上千公里，没有好身体怎么行？所以，搞好体育训练是提高部队战斗力的一项重要物质基础，体育出战斗力。”在中共中央军委和元帅们的关怀下，人民解放军的体育活动开展得蓬蓬勃勃。1959年5月举行第二届全军运动会，有1万名运动员参加比赛，有28人次超过16项世界纪录，16人次、2个队超过2项国际友军运动会纪录，101人次、6个队打破或创造了50项全国纪录。

第四节　勇攀世界体育高峰

贺龙在指导开展群众性体育运动的同时，还花了很大精力领导专业体育队伍，赶超世界先进水平。他根据中国的实际情况，选定登山、乒乓球和羽毛球作为攀登世界体育高峰的突破口。

地球上14座海拔8000米以上的高峰，9座在中国境内或边界上，可是中国的登山运动在1955年以前，还是空白。

1955年3月，中华全国总工会组成了35人的登山队，史占春任队长。这支年轻的登山队，到1958年，先后征服了苏联境内最高峰万厄尔布鲁士峰，号称“冰山之父”的慕士塔格峰、公格乐九别峰和号称“山中之王”的贡嘎山，中国的登山运动开始起步。为了发展这一运动，按贺龙指示，在国家体委设立了登山处。

1957年攀登贡嘎山时，丁新友[①]等四名运动员不幸殉难。一时，一些人认为，登山又费钱、又费力、又危险，没有什么实际意义，甚至主张撤销登山队。贺龙认为：登山运动不仅是一项有意义的体育运动，而且，对经济建设和国防建设、科学考察都有重要意义。“登山队不但不能取消，还要加强！”他指示国家体委处理这一事件时，一要表彰登山队，二要纪念烈士，“先开庆祝会，再开追悼会”。贺龙的坚定态度，使中国登山运动得以坚持了下来。

1956年，中苏两国运动员联合登上慕士塔格峰之后，1957年9月，苏方正式向中国政府提出组成中苏联合探险队，在1959年3月至6月，从北坡攀登珠穆朗玛峰。贺龙支持这一倡议。1958年春，他交代了国家体委就中苏联合攀登珠峰问题，正式向中共中央报告，并得到了批准。4月8日，贺龙召集地质部、卫生部、气象局、中国科学院地理研究所、军队体育部门负责人开座谈会，研究攀登珠峰问题。在这次会议上，贺龙提出，尽快成立登山协会，扩大登山队伍，进行科学考察和技术准备，以保证明年攀登珠峰成功。

1958年7月下旬，中苏双方就合作攀登珠峰进行磋商，确定了实施计划。贺龙让黄中向周恩来、邓小平和陈毅等做了详细汇报，随即成立了登山指挥部，贺龙亲任总指挥，黄中和中共西藏工作委员会第一书记张经武、第二书记谭冠三任副总指挥。1959年3月，西藏发生了武装叛乱，登山活动无法进行。贺龙指示“继续进行准备，改为明年攀登”。西藏叛乱平息后，国家体委及时通知苏方，中苏联合攀登珠峰可于1960年3月进行，邀请苏方代表来华具体协商。但是，苏方一直拖到1959年11月底才派代表来华会谈，而且提出将联合攀登珠峰的时

---

① 丁新友，北京大学助教，作为科学工作者参加攀登贡嘎山时不幸殉难。

间推迟到1960年以后，但无充分理由。这表明，对方已无意实施原定计划。

12月20日，贺龙把黄中、史占春和登山队副队长袁扬请到办公室，问大家："如果苏联不参加，我们自己攀登，有成功的把握吗？"史占春说："其他方面问题不大。最大的困难，是我们缺少登8000米以上高度的装备。按照原来的协议，这由苏方提供。苏联不参加，我们也就不可能指望他们，可是，目前我国还不能生产。"贺龙说："我们可以到国外去买！你们搞一个预算。我给刘主席写报告，请他批外汇。"说罢，他站起来说："好，就这样吧。他们不干，我们自己干！任何人也休想卡我们的脖子。中国人民就是要争这口气。你们一定要登上去，为国争光。"

贺龙将国家体委关于中国单独攀登珠峰的决定向周恩来做了报告。后来，他又约邓小平一起去见周恩来，具体陈述了中国登山队近几年的成绩和攀登珠峰成功的有利条件。邓小平说："要登珠峰的计划国外已经知道，我们现在要是不登，让外国登上去，就会失去创造世界纪录的机会。"周恩来同意了中国队单独登山的计划。

贺龙对攀登珠峰的艰巨性是有充分估计的。因此，他决定派中国人民解放军总参谋部军事训练部副部长韩复东去西藏担任第一线指挥员。1960年2月，贺龙对韩复东说："珠峰一定要登上去，我们不光是为登高，还要进行科学考察。英国搞了几十年，没有从北坡登上去。我们新中国是共产党领导的国家，要有这个劲头。""登山队应该有部队的战斗作风。你是打过仗的人嘛，所以派你去。后方的事有黄中同志。前方就委托给你。你的位置，应该在距离登山队最近的地方。"

为在攀登珠峰的同时进行多学科的考察工作，在周恩来、邓小平的支持下，贺龙、李达和黄中在北京组织了力量雄厚的科学考察队伍，制订了详细的科学考察计划。中国科学院、地质部、中央气象局、北京地质学院、北京大学、解放军总参谋部、总后勤部都抽出了年富力强的干部、科研人员，参加了中国有史以来的第一支珠峰科学考察队。参加这次攀登珠峰的总共有214人。

贺龙审阅了登山队拟订的登山方案，并报告了周恩来。周恩来对方案进行了修改，并亲笔写信给有关部门，让他们帮助购置、调拨登山所需物资。西藏工委组织了有西藏党、政、军和各族各界人士参加的支援委员会，全力进行保障。贺龙对登山队副队长许竞说："各方面都下了保证，看来，万事俱备，只欠东风了。登顶就是你们的事了。一定要登上去，无论付出多大的代价，也要把珠峰拿下来。"

此时，国际上正出现一股反华逆流，国内又处在暂时经济困难时期。贺龙深知，在这种时候攀登世界最高峰的重大政治意义。他对史占春说："现在中国各界都在勇攀高峰，而你们是真正的攀登高峰。"史占春向贺龙立下了"军令状"：我们中国人凭自己的力量一定可以登上世界最高峰。……非成功不可！贺龙说："有这个志气就好！你们要注意'三气一线'，就是天气、氧气、志气和登山路线。这是确保登山成功的主要条件。要么不爬，要爬就要爬上去。我在北京准备开几万人的大会欢迎你们！"

1960年3月25日，中国登山队开始向世界最高峰挺进！

4月15日，韩复东在登山队队部传达了贺龙的要求。他说，贺老总非常关心大家，让我给大家捎三句话：第一，争取按预定计划完成任务，把五星红旗插上珠穆朗玛峰；第二，注意安全，决不打盲动仗，但在充分准备的基础上，也可以打几分冒险仗；第三，如果在顶峰与外国登山队相遇，就应当采取正确的态度。

贺龙在办公室的墙上挂起了一幅大比例尺的珠峰地形图，上面标示着登山路线和每一个营地的位置。他让秘书守着电话，随时听取登山大本营的报告，并在地图上标明登山队每日到达的位置，便于不断了解登山进展情况。

由于天气恶劣，登山的第三次适应性行军遇到了困难。后来，虽然完成了任务，但也付出了不小的代价。一批在体力和技术上有希望登顶的运动健将如史占春、王凤桐、许竞、陈荣昌、彭淑力等不同程度地冻伤，不能继续攀登。这一严酷的现实，在登山队引起了不安。此时，周恩来访问缅甸后回到昆明，一下飞机就问："我们的登山队登到哪里了？"当他知道这一情况以后指示说：要重新组织力量攀登顶峰。贺龙向登山大本营传达了周恩来的指示，命令韩复东"要不惜一切代价，重新组织攀登。剩下几个人算几个人，哪怕剩下最后一个人，也要登上去"！

登山突击队员王富洲、屈银华、贡布经过艰苦拼搏，终于在5月25日黎明4时20分胜利登上了顶峰！

新华社随队记者郭超人含着喜悦的泪水，立即向北京发出了征服世界最高峰的第一条电讯。贺龙收到了登顶成功的报告，眼里也闪出喜悦的泪花，立即向在外地的毛泽东和周恩来做了报告。周恩来正在参加一个宴会，接到贺龙的电话，他兴奋地举起酒杯，建议大家为征服世界最高峰干杯。然后，他又斟上满满的一杯酒，端端正正放在桌上，深情地说："这杯酒留着，等我们的登山英雄回来，请他们喝！"

贺龙也向登山队发出了热情洋溢的贺电，并打电话给人民日报社，建议他们为此发行一张号外。当天，《人民日报》创刊以来的第一份套红"号外"，飞舞在首都街头。人们争相阅读，奔走相告，群情振奋。

6月26日下午，国家体委、中华全国总工会和共青团中央在北京工人体育场联合举行了有七万多人参加的盛大庆祝会。贺龙对大会组织者说：要让登山英雄们和国家副主席董必武坐在一起。于是，身穿蓝色登山服和藏族服装的史占春、许竞、贡布和刘连满，同董必武副主席、贺龙、罗瑞卿、郭沫若等在京的国家领导人并肩坐在主席台上，接受了少先队员献上的鲜花。贺龙在大会上说："我国登山队在全国人民热情支援下，经过两个月的战斗，终于把五星红旗插上了世界第一高峰，完成了人类历史上从北坡登上珠穆朗玛峰的创举，在世界登山史上写下了光辉的一页。它又一次有力地证明：解放了的中国人民无高不可攀，无坚不可摧。"他热情赞扬说："在登山队的英雄当中，有不顾高山缺氧的危险和身体极度疲劳，坚持不渝爬上顶峰的王富洲、贡布、屈银华；有身先士卒，历尽艰辛破冰前进的登山队长史占春；有让战友踩着双肩越过绝壁，把宝贵的氧气留给同志的刘连满；还有无数往返奔波于冰山险川之间，为了胜利登上珠穆朗玛峰而贡

1960 年 5 月，贺龙在欢迎登上世界最高峰的登山运动员胜利归来大会上讲话

献一切力量的英雄。这种无比高尚的共产主义思想和风格，是我们伟大的时代、伟大的精神面貌的集中反映，也是我们每一个人学习的榜样。”

中国人从北坡登上珠峰，在国际上引起了巨大震动。香港的一家报纸评论道：“这是一场没有裁判的不言而喻的竞赛。中国以3：0获胜。”国际登山界盛赞中国登山队的这一胜利，说它将作为登山探险的一个里程碑永远载入史册。

攀登珠峰后，登山协会提出：1964 年向最后一座 8000 米以上的处女峰——希夏帮马峰冲刺。贺龙支持这一计划，他说：“爬希夏帮马峰，要爬就得爬上去。将来再登珠穆朗玛峰时，从北边上，南边下；或从南边上，北边下。”史占春说：“将来我们可以组织两支队伍，同时从南、北两路登，南上北下，北上南下，就是来个双上双下。”

贺龙听了大为振奋：“对嘛！这个办法比我想的好。这样做是一个壮举，不但影响大，而且是世界第一！”

希夏帮马峰海拔 8012 米，是世界上最后一座尚未有人攀登过的 8000 米以上的高峰。“希夏帮马”是藏族人民给它取的一个并不美妙的名字，意即“青稞枯败，牛羊死光”的地方。许多外国登山家把它称做“神秘的山峰”。

1964 年 5 月 1 日，由 13 名汉、藏族运动员组成的突击队，在队长许竞、副政委王富洲、副队长张俊岩率领下，登上“突击营地”。5 月 2 日，许竞、张俊岩、王富洲、邬宗岳、陈三、索南多吉、成天亮、米马扎西、多吉、云登等 10 名勇士登上了峰顶。

贺龙在招待登山队的宴会上说：登希夏帮马峰，没有一条现成的道路，但路是人走出来的。中国登山队员在党的领导下，依靠集体的力量，依靠自己的一双手、两条腿，从万分险恶的岩石和冰雪上，踏出一条路来，直达顶峰。他号召全国体育工作者和运动员向登山队学习，横扫骄娇二气，吃大苦、耐大劳，勤学苦练，掌握过硬本领，迅速地攀登上各项体育运动的世界高峰。

中国现代登山运动从一开始就同科学考察联系在一起，这应当归功于贺龙。贺龙说：“没有科学考察，登山就没有生命力。登山队员要用科学成果为国家建设服务。”攀登珠峰成功以后，贺龙向登山队员提出了要成为登山家、探险家和科学家的新要求。在攀登希夏帮马峰时，贺龙还决定，攀登成功以后，举办一次高山科学考察展览会。因此，无论是攀登珠峰，还是攀登希夏帮马峰，登山的科学家们都完成了预定的考察计划，获得了大量的数据和标本。

贺龙（二排右二）和董必武（二排左一）等接见征服珠穆朗玛峰后凯旋的中国登山健儿

在新中国，乒乓球运动有广泛的群众基础，但水平很低。后来由于中国共产党和人民政府的重视，以及乒乓球界有识之士的努力，这个项目的水平提高很快。在 1959 年第二十五届世界乒乓球锦标赛上，容国团为中国夺得了第一个世界冠军。国际乒乓球联合会决定，1961 年在北京举办第二十六届乒乓球锦标赛。这是国际体育组织第一次委托中国组织的单项世界大赛。贺龙认为，这是促进中国体育事业发展，特别是推动中国乒乓球运动向世界水平迈进的一个良机。他指示国家体委，一定要全力以赴，把这次比赛“办得像个样子”。

贺龙指派国家体委副主任荣高棠组织一个强有力的工作班子，并派若干“蹲点小组”，进驻国家乒乓球队。许多人都感受到了贺龙指挥小小“银球”的分量。有人说，贺老总把半个国家体委都搬来了！

1961 年 2 月初，贺龙南下视察部队。行前，他请陈毅给乒乓球队作一次动员讲话。3 月 12 日，陈毅陪同周恩来来到北京工人体育馆，看望正在紧张训练的运动员。周恩来叮嘱说：“你们要好好练习，好好保养，不要紧张，为国争光。不仅要比赛，还要学习，把别人的长处通通吸收过来。不要争一日之短长。胜了还要再胜，如果不胜，下次再来。不要光看今年一年，要看长远些。”陈毅说：“贺老总南下视察部队，让我来给大家讲讲话。我代表党中央、国务院表个态：你们打好了，鼓励你们；你们没打好，没取得特别优胜，也不责备你们。胜利的英雄，我们尊敬；失败的英雄，我们更尊敬。我们鼓励你们力争胜利，也鼓励你们失败不泄气。要有泱泱大国的风度，不要斤斤计较，赢得输不得，赢了笑嘻嘻，输了哭啼啼。如果你们全部失败，我回来要请你们吃饭，给你们敬酒献花，鼓励失败的英雄。”

贺龙回到北京，第二天就去向中国乒乓球队做赛前动员。他的第一句话是：“今天，我来看看你们，不是来向你们要奖杯，给你们增加包袱的。”运动员们禁不住都笑了起来，笼罩在会场上的紧张空气一扫而光。贺龙接着说：“我国的乒乓球队从 1953 年第一次参加世界锦标赛到现在，不到 9 岁，还是个‘红领巾’。我当主任的，对你们已经取得的成绩是满意的。一个 9 岁的娃娃，经验不多，比日本、瑞典、匈牙利、捷克斯洛伐克等队都年轻。他们都是前辈，都是教师。后辈打前辈，学生打先生，应当没有‘包袱’。对什么队——不管是强队还是弱队，都要拼命打，像打老虎一样，打出风格，打出水平。你们很年轻，要放松打。这届不行，还有二十七届、二十八届、二十九届。我再讲一遍，不要背‘包袱’。我看在座的都有‘包袱’。你们都把‘包袱’卸下来。‘初生牛犊不怕虎。’不怕输，就不一定输。希望小将们把外国种子队员多打下去几个，为中国种子队员开路。”贺龙讲了两个多小时，深入浅出，妙趣横生，运动员们受到了极大的鼓舞，信心倍增。

4 月 4 日下午，第二十六届世界乒乓球锦标赛在北京工人体育馆拉开战幕，参加比赛的，有来自世界五大洲的 32 个乒乓球协会选派的 220 多名男女选手。中国男女队一路“夺关斩将”，“杀”败了许多著名种子选手，双双获得了同日本队的决赛权。

14 日晚上，北京工人体育馆座无虚席，大家以急切、紧张的心情观看团体决赛。

中国男队以容国团、庄则栋、徐寅生，迎战日本队，打得十分紧张激烈，扣人心弦，终于夺得了冠军。女子团体决赛，中国队获得亚军。贺龙陪同董必武、邓小平、彭真、李富春、李先念、陆定一等接见中国队的领队、教练员、裁判员和运动员以后，回到家里，躺在床上兴奋得无法入睡，便叫女儿晓明给荣高棠打电话，再次向运动员、教练员表示慰问和祝贺。

运动员们一回到住地，职工们把赶制的一只迎春花篮和一盘做成锦标赛会标图案的大蛋糕，抬到他们面前，祝贺胜利。运动员们望着这两件珍贵的礼物，十分感动。看着大蛋糕，谁也舍不得吃一口。大家认为，贺老总花的心血比谁都多，一致决定把这个大蛋糕送给贺老总，当即推选领队张钧汉等为代表，连夜送到贺龙住地。这时已是 15 日凌晨 1 点多钟了。

第二天清晨，薛明向贺龙讲了运动员们送蛋糕的经过，他高兴极了。虽然因患糖尿病，医生一向不让他吃甜食，但他珍惜乒乓球小将们的一片心意，深情地说：“今天我可以破例，一定要尝尝小将们送的蛋糕。”

贺龙与参加第二十六届世乒赛的各国运动员在一起

单项比赛，庄则栋摘下了男子单打桂冠，赢得了圣·勃莱德杯；邱钟惠夺得女子单打冠军，获吉·盖斯特杯。中国选手在第二十六届世界乒乓球锦标赛上，总共获得了3项世界冠军、4项亚军和8个第三名。这一中国体育史上空前的胜利，引起了国内外极大的震动。

在授奖仪式结束后，大家沉浸在胜利的喜悦之中，贺龙却把国家体委和乒乓球队的负责人留在工人体育馆，连夜开会。他说：‘二十六届比赛结束了，但继续战斗的思想不能结束。现在我们已成骑虎之势。骑在虎背上，绝不能下来！我们要保持清醒的头脑，看清我们的乒乓球队已经成为‘众矢之的’，绝不能掉以轻心，要立即准备夺取下一届的胜利。‘蹲点小组’不能马上解散。要抓紧时间，认真总结经验，调整队伍，采取措施，提高战斗力。’他还说：“人，总是要退出历史舞台的。长江后浪推前浪，世上新人赶旧人，要掌握这个规律，注意培养新人，把班交接好。”

中国乒乓球队在第二十六届世界乒乓球锦标赛上取得的胜利与贺龙重视体育科学研究分不开。他认为，体育科学研究工作是推动体育事业发展的重要手段。早在1958年9月18日成立的北京体育科学研究所，在第二十六届世界乒乓球锦标赛前夕，搜集了世界各国著名乒乓球运动员，特别是日本乒乓球运动员打弧圈球的许多技术资料，给中国乒乓球队提供了大量信息。比赛以后贺龙对运动员说：“你们不要忘了科研所提供的资料，他们立了一功！”

1962年，贺龙提出：体育用品，包括乒乓球拍等都值得研究。他说，这就好比部队手中的武器，需要不断研究、改进。体育科研所经过反复研究乒乓球拍，连

贺龙（二排右四）同获得第二十六届世乒赛三项冠军的部分中国运动员、教练员合影

续试制了 4 批 68 种木板、15 种胶皮、7 种海绵样品，通过近 200 人次的试用，积累了大量数据，又经过认真的科学分析，找到了适合中国乒乓球运动员使用的球拍的类型和规格。试制出来的海绵和胶皮，达到了日本著名的蝴蝶牌的水平；木板达到了美国威尔逊牌的水平。为中国乒乓球队在国际比赛中取得好成绩创造了条件。

在 1963 年举行的第二十七届世界乒乓球锦标赛中，中国男队蝉联冠军，庄则栋蝉联男子单打冠军。而女队却由亚军跌到了第三名，女子单打比赛只有孙梅英获得了第三名。

为了帮助女队打好翻身仗，早日登上世界冠军宝座，1964 年 4 月下旬，乒乓球队运动员徐寅生给女队员讲了一次话。他首先坦率地解剖自己，讲了他如何克服思想上和技术上的弱点，树立雄心壮志，敢于为国家的荣誉而去拼搏的经验和教训；然后逐条分析了女队存在的主要问题。他的讲话深刻尖锐、亲切中肯，深深地触动了女队员们。

10 月 10 日，贺龙收到了徐寅生讲话的记录稿。他认真地读着，越读越有兴趣，一口气将它读完，连声叫好，立即给国家体委领导写了一封信。信上说："徐寅生的讲话有几个问题我认为提得很好。首先，是为谁打球的问题，要把祖国的荣誉放在第一位；其次，是怎样在战略上藐视敌人，在战术上重视敌人，灭他人的志气，长自己的威风；最后，是运动员也要像解放军那样，思想上经常有杆枪，时时事事联系到怎样打好球，临场更要抛开个人的得失。总之，要胸怀雄心壮志，平时刻苦训练，比赛敢打敢拼。我看这些都是正确的。徐寅生同志还用自己的亲身体会、自我检讨来说明问题，就更有说服力。”

贺龙又将徐寅生讲话的记录稿送给毛泽东。毛泽东读后于 1965 年 1 月 12 日批示：“徐寅生同志的讲话和贺龙同志的批语，印发中央工作会议同志们一阅。并请你们回去后，再加印发，以广宣传。同志们，这是小将们向我们这一大批老将挑战了，难道我们不应该向他们学习一点儿什么东西吗？讲话全文充满了辩证唯物论，处处反对唯心主义和任何一种形而上学……”

周恩来把毛泽东的批件转给贺龙，并说：“这可是千军万马的力量啊！”

贺龙接到批件，迅即召开国家体委党委会议，学习、座谈毛泽东的批示和周恩来的指示。他对大家说：“毛主席对徐寅生的讲话提得很高。体委要跟上去。”“不要看不起运动员。对小将要重视，要培养、教育，接班人就是他们。徐寅生是毛主席亲自批准的体育战线的第一个标兵。还要培养第二、第三、第四个标兵。”“我老早就讲过，要树立乒乓球队这个标兵。徐寅生是一个高标准的标兵，有人看不起徐寅生，但毛主席看得起。”他还交代体委，要把几年来运动员写的文章汇集起来，印成小册子，让大家看看，对学习会有很大的推动。

贺龙又到国家乒乓球队去，向运动员们宣读毛泽东的批示。他对其他项目的运动队说：“你们要跟乒乓球队比赛，首先要在政治上比赛，要学徐寅生，要赶徐寅生，超徐寅生。都要做到心怀祖国，放眼世界。全国要培养几百个、几千个、几万个徐寅生，体育事业就搞得更好了。”

1965 年 4 月，第二十八届世界乒乓球锦标赛在南斯拉夫的卢布尔雅那举行。中国女队第一次夺得团体冠军。连同男子团体、男女双打和男子单打，中国队共获得五项冠军。贺龙正在西南视察，得到喜讯，即致电中国乒乓球代表团热烈祝贺，并转达了毛泽东的祝贺。

贺龙返京后，5 月 29 日陪同周恩来、邓小平、陈毅等接见了中国乒乓球代表团全体人员。他仔细地看了郑敏之写的《二十八届比赛总结》，批示道：“我很高兴。这个总结的特点，就是敢于暴露自己的思想，敢于批判自己的缺点，有自我改造的勇气，有自我革命的精神。郑敏之同志 13 岁到运动队来，现在也不满 20 岁。”“她有干劲儿，有志气。在比赛中，打出了风格，打出了水平。”“这篇总结，又有力地说明乒乓球队的工作是有成绩的。”“我认为，我们整个体育队伍所有的运动员，如果都能像乒乓球队这样学习毛泽东思想，就大有希望，大有可为。”

国家羽毛球队也是在贺龙的关怀下成长起来的。球队刚组建时，第一批队员是从印度尼西亚归国的王文教、林丰玉和陈福寿等人。后来，方凯祥、汤仙虎、侯加昌、陈玉娘、梁小牧等相继回国，组成了一支以归侨为主力的运动队。1958 年，中国羽毛球队提出了“打败世界冠军”的口号。1963 年夏，中国邀请已获两届汤姆斯杯的印度尼西亚羽毛球队访华。中国国家队与客队比赛五场，四胜一负，实现了 1958 年的誓言。1964 年秋，国家羽毛球队回访印度尼西亚。中国队同东道主队比赛，六战全胜，进一步显示了中国羽毛球队的实力。

北欧的羽毛球强国丹麦和瑞典闻知中国队屡次战胜世界冠军印度尼西亚队，急欲同中国队一比高低，便邀请中国队访问北欧。贺龙接见出访的中国羽毛球队负责人时说："这次出访，我们自己出钱，就算是交学费，打输了没关系，但是要把他们的技术特点、打法带回来研究。"

1965 年秋，中国羽毛球队在丹麦和瑞典以"快、狠、准、活"的风格，进行了 34 盘比赛，全部获胜。丹麦选手不服输，在招待中国选手的宴会上说："10 月份不是我们竞技状态最好的时刻，4 月份对我们是最佳时节。希望中国明年春天邀请我们到贵国再进行一次比赛。"

羽毛球队归国后，贺龙称赞他们"打得不错，为祖国争得了荣誉。第一条是政治挂了帅，脑子里有祖国、有人民、有党和毛主席；第二条是流了汗水、用了脑子"。羽毛球队负责人向他讲了丹麦选手不服输的事。贺龙说："我已经在报纸上看到了。"他要求羽毛球队好好训练，准备明年三四月份邀请丹麦队。他说："你们要赢球还要赢心，让对方口服心也服。丹麦队来华的费用，我们承担。"

1966 年 4 月，丹麦羽毛球队男女选手各四名如约来华。他们在比赛中确实发挥出了最佳水平，但仍然输给了中国队。

第五节 "三大球搞不上去，我死不瞑目"

贺龙出任体委主任以后，对提高足球、篮球和排球这"三大球"的水平一直十分关注，期望能尽快赶上世界先进水平。1954 年，国家体委派青年足球队去匈牙利，向曾获奥运会冠军和世界锦标赛亚军的匈牙利足球队学习。出国前，贺龙委托国家体委副主任蔡廷锴和荣高棠代表他去饯行。荣高棠对领队柯轮说："贺老总要我转告你们：你们是新中国第一支出国学习的年轻的足球队，这是党对你们的信任和培养。我国足球事业的希望，寄托在你们身上。你们一定要勤学苦练，把外国的先进技术学到手，结合自己的特点去发展，为提高我国的足球水平做贡献。"

1955 年春，柯轮回国向贺龙汇报足球队的学习情况。贺龙逐个询问了队员的学习和生活，并给中国驻匈使馆代办郝德青写了一封信，希望他加强对运动队的领导，经常检查督促和帮助。他把信交给柯轮，再三嘱咐："向足球队的同志们问好！希望他们安心从事一辈子体育事业，祝他们进步！"

这支青年足球队学习勤奋，在短期内就掌握了一些先进的足球技术和战术。1955年8月，他们赴波兰华沙参加第五届世界青年联欢节，以"北京足球队"的名义，和华沙队对阵。1952年中国队曾以0：7输给波兰克拉斯科夫部队足球队。这次华沙队扬言，要以8：0胜北京队。这时，贺龙正率领中国政府代表团参加波兰人民共和国成立10周年纪念活动。他把李梦华和柯轮叫到宾馆，问："你们听说了吗？华沙队扬言要以8：0打败北京队。你们有什么感想？运动员是怎么想的？"他们表示，运动员的技术已有较大提高，赢虽然没有多大希望，但绝不会输8个球。贺龙说：“你们一定要认真对待，不能掉以轻心。球可以输，但中国人民的志气不可灭。足球队要学习解放军英勇善战、百折不挠的战斗精神，打出水平来。你们回去告诉运动员们，第二天我要到场助威！”

8月1日，当贺龙出现在主席台上时，北京队精神大振，开场不久就踢进一球。贺龙为他们鼓掌。终场时，北京队虽然以2：3失利，但北京队的顽强精神和球艺进步之快，受到了球迷们的称赞。回国后，经贺龙提名，优秀守门员张俊秀被补选为第一届全国人民代表大会代表。

贺龙对中国足球队寄以很大的期望。对他们的微小进步，都予以热情鼓励。1956年2月，南斯拉夫国家二队来华访问。在上海江湾体育场首战中国青年队。开赛前一天，正在上海的贺龙接见了青年队。对他们说：“南斯拉夫的足球队水平高。但是你们在匈牙利苦练了这么长时间，提高也很快，并不比他们矮一头。你们上场，不是耷拉着脑袋去准备输球的，而是要挺起胸膛，敢于和他们比个高低。”这场比赛，中国青年队虽然以2：4失利，但踢得勇猛顽强，表现相当精彩。第二天，贺龙在上海体育学院接见他们。青年队的小伙子们因为没有赢球，不好意思地坐在同时被接见的上海运动员后头。谁知，贺龙一进会场，就称赞起青年队来：“你们昨天踢得很好，你们是英雄！踢出了中国人的志气和精神，这就是完成了任务。干什么缩在后头？快坐到前边来。”“输了怕什么？球虽然输了，但下半场是2：2，有后劲，实力相当。你们要牢牢记住这场球，认真总结，不断发扬这种精神。我们的足球运动是大有希望的。”

在雅加达召开的第一届新兴力量运动会上，中国足球队负于乌拉圭队，没有进入前四名。贺龙没有批评足球队，反引咎自责。他说：“我是体委主任嘛，运动队没搞好，是我的责任，不能怪运动员。”他派国家体委负责人帮助他们总结经验，还亲自同罗瑞卿联系，让足球队员到“硬骨头六连”“当兵”，向解放军学习，磨炼意志。

贺龙没有批评运动员，但对足球的现状并不满意，他说：“我们足球队有些技术是向匈牙利学的，但我们自己也有好的东西，有自己的特点和长处，不能全都学人家的。老跟在人家后面跑不行。足球除了短传，还可有长传、中传，两条腿要像两只手，左脚不能踢不行。”他决定 1964 年 3、4 月间，国家体委举行一次全国足球工作会议。贺龙向主持会议的黄中交代说：“我对足球的现状是不满意的。一定要通过这次会议解决问题，足球一定要上去。”

这次会议，根据贺龙对足球工作的多次指示和建议，研究了中国足球运动的现状，就存在的问题提出了改进意见。国家体委发出了《关于大力开展足球运动，迅速提高技术水平的决定》。确定北京等 10 个城市和地区重点开展足球运动；要求足球从少年抓起，以中小学为开展群众性足球活动的主要基地；针对中国足球队“风格软，体力不足，射门差”的问题，提出了不怕吃苦、不怕流汗、严格要求，进行大运动量训练，在技术全面发展的基础上，狠抓以射门为中心的 30 米以内硬功夫等措施。同年 6 月，贺龙责成国家体委机关会同共青团中央、教育部，联合发出了《关于在男少年中开展小足球活动的通知》。这年年底，几个主要城市已有 50% 左右的中小学建立了足球队。同时，国家体委恢复了甲、乙级联赛的升降级制度。

此后，中国足球运动的水平有了较快的提高。在第二届全运会后，组建了以年轻运动员为主的国家足球队。他们在 1966 年亚洲新兴力量运动会上，取得了亚军。

篮球运动在中国开展得比较普遍。1951 年 5 月，在第一次全国性篮球比赛之后，组建了国家篮球队。但技术水平并不高。

贺龙对提高中国篮球运动的水平付出了很多心血。他经常去看中国篮球队的训练和比赛，同他们一起总结经验教训，从思想、技术、战术上提出一些很有指导性的意见。他在分析中国队在国际比赛中往往先赢后输的原因时指出："关键问题是有迷信思想，怕洋人，即使赢了，也不相信自己能赢。因此，首先要破除迷信，解放思想，要敢于斗争，敢于胜利。"他建议国家体委派国家篮球队到苏联和东欧一些国家去学习和比赛，吸取先进经验，锻炼队伍。

针对中国和欧洲篮球运动员不同的身体条件，贺龙建议："篮球要提出一个矮个子打败高个子的要求。欧洲人一般都比我们高大。光凭个子，我们总不能取胜。从我们的身体条件出发，一定要学会左右手都会投篮，也要学会投远篮。投远篮也是为了投中篮、近篮。总之，远篮、中篮，左手、右手，什么篮都会投。这样矮个子就能打败高个子，就能把我们的篮球队锻炼成为一个强队。"

1959 年第一届全运会期间，国家体委邀请保加利亚、捷克斯洛伐克、匈牙利和其他体育代表队来华比赛。其中，保加利亚篮球队曾获奥运会第四名和欧洲冠军，实力最强。

贺龙看过保、捷两强比赛后，对中国男篮第二天迎战保加利亚队能否取胜，一直不放心。当晚，夜已很深，贺龙约了荣高棠和黄中，前往中国男子篮球队的住地，找教练员陈文彬和张子沛。贺龙问："明天的比赛准备怎么打？我看他们的中锋厉害得很，投篮也很准。你们用什么办法对付呢？"

两位教练没料到他们会深夜造访，不免有些紧张，互相推让了一番之后，张子沛一边在沙盘上摆着模型，一边讲述他们拟订的比赛方案。

贺龙听完汇报后说："好，我们就要搞个小个子打大个子战法。对强手要敢打敢拼，不要怕他们。你们不但要守得住，还要攻得下，能攻善守。打好这场球，向国庆 10 周年献礼，为毛主席争光！"

第二天，贺龙和国家体委的几位负责人都到场观看。中国男篮的战法果然奏效，以86∶77战胜了被称为"巴尔干雄鹰"的保加利亚队。这一下轰动了北京城。贺龙说："篮球不要照搬欧洲高中锋的打法，要发挥中国人灵巧、速度快、弹跳好的特点，狠抓投篮命中率，保持和发扬篮球'砸眼'等传统技术。如果我们近投、中投、远投都能得分，还会不赢吗？"

中国排球运动的水平，起初也比较低。1956 年中国第一次参加世界排球锦标赛时，女队名列第六，男队名列第九。

在此之前，中国排球运动员已经创造了"快板球""后排插上""两次球""勾手大力发球”“上手飘球”等当时比较先进的技术，但国内却未予以重视。20 世纪 60 年代初被日本女排“引进”，很快风行世界。那时的中国排球，普遍存在着“快攻强，强攻弱；进攻强，防守弱”以及“一传、拦网、防反”等技术较差的问题，以致在 1962 年世界排球锦标赛上，中国男女队均只取得第九名的成绩。

日本女子排球队在 1962 年登上世界冠军宝座，1964 年又摘取了奥运会桂冠，被称为“东洋魔女”。她们是如何快速起飞的？这引起了中国排球界的注意。后来发现“东洋魔女”的成功“秘诀”是教练大松博文采用了大运动量的训练方法。这同贺龙提出的“训练的难度应该比比赛时大两倍”的观点是相近的。贺龙指示国家体委邀请日本女排来华做较长时间的访问。

1964 年 11 月 10 日至 12 月 2 日，应国家体委之邀，大松博文率领世界女子排球锦标赛冠军——“贝冢”队再度来华。在首场比赛的前一天下午，贺龙来到北京体育馆观看客队训练。一开始，他就被大松博文指导训练的场面吸引住了。

大松亲手将球扣给女队员，其力度之大、角度之刁、速度之快、频率之高，是前所未见的。姑娘们竭尽全力，不顾伤痛，拼死扑救。有的姑娘精疲力竭，倒地不起，大松竟把球连连向她身上扣去，并大声责骂，直至她挣扎起来接球。

贺龙看后对有关人员说：召集在京的排球队都来观摩，组织教练员和运动员座谈，学习她们的长处。他还说：“各队都要研究和保持自己的独特打法，不要学了大松的，又丢掉了自己的。”

贺龙同李达、黄中、李梦华等研究后提出：如大松同意，可以邀请他明年来华指导训练。贺龙将这个意见报告了周恩来和陈毅，并请他们去看看大松博文的训练。11 月 25 日下午周恩来观看了大松的训练。在接见大松时周恩来说：“你这次带队来，不能久留。欢迎你以后再来中国访问。”

一国的总理亲自观看一名排球教练员主持训练，还要接见他，这对大松来说，是从来没有得到过的殊荣。他为中国总理的赏识所感动，欣然表示明年再来中国。

贺龙决定借助日本女排这次访华，推动全国的体育训练。经国务院同意，他让国家体委趁“贝冢”队在上海比赛的机会，在沪召开全国排球工作现场会，委托李梦华赴沪主持，并转达他的意见：“大松训练方法有许多是科学的，合乎辩证法，值得我们借鉴。但他打人骂人的作风我们不能学，也绝不能丢掉我国‘快板’等优良传统打法。”“学习外国先进技术也要以我为主，发扬中国的特点。”12 月上旬，各省、市、自治区体委代表包括各主要体育项目的教练员共 320 人，集中上海，边观摩、边讨论，对照日本排球队的训练，找各自的差距。这次会议进一步肯定了“三从一大”的训练原则和在运动队内树立“三不怕”、“五过硬”的作风；强调了基本技术训练要“全面、熟练、准确、实用”的精神。上海会议的召开，不仅在排球界，而且在全中国体育界都发生了重大而深远的影响。

但是，比较世界最高水平，中国“三大球”的进步幅度，仍不尽如人意，无法同世界强队甚至亚洲强队抗衡。贺龙甚为焦虑。1962 年春，贺龙在同国家体委的几位领导人研究工作时，郑重表示：“我不晓得你们安心不安心？‘三大球’为什么上不去？解放到现在已经15年了，再搞不起来，难道要搞50年？必须赶快下工夫啊！我快70岁了，我希望在见马克思之前能看到‘三大球’翻身。”他停顿了一下，以充满希冀的目光，望着在座的人员，语调铿锵地说：“‘三大球’搞不上去，我是死不瞑目的！”1965年12月8日，在国家体委党委会上，荣高棠又转达了贺龙的话：希望我活着的时候把“三大球”搞上去。贺龙气吞山河的宏愿伟志，深深地感染了国家体委的负责人，也感染了中国体育界，成为体育界的共同誓言。

第六节 架设友谊的桥梁

贺龙常说：“体育腿长，哪里都能走。”“在国际联系中，体育和文化艺术、贸易一样，往往是打先锋的。我们去搞体育活动，各方面的人都比较容易接受，左、中、右派都好接触，有助于扩大我国影响。”

新中国成立后，美国和某些西方国家出于他们的政治偏见，竭力阻挠中华人民共和国成为国际奥林匹克组织的成员，并企图在国际体育组织中制造“两个中国”，给新中国同世界各国发展体育交往制造了许多障碍。

1954年5月，在雅典举行的国际奥委会第四十九届委员会上，以23票对21票通过了承认中华全国体育总会为中国奥委会成员的决议。但是，担任国际奥委会主席的美国人未经全体委员讨论，把台湾的体育组织也列入了奥委会成员之中，企图在奥委会中制造“两个中国”。1955年6月，中国奥委会副主席兼秘书长荣高棠等赴巴黎参加国际奥委会执委会与各国奥委会代表联席会议，他坚决反对在国际体育组织中制造“两个中国”的阴谋。中国奥委会宣布：反对公开制造“两个中国”的阴谋，不参加第十六届奥林匹克运动会，中国奥委会和有关体育组织在1958年6月至8月相继退出国际奥委会和各联合会，并声明在国际奥委会及其他国际体育组织改正错误之前，中断同他们的一切关系。①

9月5日，贺龙就这一事件发表讲话说：“体育运动对于沟通国际往来，增进国际友谊，都起了一定的作用。几年来，我们通过体育来往结交了36个国家、5000多位国际朋友，……冲破了外交限制，和日本、法国、西德等国进行了体育往来。”“我们为彻底粉碎帝国主义利用国际体育组织制造‘两个中国’的阴谋，退出了凡有蒋帮代表参加的国际奥林匹克等10个组织。今年，我们更要发愤图强，自力更生，拿出成绩给那些帝国主义分子看看。”体育界有些人担心这样做会使中国处于孤立地位。贺龙却充满信心地说：“原则立场必须坚持。我们绝不能做有损祖国荣誉的事。我们是伟大的社会主义国家，谁也孤立不了！我们的朋友遍天下！帝国主义封锁、孤立我们快10年了，我们的国家不是照样兴旺发达

---

① 1979年，国际奥委会执委会名古屋会议通过决议，确认中国奥林匹克委员会为中国全国性的奥委会；设在台北的奥委会以“中国台北奥委会”的名称留在国际奥委会内。同年11月，国际奥委会经通讯表决，批准该决议。1980年2月，中国恢复参加国际奥委会的活动。

了吗？总有一天，他们会请我们回去的。占人类四分之一人口的中国，谁能永远闭着眼睛说不存在？关键是我们要坚持不懈，在体育上搞出成绩来。”

1962 年夏，第四届亚洲运动会在印度尼西亚举行。东道国为主持正义，拒绝台湾体育组织用“中华民国”的名义参加。但是，在洛桑举行的奥林匹克运动会执委会无理决定：不承认第四届亚运会，不定期地禁止印度尼西亚参加奥林匹克运动会，还要印度尼西亚为此承认“错误”，企图压印度尼西亚屈服。印度尼西亚总统苏加诺毫不示弱，于 1963 年 2 月 13 日庄严宣布印度尼西亚退出奥林匹克运动会，并倡议召开“新兴力量国家运动会”。他的这一义举，显示了亚洲独立国家的豪迈气概，中国政府坚决支持。

6 月 26 日，国家体委副主任蔡廷锴在北京主持了中华人民共和国参加第一届新兴力量运动会筹备委员会成立大会。贺龙被推选为筹委会主席。他在大会上说：“新兴力量运动会高举团结起来反对帝国主义、反对殖民主义的旗帜，所以我们要大力支持。”他建议筹委会，为参加第一届新兴力量运动会组织选拔赛。他说：“得前七名的就参加，凡是水平低的，就不得参加。我们支持新运会，但是要有水平，不能花了国家的外汇，去当观察队。”1963 年 10 月初，中国体育代表团在北京组成，共有 14 个项目的代表队，238 名运动员。

印度尼西亚体育部长马拉迪向中国大使姚仲明表示：中国由贺龙元帅亲自主持参加新运会的工作，我们对此极为重视。如果贺龙元帅能亲临新运会，将对新运会增光不少。10 月 26 日，印度尼西亚共和国第二首席部长兼外交部长苏班德里约，正式邀请贺龙去印度尼西亚参加新运会。11 月 6 日，贺龙应邀飞往雅加达。

10 日，第一届新兴力量运动会在雅加达开幕。当身着蓝色上衣、米黄色下装的中国选手迈着整齐、矫健的步伐，行至主席台前时，场内 10 万观众不约而同地高呼“中国！中国！”此时，印度尼西亚总统苏加诺情不自禁地与同他坐在一起的贺龙紧紧握手。

第二天上午，贺龙赴茂物拜会了苏加诺，并代表刘少奇主席向苏加诺赠送礼品。贺龙还先后会见了印度尼西亚各位副总理、武装部队参谋长等政府和军队的领导人，为增进中国和印度尼西亚两国人民的友谊做出了贡献。

第一届新运会于 11 月 22 日胜利闭幕。各国运动员在新运会上创造了 5 项世界纪录和 60 多项本国纪录。中国运动员获得 66 块金牌、56 块银牌和 46 块铜牌。其中，黎纪元打破了最轻量级抓举世界纪录；李淑兰打破了女子射箭双轮 30 米的世界纪录。

11 月 23 日贺龙回国。在他的专机上，搭乘了田径队和羽毛球队的十几名运动员。贺龙从前舱来到后舱，点着郑凤荣、倪志钦等人的名字，询问他们参加新运会的感受。倪志钦没有跳出好成绩，心情不好。贺龙安慰他说：“我知道你没跳好，老躲着我。跳不好没关系嘛。好好总结经验教训，下次就能跳出好成绩。打仗，我经常碰到这样的事，常胜将军是没有的。”

随着国力的增强、体育事业的发展、运动水平的提高，新中国不仅同苏联、

周恩来（右）总理到机场迎接贺龙副总理和参加第一届新运会的我国代表团胜利归来，并观看我国运动员获得的金质奖章

东欧和亚洲国家，而且同法国、西德等几十个欧美国家和地区发展了体育往来。国家体委频繁地派出体育代表团出国访问和参加比赛。贺龙大都亲自审定这些代表团和运动员的名单，并对他们耳提面命。每有外国体育代表团（队）来访，只要贺龙在北京，他都要接见，热情地向客人介绍新中国体育运动发展情况，诚恳地征求他们的意见和建议。通过不断地相互交往，使世界越来越了解了中国，对推动国家关系的发展起了重要作用，后来便发生了被称为“小球转动了大球”的“乒乓外交”，打开了隔绝 22 年之久的中美关系的大门。

贺龙在担任国家体委主任的 14 年间，由于他对发展体育事业有独到见解和高度的责任感、强烈的事业心、杰出的组织领导才能，以及重视人才，任人唯贤，使新中国的体育事业突飞猛进，不仅洗掉了“东亚病夫”的耻辱，并且为进入世界体育强国的行列打下了坚实的基础。

贺龙是当之无愧的中华人民共和国体育事业的奠基人。

第十八章 广泛的国务活动

第一节 领导中央机关精简整编

贺龙到中央工作以后，先被任命为副总理兼国家体委主任，后来又被选为中共中央政治局委员，担任中共中央军委副主席。从而，他除了继续以很大精力领导国家体委之外，还不断参与各方面的国务活动，根据中共中央、国务院和中央军委的决定，执行一些重要任务。

新中国成立后，随着国家建设事业的发展，中央一级机关也出现了盲目设置机构、扩大编制、增加人员等倾向。1952 年 10 月，中共中央决定贯彻“精兵简政，增产节约”的方针，对中央一级机关进行过一次整编，并确定了各部门的编制。但是，扩大机构、增加人员的趋势并没有刹住。精简整编工作，还需进一步落实。

贺龙到达北京不久，中共中央、国务院便将领导中央一级机关精简整编的任务交给了他。

1954 年 12 月中旬，中共中央决定成立国务院编制审查委员会，任命贺龙为主任。国务院的命令中指出，成立这个委员会的目的是：“为继续贯彻精简节约的精神，克服国家机关重叠，编制扩大等现象，以节减行政经费，提高工作效率。”命令规定“各部、各委员会、国务院各办公室，各直属机构，均应将本单位之机构编制，报经国务院编制审查委员会审查批准”。

贺龙上任伊始，有些部门领导人就来找他，希望对他们单位的编制做些照顾。有个别好心人还委婉地劝贺龙不要在精简整编中得罪人。贺龙听后坦然回答：“精简整编是中央的决策。中央让我抓这件事，我不能怕得罪人。”

贺龙用了近两个月的时间，亲自到一些部门去做调查，基本上掌握了中央一级机关的组织情况和存在的问题。他发现，到 1955 年 2 月底，中共中央各部、会，国务院各部、委、办，各民主党派、群众团体机关共 121 个 10.7 万余人，比 1954 年上半年核定的 9.3 万人的定额，增加了 14%。

由于机构不断扩大，层次重叠，人浮于事，助长了官僚主义和文牍主义。在机关人员中，还积压了许多有才能的领导骨干。有的部门抗日战争以前参加工作的干部占了干部总数的 32%，造成了人才的积压和浪费。

1955 年，中共中央决定国家机关实行工资改革，从原来的供给制改为薪金制。工资改革，与精简整编有密切的关系。因此，国务院决定将编制审查委员会扩大，改称国务院编制工资委员会，贺龙仍为主任，习仲勋为副主任。

中共中央决定，这次中央一级机关的整编，要精简 5.3 万人。也就是说，现有机关人员要减掉一半。在工资改革之际，人员的去留、机关级别的升降，关系到每个人的职级与工资待遇等切身利益。贺龙深感精简整编这项任务的艰巨。因此，他提出，首先要做好政治思想工作，其中的关键，是要把各级领导干部的思想搞通。

4 月 30 日，贺龙召开中央直属机关高级干部会议，做了《关于中央一级机构编制的基本情况和整编工作意见》的报告。他以大量的事实说明当前中央机构在编制体制、工作作风、办事效率等方面存在的诸多问题，阐明了进行整编的必要性和重要性，强调指出，如果中央机关不彻底改变目前这种状况，就很难适应党领导社会主义建设和社会主义改造的艰巨任务。贺龙还指出："此次整编的方针是：整顿机构，减少层次，紧缩编制，调整干部，精简人员。总的原则是只减不增，经过整编达到精干机构，紧缩编制，节约人力财力，克服官僚主义，进一步改进国家机关的工作作风，提高工作效率之目的。"这次整编"首先从整顿机构着手，划清业务范围，明确工作职责和工作关系，坚决裁并一切可有可无的和重复的机构，减少组织层次"。然后再"合理调整干部，将中央机关过多的科以上领导骨干及适合到地方工作的干部和使用不当的技术人员调整出来"。贺龙认为，妥善处理整编下来的干部是"保证整编工作顺利完成的关键之一"。对编余人员的处理，既要反对简单草率，推出门了事的态度；也要防止处理迟缓，久拖不决。要尽量帮助被精简人员解决一切应该解决的困难，对他们的工作做到合理分配。"处理的原则是：合理使用，妥善安置。处理的办法主要是：一、层层下放；二、学习训练；三、放在编外；四、退职回家。"最后贺龙要求，这次整编是改进国家机关工作，提高工作效率的重大措施，一定要搞好。各部门首长要亲自动手，层层负责，认真贯彻中央的整编精神，特别是要做好政治思想工作，打通干部尤其是各级领导干部的思想，克服消极抵触情绪。同时，要充分发动群众，采用领导和群众相结合的方法，及时发现和解决问题。各机关的整编工作在 5 月份全面展开，月底前提出新的编制方案，报编制工资委员会审批，6 月份开始按新方案调整机构和调配人员，7 月底基本整编就绪。

5 月 20 日，贺龙向中共中央和毛泽东、周恩来报告了中央直属机关的整编情况。他说，"减一半人的任务是可以完成的。精简之后，对工作不会削弱，而将进一步加强"。由于这次编余的干部数量很大，如何按党的干部政策将这些干部合理分配，妥善安置，是一项极为繁重的工作。因而贺龙"建议以中央组织部为主，召集有关部门组织一处理委员会来统一研究、统一处理"。中共中央采纳了他的建议。

从 6 月下旬起，中央机关开展了肃清一切反革命分子的运动，整编工作一度停顿。7 月 9 日，贺龙向中共中央和毛泽东、邓小平报告：到 6 月底，中央机关 44 个单位，已精简了 3 万余人，占这些单位 2 月底实有人数的 42%，预计到最后，还可以再精简一批人。贺龙建议 9 月中旬再召开一次中央机关负责干部会议，对下一阶段的整编做出安排。9 月 7 日，他将为此次会议准备的报告文稿——《关于进一步贯彻中央精简方针完成整编任务》呈送毛泽东、周恩来审批。在报告稿中，他肯定了四个月来，中央一级机关整编工作取得的成绩，指出了存在的问题，提出了下一阶段要进一步发动群众，研究工作制度和工作方法，确定编制方案，使机构设置、人员配备同工作任务相适应，同时做好干部调整和人员处理的工作目标，以及“肃反”告一段落的单位，应抓紧时机，继续进行整编，争取年底结束的要求。

中共中央 11 月份批示，同意贺龙上述报告以及他为国务院起草的《国务院关于处理中央一级机关整编出来人员的指示》《关于精简国家机关改进国家机构的决议》等文件，并批转到中共各省、市、自治区委员会，中共中央各部、委，国家机关、人民团体各党组，要求他们按照上述文件精神，做好精简工作。之后，中央机关的精简整编工作再度展开并顺利完成。

第二节 睦邻、和平、友谊

贺龙作为中央人民政府领导人之一，协助周恩来，贯彻睦邻友好，寻求和平、友谊与合作的外交方针，频繁地参与了外事工作。

1956 年 3 月，应巴基斯坦政府的邀请，贺龙作为中国政府的特使，赴卡拉奇参加巴基斯坦伊斯兰共和国成立和该国第一任总统伊斯坎德尔·米尔扎就职庆典。

当时，巴基斯坦是中央条约组织[①]的成员国，而且刚同美国签订了“共同防御援助协定”。贺龙此行的目的是宣传新中国的对外政策，按不同社会制度国家和平共处原则，发展中巴睦邻友好关系。在美国和西方对新中国实行敌视、封锁政策的时刻，这次访问引人注目。贺龙知道，此行能否成功，关键在于使这个国家了解新中国，了解中国人民爱好和平、睦邻友好的愿望。

贺龙（左）访巴时与巴基斯坦总统伊斯坎德尔·米尔扎互致问候

① 中央条约组织，是西亚地区性的军事联盟组织，成员有伊朗、伊拉克、土耳其、巴基斯坦、英国，美国以“观察员身份”参加。1955 年 11 月正式成立。后由于伊拉克和巴基斯坦、伊朗先后退出，该组织于 1979 年 9 月 28 日解散。

22日，贺龙一行抵达巴基斯坦首都。23日上午参加了伊斯坎德尔·米尔扎总统的就职典礼；下午到卡拉奇日汉哲公园出席了有十万群众参加的庆祝大会，发表了热情的讲话。24日上午，贺龙拜会米尔扎总统，代表毛泽东主席、周恩来总理向总统致意。米尔扎是位将军，对中国政府派一位元帅来参加庆典，十分高兴。他对贺龙说："我为中国派出贺龙元帅这样重要的人物来参加我们共和国成立典礼，而引以为极大的光荣。"他希望贺龙到各地看看。当他得知25日贺龙就要回国时，非常惋惜。贺龙说，中巴两国关系一天天增进，以后一定还有机会再来的。米尔扎一再问："到底什么时候来？"并说，他们的总理不久即将去中国访问，他希望周恩来总理不久也能来巴基斯坦回访，时间最好在今年冬天。这位总统对贺龙说："我们两个都是军人，说话会肯定确切的。请你告诉我，你究竟什么时候再来？"贺龙说："贵国总理访问中国后，周恩来总理可能要来贵国回访，本人希望能和周总理一起来。"米尔扎高兴地说："这应该是一项军人之间的诺言。"并说："巴基斯坦对中国怀有极高的敬意。我对毛泽东、周恩来等领导人十分仰慕。周恩来总理是极正直、极有天才、极有能力的政治家。"他请贺龙带个口信给周恩来：如果周总理对巴基斯坦，特别是它和别的国家的关系能给予任何指导，只要这种指导是符合公正的原则，他将乐意采纳。

贺龙把新到任的耿飚大使介绍给米尔扎总统，告诉他，耿大使也是一名军人，是一位将军。米尔扎听了，高兴地对耿飚说：大使有任何困难和问题，无论白天或黑夜，任何时候都可以找我，我都愿接见。最后，贺龙代表毛泽东主席向米尔扎总统赠送了礼品。这次拜会十分成功，给巴基斯坦领导人留下了很好的印象。贺龙又拜会了巴基斯坦总理穆罕默德·阿里和外交部长乔德里，同他们进行了坦率友好的谈话。贺龙坦诚地告诉他们：中国同一些邻国还有未划定的边界，但并不妨碍友好相处。我们要以和解的精神处理边界问题。中国和缅甸在去年10月举行了边界会谈，大家在互相信任的气氛中冷静地研究和解决问题，对双方都有好处。帝国主义总是要挑拨各国人民之间的关系，我们亚洲人民需要团结起来。

半年以后，贺龙随周恩来访问亚洲和欧洲的11个国家。这是中国政府根据当时国际形势采取的一次重大外交行动。11月18日至1957年元旦，他们依次访问了越南、柬埔寨、印度、缅甸和巴基斯坦五国。

在访问巴基斯坦时，米尔扎总统对贺龙遵守半年前的诺言，随周恩来再次访巴，尤为高兴。第二天就邀贺龙同他一起去打猎。12月21日，米尔扎同贺龙到达卡拉奇东北90英里（约合144.8公里）的海得拉巴附近的猎场，边打猎，边叙友谊。傍晚时分，才兴致勃勃地带着猎物回到了卡拉奇。

周恩来、贺龙12月30日结束了对巴基斯坦的访问，1957年1月3日回到北京，三天后又踏上了旅途。从1月7日至2月6日访问了苏联、波兰、匈牙利、阿富汗、尼泊尔和锡兰六国。

自从赫鲁晓夫1956年2月在苏共第二十次代表大会上做了反斯大林的"秘

密报告”以后，国际上出现了一股反苏、反共、反社会主义的逆流。因此，中国共产党派周恩来、贺龙、王稼祥等访问苏联、波兰、匈牙利，就国际形势、国际共产主义运动和社会主义国家之间的相互关系问题与这些国家的领导人交换意见。周恩来、贺龙在同苏联领导人接触中，敏锐地感觉到：赫鲁晓夫等人对国际形势的全局缺乏远见卓识；对中国在重大原则问题上的观点采取功利主义的态度。代表团把这个看法报告了中共中央。

结束了对苏联和东欧两国的访问，周恩来、贺龙访问了阿富汗和尼泊尔。1月30日，他们到达科伦坡，对锡兰[①]进行了五天的友好访问，这是他们访问亚洲和欧洲11国的最后一站。在锡兰，有一件事至今传为佳话。2月4日下午，周恩来、贺龙出席了在科伦坡独立广场举行的庆祝锡兰独立四周年的万人大会。在周恩来讲话时，突然下起雨来，而且，越下越大。参加大会的群众，纷纷离开去避雨。周恩来却站在雨中继续讲话，有人去为他打伞，也被他谢绝了。贺龙坐在主席台上，也没有打伞，雨水顺着头发、脸颊往脖子里流，但他依然端端正正地坐着，显示出一种军人的特有风采。见此情景，躲雨的群众非常感动，纷纷跑了回来，冒雨静听周恩来的讲话，不断报以热烈的掌声。雨中的周恩来、贺龙一直等到锡兰总理班达拉奈克讲话结束，才站起来，双手合十向群众致意。这时，群众争先恐后拥到台前，向中国客人挥手，不断高呼“贾威伐”（百事顺利）。中国领导人用自己的行动表明了新中国尊重各国人民，愿同世界各国发展友好关系的真诚态度，赢得了锡兰人民的尊敬。

3月，缅甸总理吴努、副总理兼外交部长藻卓昆和昂山夫人等，应中国政府邀请来昆明度假。19日，贺龙到达昆明负责接待工作。

3月的春城，春光明媚，鲜花盛开。22日下午，吴努一行乘专机抵昆明，贺龙和云南省代省长刘明辉，以及手持鲜花的3000余名群众到机场热烈欢迎。吴努十分感动，再三表示感谢，并说：“这次到昆明，感到亲戚朋友之间的感情比过去更加亲密了。”

第二天，贺龙陪同吴努到西山游览。24日，贺龙和夫人在温泉设便宴招待吴努一行。贺龙把这次宴会安排得轻松、热烈、欢快，像亲友间的聚会。吴努十分满意，他对随行的藻卓昆等人说：“今天贺副总理是主人，你们可以自由、随便喝酒。”大家无拘无束，开怀畅饮，频频为“胞波”情谊干杯！26日下午，在震庄宾馆，贺龙就发展中缅友好关系、签订中缅边界条约等问题向客人做了说明；云南省领导人介绍了云南少数民族情况、中国的少数民族工作和民族政策。吴努听了说：“现在有的邻近国家害怕中国利用两国民族之间的关系搞‘侵略’，帝国主义分子也就利用这种恐惧心理推行他们的政策。”他提出，为打消邻国的疑虑，中国能否改变某少数民族的名称？

贺龙认为民族的名称是历史形成的，不好更改，应该说服这位总理。他首先

① 1978年8月16日，锡兰议会通过新宪法，把国名由锡兰改为斯里兰卡民主社会主义共和国。

向吴努表示："中国可以保证不会侵略别人。"接着，诚恳地解释说：一个民族的名称，是长期历史形成的，不是说改就能改的。而且中国这个民族的名称同某邻近国家的那个民族的名称，也并不相同。云南省的领导人接着说：周总理、贺副总理每次到云南来，都教育我们对邻邦要谦虚，要遵守和平共处五项原则，不要犯大国主义错误。我们边境上很多少数民族头人到昆明或北京，周总理、贺副总理都亲自找他们谈话，要他们搞好与邻邦的关系。吴努听了，表示满意，对中国的民族政策表示赞赏。当天，贺龙把同吴努的谈话内容，向中共中央做了报告。

29日中午，周恩来到达昆明。下午，在贺龙和云南省领导人陪同下与吴努进行了会谈，并且签署了对发展两国睦邻友好关系有重大意义的换文。当晚，周恩来、贺龙举行盛大宴会招待缅甸贵宾。应邀参加宴会的中缅边境地区的少数民族头人，兴奋地不断向周恩来敬酒。周恩来是颇有些酒量的，连饮了三杯。又有人来敬酒了，贺龙担心周恩来喝多了影响健康，急忙上前接过头人的酒说："这杯酒我替总理喝，很感谢你们。"周恩来知道贺龙有糖尿病，不宜喝酒，便说道："你别喝，这杯我喝。"贺龙还是抢先喝下了这杯酒。周恩来对敬酒的头人说："贺副总理有糖尿病，不能多喝啊！"两位领导人互相关怀体贴的情景，使在场的宾客深为感动。

贺龙（左一）、周恩来（中）与缅甸前总理吴努（右一）等在一起

宴会结束后，周恩来对薛明说："贺总是不应该喝酒的，今天喝多了，你可要好好照顾他呀！"接着又说："我对贺总的了解可能比你还多些，他是一位功臣，你可要记住啊！要照顾好他的身体……"

中国方面的热情接待，使吴努非常开心，他决定将访问的时间延长一天，于4月2日回国。

1964年11月5日至13日，应苏共中央和苏联政府邀请，中国派出了以周恩来为团长、贺龙为副团长的中国党政代表团，去莫斯科参加十月革命47周年纪念活动。

7日晚，贺龙同周恩来等出席苏联政府在克里姆林宫举行的国庆宴会。苏联元帅科涅夫见到贺龙很高兴。他对中国代表团成员说："贺龙元帅是我的老朋友。"罗科索夫斯基和莫斯卡连科元帅也表示了对中国的友好情谊。在勃列日涅夫、柯西金、苏斯洛夫、米高扬[①]等领导人敬酒后，周恩来同贺龙走到苏联元帅们的席前，向他们祝酒。在场的有罗科索夫斯基、索科洛夫斯基、崔可夫、扎哈罗夫、克雷洛夫元帅及克拉索夫斯基空军元帅等。周恩来提议为中苏两国人民的友谊、为两国军队的友谊干杯！苏联元帅们高兴地举起酒杯，表示这一杯酒非干不可！

这时，苏联国防部长马利诺夫斯基走了过来。他先同周恩来寒暄了几句，接着挑衅说：我们不希望有任何鬼来搞乱我们两国关系，我们要友好。周恩来说：加强友谊需要双方共同努力。马利诺夫斯基说：我们人民要幸福，你们人民也要幸福，不要任何毛泽东、任何赫鲁晓夫来妨碍我们。

周恩来当即严正指出："你胡说什么！"因为有西方的使节和记者在场，周恩来没有多说，也不再理睬马利诺夫斯基。在场的苏联元帅们见此情景，走到一旁商量了一下，崔可夫便走到周恩来身旁说："马利诺夫斯基的话，不代表我们。"周恩来说："我了解你们的意思。"接着苏联元帅们走过来同周恩来、贺龙一一握手。周恩来回到了主宾席。

马利诺夫斯基碰了钉子，但并不罢休。他别有用心地对贺龙说："贺龙同志的元帅服很漂亮，这已经不像当年的布棉袄了。"贺龙说："还是当年的棉衣好，我舍不得它！"马利诺夫斯基说："我也认为棉衣好，元帅服是浮华虚饰。我们的元帅服被斯大林玷污了，你们的元帅服被毛泽东玷污了。"他放肆地说："我们已经把赫鲁晓夫搞掉了，你们也会把毛泽东搞掉的，只是时间未到。"

贺龙听罢，勃然变色，义正词严地指出："你的话完全是错误的，我根本不能同意。"说罢走到周恩来身边，报告了刚才马利诺夫斯基的话。周恩来很气愤，立即向米高扬指出："马利诺夫斯基刚才胡说八道。"米高扬说："这绝对不代表我们的路线。他多喝了几杯酒，才说这样的蠢话，请你不要认真看待这件事。"

周恩来严肃地指出：这反映了一些人的情绪，并不是一件小事。

8日上午，苏联领导人到中国代表团驻地拜访周恩来、贺龙等。双方寒暄过后，周恩来代表中国代表团向苏联领导人指出：昨晚马利诺夫斯基在宴会上的挑衅，是对中国人民伟大领袖毛泽东同志的侮辱，是对中国共产党、中国人民和中国党政代表团的侮辱。这种事连赫鲁晓夫在位时也未曾发生过。如果是内部谈话，或在兄弟党宴会上和一般场合，我们早就回击了。但昨天是你们的国庆宴会，而且有西方使节和记者在场，我们不愿意使亲者痛、仇者快，才没有当场争论。勃列日涅夫辩解说：昨天马利诺夫斯基酒喝多了，是酒后失言。

周恩来说：这个问题很严重，像这样严重的事，是不能用酒后失言来解释的。中国有句俗话叫"酒后吐真言"。接着，周恩来责问道："你们欢迎我们来的目的之一，是不是为了当众侮辱我们？你们是不是像马利诺夫斯基所说的，要煽

---

① 苏斯洛夫和米高扬，当时都为苏共中央主席团委员和书记处书记。

动反对毛泽东同志？要知道，这根本是妄想，丝毫不能损害毛主席在中国党内的崇高威望；你们是不是也像帝国主义所说的那样，以为中苏原则分歧只是个人意气之争？所以必须先解决这个问题，才能谈其他问题！”

勃列日涅夫不得不表示：感谢周恩来、贺龙昨晚所采取的有分寸的做法。马利诺夫斯基不是苏共中央主席团委员，作为中央委员他也没有权利发表（这种）个人意见。他的话同苏共中央和新领导的看法毫无共同之处，绝不代表主席团的看法。马利诺夫斯基愿意向中方正式道歉。我也以中央委员会的名义向你们道歉。勃列日涅夫一再表示：这“是我们领导集体的看法，是苏共中央主席团的正式声明”，请求中方信任和作肯定的评价，希望不要因为这事影响了双方已经预定要进行的工作。波德戈尔内说：我们和马利诺夫斯基划清界限。

贺龙从 1954 年 9 月到 1966 年 5 月，12 年中，先后 8 次参加或率领中国党政军代表团和体育代表团访问了 14 个国家，接待了越南胡志明主席、朝鲜金日成首相、印度尼西亚苏加诺总统、柬埔寨西哈努克亲王、马里凯塔总统、刚果（布）马桑巴·代巴总统、苏联最高苏维埃主席伏罗希洛夫、苏共总书记赫鲁晓夫和罗马尼亚主席毛雷尔等亚洲、非洲、欧洲和拉丁美洲 24 个国家的 30 多位国家元首和政府首脑，以及其他政府的、军事的、体育的和党的代表团，为宣传中国对内对外政策，发展与邻国的睦邻友好关系，加强中国同世界各国的友谊，维护亚洲和世界和平，做出了应有的贡献。

第三节　为经济建设呕心沥血

新中国成立后，中国共产党和人民政府领导全国人民进行经济建设，发展生产，增强经济实力，不断提高人民的物质和文化生活水平。贺龙作为中共中央政治局委员、国务院副总理、中央军委副主席，对经济建设甚为关心，多次参与党中央、国务院关于经济建设的重大决策，经常到全国各地工矿企业和农村进行调查研究，向党中央、国务院报告情况，提出建议。

贺龙认为，四川、贵州和云南三省位于祖国战略后方，地域辽阔，资源丰富，但是经济比较落后。开发大西南，不仅对提高那里人民的生活水平、改变贫穷落后面貌，而且对改善全国工业和交通的战略布局、巩固国防、加速国家建设都有极为重要的意义。

早在成都解放之初，贺龙就派了一个师参加维修都江堰水利工程。随后，他和邓小平、刘伯承领导修建了新中国成立后的第一条铁路——成渝铁路；在重庆建成了西南第一座自动化火力发电厂；建设了重庆人民礼堂、西南博物馆、大田湾体育场和体育馆等六大建筑。1952 年秋，邓小平调到中央工作后，贺龙主持中共中央西南局、西南军政委员会和西南军区的工作，领导了第一个五年计划中西南地区的大规模经济建设。

贺龙担任国务院副总理以后，1957 年 12 月 28 日，受国务院委托，同聂荣臻等去成都参加宝（鸡）成（都）铁路的通车典礼，并对宝成铁路和四川的灌县、新都、自贡、重庆等地进行考察。回到北京以后，在参加第一届全国人民代表大会第五次会议期间，利用会议空隙，于 2 月 7 日向周恩来写了《关于视察宝成铁路的报告》，对于这条铁路的作用，贺龙认为："宝成铁路的建成，使成渝路和全国铁路相连接，使四川与全国各地的物资交流从此畅通无阻，无论从政治、经济，还是军事意义上说，都有很重要的价值……特别是对西南丰富资源的开发，促进人民文化和经济的发展将起重要的作用。"但是，这条铁路也存在着需要改善之处。

1959 年 3 月 25 日至 4 月 5 日，中共中央先后召开了政治局扩大会议和八届七中全会，决定进一步降低钢铁等主要生产指标，缩短经济建设战线，通过了 1959 年国民经济计划。为了检查这一决定的贯彻落实情况，在第二届全国人民代表大会闭幕后，5 月 21 日，贺龙到四川省进行调查研究。他在听取四川省委和成都市委领导人的汇报之后，视察了无缝钢管厂和洗煤炼焦厂。随后由四川省委第一书记李井泉和省委书记阎红彦等陪同于 27 日到达重庆，听取重庆市委的汇报。第二天到达綦江铁矿，并在那里给周恩来、邓小平和中共中央写了《关于四川钢铁生产情况的报告》。报告指出：要让四川省完成年产钢 107 万吨的指标，必须解决生产技术、原材料供应、交通运输和设备等方面的四个问题。贺龙回到重庆后，31 日，接连发了两封电报：一封是给中共中央总书记邓小平的。他说："我在成都看了无缝钢管厂。这个厂生产 200 公厘（毫米）钢管的厂房已基本建成，只差装房架。由于是下马项目，最近停止施工，从国外进口的设备都露天放在那里。国家已经花了绝大部分资金，突然停工，雨季一来，必将造成损

1960 年 3 月，贺龙（右二）与李井泉（右六）等在川黔铁路线上视察

失。”建议追加些投资，至少把200公厘钢管厂房建成，暂做设备仓库；如可能，则考虑建成一个车间，以避免不应有的损失。中共中央对贺龙的建议很重视，经过研究，决定在调整投资中，增列建设这个车间的追加投资700万元，并要求在1960年第二季度建成。另一封电报是给铁道部长滕代远的。贺龙说：由于现在四川炼钢用的镁砂是散装水运，因而混进了煤炭、玻璃等杂质，降低了镁砂的耐火度，使平炉、电炉、转炉都不能正常生产。“请考虑可否将四川每月所需的2600吨镁砂，改为火车直达运输，将来能包装时再改为水运，如认为可行，请通知冶金部。”

5月底，贺龙出席了由李井泉主持、在重庆召开的四川省冶炼、煤炭、运输工业会议。他听取了大家的意见，视察了重庆钢铁公司所属的重庆第二、第三钢铁厂。在对成都、重庆等地的钢铁工业做了调查以后，6月8日贺龙给中共中央书记处写了《关于四川修铁路专用线》的报告。报告指出：根据四川省的钢铁生产、市场安排和运输情况，有几条工程不大，但对钢铁生产和整个市场安排大有好处的专用线路，急需在第二季度内完成铺轨任务：一条是资中到威远的39公里支线。目前每天要出动汽车300辆到威远拉煤，还不能保证需要，这条支线修通后，就可保证威远煤炭的外运。另一条是岔滩到石门坎9公里的区间线，修通后松藻煤矿的焦煤可以由岔滩直运重庆。这两条支线的路基大部分已经完成，批准后就可以铺轨。另外，白沙沱长江大桥竣工后，如果能提前修通渝赶（水）线和大桥环形线，可以减少在猫儿沱担负装卸工作的工人数千人。建议中央对上述问题予以考虑。7月1日，中共中央复电同意贺龙的建议。

6月16日，贺龙去西昌视察。在西昌听取了省建委负责人杨超关于西昌地区资源情况、西昌钢铁工业基地建设准备时间，以及西昌工业基地建设远景规划的初步意见的汇报。由于受“大跃进”的影响，在西昌工业基地建设远景规划中，提出了到1965年要生产钢锭320万吨、钢材200万吨的高指标。贺龙察觉了其中的问题。他以商量的口气问道：“这个指标是不是大了？大了要落空。”他又提出了一些问题，请有关人员深入思考。他问：生产320万吨钢锭需要多少矿石，多少煤？这些矿石和煤如何拿出来？1965年机械加工能力按计算将达20万吨，这些机械加工设备放在哪里，如何运进来？用火车运需要多少车厢、火车头？这又从哪里来？贺龙指出：做规划要考虑国家和地区的承受能力。武钢有火车、轮船、木船，交通运输便利，但困难仍然很多，何况西昌？他说：“这些问题提请你们考虑，我是给你们‘泼冷水’啊！”接着，又讲了他的想法：“西昌钢厂要一个一个炉子上、一步一步建才比较稳妥。建设钢厂时，对城市如何建设，也要好好规划。这里主要是东西河的水患问题。我常常说包钢的‘三黄五地’，那里也有水患问题，大水一来，把钢架桥像抬滑竿一样硬是抬走了。因此，西昌城市规划要考虑到各个方面，既要考虑如何治理水患，还要考虑城市的下水道、市内交通（汽车、电车）、农牧副业和轻工业生产。因为大规模建设开始以后进来的人，不仅要吃饭，还要吃水果、牛奶，要日用百货。不解决这些问题，就要啃‘背脊骨’，就不能吸引人进来。要把一切都准备好，就等‘东风来’（指成昆铁路通车）。”“在西昌钢铁厂的准备工作中，要特别注意钒、钛的分离试验工作，从小到大，反复试验，不要将来厂子建起来了，技术问题还未解决，那可是个大问题，这是准备时期的重要工作。因此，可以从外面搬研究机构来，从事这方面的研究工作。还可以从外面搬些厂进来。但移民是个很复杂的问题，工作一定要做细，开始要小搞。”在当时情况下，这些意见无疑能使人保持清醒的头脑，实事求是地处理各项建设事宜。

6月22日，贺龙给周恩来写了他在四川调查研究的第六个报告。贺龙认为，西昌地处亚热带，资源丰富，已查明的地下矿藏有20多种，其中初步探明的铁矿石储量有18亿吨，97%是钛铁矿，含钛11%—14%，所以，把西昌列为国家钢铁和有色金属基地之一是完全正确的，也符合国家经济发展的长远利益。但是，目前交通不便，工业基础薄弱，所以，西昌工业基地的建设得花相当长的时间，宜采取由小到大，由少到多，逐步发展的方针。在第三个五年计划中，可以考虑列为重点。最近两三年内主要是进行准备，修通成昆铁路，并先建设一座年生产70万吨生铁的高炉以及相应的煤矿、铁矿、炼焦和辅助项目。贺龙的这些报告，为国家对四川的工业建设的决策，提供了可靠的依据。

1964年下半年，中共中央和毛泽东，根据对20世纪60年代中期国际形势的分析，特别是对可能爆发大战的判断，确定实行生产布局的重大调整，决定把全国分为一、二、三线，下决心搞三线建设。

三线建设于1965年全面开展。为了检查中央这一战略决策的贯彻落实情况，及时了解和解决三线建设中的问题，贺龙于1965年3月23日至4月22日，再次到四川视察。在成都，他陪同朱德、董必武一起听取了三线建设副总指挥程子华的汇报。随后，贺龙打电话给国家计委第一副主任余秋里，要他关心三线重点项目之一的攀枝花钢铁基地的建设。他说：“我们不能只顾武钢、包钢、太钢，而把三线建设丢了。”贺龙在重庆听取了军工部门关于三线国防工业建设情况、铁道部关于三线铁路建设情况和余秋里关于整个三线建设情况的汇报以后说：只有把三线建设完成了，经济和国防布局改变了，我们的

1966年3月，贺龙（右二）来到攀枝花大型钢铁联合企业视察。图为贺龙在模型前听取该企业领导的汇报

国家安全才会有更大的保障！我支持你们，你们好好干吧！我们要抢时间，加快建设。战争什么时间打响，谁也不知道。凡是战争需要的，早些准备就对了。

回到北京后，贺龙心里仍惦记着三线建设中存在的问题。对三线建设，林彪提出了“靠山、分散、隐蔽”的方针，结果使有些现代化的大工厂，一个厂子分散在几十公里长的山沟里，各个工序无法施行自动化流水作业，浪费了大量的人力、物力和财力。贺龙给李井泉打电话说：“靠山、分散、隐蔽”，适当强调就可以了，有的厂子，还是要适当集中，不要太分散了。

在1965年12月上海会议以后，贺龙不再主持军委日常工作了。但他以党和国家利益为重，仍时刻关心着三线建设。1966年3月9日至4月9日，贺龙再次到四川视察，这是他生前最后一次到那里。他非常关心攀枝花钢铁基地的建设，坚持要去看看。当时，那里还不通火车，坐汽车要走两天，沿途有些路段很艰险，随行医生虽极力劝阻，但贺龙坚持要去。

在去攀钢途中，看到西昌地区农业落后，贺龙心情十分沉重。他对当地的领导人说：“我们共产党是代表人民的。你们不抓农业，就不能改善人民生活，不抓生产，不关心人民生活，就会脱离群众，你们要好好总结经验教训。”

贺龙自1954年到中央工作后，曾五次到西南地区视察，对攀枝花钢铁基地、重庆钢铁公司等重点建设项目和国防工业建设做过不少指示，向中央提了不少重要建议，那里经济建设的成就，凝结着贺龙的不少心血。

第四节　新疆之行

1965年10月1日，是新疆维吾尔自治区成立10周年。中共中央决定派贺龙率领中央代表团前往参加庆祝活动。代表团成员包括全国27个省、市、自治区、中共中央和国务院17个部、委、办，25个少数民族的代表65人，是一个规格高、人数多、代表范围广的代表团。随团去新疆参加庆祝活动的还有北京、内蒙古和陕西省的5个文艺团体的数百人。

贺龙是以中共中央政治局委员、国务院副总理和中央军委副主席的身份去新疆的。他认为，这次庆祝活动有重大意义。通过庆祝将进一步加强各族人民的团结，促进自治区生产建设的高涨，进一步贯彻1963年10月中共中央确定的新疆工作的方针政策。这在当时的国际形势下，有特殊的重要性。代表团此行就是要在这些方面进行卓有成效的工作。

9月下旬，中央代表团离京前，中共中央在北京召开的工作会议刚刚结束，王恩茂等新疆维吾尔自治区领导人向参加会议的人民解放军各军兵种、各大军区领导人发出了盛情的邀请。不少大军区的领导人向贺龙要求，让他们一起去新疆参加庆祝活动。这一要求经请示邓小平同意，并且得到了周恩来总理的批准。当时去新疆的有北京、沈阳、济南、武汉、成都、广州、昆明、南京和福州军区的司令员或政治委员。这些大军区领导人去新疆，为新疆维吾尔自治区成立10周年的庆祝活动增添了隆重、热烈的气氛，表明了人民解放军对新疆建设的支持。这本来是一件正常的事，却引起了林彪的猜疑。他的老婆叶群散布流言说：贺龙竟有如此强的号召力，他一声召唤，这么多大军区的领导跟他走。后来，她又诬蔑说，这次活动是贺龙在“拉山头”。

9 月 27 日，贺龙到达乌鲁木齐后，便进行紧张的工作。他除参加庆祝活动外，连续听取新疆党、政、军和生产建设兵团领导的汇报，同他们一起研究如何全面落实党中央的方针政策，搞好党、政、军的团结和各民族的团结，把经济抓上去，不断提高各族人民的生活，把军队和生产兵团建设搞好，巩固西北边防。他通过大会讲话，接见党、政、军干部与各方面代表，深入基层同群众广泛接触等方式热情地宣传了中央的精神。

30 日上午，新疆维吾尔自治区各族干部 1000 多人，隆重集会，热烈庆祝中华人民共和国成立 16 周年和自治区成立 10 周年，贺龙在大会上做了长篇讲话。他代表中共中央、国务院、中央军委向自治区的维吾尔族人民和其他各族人民致

1965 年 10 月 1 日，贺龙在新疆维吾尔自治区成立十周年庆祝大会上讲话

以热烈祝贺。他高度赞扬解放以来，特别是自治区成立十年来，新疆各族人民在社会主义改造和经济建设等方面取得的伟大胜利；人民解放军驻新疆部队同新疆各族人民一起，粉碎了外国制造的武装暴乱和颠覆破坏活动以及武装进攻，为保卫祖国边疆，保卫各族人民的革命成果做出了重大贡献；生产建设兵团继承和发扬人民解放军的优良传统，既是生产队，又是工作队、战斗队，屯垦戍边，对改变新疆面貌、繁荣新疆经济、巩固国防起了极为重要的作用。贺龙指出，要坚决贯彻执行党的民族政策，既反对大汉族主义，又反对地方民族主义。不断加强民族团结，是新疆各族人民的共同任务。新疆的自然资源很丰富，发展前途无限光明，要按毛主席的指示，把新疆的经济工作做好，生产要一年比一年发展，经济要一年比一年繁荣，人民生活要一年比一年改善；要发扬艰苦奋斗的优良传统，贯彻执行勤俭建国的方针，把新疆建设好。最后，贺龙要求新疆各族人民，尤其

是干部要认真学习马列主义和毛泽东思想，把革命的理论和本地的具体情况结合起来，做好各项工作；同时，对外国的颠覆破坏和武装入侵，要保持高度警惕，坚决斗争，保卫好祖国的西北边疆。

2 日和 3 日，贺龙和中央代表团高克林、陈漫远、张达志、刘春、梁必业五位副团长及部分团员，分别接见了来自天山南北参加庆祝活动的农、牧民代表，自治区和生产建设兵团的民兵代表。贺龙在接见人民解放军新疆军区和新疆生产建设兵团的干部时，强调指出，党中央对新疆的工作是满意的，评价很高。他要求新疆军区和生产建设兵团，要无条件地服从自治区党委的领导。军队同地方关系搞不好，军队要负责，要做自我批评，对地方有意见，可以向自治区领导反映，不能犯自由主义在下面乱说。要注意谦虚谨慎，同兄弟民族搞好团结。

4 日至 11 日，贺龙一行在王恩茂、赛福鼎、新疆军区副司令员陶峙岳、郭鹏的陪同下，到天山南北慰问新疆各族人民。先后到北疆的伊宁、克拉玛依和奎屯、石河子、乌鲁木齐等垦区，南疆的和田、喀什和阿克苏垦区进行慰问。参观了棉田、麦田、瓜果园、养鹿场、鸡鸭场、学校和职工宿舍；接见工农业战线上的劳动模范、先进工作者和内地支边的知识青年代表，同群众促膝谈心，代表中共中央、毛主席向大家表示慰问。贺龙高度赞扬广大军垦战士经过十年艰苦奋斗、勤俭创业，已把原来的茫茫荒漠，建设成了林带整齐、条田成片、瓜果飘香，可与江南媲美的好地方。他勉励大家继续搞好工农业生产，搞好边疆建设，

贺龙与乌鲁木齐垦区的各族职工和支边青年在一起

搞好民族团结，建设国家，保卫边疆。贺龙在同生产建设部队某部原红二方面军和八路军一二〇师的老红军、老八路座谈时，同他们一起回忆了革命斗争历史，并要求他们不要忘记过去，要把自己的革命经历讲给年轻人听，对他们进行优良传统教育，培养好革命接班人。贺龙勉励知识青年，当好老军垦战士的接班人，不但要把农场办好，还要支援地方建设。要牢牢记住："全心全意为人民服务，在新疆就是要为各族人民服务。"

中共新疆维吾尔自治区委员会和自治区人民委员会12日晚举行宴会，欢送中央代表团。贺龙在热烈的掌声中讲话，他说：代表团在各地慰问和访问中，看到由于正确贯彻了党的民族政策，实现了各民族真正平等，新疆各族人民互相尊重、互相学习、互相帮助，亲密团结坚如磐石，深为欣慰。这种团结是任何国内外反动力量也破坏不了的。它是战胜敌人，做好工作的基础。我们还看到，新疆各族人民在党的领导下，艰苦奋斗，自力更生，在建设事业中取得了伟大的成就，把一个封建、落后的旧新疆，建设成了初步繁荣昌盛的新新疆。这说明新疆各族人民是伟大的人民，是勤劳勇敢、意志坚强的人民，是祖国的好儿女。最后，他号召新疆各族人民在中国共产党的领导下，勇往直前，再接再厉，克服一切困难，取得一个又一个的伟大胜利！

贺龙此次去新疆，广泛接触群众，直接向各族干部和广大群众宣传中共中央和中央人民政府对新疆的方针、政策及对各民族人民的亲切关怀，引起了强烈的反响，对进一步加强民族团结、搞好自治区的经济建设、巩固祖国的边防，起到了有力的促进作用。

贺龙以中国共产党和新中国中央人民政府领导人之一的身份，进行诸多方面的国务活动，襄助周恩来做了大量工作。从上面提到的一些事迹，就可以看出他调到中央工作以后，在处理政务上做出的杰出成就。

第十九章　殚精竭虑建设国防

第一节　狠抓军工产品质量

1959 年 9 月，中共中央组成了新的军事委员会。26 日，中央军委发出《关于军委组成人员的通知》：中共中央政治局决定，中央军事委员会主席为毛泽东，副主席为林彪、贺龙、聂荣臻。11 月 7 日，中央军委常委在听取了第一机械工业部部长赵尔陆关于国防工业情况的汇报以后，认为应该在军委领导下成立一个国防工业委员会，加强对国防工业的领导。10 日，军委常委向中共中央建议成立国防工业委员会。1960 年 1 月 5 日，中共中央批准了这个建议，并任贺龙为主任。从此，贺龙便将巨大的精力，投入到了国防工业领域。

国防工业，是实现军队现代化的物质基础。作为主管国防工业的军委副主席，贺龙深知自己肩上担子的分量。他在接到任命的第二天，召开国防工业委员会会议，研究确定委员会的性质和任务。他说："国防工业委员会是党中央、国务院、中央军委领导下的协商组织，是研究、发展国防工业并协调解决建设中有关问题的办事机构，是协商委员会。国防工委向党中央、国务院、中央军委提出

1959 年 9 月，贺龙在中央军委扩大会议上。左起：贺龙、聂荣臻、叶剑英、罗瑞卿

发展和建设国防工业的建议，经批准后组织和监督执行。委员会不是一级行政机构，不代替国务院、中央军委行使行政职权。”为了工作方便，委员会下面设立一个办事机构，叫国防工委办公室，处理日常事务。随后，贺龙于1月13日召开了国防工业系统各企业、事业单位负责干部会议。他郑重地对大家说：“党要我管，我就要真管。我管国防工业，不能只挂牌子，不做实际工作。我要扎扎实实地把工作抓起来。”

贺龙在工作上重视调查研究。2月下旬，在广州参加中央军委扩大会议时，他便同聂荣臻、罗瑞卿商定，会后一起去视察国防工业。准备用一年时间，对全国的重点军工企业巡视一遍，做一次全面的调查研究。27日，军委扩大会议结束。3月1日他们就动身了。先去南宁、贵阳、重庆视察，3月13日到达成都。17日，贺龙、聂荣臻、刘亚楼[①]等到成都市郊的飞机制造厂视察。

这个厂是1958年自行设计、自行建设的第二个歼击机制造厂。该厂的口号是“一年建成”，当年生产飞机。贺龙去这个厂视察时，因腿疾未愈，以手杖助行。走进工厂办公室，他见厂领导人夹着厚厚的一叠文件，就问：“你拿那么多资料干什么？是不是要汇报？”厂领导答道：“是的。”贺龙说：“先不用了，我们看看再说。”

贺龙说罢，便从屋顶到地面，从墙到窗户，看了几眼。这里的墙没有粉刷，露着砖缝。他用手杖轻轻一捅，一块砖竟被捅出了半截，还旋转了90多度！他惊奇地问：“嗯？怎么搞的？”总工程师回答说：“这是建厂时，为了‘多快好省’，用空心砖砌的空心墙，又没有填满土，砂灰粘接不牢，所以……”贺龙生气地说：“四川素称天府之国，穷得连砖都没有了吗？这么简陋的房子，我看不是‘多快好省’，而是‘少慢差费’！”他又转身问刘亚楼：“你是空军司令员，是使用飞机的。你也到外国考察过，人家的飞机制造厂是这个样子吗？”刘亚楼苦笑了一下，没有回答。贺龙又问厂领导人：“你拿那么多材料，是不是想说建成了多少建筑面积，速度如何快？”这位厂领导人连忙解释说：“我们厂是在‘大跃进’中开始建设的。为了省钱，一个钱顶两个钱用。要求一年建成，第二年国庆节飞机上天……”贺龙打断了他的话：“我们就是来看工厂和你们去年上天的飞机的。是好是差，眼见为实。”

贺龙和聂荣臻等来到飞机总装配车间。这座厂房的设计和施工，都非常粗糙。厂房的跨度有三十多米，却用了很细的立柱和横梁，一看就有岌岌可危之感。贺龙问道：“这么大的跨度，柱子和梁又这么细，会不会垮下来？”总工程师说：“设计的人说有安全系数。能不能垮，现在还难说。看来必须加固。”贺龙问：“你能保证不垮吗？”党委书记连忙为他解释：“他是总工程师，是管生产的，不管基建。”贺龙说：“那好。你既然是管生产的，我就问你，这样的厂房能生产飞机吗？”总工程师说：“不能。建厂过程中出现了很多问题，也有过不少争论。

① 时任空军司令员。

我们也提过意见，但上级没有采纳。”贺龙追问：“哪个上级？”“机械工业部、航空工业管理局和基建设计院，都是我们的上级。”贺龙说：“你们向中央反映过没有？建筑质量这么差，你们有意见，上级不采纳，你们可以向中央反映嘛。”工厂领导人回答：“没有。”贺龙说：“建设国防工厂，要保证工程质量，这是百年大计。你们厂搞成这个样子，不能生产，这怎么行！”他对工厂领导人说：“你们马上整理一个材料，我拿着‘通天去’。”他把手杖朝天空指了指，又问：“你们去年上天的新飞机在哪里？我要看看。”“新飞机连影子还没有哪！”总工程师说。

贺龙默然了。

18 日，贺龙、聂荣臻来到成都航空发动机厂。该厂负责人听说有中央领导人要来视察，临时做了准备。

贺龙一行在厂部办公楼前下了汽车，贺龙对聂荣臻说：“我们不上办公室去了，先到工地看看吧。”聂荣臻点头同意，他们径直朝车间走去。

党委书记快步赶上，介绍说：“这个厂是在‘大跃进’的 1958 年 10 月 18 日动工的。上级提的口号是‘一个钱顶两个钱用’，‘一百天建成工厂’，要全面铺开，快速施工，就地取材，因陋就简；还要边施工、边试制、边生产。到现在，已经过去了 17 个月，但主厂房仅仅建成了外壳，内部还没有安装。辅助系统也只有工具、木工车间投产。”

贺龙、聂荣臻放慢了脚步，认真地听着。

党委书记继续说：“所有的厂房，设计标准都低，屋架跨度大，横梁小，立柱细，承受重量过大。厂房全部采用木屋面、木望板、木檩条、木框天窗和木制大侧窗，就连铸、锻和热处理高温车间也是木结构，随时都有起火的危险。车间的地坪过薄，而且把原设计的水泥地面改成了沥青地面。机器一开，地面就震动、下陷，不能保证加工精度。因为存在这些问题，我们现在已经不是‘三边’，而是‘六边’了。”贺龙停住脚步问：“什么‘六边’？”党委书记说：“就是‘边施工、边返工；边开工、边停工；边建设、边加固’。”贺龙轻轻地“哦”了一声说：“还是到车间看看去吧。”

贺龙、聂荣臻来到三号车间，看见有一扇大型水平折页玻璃窗开着，就问：“天气还凉，为什么不关上？”说着，用手杖把窗子轻轻一推，准备关上。突然，一块近一平方米的玻璃劈头掉落下来。贺龙急忙向后退了一步，那块玻璃落地，“哗”的一声在他脚前摔得粉碎，把在场的人们惊呆了。

贺龙面带怒容地说：“这样的厂房能生产发动机吗？工人的安全有保障吗？”

无人回答。因为从厂长、党委书记、总工程师、军代表到每一名工人，谁都不情愿盖这样的厂房。

在会议室里，由于激动，贺龙不时地用手杖戳着地板，连声音也有些颤抖了：“造飞机厂的钱，是六亿人民勒紧裤腰带省下来的！建得这么糟，简直是犯罪！设备还没有完全搬进来，房子就快塌了！你们对得起老百姓吗？！”说着，他又戳了几下手杖。“有人说你们厂在搞‘多快好省’。我看这是‘少慢差费’！”

厂长说："我们提出过这样盖厂房不行。但是，'胳膊扭不过大腿'，争不过来。"贺龙问："那你们为什么不坚持原则？为什么不直接向中央汇报？"厂长答："我们向主管部门汇报过，但只同意我们维修，不准重建。说如果重建，就是否定'大跃进'的成果。其实维修比重建还费钱。"贺龙说："你们写个报告，把什么时候向谁汇报过，都写清楚。我倾向推倒重建。我回北京请建委派专家来，在技术上再做一次检查。推不推倒，最后由技术部门定。"

贺龙在四川视察中，深深感到国防工业基本建设中的问题严重。3月25日返回北京，第二天下午，他就到周恩来那里，详尽地汇报了视察中发现的问题。两人一直谈到入夜时分，回到办公室，他又和国务院副总理李富春通电话交谈了许久。放下电话，他写了一封信，附上成都两家飞机工厂的材料，作为急件送给了李富春。李富春看后，决定向这两个工厂派出专门检查组。

检查小组在成都进行了两个月的检查，写出了《关于成都两厂质量问题的检查报告》，6月，由贺龙转呈中共中央。中共中央批示说："成都两厂工程质量问题的性质是严重的，必须从中吸取教训。"机械工业部应"进行一次全面的工程质量检查，凡质量不好的、影响安全和生产的工程，从速采取措施，予以解决"。

根据这一批示，贺龙委托罗瑞卿去成都，同成都军区、成都市委负责人一起，采取落实措施，并决定从军区抽调两个工兵团、两个运输连，四川省和成都市增派一定数量的施工队伍，快刀斩乱麻，重建成都那两个厂不合格的工程，返修、加固尚能保证生产的工程。在返修、重建的几年里，罗瑞卿每年都要到成都去，督促检查一遍。两厂的基建和生产逐步走上了正轨。

国防工业系统中的质量问题，不仅存在于基本建设，而且产品质量也在普遍下降。1960年4月，第一机械工业部部长赵尔陆到沈阳检查，发现航空产品质量严重下降，以致大批飞机无法出厂。他立即给贺龙和军委写了报告。贺龙看到报告，感到问题严重，决定进一步听取一机部领导的汇报。5月10日，军委常委会听取汇报以后认为："目前国防工业生产中存在的质量不好问题是严重的，需要立即采取有力措施解决。"并且决定："在一切国防工业生产中，应当明确提出：质量第一，在确保质量的基础上提高数量的口号；坚决反对单纯追求数量，只计算产值，不顾质量的错误观点。"于是，"质量第一"作为方针，在国防工业系统第一次被明确提了出来。

24日，贺龙给中共中央写了两份报告：一份是《关于沈阳飞机厂和沈阳发动机厂产品质量问题的报告》。在报告中，他详细地叙述了这两个厂极其严重的质量问题，以及造成的严重后果。着重指出"像沈阳飞机厂和沈阳发动机厂这样的质量事故，并不是个别的情况。根据一机部的检查和各军种、兵种的反映，其他一些军工产品，在质量上也存在着程度不同的问题"。"军工产品是直接使用于战场上的，只有质量好，数量多才有意义。"针对这两个厂严重的质量问题，他提出了四项改进措施：党委书记、厂长亲自抓质量；加强企业管理，迅速恢复和健全必要的规章制度；材料不合格，宁可不生产；加强重要国防工厂的干部，首先是加强导弹、航空、造船、无线电等工厂的干部。他建议从全国范围内遴选最优秀的、最认真负责的干部到这些工厂去担任厂长和党委书记，坚决撤换不称职或玩忽职守的干部。

另一份是《关于国防工业生产和建设中几个问题的报告》。这份报告反映了国防工业生产中新材料、优质材料不足，基本建设中材料、设备、劳动力不足以及干部缺、弱等问题，相应地提了五项改进措施。中共中央同意了贺龙的报告。

在处理了成都两个工厂的施工质量和沈阳两个工厂的产品质量问题以后，5月31日，贺龙到株洲湘江机器厂视察。他听取了工人和技术人员对产品质量的介绍；检查了正在生产中的零部件；分别召开了工厂领导人、工程技术人员、工人和军事代表座谈会，听取意见，研究工厂的现状及发展前景；视察了厂属生活福利设施，了解了职工的生活情况。贺龙在这个厂住了六天，临行时一再叮嘱党委成员：产品质量不好，是党性不纯的表现，一定要确保产品质量，在此基础上，加快生产和试制的进度。

1960年，贺龙（中拄拐杖者）在湖南株洲视察某军工厂

6月2日，贺龙到达湘潭，视察江南机器厂。6日到达上海，参加8日至18日在那里举行的中共中央政治局扩大会议。他利用会议的空隙时间，在6月14日，给中共中央军委写了《关于检查湘江机器厂生产情况的报告》，提出了对军工厂发展方向的设想。他首先肯定了湘江厂从生产炮弹发展到生产喷气发动机的成绩，然后，根据军事工业普遍存在的问题，指出："该厂今后不应再扩建"，而应"充分挖掘潜力，广泛地开展技术革新，充分利用已有的条件，做到在基本上不扩大规模的情况下，建设成为以尖端产品为主的工厂。亦即是说向'尖'的方向发展，而不是向'大'的方向发展"。

经过贺龙和国防工业战线其他领导人的种种努力，不少军工企业的领导人头脑清醒了，开始采取措施，提高产品质量。但是，也还有一些领导干部的思想没完全转过来，甚至有抵触情绪。针对上述情况，在9月13日中共中央召开的电话会上，贺龙再次就军工产品质量问题做了重要讲话。他说：军工产品中比较突出的问题，是质量问题。产品质量不好，不仅影响了国家计划的完成，给国家经济造成重大损失，而且直接影响了部队装备供应和对敌斗争，还丧失了宝贵的时间，耽误了掌握新技术的进程。因此，必须明确认识质量问题的严重性和解决这个问题的迫切性，要下最大决心狠抓质量。他强调，产品质量不好的原因很多，最根本的是思想问题，特别是领导思想问题。有些干部对确保军工产品质量的特殊重要性缺乏明确认识。军工产品都是直接用于战场上的。在战场上，你消灭不了敌人，敌人就消灭你。所以，军工产品的质量必须精良，产品质量不好，在战场上出了故障，实际上起了帮助敌人的作用。因此，对军工产品质量的态度，是一个党性问题，一个对待革命事业是否忠诚的问题。每一个共产党员、干部、工人都要像爱护自己的生命一样去关心产品质量，坚决同一切忽视产品质量的现象作斗争。他对如何提高产品质量，提出了五条措施：（1）要把提高质量为中心的整风运动搞深搞透；（2）部、局领导和工厂厂长、党委书记要对产品质量负完全责任；（3）大力加强政治思想工作，提高广大职工的政治觉悟和战争观念；（4）认真整顿工艺；（5）对每一个质量事故，都要认真严肃处理，找出原因，总结经验教训。这个讲话，在国防工业系统产生了广泛影响。

11月11日，贺龙和罗瑞卿率领中国军事代表团结束了对朝鲜的访问回国。他们在火车上商定，先不回北京，到哈尔滨和沈阳飞机厂去看看。

代表团的专列直驶哈尔滨。14日上午，贺龙一行到哈尔滨飞机发动机制造厂视察。这个厂的负责人13日下午接到通知，连夜准备了一本厚厚的汇报材料；在总装车间布置了一个小型实物展览，挂满了各种图表。最引人注目的，是挂在入口处的“前言”。

贺龙走到“前言”处停住了脚步，仔细地看了一遍，没有说什么，就走进展室，听厂党委书记念汇报稿。

厂党委书记刚读了一段，贺龙便打断了他的话：“请你讲讲目前产品的质量情况。”书记说：“产品质量情况，我还说不清楚。”贺龙问：“这几年来，你们厂交付了多少台合格的发动机？”书记答不上来。工厂的另一位负责人回答说：“我们厂三年来还没有交付过一台合格的发动机。”贺龙问道：“为什么？”没有一个人回答。贺龙严肃地说：“三年了，投入了那么多材料，合格的发动机还造不出来。你们知道制造发动机的材料是哪里来的吗？这是全国人民省吃俭用，节约外汇买来的，被你们白白糟蹋了。要是人民知道你们这样干，是不会饶恕你们的。”他边说边用手杖戳着地坪，发出“咚咚咚”的声响。“帝国主义仇视、封锁我们，苏联撕销合同卡我们，都是看我们落后，欺负我们！你们还不争口气！一旦发生战争，怎么办？”

小小展室，气氛立时紧张起来。贺龙双手一按手杖站了起来，径直走到“前言”下，指着上面写的“在省市委和部、局正确领导下，胜利地完成了国家交给的任务”这句话，对那位书记说：“你把我们当成什么人？对我们也不讲实话。明明三年没有出过一台合格的发动机，却写什么‘胜利地完成了国家交给的任务’。这套做法不就是浮夸吗？！”

临出厂时，贺龙的情绪已经平静下来。他用和缓的语气和蔼地问那位书记：“你当党委书记几年了？”“六年了。”“在这个厂当了六年的党委书记，汇报时却讲不出生产和质量情况。你要好好学习啊！”

书记点点头，愧疚地说：“我们马上把‘前言’撤下来。”贺龙用手杖指指工厂大门说：“先不要撤。要有勇气把这个‘前言’放在工厂的大门口，‘示众’三天，让职工们看看。”

这天下午，贺龙一行来到飞机制造厂。贺龙在总装车间看到有一批飞机正在检修，便问：“飞机的交付情况怎么样？”厂党委书记很诚实地回答：“几年来还没有交付一架合格的飞机。”贺龙、罗瑞卿一听，哪里也不去看了，径直来到厂部会议室。这里已经坐满了哈尔滨几家军工厂的厂长和党委书记。一进会议室，贺龙便说：“今天把大家找来，主要是谈谈军工产品的质量问题。首先请飞机制造厂的同志谈谈质量情况。”

制造厂的军代表说：“这个厂制造的一架直升机，原来是准备赠送给越南胡志明主席的。但运到南宁后，因为质量有问题，没有送出去。飞机上的零件也是进口的。”

他所说的这架飞机，是周恩来代表中国政府赠送给胡志明做专机用的。贺龙来厂前，只知道这架飞机因质量不行，没有送出去，却不知飞机零件还是苏联

贺龙（右四）深入车间听取介绍

产品。他按捺不住心中的不快，严肃地批评说："装的什么零件？又去送给谁？你们也不看看对象？这种没有志气的做法，怎么也说不过去。我们是国际主义者，有义务支援兄弟国家，但是，必须用力所能及的东西去支援。要实事求是，不要欺骗。本来这种直升机已经是比较落后的型号。你们试制了三年，交付了几架？"制造厂的一位负责人回答说："还没有交付一架合格的飞机。"

贺龙听罢，严肃地用手杖指着会议室挂着的领袖像说："你们要为我们的国家，为我们的国防想想，为毛主席、少奇同志想想，要为总理、小平同志想想，你们对得起谁呢？你们是一个大厂，国家花了这么多钱，党把这么重的担子交给你们，可是你们几年出不来合格的飞机，还这样心安理得！"他又看看发动机厂的负责人，接着说："他们那个厂还在'前言'里写上'胜利地完成了党和国家交给的任务'。三年没出合格的飞机发动机，给谁完成了任务？现在看来，整顿产品质量问题，靠修修补补是不行了，必须下决心同过去那一套错误做法'一刀两断'，要采取彻底的办法，重新来过。"

在从飞机制造厂返回哈尔滨市区的途中，贺龙一行顺便视察了铝加工厂。贺龙看到制造飞机能够用上自己加工的各种铝板，很高兴。他与罗瑞卿兴致勃勃地参观了铝冶炼车间，又来到铝板压延车间。当他发现该厂因卫生状况不太好，影响到铝板的质量时，就叮嘱厂长说："要文明生产，才能保证质量。铝板出厂前要严格检查呀！"

贺龙和罗瑞卿在离开哈尔滨之前，又把那里的几家军工厂的厂长和党委书记召集在一起，再一次强调了质量对于军工产品的重要性。他们指出：军工厂的产品质量一定要好，如果不好，会误国误民；军用产品是用于打敌人的，质量如果不好，不仅会伤害战士的生命，还会影响战斗的胜利。敌人每时每刻都想整我们，我们如果刀子不快，就会被敌人杀害。

11 月 18 日，贺龙一行到达沈阳。20 日，他们来到沈阳飞机制造厂。半年前，军委常委曾听取过一机部领导人关于这个工厂和发动机厂产品质量不合格的汇报；贺龙还给中共中央写过专题报告。所以，贺龙很关心该厂目前飞机的质量。他走进工厂总装车间的大门，指着一排排飞机，问正在检修的工人："这些飞机的质量怎么样？"工人们回答说："修来修去，还是出不了厂！"

贺龙看了看车间的黑板，上边"质量第一"四个字，是刚刚写上去的，墙上也贴着带有"质量第一"四个字的标语，他摸了摸，糨糊还没有干，就转身问总工程师："飞机的质量究竟怎么样？"总工程师回答说："飞机的抖动问题还没有解决，不能出厂。"

贺龙没有再问什么，就直奔停机坪。这里停放着两排银白色的米格-19歼击机。由于故障没有完全排除，一直停在那里。因而这个停机坪被工人们谑称为"养鸡（机）场"。贺龙望望"养鸡场"，心情沉重地对该厂负责人说："关于'质量第一'的问题，今年1月中央上海会议时毛主席讲过，刘主席、周总理、总书记都讲过；5月军委又做了决定；9月在全国国防工业电话会议上，我直接给你们传达了。这样三番五次地讲‘质量第一’，按理说大家应该很好地执行了。这么多飞机摆着出不了厂，还在投料，还在追求产值！你们为什么不按中央、军委的指示办？全国六亿八千万人民宁可不吃肉，不吃鸡，换回来的材料，你们却把它做成超差品，怎么对得起全国人民？”

“上次空军接收的飞机，也是架不合格的。”驻厂军事代表插了一句。

“啊？”贺龙吃了一惊，“上次听说那架飞机合格了，我在电话会议上还说‘要发电报表示祝贺’。原来是架不合格的，我们受骗了！”罗瑞卿也气愤地说：“你们敲锣打鼓喊着报捷，我们听了非常高兴。我想，外国专家撤走了，我们自己也可以造飞机嘛！我见了毛主席、刘主席和周总理，见了元帅们，都报告了。大家都挺高兴，还给你们发了贺电。没料到你们是搞假动作，瞒上啊！”

贺龙当即果断地决定：“重新试制！不要采取改良的办法。新的与旧的要一刀两断，不要藕断丝连。从图纸、资料、工艺规程、第一道工序，一直到出飞机，都要严肃认真。”罗瑞卿表示赞成：“对，从头做起。新的、旧的之间画一条线，不要搭界。新的，按正规做法搞，重新投料；旧的，这批不合格的飞机，要考虑补救办法。”他问厂长和工程师：“你们有什么打算？”他们回答：“我们就照这个指示办。”

当天，贺龙一行还到了沈阳航空发动机制造厂。

贺龙问厂长：“你们对引进的外文资料消化透了没有？”厂长说：“前几年，引进的资料有一部分还没有开箱，试制工作就已经开始了。我们把亚音速飞机发动机的零件装配到超音速飞机发动机上，结果不合格。”

贺龙对厂长和党委书记说：“已经造出来的，要一件一件地检验，合格的就要，不合格的就不要。要下这个决心。发动机质量不好，空军就不接收。规章制度，不该改的就不改；过去改错了的，要坚决改回来。我们讲改革，是指改那些不合理的，不要把合理的也改掉了。在技术上一定要‘先学楷书后草书’，按原来资料进行改正。未经认真试验的不能随便改。我说的中心意思就这么一句：只许往前爬，不许往后退！相信你们一定能搞出合格的产品来。”离厂前，贺龙、罗瑞卿建议这个厂进行一次质量整风。

11 月 22 日，贺龙召开沈阳地区军工厂负责人汇报会，详细了解沈阳地区军工产品的质量问题。当他听到这个地区存在的、骇人听闻的巨大浪费时，痛惜地说：“当帝国主义对我们封锁禁运，苏联撤走专家、撕毁合同卡我们，给我们造成很大困难的时候，我们不该争口气吗？我今年 65 岁了，只要叫我管事，我还要认认真真地管。何况你们还这样年轻，更应该争口气嘛！”会议结束时，贺龙谈了考虑了很久的一个问题：“抓军工产品的质量，已经整整 1 年了。到头来飞机还是出不了厂。原因在哪里？我看是领导干部的思想问题，要整顿整顿才行。我们回去以后，准备在北京召开一个大一点的会议，整顿一下领导干部的思想。”

23 日，贺龙一行结束了在东北的视察，回到北京。

一直随同贺龙视察的空军司令员刘亚楼后来说：“贺总曾经告诉我们，毛主席说过，国内问题决定国际问题。他勉励我们要听毛主席的话，要争一口气。贺总甚至愤慨地说，我今年 65 岁了，我还要拼命干它几年，拼死就算了。说老实话，我当时听了这些话曾流了眼泪。”

尽管中共中央、中央军委三令五申，要求解决军工产品的质量问题，“质量第一”的方针也提出半年多了，但贺龙从调查中发现，产品质量不好似乎已经成了国防工业的“顽症”，仅靠过去那种开会、发文件的办法已经不能彻底扭转“大跃进”遗留下来的这种片面追求产值、数量，不顾产品质量的倾向了。他以对党、对国家、对人民极端负责精神，经过反复考虑，决定在国防工业部门召开一次整风式的三级干部会议，来一次强烈的“冲击波”，降一场“狂风暴雨”，促使那些至今还不重视产品质量的领导干部猛醒。

1960 年 11 月 25 日，贺龙把准备在国防工业系统召开部、司（局）、厂三级干部会议进行质量整风的设想报告了中共中央和中央军委；28 日晚，又向毛泽东主席请示。毛泽东同意召开这次会议，并指出：“帝国主义压迫我们，修正主义也欺负我们，我们要争口气呀！”30 日，贺龙在北京友谊宾馆召开了国防工业系统三级干部会议的预备会议。他说：“当前国防工业的军品质量问题很多，很严重。这次会议的中心任务是：以整顿军工产品质量为中心，整顿国防工业各级干部的思想和作风。”“开会的方法是摆事实，讲道理。把以前质量不好的情况都翻出来，开展批评和自我批评。目的不是追究谁的个人责任，而是找出经验教训，改进今后的工作。”接着，他首先自我批评说：“国防工业产品质量不好，已经受到了损失。这个损失由我向中央、军委检讨。因为我是主管国防工业的，不要你们负责。”“前天，富春同志给我寄来一封信，赞成召开这样一次会，希望好好地整顿一下干部的思想和作风。并且说，首先要挂动国防工业的领导同志作检讨。”“我们要看到战争的危险还存在，要对国家的安全负责，对我国六亿八千万人民负责。我们如果不发愤图强，自力更生，还像个共产党员吗？”他号召与会同志“整顿好思想和作风，克服缺点，纠正错误，统一认识，团结一致地把我们今后的工作做好。”

12 月 1 日，贺龙向周恩来报告了会议准备情况。周恩来表示同意，并嘱咐：“军工产品质量确实要好好整顿。”

8 日，国防工业系统三级干部会议开幕。根据贺龙的建议，会议在北京工业学院主楼举办了军工劣质产品展览会（共有展品 1309 项），以期引起人们对质量问题的高度重视。

在大会发言中，代表们充分肯定了 11 年来国防工业取得的成绩，同时也揭露出了不少问题，分析了产生的原因，研究了克服的办法。

贺龙在会议中间，于 12 月 24 日给中共中央、中央军委和毛泽东主席写了一份《关于国防工业当前存在的问题及今后工作安排的报告》。《报告》根据三级干部会上揭露出的大量事实指出，目前国防工业问题确实十分严重。主要是：产品质量普遍下降；军品生产任务一再延误；国防工厂基本建设的质量不好；工厂管理紊乱，事故不断，伤亡严重；浮夸、弄虚作假、瞒上欺下之风盛行；军工厂在生产民用产品方面也存在着不少严重问题。因而国家在国防工业中的巨额投资，未获得应有的成果。贺龙把这比喻为“铸剑成犁”。

国防工业部门的主要负责人在会上做了几次发言，高姿态地检查了工作中的缺点，承担了责任。

12 月 27 日，贺龙当面向周恩来汇报了会议情况、会议总结的内容以及今后的工作安排，周恩来同意。1961 年 1 月 6 日，贺龙做了会议总结报告。报告肯定了国防工业 11 年来的成绩，指出了存在的问题及产生的原因，提出了国防工业建设必须遵循的 17 条准则。准则的主要内容是：必须立足于应付帝国主义可能发动的世界战争和原子战争；必须为国防建设和军队建设服务；必须发愤图强，自力更生发展国防工业；必须随着国家独立完整的经济体系的建立，逐步建成为完整的国防工业体系，做到工业配套、地区配套、产品配套；必须贯彻执行军民结合，以军为主的方针；必须贯彻质量第一，在确保质量的基础上提高数量的方针；无论是突击尖端、基本建设，都应当集中兵力打歼灭战；必须迅速地建立一支“又红又专”的干部队伍；必须坚决贯彻勤俭办国防工业的原则；必须加强政治思想工作，以政治统帅业务；必须树立忠诚老实、实事求是的作风，反对浮夸，反对弄虚作假。

这些准则，是经过与会者集体讨论和研究后拟定的。既是对三级干部会议的总结，也是对新中国成立 11 年国防工业建设诸问题的科学、系统、全面的总结，是国防工业建设长期的指导方针和工作原则。它体现了贺龙对于国防工业建设和社会主义企业经营管理的远见卓识。中共中央书记处曾专门就贺龙的总结发言稿进行了讨论，并由彭真等做了修改；刘少奇、邓小平、李富春、聂荣臻、罗瑞卿也先后审阅并做了修改补充。

这次会议于 1961 年 1 月 7 日结束，历时 40 天。聂荣臻当时评价此次会议说：我完全同意贺龙、罗瑞卿同志在会议上的讲话。这次会议在中共中央、毛主席、总理的关怀和指导下，贺总亲自主持，开得很好，是我们国防工业具有历史意义的一次会议。军工产品的质量低劣，已经严重地影响我军当前的对敌斗争和对未来战争的准备，我相信通过这次会议，一定能迅速扭转局面。

这次会议，以整顿产品质量为中心，总结新中国成立 11 年来国防工业建设的经验教训，要求深入开展整顿干部思想和整顿产品质量的运动，对全面贯彻中共中央、中央军委关于国防工业建设和生产的方针政策、纠正军工企业管理混乱、改变浮夸作风、树立质量第一的思想，起了积极的作用。但是，在会议揭问题、查原因、开展批评和自我批评的过程中，有过激、过火现象，伤害了一些干部。贺龙在四年后提到这次会议时说：“质量不好不要整吗？干部思想不对头不要整吗？会议不要开吗？实践证明那次会议开得是及时的、有效的。不过也有缺点。如果把会议领导得好一点，特别是会议的领导方式好一点，会收到更好的效果。那次会我是有缺点的，你们可以批评。”

1961 年 2 月，贺龙和罗荣桓一起视察部队到达南昌。24 日贺龙住进了南昌飞机厂，对该厂进行了三天调查研究。在工厂领导人及有关人员参加的座谈会上，贺龙听取了他们关于国防工业系统三级干部会议精神贯彻情况，以及生产、基本建设和职工生活情况的汇报。厂长说：传达了国防工业系统三级干部会议精神以后，干部很高兴。

贺龙说："也高兴，也失望。失望的是生产任务不饱满，工厂吃不饱。要和干部讲清楚，1961年到1964年，钢材品种不齐，外汇不多。只要国民经济建设起来了，国防工业也就起来了，如果把国民经济压下去，就变成穷国了，巧妇难为无米之炊。任务吃不饱，就要搞民用产品。今天做民品，明天还要做民品。要向职工讲清楚，要贯彻两条腿走路的方针。只顾军品是不对的。在把军品生产安排好以后，多余的力量搞民用产品，军民结合不只是军工厂和各民用工厂协作的问题。民品生产，也要保证不出废品。"厂长说："有的干部认为军品难搞，民品好搞。"

贺龙当即指出：对干部这种松劲情绪要注意，要批评。民品也要保证质量，不能出次品，无论军品和民品都要质量第一。他说，资本主义国家军火商出的飞机、汽车，寒带、热带、亚热带都能开。我们难道连外国军火商都不如吗？我们的产品，一定要在寒带、热带、亚热带都能用。因此，要教育广大干部职工，提高信心，严把质量关，做到材料进厂合格就收，不合格就不收、不投产；工具、卡具、样板、工艺装备要检查清楚，合格就用，不合格不用。厂长说，厂党委为贯彻三级干部会议精神，决定在全厂进行质量整风，开展"七查"工作。

贺龙听了，语重心长地说：整风要坚持实事求是，有什么就整什么，是什么就整什么，从上而下，一级一级搞。首先把干部思想搞通。厂级干部整风可以开党委扩大会，吸收工程师、军代表参加，要和风细雨，不要把北京开会那一套搬来。

26日，贺龙给罗瑞卿、孙志远①、方强、赵尔陆四人写了一封长信，通报了他视察南昌飞机厂了解到的情况。他在信中指出：工厂对三级干部会议精神的传达贯彻抓得紧并进行了初步检查，群众也还满意。但在干部中存在着等挨整，怕负责任，以及对提高产品质量信心不足等问题。在生产方面，存在战线长，技术力量不足；产品种类增加，工人技术等级下降；生产任务不饱满，每天都有2000左右工人停工等问题。为了解决该厂产品积压和飞机出厂问题，贺龙建议三机部派薛少卿副部长来南昌指导帮助工作。

3月7日，贺龙在杭州又给罗瑞卿等四人写了一封信，根据在南昌、长沙视察发现的问题，对当前国防工业提出了四点意见：第一，大抓政治思想教育。除应继续整风，贯彻三级干部会议决定的17条外，还应对中央的12条②进行深入教育。第二，大抓生产安排。第三，大抓技术力量。第四，大抓设备检修。

同年11月至12月，贺龙在广东省视察期间，组织中南局、广东省委、广州军区主管军事工业的负责人，参观了广州地区三机部所属的黄埔造船厂、广州造

① 时任第三机械工业部部长。

② 1960年11月3日，中共中央《关于人民公社当前政策问题的紧急指示信》共12条，故简称"12条"。

船厂、无线电工厂和无线电器材厂。12 月 18 日，贺龙再次给罗瑞卿和孙志远写信，指出了这些厂在领导班子、企业管理、物资储备、职工生活等方面存在的问题，建议三机部派出得力工作组到广州检查和帮助工作，解决存在的问题。

贺龙四处奔波，推动国防工业系统三级干部会议精神的贯彻，在国防工业系统起了很好的作用。“质量第一”的方针逐渐深入人心，国防工业建设和产品质量不好的状况有了不同程度扭转。四年之后，当再到西南和东北的一些军工厂时，贺龙见到面貌已经发生了很大变化感到十分欣慰。

1965 年 4 月 13 日，贺龙、聂荣臻和四川省委书记李进泉走进四年前视察过的成都飞机制造厂。当年陪同他视察的工厂领导人和成都军区政治部钱副主任前来迎接。

贺龙听了工厂领导的汇报，很高兴。他说：“上次来，我批评了你们，是不是有意见呀？我今天向你们道歉！”厂长马诚斋怀着感激之情说：“批评得对。就是您上次来捅了两棍子，我们厂才得救了。”总工程师晋川诙谐地说：“我们厂那时像婴儿发高烧，得了小儿麻痹症，半身不遂。我们当时提意见也解决不了。全靠贺老总那次视察才解决了问题，工厂翻了身。全厂职工都非常感谢您哪！”党委书记黄明说：“要不是您那次下了‘推倒重来’的决心，我们厂不会有今天。”

“没有意见就好。有意见就当面提，”贺龙爽快地说，“走，到车间看看去！”

贺龙一行兴致盎然地参观了厂区主要建筑模型、飞机模型和几项工艺、新产品，以及总装配车间。他问马诚斋：“飞机出来了吧？”马诚斋说：“出来了。但是防弹钢板未过关。”贺龙问：“飞机质量怎么样？”“质量问题还不少，基本功不过硬。”贺龙说：“要保证质量啊！质量只能上升不能下降。因为这是上天的东西，若是在空中出问题就完蛋了。”他问厂领导人：“你们现在劳动不劳动？”晋川说：“每星期劳动一天。”贺龙说：“劳动是应该的。要每天跟班检查质量。脑力劳动也是劳动。出这个飞机真是费功夫啊！”他转身对钱副主任说：“你也要抓质量啊！”钱副主任笑着说：“我是搞政治工作的。”贺龙笑着说：“我知道。政治工作就是要落实到质量上，否则就是空头政治。”

贺龙返京后，5 月 21 日约见孙志远，就视察中发现的航空工业质量问题进行研究，再次嘱咐要扎扎实实搞好产品质量，“千万马虎不得”。此时，中国的第一颗原子弹已经爆响。贺龙满怀喜悦之情，听取第七机械工业部负责人汇报发展航天工业的规划，设宴招待了参加制造中国第一颗原子弹的专家和全体工作人员。

7 月 25 日至 8 月 16 日，贺龙又到东北视察。26 日，他在沈阳飞机制造厂，听厂长陆纲说，今年飞机可以超产，新技术产品也可以按计划交付。贺龙满意地说：“嗯，现在和 1960 年大不一样了。那次我来时，这儿里里外外都是‘鸡（机）窝’。现在嘛，才像个飞机制造厂。”他走到刚刚组装好的一架飞机旁，抚摸着光滑平整的机身和机翼，称赞道：“你们做得好！”

他侧身四顾，一幅写有“千万不要忘记歼击机一年生产，三年返修的沉痛教训”的大标语映入眼帘。他连说：“好，好，贴在这里好。这是谁提出来的？”

1965 年 8 月，贺龙（左四）视察沈阳飞机制造厂

陆纲回答说："三机部党组的指示。"贺龙赞许地点点头："提得好啊！"

8 月 4 日，贺龙再访哈尔滨飞机制造厂和飞机发动机厂。他先到两个厂的总装车间看了一遍，询问了生产和产品质量情况，然后到会议室，点燃一支雪茄，坐在沙发上休息。曾经挨过他批评的工厂负责人静静地坐在一旁。

贺龙赞许地说："过去你们三年造不出合格的飞机，也造不出合格的发动机，我批评了你们。如今，你们一个月就可以生产几架优质飞机和若干发动机，该是鼓励、表扬你们的时候了。"

他表扬了工人们搞的一项可以大大缩短工时的技术革新。他说："还是工人聪明。我们中国人是聪明的。"当工厂领导谈到正在自行研究设计新产品时，他鼓励说："要发展生产，没有后继机型不行。只仿造外国的，不自行设计不行。飞机工厂要建立自己的设计队伍，要设计新机种，从改进到创新，循序渐进。只是仿制，跟在别人后面跑，永远追不上，还会掉队的。"

贺龙怀着对国防工业的满腔热忱、以对党对人民高度负责的态度，冲破各种阻力，狠抓产品质量，锲而不舍，终于使国防工业系统生产的军品和民品，在人们心中树立起了可以信赖的形象。

第二节 建设国防工业要"靠自己"

早在 1954 年 1 月，贺龙在中央军委召开的全军高级干部会议上，就曾明确提出："现代化军队的装备，必须依靠国家重工业建设，尤其是国防工业的建设来解决。依靠外国订货只能解决临时问题，而不能解决长久问题。”

新中国成立初期，军事工业主要由国民党逃离大陆时留下的为数不多的兵工厂和各解放区的兵工厂组成。这些工厂设备简陋陈旧，只能生产一些轻武器和检修重装备。第一个五年计划期间，开始建设新中国的国防工业，它在国家 156 个重点建设项目中占 27%。到 1959 年，建成了一批重点工厂，国防工业初具规模，并陆续仿制了苏式飞机、舰艇、坦克、火炮和各种轻武器。

贺龙担任国防工业委员会主任以后，根据国际形势和人民解放军建设的需要，提出了要建立一个独立完整的现代化的国防工业体系的宏伟蓝图。他强调，要建立这样一个国防工业体系，不能光依赖别人，要靠自己，走自力更生的道路。

中华人民共和国成立后，苏联政府同中国政府签订了援助中国经济建设的协议。赫鲁晓夫上台以后，中苏关系日趋恶化。1960 年 7 月 16 日，苏联政府突然照会中国政府，单方面决定撤走全部在华专家，撕毁专家合同和合同补充书，废除科学技术合作项目。苏联专家撤走时，带走了大批图纸、计划和资料。苏联还停止供应中国急需的重要设备和原材料，大量减少成套设备和各种设备中关键部件的供应，妄图压中国屈服。

在上述撕毁和废除的协议中，国防工业约占 1/4 强，给中国刚起步的国防工业建设造成了严重的困难。

面对如此严重的形势，8 月 5 日，贺龙召开国防工业委员会议，和聂荣臻、刘伯承、罗荣桓、薄一波、罗瑞卿、谭政，以及一机部、冶金部、化工部、建工部、国家计委、经委和建委的负责人一起研究对策。贺龙和与会者都认为：没有外援，不可避免地会遇到许多困难，对此不能估计过低。但是，只要我们坚持自力更生的方针，充分发挥群众的智慧，我们不但完全可以克服困难，而且完全可以用比过去更快的步伐前进。

苏联毁约停援，使完全依靠进口的 1691 种新型材料供应中断。国防工业面临着重大困难。贺龙在会上郑重提出，我们要卧薪尝胆，发愤图强，打破一切依赖思想，依靠自己的力量，解决材料、设备问题，“应该仔细摸一摸，哪些问题还没有解决”，“摸个水落石出”。“我们面前有一堆困难，这是前进路上暂时的困难，但必须下大力量加以克服。这是关系到能否建成现代化国防的问题，是关系到六亿八千万人民能否挺起胸膛的问题，是关系到全国人民的根本利益的问题。我们一定要完成突破关键、实现自力更生的任务。”会议要求国防工业部门深入、细致、全面、彻底地弄清楚在没有外援的情况下，存在的困难是什么，缺什么条件？在摸清情况的基础上，定出全面解决困难的具体措施。优先安排当前最急需的、在本年度内必须解决的问题，一定要设法把依靠外援或进口的东西，在国内解决。

根据会议研究的问题，8 月 14 日贺龙向中共中央、毛泽东写了《关于在当前形势下国防工业建设几个问题的报告》。22 日，中共中央批准了这个报告，并批转各部门贯彻执行。

在中央批转贺龙的报告以后，他开始抓落实工作。贺龙决心使急需的材料、设备逐项落实。他选择了一个僻静地点——北京养蜂夹道一号，以国防工业委员会主任名义，召开新材料、新设备协作定点会议。在1960年9月到1961年9月长达一年多的时间里，他邀请有关的国务院副总理和国家计委、经委、建委、冶金、化工、机械、石油、轻工、纺织等工业部的副主任、副部长以及有关司、局长等“各路诸侯”，开了三十多次集体办公会议。每次会议都由贺龙主持。他同大家反复协商，逐项落实急需材料和设备的研制和生产。有一天，会议从上午9时一直开到下午3时，贺龙招待大家吃饭。吃罢饭，他放下筷子后说：“今天帝国主义封锁我们，苏联又卡我们，逼着我们非自力更生不可。在这个关键时刻，大家可不能慢慢来。一定要急如星火，日夜兼程，争取早日实现啊！”说罢，他站起来，双手抱拳，极为庄重地对在座的人说：“军工材料，就拜托各位了！”

为了坚定国防工业战线上广大干部、技术人员、工人走自力更生道路的信心和决心，贺龙在各种会议上反复强调要“发愤图强，自力更生”。他说：自力更生，是我们党历来坚持的方针，在当前形势下，更为重要。我们必须从产品设计、试制和生产，到原材料供应，都立足国内。仿制的目的是锻炼技术力量，积累经验，以便为独立设计和制造创造条件。一切依赖别人，只搞仿制，不积极培养设计力量，不积极支持自己设计的产品的思想和做法，都是错误的。在独立设计和试制过程中，失败和挫折是难免的，我们应该给予积极的帮助和支持，绝不能泼冷水。材料、资金、人力，总要付出一些代价，这是应该出的学费。在独立设计和试制的时候，要虚心学习一切先进经验，认真考虑现实条件，把敢想敢干和科学分析很好地结合起来，把战略上藐视困难和战术上重视困难很好地结合起来。当前要突破材料、技术和设备这三关。突破这三关，归根到底是人的问题。应该大力加强培训工作，迅速建立一支“又红又专”的技术队伍。同时要加强各种新型材料、精密设备、测试仪器的研究、试制和生产。特别要抓紧立足于国内资源的各种新材料和代用材料的研究、试制和生产。1962年9月，贺龙在国防工委工作会议上又指出：“帝国主义和苏联都欺侮我们。苏联卖给我们几架米格-21飞机，给的图纸还把重要部分抽掉几十张，不靠自力更生行吗？我们要争这口气！自力更生就是要靠这些军工厂和各有关部门。原材料工业部门——冶金部、化工部等要共同努力，首先是三机部要努力。原材料、尖端产品、无线电等，都要靠自己的力量过关。”

在贯彻自力更生的方针中，贺龙认为，应从组织体制上解决工厂、科研机构、学校三结合，及研究、生产、使用三结合问题。他专门到国防部第六研究院及其所属的研究所做调查研究。科技人员希望把研究所合到厂里去。贺龙说：这个意见很好，我早就提出过几个“三结合”。听了你们的意见我心中有数了，回去就为你们讲话。

厂、所合并是个大问题，贺龙觉得还应征求各方面的意见。在沈阳，他征求了中共中央东北局第一书记宋任穷、中共辽宁省委第一书记黄火青、沈阳军区司令员陈锡联等人的意见，他们一致赞成。回到北京，他又同孙志远交换意见，孙也完全同意。随后，贺龙就科研机构和生产单位合并问题，给罗瑞卿写一封信，通报了下去调查的情况，建议“国防工业各部党委认真研究讨论一下，把能够合并、要求合并的厂、所合一批试试。这个方向我认为是不会错的，而且从当前技术发展需要看，这个问题越早解决越有利”。后来，中共中央采纳了贺龙这个建议。

到 1963 年，国防工业部门许多过去不能制造的仪器设备、武器装备能够研究制造出来了，贺龙十分高兴。1963 年 4 月 9 日，他在军工厂的领导干部会上说：“在自力更生方面，这两年成绩很大，应该鼓励。三级干部会议时我批评了你们，今天应该鼓励。使我们坚持自力更生的有两个教员：在抗日战争时期，国民党不给八路军发饷，迫使我们各根据地自力更生，大搞生产，搞得丰衣足食；1960 年苏联停止援助，逼着我们非自力更生不可。设计、原材料、技术都要自力更生。开始时对怎么搞，自己没有一套，最近两年已经摸到了一套，要在这个基础上巩固、提高、发展，不能满足。我们的武器装备，无论是地上的、天上的，还是海上的都比发达的资本主义国家落后很多年，帝国主义就认为我们搞不出最新武器，我们能不发愤图强、自力更生嘛！”

在贺龙主持下，1960 年 1 月，国防工业委员会拟定了《关于我国国防工业建设的建议》(草稿)。1 月 22 日，中共中央军委扩大会议审查这一建议时，贺龙着重指出：随着我国完整的工业体系的建立，在尽短时间内建成一个现代化的独立完整的国防工业体系，是国防工业建设总的目标。必须大搞尖端，两弹为主，导弹第一，积极发展喷气技术和无线电电子技术。在和平时期，为了集中力量发展现代化武器，常规武器只应做小量的制造和储备，还要军工厂腾出力量大力进行民品生产、加强科学研究、建设新厂和培训干部，以便既能支援国民经济建设，又能早日摆脱对国外的依赖。我们要把眼光放远些，不要舍不得压缩常规武器生产，有了国民经济的高度发展，有了原子弹、氢弹、洲际导弹等新武器的制造工业，我国的国防就有了真正的可靠的基础，而常规武器的制造和储备问题也就好解决了。为了迅速突破尖端技术，在国家经济许可的原则下，建议把国防工业部门的力量和军队的力量会合起来，拧成一股绳。

20 世纪 60 年代初期，国家经济形势严峻。因此，贺龙反复提醒国防工业战线和军队的干部，要顾全大局。在考虑国防工业和军队建设需要时，应首先想到国家经济条件是否可能办得到，要自觉服从国家经济建设。

12 月，贺龙在《关于国防工业建设的几个问题》的报告中再次重申：“在国家经济建设中，妥善地处理经济建设与国防建设的关系极为重要。国防工业是建立在基础工业之中的机械加工、高能化学和电子组装的综合性工业，如果没有现代化的基础工业提供原料，国防工业也不可能制造现代化的武器装备。因此，就全国来说，在目前和平时期积极发展国民经济，是第一位的，发展国防工业是第二位的，也就是国防工业建设要服从国家经济建设。”

1961 年 1 月，中共八届九中全会通过了调整国民经济的“八字方针”①，5 月

① 即中共八届九中全会通过的“调整、巩固、充实、提高”的方针。

21 日至 6 月 12 日，又召开工作会议，制定了进一步调整国民经济、压缩城市人口的措施。

为了贯彻这次中央工作会议精神，在贺龙、聂荣臻、罗瑞卿主持下，7 月 18 日至 8 月 16 日在北戴河举行了国防工业委员会工作会议。贺龙在开幕时说："我们常讲国防工业必须服从国家的经济建设。这次国防工业实行调整，就是具体的服从。我们原来想把国防工业搞多一点，搞快一点，现在看来不行，多了的这次要退下来。""要坚决执行全国一盘棋的要求，服从国家计委的统一安排，调整军委提出的国防工业八年规划。"

8 月 12 日，贺龙请周恩来向参加会议的国防工业企业的负责人讲国防工业和国民经济的关系；生产尖端武器和生产常规武器的关系。周恩来对当前的"三大任务"，即"第一，支援农业；第二，支援轻工业和市场；第三，兼顾国防"做了阐述。在贺龙的影响下，国防工业部门从实际情况出发，将原定的新产品试制项目削减了 83%，基本建设压缩了 65%。

由于贯彻"八字方针"，国民经济形势日渐好转。国防工业也随之向前发展，到 1964 年底，形成了既能生产飞机、舰艇、坦克、枪炮和无线电器材等常规武器装备，又能生产核武器、火箭、导弹和航天器材等尖端武器和技术装备，门类、品种齐全的国防工业体系，实现了贺龙要建立一个独立完整的现代化的国防工业体系的美好愿望。

第三节　心中装着群众

20 世纪 60 年代初，中国处在经济暂时困难时期，人民生活受到了很大影响。贺龙响应毛泽东的号召，不吃肉，不吃蛋，但却时刻关心着全国人民，特别是国防工业战线上广大职工的生活疾苦，想方设法为他们排忧解难。

在 1960 年 12 月召开的国防工业系统三级干部会议上，贺龙要求各级领导干部关心职工的生活，要"一手抓生产，一手抓生活"。他说："人是生产力中最主要的因素，生产的好坏决定于人。因此，各级党委、行政和工会领导人，除了应当经常关心职工群众的政治思想以外，还必须经常关心他们的生活。""这在目前粮食和副食品供应比较紧张的情况下，尤为重要。要千方百计搞好食堂，办好各项福利事业，保证职工的身体健康，这是当前各级党委、行政和工会领导干部的一项重要任务。各工厂企业要根据中央的指示，指定一位副书记、副厂长专管安排包括家属在内的职工生活。这是一件大事，工厂党委一定要把它做好。同时，要坚决贯彻中央关于劳逸结合的指示，严格控制加班加点和过多的业余活动，精简会议，减少职工不必要的体力消耗。对于最近某些工厂发生流行病的现象，必须迅速采取有效的治疗和预防措施。"

1961 年 2 月下旬，贺龙到南昌飞机厂视察，看到不少工人得了浮肿病，脸色蜡黄发亮，满面愁容。他立即召集厂长、党委书记了解情况。然后他又到工人宿舍，找工人谈心，到工厂的农场、养猪场等处调查，随后同工厂领导人研究怎样安排好职工生活。

厂长说：工人粮食不够吃。厂里不少人得了浮肿病，最多时曾达到全厂职工总数的10%左右……贺龙听后心里十分难过，问道："部队中战士的粮食可以调剂，工厂是不是也可以调剂？你们厂里空地很多，应当多种蔬菜。还要多喂猪，现在喂多少头？"厂长答："我们现在喂了一千多头猪。"贺龙说："太少了！你们厂那么多职工，应多养些猪。还要多开点荒地，把机场周围的空地都利用起来。多收点粮食，既可补助职工，也给农民减少些负担。如果能做到职工平均一人一头猪，一个人一个月可以吃到三斤肉就好了。还要想法子喂些鸡，多搞些副食。你们在战争年代搞过农副业生产吗？"厂长说："我们在太行区搞过，那时搞得挺红火。"

贺龙说："你们要一手抓军工生产；另一手抓农副业生产。把农副业生产搞好了，让职工吃饱、吃好了，浮肿病人没有了，工业生产也就好搞了。你们厂在江西，先带个头，敢不敢？""敢，我们敢！"厂长、书记齐声回答。"你们工厂党委开个会，大家商量一下，做个决定。"贺龙继续说，"关心职工生活，还要把家属工作做好。家属、小孩是职工的后方，人数比职工多三倍，家属、小孩吃饱了，职工情绪也就稳定了。你们要拿很大力量做好家属工作，这是稳定职工很重要的一环。"

贺龙从南昌到长沙视察了几个军工厂。3月上旬，他在杭州给罗瑞卿写了一封信，建议把"大抓生活安排"列为国防工业系统必须狠抓的四个最重要问题之一。

回到北京以后，贺龙又建议尽快把关心职工生活的工作在国防工业系统全面展开。贺龙更想到了知识分子。5月4日，他同聂荣臻在听取国防部第五研究院领导人汇报工作时，交代说：要好好照顾科技人员的生活，特别是对老知识分子，更要多加注意。不仅要让他们本人住好吃好，对他们的家属、小孩也都要照顾好。他说："你们去找刘仁同志[①]，专门和他谈一谈，要他搞个定点供应。我们不吃，也要他们吃好。如果不行，可以来找我。工作上出了成绩，要挂他们的名字，让他们出名。"6月9日国防工业委员会发出了《关于加强企业职工生活福利工作的指示》，对做好职工生活福利工作做了具体部署。

按照《指示》规定，国防工业系统各企业迅速行动起来，经过半年多的努力，农副业生产取得了显著成绩。11月份，贺龙看了广州军区副司令员文年生《关于湖南六个工厂大抓农副业生产的调查报告》以后，十分高兴。立即给罗瑞卿写信说："这个报告，我认为很好，可以转发各国防工厂参考。""湖南的几个军工厂，今年3月才开始抓农副业生产，到现在就已取得了显著成绩，从而在一定程度上保证了生产，解决了职工及其家属的生活问题。这说明，在目前条件下，自力更生，搞农副业生产，改善生活，不仅是必要的，也是可能的。""我意凡是有

① 时任北京市副市长。

条件的工厂，都应该下决心大抓一下农副业生产。”

由于坚持一手抓生产、一手抓生活的方针，解决了职工的生活困难，调动了职工的生产积极性，既取得了经济效益，又取得了社会效益，因而，这“两手抓”在国防工业系统作为传统，被延续了下来。许多关于贺龙关心群众、爱护人民的生动事例，给大家留下了不可磨灭的印象，在国防工业系统传为佳话。

第四节　强化武装力量建设

1960年9月中共中央军委扩大会议决定：在军事工作中贯彻抓两头、带中间的方针，即既抓解放军建设，又抓民兵建设；既抓机关，又要大力抓好基层建设。据此，贺龙除继续抓好国防工业之外，以更多的精力抓了武装力量建设。1961年初，他和总政治部主任罗荣桓相约，一同去做调查研究，检查、推动军委扩大会议精神的贯彻落实，特别是要摸一摸在国家经济暂时困难时期，加强军队基层建设，加强政治思想工作，保持部队稳定的情况和经验，以及民兵工作落实情况。

2月4日，贺龙和罗荣桓乘火车南下。5日下午两点多到浦口，南京军区司令员许世友、副政治委员萧望东、政治部主任鲍先志等在车站迎接。他们利用轮渡过江的时间，向两位元帅简要汇报了南京军区贯彻军委扩大会议精神，在部队中进行“两忆三查”[①]和部队生活等方面的情况。当天下午，贺龙和罗荣桓看望了南京军区警卫部队的一个连队，了解战士们的学习、生活情况。6日到上海，第二天，听取了驻沪陆、海、空三军领导人的汇报。

上海警备区副政委方中铎汇报时说，在当前经济暂时困难的情况下，有些家在农村的战士，对亲友没有饭吃、干部作风不好等说了一些“怪话”。有些连队干部就认为这是“反对三面红旗”，并根据战士的思想情况，把他们分为三类。有的还被划为“落后分子”。

贺龙听了马上指出：“不能因为说了几句‘怪话’，就说人家是落后分子。现在说几句，可能以后还要多些，因为现在才2月份，南方5月小麦登场，北方到7月小麦才登场，困难还在后头呢！”罗荣桓说：“在战士中不准划类。不要把说‘怪话’的战士说成是落后分子，不能随便戴帽子。”贺龙接着说：“帽子不能随便戴，大了不好，小了也不好，戴得不好就不舒服。我们要尊重战士的自尊心，一定要强调耐心说服教育，不能压服，逼得太厉害，矛盾会激化，甚至铤而走险，不利于部队稳定。”

8日，贺龙、罗荣桓到达杭州。贺龙对浙江省军区和驻杭州地区陆军、空军部队领导人说：部队的政治教育与政治思想工作，必须根据当前新形势和部队的新情况，不断改进，不断提高，不能搞老一套。因为，在现实生活中，每天都有许多新问题出现，停顿就等于落后，尤其是特种兵的政治思想工作需要加强。政

---

① “两忆”是忆阶级苦、忆民族苦；“三查”是查立场、查斗志、查工作。

治思想工作应区分对象，不要一般化，一般化的政治思想工作是没有力量的。比如空军有飞行员、有地勤人员、有雷达兵等，对各类人员的思想工作怎么做，要摸出一套来。要做好部队的政治思想工作，首先要认真进行调查研究，这是搞好政治工作的前提。调查研究不但今天要抓，明天要抓，而且一辈子都要抓。

结束了对浙江驻军的视察，贺龙、罗荣桓于 11 日南下，13 日到达福州。14 日是农历除夕，他们不顾旅途劳累，把福州军区的领导人请到宾馆，听取他们关于海防斗争和民兵工作情况的汇报。

福建省地处海防前线。那时，台湾、澎湖、金门、马祖岛上的国民党军不断派飞机、舰艇进行骚扰，派特务和小股武装登陆渗透，还常常向厦门、闽江口等前沿区域和在近海作业的大陆渔船打枪打炮，斗争十分尖锐。贺龙对福州军区领导人说："加强海防，就要搞好民兵工作。首先你们大军区的领导干部屁股要坐到人民武装方面来，不能只抓部队那几万条枪。要把主要的力量，比如说 60% 的力量去抓民兵那几十万条枪。那么长的海岸，只靠那几个正规军防守是不行的，要靠人民武装。不懂得这一条，也就没有真正懂得毛泽东思想。"罗荣桓说："没有人民武装，也就谈不到积极防御。海防主要靠民兵防守，要很好地发挥民兵的作用。这是个战略问题，不是个战术问题。"

贺龙问："你们考虑一下，拿十分之六的力量去搞民兵，你们思想搞通搞不通？"军区领导人回答："搞得通。"贺龙风趣地说："共产党人是聪明人，但聪明人有时候也会办傻事。民兵有几十万条枪他不去抓，眼睛只看到那几万兵。我要是军区司令员，就亲自抓民兵。我们是鱼，民兵是水，你们想一想，没有水，鱼怎么能游动！因此，首先是你们军区的几个领导人思想上要搞通。"

罗荣桓说："不很好抓民兵，万一发生了事情就坏了。现在主要是思想没有转过来，总是把民兵看成小玩意儿。不要忘了，我们是搞人民武装起来的。"

贺龙接着说："你们算算，假如福建一个省有 1600 万人，起码可以动员 160 万民兵。如果把民兵搞好，再加上正规军，这有多么大的力量！刚才罗帅提到用 50% 的力量抓民兵，我说应当拿 60% 的力量抓民兵，都是一个意思：希望你们重视民兵工作，希望下次再到你们这里来，能看到民兵工作比现在搞得好些。司令员、副司令员，一个去抓正规军，一个搞民兵。你们一动，下边也就动起来了。"说到这里，他加重语气提醒军区领导人："要懂得，不搞人民武装就是忘本，就是没有真正懂得毛主席的人民战争思想。省军区更要把工作重点放在搞人民武装上。民兵训练不要搞那么多，不要搞形式，不要搞会操，把各种姿势的射击和利用地形地物这两项学好就很好了。"

春节刚过，年初二（16 日）贺龙、罗荣桓从福州出发，视察驻莆田、泉州地区的部队。17 日，到达与金门隔海相望的厦门，听取当地驻军的汇报。他们冒着被金门国民党军炮击的危险，视察了第一线炮兵阵地，了解战士们对武器的使用和生活情况，指示部队领导人要加强政治思想教育，进一步搞好各项战备工作，守卫好祖国的南大门。

贺龙（左二）在海军某舰艇视察

19日，贺龙和罗荣桓离开福建到达南昌。江西省是福州军区的后方。所以，贺龙在听取江西省委书记杨尚奎、省军区司令员邓克明和副司令员倪南山等关于省军区情况汇报时再次强调省军区要以主要力量抓民兵。他说："你们军区的民兵有6万多支枪、2000多挺机关枪，还有那么多子弹，比红军一、三军团的武器都多，了不起。你们要把屁股坐到这边来——要抓民兵。真正的铜墙铁壁是人民嘛。江西省搞民兵工作比其他省有利条件多，你们有井冈山摆在那里，不要忘了井冈山啊！你们今后主要是搞民兵。省军区有六七位领导同志，起码经常得有四五位搞民兵；军区的几千名干部，不要尽在机关里写指示、写文章，要多下去抓民兵落实工作。"

南昌步兵学校是福州军区培养连、排基层干部的学校。贺龙、罗荣桓在视察该校时，对教育内容、教学方法和领导方法等做了重要指示。贺龙说："你们是初级学校，主要是搞思想、搞战术、搞技术和传统教育。你们学校的教育应该比地方学校搞得好些。要使学员接触社会实际，看到好的和坏的，有个对比。把学员关在学校里是教不好的，要出去走走，让他们上井冈山看看。没有汽车就走着去，边走边做课目。南昌暴动时有几万人，但失败了；井冈山千把人，却成功了。这两件事是鲜明的对比。江西地区可以学习的东西很多，在江西的部队如果教育搞不好，那要打屁股。"

罗荣桓很赞成贺龙的意见，他说："上井冈山是实际教育，比在课堂上讲要好得多，学员的印象就会很深刻。现在讲大抓基层，在学校把连排长教好了，对抓好基层大有益处。"

这次巡视，贺龙调查了南京、福州两个大军区的陆、海、空军，苏、沪、浙、闽、赣、湘等六个省军区和警备区以及一些军二厂，历时近两个月。通过这次调查，他对部队的现状和存在的问题以及民兵工作等有了进一步了解，进一步明确了加强国防建设主要是抓好三件事：第一，抓好解放军的建设；第二，落实民兵工作；第三，抓紧对国防尖端技术的研制和国防工业建设。在军队建设的“两头”——基层和机关中，贺龙更为关心基层建设，尤其强调加强党的领导。1962年10月，福州军区第二政委刘培善，对入闽加强东南沿海战备的原武汉军区某师的战备情况做了调查，并给贺龙送来了他写的调查报告。这月26日，贺龙给刘培善复信，强调部队工作主要是把基层建设，特别是党的建设搞好。他说：“军队是要打仗的，是要在战场上和敌人拼死活的。所以，军队工作就要过得硬，不过硬是不行的。要军队工作能够过得硬，没有坚强的党的领导，没有扎扎实实的支部工作是不行的。”“我们的军队不同于其他任何军队，它不是靠强迫命令，而是靠政治工作，也就是党的工作。没有党的领导，没有广大党员积极的、模范的工作，很难设想能把我们的军队团结得像一个人一样，做到一声令下，大家视死如归。因此，能不能把党的工作，特别是支部工作做好，是部队工作能否过硬的一个根本因素。所以在考核一个部队工作时，也要首先看一看他们各级党的领导如何、支部工作如何、党员的情况如何、阶级觉悟如何，因为这是部队领导的核心、团结的核心，是部队的堡垒，对于这一环节必须抓紧。”

1961年春，贺龙在福建前沿阵地观察金门岛的情况

后来，贺龙在一次全国性的会议上进一步指出：在军队建设的一系列工作中，重点要放在基层、放在连队。连队是军队战斗力的基础，是战斗中的尖刀，任何高明的战略战术，任何优良的武器装备，都要通过连队在战场上应用，才能发挥作用。所以同机关建设比较起来，连队建设更为重要。领导机关的工作，要为连队服务。把连队建设好，这是军队建设中最普遍、最大量、最起作用的事情。连队基础打好了，就能经得起任何考验，在战时就一定能过硬。

对于军队各级领导机关的建设，贺龙认为：领导机关“是军队行动的指南”。如果领导机关搞不好，“就要打瞎仗、走瞎路，无指针可依”。因此，也要认真抓好，这是军队建设的另一头。他多次主持军委常委会议研究军兵种和大军区领导班子的配备，亲自到一些军兵种、大军区机关视察，抓思想和作风建设。

贺龙从 1962 年 12 月起，就按当时军委分工亲自抓了海军机关的建设。他找海军主要领导人和海军党委的一些常委谈话，了解情况，听取意见。在调查研究的基础上，1963 年 1 月中旬，他主持军委常委会议，专门研究海军存在的问题和解决办法。贺龙在会上对海军领导班子出现的不团结问题，特别是对李作鹏等人打击贬低别人、标榜抬高自己的恶劣行为，做了严肃的批评。刘伯承、徐向前对海军的建设也谈了许多重要意见。会后，军委就海军问题向中共中央、毛泽东写了报告。毛泽东对此做了重要指示。

海军根据军委指示，召开党委扩大会议，通过批评和自我批评，检查海军贯彻军委扩大会议决定的情况，肯定成绩，总结经验教训，使海军的工作在 1963 年有了明显的转变。

1964 年 3—6 月，贺龙多次对海军司令员萧劲光、政委苏振华等表示他对海军的进步深感欣慰。贺龙指出：海军过去工作中之所以出现一些问题，主要是对军委指示没有认真贯彻，过分强调海军特殊。你们海军有特点，其他军兵种也有自己的特点，特点并不是海军特有的。最根本的、共同的是要学好毛泽东思想，坚决地、具体地贯彻军委指示。要使中央、毛主席、军委的指示结合实际具体落实，而不是借口特殊，不认真执行上级指示。针对海军机关的实际情况，贺龙要求：“首先要把班子搞好。领导机关要解决的问题很多，要抓住关键。关键就是要把班子配好，搞好党委团结，这在什么时候都是第一条。大庆油田为什么工作好，就是班子强，团结好。要搞好党委团结，一是要实行民主集中制，自觉地搞好团结，搞好集体领导。但团结是有原则的，在原则问题上不能让步，非原则问题应相互谅解。这一点很重要，要向大家讲清楚。二是要把批评和自我批评开展起来。这个问题，正、副司令员，正、副政治委员都有责任。政治机关是党的机关，要敢于坚持真理，敢于明辨是非，敢于起来斗争。要把正气扶起来，把邪气压下去。有的人‘老虎屁股摸不得’，一‘摸’就不高兴。我是主张‘摸’的。党章规定，党员有权利在党的会议上批评党的任何组织和任何工作人员，对中央委员也可以批评。过去海军批评和自我批评开展得不够，现在要很好地开展起来。对过去批评和处分错了的，领导上应当很好地进行自我批评，向他们道歉，把问题谈清楚，把这些同志的积极性调动起来，大家团结一致，同心协力，把工作搞好。”

贺龙还向萧劲光、苏振华提出，你们应该下去，蹲到舰上去、岛上去，到连里、班里待一待。好好把情况摸一摸。下去不能搞官僚主义，要了解问题、解决问题。下去一趟，怎么都要搞点东西出来，对下面有点帮助。海军机关要为基层服务。要把机关搞精干一点，有些领导干部身体不好，不能做工作的就离职休养，挑选一些年轻力壮的优秀干部上来工作。不是要搞接班人吗？我们要搞子孙万代嘛！舰队、舰艇和院校也都应该是这样。

9 月中旬，贺龙在听取副总参谋长张宗逊汇报时，再次指示要抓好领导机关的建设。他说：首长对司令部要很好地抓，使司令部成为能干的司令部，成为自己的得力助手。司令部要战斗化，做到一声令下立即出动。根据东南沿海战备行

贺龙（前右）在海军司令员萧劲光（左一）陪同下，与罗瑞卿（前左）等接见海军某会议代表

动的经验，司令部组织上一定要精干、政治上一定要强、业务上一定要精通。不能成为官僚机构，浮在上面。

在这一年中，贺龙在视察广州军区、空军、工程兵时也都一再强调抓好“两头”的重大意义。“抓两头”，是贺龙在担任中共中央军委副主席期间一直努力贯彻的一个重要思想。

贺龙一向注重干部的培养。他认为军队是人和装备的有机组合，而在“人”的方面，主要的又是干部。因而，他在主持中共中央军委日常工作期间，对干部培养、军队院校建设，投入了很多精力。

1964 年 3 月 27 日，他在听取张宗逊汇报时说：要很好抓高等军事学院和军事学院的工作，这两所学院办得好不好，培养出来的干部好不好，关系重大。学校是基本建设，关系军队的建设、国家的安危，只能搞好，不能搞坏。你们应该亲自到那里去住，去听课，细致地摸一下。

9 月中旬，贺龙在听取政治学院领导汇报时说：政治学院要研究思想政治工作。毛主席现在一周找政治局同志谈一两次话，就是讲的这方面的内容。你们自己要把毛泽东思想学好、贯彻好。党委一定要在原则的基础上搞好团结。党委要以身作则，言传身教，自己上课教书，给学员讲为人民服务，特别要强调走社会主义道路，解决人生观问题。

10 月 12 日，贺龙主持第四十九次军委常委会，专门研究院校问题。叶剑英汇报了在长沙政治学校召开的院校工作现场会议的情况以及对院校进行整风的意见。贺龙发言说：“办军事院校，必须贯彻以我为主的方针。全军所有院校，包括高等军事学院，都应该贯彻以我为主的方针。以我为主，最根本的是要用毛泽东思想做指导。因为我们的党、我们的军队，都是用毛泽东思想武装起来、建设起来的，毛泽东思想是我们建党建军的根本。”“办学数量，应根据需要，抓住重点。需要培训多少干部，就办多少学校，不十分需要的学校，应当合并、取消一些。对全军几所重点院校，要好好抓，领导要亲自抓，要花一些力量把这些学校搞好。高等军事学院、政治学院更要抓好。”“领导干部要发扬光荣传统，培养好接班人。我们要把我党我军的好传统、好作风，一代一代传下去，就需要培养接班人。但是，要下一代接好班，首先要求我们这一代人交好班，你交班都交不好，人家怎么接好班呢？”

1964 年 11 月 22 日，在高等军事学院学习的福州军区副政委廖海光和浙江省军区副司令员张秀龙来看贺龙。贺龙热情地接待了他们，亲切地询问他们学习的情况。对他们说：毛泽东思想是系统的东西。学习毛泽东思想，就要学习党的优良传统，发扬党的优良传统。主席不是讲要培养接班人吗？老干部首先要搞好自己，同时要注意培养接班人，苗子要选对选好……

廖海光、张秀龙向学院领导汇报了贺龙的谈话。学院组织大家进行了热烈的讨论，并于 30 日专门派宣传部的梁唐向贺龙汇报情况。

贺龙听了汇报后说：培养干部是基本建设，你们的责任就是把全军高等学府办好，用毛泽东思想教育培养干部。我们这一代斗争经验很丰富，打仗、建党、建军，几十年革命，坚定不移。但帝国主义从一些社会主义国家的变化得出结论说，到了第三、第四代就不行了。我们的干部好的是多数，但也有极少数组织上入了党，思想上没有入党，高官厚禄、贪图享受、腐化堕落，所以帝国主义把希望寄托在我们的第三代、第四代人身上。因此，高等军事学院要强调我们的光荣传统。艰苦朴素，密切联系群众，全心全意为人民服务，当人民的勤务员，这是真正的优良传统。讲到这里，贺龙十分感慨地说：“过去我们大家在一起，有盐同咸，无盐同淡；有钱就花，无钱不花；官兵一致，军民一家。现在同志间疏远了，和群众也不打成一片了，把过去的老传统丢了。所以，高等军事学院一定要把老传统拣起来，保持发扬下去，培养出合格的接班人。我们交班，就是要交艰苦朴素的班，交为人民服务的班，交做称职的人民勤务员的班。”贺龙还对梁唐说：“你回去和李志民（学院政委）讲，要把学院办好，就必须搞好党委的团结。贯彻党的方针政策靠什么人？靠党员、靠干部。如果执行方针政策变了样，就要受损失。所以，搞好党委团结很重要。党委工作做好了，一切工作就好了。不团结，无原则，思想不统一，就无力量。”这时，贺龙伸出手，先分开五指然后握成拳头比画着说：“五个指头分开就无力量，形成拳头才有力量。”对于高等军事学院党委的整风，贺龙说：“我讲两条：第一，要坚持以理服人，摆事实，讲道理，开展批评和自我批评，按党章办事。不要讲意气，不要不讲理。思想问题不容易一下子弄清楚，总有个认识过程。所以，党委整风必须多花点时间，要平心静气地交换意见，在党的原则的基础上团结起来。某些同志一时转不过来，要等待。第二，在政治理论和军事教学中，要贯彻以我为主的方针。特别是把毛主席讲的十条军事原则好好地温习一下，这十条在革命战争中证明是正确的。我们的干部一定要把《毛泽东选集》和刘少奇同志的《论共产党员的修养》学通、学好。”

贺龙的这些发言和谈话，反映了他对军队院校建设的基本思想，也反映了这位老一辈无产阶级革命家对培养优秀军政干部的殷切期望。

第五节　精心备战，保卫边疆

1962 年 2 月至 5 月，根据周恩来提出的“整军备战”建议，中央军委在广州和北京召开了全军编制装备会议，着重讨论了部队的战备方针、编制原则、整编方案和装备保障，并规定了整编的步骤和时间。2 月 19 日至 3 月 6 日，贺龙参加了会议在广州举行期间的领导工作。会议之后，林彪因病休养，军委的日常工作落到了贺龙和聂荣臻两位副主席的肩上。

1962 年是很不太平的一年。在国际上，西方资本主义国家大肆反华，中苏矛盾日趋尖锐；在国内，由于自然灾害和工作中的失误，经济出现了暂时的困难。从春天开始，国民党军队就从各方面加紧进行窜犯大陆东南沿海地区的准备；中印边境局势也很紧张，印军不断调兵遣将，侵入中国境内，甚至发生了流血事件。

5 月上旬，贺龙主持中共中央军委常委会议，分析研究中印边境地区形势。根据印度军队在中国境内占地设点、步步推进的势头，军委常委一致认为，中印边境武装冲突难以避免。为了防范印军的进攻，会议决定，立即指示西藏和新疆军区的边防部队提高警惕，做好应付突然事变的准备。

为了部署东南沿海地区的战备工作，5 月下旬，贺龙同中央军委战略委员会领导小组成员一起，研究分析了美蒋关系和国民党军队的动向。中央军委根据中共中央和毛泽东关于坚决粉碎国民党军队企图在东南沿海地区登陆的指示，命令人民解放军立即加紧备战，调整部署。与此同时，贺龙还召开有国防工业办公室和各个国防工业部领导人参加的紧急会议，部署了保证战备需要的军工生产。

部署完东南沿海的战备，贺龙又着手检查中印边境的战备工作。7 月 16 日上午，他召集总参谋部、总政治部、总后勤部领导人和总参谋部有关部的领导人研究中印边境战备问题。贺龙指出：“对部队的战备情况，总部要好好检查一下，看看还需要解决什么问题，已经解决的是不是已经落实。对边防建设要做长期打算。边防部队的物质生活、文化生活很差。他们为人民、为祖国忠心耿耿守卫边疆，我们要尽量满足他们的要求。”说到这里，贺龙停了一下，对总政副主任甘泗淇说：“要加强边防部队的政治工作，要根据不同特点进行工作。”贺龙又向总后参谋长胥光义交代：“总后要以支援进藏部队的精神来支援他们，搞好对边防部队的供应。要注意保持部队的体力。同时，要认真研究改进用于高原地带的被服、装具、炊事用具和主副食供应办法，做到轻便坚固、经济适用、重量轻、质量高。”

7 月底贺龙再次召开军委常委会，研究东南沿海和中印边境形势。大家认为，由于我们在东南沿海地区加强了战备，使美国与台湾蒋介石之间，以及国民党内部的矛盾扩大了。在这种情况下，由国民党军队单独搞大、中规模的进犯虽然不能完全排除，但至少被推迟了。因此，会议决定，调整东南方向的军事部署；中印边境地区则要进一步采取措施，做好应付突然事变的准备。

在东南沿海，由于中共中央做出了正确的决策，蒋介石被迫放弃了军事冒险计划，取得了不战而屈人之兵的效果。

但是，中印边境地区的形势却越发紧张了。6月份，印度军队在中印边界东段越过非法的“麦克马洪线”，侵入西藏山南的扯冬地区。至8月底，印军在东段“麦克马洪线”以北中国境内设立了9个据点，在中印边界西段的中国境内设立了43个据点。9月20日，印军向择绕桥的中国边防哨所射击，制造了流血事件，中印边境形势进一步恶化。贺龙在9月底召开军委常委会议，再次研究中印边境斗争的最新情况和边防部队的战备工作。

10月20日，印度军队在中印边界东、西段同时发起全面进攻。中央军委立即命令西藏和新疆的边防部队进行自卫反击。对印自卫反击作战的第三天（23日），贺龙和聂荣臻召开军委常委会议，讨论中印边境作战问题。大家根据两天的战况和中共中央关于下一步政治和军事斗争的部署，研究了作战方案，对解决部队的后勤保障（特别是运输补给），加强战地政治工作和群众纪律等也提出了具体要求，做了安排。

自卫反击作战开始后，贺龙的心也飞到了前方。他像过去战争年代一样，在办公室里挂上了中印边境地区的大比例尺地图，标示出双方的态势及变化情况，以便于根据战局变化，通过总参谋部对作战部队下达指示。

至28日，中国边防部队在东段驱逐了侵入克节朗、达旺地区的印军；在西段清除了印军在中国境内设置的86%的据点，取得了自卫反击战第一阶段的胜利。中国政府于10月24日发表声明，提出停止冲突，重开谈判，和平解决中印边境问题的三项建议。为了表明中国方面的诚意，中国边防部队于28日停止战斗行动。但印度政府再次拒绝了中国的建议，并于11月4日宣布成立“国防会议”和“国防生产部”，扩大军火生产，在全国进行战争动员，中印边境地区印军总兵力由2.2万人增至3万人，准备进一步扩大边境武装冲突。

根据上述情况，11月上旬军委常委开会，贺龙、聂荣臻、刘伯承、徐向前等对下一步作战的兵力使用、组织指挥、战前准备、后勤保障以及作战中可能出现的情况和对策，进行研究，做了具体指示，从而保证了边防部队从11月16日至21日第二阶段自卫反击作战的胜利。从22日零时起，中国边防部队奉命在中印边境全线主动停火，自卫反击作战胜利结束。

国民党军队在1962年“反攻大陆”的阴谋被粉碎后，不甘心失败，便变换方式，由空中、海上派遣小股武装，对南起广东、北至山东的沿海地区，进行渗透袭扰。为了粉碎这种袭扰破坏，经中共中央军委批准，1963年2月11日至3月12日，解放军三总部在福州召开了岛屿战备工作业务会议。

这是一次保证中央军委战略方针和全军作战计划落实的重要会议，贺龙十分重视。4月上旬，他主持军委常委会议，专门听取了杨成武副总参谋长关于会议情况的汇报。贺龙认为，中国的海岸线很长，岛屿多，海防任务繁重。要做好海防战备工作，党的领导最重要，要突出强调党的领导；要迅速解决守岛部队的统一领导、统一指挥问题，加强各大岛上的军队干部；各岛都要把民兵工作搞好，进行人民战争，只靠几个军不行。他还提出：要加强对岛屿的建设。岛上的部队应该既是战斗队，又是工作队、生产队，要生产粮食，解决水源，修路绿化。大的岛屿如海南岛，还要能造子弹、手榴弹等。只有把岛屿建设好，才能长期坚守，独立作战。船只太少的问题也要解决。船只要轻巧，速度快，能抗风，既能用于交通运输，又能用于作战。

杨成武汇报时提出，这次会议没有研究1950年解放金门岛失利的战例。贺龙说："为什么不能研究？那是经验教训。不能因为某些人看法不一致就不研究。不要爱面子，我们要的是'里子'。应该总结起来研究一下，作为教训来接受，以后还有可能打岛子，应该好好研究过去的经验教训。"

1962年以后，新疆的边境也不安定。1963年9月27日，毛泽东在中南海颐年堂召开的政治局常委扩大会议上，研究了新疆问题。在这次会议上毛泽东提出："林彪同志长期生病，身体不好，我建议由贺龙同志主持军委日常工作。"与会的中央政治局委员一致同意。

第六节 "兵是练出来的"

1963年12月下旬，叶剑英到南京军区参加推广郭兴福教学方法[①]现场会以后，向中共中央军委报告，建议在全军推广。贺龙同意叶剑英的建议。1964年1月3日，中央军委转发了叶剑英的报告，号召全军立即行动起来，掀起一个学习郭兴福教学方法的运动。此后，全军推广郭兴福教学方法的群众性练兵运动蓬勃地开展起来。

2月5日，南国羊城春意盎然。这天，贺龙、聂荣臻、徐向前、叶剑英四位元帅和总参谋长罗瑞卿等军委领导人，在中共中央中南局和广州军区领导人的陪同下，接见了该军区学习郭兴福教学方法评比现场会议的全体代表。

在接见时，贺龙说："兵是练出来的。过去战争时期，我们就很重视练兵。如果发100发子弹给一个新兵，就得用50发训练他打枪。表面上看，这样划不来，用100发子弹去打敌人不是更好吗？可是，没有经过训练的战士，100发子弹不一定能打中一个敌人。相反，一个经过训练的战士，50发子弹可能打中50个敌人。"

罗瑞卿问一个叫袁春阳的炮连班长："表演时，为什么最后一发没有命中？"袁春阳答道："炮筒打热了，影响命中率。"贺龙说："恐怕是紧张了吧！如果元

---

① 郭兴福教学方法是南京军区某团二连的副连长郭兴福在上级帮助下总结出来的。其主要特点是：1. 善于在教学中抓活思想，发扬军事民主；2. 把练技术、练战术、练思想、练作风紧密结合起来；3. 采取由简到繁、由分到合、情况诱导、正误对比的方法；4. 把言传与身教、苦练与巧练结合起来；5. 严格要求，一丝不苟，谆谆善诱，耐心说服。

帅们、将军们来一看就影响命中率，打起仗来怎么办呀！”“我们不怕敌人。”袁春阳坚定地回答。贺龙赞许地点点头说：“好啊！脑子里要经常装个敌情，任谁来看，心里也不紧张，也不影响成绩。”

1964年，贺龙以极大的热情同军委其他领导人一道，全力推广郭兴福教学方法，推动全军群众性练兵运动的开展。他亲自抓北京军区，4—6月间，先后七次到北京军区视察。

4月7日，贺龙首次观看了北京军区在推广郭兴福教学方法中涌现出来的“尖子”分队的表演。他说：部队平时不打仗，要训练好才有战斗力。苦练才能出精兵。各部队要认真推广郭兴福教学方法，要把这些“尖子”的经验普及全军。应该把每个战士都练成这个样子，全团、全师、全军都练成这样，人人过得硬，就能大大提高部队的战斗力，就能打胜仗。他还强调：搞好部队训练，先要抓好干部训练，干部训练不好，战士就训练不好。

1964年4月，贺龙观看北京军区某分队刺杀表演后和战士交谈

为了进一步掀起群众性的练兵热潮，4月中旬，中共中央军委决定在全军进行一次全面的军事训练“比武”，并成立了全军军训比武筹备委员会。4月下旬，总参谋部主管军事训练的张宗逊副总长向贺龙汇报了“比武”计划及所需经费、器材和弹药等。贺龙同意了这个计划。于是，“比武”的准备工作在全军展开。

北京军区为选拔参加全军“比武”的代表队，5月中旬，在天津杨村召开训练现场会，组织各部队“尖子”分队表演。贺龙用了两天时间，观看“尖子”分队白天和夜间的几十个课目的表演。在观看表演期间，他对在场的各级领导人说：训练为了打仗，所以训练首先是个政治问题。不仅军训部门要抓，作战部门、通讯部门也要抓；不仅司令部要抓，政治部、后勤部也要抓。只有这样，训练才能搞好。所以，这种表演，总政、总后也要看看，因为这不光是训练问题，还是一

贺龙（左二）与周恩来（左五）、陈毅（左六）等在军事表演现场与军械员交谈

项很大的政治工作。做好政治工作，是各级干部、各级机关的首要任务。行军有行军的政治工作，作战有作战的政治工作，政治工作做好了，其他就好办了。

在表演时，贺龙看到神枪手、神炮手百发百中，技术能手个个身手不凡，不由得兴奋地鼓起掌来，不住地叫道："打得好！""好极了！"他说："把兵都练得这么好，有这样的本领，不消灭敌人才怪呢！"每个分队表演之后，贺龙都要接见。他亲切地拉着战士们的手，拍拍他们的肩膀，夸奖他们"功夫过硬，是毛主席的好战士"，勉励大家戒骄戒躁，继续努力。

贺龙还对陪同观看表演的军区各级干部讲："目前，摆在你们各级领导人和司、政、后机关面前的，是要研究怎样普及训练经验。一方面要推广郭兴福教学方法；另一方面要找出你们自己的郭兴福，把你们自己的东西总结出来。培养典型很重要，运用典型推动工作更重要。如果把'尖子'经验总结出来，推广出去，把部队都练成这样，还得了啊！""每个干部，尤其是军、师、团的领导干部，要好好学习毛主席军事著作，特别是'十大军事原则'。在历次革命战争中，我军所以能战胜国内外强大的敌人，就是因为贯彻了毛主席军事思想，贯彻了'十大军事原则'。在学习的时候，要钻进去，学深学透，融会贯通，才能灵活运用。"他颇有感慨地说："现在的兵真好，这样聪明，又有文化，服从命令，遵守纪律，哪一个国家也没有这样好的兵。"

贺龙觉得这样的表演，应该让中央的领导人也来看看。于是，他向周恩来做了汇报，建议中央领导人抽空去看看部队的军事表演。周恩来愉快地接受了贺龙的建议。

5 月 20 日中午，周恩来、彭真、陈毅在贺龙、罗瑞卿、杨勇的陪同下，来到天津杨村靶场，观看轻武器射击、打坦克、汽车过钢轨桥、"夜老虎连"训练、构筑防御工事等白天和夜间课目的表演。

周恩来看完表演，兴奋地对杨勇说："你们的表演很好，我看了很高兴。练兵就是这样的练法。""把兵都练成这个样子，把民兵也练好，那就什么敌人也奈何不了我们。"

21日上午，贺龙返回北京后，给林彪写了一封信，向他报告北京军区"尖子"分队表演的情况。但是，没有得到回音。然而，毛泽东的态度却迥然不同。当贺龙向他汇报了推广郭兴福教学方法后掀起的练兵热潮，以及北京军区"尖子"分队的表演情况以后，引起了毛泽东很大的兴趣。6月初，毛泽东在一份反映比武情况的简报上批道："此等好事，能不能让我也看看。"这份简报很快转到贺龙那里。他立即给正在济南军区看比武的罗瑞卿和张宗逊打电话，向他们通报了毛泽东批示的内容，请他们考虑怎样安排。罗瑞卿同张宗逊商量后，建议调济南军区和北京军区的"尖子"分队到北京向毛泽东等中央领导人做汇报表演。贺龙同意他们的意见，并让通知这两个军区做好准备。

6月15日和16日，在贺龙和罗瑞卿等人的周密组织下，北京和济南军区的"尖子"分队和参加表演的民兵，分别在北京西山、阳坊和十三陵，向中央领导人做了汇报表演。毛泽东、刘少奇、周恩来、朱德、陈云、邓小平等[①]所有在北京的党和国家领导人，兴致勃勃地观看了表演。毛泽东、刘少奇、周恩来等对表演分队和参加表演的民兵高超的技术、过硬的功夫，给了高度评价和赞扬。

1964年6月，贺龙（前左）陪同毛泽东主席（前右）步入练兵场

在看完射击表演以后，毛泽东满面笑容地对贺龙说："不错嘛！"贺龙答道："因为主席来看，有的战士太紧张了。我看的时候，半自动步枪、冲锋枪，好多都是百发百中。"毛泽东说："紧张了还是不错……要注意多搞夜战、搞近

① 参加观看表演的党和国家领导人还有董必武、彭真、贺龙、陈毅、李先念、李井泉、谭震林、乌兰夫、陆定一、薄一波、罗瑞卿、康生、李雪峰、刘澜涛、杨尚昆、聂荣臻等，和正在北京出席中央工作会议的各中央局、各省市自治区党委、中央各部委、各群众团体的领导人，以及中国人民解放军各总部、各军兵种领导人。

战。”贺龙告诉他：“今天晚上，主席可以看看他们‘夜老虎连’的表演。”毛泽东问：“什么叫‘夜老虎连’？”贺龙说：“就是专搞夜间训练的连队，现在他们每个团都有这样的连队。”毛泽东听后高兴地说：“好，就是要搞夜战、搞近战、训练部队晚上行军，晚上打仗。”

在观看表演的过程中，毛泽东指出：“军队无非要学会两个东西，一个是会打，一个是会走。会打，会走，军队都要学会。”“要从困难着想。什么问题从困难着想就不怕，不妨把它多想一点，想尽。”“要多练习，要注意普及。”“练武还要练文，注意学习文化。”

表演完毕后，毛泽东在十三陵召开会议。他对前来参观表演的各省、市、自治区的领导人说：“你们不能光议政，不议军啊！”他要求地方党委注意抓军事工作。

17 日下午，贺龙召开军委常委会议，决定将毛泽东的指示，由总政副主任刘志坚立即向驻京机关高级干部传达；由军委办公厅主任萧向荣向未到会的军委常委传达。

毛泽东在看过北京和济南军区部队的表演后，对部队的训练“尖子”十分欣赏，亲自找贺龙谈了几次，指示要在全军推广“尖子”的经验。毛泽东还特别强调要普及“夜老虎连”。他指出：“过去土地革命战争时期、抗日战争时期、解放战争时期，白天是敌人的，晚上是我们的，抗美援朝战争也是这样。今后战争，我们还是要在晚上和敌人打。‘夜老虎连’要普及，现在可以一个营先搞一个连，将来要使全军都成为‘夜老虎’，这样，打起仗来，天下就是我们的了。”

贺龙向张宗逊布置工作说：“我已向毛主席说了，两三年可以把‘尖子’经验在全军普遍推广。我是根据部队的训练情况和士兵服役年限考虑的。今年全军推广郭兴福教学法，出现了一批‘尖子’，我们要抓住‘尖子’不放。各级领导要亲自抓，严格督促，定期检查。普及工作要造成声势，要雷厉风行，要像今年推广郭兴福教学法和搞游泳训练一样抓好普及工作，一定要很快搞出成绩来。”

贺龙特别注意纠正在军事训练和比武中的形式主义和弄虚作假现象。6 月中旬，他看到总参军训部《军训简报》第 4 号上，一篇题为《练为了战，还是为了看》的文章，揭露有些部队训练中有拼凑“尖子”和种种弄虚作假的现象，还指出训练是为了打仗，不是为了好看，不能搞形式主义。贺龙认为这个情况反映得很及时，意见很正确。24 日，他对北京军区的领导人说：“从杨村到北京进行了几次大的表演。毛主席、刘主席等许多党和国家领导人都看了，这是对大家的鼓舞和鞭策。今后应当把兵练好，从实战需要出发，都练出过硬的本领。训练不能搞形式主义，要培养出更多的自己的郭兴福。”

8—10 月间，贺龙同陈毅、叶剑英、罗瑞卿等在北京、青岛和济南等地，先后观看了工程兵、炮兵、空军、海军的“尖子”分队和山东省民兵的军事训练表演。在观看工程兵表演时，贺龙再次强调：要做好“尖子”经验的推广工作；同时，从上到下都要注意反对弄虚作假。他说：“现在各军区‘尖子’都不少，要注意保持各自的特点，注意总结经验，写出材料来。主席看北京和济南部队的

贺龙（中）观看某部“夜老虎连”的夜间瞄准

‘尖子’表演时，最欣赏‘夜老虎连’的3000米越野竞走。‘夜老虎连’每个营搞1个，每个团搞3个。就是要搞夜战、近战，200米过硬……能打，会走。总参谋部一定要抓紧‘尖子’普及工作，要搞个规划，要快搞。普及一定要实事求是，训练是为了打仗的，不能弄虚作假。一些材料说，在‘比武’后选拔‘尖子’中都有调人换枪、冒名顶替、代替操作、熏准星缺口、打不好不算等作弊情况，名堂多着哩！”“全国都学解放军，可是解放军自己弄虚作假，怎么让人家学！三总部要带头反这个东西，部队也要反。”

贺龙在青岛观看北海舰队汇报表演时又强调：要从难、从严、从实战情况出发训练部队。他说：“打仗时敌人就是选坏天气来，我们平时也要选坏天气练。在七八级的大风浪中练过硬功夫。在训练中要走群众路线，发挥群众的力量和智慧。有些技术要经常用，只有平时用好了，战时才能更熟练。”

正当贺龙遵照毛泽东的指示，组织全军推广“尖子”经验的时候，林彪派他的老婆叶群带了一个十余人的工作组，到广州军区三七九团蹲点，假调查研究之名，搜集“大比武”的“罪证”。这个工作组在该团蹲了一个来月，先后给总政党委和林彪等军委领导人写了四个调查报告。在一份题为《对三七九团一连三个“尖子”班情况调查》的材料中，夸张而蛊惑人心地列举了移苗并丘，拼凑“尖子”；重军事技术，轻政治思想；追求锦标，弄虚作假；歪风邪气，庸俗下流；管理简单粗暴，影响内外团结等十个问题。在大比武中，出现某些问题并不奇怪，而且贺龙和罗瑞卿在半年前就已发现并着手纠正了。从6月份起，贺龙就三令五申，要求坚决反对拼凑“尖子”和其他种种弄虚作假现象；反复告诫必须是

1964年10月，贺龙与罗瑞卿、萧劲光、彭绍辉等在北海舰队“鞍山舰”上观看海军演习

练为战，不是练为看，要练过硬的真功夫。半年来，这些问题有的已经纠正，有的正在纠正。叶群等把它重新提出来，并非为了改正推广训练“尖子”经验中的缺点，分明是醉翁之意不在酒。

叶群在另一份《关于军事训练问题》的报告中说：“今年的军事训练不够正常，它打破了正常的生活秩序，四个第一受到冲击，败坏了部队的作风。许多干部战士整天忙于扣眼（射击）、扣米（投弹），扣一、二、三（单双杠）、扣一条线（队列），很少关心世界大事、国家大事、党的大事……”最后，她危言耸听地说：“长此以往，部队培养出来的将是没有政治头脑的‘木头兵’、‘木头官’，而不可能是红色的接班人。”从此以后，便有人散布流言蜚语，说什么“尖子”表演很多是假的，十三陵军事表演是欺骗毛主席等。

林彪派叶群下去“调查”，是有其不可告人的目的。1960年底，林彪推行他那一套极左的“政治思想”，并用所谓的“政治思想”来“冲击其他”、“代替一切”。贺龙、罗瑞卿等军委其他领导人大力倡导推广郭兴福教学法，在全军展开“比武”活动，掀起群众性的练兵热潮，显然和林彪的那套“政治思想”大相径庭，而且得到了毛泽东的赞扬。这使林彪十分恼火。他要用所谓的“突出政治”，把这场群众性的练兵运动压下去。所以，当林彪看到叶群搜集来的这些材料，听到种种流言以后，如获至宝。一面把总政一位领导人找去，对他说，去年军事训练时间过多，训练中出现了一些不适当的做法，影响了“四个第一”，要他给张宗逊传话，让张作自我批评，还让他的办公室工作人员给总参打电话，说“大比武”冲击了政治，方向出了偏差；一面在《解放军报》1965年元旦社论的讨论稿中，给1964年的军事训练罗列了一大堆罪名。

林彪的上述做法，矛头显然是对着贺龙、叶剑英、罗瑞卿等人的。然而，贺龙他们认为中央军委的做法是正确的。他们光明磊落，坦然处之。

经中共中央军委批准，1965 年 1 月上旬，召开了军委办公会议第八次扩大会，总结 1964 年的工作，讨论 1965 年的工作纲要。会议由军委秘书长罗瑞卿主持，各总部、各大军区、各军兵种领导人参加。会前，将叶群等人的调查报告，作为会议文件，印发给了大家。

在总结 1964 年工作，特别是讨论如何评价军事训练时，有个别人指责说，“大比武”是单纯军事观点，“冲击了政治”。大多数与会者看了叶群的调查报告，又听了这种言论，都认为，这种以偏概全、抓住一点、不及其余，抹杀甚至全盘否定 1964 年军事训练成绩的观点是不对的。大多数与会人员认为，在中央军委领导下，1964 年的工作成绩是巨大的、第一位的，必须肯定。在这一年中，掀起了两个学习高潮：一是学习毛泽东著作；二是学习郭兴福教学法。推广郭兴福教学法和“大比武”，掀起了群众性的练兵运动，把部队广大指战员的积极性都调动起来了，有干劲、有办法、有水平，取得了很大成绩。杨得志、杨勇等许多大军区和总部的领导人在发言时特别指出：去年我们学习郭兴福教学法，军事训练真正打破了教条框框，技术训练达到了历史上从来未有的高度，是我军多少年来最突出、成绩最好的一年。有人说去北京表演的迳手是假的，三代民兵也是假的。他们打靶时一枪一个，百发百中，凡参观的人都心服口服，怎么是假的？当然，在“比武”中出现了一些缺点，但这是前进中的毛病，不仅军事训练中有，政治工作中同样有。关键是我们采取什么态度，是指责、泼冷水，还是帮助克服、继续前进？有的当面质问那个讲军事冲击了政治的人：“你说军事冲击了政治，什么时候冲击了政治？谁向林副主席这样报告，就是别有用心！”

这次会议原来准备只开一天，结果开了四天，大家还言犹未尽。罗瑞卿把会议的情况向林彪做了汇报，林彪听到各大军区、军兵种领导对“大比武”“冲击政治”的说法不满意，虚伪地表示：向你们传达的电话记录不准确。

扩大的军委办公会议之后，关于军事训练冲击了政治的言论虽然暂时停息了，但林彪并没有就此罢休，只是感到发难的时机还不成熟。一年之后，在批判罗瑞卿和在“文化大革命”中迫害贺龙时，林彪便又把“大比武”翻了出来，说：1964 年“贺龙搞大比武”，是单纯军事观点，“冲击了政治”，“是个大阴谋。罗瑞卿的后台就是贺龙”。林彪向贺龙开刀，已经到了不择手段的地步！

第二十章　蒙　难

第一节　当风暴袭来的时候

1965年12月6日，贺龙突然接到通知：立即到上海去开会。

以往通知开会都同时告知会议内容，可是这次没有。前不久中共中央发出了关于加强东南沿海战备的通知，贺龙以为会议可能与此有关，临走前，秘书问他要带什么材料，他说带上作战地图。到了上海以后，才知道会议是“要解决罗瑞卿的问题”。

贺龙与罗瑞卿，一个是主持军委日常工作的副主席，一个是军委秘书长、中国人民解放军总参谋长，两人不仅工作联系密切，相知也很深。贺龙绝不相信罗瑞卿这个铁骨铮铮、对党忠心耿耿的汉子竟然会反党。贺龙联想起了不久以前发生的一件事：

11月初，军委直属机关按照林彪的安排批判军委办公厅主任萧向荣。31日，会议将要结束时，会议主持人跑来对贺龙说：“贺总，现在正在批判萧向荣，萧的后台是罗瑞卿。”贺龙问：“根据是什么？”主持人说：“一次，一位外国的国防部长来访，罗听说他不爱看打仗的片子，就说：‘不爱看战争片，怕见流血，还是国防部长呢？！’罗说这话，就是暗指林总，说林总不能当国防部长。”贺龙又问：“还有别的根据吗？”主持人说：“没有了。”贺龙说：“如果你们没有别的根据，就不要胡乱猜疑了。罗是扛大旗的，是拥护毛主席、拥护林总的。说他反林总，这是不可能的事，你们不要往那方面去想。”但是，过了两天，12月2日，那位会议主持人又来了，一坐下来就哭。贺龙不知他为什么要哭，不耐烦地说：“哭什么？有什么事就说嘛！”主持人说：“贺总，还是上次那件事。马上要出简报了，简报里还是要写上萧的后台是罗瑞卿。”贺龙生气了，大声说：“我上次不是说了，你们不要往那方面去想嘛！”主持人说：“那不解决问题。我现在听你一句话，你能不能担保罗瑞卿没有问题？”贺龙说：“我可以担保罗瑞卿不是反革命，他绝不会反党。”主持人又问：“你这话能不能传达？”贺龙斩钉截铁地说：“我既然说了，当然就可以传达！”

此事刚过六天，中共中央就召开了这个批判罗瑞卿的会议。贺龙敏锐地感觉到，这次会议非同寻常，有可能牵连到自己。

在上海，贺龙被安排在兴国路一号的一座平房里，距刘少奇的住处不远。

会议第一天的晚上，刘少奇、王光美夫妇来访。恰好李井泉也在座。谈到这次会议时，刘少奇问贺龙："事情真有些突然。贺老总，你是管军委日常工作的，这件事你事先知道吗？"贺龙说："我也是刚知道。"刘少奇又问李井泉："你呢，事先知道吗？"李井泉说："我也不知道。"刘少奇沉默了一会儿说："这么说，咱们大家事先都不知道喽！"

第二天的会议，主要是叶群，还有林彪安排的几个人发言。开会回来，贺龙对薛明说："今天，叶群一个人在会上就讲了好几个钟点，中间还不断地插话。""她说了罗瑞卿那么多坏话，有的离奇得很。你看叶群说的那些，罗瑞卿真的会做得出来？不，不会的。我看叶群的话靠不住。"

会议开始后的第四天，叶群突然来访。她说林彪很关心贺总，要她来代为问好。过了两天，薛明回访叶群。叶群说："1965年8月1日《人民日报》上刊登的《中国人民解放军的民主传统》一文，是林总决定用贺总名义发表的。因为林总考虑到贺总在群众中的威望高，特别是近几年来在国防建设上有功。""过去我多年不到你们家，是因为怕贺总骂我，我摸不透贺总的脾气。""过去你说过我那么多坏话，只要以后不再说了，我也就既往不咎了。"薛明说："过去的事你我都清楚。"

叶群，原名叶宜敬，又叫叶瑾。1937年在南京时，曾在国民党电台里当过广播员，在"青年战地服务训练班"与国民党教官关系暧昧，还参加过国民党"三青团"举办的"一个党一个主义一个领袖"的讲演比赛，并向国民党CC系办的《壁报》投稿。1942年延安整风时，薛明出于对朋友的关心，曾劝叶群把这些事情向组织讲清楚。这是一个共产党员、革命战士应有的态度。但当时已与林彪结了婚的叶群却为此撒起泼来。薛明无奈，只好把她拉到中共中央组织部去说理。从此，林彪和叶群一直对此事耿耿于怀。叶群在这里说的"过去你说过我那么多坏话"，就是指的这件事。

过了两天，叶群又对薛明说："我提醒你一个问题。你们的邻居林月琴（罗荣桓元帅夫人）的弟弟是军统特务①，你们还来往那么密切，还把机密文件给他们看。要说你们通军统，你们说不清。"薛明解释说，这是总政治部的一位负责人让送给她看的，都是一般文件，但叶群根本不予理会。

薛明将她与叶群之间的谈话告诉了贺龙。贺龙说："不能小看叶群来访。叶群说，她对以前的事情不记恨，难道她真的是这样吗？如果她真的不记恨，还会这样念念不忘吗？"停了一会儿，又说："这次会议也不那么简单，他们是有更大目的的。"

上海会议从12月8日一直开到15日。在七天的时间里，除莫须有之词和造谣诬蔑，没有揭发出什么实质性的问题。然而，在会议结束时举行的一次中共中央军委常委会上，罗瑞卿却被免去了军委秘书长和总参谋长的职务。这次会议以

① 林月琴的弟弟为此被迫害致死，此冤案已于1978年以后彻底平反。

后也不让贺龙主持军委日常工作了。

会议结束后，贺龙与董必武等一起到广州休息。第二年3月，贺龙按照预定计划到成都，并视察正在建设中的大西南钢铁基地攀枝花。这是毛泽东不久前交给他的任务。视察中，他翻高山、涉峡谷，深入工地各个角落，与工程技术人员一起研究规划、讨论解决各种问题。他还不顾危险到正在施工的隧道深处，了解工程进度，向职工和战士问好，使全体人员受到很大鼓舞。随后，又不顾疲劳视察了正在建设中的官村坝铁路隧道工程。待他视察完毕回到北京，已经是1966年4月9日了。

不久，"文化大革命"的全面动乱开始了。5月4日至26日，中共中央召开政治局扩大会议，批判了彭真、罗瑞卿、陆定一、杨尚昆等人的所谓"反党罪行"，制定了指导这场动乱的纲领性文件《五一六通知》。而后，在8月1日至12日召开了八届十一中全会。毛泽东在会上发表了《炮打司令部——我的一张大字报》，不指名地批评刘少奇"站在反动的资产阶级立场，实行资产阶级专政"。同时毛泽东又写信给清华大学附中红卫兵，对他们的"造反行动"表示"热烈的支持"。动乱局面遂由北京扩展到全国。

贺龙具有坚强的党性是尽人皆知的。他对党中央、毛泽东坚信不疑，不论在战争年代，还是在和平建设时期，只要一听说是党中央的决定、毛泽东的指示，他总是坚决贯彻执行的。但是他对毛泽东发动的这场所谓的"文化大革命"怎么也不能理解。革命一生的干部一夜之间变成了"走资派"，战功赫赫的将军成了"叛徒"、"特务"，这种历史的大颠倒，他无论如何不能接受。

在批判所谓"资产阶级反动路线"，揪工作组时，有人将反对刘少奇的大字报贴到了王府井大街上。贺龙听说后着急地说："这样做很不妥当，刘少奇还是国家主席嘛！""把一个国家主席弄成这样，对外影响多不好。"当时，周恩来负责解决清华大学的问题，刘少奇的夫人王光美参加了清华大学工作组，贺龙要薛明立即到人民大会堂去向周恩来转达他的意见说："解决清华问题应该和北大有所不同。要照顾到团结。"

薛明来到人民大会堂向周恩来说明来意。周恩来问："这都是谁的意见？"薛明说："是贺龙、李井泉，还有王任重，他们在一起研究的意见。"周恩来问："他们是这样说的吗？"薛明说："是。"

回来以后，薛明把这一切告诉了贺龙。贺龙说："好，见到了就好。"

当时，在天安门广场开群众大会，什么人登上天安门成了政治晴雨表。人们一般可以从某个领导人是否登上天安门和站在什么位置上看出他政治地位的变化。8月18日，毛泽东接见来自全国各地的群众和红卫兵时，刘少奇、邓小平与其他党和国家领导人一起上了天安门，尽管他们已在党内受到了批判。贺龙对这样的安排是满意的。回来后，听到有人说："今天场面很大，效果也很好，就是刘少奇有点灰溜溜的。"他立即严肃地批评说："你这个同志是咋个搞的嘛。一个国家主席有什么灰溜溜的，你这样说是不对的。"

中共八届十一中全会后期及会后，中央政治局和书记处连续召开党的生活会，解决所谓刘少奇、邓小平的“问题”。由于毛泽东已经点了刘少奇、邓小平的名，会议越开越不实事求是，上纲越来越高。贺龙对此很不以为然。

一次，毛泽东问贺龙：“你发言了没有？”贺龙说：“还没有发言。”毛泽东又问：“怎么不讲一讲？”贺龙把身体挺了一挺说：‘报告主席，我上不了纲噢！”

不久，生活会不开了。贺龙高兴地把这个消息告诉了来看望的友人。有人问：“怎么不开了？”贺龙说：“再开下去不得了，还要上纲！”

在此期间，贺龙和萧华谈起“文化大革命”和怎样看待老干部问题，他说：“‘文化大革命’到底是怎么一回事？照现在这种搞法，好像是要在党内重新清理阶级队伍。这些老干部为革命工作几十年，有的几次都差点被敌人杀头。他们是什么阶级，难道党还不清楚吗？”

9 月中旬，一个被当做“叛徒”、“走资派”批判的领导干部把他的检查稿拿给贺龙看。检查稿的最后提到要“炮打司令部”。贺龙看后说：“你为什么要提‘炮打司令部’？难道你承认你自己是资产阶级司令部吗？”贺龙自始至终都不认为党内存在一个什么“资产阶级司令部”，不认为在中共中央第一线工作的领导人是“站在资产阶级立场”、“实行资产阶级专政”，更不相信那么多领导人是“走资本主义道路的当权派”。有一天，康生碰到贺龙，问他：“你知道杨植霖这个人吗？”贺龙说：“我知道。”康生说：“他到伪军里工作，是叛徒。”贺龙反驳说：“他不是叛徒，是组织上派他去的。”1986 年劫后余生的杨植霖在谈起此事时说：“事实上当时贺老总已经处在非常困难的境地，还这样仗义执言，保护我们。这种为他人和党的事业不顾个人安危的高尚品格，只有经过‘文化大革命’的人才能真正体会到他的特别可尊和可贵。”

1966 年 10 月，中共中央召开了工作会议，会后开展了“扫除阻力，搬掉绊脚石”的“批判资产阶级反动路线”运动。军队院校也乱起来了，一大批外地军事院校的师生来到北京。他们与地方的“造反派”联合起来，冲击军事要地，抢劫国家机密档案，一时间，弄得各军事机关无法工作。11 月 13 日，中央军委文革小组在北京工人体育馆召开大会，请几位元帅出面做工作。出席这次会议并讲话的有贺龙、陈毅、徐向前、叶剑英。在陈毅讲话之后，贺龙讲了话。他特地讲了军队院校师生在大串联中要做好样子的问题。贺龙说：“应当发扬解放军既是战斗队又是工作队的作风，在串联途中积极宣传毛泽东思想，为人民群众做好事。应着军装，发扬三八作风，模范遵守三大纪律、八项注意，不铺张浪费，不搞特殊化，不泄露军事机密，不携带机密文件，不携带武器，不个人单独行动。”他特别要求军队院校师生“不介入、不干涉地方的文化大革命，不参加地方炮打司令部、上街游行和吵架之类的活动”。这是贺龙生前最后一次在群众大会上讲话，也是唯一的一次在公开场合谈如何参加“文化大革命”的讲话。从“文化大革命”开始，到这次讲话，贺龙一直不相信党内存在“两个司令部”。他维护刘少奇、邓小平的威信，反对“造反有理”。很显然，贺龙与其他几位老帅关于如何参加“文化大革命”的讲话，是与林彪、江青一伙相对立的，也是对他们乱中夺权阴谋的揭露和批判，因此，自然遭到了他们的嫉恨和反对。

第二节 “告我的阴状，我不怕”

林彪要打倒贺龙，还有着深刻的历史渊源。

1942 年春，贺龙到达延安担任陕甘宁晋绥联防军司令员。有一次，毛泽东同他谈到了林彪，提到在遵义会议时，林彪表面上承认毛泽东的领导，背地里却经常散布不满情绪，甚至骂娘；1938 年洛川会议时，林彪不顾全大局，对毛泽东关于留兵保卫陕甘宁边区的建议，默不表态；抗战期间，林彪曾说与蒋介石谈判时要说些好话等。毛泽东的这次谈话，后来被林彪知道了。再加上 1937 年参加洛阳会议之后，在返回山西的路上，林彪曾给贺龙写过一张纸条，说蒋介石有抗战到底的决心，回部队我们可以吹吹风（这个纸条，后来被贺龙警卫员洗衣服时泡坏了）。这些事情成了林彪的一块心病，生怕会被贺龙揭出来。全国解放以后，贺龙按照毛泽东的建军思想，强调党对军队的绝对领导，每到一地都强调驻军应向地方党委汇报工作，要求地方党委认真抓军队；部队要学习马列主义、毛泽东思想和古田会议决议，把工作重点放在基层；要练为战，不为看；要重视新式武器的研制和生产，加强国防后备力量建设。他坚持党的三大作风，深入实际，深入群众，调查研究，在干部问题上搞“五湖四海”。在他主持军委日常工作期间，军队各项工作都取得了很大成绩，特别是他同叶剑英、罗瑞卿一起，通过推广郭兴福教学法，把全军的军事训练推进到一个新阶段，受到了中共中央和毛泽东的赞扬。这些都令林彪十分不满，害怕毛泽东不断委贺龙以重任，威胁自己的地位，成为他们阴谋夺权的一个难以逾越的障碍。在一次会议上，林彪公开表露了这一点。他说：他之所以要打倒贺龙，考虑的是“主要危险在毛主席百年以后”，怕那时，贺龙“会放炮起哄，会闹乱子”。

1959 年林彪接任国防部长以后，就在海军、空军等单位培植亲信，打击、陷害那些不随波逐流的干部。“文化大革命”开始以后，在这两个单位的林彪亲信乘机夺权。在海军的李作鹏等搞阴谋活动，制造假材料，要把海军的主要领导干部打成所谓“罗瑞卿分子”；在空军的吴法宪也要把反对他的干部打成“反党小集团”。1966 年 7 月初，在北京主持中央日常工作的刘少奇、邓小平听取汇报后，指示要解决海、空军的问题。

7 月 7 日，在中央军委常委扩大会议上，传达了刘少奇、邓小平的指示：“李作鹏等搞地下活动是不对的。”贺龙虽已不再主持军委日常工作了，但他仍然直率地在会上说：“搞地下活动是第一位的错误。有问题摆到桌面上来，要搞阳谋，不要搞阴谋嘛！”7 月 11 日，军委常委讨论解决空军问题时，贺龙在发言中批评了吴法宪，指出他在空军的工作“只报喜、不报忧，政治思想工作薄弱，有许多都是假的”。李作鹏、吴法宪被批评，当然威胁到了林彪。为了稳住自己的阵脚，林彪在军委常委会后提出：“海、空军现在班子不动。”贺龙却说：“个别的也可做些调整嘛！”林彪对此极为不满。

8 月 28 日，林彪把吴法宪找去，对他说：贺龙“有野心，到处插手，总参、海军、空军、政治学院都插了手”。“空军是一块肥肉，谁都想吃，你要警惕他夺你的权”。他让吴法宪回去把贺龙“插手”空军的情况写个材料给他。

9 月 2 日，林彪打电话给李作鹏说：“你要注意贺龙，贺龙实际上是罗瑞卿的后台。他……拉了一大批人来反我。军委很快要开会解决他的问题。你就这个问题尽快写个材料。”

在此之前，总参谋部外事局的一些工作人员提出暂时不让某领导干部参加外事活动。他们的要求遭到总参党委的反对，但得到了中央的同意。于是他们敲锣打鼓到总参党委“报喜”。总参作战部部分干部写大字报表示支持，作战部长王尚荣也被迫在大字报上签了名。林彪立即抓住这件事，先是将它诬陷为“夺权”性质的行动，然后，因为王尚荣曾在贺龙领导下工作过，就诬陷说“这是受贺龙指使的”，是贺龙“到处插手”、“夺权”的“证据”，并告诉他的亲信：“你们要就此事尽快写个材料给我。”

在总后勤部、装甲兵、后勤学院、政治学院等单位，林彪他们也做了同样的布置。

林彪深知，要打倒贺龙，还必须在最忌讳的问题上做文章。叶群指使中央军委办公厅警卫处长宋治国在一份诬陷贺龙的材料中写道：“贺龙亲自保管一支精制进口小手枪，夜间睡觉时常压在自己的枕头底下，外出带上。”“这支枪最近两个月又每天放在枕头下，最近外出也自己带在身上。”后来，又有人告密说，贺龙有支小手枪，“文化大革命”开始后放在住中南海的董必武女儿那里，以便贺龙“借到怀仁堂开会之机，用来暗杀毛主席”。

这样荒唐的诬陷，很快得到了澄清。有一天董必武为此事严肃地询问了他的女儿。他女儿惊讶地说：“这是从哪里说起！这支枪不是贺老总放到我这里的，而是很早以前有一天我和几个男孩子一起到贺老总家时，贺老总给我玩的。那还是 1957 年的事。”为了说明事实真相，她赶紧从箱子里把放了近十年的那支小手枪找出来，交给了有关部门。验枪的人发现枪栓锈得拉不动，用了很大的劲去拉，才拉动了一点儿，此人笑了笑说：“这支枪根本不能用。”

然而，林彪仍然将这些诬告信连同李作鹏、吴法宪这些人写的诬告贺龙的材料送给了毛泽东。

9 月 5 日上午，在中南海游泳池休息室里，毛泽东把林彪送来的吴法宪的诬告信交给了贺龙。贺龙看后问道：“我要不要找吴法宪他们谈谈？”毛泽东说：“有什么好谈的？”又说：“你不要怕，我当你的保皇派。”“我对你是了解的，我对你还是过去的三条：忠于党、忠于人民，对敌斗争狠，能联系群众。”接着两人谈起了关于孙中山闹革命以及护国、护法斗争中的一些往事，谈话时间很长。

贺龙哪里知道，这次谈话后的第三天，林彪就在一个“小型打招呼会”上，

1966年10月1日，贺龙（左一）最后一次在天安门城楼上参加国庆观礼

要大家对贺龙的所谓“夺权阴谋提高警惕”。

9月9日晚上，毛泽东让秘书徐叶夫给贺龙打电话说：“经过和林彪还有几位老同志做工作，事情了结了，你可以登门拜访，征求一下有关同志的意见。”

大半生都在枪林弹雨中度过的贺龙，最看不得在背后搞阴谋活动，他气愤地说：“有什么能耐摆到桌面上来嘛！背后嘀嘀咕咕算什么本事！”又说：“哼！告我的阴状，我不怕。”但是，他还是听了毛泽东的话，9月10日上午到林彪住处去征求意见。

贺龙说明来意后，林彪说：“贺老总，我对你没有意见。”贺龙说：“不，林总，总会有一点儿吧。”林彪停了停，好像想起什么似的说：“要说有吧，也只那么一点点。就是，你的问题可大可小，主要的是今后要注意一个问题，支持谁，反对谁。”贺龙笑了笑说：“林总，我革命这么多年，支持谁，反对谁，你还不清楚！谁反对党中央、毛主席，我就反对谁；谁拥护党中央、毛主席，我就支持谁！”话不投机，俩人都无话可说，贺龙坦然起身告别。

在贺龙和林彪谈话时，叶群与几名警卫埋伏在幕后，企图捉住贺龙暗杀“林副主席”的把柄，结果什么也没得到。这次谈话，使林彪感到精心策划的诬告并没有达到“控制”贺龙的目的。于是，一个更加阴险毒辣的迫害贺龙的阴谋活动接着开始了。

12月28日，中共中央政治局开会。毛泽东向贺龙打招呼，请他到前面就座，贺龙坐到了毛泽东身边。这是贺龙生前最后一次参加中共中央政治局会议。

第三节　在西山的日子里

1966年底，在林彪、江青等人的挑唆、鼓动下，体育系统的造反派将斗争目标集中到贺龙身上。他们分批不停地找贺龙“澄清问题”、对各种事情表态。贺龙日夜不得安宁，无法休息。12月26日，周恩来对贺龙说：“你身体不好，在家中，造反派天天找你，你得不到很好休息。组织决定你暂时搬到新六所去住。家中的事情由我来管。”到新六所没有多久，解放军政治学院造反派声称要结队前来揪斗贺龙。薛明三次向周恩来告急，没有及时得到回答。贺龙对薛明说：“有什么了不起的事，他们是瞎胡闹！走！我们回去和他们讲理去！”路经中南海，贺龙、薛明来到周恩来的住处，他要向周恩来报告准备搬回家去住。周恩来在人民大会堂开会没有回来，秘书为他们在西华厅搭了床，对他们说：“总理让你们先在这里休息，暂不要回家。”

周恩来很忙，每天都是天快亮时才能回家，没有时间与贺龙谈话。但贺龙住在他的家里，他承担着巨大压力。1967 年 1 月 19 日下午 4 时，周恩来与李富春一起来找贺龙正式谈话，周恩来说：“本来这次谈话还有江青同志，但她临时说有事不来了。”周恩来告诉贺龙：林彪说你在背后散布他历史上有问题，说你在总参、海军、空军、装甲兵、通信兵到处伸手，不宣传毛泽东思想，毛主席百年之后他不放心。还有，关于洪湖肃反扩大化问题，你、夏曦、关向应都有责任。你要好好想一想。贺龙几次按捺不住，站起来想说话，但没有等他说话，周恩来紧接着说：“你不要再说了。毛主席不是保你嘛。我也是保你的。给你找个地方，先去休息一下，等秋天我去接你回来。”周恩来还勉励贺龙说：“要活到老，学到老，改造到老。”贺龙听了周恩来的话，伤心地说：“我没想到把我看成这样的人。”

1 月 20 日凌晨 4 时，贺龙和薛明被送到北京西山一个与外界隔绝的地方，这是一处建在半山腰的平房院落，三面是山，只有一条路可以出入，除了贺龙、薛明以及看守他们的警卫战士以外，什么人也看不到。大半辈子都是在激烈的战斗和紧张的工作中度过的贺龙，骤然离开群众，离开工作，到这么一个荒僻的山沟里，真是难以忍受。贺龙对薛明说：“我真不该到这个鬼地方来。别人不了解我，难道他周恩来还不了解我？看来周恩来的处境也很困难了。”停了片刻，贺龙又说：“洪湖的事可以考虑，其他事情都是林彪对我的陷害。我在旧社会见过各种人，碰到过各种主义，选择来选择去，最后认定只有共产党才能救中国。从此以后，我

从 1967 年 1 月 20 日起，贺龙被林彪、江青等以审查为名一直关押在北京西山这座房子里，受尽折磨，直至被迫害而死

就把自己的一生献给了党和共产主义。两把菜刀闹革命、北伐、南昌起义、湘鄂西、陕甘宁、晋西北，谁不知道我贺龙？毛主席不是还赞扬过我吗？我要回去，找他们算账。”说着，起身穿鞋，但看到门外有警卫走来走去时，又坐了下来。从此，他像一头关在笼子里的雄狮，整日坐卧不宁，食量减少了，睡眠也差了。

他经常思考着周恩来与他的谈话，对薛明说：“说我背后散布林彪历史上有问题，这完全是无稽之谈！”“还说我到处伸手夺权，不宣传毛泽东思想，这也是林彪一伙编造的，能有人相信吗？”“这话听起来厉害，实际上完全是胡扯。”“关于湘鄂西‘肃反’，说我要负多大责任，我想不通。当时，我不是‘肃反’委员会的委员，审讯、杀人我都不知道。”“过去，周逸群曾跟我说过，要警惕党内有‘老鸡婆’（机会主义分子）。我懂什么是老鸡婆？参加党才那么几年，政治水平只有那么高。”“要说我当时作为最高负责人之一，最终没有保住像段德昌等一大批好同志，使党的事业受到了不可估量的损失，我是有责任的，但不能各打三十大板，那样是不公平的。”

他开始如饥似渴地学习，想通过学习来寻求“文化大革命”以来那些使他疑惑问题的答案。

贺龙上山以前就已掀起的上海“一月夺权”风暴，这时刮得更厉害了。全国从上到下差不多所有的党政组织都被砸烂或处于瘫痪状态。大规模的武斗此起彼伏，打、砸、抢、抄、抓之风蔓延全国，生产停顿。看到这些，贺龙忧心如焚，他对薛明说：“这是要不得的啊！连最起码的生产都不搞了，将来人民吃什么、穿什么呢？！”他沉痛地回忆起 1932 年到 1934 年间，王明路线的代理人在洪湖地区错误地大搞“肃反”的情形。他说：“那个时候，有多少好同志呀，都是忠心耿耿的，能打仗，有本事的……都被诬蔑为改组派而被杀掉了……啊，一摊摊的血，真是血的教训噢！”“把革命的同志当做敌人对待，是要不得的呀。我真担心有人再搞这一套！”

贺龙反复学习了《关于正确处理人民内部矛盾的问题》。他说：“看，讲得多好！要是都按照这本书上讲的去做，那就好了！”一次，他看着看着猛力把书本一合说：“不对头啊！现在矛盾都搞乱了，把自己的同志都当成了敌人。‘洪洞县里没有好人’喽！”他说：“你看，按照毛主席的说法，动机与效果是统一的，但现在的情况是怎么也统一不起来。盲目地破坏与有计划地建设，能统一起来吗？对干部不分青红皂白地一律往死里打倒与关心爱护干部，能够统一起来吗？除非他们是另一种动机，追求的是另一种效果。”他陷入深深的思考之中。

在此期间，贺龙养成了看名单的习惯。只要报纸上报道什么大的政治活动，他都要戴上老花镜，逐个看那长长的名单，每当看到一个熟悉的名字，嘴角上就挂上了笑容；发现过去和他一道战斗过的老干部不见了，他就叹口气说：“怕是又叫他们给关起来了！”不禁感叹地说起这个人在战争年月的往事。最后又总要加上一句：“又是和我连到一起了！要是我能出去，替他说上句把话就好了！”

这年夏天，天热少雨。一连 45 天每天只给贺龙、薛明一小壶饮用水。水不够用，他们只好在下雨天，把水盆、脸盆甚至水杯都拿到门前去接雨水。一次，雨下得大些，贺龙、薛明抬着盛满雨水的盆子往回走，在上台阶的时候，脚下一滑，贺龙摔倒了，扭伤了腰。剧烈的疼痛使他靠在椅子上 18 天不能活动，连大便也解不出来，十分痛苦。医生不来，薛明急中生智，用那条备用氧气袋上的橡皮管给贺龙灌肠，什么办法都用了，总算使贺龙的便秘有了缓解。薛明还不时紧搓双手，使手心发热，为贺龙热敷，贺龙幽默地说："薛明的两只手是个小小发电厂。"

贺龙的头发、胡子长了，薛明用做衣服的剪刀为他理发、修胡子。每次剪理完了，贺龙都幽默地摸摸头发和胡子说："很好，完全可以去参加宴会。"他望着窗外湛蓝的天空说："他们越是迫害我，我贺龙越应该是贺龙的样子。"

到西山以后，在贺龙和薛明之间，有一个萦绕心头却谁也不愿触及的话题，那就是孩子。贺龙很爱孩子。在离开中南海西华厅来西山以前，北京大学和清华大学的"造反派"正在围捕贺龙等人的子女，贺龙很为此事担心。在西山与警卫副官杨青成握别时他嘱咐说："你要替我保护好孩子，说什么也不能让他们给抓去。"现在，已经过了两个多月了，他们的儿子、女儿以及那些由他们抚养的孩子们生活得怎么样了？还活着吗？如今在哪里？薛明向有关部门提出：作为父母，很想念孩子，能不能让我们见见他们。但是没有得到下文。3 月下旬，杨德中代表周恩来到西山看望贺龙，问他有什么事要办，贺龙说，他想请总理代为寻找孩子。

周恩来立即派人查找贺龙子女的下落。不久，贺龙、薛明就收到了躲在廖承志家里的小女儿贺黎明的来信。信中说：我很好，很想念爸爸妈妈。又告诉他们："哥哥（贺鹏飞）、姐姐（贺晓明）隐姓埋名在一只海船上劳动，表现很好，八级大风也不晕船，水手们对他们很爱护……"这封短短的信，给贺龙带来了很大欢乐。一连几天，他都非常高兴，不时地念叨："幺女哟，我们的幺女来信喽！"从此以后，在贺龙的生活里又多了一件事情：给孩子写信。这个一生从未给孩子写过信的人，在一封封深情的信里，勉励子女好好地经受革命风雨的锻炼，无论发生什么情况，都要跟着党、跟着毛主席干革命。其实，这些信子女们是连一封也收不到的。

从天气转凉的那一天起，贺龙就盼望周恩来派人来接他。但是，日子一天天过去，树叶黄了、枯了，只剩下光秃秃的枝丫了，也不见有人来。贺龙感到了形势的严峻。他对薛明说："总理没有派人来，说明总理已无能为力了。党内斗争这么复杂，可能总理也相当困难了。这场'文化大革命'是毛主席亲自发动和领导的，全国都搞成这个样子，难道他不知道？我现在理解总理当时同我谈话时的心情和他所说的一些话了。他也不得已啊！我们当时住在他家里，林彪、江青那些人会不攻他？"

这个时候，报纸上发表了一篇关于体育的"大批判"文章，诬蔑体委系统"长期脱离党的领导，脱离无产阶级政治，钻进了不少坏人，成了独立王国"。贺龙看后气愤地说："这是不公平的，很不公平。""这不是我一个人的问题，而是关系到全国体育战线一大批干部和群众的事。这样，不知道又要有多少体育战线的好干部、教练员、运动员挨整了！”说完，他忧愁地疾步在室内走来走去。

对党和国家命运的穷思苦虑，隔断与社会联系后的孤寂，使贺龙的健康状况越来越坏。疲乏、心慌、头昏、脉搏极不规律，睡眠不好……这对贺龙本来就患有高血压、糖尿病的身体屡屡发出危险信号。薛明只好给中共中央办公厅写信，请求治疗。

1968 年 3 月 26 日，贺龙病倒了，患的是脑缺血失语症。被送到医院后，接诊医生遵照林彪、江青的“医疗为专案服务”的方针，诬蔑贺龙得的是“诈病”，并且在病历上写上“要知道，右派是从反面教育我们的人”，“凡是敌人反对的，我们就要拥护，凡是敌人拥护的，我们就要反对”等语录，在医嘱上写了“请经治军医主宰”几个字。贺龙在医院住了几天，遭到了种种刁难，病未治愈，就让出院了。

回到西山以后，他从怀里掏出一张纸条。这是他抄录的毛泽东在延安给王观澜的信：“既来之，则安之……”他让薛明将这张纸贴在床头上，作为向疾病及当前恶劣环境作斗争的座右铭。贺龙告诉薛明，在医院里，一个战士告诉他，又有好几个老干部成了“反革命”。贺龙说：“这些干部是反革命？他们也成了反革命？我不信。看来问题复杂了，他们是要把老一代都搞掉噢！”接着，谈起了以前与他多年在一起的一些老同志和几位老帅，愤愤地说：“他们南征北战，是有功的啊！这些开国元勋若被打倒了，还靠谁呢？！”

1964 年，贺龙与家人在广州

贺龙住院期间，薛明给周恩来写了封信，报告贺龙在西山的情况，并提出要药和改善生活条件。贺龙说：“目前情况有了变化，看来周总理无能为力了，如果信落到别人手里还以为我们向他们求情。我们会向他们求情？不就是没药吃，身体不好吗？这吓不倒我。”

这时，继上海、黑龙江等省、市之后，又有内蒙古、天津、江西、四川等 22 个省、市、自治区被夺了权。报纸发表一篇篇支持夺权的社论。看到这些，贺龙的心情更加沉重，他说：“他们夺谁的权？这些老干部跟着毛主席南征北战，是有功的嘛！是为无产阶级掌权嘛！都叫他们给夺走了！”四川省的夺权，点了几位老干部的名，贺龙看了之后非常气愤地说："说他们搞'独立王国'，这是有所指的。要搞我，就公开地搞嘛，为什么要找替死鬼？！老子不怕！"又说："看见了没有，揪出来的都是好同志呀。清理来清理去，把好人都给清理出党了！"贺龙十分感慨地对薛明说：我几十年拼死战斗，一辈子戎马生涯，在生死关头，在最困难的时刻，都跟着党，从没有二心，我本来就是在共产党最背时的时候参加党的，所以，无论多么背时我都不怕。"可是，现在搞成这个样子，党怎么办，国家怎么办？"

薛明看到贺龙吃不好，睡不安，怕这样下去会影响他的健康。一天，她对贺龙说："咱们两个今天开个夫妻娱乐会吧。我给你唱个歌。"说着，就为贺龙唱起了战争年代的革命歌曲。一开始贺龙还认真地听着，好像回到了那如火如荼的战争年代。但是，这种情绪很快就被身背刺刀的哨兵在窗外走来走去的现实所打破。贺龙挥挥手对薛明说："算了吧，你不要再表演了！心里是什么滋味，你也清楚。"说着，两人都沉默了。

早在1966年12月30日，江青就在一次群众大会上公开煽动说：贺龙有问题，你们要造他的反。几天以后，1967年1月9日，林彪在一次会上诬陷贺龙"到处搞夺权"，是个"刀客"。说，现在很重要的一件大事就是要把"贺龙的问题端出来"。他们编造贺龙搞"二月兵变"[①]的谎言，操纵指使部分不明真相的群众成立所谓"斗争贺龙筹备委员会"，发"通令"，游行示威，冲击贺龙住地，制造舆论，向中共中央施加压力。

前文已写过的1933年贺龙枪决反动政客熊贡卿的事，本来早有定论，这时又被翻了出来。当年经办此事的国民党南昌行营第二厅厅长晏勋甫的儿子、武汉市第二十中学教员晏章炎于2月14日写信给中央文革小组，无中生有、颠倒黑白地诬陷贺龙在历史上有所谓向蒋介石"乞降"，企图"叛变投敌"的问题。[②]林彪见到这封信，如获至宝，立即批转江青等人，并煞有介事地派人外出"调查"。调查人置历史事实于不顾（此事鄂湘西中央分局曾给中共中央有过报告，报告就在中央档案馆），在没有取得任何证据的情况下，按照林彪、江青授意，就此事诬陷贺龙"叛变投敌未遂"，于7月12日上报中共中央。1967年9月7日，叶群在一次中共中央日常工作会议上提出：贺龙在湘鄂西同国民党大员秘密接头，企图投敌，问题严重，要立案审查。康生、江青、陈伯达、谢富治等人积极支持。9月13日，贺龙被正式批准立案审查。

---

① 1966年7月，北京大学一个工作人员就北京卫戍区曾在2月份来校联系进驻一部分部队负责民兵训练一事，写了一张大字报，提出质疑。大字报的标题为"触目惊心的二月兵变"，文中没有点任何人的名。康生知道后，先是说彭真搞"二月兵变"，后又说贺龙搞"二月兵变"。8月2日，处境已十分困难的邓小平在人民大学全体师生员工大会上公开宣布："这个'二月兵变'问题，我们查了。因为我们早知道这个事，我正式跟同志们说，没有这个事。"但林彪、江青一伙仍继续以此为借口，诬陷贺龙，迫害原红二方面军的一大批干部。当他们诬陷贺龙搞"二月兵变"时，贺龙已被送到西山。因此，他至死也不知道有这件事。

② 晏章炎由于在"文化大革命"中写信诬陷贺龙，造成严重恶果，并长期做了隐瞒，1983年被武汉市中级人民法院追究刑事责任，判处有期徒刑七年。

11 月 8 日，康生和叶群亲自主持讨论和批准了对贺龙专案审查的《工作设想》，并要求专案组在工作中“不要纯客观主义，要有倾向性”，“防止右倾”，“不要被同化”。专案组一方面继续搜集复制敌伪报刊上诬陷贺龙的一些“报道”，当做贺龙的罪证；一方面派人会同有关单位把贺龙过去的一些下属干部、他们的子女乃至贺龙家乡的亲友非法关押，刑讯逼供，强令他们揭发交代贺龙的所谓“罪行”。而后将这些逼供出来的、矛盾百出的材料进行剪辑、拼凑、拍照或指供重抄，制造伪证。1968 年，专案组查到了 1934 年 3 月 17 日，贺龙、夏曦、关向应联名写的关于枪毙熊贡卿一事给中共中央的报告——《湘鄂西中央分局来信》，却故意隐匿不报，仍说贺龙“投敌叛变”并上报中共中央。

1968 年 6 月 13 日，专案组将手伸进了贺龙的西山住地。从此，贺龙、薛明的处境就更加困难了。专案组借口有人要揪斗贺龙，把居室的窗帘拉上，不许再拉开。床上的被褥、枕头也被收走了。有一段时间，贺龙夫妇整天处于暗淡的灯光下，睡在光秃秃的木板上把手臂当枕头。伙食本来不好，这时就更差了。两层的圆形饭盒里，一层是盛不满的饭，一层经常是清水煮白菜、萝卜，或是老得像甘蔗皮似的豆角。贺龙经常感到饥饿，薛明只好到被允许他们走动的山边去搞些野菜给贺龙充饥。有一次，薛明看到一些形似豆角的野菜，满心欢喜地摘了一大把用衣服兜回来。贺龙拿来一看，是一种不能吃的野菜，他向薛明笑笑说：“不能吃，你白白费了劲。”薛明拿起野菜自嘲地说：“唉，空欢喜了一场。”

贺龙的医疗，从 1968 年下半年起，由警卫一师某营营部的沈医生负责。他对贺龙很关心，经常来看望，还不时帮助买些必需的药品和日常生活用品。1969 年 1 月，这位医生突然不见了，换了一个经过六次“政审”，精心选中的所谓“医生”。这个“医生”其实是个护士，而且是个神经科的护士，根本不懂贺龙所患的糖尿病和高血压病。他按照林彪、江青一伙的授意先以检查药品是否变质为名，强行收缴了贺龙从家中带去的全部自备药品。接着，又在医疗上进行控制，减少药品和调换重要药品，使得每天必需的普通降糖药也没有保证了。1969 年 1 月 15 日，专案组竟然毫无人道地对“医生”下达了这样的指示：“尽量用现有的药物，维持现在的水平就行，也不要向（像）对待好人那样”对待贺龙。

贺龙和薛明原来住在山上。一天夜里，他们都睡了，突然来人要他们搬到下面去住。这样，贺龙和薛明不论是上厕所或在走廊里散步，都要经过那个“医生”所住的地方。贺龙明白，这是为了便于监视他们夫妇的行动。他对薛明说：“说不定这屋里还为我们装了窃听器。”薛明说：“我找找。”贺龙说：“你不用找了。有窃听器才好呢，我可以骂他们这些野心家、阴谋家。毛主席应该听听各方面的意见，再也不能总是让他们愚弄了。只要毛主席一句话，就能把颠倒了的历史再颠倒过来。我们这些受冤枉的人，不要总是处在被告的地位，也让我们说说话，这可是关系到国家命运的大问题。”

一天，那个“医生”送来的药胶囊破裂，药末已经漏出来了，胶囊上面还有手印。薛明说："这药不能吃，弄成这样子，谁知道里面装的是什么。"于是，退了回去。贺龙说："要小心，他们是什么事都能干得出来的。"

过了几天，那个"医生"让一个战士来送药。药里忽然多了一片其他药片，被薛明发现了。那个"医生"后来解释，说是"送错了"。贺龙说："把药都送错了，你还算个医生吗？"那个"医生"说："要不是上级决定，我还不愿意来呢。"贺龙说："什么上级，我骂的就是你那个上级！医生是救死扶伤的，是有人道主义的，你这个医生是干什么的？！"说完，怒冲冲地把手杖向门口一指，说："滚！你给我滚！"

"医生"走了之后，贺龙对薛明说："他们竟派来这么个蠢人。和他吵吵也痛快。他是来监视我们的，你骂他，他只有听着，向上打小报告，反正谁也不敢来见我。"又说："想当初不该来到这里。你说，全国那么多地方，他们为什么要把我们送到这里来呢？连人也见不到一个！"

日益加紧的折磨，使贺龙清楚地看到了林彪、江青一伙的险恶用心。贺龙对薛明说："他们硬是想把我困死、拖死，杀人不见血。我不死！我要活下去，和他们斗到底。"他还说："我相信党和人民是了解我的。毛主席总有一天会说话的。"

一天，贺龙向薛明谈起了中国人民解放军的历史，从南昌起义谈到毛泽东与朱德的井冈山会师，从抗日战争谈到解放战争，从抗美援朝谈到保卫社会主义建设。他说："这个军队太可爱了！只要这次不被他们害死，将来打起仗来，我们这些老家伙还能出把力！"他又说："这样的军队，有人想利用它搞阴谋，那是办不到的，是要倒霉的！"一天夜里，贺龙听到了雨声，便对薛明说："叫哨兵到走廊里来吧，别淋着了。"哨兵到走廊里避雨之后，贺龙连声地说："好，好，过来了就好。"

这个时候，贺龙还做了与薛明分开的准备。他对薛明说："要有思想准备哟，他们完全可能把我们分开。"薛明说："我不能跟你分开，你没有人照顾怎么行呢？"贺龙说："要做最坏的准备哟！"又说："你放心，我完全能够自己照顾自己。"几天以后，薛明被叫出去配眼镜，回来时看到，屋里的地已经扫了，烟灰缸也清理了，竹竿上还晾了一件洗好的衬衣。她明白，这是贺龙在告诉她，让她放心，一旦遇到情况，他们分开了，他是可以自己照顾自己的。

1968年下半年，为了阻止贺龙参加中国共产党第九次全国代表大会，开始进一步审查贺龙的"问题"。专案组想搞"面对面的斗争"，中央文革碰头会认为贺龙的"脾气大，怕斗不过"，改为"背靠背"：提问题，让贺龙回答。

9月18日，第一批"问题"提出来了："南昌起义你干了些什么阴谋活动？你要如实交代你的罪行。""1929年你怎样派亲信持密信向国民党乞降的？""1933年蒋介石的'招抚员'熊贡卿去你处叙旧，你是怎样向他表示乞降蒋介石的？你们是怎样谈判的？最后达成什么协议？……"

贺龙看后狠狠地把这些纸往桌子上一摔，怒不可遏地吼道："真是活见鬼！哪里有这种事。人都给我枪毙了嘛！栽赃，完全是栽赃！白日撞见鬼了！""我相信毛主席，不相信这些办事的人。二七、二九、三三年的事情统统是假造的。”他们“用毛主席的指示来压我。完全是给我栽赃！”

一连几天，他怒火中烧，吸烟很多，说话很少，不时地在屋里走来走去。有时他突然坐下来，打开笔记本，用毛笔在上面不停地写着“冤枉”两个字。那“冤”字他写得特别用力，最后的挑，写得又细又长，好像要把天戳个窟窿似的。

冷静下来以后，贺龙以一种投入战斗的心情，针对林彪一伙的诬蔑，就参加八一南昌起义、湘鄂西“肃反”、枪毙熊贡卿以及其他一些历史问题做了详细的回顾，让薛明记下来，作为对强加给他的罪名的反击。贺龙的回顾，不虚掩、不夸大，实事求是地说明了每件事情的来龙去脉。他以为，这些材料或许中共中央和毛泽东能够看到。

贺龙哪里知道，毛泽东已经完全偏听偏信了林彪、江青一伙。在 1968 年 10 月 13 日举行的中共八届十二中全会上，毛泽东宣布，他对贺龙不保了。

然而，贺龙写的这些材料仍使康生和专案组十分惧怕，先则封锁，继而篡改。这可以从现存的专案组档案中清楚地看出来。1968 年 8 月 6 日，康生在贺龙写的材料上批示：“贺龙写的材料没有交代一个实质性的问题，到底如何要他交代，要在中央文革碰头会上议一议。”8 月 12 日，康生批评专案组不该将贺龙写的材料原样呈送。他说：“不摘要，不提问题，不说你们的看法，即送出传阅，这办法很不适当。望注意。”8 月 27 日，专案组没有将贺龙写的另一份材料原样上送，而是只做了摘要，并在报告中说：贺龙写的材料“极力吹嘘标榜自己，不交代实质性的问题。并有诬蔑、攻击无产阶级司令部同志处，态度极不老实”。“由于我们的水平低也缺乏历史知识，摘录的内容可能有错误，希首长阅后给予批评指示。”康生看后，先是批：贺龙“极不老实”。后在另一处批示说：贺龙写材料“吹嘘自己，掩盖错误，不交代问题。我建议专案组要仔细研究，寻找漏洞，现在不必传阅，以免干扰”。

贺龙的不屈服态度，使林彪、江青他们十分恼怒，于是更进一步加紧了对贺龙的迫害。

1969 年 4 月，中国共产党召开第九次全国代表大会。由于毛泽东讲过“对贺龙不保了”，因此贺龙没有能够出席这次大会。大会通过的党章，把林彪作为“毛泽东同志的亲密战友和接班人”写入了总纲。选举时，林彪、江青的不少亲信进入了党的中央委员会，林彪、江青反革命集团的主要成员进入了政治局。这使贺龙进一步看清了这场“文化大革命”的实质。他用手指着林彪、江青一伙的名字说：“他们反老干部有功，把老干部都搞光，搞得毛主席身边没有人了。他们这样做，就是要搞今天的大换班。用心狠毒！”“王洪文以前谁知道他是谁，别看他们现在盛气凌人，日子长不了。”在谈到另一个人当了中央委员时，贺龙说：“中央委员轮不上他，他没有本事。”又说：“不过，他可能是因为有所‘贡献’。”

一天，贺龙用手杖敲着林彪的头像，愤怒地说：“你这个卑鄙的家伙，为什么不准我革命？你这个家伙，心虚得很，怕别人攥着你的把柄！”“党内出了奸臣，这个奸臣就是你。”又转身对薛明说：“江青也是个整人的家伙。你看报纸上那一套都是他们搞的。他们是要把老同志都搞光，搞得毛主席身边没有人了，他们好大换班！”“还有林彪的老婆叶群也不是个好东西。过去你在延安整风时揭发了她那么多严重问题，她能饶得了你？”薛明说：“可能由于我这个问题牵累了你。”贺龙说：“你不要这样想。不是由于你的问题，他们要打倒我。是因为我妨碍他们篡党夺权，他们才打倒我，反而是我牵累了你。”在谈到康生时，贺龙说：“这个人老奸巨猾，做尽了坏事。”

这个时期，贺龙非常想把他的意见、想法和遭遇告诉党和群众。他说：“党是了解我的，群众是了解我的，我愿意见群众，我要跟他们去讲毛主席对我的三条评价，毛主席还说要做我的保皇派呢！”他要薛明给他弄了个布挎包，装上一点儿粮票、钱和常用药，挂在墙上，随时准备出去时使用。一天，贺龙用手指着毛泽东和林彪的相片说：“现在已经不是这个人（指林彪）的问题，而是这个人（毛泽东）的问题了。只要毛主席说一句‘贺龙没有问题’，事情就完结了。我相信，毛主席总有一天会说这个话的。”

第四节　生命的最后时刻

贺龙久患糖尿病。医学专家诊断过，认为病情是轻的，只要用一般的药物和注意饮食就能够保持病情平稳。再加上他那强健的体质、坚强的革命毅力、豪放乐观的性格，他的生命之火是能够燃烧得很久的。但是，由于政治上的陷害，精神上的折磨，生活上虐待，医疗上限制、拖延，他的病情很快恶化了。1969 年 5 月上旬，贺龙连续摔倒了七次。“看守日志”上对此有明确记载。

这样连续的摔倒，对于一个糖尿病人来说，无疑是病情恶化的征兆。可是“医生”按照林彪一伙“尽量用现有药维持”，“也不要像对待好人那样”的指示，视而不见。薛明多次要求检查血糖和尿糖，始终没有得到同意。可是，让贺龙写交代材料的活动却有增无减。

5 月 24 日 23 时，贺龙又摔倒了。醒过来后，听见窗外的哨兵在唱《洪湖水浪打浪》。在这样的时候，听到这样的歌，贺龙、薛明很是感动。薛明问哨兵：“同志，你是什么地方的人呀？”哨兵回答的声音很小：“湖北……阳……”“阳”前面的字没有听清。贺龙说：“沔阳，一定是沔阳。洪湖过去叫新堤，归沔阳县管。”接着他谈起了洪湖，谈起了他家乡的人民。说：“人民是历史的真正主人，是最公正的裁判。谁为人民做了好事，人民永远不会忘记；谁在人民面前犯了罪，人民也绝不会饶恕。”

6 月 8 日，早上听完广播以后，贺龙连续呕吐了三次，呼吸急促，全身无力。薛明意识到，这可能是出现了过去那位保健医生讲过的糖尿病酸中毒的严重情况，非常着急，立刻去找医生。但这个“医生”外出了，中午 12 时回来后，薛明向他讲述了病情。下午3时，“医生”为贺龙打了一针“止吐针”，但并未止住呕吐。这时，有人送来了一碗黄瓜汤。薛明把碗端到贺龙面前说：“你能吃一点儿吗？”贺龙看了看汤说：“你看那汤。”薛明拿起筷子一挑里面全是老黄瓜皮。结果，这生前的最后一餐也没有吃成。下午5时，贺龙血压减低，上腹部剧烈疼痛。这时，住地工作人员和“医生”才决定向上级报告。4个小时后，派来的医生才到。从贺龙当天早上发病到派来的医生到达，中间整整经过了13个小时。

派来的两个医生不做血糖、尿糖检查，反而将贺龙的尿样送到丰台药品检验所去化验，企图给贺龙带上畏罪自杀的帽子。他们又给贺龙输了对于糖尿病人不宜随便使用的高渗葡萄糖。9日零时5分，他们在确诊贺龙为糖尿病酸中毒之后，仍然使用了这种葡萄糖，而不用糖尿病的特效药胰岛素。于是贺龙的病情急剧恶化。他们怕病人死在自己手中，零点40分以后，才打电话要求送医院抢救。

这时候的贺龙，神志仍很清醒，当看到两个医生都走出了房间，便对薛明说：“他们都跑了！要小心，他们要害死我！”并坚定地说：“我不能死，我还要活着和他们斗下去！”

9日早晨5时半，专案组人员和三〇一医院的医生、护士才来到西山。他们先是做检查，后又向医院请示，直到7时许，医院才答复说：“可以送来。”

当宣布要送去住院时，贺龙明确表示不愿意去。他说：“我没有昏迷，我不能去住院，那个医院不是我住的地方！”但他们坚持要送去住院，并声称这是“组织决定，非去不可”。这时，贺龙仰起脸看着薛明问：“我去住院，你呢？”薛明说：“我当然跟你一起去！”但当她用征询的目光望着在场的专案组人员和医生、护士时，看见的却是一张张木然的脸，谁也不表态。薛明只好说：“如果他们不允许，我就在这间房子里等你。”贺龙躺上了担架，薛明握住了贺龙那只变得瘦骨嶙峋的大手。贺龙微微睁开眼深情地看了看薛明，也紧紧地握住了薛明的手。这是这对相濡以沫的革命伴侣的最后一次握手。

贺龙入院之前，林彪的亲信邱会作就指示医院：“如果专案组找医院，叫我们派医生，不要派主任，派一般医生就可以了。”因此，尽管医护人员做了很大的努力，但由于按邱会作指令办事的医院负责人没有做抢救的准备，更没有组织有经验的专家到场等候抢救，贺龙上午8时55分住院，10时25分才开始治疗。10时55分，贺龙的血压下降到70/40。11时半，主治医生提出组织有经验的专家会诊和抢救。但是，那个医院负责人却不允许请对治疗糖尿病酸中毒有直接关系的代谢科专家会诊，并且不顾病情危急，把会诊放在两小时以后的13时30分进行。会诊时又不让专家接触病人，不让他们知道这个病人是贺龙，只允许“背靠背”地让专家们根据“汇报情况，结合化验和X光片讨论”。在这样的会诊之后的一个半小时，这个曾使敌人闻风丧胆的开国元勋、中国人民解放军的创始人之一、中华人民共和国元帅，含恨离开了人间。时间是15时04分。从入院到逝世，仅6个小时零9分钟。

第五节 恢复历史本来面目

贺龙逝世后，北京卫戍区一个参谋到西山通知薛明，让她到医院“核实材料”。他们也先后通知了贺龙的子女贺捷生、贺鹏飞、贺晓明到三〇一医院。到医院后，薛明和子女们才知道贺龙已经去世了。有一个不知姓名的人带领他们到第十四病室，在贺龙遗体旁默哀悼念。贺龙的遗体什么时候火化，没有告诉家属；火化后，骨灰放在什么地方，也不让家属知道。骨灰盒上的名字不是贺龙，而是王玉——专案组为贺龙取的化名。1978 年，薛明将他写的反映贺龙被害情况的报告《向党和人民的汇报》送给邓颖超看了。一次在李井泉家，邓颖超对薛明说：“如果恩来看到这个材料，会哭死的。贺总去世时，恩来很难过，是他通知黄永胜让你们去三〇一医院与遗体告别的。”当时在旁的李井泉、叶飞、谭震林各家都在照相，邓颖超拉着薛明和贺鹏飞说：“来，我们也一起照个相。”

贺龙逝世后的第二天，6 月 10 日上午，黄永胜、吴法宪、邱会作召集专案组人员开会。授意说：贺龙的死亡报告“要写得详细，某年某月治过病，（让人们）知道我们做过许多工作”，“专门有医生照顾到，人家一说，我们尽到了责任”。这样，专案组在 6 月 11 日写的报告中，对收缴药品、拖延抢救时间和进行反治疗等一概不提，只说“经多方全力抢救终于无效而死”，故意隐瞒事实真相，欺骗中共中央和全国人民。

贺龙逝世两年以后，1971 年 5 月 17 日，专案组才写出了《贺龙罪行的审查报告》。他们运用编造、拼凑的假材料，把贺龙定为“党内军内通敌分子”和“篡军反党分子”，提出了“开除党籍、军籍，并在一定范围内公布其罪行，肃清流毒和影响”的处理意见。由于中共九届三中全会以后形势的变化，他们的这一结论没有做成。但是，对贺龙妻子和子女的迫害并未停止。

贺龙逝世后的一天下午，叶群给吴法宪打电话说：“还有薛明，她对我们的情况很了解，要把她送得远远的。”“一不能让她死，二不能让她逃，三不能让她胡说八道。”于是，薛明被押送到了贵州的一个大山沟里。无论是走路、吃饭、劳动，还是上厕所、睡觉，都有几个人看管，还让她每天来回步行二十多里，到茶田里干重活。林彪摔死以后，又以准备打仗练习行军为由，要薛明半夜里打起背包在狭小阴暗的房间里转来转去。林彪和“四人帮”反革命集团之所以要这样折磨薛明，是因为贺龙在西山被害情况只有薛明知道，是为了杀人灭口。当周恩来派齐英武、徐心坦两人从贵阳飞机场附近的磊庄找到薛明并把她接回北京时，她已经被折磨得满头白发，身体虚弱得连飞机都不能乘坐了。薛明回到北京以后，江青的亲信迟群对她说：“你回来了。好嘛！贺龙的问题不谈了，我不感兴趣，说说你自己吧，主要是说说你和叶群的关系。你们是什么关系？”薛明又处在了江青的监视之下。这时，周恩来派刘西尧代表他来向薛明及其子女问好，让他们一家在二里沟的新疆办事处团聚。然而，江青并不放过薛明，她让迟群派了两个女护士，其中一个叫张汝妮的对薛明说，我们名义上是照顾你，实际上是来监视你的，是让我们和迟群配合，要你交代和叶群的关系。但是，我相信你是好人。

历史是不会停顿的，历史还在发展。

1973 年 2 月底，毛泽东在中南海游泳池对张春桥说："我看贺龙没有问题，策反的人，贺把他杀了。""我有缺点，听一面之词。"但是，张春桥既不向中共中央政治局传达，也没有着手为贺龙平反。

12 月 21 日，全国八大军区司令员调动时，毛泽东在军委常委扩大会上讲话，再次指示要为贺龙平反。他说："我看贺龙搞错了，我要负责呢。""当时我对他讲，你呢，不同。你是一个方面军的旗帜，要保护你。总理也保护他呢。""要翻案呢，不然少了贺龙不好呢。""都是林彪搞的，我听了林彪一面之词，所以我犯了错误。"

1974 年 9 月 4 日，毛泽东在一次谈话中催问说："贺龙恢复名誉搞好了没有？不要核对材料了。"

在毛泽东的一再催促下，中共中央于 9 月 29 日发出了［1974］25 号文件，即为贺龙恢复名誉的通知。通知在概述了贺龙专案一直为"林彪、黄永胜、吴法宪、叶群、李作鹏等人所把持"之后，对所捏造的"罪状"予以否定："一、所谓'通敌'问题，完全是颠倒历史、蓄意陷害。事实是：1933 年 12 月蒋介石曾派反动政客熊贡卿'游说'贺龙同志，企图'收编'。贺龙同志发觉后，报告了湘鄂西中央分局，经分局决定，将熊贡卿处决，并于 1934 年 3 月 17 日，将此事经过报告了中央。二、所谓'图谋篡夺军权'和支持军队一些单位的人'篡夺军权'的问题，经过调查，并无此事。三、关于所谓贺龙同志搞'二月兵变'的问题，纯系讹传。"通知宣布："中央决定，对贺龙同志予以平反，恢复名誉。"但是，由于"四人帮"还在台上，这个平反是不彻底的，通知中仍留有"中央当时认为，把贺龙同志的问题搞清楚也是必要的"和贺龙是"病故"这种不实事求是的错误提法。

1975 年 6 月 9 日，即贺龙逝世六周年的时候，在八宝山革命公墓举行了"贺龙同志骨灰安放仪式"。周恩来总理抱病出席。周恩来一下车即悲痛地边走边喊："薛明！薛明呢？"薛明赶紧出迎。周恩来握着薛明的手说："我没有保护好他呀！"说完，彼此泪如雨下，休息室外的人都能很清楚地听到他们的哭声。贺晓明说："周伯伯，你要保重。"周恩来凄然说："我的日子恐怕也不多了。"哀乐声起，周恩来起身到贺龙遗像前深深地一连鞠了七个躬，并即席发表了讲话。他说："贺龙同志是一个好同志。在毛主席、党中央的领导下，几十年来为党、为人民的革命事业曾做出重大的贡献。在他的一生中，无论在战争年代或在全国解放以后，他是忠于党、忠于毛主席革命路线、忠于社会主义事业的。"他的逝世，"是我党、我军的重大损失"。

但是这次由中共中央批准的骨灰安放仪式，不久，即被江青诬蔑为"右倾翻案风的典型"，是"用死人压活人"，并且又开始搜集与贺龙一起工作过的一些老同志的材料，妄图把已经平反的问题再翻过来。

但是，历史岂容再颠倒。

粉碎“四人帮”之后，1978 年 12 月 18 日到 22 日，举行了中国共产党历史上有深远意义的十一届三中全会。会议审查和解决了党的历史上一大批重大冤假错案和一些重要领导人的功过是非问题。此前不久，有关部门根据中央军委关于查证谋害贺龙同志的批示，组成了联合调查组，对贺龙的死因做了查证。联合调查组经过一年多的工作，于 1980 年 3 月 24 日做了结案报告。报告在列举了大量确凿证据之后指出:“贺龙同志完全是被林彪、康生、江青一伙残酷迫害致死的。”林彪、江青、康生一伙“直接操纵和控制专案组”对贺龙“在精神上肆意摧残折磨，生活上虐待，医疗上限制、拖延和反治疗，使贺龙同志的糖尿病发展、恶化成酸中毒和引起一系列并发症后，含冤而死”。

1975 年 6 月 9 日，党中央排除“四人帮”的干扰破坏，在八宝山革命公墓礼堂举行贺龙骨灰安放仪式

在这次查证中，中央军委和中央保健委员会还组织首都各大医院的著名医学专家从医学上对贺龙的死因进行了分析。在有他们签名的《对贺龙同志医疗经过的意见》的结论部分写道：“1. 贺龙同志的糖尿病本来是轻的、稳定的，这种病在正常情况下预后良好。1967—1968 年的情况进一步证明，即使存在其他不利因素，只要有一般的药物和饮食条件，病情仍能保持平稳。2. 贺龙同志的病情恶化是从 1969 年初开始的。这种恶化具有明显的诱因，主要是失去了充分的药物治疗和必要的饮食治疗，精神折磨也有重要关系。没有这个量变的基础，不致引起最后酮症酸中毒的发生。3. 酮症酸中毒虽然是糖尿病的严重并发症，但在通常情况下，只要有恰当和及时的医疗措施，预后仍属良好。但是在贺龙同志的酮症酸中毒治疗过程中，在某些方面存在着与一般治疗原则相反的、有重大错误的治疗措施，以致不但起不了治疗作用，反而促使病情一步步趋于严重，直至造成死亡。”

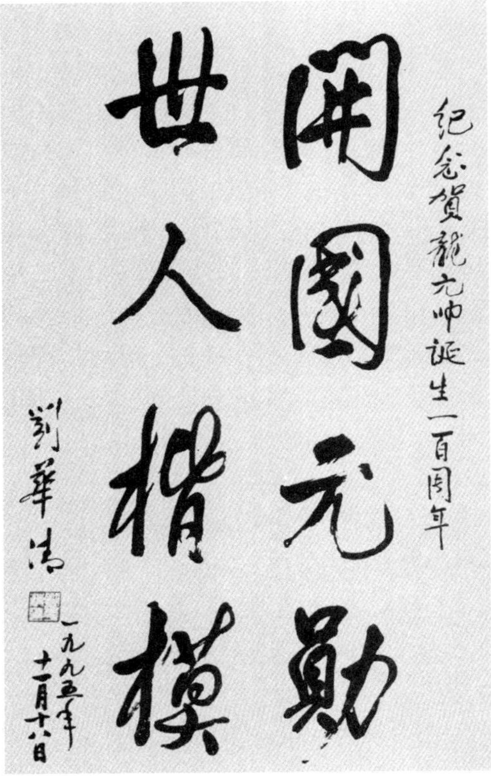

刘华清为纪念贺龙元帅诞生一百周年题词

这两个报告很快得到批准，从此，贺龙被迫害致死的论断方得到了确认。

又过了两年，1982 年 10 月 16 日，中共中央发出了《关于为贺龙同志彻底平反的决定》。《决定》高度评价了贺龙的一生，说：“贺龙同志是我党的优秀党员，久经考验的无产阶级革命家，卓越的军事家，是我军的创始人之一。他在土地革命战争、抗日战争和解放战争中历尽艰险，百折不挠，英勇善战，在党中央、毛主席的领导下，坚持执行正确的政治路线和军事路线，为人民军队的创建、发展、壮大，为人民战争的胜利，为中国人民的解放事业和新中国的诞生，建立了丰功伟绩。新中国成立后，在社会主义革命和建设中，他对我军革命化、现代化建设，对我国体育事业的创建和发展以及国防工业建设等，都做出了重大的贡献。他的一生是战斗的一生，革命的一生，光辉的一生。他忠于党，忠于人民，忠于社会主义事业，善于把马列主义、毛泽东思想运用于实际。他光明磊落，刚直不阿，顾全大局，豁达大度，平易近人，对革命坚信不移，对困难从无畏惧，始终充满革命乐观主义。他的英雄形象和崇高品德，受到了全党、全军和全国各族人民的爱戴和崇敬。”

《决定》对贺龙在林彪、江青一伙的诬陷迫害面前表现出来的共产党员坚贞不屈的气节和高尚品德赞赏说：“贺龙同志被关押期间，林彪、江青一伙对他在生活上百般虐待，在精神和肉体上摧残折磨，在医疗上横加限制、拖延，但贺龙同志始终坚贞不屈，对林彪、江青一伙进行了坚决斗争；他始终坚持党的原则，坚持实事求是，表现了共产党员坚贞不屈的气节和高尚品德。1969 年 6 月 8 日，在贺龙同志病情恶化后，林彪、江青一伙不但不采取应有的抢救措施，反而使用了促使其病情恶化的卑劣手段，致使贺龙同志于 1969 年 6 月 9 日含冤逝世。”

《决定》还指出：“贺龙同志被林彪、江青和康生一伙残酷迫害致死，是十年内乱期间发生的一起令人极为痛心的大冤案。毛主席、周总理和邓小平同志曾多次指示要为贺龙同志平反，恢复名誉。1974 年 9 月 29 日中央发出了《关于为贺龙同志恢复名誉的通知》。但《通知》对贺龙同志的平反是不彻底的，有些提法是错误的。因此，中央决定，撤销原中发［1974］25 号文件和中发［68］71 号文件[①]，为贺龙同志彻底平反昭雪，恢复名誉。对林彪、江青和康生一伙强加给贺龙同志的一切诬陷不实之词，全部予以推倒；同时为受贺龙同志冤案所株连的所有同志彻底平反，消除影响。”

经过不平凡的曲折的道路，历史终于恢复了本来面目。青山常在，绿水长流。贺龙的名字和他光辉的业绩作为历史的丰碑，永远铭刻在人们心里。

① 即《中共中央、国务院、中央军委、中央文革命令》。该命令称：“国家体育运动委员会（包括国防俱乐部）系统，是党内头号走资本主义道路当权派伙同反革命修正主义分子贺龙、刘仁、荣高棠完全按照苏修的办法炮制起来的。”

生平大事年表
（1896—1969）

1896 年

- 3 月 22 日（清光绪二十二年丙申二月初九）出生于湖南桑植县洪家关，取名贺文常。
- 父亲贺士道，以裁缝为生；母亲王金姑，务农。全家仅薄田三亩。

1901 年

- 入私塾读书，学名贺平轩。

1910 年

- 桑植水灾为患，为养家糊口，结伴在湘鄂川黔边境赶骡马做生意，备受边境盐局税卡的盘剥。

1914 年

- 是年　由执教于桑植高等小学的留日学生陈图南介绍，加入孙中山领导的中华革命党，投入反对袁世凯复辟帝制、卖国求荣的斗争。奉命去石门、沅陵两县从事兵运工作。事泄，连夜返回常德，途中，被土匪绑架，并同土匪一起，被沅陵警备队关进监狱，后由贺士道买通官府，取保释放。

1916 年

- 1 月　与陈图南、大姐夫谷绩廷一起，领导湘西暴动，夺取石门县泥沙团防队等处 80 余支枪，发动群众，两次攻打石门未成，暴动失败。
- 3 月 16 日　带领乡邻 20 余人，捣毁芭茅溪盐局税卡，缴枪 12 支，成立了一支农民武装。下旬，任桑植讨袁军总指挥。
- 4 月　任湘西护国军左翼第一梯团第二营营长。
- 6 月　率部移驻常德，被湖南督军谭延闿缴械，因有事外出得以脱险，返回桑植。
- 9 月　到长沙，与中华革命党取得联系，改名贺龙，继续参加斗争。

1917 年

- 9 月　奉命回湘西发动武装斗争，任湘西护法军游击司令。
- 12 月　部队被湘西护法军总司令张溶川吞并，贺被扣押七天后释放，决定返回家乡重建武装。在石门、慈利交界的两水井，和吴玉霖用两把菜刀，缴枪 2 支，组织 18 位伙伴与湖南援鄂的护法军一起，入鄂与北洋军阀部队作战。

1918 年

- 春　被湘西护法军第五军军长林德轩委任为湘西护法军第五军第五团第一营营长。

1919 年

- 夏　被澧州镇守使王子豳任命为团长。

1920 年

- 7 月　王子豳被其副使卿衡谋杀，其子王育寅在慈利起兵。鉴于王子豳已靠拢孙中山，乃支持王育寅讨伐卿衡。
- 9 月　林修梅来湘西，任湘西靖国军总司令，被林委任为第三梯团团长。
- 10 月　担任湘西巡防军第二支队支队长。

1922 年

- 春夏之交　随孙中山派往四川的原川军师长石青阳入川，任川东边防军警卫旅旅长，击败吴佩孚支持的黔军袁祖铭部，攻占涪陵。秋，移驻彭水。
- 是年　广东陈炯明叛变，孙中山避难上海，派参谋赴沪晋见孙中山，表示竭尽全力支持革命事业。孙中山复函慰勉，称其“边徼久戍，艰苦逾恒，而壮志不渝，忠诚自矢，此真可为干城之寄”。

1923 年

- 6 月　任四川讨贼军第一混成旅旅长兼川军第九混成旅旅长。与汤子模、周西成协同，切断长江交通，阻止北洋军增援。
- 9 月　在涪陵，亲率部队扣捕为吴佩孚运送军火进川的日本日清公司客轮宜阳丸，击毙开枪拒捕的日方船主，俘虏吴佩孚的军械处长，缴获子弹 82 万余发。
- 冬　讨贼军内部分化，阵线瓦解，重庆失陷，讨贼之战失败。由此，开始对孙中山依靠旧式武装进行革命产生怀疑，认为：“孙中山是个伟人，可是，他依靠的还是军阀队伍，早晚是靠不住的。革命，要有本钱，不是经商，可以借钱做买卖。”

1924 年

- 夏　移驻贵州铜仁县，收到在广东黄埔军校学习的桑植籍学生和秘书长严仁珊的亲戚周逸群寄来的许多书刊和关于国共合作情况的书信，读后极为兴奋地说："确实这样做，那在政治上就确实找到了出路。"欲辞职去广东，未获准许，后派参谋去粤晋见孙中山。

- 10月　孙中山任命熊克武为滇川黔建国联军前敌总司令兼建国川军总司令，取道湘西，北伐曹锟、吴佩孚。率部为建国联军先遣队返湘。
- 冬　与共产党人多次接触，商谈国事，其中有中共湘区省委委员、国民党湖南省党部执行委员夏曦，兼有国共两党省委委员的陈昌等。

1925 年

- 2月　任建国川军第一师中将师长。
- 4月15日　任澧州镇守使，管辖7个县。时值澧属各县久旱成灾，悉心救灾赈荒，整顿金融，清乡治匪，开办学校。"五卅"惨案在上海爆发后，湖南各地形成声势浩大的爱国反帝运动。亲自向长沙、上海等地学生、工人发出支持电报，捐助3000银元，予以支持。
- 10月　省长赵恒惕不满其在澧州所为，下令讨伐，兵围澧州。被迫率师转移，并通电全国，阐明是非，暂驻贵州铜仁、松桃一带。

1926 年

- 春　获悉广州国民政府准备出兵北伐，即誓师返湘。占领沅陵等地，准备与吴佩孚、张作霖组织的"讨贼联军"叶开鑫部作战。
- 7月16日　被广州国民政府委任为国民革命军第八军第六师师长，参加北伐战争。
- 8月　被委任为国民革命军第九军第一师师长。热烈欢迎国民革命军总政治部派共产党员周逸群率宣传队来到一师，建议宣传队全体队员留在一师工作，并向周逸群提出参加中国共产党的要求。请求中共湘区省委派人来帮助开办政治讲习所。
- 9月　率部攻占公安，激战黄金口、斗堤湖，打败北军卢金山部。任命周逸群为第一师政治部主任，开始建立政治机关，配备政治工作人员，支持部属加入中国共产党。
- 12月　攻占宜昌。国民革命军总司令部将第一师改编为独立第十五师，任师长。

1927 年

- 3月15日　在汉口，逮捕了蒋介石派来武汉策动西南军队投蒋的秘书长李仲公。
- 4月　处理了阴谋投蒋、策划闹饷、制造事端的陈图南。
- 4月至6月　率部入豫，参加武汉国民政府发动的第二次北伐。激战逍遥镇，夺取临颍，占领开封。

■ 6月15日　独立十五师扩编为国民革命军暂编第二十军，任军长。26日，奉命率部返抵武汉。

■ 7月初　在武汉，首次会见中共中央政治局常委周恩来。向周恩来表示，我认定共产党是最好的，我服从共产党的领导。

■ 7月10日　同意周逸群转达的中共中央军委建议，将正遭受国民党右派迫害的鄂城、大冶等地的工人纠察队编入第二十军教导团。

■ 7月15日　汪精卫在武汉逮捕和屠杀共产党员和革命群众。命令部队在武汉三镇的许多共产党机关和工会、农会等革命团体的门外挂上第二十军的旗帜，派兵站岗，阻止反动派搜捕，并将因在各地遭受迫害而逃来武汉的共产党员300余人保护起来。

■ 7月17日　在第二十军连以上军官大会上表示，现在革命到了危急关头，我要跟共产党走革命的路，坚决走到底！

■ 7月23日　率部到达九江。中共中央政治局委员谭平山就中共中央决定在南昌举行武装暴动，征询意见，希望贺龙率第二十军一起行动。当即表示："感谢党中央对我的信任。我只有一句话，赞成！我完全听从共产党的指示。"

■ 7月25日　与叶挺、叶剑英在九江甘棠湖开会，决定不理会张发奎要他们上庐山的命令，立即开赴南昌。

■ 7月27日　到达南昌，会见中共方面有关人士李立三、谭平山、朱德、恽代英、刘伯承、吴玉章、徐特立、高语罕、方维夏、郭亮、朱蕴山等。在谈到南昌暴动要设法争取第二方面军总指挥张发奎参加时，说："我们要拉张发奎就不必干，若要干，就不必拉张发奎。"

■ 7月28日　周恩来到第二十军，告之起义计划，并征询意见。表示："我完全听从共产党的命令，党要我怎么干就怎么干。"周恩来说，中共前委任命你为起义军总指挥。

■ 7月31日　列席前委在第二十军军部召开的会议，决定8月1日凌晨4时起义。下午，召开第二十军营以上军官会议动员起义，说："国民党已经叛变了革命，国民党已经死了。我们今天要重新树起革命的旗帜，反对反动政府，打倒蒋介石，打倒汪精卫。我们大家在一块都很久了，我们今天起义了。愿跟我走的，我们一起革命，不愿跟我走的，可以离开部队。我们今后要听共产党的领导，绝对服从共产党的命令。"

■ 8月1日　与周恩来、叶挺、朱德、刘伯承等在南昌指挥起义。

■ 8月底或9月初　起义军南下途中，在瑞金，由周逸群、谭平山介绍，加入中国共产党。周恩来出席入党仪式并讲话。出席仪式的还有李立三、恽代英、谭平山等。

■ 10月7日　南昌起义失败，和刘伯承、叶挺、林伯渠、吴玉章等从陆丰抵香港。

- 11月初　从香港到达上海，并会见周恩来。周恩来告之，中共中央安排他去苏联学习。后被敌人发觉，遭到通缉，未能成行。
- 11月中旬　在等待中共中央安排工作时，通过周逸群，向周恩来请求，愿去湘鄂边重新组织武装。

1928年

- 1月8日　中共中央常委会同意贺龙回湘西组织武装的要求，决定组成中共湘西北特委，由郭亮任书记，贺龙、周逸群、徐特立、柳克明为委员，发展湘西工农武装，开展游击战争，造成割据局面。中旬，与周逸群等离开上海赴武汉。
- 1月中旬　在鄂西组织第四十九路工农革命军。
- 2月20日　离开鄂西去湘西组织武装；28日，到达桑植县洪家关。
- 4月初　前往湖北鹤峰筹款。国民党军进犯桑植，革命武装因失去统一指挥，战斗失利，大部溃散。周逸群转往鄂西。回桑植重新组织起3000人的武装，开展打土豪，建立革命政权的工作。
- 7月　中共湖南省委指示，撤销湘西北特委，成立中共湘西前敌委员会，任书记，并正式编成工农革命军第四军，任军长。鉴于部队成分复杂，决定：渐进地将原有部队进行改造，加紧训练，吸收进步士兵入党；扩大土地革命和苏维埃政权的宣传，推动广大农民起来斗争。
- 9月初　遭敌多次袭击，第四军伤亡巨大，全军仅余200多人，被迫转移至湖北鹤峰县堰垭一带大山中，陷入弹尽粮绝的境地。为坚持斗争，在困难中进行整顿，遣散老弱病残和政治上不坚定分子，红四军仅剩91人、72支枪，但形成了党的坚强领导。

1929年

- 1月　率红四军占领鹤峰，成立了苏维埃政府和中共鹤峰县委及农民协会、农民自卫武装，建立了湘鄂西第一个革命根据地。
- 5月　占领桑植县城，消灭地方反动武装，将桑植、鹤峰两地连成一片，湘鄂边根据地初步形成。
- 7月中旬　指挥红四军在南岔和赤溪河渡口全歼进犯桑植的湖南警备第一军军长陈渠珍所属向子云部。

1930年

- 7月4日　根据中共中央指示，率红四军在鄂西公安与红六军会师，成立红二军团。红四军改称红二军，任军团总指挥兼红二军军长。
- 7月下旬　根据红二军团前委决定，指挥红二军团拔除洪湖根据地内的白色据点，基本肃清了襄河（汉水）以南潜江境内的反动武装，并北渡襄河攻占天门县重镇岳口，将鄂西地区的江陵、监利、潜江、沔阳等根据地连成一片。

- 9月5日　中共中央长江局强令红二军团攻取沙市，率部发起进攻，未果，伤亡千余人。
- 9月中旬　新任湘鄂西特委书记兼红二军团政委邓中夏主持前委扩大会决定：南渡长江，进攻岳阳，截断武（汉）长（沙）铁路配合红一、三军团攻打长沙。与周逸群一起，不同意置辛勤缔造的苏区于不顾，驱使全军攻打遥远的长沙，但未被接受，被迫根据会议决定率部渡过长江，攻克南县、华容、公安、津市，围困澧州。
- 12月下旬　南征失败，被迫率部退到湖北鹤峰、五峰一带。

1931 年

- 3月底4月初　根据中共中央指示，红二军团缩编为红三军，任军长。根据中共湘鄂西特委来信精神，建议回洪湖参加反“围剿”。邓中夏不同意，主张另创根据地策应洪湖斗争。根据前委会议决定，率部占巴东，渡长江，连克兴山、秭归、远安、荆门。
- 4月中旬　因敌军优势兵力来攻，率军往鄂西北地区。
- 6月　率军攻占房县，开辟鄂西北根据地。
- 9月　得悉洪湖的红九师沿襄河北上迎接红三军主力，率军离开鄂西北；下旬，在刘猴集与红九师会师。
- 10月　返回洪湖。此时，执行第三次“左”倾路线的中共中央候补委员夏曦来湘鄂西，组成临时省委和中央分局，任分局书记。夏曦以临时省委名义，将红三军编为5个大团，取消师部，并规定军部受省军委指挥。为此，与夏曦展开了争论。后经中共中央指示，恢复了红三军各师师部，但在总的方面中共中央支持了夏曦推行的“左”倾路线。

1932 年

- 1月　指挥红九师渡襄河，克皂市、龙王集、陈家河，歼灭敌第四十八师特务团和工兵营全部，第四师十二旅大部和众多矿警、民团，俘十二旅旅长张联华。
- 3月初　率部在文家墩地区全歼“清剿”襄北的敌第一四四旅，俘旅长韩昌峻以下2000余人，粉碎了敌人的“清剿”计划。
- 6月至12月　蒋介石成立豫鄂皖三省“剿匪”总司令部，自兼总司令，发动第四次“围剿”，其左路军10万余人向洪湖根据地进攻。红三军由于执行“左”倾的“不停顿地进攻”和大规模地开展“肃反”运动，诬杀了大批忠贞的干部，根据地和红军陷入外有强敌压境、内有自我摧残的危险局面之中，反“围剿”失败，红三军被迫退出洪湖苏区。根据中共中央分局决定，率红三军绕道豫西南、陕南、川鄂边境向湘鄂边转移。

1933 年

- 1 月　占领鹤峰，完成转移任务。向分局提出：恢复湘鄂边苏区，以鹤峰为后方，向湘西发展，为疲惫之师取得一个恢复和整顿的地区；暂停“肃反”，以后有反革命再说。分局会议上，对恢复苏区达成一致意见，暂停“肃反”的建议未被采纳。从 3 月份开始继续进行了两次大规模“肃反”，段德昌等一大批干部被诬杀。
- 1 月下旬　夏曦在分局扩大会上提出解散党、团组织，创造“新红军”，继续进行“肃反”。对此，再次提出反对意见，在会上说：“解散党，我不同意。我在旧军队时就想参加党，到南昌暴动时才加入。我只晓得红军是党领导的。”
- 7 月　蒋介石任命徐源泉为湘鄂边“剿匪”总司令，指挥 14 个多团的兵力发动进攻。中央分局决定分兵开辟新区。与关向应率红九师活动于利川、咸丰、宣恩交界地区。
- 12 月　蒋介石派政客熊贡卿前来游说，企图收编。熊先派梁素佛前来送信，要求会面。感到其中有阴谋，向中共中央湘鄂西分局报告。分局决定，为了搞清蒋对中央苏区及红四方面军的阴谋，允许熊贡卿前来。

1934 年

- 1 月 23 日　在龙山县茨岩塘将熊贡卿公审后枪决。
- 5 月　为摆脱困境，率红三军进入贵州东部，在沿河、德江、印江、松桃及毗邻的四川酉阳、秀山边界地区，建立黔东根据地。
- 7 月　中共中央交通员送来 5 月 6 日写给湘鄂西中央分局的指示及中共六届五中全会决议。
- 8 月　与夏曦、关向应召开中央分局会议，通过了《接受中央指示及五中全会决议的决议》，对夏曦所犯错误进行了初步批评，停止了连续两年多的“肃反”。
- 10 月 23、24 日　在印江县的木黄和松桃县的石梁与由任弼时、萧克、王震率领的红六军团会合。不久，恢复红二军团番号，任军团长。
- 10 月 28 日　为配合红一方面军长征，和任弼时等率二、六军团离开黔东，向湘西的龙山、桑植、永顺地区发动攻势，创造根据地。
- 11 月 16 日　国民党军十四师师长陈渠珍调动 10 个团的兵力分四路进攻红军。和任弼时、关向应指挥红二军团诱敌深入，在龙家寨地区歼灭其两个多旅，乘胜占领桑植。
- 11 月 26 日　根据中共中央指示，在大庸成立中共湘鄂川黔边区临时省委、省军区和省革命委员会，任省委委员、军区司令、革命委员会主席。
- 12 月　为执行中革军委威胁湖南敌军侧背的指示，和萧克、关向应率红二军团主力、红六军团五十一团占领桃源县城，包围常德，迫使与中央红军作战的大量国民党军调往常德、桃源一带。月底，主动停止进攻，率部西返大庸、永顺休整。

1935 年

■ 4 月　由于 1 月底蒋介石集中 6 个纵队 80 多个团向湘鄂川黔根据地发动“围剿”，根据地日益缩小。省委和军分会决定，跳出包围圈，转往长江以北。率部到达桑植县陈家河一带，急袭敌第五十八师一七二旅，予以全歼。接着，又在桃子溪，全歼第八十五师师部和两个团。军分会改变原决定，打回去开创新局面。率部收复桑植、永顺地区。

■ 6 月　率部向鄂西进攻，包围宣恩县城，指挥主力在忠堡东北歼敌第四十一师师部及一个多旅，活捉师长张振汉。

■ 8 月　亲率红二、六军团主力，在龙山板栗园地区全歼第八十五师师部和两个团，击毙师长谢彬，迫使蒋介石命令湘、鄂军队转入防御。为了解决红军补给困难，准备对付敌人更大规模的“围剿”，建议抓住时机，以主力向敌人兵力薄弱而又物产丰富的津、澧地区出击。8 月中旬，连克石门、澧州、津市等城，红军在兵员、物资上得到了补充。

■ 9 月　蒋介石调集 130 多个团的兵力，对湘鄂川黔根据地发动新的“围剿”。为打破敌人“围剿”计划，撤离津市、澧州。

■ 11 月　由于敌人集中兵力，步步为营，根据地日益缩小，形势极为不利，根据军分会决定，率红二、六军团在桑植县刘家坪誓师出发，进行长征。

1936 年

■ 1 月　指挥红二、六军团进入湘中、湘南，调动敌人，尔后转向贵州，到达石阡地区。

■ 2 月　指挥红二、六军团占领黔西、大定、毕节。下旬，为避开敌军合围，率部进入乌蒙山区。

■ 3 月 22 日　率红二、六军团巧妙地从敌人 100 多个团中间穿插而出，在昭通、威宁间越过滇军防线，直趋滇东。28 日，进至盘县、亦资孔地区。

■ 4 月　为北渡金沙江，与红四方面军会合，指挥红二、六军团佯攻昆明，甩掉追兵。25 日至 28 日，在石鼓渡过金沙江，进入康藏高原。

■ 5 月 1 日　指挥红二、六军团越过哈巴雪山，到达中甸县。

■ 7 月 1 日　率红二、六军团到达甘孜，与红四方面军胜利会师。会师后，张国焘拉拢红二、六军团，散发反对中共中央的文件《反对毛、周、张、博逃跑主义路线》。对此，明确表示：“张国焘分裂党中央是错误的，这个材料不能散发。”并立即通知红二、六军团各部队：“接到小册子统统收起来。”张国焘企图召开联席会议，以多数压少数，与任弼时以“谁来作报告？如有不同意见，谁做结论”为由予以拒绝。

■ 7月5日　根据中共中央军委命令，红二、六军团和三十二军组成中国工农红军第二方面军，任总指挥。

■ 7月上旬　将红二方面军组成两个梯队，率部由甘孜出发，向哈达铺前进。过草地时，为解决部队食物，组织大家挖野菜，亲自钓鱼，杀掉自己的枣红马，带领干部群众克服困难，征服草地。

■ 9月上旬　率红二方面军到达哈达铺、礼县地区。

■ 9月11日　根据中共中央军委制订的作战计划，指挥红二方面军对陕甘边界展开行动；到20日，攻克成县、徽县、两当、康县，成立红色政权，与红一、红四方面军形成南北呼应之势。

■ 10月21日　率红二方面军抢渡渭河后，在会宁县将台堡与红一方面军会师，胜利完成了长征。

■ 11月19日　周恩来带人民剧社来红二方面军慰问，两人在阔别八年后重逢，向周恩来表示，红二方面军拥护中共中央。

■ 11月　按中革军委命令，边战斗边转移。下旬投入山城堡战役。

■ 12月中旬　西安事变发生后，根据中共中央命令，从洪德城出发，经环县、庆阳开赴三原、云阳镇一带，准备配合东北军、西北军反击可能来犯之敌。

■ 12月下旬　西安事变和平解决，奉命率红二方面军移驻陕西富平地区。

1937年

■ 8月22日至25日　出席中共中央在陕西洛川召开的政治局扩大会议，明确表示拥护全面的全民族抗战路线和独立自主的原则，赞成红军迅速出师，并主动提出将红二方面军一部分部队留在陕北，保卫党中央。会上，被选为中共中央军委委员。会后，红二方面军改编为国民革命军第八路军第一二〇师，任师长。

■ 8月29日　中共中央军委前方分会（后称华北军分会）成立，任委员，并担任一二〇师军政委员会书记。

■ 9月3日至28日　率一二〇师由富平庄里镇出发，东渡黄河，到达晋西北管涔山地区，开展抗日游击战争，创建抗日根据地。

■ 10月　指挥一二〇师配合正面战场的忻口战役，在日军侧后打击敌人，先后袭击南北大常、永兴村、雁门关、王董堡，歼敌400余人，切断日军的交通补给线。

■ 11月中旬　太原失陷后，根据中共中央指示，指挥全师在北起大同口泉、南到汾阳的同蒲铁路以西地区全面开展游击战争，独立自主地发动群众，扩大自己，创建敌后抗日根据地。

1938 年

■ 1月13日　与朱德、彭德怀、林彪、刘伯承赴洛阳参加蒋介石召集的第二战区师长以上军官会议。

■ 2月中旬　指挥一二〇师主力在同蒲路北段展开破袭战，攻占平社、豆罗车站，切断忻口至阳曲的交通线。

■ 3月4日至4月1日　指挥一二〇师打击侵入晋西北的日寇，先后收复岢岚、五寨、神池、偏关、河曲、保德、宁武7城，歼敌1500余人。

■ 6月　根据中共中央指示，组织一二〇师部队向东向北发展：宋时轮支队东进与平西支队会合，挺进冀东；三五九旅进入桑干河两岸，开辟以浑源、广灵、灵丘、涞源为中心的北岳区根据地；组织一二〇师大青山支队，挺进绥远，创建大青山游击根据地。

■ 10月29日至11月6日　出席在延安召开的中国共产党六届六中全会。会议期间，受命东进冀中，执行巩固冀中抗日根据地；帮助冀中八路军第三纵队；扩大一二〇师三项任务。

■ 12月22日　率一二〇师主力由岚县出发东进冀中。

1939 年

■ 1月25日　率部到达河间惠伯口村，与冀中军区领导机关会合。

■ 2月2日　指挥曹家庄战斗，歼敌140余人。

■ 2月4日　指挥大曹村战斗，歼敌300余人。

■ 2月13日、19日　主持召开一二〇师与冀中区党政军联席会议。在会上，针对冀中情况，提出冀中区反围攻的指导思想；提议由一二〇师担负冀中的主要作战任务，冀中军区抽出部队进行整训。会上，组成冀中区军政委员会，任书记。

■ 3月1日　指挥黑马张庄战斗，歼敌130余人。

■ 3月中旬至4月初　将一二〇师七一五团和七一六团分别与冀中军区独立四支队、独立五支队合编为一二〇师独一旅、独二旅。

■ 4月23日至25日　指挥一二〇师主力进行齐会战斗，歼敌700余人，在战斗中中毒，中共中央书记处专电慰问。

■ 8月中旬　根据中共中央指示，率一二〇师主力离开冀中，转移到晋察冀边区的冀西地区待机。

■ 9月27日至30日　在行唐刘家沟指挥一二〇师主力进行陈庄战斗，歼灭日军第三十一大队。

1940 年

■ 1月24日　阎锡山制造反共的“十二月事变”，根据中共中央和八路军总部指示，与关向应率一二〇师主力紧急回师晋西北。

■ 2月　根据中共中央指示，成立晋西北军政委员会，任书记。

■ 3月10日　在窑头村主持召开一二〇师和新军参谋长会议，部署1940年整训。

■ 5月　参与纠正晋西北在“四大动员”中的偏差，出席中共晋西区扩大干部会。

■ 6月中旬　指挥夏季反“扫荡”，在米峪镇歼敌500余；在二十里铺歼敌700余。

■ 8月中旬至9月中旬　指挥晋西北部队参加百团大战。

■ 11月7日　晋西北军区成立，任司令员。

1942年

■ 5月　根据中共中央决定，成立陕甘宁晋绥联防军，任司令员。

■ 6月　西北财经委员会成立，任副主任，参与解决边区财政经济问题。

■ 8月　中共中央晋绥分局成立，任分局委员，晋西北军区改称晋绥军区，兼司令员。

■ 11月　领导边区部队开展整军运动。在陕甘宁边区高级干部会上作《关于整军问题》的报告，提出整军的中心是加强党的一元化领导。

■ 12月至1943年3月　参加陕甘宁边区高级干部会议。12月21日和27日在会上传达毛泽东《经济问题与财政问题》。指出：毛泽东提出的“发展经济，保障供给”是我们经济工作与财政工作的总方针，“你要是对生产取消极、轻视、忽视态度，就是违反抗战与革命的利益”。

1943年

■ 1月6日　任中共中央西北局常委。

■ 6月　主持召开陕甘宁晋绥部队团以上参谋长会议，领导部队开展练兵运动。

■ 10月　主持召开陕甘宁边区部队高级干部会议，总结经验，部署进一步开展冬季练兵运动。

1944年

■ 3月　出席中共中央西北局高级干部会议。在会上作财经工作总结报告，总结一年来边区财经工作的经验教训，指出边区经济工作中存在的问题，提出以生产节约、开源节流、稳定金融、巩固边币为中心的五点建议。

■ 10月　根据中共中央指示，组织八路军南下支队，开赴江南，建立新的根据地。

1945年

■ 5月至6月　出席中国共产党第七次全国代表大会，被选为中共中央委员。

■ 7月下旬　胡宗南制造“淳化事变”，进攻陕甘宁边区关中分区。根据中共中央指示，组织部队对侵占爷台山的国民党军队实施反击，全歼来犯之敌。

- 8月　根据中共中央指示，赴山西统帅晋绥部队对日反攻。做出南北两线同时行动的决定。
- 8月21日　到达汾阳前线指挥作战，夺取太汾公路两侧中小城市。月底，指挥部队攻克文水县城。
- 9月中旬　率晋绥野战军北上绥远。参加绥远战役。
- 10月25日　指挥晋绥野战军主力在卓资山歼灭傅作义部新编第二十六师。
- 10月底至12月初　与聂荣臻一起，指挥部队包围归绥，进攻包头。鉴于包头一时难以攻克，下令到绥东休整。14日，绥远战役结束。

1946年

- 1月22日　参加军调部大同执行小组在丰镇召开的会议，严厉驳斥美蒋代表的无理指责，迫使他们签订了六项协议。
- 7月4日　确定“远交近攻，睦傅打阎”的方针，指挥部队发起晋北战役。至8月15日战役结束，歼敌8600余人，解放晋北9座城镇。

1947年

- 7月21日　在靖边县小河村，出席毛泽东主持的中共中央小河会议，研究解放战争的战略反攻问题。毛泽东在会上提出：陕甘宁边区在军事上和财政上都依靠晋绥，今后更加如此，因此决定由陕甘宁晋绥联防军司令贺龙统一领导两个解放区的工作。会后，再次出任联防军司令员、西北财经办事处主任，统一领导陕甘宁晋绥两区工作，支援西北解放战争。

1948年

- 3月　陪同从陕北到达兴县的毛泽东参加晋绥干部会议，接见《晋绥日报》编辑人员。
- 5月26日至6月1日　出席在洛川土基镇召开的西北野战军前委扩大会议，总结西府、陇东战役作战经验。
- 9月8日　到达河北平山县西柏坡，出席中共中央政治局扩大会议。

1949年

- 3月5日至13日　出席中共中央七届二中全会。会后根据中共中央指示，赴北平负责商谈和平解决绥远问题。
- 5月24日　出任中国人民解放军西安市军事管制委员会主任，对西北第一大城市进行接收和恢复生产。
- 6月8日　担任中共中央西北局常委、第二书记。
- 10月　参加由毛泽东主持的中共中央军委会议，讨论进军大西南和大西北问题，决定率十八兵团等部由陕入川，配合刘邓大军解放西南。

■ 12月11日　率十八兵团及第七军从陕甘出发向四川进军。

■ 12月29日　率部解放成都。

1950年

■ 1月10日　根据调查研究中得到的情况，就进军西藏问题，向毛泽东、彭德怀并刘伯承、邓小平提出《康藏情况报告》，对西藏教派、康藏气候、藏军情况及我军进军路线、宗教政策等提出意见。

■ 2月4日　任中共中央西南局第三书记、西南军区司令员。

■ 2月中旬　部署和指挥川西“剿匪”作战。

■ 4月　赴重庆主持西南军区工作。与刘伯承、邓小平共同决定成立剿匪生产委员会，集中兵力在四川腹地会剿。

■ 5月　在军区高级干部会议上提出了“以集中对集中、以分散对分散、以隐蔽对隐蔽”的剿匪战术。

■ 7月4日　被中央人民政府任命为西南军政委员会副主席。是月，组建铁路工程指挥部，抽调3万部队、10万民工，修筑成渝铁路。

1951年

■ 夏　在重庆主持筑路会议。在会上说：“修筑康藏公路难度之大，不仅是我国筑路史，也是世界筑路史上空前的。我们解放西藏，就要帮助西藏人民进行建设。而建设没有公路是很难想象的，所以，这条康藏公路不但坚决要修，而且1954年一定要把汽车开到拉萨。”

1952年

■ 11月15日　任中央体育运动委员会主任。

1953年

■ 4月下旬　主持召开第一次全国体育工作会议。在会上就开展体育运动的意义、方针和规划提出意见。

■ 8月21日　中共中央体育运动委员会党组成立，任党组书记。

■ 10月21日至12月14日　率中国人民赴朝慰问团去朝鲜慰问，并对中国人民志愿军进行考察。

1954年

■ 2月6日至10日　出席中国共产党七届四中全会。

■ 9月15日至28日　出席第一届全国人民代表大会第一次会议，被任命为国务院副总理兼国家体育运动委员会主任、国防委员会副主席。

1955年

■ 2月17日　出席国务院第五次全体会议，在会上作《关于压缩国家机关编制问题》的报告。

- 7 月 17 日至 8 月 8 日　率中华人民共和国代表团去波兰访问。
- 9 月 23 日　被授予元帅军衔和一级八一勋章、一级独立自由勋章、一级解放勋章。

1956 年

- 9 月 15 日至 27 日　出席中国共产党第八次全国代表大会，被选为中共中央委员。
- 9 月 28 日　在中共八届一中全会上，当选为中共中央政治局委员。
- 11 月　随周恩来率领的中国政府代表团赴欧亚 11 国访问。

1958 年

- 4 月　召集地质部、卫生部、气象局、中国科学院地理研究所及军队体育部门负责人座谈，讨论攀登珠穆朗玛峰问题。此后，即组成登山指挥部，亲任总指挥。
- 9 月 5 日　主持召开第一届全国运动会筹备委员会第一次会议，任筹委会主任。在会上指出："解放了的中国人民要有争取胜利、破世界纪录的雄心和气魄。我们要更快地赶上和超过世界水平，要让人家来破我们的纪录，不要老跟在人家屁股后面跑，要采取一切措施，在普及的基础上大量训练运动员。"

1959 年

- 3 月 25 日至 4 月 5 日　出席中共中央政治局在上海举行的扩大会议和中共八届七中全会。
- 4 月 16 日　代表国务院宴请西藏自治区筹委会主任委员班禅额尔德尼·确吉坚赞。
- 4 月 28 日　被第二届全国人民代表大会任命为国务院副总理、国家体育运动委员会主任、国防委员会副主席。
- 5 月 21 日至 6 月 24 日　到四川考察，并就四川的工农业建设向中共中央写了 6 个报告。
- 7 月至 8 月　出席中共中央政治局在庐山召开的扩大会议和八届八中全会。
- 9 月 26 日　任中共中央军委常委、军委副主席。

1960 年

- 1 月 5 日　任中共中央军委国防工业委员会主任。
- 1 月 22 日至 27 日　出席中共中央军委在广州召开的扩大会议。在会上作《关于国防工业几个问题》的报告。提出，在尽短时间内，建成一个现代化的独立的国防工业体系；必须大搞尖端，以"两弹"为主，导弹第一，积极发展喷气技术和无线电电子技术。

■ 2月　调总参军训部副部长韩复东负责现场指挥攀登珠穆朗玛峰。指出："珠穆朗玛峰一定要登上去。我们不光是为登高，还要进行科学考察，带一些标本回来。英国搞了几十年，没有从北坡登上去。我们新中国是共产党领导的国家，要有这个劲头。"

■ 3月　与聂荣臻一起视察西南地区，发现国防工业的基本建设存在不少质量问题，回北京后，即与李富春和国务院有关部门研究改进措施。

■ 11月15日至24日　与罗瑞卿视察东北地区国防工厂，发现军工产品的质量仍很严重，决定整顿。

■ 12月至1961年1月6日　主持召开国防工业三级干部会议，总结新中国成立11年来国防工业的经验教训。

1961年

■ 2月4日至3月30日　与罗荣桓到南方视察部队。

■ 3月31日　看望出席第二十六届世界乒乓球赛的全体运动员，鼓励运动员打出风格，打出水平。

■ 7月18日至8月16日　主持国防工业委员会工作会议，研究国防工业建设调整方针。

1962年

■ 7月25日　出席中共中央北戴河扩大会议。

■ 10月23日　与聂荣臻召开中共中央军委常委会议，讨论中印边界作战问题，研究作战方案。

■ 11月上旬　主持军委常委会议，研究分析中印边界反击战形势，确定边防部队下一步行动方案。

1963年

■ 9月下旬　在中共中央政治局常委扩大会上，由毛泽东提议，主持中共中央军委日常工作。

■ 11月　到印度尼西亚参加第一届新兴力量运动会，并作友好访问。

1964年

■ 春　在国家体委研究工作时说："我不晓得你们安心不安心？'三大球'为什么上不去？解放到现在已经15年了，再搞不起来，难道还搞50年？必须赶快下功夫啊！我快70岁了，我希望去见马克思之前，能看到'三大球'翻身。""'三大球'上不去，我是死不瞑目。"

■ 4月至5月　多次观看北京军区推广郭兴福教学法表演。指出，各部队都要认真推广郭兴福教学法；要把这些"尖子"经验普及全军。

■ 6月16日至17日　组织北京军区、济南军区部队军事训练汇报表演。请毛泽东、刘少奇、周恩来、朱德、陈云、邓小平等党和国家领导人出席观看。

■ 10 月 12 日　主持中央军委常委会，研究院校工作，要求贯彻“以我为主”的办学方针。

■ 10 月 14 日　就乒乓球运动员徐寅生在国家乒乓球女队的讲话，写信给国家体委领导，指示将这篇讲话发给各运动队，让每个人都好好学习。将徐寅生讲话记录稿送给毛泽东。1965 年 1 月，毛泽东批示：“讲话全文充满了辩证唯物论，处处反对唯心主义和任何一种形而上学，是小将们向我们一大批老将挑战了。”

■ 11 月 5 日至 14 日　随周恩来率中国党政代表团访问苏联，任代表团副团长。对苏联国防部长马利诺夫斯基的错误言论予以回击。

1965 年

■ 5 月 30 日　接见并宴请核试验专家和工程技术人员，代表中共中央军委对他们辛勤工作和卓越成就表示祝贺和慰问。

■ 7 月 20 日　到机场欢迎由海外归来的李宗仁，并陪同李宗仁分别出席了毛泽东、刘少奇、周恩来的欢迎宴会。

■ 9 月 27 日至 10 月 13 日　率中央代表团到乌鲁木齐出席新疆维吾尔自治区成立十周年庆祝活动。

■ 12 月 8 日至 15 日　出席中共中央政治局常委在上海举行的扩大会议。会后，不再主持中央军委日常工作。

1966 年

■ 8 月中旬　对“文化大革命”中那套无限上纲的做法表示不满，说：“现在这种搞法，有点像党内搞清理阶级队伍，难道这些老干部为革命工作多半辈子，他们是什么阶级还不清楚吗？”

■ 9 月 5 日　见到毛泽东。毛泽东将林彪指使吴法宪写的诬陷信交给他，并说：“你不要紧张，我对你是了解的。我对你还是过去的三条：忠于党、忠于人民，对敌斗争狠，能联系群众。”

■ 9 月 10 日　根据毛泽东的建议，与林彪谈话。针对林彪所说：“你的问题可大可小，主要是今后要注意一个问题，支持谁，反对谁。”回答说：“我革命这么多年，支持谁，反对谁，你还不清楚？”

■ 11 月 13 日　出席中共中央军委接见外地来京串联的军队院校师生大会。在会上讲话要求军队院校师生发扬光荣传统，遵守纪律，不介入、不干涉地方“文化大革命”，不参加“炮打司令部”、上街游行等活动。

1967 年

■ 1 月 20 日　被送往西山某处。

■ 9 月　被正式立案审查。

1968 年

■ 4 月 5 日　听到一批老干部被打成反革命，说："都成反革命了？我不相信。看来问题复杂了！"

■ 6 月 2 日　看到报上关于四川省夺权的报道，点名批判了几个老干部，说："指责他们搞'独立王国'是有所指的，要搞我，就公开搞嘛，为什么要找替死鬼？老子不明白。"

■ 6 月 14 日　由中共中央办公厅保护，改为由中央专案第二办公室作为专案审查对象，实行监护。

■ 9 月 18 日　看到专案组要其"交代问题"的信，非常气愤。随即针对林彪一伙的诬蔑，就参加"八一"起义、湘鄂西"肃反"、枪毙熊贡卿以及其他一些历史问题做了详细的不虚掩、不夸大、实事求是的回顾，让夫人薛明记下来，作为对强加给他的罪名的反击。

1969 年

■ 4 月上旬　由于"专案组"对医生下达了"尽量用现有药物，维持现有水平，也不要像对待好人那样"的指示，在医疗上采取了控制、减药、换药乃至收走全部自备药品，加上生活条件恶劣，营养不良，所患糖尿病、高血压日益严重。对夫人薛明说："他们硬是想把我拖死，杀人不见血，我不死！我要活下去，和他们斗到底！"

■ 5 月上旬　病情恶化，连续摔倒 7 次。一次，摔倒醒过来，听到窗外的哨兵在唱《洪湖水浪打浪》，说："人民是历史的真正主人，是最公正的裁判，谁为人民做了好事，人民永远不会忘记；谁在人民面前犯了罪，人民也绝不会饶恕。"

■ 6 月 8 日　早晨出现腹痛、恶心、呕吐等酸中毒症状；12 个小时后，才派来两名医生，未做认真检查，即注射了高渗葡萄糖，使病情继续恶化。对夫人薛明说："要小心，他们要害死我！"

■ 9 日　7 时许，被允许送往三〇一医院。明确表示："我不能去住院，那个医院不是我住的地方。"8 时 55 分住院，10 时 25 分开始抢救，但医院负责人事前未通知病房，未做抢救糖尿病酸中毒的准备，也未组织专家到场，抢救工作一片混乱。10 时 55 分，生命垂危。11 时半，主治医生提出组织专家会诊，但到 13 时 30 分才允许进行一次不让接触病人的"背靠背"会诊。15 时 04 分，含恨而逝。

1973 年

■ 2 月 29 日　毛泽东说："我看贺龙没有问题，策反的人，贺把他杀了。"指示要平反。

■ 12 月 21 日　毛泽东在中共中央军委常委扩大会上说："我看贺龙搞错了，我要负责呢。""都是林彪搞的，我听了林彪一面之词，所以我犯了错误。”再次指示要恢复名誉。

1974 年

■ 9月29日　中共中央发出［1974］25号文件，为贺龙平反，恢复名誉，但并不彻底。

1975 年

■ 6月9日　在北京八宝山公墓举行贺龙骨灰安放仪式，周恩来抱病出席讲话，指出：贺龙“几十年来为党、为人民的革命事业做出了重大的贡献。在他的一生中，无论在战争年代或在全国解放以后，他是忠于党、忠于毛主席革命路线、忠于社会主义事业的’。

1982 年

■ 10月16日　中共中央发出［1982］49号文件《关于为贺龙同志彻底平反的决定》，指出贺龙的一生“是战斗的一生，革命的一生，光辉的一生”，是“我党的优秀党员，久经考验的无产阶级革命家，卓越的军事家，是我军的创始人之一”。指出：过去加在贺龙身上的一切诬陷不实之词，“完全是林彪、康生等为诬陷贺龙同志而蓄意制造出来的谎言”，并对其在林彪、江青一伙诬陷迫害面前表现出来的“共产党员坚贞不屈的气节和高尚品德”，给予高度评价。宣布“撤销原中发［1974］25号文件和中发［68］71号文件，为贺龙同志彻底平反昭雪、恢复名誉。对林彪、江青一伙强加给贺龙同志的一切诬陷不实之词，全部予以推倒，同时为受贺龙同志冤案所株连的所有同志彻底平反，消除影响”。

后 记

自中共中央书记处、中央军委赋予编写《贺龙传》的任务以来，已逾十年。今天，这部书终于同读者见面了。邓小平同志为本书题写了书名。

贺龙是伟大的无产阶级革命家、政治家、军事家，党和国家卓越的领导人，是南昌起义的总指挥、中国人民解放军的创始人之一。他经历了旧民主主义革命、新民主主义革命、社会主义革命与建设各个历史时期的艰苦斗争，从一个普通农民，成长为坚定的共产主义者，他的一生，与孙中山和中国共产党领导中国人民进行革命斗争的历史，与中国人民解放军的诞生、发展、壮大，与新中国的建立和繁荣昌盛紧密相连。我们能为这样一位中外驰名的开国元勋、共和国元帅立传，既觉得十分光荣，又深感责任重大。

这部《贺龙传》写了十多年，除了因为传主的经历十分坎坷曲折，实践丰富，是一位传奇式的人物，而我们在各方面都与他的距离很大，要准确、全面、生动地反映他的一生，使其光彩照人的形象跃然纸上，做到传如其人，实非易事。此外，还由于战争年代的许多重要文献资料没有保存下来，特别是“十年动乱”期间，传主遭到林彪和“四人帮”两个反革命集团的迫害，许多重要的史料被查抄、销毁、散失，大大增加了传记写作的难度。加之由于各种原因，多次更换编写人员，因而影响了写作的连续性，延缓了工作的进程。

没有材料，就无法写传。因此，我们首先从调查研究着手，点点滴滴地搜集资料，采访老同志，抢救“活资料”，沿着传主进行革命活动的足迹，到全国25个省、市和自治区，近110个县、11个大军区进行了调查。中央档案馆、国务院档案处、军委档案馆、外交部、国家体委、军事科学院、国防科工委、海军、空军等都给了大力支持，提供了许多档案材料；曾与传主一起斗争或曾受过传主领导下的老红军、老八路和各根据地的革命老人，以及民主人士、国民党起义将领等共数百人，其中不少是党、政、军高级领导人，他们提供了许多生动材料，为传记写作奠定了基础。

在写作过程中，我们坚持历史唯物主义的观点和实事求是的精神，遵照总参《贺龙传》编写领导小组确定的“史文结合，以史为主，文为史服务”，“既要有可信性，又要有可读性”等原则，对传主的光辉业绩用事实说话，不虚构浮夸；对传主的评价，力求准确公允，不人为拔高；对与传主有关的重大历史问题，按历史本来面目秉笔直书，力争达到见传如见人之目的。但实际效果如何，尚待大家评判。

总参党委和总参首长对编写《贺龙传》十分重视，在各方面给予支持，为编写工作创造了条件。还专门成立了以王尚荣、迟浩田副总长为正、副组长的总参《贺龙传》编写领导小组，直接抓传记的编写工作。后来，因王尚荣有病，迟浩田调军区工作，1983年6月，总参党委请装甲兵司令员黄新廷出任第二组长，后勤学院院长杨秀山、总政副主任颜金生、总长助理刘凯任副组长，主持领导小组工作。领导小组提出了编写《贺龙传》的原则，确定了实施方案，对写作步骤、方法和进度提出了具体要求，对传记书稿，从初稿到送审稿进行了认真审阅，并提出了具体修改意见。

王震副主席生前对写《贺龙传》非常关心，亲自过问。在接见编写人员时，一再指示一定要把这本书写好，还阅读了《贺龙传》书稿。

1988年，《贺龙传》征求意见稿完成后，曾送给萧克、余秋里、廖汉生、王恩茂等许多老同志及党史、军史部门审读，广泛征求意见。1988年9月至1989年2月，先后在武汉、成都、兰州、西宁、乌鲁木齐、北京和上海召开了9次座谈会，分别由张秀龙、李文清、陈明义、李书茂、张国声、王恩茂、张希钦、马森、黄新廷、杨秀山、颜金生、邢永宁和何以祥等主持，参加者仅军队军以上、地方部（省）级干部就有90多位。还有十几位老同志寄来了书面意见。他们以高度负责的精神，补充与订正史实，提出改进意见，对修改《贺龙传》书稿帮助很大。中央文献研究室、中央党史研究室、各元帅传编写组、军事卷各编辑部都给予了真诚的帮助。特别是《当代中国》丛书编辑部和《当代中国》丛书国防军事卷编委会办公室给予具体指导，对改好这部传记稿起了重要作用。总参政治部、管理局、作战部、装甲兵等部门，在政治、经济、人力和工作上给予了很好的保障和大力支持。在此，我们一并表示衷心的感谢！

《贺龙传》是集体劳动的成果。到《贺龙传》编写组工作过的先后有20余人，其中撰稿的有朱泽云、刘雁声、黎白、金江、刘桐树、孙叔扬、孙临平、谢武申、顾永忠、徐惠恩等。另特约王鼎华、刘正栋撰写了传主主管国家体委和国防工业部分的书稿。初稿完成后，由黎白、金江、孙叔扬、顾永忠、徐惠恩负责修改、改写为最后成书各章节书稿。全书由张静波、金江统稿。刘伍和周奋曾于1981年10月前，先后担任编写组组长，刘秉荣、王景乾、王敬颜、程义怀、韩俊亚、张岩、辛淑梅等也在编写组工作了一段时间。他们分别参加了编写组的筹建、调查研究、资料搜集等工作，为写《贺龙传》做出了贡献。

本书自写出初稿到定稿，曾反复进行修改，七易其稿，统稿四次。但由于编者水平所限，不当之处仍难避免，欢迎读者批评指正。

总参谋部《贺龙传》编写组